欧洲近代经验论和唯理论哲学发展史

修订本

徐瑞康 著

WUHAN UNIVERSITY PRESS

武汉大学出版社

图书在版编目(CIP)数据

欧洲近代经验论和唯理论哲学发展史/徐瑞康著．—修订本．—武汉：
武汉大学出版社,2007.1
ISBN 978-7-307-05114-0

Ⅰ.欧…　Ⅱ.徐…　Ⅲ.①经验主义—哲学史—欧洲—近代　②唯理
论—哲学史—欧洲—近代　Ⅳ.B504

中国版本图书馆 CIP 数据核字(2006)第 063715 号

责任编辑:王军风　　　责任校对:王　建　　　版式设计:支　笛

出版发行:**武汉大学出版社**　(430072　武昌　珞珈山)
　　　　(电子邮件:wdp4@whu.edu.cn　网址:www.wdp.com.cn)
印刷:湖北省通山县九宫印务有限公司
开本:720×1000　1/16　　印张:32.5　字数:464 千字
版次:1992 年 9 月第 1 版　　2007 年 1 月修订
　　　2007 年 1 月修订本第 1 次印刷
ISBN 978-7-307-05114-0/B·157　　　定价:50.00 元

目　录

中编　欧洲近代经验论和唯理论
　　　哲学的发展阶段

下编　欧洲近代经验论和唯理论
哲学的终结阶段

序

在我们中国，凡是读过《实践论》的人，一看到或听到"唯理论"与"经验论"的名词，大概首先想到的就是：这是政治、思想、工作作风等方面的"教条主义"和"经验主义"的哲学思想根源。因此，一看到一篇文章或一部著作是讲唯理论和经验论的，大概也就认为这与批评教条主义和经验主义，揭露其思想根源有关。一般说来，这并没有错。讨论唯理论和经验论的文章或著作，如果有志于联系实际，多半是会，也应该借此揭露教条主义和狭隘经验主义的思想根源，批判其片面性等错误的。而且即使仅此一端，也就可充分说明研究哲学史上的唯理论和经验论有其重大的现实意义。因为教条主义和经验主义虽一贯受到批判，但并未绝迹。而且原有的或老的教条主义和经验主义克服了，新的教条主义和经验主义又会不断产生。这是因为这两种思想方式或作风有其认识论上的根源，人们如果不是自觉地、切实地掌握正确的世界观和方法论，是很难避免犯这样或那样片面性的错误的。往往在这个问题上的错误克服了，在另外问题上又会重犯性质上相同或类似的错误。人要想一劳永逸地掌握一种"诀窍"，从此不犯任何错误，这是办不到的。因为客观情况总在不断发展变化，任何人也不可能掌握和预计到变化过程的全部细节，因此要绝对不犯错误是不可能的。但是，如果人们能够自觉地掌握正确的世界观和方法论，切实地了解犯错误的思想根源并注意加以防止，则就可以少犯或不犯某些错误，至少可以避免重犯某些错误。例如人们要是较透彻地了解了历史上的唯理论和经验论的哲学是怎样产生发展的，它们起过怎样的历史作用，有哪些正确的、合理的因素，特别是怎样陷入片面性的错误的，从中引出应有的经验教训，则就可以少犯乃至不犯性质上与之类似，或有内在理论联系的教条主义和狭隘经验主义的错误。而这可能产生的社会效益乃至经济效益，实在是无法估计的。

但是，研究哲学史上唯理论和经验论哲学的意义，决非仅在于可以揭露教条主义和狭隘经验主义的理论根源。尽管今天从马克思主义的观点看来，不论是唯理论或经验论，就其全体来看，都是错误的，也正如哲学史上的其他任何哲学体系或思潮，若与马克思主义哲学来比较，则在其全体上也都是错误的一样，但它们在其所处的时代，总的说来都是代表历史前进方向的进步思想，起过有助于新兴资产阶级反对落后腐朽的封建制度的斗争的进步作用，有其历史的合理性和正确性。即使就其理论本身来说，马克思主义也肯定它们有"片面的真理"，决不止是一堆错误的谬论。事实上，通常所谓哲学史上的唯理论和经验论，是指16世纪末至18世纪中叶新兴资产阶级早期反封建革命阶段与旧的经院哲学相对立的几乎全部新哲学思潮的总体，因为当时的重要哲学家，几乎全都可以归入这两个学派之中。而这是一个以一种新的社会制度来推翻和代替旧的社会制度的天翻地覆的伟大时代，是世界历史从封建时代向新兴的资本主义时代转变的阶段，这种社会经济、政治的大变革，也必然促进哲学思想的大活跃、大繁荣、大发展，因此这也是哲学史上群星灿烂、人才辈出的时代。这个时代的那些最主要的哲学家，如英国经验论派的培根、霍布斯、洛克、贝克莱、休谟，大陆唯理论派的笛卡尔、斯宾诺莎、莱布尼茨，虽然因有某些共同倾向而被归入某一派，其实每个人都各有自己独特的哲学体系，各有自己新颖的独立见解，各有自己鲜明的个性特征，绝非同属一派就是相互雷同的。还可指出的是：这一阶段的这些哲学家，都不是像以后德国古典哲学家的代表人物康德、费希特、谢林、黑格尔那样以哲学为职业的哲学教授，他们大都同时是科学家、政治活动家、宗教活动家等等，没有一个是以哲学为职业的，可以说都是"业余哲学家"。这一特点使这一时期的哲学也许没有以后德国古典哲学那样的思想深邃，体系严整，但同时也不像后者那样晦涩难懂，莫测高深。而这一时期哲学家的思想及著作，其内容的丰富新颖，其风格的异彩纷呈，则往往有为那些专业的哲学教授们所难以企及之处。此外，这在西方哲学史上是继古希腊之后又一丰富多彩的繁荣时期，而其内容和形式则已摆脱了古代思想的朴素性，随着人类历史前进的步

2

代，特别是随着近代科学文化的发展而比古代大大前进了。总之，这一时期的哲学，与其先或其后的哲学相比较，都有其独有的特点，值得给予应有的重视。它本身是西方哲学史的一个重要组成部分，其重要性决不在通常受人们重视的古希腊哲学或 18 世纪末至 19 世纪初的德国古典哲学之下。因此，对这一时期的唯理论和经验论哲学的研究，小而言之对西方哲学史这一学科的建设，大而言之对于整个社会主义文化建设，其本身就都有不可忽视的重要意义。

令人不无遗憾的是：唯理论与经验论哲学虽本身有如上所述的重要性，但在我国哲学史界，却长期没有受到应有的重视，至少是受重视的程度和它本身的重要性很不相称。例如在古希腊哲学和德国古典哲学方面，我们都可以举出一些知名的专家或有相当规模的研究中心，但在唯理论和经验论方面，情况就不能与之相比。正是有鉴于此，在结束十年动乱、拨乱反正，各项工作开始得到恢复和发展之初，我们在武汉大学哲学系从事西方哲学史工作的几个人，当时主要的也就是杨祖陶同志和我，就商量应怎样来适当补救这方面的缺陷，尽我们的力量来对西哲史中唯理论和经验论这一部分进行一些研究，多培养几个这方面的人才，争取有朝一日武汉大学哲学系能成为国内研究唯理论和经验论哲学的一个中心。杨祖陶同志是一贯研究德国古典哲学的，我们商定他的这一方向仍不变，只是今后可尽量向德国古典哲学与唯理论、经验论的联系方面多着力，也求其有助于唯理论、经验论哲学的研究。为此，从 1978 年开始招硕士研究生起，我们就一直招"唯理论与经验论哲学"及"德国古典哲学"两个研究方向的研究生；从 1987 年起连续四届所招的博士研究生，也都分属这两个研究方向。到 1990 年为止，我们已招了硕士生 10 届共 36 人，其中研究唯理论与经验论哲学的 24 人，德国古典哲学的 12 人，博士生 4 届共 7 人，其中研究唯理论与经验论的 5 人，德国古典哲学的 2 人。迄今为止，仅研究生已完成的有关唯理论与经验论哲学的学位论文就有 20 多篇，其中不乏受到同行专家好评的优秀之作，不少篇已部分地或经压缩发表于各种刊物上。已毕业的获得学位的研究生中已有几位留在本系外哲史教研室或研究室工作，其余的也大都在各地有关单位从事西哲史的教学、科研或编辑工作，虽然也有小部分因种种原因而不得不改行的。所以，我想，我们当初所设想的要加强唯理论与经验论哲学的研究，以补我国在这方面工作的不足的设想，应该说已开始逐步得到实现，虽然离目标，特别是要在武大哲学系形成一个研究唯理论和经验论的研究中心这一目标，还相差很远。

虽然如此，但因为我们历年招了这方面的研究生，同时也在这方面做了一些研究工作，在武汉召开了全国性和地区性的几次这方面的学术讨论会，也出了这方面的研究作品，因此也已逐渐引起了国内甚至国外同行们的注目。可以说我们虽尚未达到目标，但已走上了通向这一目标的征途。

我们为走向这一目标所做的工作，除了上述培养这方面的研究生，召开有关的学术讨论会等之外，主要的还是开展这方面的科学研究工作。早在"六五"期间的哲学社会科学研究工作规划中，就有一项国家的重点项目，就是要编著一部多卷本的《西方哲学史》，我们当时就承担了主编其中"唯理论"卷的任务，并做了一些准备工作。后来在订"七五"规划时，据说有关领导认为目前尚不必忙于编写多卷本《西方哲学史》，可以先分头在各方面做些具体的研究工作，因此多卷本《西方哲学史》不再作为一个项目列入规划，而是分头从事各部分的专题研究。因此我们的有关研究工作也仍在继续进行。1985年间，人民出版社约我编写一本《欧洲哲学史上的经验主义和理性主义》，我认为正与我们的计划和志趣相合，就毅然答应了下来，同时觉得集体的力量只要运用得好，总是优于个人的力量，因此就约了我们78、79这最早两届的研究生中已毕业正在从事专业工作的5位同志来与我合作，共同完成这一任务。这样既可提高作品质量，又可使青年同志得到锻炼提高。我们先集体讨论了整整3天，初步拟定了提纲，取得一致意见，然后分头去写初稿，最后由我总其成，修改定稿。这提纲还曾在全国外哲史学会中南地区会员大会上讨论过，也吸收了与会同志的宝贵意见。这一著作已于1986年底由人民出版社出版，可算是我们在这以前对这方面研究工作的一个阶段性总结。

我们这本《欧洲哲学史上的经验主义和理性主义》在人民出版社作为《西方哲学史研究丛书》中的一种出版后，受到了学术界的注目，在多种刊物上都见到了对该书的书评，认为有些新意，表现出了哲学史著作的新面貌。我们这本书如果说有点"新面貌",大概主要就表现在我们力求打破一般哲学史作品那种"列传式"的老框框,虽对每个主要哲学家的生平和思想概貌也各作了简要介绍,但主要内容不是分别介绍一个一个哲学家的思想,而是把这一阶段唯理论和经验论哲学在既对立斗争又相互吸收渗透中发展的全过程,当作一个整体来考察,然后分成关于认识对象、认识主体、认识的起源和途径、认识方法以及真理观等五个问题,就每个问题来看两派如何对立,如何争论,各派内部又如何演变,等等。这与通常哲学史的写法确实不同。我们认为这样写确实也可以引导读者从一个新的角度来看这一段哲学史,有它的优点。但我们自始就没有把这种写法当作惟一或最好的方法,也没有把这一作品当作是我们对这一课题研究的最终成果,而看作只是初步的一个阶段性成果。因为这一阶段的哲学既有如此丰富的内容,决不是我们这一仅30万字的作品所能反映其全貌的,我们对唯理论和经验论哲学的研究,也决不是以这书的出版为终结,而毋宁是以它为一新的起点,要继续前进、深入。

就是在这样的认识下,1988年我们又在"国家第二批博士点基金"项下,承担了"欧洲近代唯理论和经验论哲学"这一课题的研究任务,并在武大哲学系外哲史研究室的范围内组成新的课题组,对欧洲哲学史上的唯理论和经验论哲学,在原有的基础上继续进行更深入的研究。这几年来我们这一课题组所取得的主要成果,就是徐瑞康同志的这部《欧洲近代经验论和唯理论哲学发展史》。

徐瑞康同志是1957年和我一起从北大来武大工作的。当时李达校长刚在武大重建哲学系,我作为院系调整前曾在武大老哲学系工作过的教师回武大工作,他则作为北大哲学系的毕业生分配来武大。我们一来就合作担任外国哲学史的教学工作,算来距今已有33年之久了。虽然中间因十年浩劫耽误了些时间,他又一度被调去搞过一段"马克思列宁主义经典著作"和"马克思主义哲学史"的教学和研究工作,但他也并未因此放弃西哲史的研究,而且两者也是可以互相结合并相得益彰的。"拨乱反正"以后,他就回到了西哲史的工作岗位,不久又担负了外哲史教研室主任的工作。近几年来,他已和我联名招了多届"欧洲近代唯理论和经验论哲学"这一研究方向的硕士研究生，并且是"博士生指导小组"的成员。他一回到外哲史的工作岗位，对于要在武大哲学系建立一个唯理论与经验论哲学研究中心的设想就积极支持和全力推动，并且身体力行，自己也亲自积极投身于这方面的研究，这些年来已发表过许多篇有关这方面的很有分量、很有创见的科研论文。因此我们在承担了国家博士点基金项下的上述课题的研究任务之后，就商定在课题组内除分头作其他专题研究外，由他来总结这些年的研究成果，从与我所主编的《欧洲哲学史上的经验主义和理性主义》不同的角度，再写一部有关此课题的综合性著作，以作为所承担的该课题的主要研究成果。经过他许多年的寒暑日以继夜的奋斗，现在这一任务终于胜利完成了。这部著作当然是他个人努力所取得的成果，但他在著作中既吸收了包括我们课题组成员在内的其他人的有关研究成果，而且在写作过程中遇有问题我们也经常共同讨论，在初稿完成后我们又通读了全书，就某些问题再共同讨论后提出过修改和补充的意见。所以在一定意义下这也确是课题组的集体力量的表现，代表了我们这课题组，也就是武大哲学系外国哲学史研究室在这一方面的现有水平。我这样说，丝毫没有否认这书是徐瑞康同志独立完成的个人专著的意思，只是表明，这书既作为课题组的研究成果，确是经过一些共同研讨，特别是我作为该课题组的负责人，是认真读过全部书稿，并提出过意见的，因此这书中如出现错误，我也是应该负责的。

那么，本书究竟有什么特点？为什么在我主编的《欧洲哲学史上的经验主义和理性主义》出版以后，又要就同一题材另写这样一部作品呢？对于这个问题，瑞康同志在本书的"前言"中已作了较详细的说明，我这里只简单地说一说。这是因为我所主编的那本书，主要是以问题为纲，对这一时期的哲学，抓住其几个主要问题来分别论述各派各人的观点及其争论、演变过程，这虽有它本身的好处，但对整个思潮的发展过程，就缺乏总体上的详细阐述。此外，由于以问题为纲，将各个哲学家的观点分在各个问题上来介绍和评论，因此对每个哲学家个人的全部哲学观点或其哲学体系，也就难以给人一个较清晰的总的概念。而本书则在较详细、较完整地介绍每一位哲学家哲学观点的全貌或体系的基础上，着重在阐述这一阶段两派哲学在相互对立

6

和争论，又相互吸收和渗透的过程中的总的发展线索。粗略地看，可以说前书着重在理论上的横的展开，本书则着重在这段哲学的纵的历史发展。因此这两本书虽处理的是同一对象，但由于着眼的角度不同，是各有特点，可以互相补充、相得益彰，而并不能彼此代替的。

还可指出的是：我曾把通常哲学史教材的写法称为"列传式"，本书形式上似乎也未摆脱"列传式"的框框，那么它与一般的哲学史教材比起来，究竟有什么不同呢？应该说，本书实质上就是西方哲学史方面的一部"断代史"。它和一般西方哲学史教材的关系，首先也就是一般的"通史"和"断代史"的关系。在我国，仅"拨乱反正"以来所公开出版的"西方哲学史"或"欧洲哲学史"的通史式的教材已至少有十几种之多，相比之下，这方面的断代史却很少。尤其是近代唯理论和经验论这一段，除了上述我所主编的那一本之外，迄今还没有第二本。而其他如德国古典哲学和古希腊哲学，也都已有不止一种断代史性质的著作出版。就这段哲学史的重要性而言，这种情况也是很不相称的。因此出版从不同角度着眼，在内容和形式上各有特点的多种这方面的断代史著作，就出版的角度看，也决不是重复、浪费，而是作为文化传播和积累所必需的。就本书作为断代史，和现有一般通史性质的教材中相应篇章比较来看，除了内容篇幅要丰富充实得多，非一般通史所能企及之外，也还有它的一些值得注意的特色：

首先，本书较自觉地运用历史与逻辑一致的原理，注意把这段唯理论与经验论在斗争中发展的历史，当作一个总体，来探索其发展规律和逻辑线索，而不满足于仅仅按照时间顺序，介绍各个哲学家的主要思想。这种探索是可贵的，但也是艰难的。不能说本书在这方面探索的成果已很辉煌，但即使是点滴的收获也是值得珍视的。

其次，本书除了通常较受重视的唯理论派和经验论派那些主要代表人物之外，对那些一般通史教材中或被完全忽略，或虽提到也仅作十分简略叙述的哲学家，如伽桑狄、马勒伯朗士、托兰德、沃尔夫等，也都列了专门的章节作了较详细的评述。作者在这方面费了很大的力，作了一些拾遗补阙的工作，使这段哲学史的阐述更趋完整了。

再次，本书既坚持了马克思主义基本原理的指导，也努力克服以往某些貌似坚持马克思主义的党性原则而实则陷入片面性或教条主义的错误观点或做法。例如对于唯理论和经验论的社会历史作用的评价，特别是对其中的唯心主义，也并不因其为唯心主义而全盘否定，而是在首先肯定其同样属于总的反封建的进步思潮前提下来指出其陷入唯心主义的错误和局限性。尤其值得指出的是本书对所阐述的每个哲学家都指出其"两面性"，但对这种两面性决不是笼统地贴上一个阶级标签完事，而是分析出每个哲学家的两面性都各自具有的特点，充分体现了唯物辩证法的具体分析具体矛盾的精神。还有，本书在指出当时占统治地位的是形而上学的思想方法的同时，也按照马克思、恩格斯的提示努力在这时期某些思想家中挖掘其辩证法的因素。在这方面也取得了不少值得注意的成果。

总之，本书不仅是作为一部断代史，比一般通史的相应篇章篇幅较大，内容较充实而已，实在是提出了自己的不少新见解，有自己的特色的一部学术专著。

当然，本书所处理的对象，内容是十分博大精深的，而且作为哲学，其本身可能是一个永远做不完的课题。这个课题，可能是世界上永远会被人研究的，我们这个课题组的成员，自然也还会以不同的方式继续研究下去。本书也仍只是这个课题的一个初步的阶段性成果而已，因此它也必然还有许多不成熟之处，乃至缺点错误。再声明一句，对这些缺点和错误，我作为课题组的负责人也负有同样的责任，衷心希望能得到同行和读者的批评指正。

陈修斋

1990 年 8 月于珞珈山麓

※　　　　※　　　　※

《现代哲学》杂志在 1993 年第 3 期以《着力加强西方哲学断代史的研究》为题，对本书的这篇序言作了转载；并附言，本文的"作者是武汉大学哲学系教授、新中国西方哲学史学科的开拓者和奠基人之一。当阅看本文校样时，传来陈修斋教授于 1993 年 8 月 23 日病逝的噩耗，在此谨表深切的哀悼"。

作者补记

2006 年 4 月

前　言

这部著述最后题名为《欧洲近代经验论和唯理论哲学发展史》；全书约 40 多万字，前前后后历经许多年，花了许多心血，如今算是完稿了。完稿之余，尚想作些说明。

我所在的武汉大学哲学系外国哲学史教研室和外国哲学研究室为该系西方哲学学科博士点和硕士点，博士生导师陈修斋教授是其中一位学术带头人；"欧洲近代经验论和唯理论哲学"是该点招收和培养博、硕士研究生的专业方向之一，也是其从事科学研究的方向之一。陈修斋教授是我国著名的哲学史家和翻译家，多年来致力于欧洲近代经验论和唯理论哲学尤其是莱布尼茨哲学研究，富有造诣；其译著莱布尼茨《人类理智新论》、论著《欧洲哲学史稿》（和杨祖陶教授合著）和《欧洲哲学史上的经验主义和理性主义》以及论文《莱布尼茨哲学初探》等在学术界均深有影响。1988 年，陈老师承担了属国家教委"七·五"科研规划的一课题"欧洲近代唯理论和经验论哲学"，试图把这一段哲学作为一个整体，从各个角度对它作系统的深入的阐述。我原是他的学生，大概是我为提高研究生教学的质量已有著述这方面的论著的打算和具体准备，他便鼓励我参加课题组，投入这一研究。我接受了这个任务；自那时起，我不忘请教，并不论寒暑节假均努力以赴。换言之，这部书稿乃作为陈修斋教授所领导的"欧洲近代唯理论和经验论哲学"科研课题的组成部分而动笔和问世的。这是我首先要予以说明的。

在投入过程中我深感，开展欧洲近代经验论和唯理论哲学的研究确实是一项很有现实意义的学术事业。众所周知，16 世纪到 18 世纪，在西欧各国，经验论和唯理论两大学派的出现，乃是哲学上重要的历史现象。它们涉及英、法、德、荷等国家，适应着新兴资产阶级在早期反封建革命时期为发展社会生产力、复兴自然科学和反对神学对哲学的垄断的需要，把认识论和方法论研究提到首位，致力于对科学知识的起源和途径等问题的探讨，在反对经院哲学的共同斗争中彼此之间互相对立、互相渗透，经历了创立、发展和终结的过程，为18世纪法国启蒙运动和百科全书派的哲学、德国古典哲学，也为现代西方哲学提供了重要的思想渊源。可以说，这是西方哲学史上富有内容，富有特征，富有影响和富有人类哲学理论思维深刻的经验和教训的一段哲学。这样来看，把这段哲学视为相对独立的整体，用马克思主义观点对它作专门的系统探讨和评析，就不仅是我们在改革开放的时代为比较全面地了解西方哲学文明的过去，建立科学的西方哲学史体系所必需，而且有利于我们用历史的眼光探源溯流，深入地理解现代西方哲学本身。毫无疑问，这对推进高等学校西方哲学整个学科建设是不可缺少的工作。

尤其是我们认识到，在我国长期的革命和建设的历史进程中，教条主义和经验主义的危害是深重的。照搬书本条条，照搬外国模式或固执着狭隘的经验，会使我们错误地判断国情，错误地制定方针和路线，妨碍着我们把马克思主义和中国社会实践结合起来，真正地坚持实事求是的根本原则，认识我国现实社会的性质和发展规律，把革命和建设的事业推向前进。然而，今日工作中的教条主义和经验主义其思想理论根源正与哲学史上的唯理论和经验论性质上类似或有内在的联系；"唯物论的'唯理论'与今日教条主义相象，唯物论的'经验论'则与今日经验主义相象"①。又，哲学史上的唯理论和经验论，它们虽然在认识论的全体上都是错误的，但也"各有片面的真理"。它们中的合理因素以及已蕴含有的克服这些片面性的企图或尝试，为后人留下了宝贵的历史遗产；而马克思主义的认识论正是在批判和继承这样的历史遗产的基础上产生和发展起来的。因此，不论是为了破除和反对在我国建设过程中仍将难免出现的教条主义和经验主义的倾向，还是为了深入学习和掌握马克思主义认识论和方法论以作为建设具有中国特色社会主义的思

---

① 《毛泽东书信选集》，人民出版社1983年版，第408页，注释〔2〕。

想武器，系统地探讨和了解欧洲近代经验论和唯理论哲学都将是十分必要的。

　　还应指出，由于这一时期的经验论和唯理论哲学与近代自然科学有密切的关系，即它既源自那时自然科学的成果和方法，又以解决科学知识如何形成等认识论和方法论问题，推动自然科学的发展为目的，最后却以妨碍自然科学的发展为结局，因而开展对它的研究，总结它所提供的思维经验和教训，自然可为我国科学现代化提供历史借鉴，有助于加速社会主义物质文明的建设。同时，由于这一时期的经验论和唯理论哲学与现代西方哲学有深厚的渊源关系，即它以人的认识的理论和方法为中心问题，而后者的主要领域乃是科学主义哲学和人本主义哲学；因而开展这一哲学研究，对引导处于对外开放环境下的我国青年正确地认识和评析现代西方哲学，加强社会主义精神文明建设，也将不无意义。

　　把欧洲近代经验论和唯理论哲学作为整体来研究，当可从不同的角度来着手。就所见的而言，一种是按理论问题为主，即把那时经验论和唯理论之间的论战所涉及到的认识论问题，归结为认识的对象和主体、认识的起源和途径、认识的方法以及真理和真理标准等问题，再逐个地从理论上加以横向展开；当然在这中间并不排斥对各个问题作历史的叙述。这种角度的研究是由陈修斋教授主编的《欧洲哲学史上的经验主义和理性主义》一书所提供的。这是一种新颖的有益的尝试，令学界深受启迪。另一种是，按历史线索为主。在这方面，通常的西方哲学通史教材曾有不少有价值的尝试，如把那一时期的哲学按经验论和唯理论的划分，叙述其各自发展的线索等。但那些尚不是关于这一段哲学的专门论著，且尚不足以显示两大学派在相互的对立和统一中错综复杂的发展进程；所以我意欲从这个方面作努力和突破。恩格斯曾说，"每一时代的理论思维，从而我们时代的理论思维，都是一种历史的产物，在不同的时代具有非常不同的形式，并因而具有非常不同的内容。因此，关于思维的科学，和其他任何科学一样，是一种历史的科学，关于人的思维的历史发展的科学。"① 记得我在北京大学哲学系求学期间曾

————————

①　《马克思恩格斯选集》第 3 卷，人民出版社 1972 年版，第 465 页。

是如何地受到这段名言的触动和启迪，以致后来我竟走上了哲学史的教学和研究的道路。出于对问题好作历史的叙述，于是，我在著述中思考和突出整个欧洲近代经验论和唯理论哲学的创立、发展和终结的涵义和过程，在论述这段哲学产生的历史环境和前因后果的基础上，着力于揭示其两大学派之间的相互对立、相互斗争和相互渗透、相互影响，显示其发展的历史脉络和逻辑规律等，企图通过专著的形式在这方面有所充实和改进。自然，这大量地包含着对所涉及的问题的理论分析和叙述。本书对欧洲近代经验论和唯理论哲学研究的角度和特点，可说即在于此。

除此以外，我还要说明，我在著述过程中充分地注意了吸收学界和我们的课题组在这方面研究的成果，它们给了我许多启发；在这里，借此机会谨表示谢意。同时，我在著述过程中也还曾思索过下述诸问题：

如何更好地体现这样的观点，即这一历史时期的哲学，无论是经验论还是唯理论的，唯物主义、唯心主义还是中间派的，它们在不同程度上都具有反经院哲学的方面，具有反封建的进步意义。

应当肯定，在欧洲近代经验论和唯理论哲学中，唯物主义在对哲学最高问题回答上的正确性及其在整个哲学发展中归根结底所占的主导地位；唯心主义在对哲学最高问题回答上的荒谬性。但不能漠视，那时的唯物主义是机械的形而上学的，蕴含着种种严重的局限，虽然它的出现是一种进步；那时的唯心主义终究有企图克服旧唯物主义局限的方面，具有一定的合理因素，是哲学认识发展中的必然环节。也不能漠视，那时中间派哲学的确实存在，如笛卡尔的二元论和休谟的不可知论等即是这样形态的哲学；它们对哲学发展的推动作用是很大的，就如亚里士多德哲学之对中世纪哲学的影响和康德哲学之对德国古典哲学的影响一样。

不仅要突出地叙述在这一时期通常被认为是"主要"的哲学家，如培根、霍布斯、笛卡尔、斯宾诺莎、洛克、莱布尼茨和贝克莱、休谟等，也还要充分地叙述在这一时期往往被认为是"次要"的哲学家，如伽桑狄、马勒伯朗士、托兰德和沃尔夫等。他们在哲学发展中具有其自身固有的历史地位；忽视了他们，就难以对这一时期的哲学作出完整的历史叙述。

在欧洲近代的科学家和哲学家中占统治地位的乃是形而上学的思维方式；这种思维方式的出现有其必然性，也是一种进步。但这并不等于我们可以否认或忽视对那一时期主要是在笛卡尔、斯宾诺莎和莱布尼茨等唯理论哲学中所蕴含有的卓越的辩证法思想作研究，包括揭示其具体表现、固有特点、发展程度、产生根源，以及在整个辩证法史上所占的重要地位等。

把所涉及的某种哲学放到整个欧洲近代经验论和唯理论哲学的历史发展和联系中来考察，将有助于确定这种哲学本身的基本性质、特征和贡献；否则为此将会争论不休。例如，本书把斯宾诺莎哲学放到克服笛卡尔二元论的整个过程中来考察，对其两重性和含混性予以揭示；把康德哲学放到和前此的经验论和唯理论的联系中来考察，对其作为经验论和唯理论哲学的“综合”的地位加以确定以及对其所蕴含的尝试用来克服两者片面性的认识主体能动性思想给予高度重视。

这一时期的经验论和唯理论哲学，作为在经济、政治和思想上力量尚不十分强大的新兴资产阶级的意识形态，出现在中世纪宗教神学占绝对的统治之后，虽都有反经院哲学的方面，也都摆脱不了经院哲学的束缚，从而往往都具有两重性；这种两重性，主要由于哲学家们所处各国的历史状况不同而有不同的特殊表现。探索和理解这些不同的两重性将有助于揭示这一时期哲学发展的规律性。

此外，本书还留有篇幅阐述诸哲学家小传，谨以此象征性地表明，这一时期各种哲学思想的形成不仅取决于当时哲学家所处的历史环境，而且与哲学家本人的具体经历和个性特征也有密切的关系，等等。

毫无疑问，关于欧洲近代经验论和唯理论哲学需要进一步深入研究的问题尚多，如欧洲近代经验论和唯理论两派哲学各自发展的规律性问题；欧洲近代各国哲学思想的相互影响问题；欧洲近代经验论和唯理论哲学与现代西方哲学的相互联系问题；欧洲近代经验论和唯理论哲学研究中的自然科学、人本主义和宗教思想问题；欧洲近代经验论和唯理论哲学研究中的方法论问题以及欧洲近代经验论和唯理论哲学诸家哲学思想的专论，等等。实在说来，这依然是一块有待垦殖的领域。而所有这一切，则都需要我们运用整体的观点①于欧洲哲学的这种研究中，不断垦殖，努力探索，厚积薄发，方能有所成就。因此，在这样的情况下企图现时就对欧洲近代经验论和唯理论哲学发展史作出完整的准确的叙述，将是我难以设想的。有鉴于此，本书之不成熟性和错误自不待言。故恳切地祈望学界的师辈、友辈和读者们不吝赐教，我将不胜感激。

徐瑞康

1990 年 8 月

2006 年 4 月修订于武昌珞珈山

---

① 关于本书对所述这段哲学之研究的角度和方法，请参阅陈修斋、徐瑞康：《试论哲学史研究中的整体观》（《现代哲学》1991 年第 4 期）。该文从哲学史科学本身的性质和任务谈起，阐述了哲学史研究中整体观的提出、内涵和意义。实际上，本书的任务亦即在于：确立哲学史研究中的整体观，运用它于欧洲哲学的断代研究中。

绪　论

欧洲近代经验论和唯理论哲学

产生的历史环境和发展概况

第一章　欧洲近代经验论和唯理论
哲学产生的历史环境

　　本书要考察的是 16 世纪末到 18 世纪中叶这一段历史时期的欧洲各国哲学。

　　16 世纪末到 18 世纪中叶，是西方哲学史上的重要时期。在这一时期，自文艺复兴以来萌生的欧洲各国哲学获得了深入的、系统的发展。这一段近 200 年时间的欧洲各国哲学是人类历史上一个伟大变革时代即早期资产阶级反封建斗争时期的时代精神的精华，具有显著的特征和丰富的内容。它以认识论研究为重点，以唯理论和经验论两大学派的错综复杂的对立和统一为脉络，通称为欧洲近代经验论和唯理论哲学；其中唯物主义以一种新的即形而上学机械唯物主义的形式出现，唯心主义也不乏充实的合理的方面；它们在不同程度上都具有反中世纪经院哲学的进步的启蒙意义，对以后的哲学和整个人类文化的发展有着深远的影响。鉴于这些，我们有必要把这一时期的哲学作为一个相对独立的整体来考察和把握；并在这一章里首先说明它得以产生的特定的历史环境。

第一节　近代西欧以工场手工业为特征的资本主义
　　　　经济的发生和以英国革命为标志的资产阶
　　　　级反封建斗争的掀起

　　在西方，从公元 5 世纪西罗马帝国灭亡直到 15 世纪意大利文

3

艺复兴时期为止 1000 余年的漫长岁月，被称为"中世纪"时期。"中世纪"是从粗野的原始状态发展而来的，其重要特征在于基督教绝对地支配着社会生活的各个方面；它把意识形态的其他一切形式如哲学、政治、法学等，都合并到神学中，使它们成为神学中的科目。一般地说，"中世纪"就是西欧封建社会产生、发展和衰落的时期。而资本主义经济就是在中世纪后期，在封建社会内部孕育、生长起来的。

早在 13 世纪中叶，在西欧各国陆续地出现了一批新型的城市。城市的出现意味着商品经济的发展，在一定的历史条件下，它们就成为资本主义萌芽的温床。1346 年，当热那亚成立欧洲第一家银行时，资本主义萌芽就已出现在意大利的地平线上了。地处地中海沿岸的意大利，商业繁荣，工场手工业最早开始取代小手工业生产，社会上逐步形成了包括商人、工业家、银行家的新兴资产阶级和没有生产资料、靠出卖劳动力来维持生计的"无产者"；是 14 ~ 15 世纪西欧资本主义经济发展的中心。15 世纪下半叶后，资本主义工场手工业在西欧其他各国如西班牙、法国、德国，尤其在尼德兰和英国，也陆续地迅速地发展起来。从 15 世纪末到 16 世纪，由于船舶、冶金等工业部门生产技术的不断革新和望远镜的发明，特别是中国的火药、指南针和活字印刷术等发明的传入，欧洲的航海事业获得了巨大的发展，使这一时期有了重大的"地理大发现"。1492 年，意大利人哥伦布（1446/51 ~ 1506）第一次完成了到达美洲的航行，"发现了新大陆"；1498 年，葡萄牙人达·伽马（1469 ~ 1524）率船队绕过非洲的好望角到印度，开辟了新航路；1519 ~ 1522 年，葡萄牙人麦哲伦（1480 ~ 1521）由西班牙启程，作了更勇敢的环球航行。这些发现"给新兴的资产阶级开辟了新的活动场所"，促进了远洋航行和海外贸易的发展，使美洲的金银，非洲的钻石，东方的香料、丝绸、瓷器等，源源不断地拥入西欧。这就使资本主义经济发展中心渐渐地从地中海沿岸的意大利转移到了大西洋沿岸的尼德兰和英国，并奠定了它们资本的原始积累和"从手工业过渡到工场手工业的基础"。

自 16 世纪末起，西欧封建社会内部孕育着的资本主义经济加快了发展的步伐。各国的纺织、缝纫、酿酒、烤面包等行业业已从原来的家庭手工业独立为社会化的工场手工业部门。尤其是荷兰，它的纺织、冶金、印刷等工场手工业广泛发展；它拥有大量船只，海运业居欧洲之首位，海外殖民活动十分活跃；它也是欧洲城市人口最早超过农村人口的国家。在英国，冶金、采矿、造船、酿酒、玻璃制造以及糖、纸、火药等资本主义工商业都已兴起；海外殖民的贸易公司纷纷成立；尤其是"变耕地为牧场"的圈地运动的不断扩大使资本的原始积累进程加快，资本主义关系深入到了农村，那里也还有相当规模的呢绒等工业。一般说来，那个时期的荷兰和英国都已率先进入了工场手工业阶段，资本主义经济在国民经济中已占有重要地位。

在西欧，随着资本主义工场手工业的日益发展，社会上的阶级对立现象也渐渐明显。从 15 世纪下半叶起，新兴资产阶级已有相当的力量，按其财产和学识已成为市民等级的代表，开始登上历史舞台。它们和封建势力的矛盾日趋剧烈，在不同的国家都有所表现；整个地看，这种在生产力和生产关系矛盾的基础上所产生的新的阶级对立，最初是在德国以宗教改革的形式突出地表现出来的。

16 世纪初，当马丁·路德在维登堡教堂的大门上贴出了著名的"关于赎罪券效能的辩论"，并当众焚毁教皇革除他教籍的"通谕"后，在德国爆发了规模巨大的宗教改革运动，其政治目标乃在于使各地新教教会摆脱罗马教会的统治，建立一个在世俗政权领导和支持下的适合市民资产阶级要求的"廉俭的教会"。德国的宗教改革运动是在宗教外衣下的反封建的社会经济政治改革运动，因为在被宗教统治和麻痹了几百年的社会中发动这样的运动只有打着宗教的旗帜，使外在的一切具有神圣的性质，才最容易得到人民大众的认可和接受。它使西欧封建势力最强大的支柱罗马教皇和天主教会受到了沉重的打击，对当时整个欧洲的政治形势起了不可估量的巨大作用。恩格斯曾把路德的宗教改革称为资产阶级反对封建制度的长期斗争中的第一次大起义。诚然，路德的宗教改革导致"建立了新的信条，即适合君主专制的宗教"；它唤起了 1525 年伟大的德国农民战争，这次战争虽使现代无产阶级的前身即城市平民

5

第一次登上了历史舞台，主要由于城市市民的背叛，最终也失败了，使"德国有两百年不见于政治上积极的欧洲国家之列"。但是，在它的影响下，1536 年法国人加尔文在瑞士以其《基督教要义》、《信仰指南》提出和论证了加尔文主义，并将教会组织改造成民主共和的形式，建立了加尔文教。加尔文教无疑是资产阶级的民主共和国的国家形式在教会组织中的预演。它特别在那些资本主义比较发达的地区如尼德兰、英国、法国、德国西部和南部，得到了广泛的传播，并为后来的资产阶级反封建的斗争提供了"现成的理论"。

在西欧，德国的宗教改革只能说是资产阶级反封建斗争的序幕，这一斗争后来在尼德兰和英国获得了直接的公开的表现。这与它们的资产阶级本身力量相对强大，与封建贵族的矛盾相对激化有关。"加尔文的教会的组织是完全民主的和共和的；而在上帝的王国已经共和化了的地方，人间的王国还能够仍然从属于君王、主教和领主吗？"①

在尼德兰，1566 年，资产阶级为实现自己的经济和政治的利益，在加尔文教的旗帜下，最早掀起革命风暴，并于 1609 年推翻了西班牙封建贵族的外来统治，建立了欧洲历史上第一个资产阶级共和国——荷兰共和国。这次革命，因采取反西班牙的民族战争的形式，使国内封建贵族和宗教僧侣势力较少受到严重打击，反封建任务未彻底完成，表现了资产阶级尚欠成熟。如在革命胜利后，以威廉·奥伦治为首的君主派还在议会中有较大的力量和影响，甚至在 1672 年还战胜了以扬·德威特为首的共和派；宗教神学一度也曾重新占据了优势。另一方面，这却是历史上第一次成功的资产阶级革命。革命使荷兰资本主义经济急剧发展，进入了当时欧洲最先进的国家行列，马克思曾称荷兰是"17 世纪标准的资本主义国家"。同时，革命使荷兰在政治、思想领域里相比之下有较大的自由，当时欧洲各国有许多进步的科学家和哲学家来荷兰避难、定居，从事学术活动，如笛卡尔差不多是在定居荷兰期间创立自己的

---

① 《马克思恩格斯选集》第 3 卷，人民出版社 1972 年版，第 391 页。

哲学体系的。此外，革命胜利后，在荷兰，科学、艺术和哲学也惊人地繁荣起来，成为当时欧洲的先进的文化中心；并陆续出现了许多虽不能摆脱宗教神学的观点，却站在新政治、新科学和新哲学立场上的思想家。斯宾诺莎就是 17 世纪荷兰著名的哲学家和科学家，他以泛神论形式表达出来的唯物主义哲学反映了这一时期荷兰新兴资产阶级发展资本主义经济、巩固民主共和国、反对宗教僧侣势力、繁荣科学文化的利益和要求，同时也表现出了它的不够成熟和局限。

在英国，随后也发生了资产阶级革命。英国资产阶级革命经历了一个长期的复杂的过程。从 16 世纪末到 17 世纪初，英国已是欧洲资本主义最发达的国家。它不但具有力量相当强大的工商业资产阶级，同时在旧日的封建贵族中也有不少人按资本主义方式经营农场和牧场，有的还从事羊毛买卖、酿造啤酒、采矿冶金等工商业活动，逐渐形成了一个资产阶级化了的贵族阶层。他们两者在政治上结成联盟，在加尔文教的旗帜下，共同反对封建专制制度，反对实际上仍然保持着天主教的繁缛仪式和传统教义的国教。不过那时他们仅在英国议会上以反对派的立场与专制王室展开斗争，如反对伊丽莎白一世女王把许多商品专卖权赐给其廷臣宠信等，以便继续发展自身的经济力量。可以说，这是英国资产阶级革命的准备时期。

在 17 世纪 40 年代，英王查理一世强化了封建专制统治政策，长期解散国会，迫害反对派议员；广增税收，促使工商业萧条、破产；还加紧打击加尔文派"清教徒"，强行在苏格兰推行所谓"国教"，从而严重地损害了资产阶级和新贵族的利益，激化了和国内人民群众的矛盾。面对这种形势，英国资产阶级和新贵族利用国会通过"大抗议书"，反对查理一世的暴政；组织新教的农民和城市贫民反对封建贵族；并经过两次内战，战胜了王党军队，把查理一世送上了断头台，推翻了斯图亚特王朝，宣布英国为共和国。但是，他们却用法律肯定了农民的封建义务，独占胜利果实，拒绝满足下层广大农民和城市贫民的经济和政治要求。这使他们不仅遭到王党分子的反对，和广大人民群众的矛盾也尖锐化了。于是他们便抛弃了民主共和的外衣，在 1653 年拥立克伦威尔为"护国主"，建立军事独裁统治，一方面镇压王党复辟势力，另方面镇压广大劳动群众，时达 5 年之久。大致说来，这是英国资产阶级革命的高潮时期。

1658 年克伦威尔死后，英国资产阶级和新贵族为阻止人民反抗斗争的兴起，竟在维护他们的既得利益的保证下，迎立斯图亚特王室王子查理返英即位，恢复君主制，导致了旧王朝在英国的复辟。查理二世最初还推行一些符合大资产阶级和新贵族利益的政策，后来便逐步取消英国革命的一切成果。1685 年，詹姆士二世即位，则更变本加厉。他大力扩充军备，加强专制统治，复辟封建土地关系，并利用国教迫害清教徒，图谋恢复天主教会在英国的统治。这一切又引起了工商业资产阶级和新贵族包括在革命中取得过天主教教产的土地贵族的不满。1688 年，他们通过国会决定推翻詹姆士，迎立信奉新教的荷兰执政奥伦治家族的威廉为英国国王，后詹姆士二世逃往法国。这是一次不流血的成功的宫廷政变，史称"光荣革命"。至此英国实行了大资产阶级和新贵族联盟的君主立宪制，在这一制度下，"俸禄和官职"留给了贵族，世袭君主制被保存下来；资产阶级和新贵族实现了资本主义在英国的统治。换言之，这次革命以英国资产阶级和贵族的妥协而告终。这是英国资产阶级革命的完成时期。

17 世纪的英国资产阶级革命第一次在一个欧洲大国中确立了资本主义制度。它比那时其他任何国家所发生的变革都具有更重大的意义。恩格斯曾把这次革命称为资产阶级反对封建制度的长期斗争中的第二次大起义。它标志着欧洲封建主义统治一切的时代的结束和近代历史的开始。马克思曾说，"这是欧洲范围的革命。它们不是社会中某一阶级对旧政治制度的胜利；它们宣告了欧洲新社会的政治制度"，"反映了当时整个世界的要求"①。

在具有如此重要时代意义的英国资产阶级革命的整个过程中，与此相应地涌现出了许多出色的哲学体系。哲学家们所提供的这些哲学体系，作为系统的世界观，乃是英国资产阶级在革命不同时期

---

① 《马克思恩格斯选集》第 1 卷，人民出版社 1972 年版，第 321 页。

的思想武器和意识形态的集中反映。简拒地说，在英国资产阶级革命准备时期，培根是著名的哲学代表；他以其初创的唯物主义经验论哲学在为英国资产阶级新的思维方式大造舆论。在英国资产阶级革命高潮时期，著名的哲学代表有霍布斯；他的哲学提出了近代第一个机械唯物主义体系，坚持了培根唯物主义经验论原则和宣扬了以论证绝对君权为特征的政治学说，从而适应了这一时期资产阶级和新贵族为革命和克伦威尔专制政权作论证和辩护的要求。在英国资产阶级革命完成时期，著名的哲学代表是洛克；他以"健全理智"为基础的，带有明显的二元论、不可知论色彩的发展了的唯物主义经验论哲学和宣扬三权分立的政治学说，反映了 1688 年的阶级妥协，并较典型地表现了资产阶级稳健派的思想。至于在英国资产阶级革命胜利后，最初在一个短时期内曾产生过一批"自由思想家"如托兰德等，他们以"自然神论"的形式宣扬了唯物主义思想；后来则有 18 世纪的贝克莱和休谟等著名哲学家，他们以主观唯心主义的经验论和怀疑论哲学各自表现了英国资产阶级在资本主义制度开始在英国确立统治的阶段，既还需要发展科学和生产，扩大革命的成果，防止封建势力的复辟，又需要利用宗教，麻痹和操纵群众，缓和渐渐突出起来的与他们的矛盾，以进一步发展自己的经济利益和维护自己的政治统治的倾向。

　　但是，西欧各国的历史发展是不平衡的。当英国人民正在为一个新的社会制度浴血奋战时，西欧大陆一些国家的资本主义以不同的程度和方式在发展着。

　　在西欧大陆，与英国隔海相望的法国，17 世纪上半叶正处在封建制度逐渐瓦解、资本主义生产关系逐渐增长的时期。资本主义原始积累过程在继续进行；工场手工业的生产在迅速地发展；行会制度在日趋瓦解；资产阶级开始形成，并日益迫切地要求振兴自然科学、废除国内的关卡税和摆脱其他各种封建束缚，进一步发展资本主义，提高生产力。但是，在当时，法国基本上还是一个农业国，由于经年累月的宗教战争的破坏，与荷兰和英国相比，资本主义经济发展缓慢，比较落后；资产阶级也还没有强大到能战胜贵族、在政治上建立起自己统治的地步。那个时期，在法国占统治地位的是贵族，君主专制代替了封建割据并获得了巩固。君主专制政体消除了封建割据的状态，抑制了旧封建贵族对资产阶级的专横欺压，加强了国家的统一，在某种程度上促进了资本主义的发展。例如法国首相黎世留就曾建议国王"赐予商业以某些特权"，实行重商主义的经济政策，资助和鼓励工商业的发展。因此，尽管法国君主专制政体在政治思想上压制资产阶级，资产阶级为了自身经济的发展也并不拒绝同封建贵族实行一定的妥协。此外，君主专制政体的强化和后来路易十四的称霸欧洲，意味着对人民群众剥削和压迫的加重。巴黎、马赛等许多地方的农民和手工业者纷纷起来反对封建君主专制制度，其中 1639 年"赤足者"的起义，规模最大。这些起义使得资产阶级感到害怕，也驱使他们去支持和依附封建君主专制的国家。

简言之，在那个时期，法国资产阶级正在封建制度内部迅速地发展起来，愈益要求改变社会的面貌；另一方面又还比较软弱，满足于与封建贵族的妥协。或者说，"那时旧封建等级趋于衰亡，中世纪市民等级正在形成现代资产阶级，斗争的任何一方尚未压倒另一方"①。17 世纪上半叶法国资产阶级经济上和政治上的这一特点在法国资产阶级的思想体系中必然会有相应的反映。著名哲学家笛卡尔主张二元论和唯理论哲学，这即是那个时期法国新兴资产阶级两重性的典型的理论表现。与此同时，伽桑狄的不彻底的唯物主义经验论哲学也在一定程度上反映了法国新兴资产阶级的这一特点。

德国的情况又有所不同。德国自宗教改革后，封建诸侯的势力不断加强，信奉新教的路德派诸侯（"新教同盟"）和信奉天主教的诸侯（"天主教同盟"）之间的争权夺利的派系对抗因欧洲其他国家的插手而变得复杂和剧烈起来，终于在 1618 年发生了"三十年战争"。这场直到 1648 年订立"威斯特伐里亚和约"才告结束的旷日持久的大规模的战争，给德国带来了各方面的巨大的破坏，致使当和平到来的时候，德意志已经无望地倒在地下，被踩得稀

---

① 《马克思恩格斯选集》第 1 卷，人民出版社 1972 年版，第 179 页。

烂，撕成了碎片，流着鲜血（马克思语）。这样，17 世纪下半叶到
18 世纪初叶，德国的经济和政治自然就很落后。它依然是农业国，
农奴制迅速恢复并统治着全国。工商业普遍凋蔽，人口大大减少。
全部政权属于贵族—农奴主。尤其是国内封建割据局面严重，在那
时，竟有 300 多个邦国、50 多个独立的自治城市和无数的骑士领
地。它们名义上均属"德意志神圣罗马帝国"，但皇帝并未能对它
们实行统治权；它们各有自己的君主，独立的外交权力，自设的关
卡，自身的经济、政治利益。这一切就使德国无法形成一个统一的
经济中心和国内市场，资本主义发展受到严重阻碍。在当时的德
国，工场手工业在整个国民经济中还不到 10%。仅有的这些也还
是分散于各地，远不是统一的民族的资本主义经济；它们的生产、
商业销售和贸易大都依赖于宫廷诸侯的挥霍和封建军队的耗费，尚
未获得独立的发展；它们规模狭小并和农奴制宗法关系的生产方式
相联系，而不具完全的资本主义性质。而在意识形态里，宗教神学
和经院哲学的统治地位还原封未被触动。在这样的历史条件下成长
起来的德国资产阶级，真正地说，尚未形成为一个阶级，政治上极
不成熟，远没有力量和勇气去开展反对封建制度的斗争，与封建贵
族决裂。它比起同时代的英法资产阶级来说，要软弱和保守得多，
对封建势力具有更多的妥协性。

　　但是，另一方面，德国毕竟处在整个资本主义正在兴起的文明
欧洲之中，它与邻近的资本主义国家不是隔绝的。德国资产阶级不
能不受到它们的触动和影响，因而它也还关心和渴望着实现自身在
经济上和政治上的利益，向往着在"开明君主"的庇护下，废除
国内农奴制度，消除封建割据，加强民族统一，恢复人的权利，发
展资本主义经济，复兴自然科学和文化。17 世纪下半叶到 18 世纪
初叶，德国资本主义和资产阶级的这种两重特性在当时的意识形态
里必然会反映出来。生活在这一时代的莱布尼茨等，受到当时整个
欧洲时代精神的熏陶和德国社会状况的限制，其哲学采取与宗教神
学相一致的唯心主义形态，又崇尚理性，与科学有紧密联系，包含
有重要的辩证法因素，就是上述这种两重特性的理论表现。

　　总起来说，在西欧，从 16 世纪末叶到 18 世纪中叶，是以工场

手工业为特征的资本主义经济发生、发展和以英国革命为标志的早期资产阶级反封建斗争的重要历史时期。这一时期涌现出了许多著名的哲学家，他们的哲学即欧洲近代经验论和唯理论哲学就是在这样巨大的社会变革的历史环境下产生的。正如马克思在《道德化的批判和批判化的道德》一文中所说，"资产阶级著作家在资产阶级同封建主义进行斗争的时期提出的原则和理论无非是实际运动在理论上的表现，同时可以精确地看出，这种理论上的表现依其所处实际运动的阶段的不同……也往往不同"①。

第二节　近代西欧以力学—数学为基础的自然科学的复兴

在欧洲历史上，科学并非一开始就是以独立的形态存在和发展的。在古代希腊，科学和哲学原不作区分，是一回事，科学家同时是哲学家；直到亚里士多德时代，科学才开始有自己的对象，从哲学中分化出来。在中世纪，基督教神学占绝对统治地位，科学被深深地禁锢在神学之中，作为教会恭顺的侍婢、附庸而存在，又丧失了独立性。诚然，在那个时代并非完全没有科学。自 13 世纪起，由于生产的发展，城市的出现，大学的建立，阿拉伯人著作的翻译和东方技术的传入，数学、力学、光学、化学、天文学和生物学等都有明显的进步，并出现了罗吉尔·培根（1214～1294）和布里丹（一译比里当，1300～1358）等近代实验自然科学和物理学的先驱。其实，即使是经院哲学家也不得不承认如在解剖学里看到的神经在大脑会合等科学事实②。但毕竟在那个时代，科学受神学目的论的支配，被歪曲和利用来论证上帝的存在；奥古斯丁曾说过"从圣经以外获得的任何知识，如果它是有害的，理应加以排斥；

---

① 《马克思恩格斯选集》第 1 卷，人民出版社 1972 年版，第 191 页。
② 见伽里略：《关于托勒密和哥白尼两大世界体系的对话》，上海人民出版社 1974 年版，第 140 页。

如果它是有益的，那它是会包含在圣经里的"①。因此，其发展极端缓慢，仍处在黑夜之中。

在西欧，自15世纪下半叶起，伴随着资本主义经济的产生和资产阶级登上历史舞台展开反封建反宗教神学的斗争，自然科学开始了伟大的复兴。恩格斯曾指出："真正的自然科学只是从15世纪下半叶才开始，从这时起它就获得了日益迅速的进展。"近代自然科学的复兴主要是与资产阶级要求征服自然，热衷于发展生产分不开的。"如果说，在中世纪的黑夜之后，科学以意想不到的力量一下子重新兴起，并且以神奇的速度发展起来，那末，我们要再次把这个奇迹归功于生产。"② 资产阶级为了发财致富，同封建势力作战，实现自己的经济政治利益，都需要发展生产，正是生产促进了近代自然科学的复兴。15世纪末哥伦布和麦哲伦相继进行的航海探险，其活动固然是同发展贸易，寻找殖民地有关，但同时是一项规模巨大的科学考察。它以其伟大的实践确证了大地是球形物的知识，从而打破了那时人们普遍认为天圆地方，若在海上沿着同一个方向航行，将会一去不复返的错误看法。现代物理学家劳厄对此曾评述说，"我们必须把15世纪末的伟大的航海发现，首先是哥伦布在1492年发现美洲作为新的研究精神的第一个标志"③。在16世纪，欧洲许多工场手工业部门运用水力和风力发动机、脚踏纺车、卧式织布机等进行生产，促进了人们对力学和数学的研究；航海业的发展推动了天文学、地理学、气象学的研究；冶金、酿酒、染色等行业的发展推动了化学的研究；印刷术使各种知识和学问得到保存和广泛的传播，加强了科学信息的交流。与此同时，一系列专门用来从事科学观察和科学实验的仪器也产生了，如望远镜、显微镜、温度计、湿度计和水银气压计等，借助于它们的帮助，自然科学获得了深入的发展。至于17世纪在西欧更是出现了对技术发明

---

① 转引自克莱因：《古今数学思想》第1册，上海科学技术出版社1979年版，第234页。

② 恩格斯：《自然辩证法》，人民出版社1971年版，第163页。

③ 劳厄：《物理学史》，商务印书馆1978年版，第5~6页。

的狂热追求，使得以力学为基础的自然科学呈现出繁荣兴盛的景象。总之，资产阶级为了发展生产，需要有探索自然物体的物理特性和自然力的活动方式的科学。资产阶级没有科学是不行的。因此，早期的商人很多都亲自提倡科学。甚至有一些宗教改革家在强调上帝是世界的创造者时，也往往同时提出"上帝不改变自然规律"，应在自己的宗教经验里寻求精神的真理；在当时，不少清教徒本身就是著名的自然科学家。

人们通常把文艺复兴到18世纪中叶一段时期称作近代"新兴自然科学的第一个时期"。这个时期以哥白尼为开端，以伽利略和开普勒等一大批科学家为中介，最后以牛顿为高峰或终结。这是科学史上富有内容、特征和影响的重要时期。

哥白尼（1473～1543），文艺复兴时期波兰天文学家。毕生从事天文观测和科学研究，著有《天体运行论》等，在科学史上以创立日心说，反对地心说著名。

长期以来，在宇宙结构的问题上，亚里士多德—托勒密的地心说统治着人们的头脑。这种学说虽符合人们的感觉经验，有一定的观测资料为依据，并非全属荒谬。但它基本观点不正确，经过基督教神学的加工，又完全被神秘化了；并在13世纪的经院哲学家那里达到了完备的形态。到15、16世纪，这种学说本身越来越与天文观测的事实不符，显露出不能适应历法改革和航海业迅速发展的要求。在哥伦布等航海家们重新审视我们居住的世界，发现了"新地球"，大开了人们的眼界之后，人们对这种学说发生了根本性的疑虑。正是在这种背景下，哥白尼以大量的天文观测材料为依据，运用严密的数学计算和逻辑推理，继承了古代的日心说观点，提出了自己的日心说体系，以与亚里士多德—托勒密的地心说体系相对抗。

哥白尼在《天体运行论》中系统地阐述了日心说的内容。其基本论点是，我们所处的宇宙体系的中心是太阳，太阳是"宇宙之灯，宇宙之心"，它统率着围绕它旋转的行星。地球是不断运动的，它和其他行星沿着以太阳为中心的轨道而公转，它还绕地轴自转；地球的这种公转和自转才产生我们所看到的太阳自东向西运行、昼夜和四季的变化等现象。各行星在太阳系中的排列顺序为，水星离太阳最近，它绕太阳一周仅需 80 天；次为金星，需 9 个月；再次为地球，需一年；再依次为火星，木星，土星；在土星之外还有一个固定不动的恒星天。地球不在宇宙的中心，而在月亮轨道的中心；月亮是地球的卫星，围绕着地球运行。

哥白尼力图以太阳为中心来说明整个太阳系，毫无疑问是天文学领域里根本性观念的重大变革和创新。它推翻了统治人们长达一千四百多年的地心说，开创了近代科学的天文学，是人类认识宇宙天体历史中的一个光辉的里程碑。

但是，真正说来，哥白尼的日心说依然是一种假说。他受毕达哥拉斯的数的和谐传统观念的影响，出于对宇宙和谐的信念和理论简单性的追求，思考的是行星应该有怎样的运动才会产生最谐和、最简单的天体几何学，从而假设了一个体系，再用观察的结果加以证实。真正近代意义上的科学和求实的精神在他那里尚处于萌芽形式之中。其次，哥白尼学说本身有重大缺点。它尚保留有行星按正圆形轨道运行的观点，而不是主张行星以太阳为一个焦点，沿着椭圆形轨道运动；并沿用了托勒密的本轮和均轮等旧观念。所以后来开普勒说他"没有觉察到他伸手就可以取得的财富"。它强调太阳是天体的中心，慎重地声明"把宇宙是否有限的问题留给物理学家去解决"，而并没有承认宇宙的无限性，不懂得太阳中心说仅相对于太阳系而言。所以后来有英国数学家迪杰斯（1543～1595）和意大利自然哲学家布鲁诺出来扩展他的见解，说宇宙无边无际，有无数个中心。

在科学史上，哥白尼学说的真实意义仍在于它对那时具有重大社会影响的神学宇宙观提出了严重的挑战。在中世纪，按照《圣经》的说法，人是上帝的特殊的创造物，整个宇宙都是上帝为了人而创造的，人所居住的地球理应是宇宙的中心。宗教神学还把整个宇宙分为"地界"和"天界"；并称托勒密学说中作为宇宙中心的地球就是上帝所创造的"地界"，地层深处是撒旦的地狱，地界之外是诸神所掌握的行星，而上帝则居住于"天界"上，人则靠神灵感应才与整个宇宙各个部分相接触。可是，按照哥白尼的学说，人所居住的地球并非是上帝创造的宇宙中心，而只是绕日运转的一颗普通的行星；整个太阳系包括地球在内都严格地按照同一的力学规律在自己运动，而并无所谓上帝居住的"彼岸世界"。这就否定了上帝的至上性和神圣性，威胁到了一切宗教（包括新教）的基础，是对宗教神学的沉重打击。正因为这样，所以哥白尼的《天体运行论》受到了天主教会连同一些新教徒的攻击，被视为"不合理的、明显地异教的和违反圣书的"，如路德曾针对哥白尼说，"这个愚蠢的家伙，要把整个天文学颠倒过来"①；并于1616年被教皇列为禁书。后来哥白尼学说的拥护者也都受到宗教裁判所的残酷迫害。

换句话说，哥白尼日心说的创立是科学中的伟大革命。即它不仅使天文学，而且使整个自然科学开始从神学的束缚中解放出来，走上独立发展的道路。既然天文学里的地心说是可以反驳的，为什么其他的学科不能突破教会的教条呢？恩格斯曾把这一创立评述为"自然科学借以宣布其独立并且好像是重演路德焚烧教谕的革命行为"，并指出"科学的发展从此便大踏步地前进，而且得到了一种力量，这种力量可以说是与从其出发点起的（时间的）距离的平方成正比的"②。由于哥白尼在科学上树立了勇于革新、开拓的典范，后人也就常把一种思想或理论上的根本性转变称为"哥白尼式的革命"，以显示其划时代的深远意义。

哥白尼学说为近代自然科学的发展开辟了道路，或者说是近代自然科学第一个时期的"知识发酵"阶段。在哥白尼之后，在科学上具有深刻影响的便是伽利略和开普勒等人，他们在真正近代科学的意义上从不同的角度发展了哥白尼的学说。

伽利略（1564～1642），意大利天文学家、物理学家。长期从事力学方面的研究，并用望远镜进行天文观测和研究。晚年因坚持地球在运动的观点，曾两度受罗马宗教法庭审判。著有《关于托

---

① 大治正则：《科学的历史》，求实出版社1983年版，第80页。
② 恩格斯：《自然辩证法》，人民出版社1971年版，第8页。

勒密和哥白尼两大世界体系的对话》等。

　　伽利略是哥白尼日心说的宣传者和拥护者。他不像哥白尼凭借肉眼观察，从数学上来证明日心说，而是利用当时合成镜片的光学性质的研究，创制了放大 32 倍的望远镜，用它来进行天文观测。他发现，太阳表面上有黑子；月亮上布满山谷；金星同样有圆有缺；木星有四个卫星围绕着它，似小太阳系；以及银河由许多的恒星形成等天文事实。他以此证明了天界并非绝对完善，宇宙间的环行中心不止一个，从而证实了哥白尼的日心说。如果说，在 16 世纪，哥白尼体系尚没有广泛地为人们所接受，因其在预测行星方位上并不比托勒密体系所作的预测更精确；那么，这时，伽利略就使更多的公众因看到这比较简单的证明而支持它。此外，他还根据"地球上的物体应参与地球的运动"提示：在一行驶甚速的船上，从桅竿顶上抛下一石，将会落于桅竿脚下。这一提示得到了法国人伽桑狄于 17 世纪 40 年代所作平凡实验的证实，捍卫了哥白尼学说，反驳了托勒密学说。

　　伽利略是近代力学的奠基者。他曾从威尼斯兵工厂的机器研究出发阐述力学问题。如证明一条横梁所能支撑的重量，实际上是与横梁的长度成反比的等等。但其贡献主要在于研究了地球上物体的运动问题，提出了质量、速度和时间的关系，发现了自由落体定律、惯性定律和抛物体定律。如：他通过实验发现，一切物体不论轻重都以同样的时间经过同样的距离坠落，落体的速度随时间均匀地有所增加。这一发现证明亚里士多德关于重物体比轻物体坠落快的见解错了。他还通过实验观察到，金属球以匀速继续滚过光滑的平桌面；并得出结论说，物体在不受外力作用下，原有的静止或匀速运动状态保持不变。根据这两条定律，他又研究了抛物体的运动轨迹，认为一个从大炮发出的抛射体有两种速度，一是沿平面的速度，按照惯性定律始终保持匀速；一是垂直的速度，受引力影响而随时间加快。这两种速度的相互作用，就显示出抛射体的运动轨迹；当炮身的角度抬高到 45°时射程最远。这即是抛物体所具有的两种性质的速度的合量。伽利略就是以此种研究和发现开创了动力学部门，为实验物理学奠定了基础。

伽利略的力学研究重视的不是地球上物体为什么降落、运动，而是地球上物体怎样降落、运动。他在这里把一切都归结为时空的数学关系，认为物质无非是一些可按数学来处理的性质，如广延、位置、密度和速度等，并由此接触到了质量和惯性的概念，用它们来描述运动。这就把运动从神的手中转移到了物质本身，把"第一推动力"、中世纪的目的论观念从自然科学中排除了出去。此外，哥白尼立足于数学的和谐来说明天体的结构和运动，他则把这种和谐确立为一切物体运动的数学——力学规律。这一切显然都是科学上的巨大进展。

与伽利略同样重要的是开普勒。开普勒（1571～1630），文艺复兴时期德国天文学家，哥白尼以后天体理论发展的重要代表。曾任第谷·布拉赫（1546～1601）的助手，并受聘为皇家数学家。著有《新天文学》、《哥白尼天文学概要》等。

开普勒于 1600 年到布拉格近郊的贝纳泰克天文台与基本上持地心说观点却擅长实际天文观测的丹麦天文学家第谷·布拉赫共同进行天文学研究。翌年第谷去世，开普勒继承第谷未竟事业，不关心望远镜观测所发现的事实，而一心从事整理第谷所积累的观测资料，并于 1627 年编印了一份"鲁道夫星表"。他在深入的研究中发现，无论是哥白尼体系，还是第谷和托勒密的体系均与第谷的观测资料不符；并经过反复的数学运算和分析后，陆续发表了关于行星运行的三条定律。首先是行星运行的轨道定律，即行星按照椭圆形轨道环绕太阳公转，太阳处于椭圆的一个焦点上。该定律纠正了哥白尼认为地球绕日公转的轨道是正圆形的错误观念。其次是行星运行的面积定律，即太阳中心与行星中心之间的连线在轨道上所扫过的面积与时间成正比。该定律提出的行星绕日运行的速度是不规则的重要论点，克服了行星运动是严格均匀的传统观念。再后是行星围绕太阳公转周期的平方和它们离太阳的平均距离的立方成正比，即离太阳越远的行星，所需要的运行时间就越长。这即是行星运行的周期定律。该定律的提出使开普勒关于天体运动状况的认识得到了完善的揭示和表达。

开普勒关于行星运动的三大定律是他科学生涯中的最大成就。

如果说伽利略着重揭示的是地球上物体运动的规律，那么开普勒着重揭示的就是天体运动的规律，他解决了行星是怎样运动的大难题。他以此为证实哥白尼的日心说提供了最强有力的论据。哥白尼学说从此就建立在严格精确的数学计算和证明的基础上，为更多的人所接受。

伽利略和开普勒作为早期近代自然科学的重要代表，是文艺复兴时期文化中心意大利和德国科学成就的标志。他们的学说从不同方面为牛顿力学的产生作了准备，可以说是近代自然科学第一时期的"知识基础"阶段。但是，无论是伽利略还是开普勒或其他人，在这一期间都还没有对质量、惯性等这样一些最基本的力学概念作出明确的定义；他们的力学研究仅涉及宇宙的某个方面（或地球上的物体或天体），而尚未对宇宙作出整体的把握；他们可以反复地观测和证实地球上物体的运动，特别是行星绕日运动的椭圆形轨道，支持哥白尼的学说，但却不能从力学上去解释，为什么行星在绕日公转时作椭圆形运动而不会沿切线方向飞去，或维系这种圆周运动的原因是怎样的？这是当时自然科学的进展在逻辑上必然会提出来的一些重大理论问题；对这些问题 17、18 世纪之交的牛顿作出了回答。

当西方文化中心随着地理大发现而由地中海沿岸地区转移到大西洋沿岸地区时，在那里出现了一批新型的自然科学家，牛顿便是其中最负盛名的一个。依萨克·牛顿（1642～1727），英国物理学家和数学家，经典力学的集大成者，几何光学和微积分学的奠基人。曾担任过"鲁卡斯数学讲座"的教授，英国皇家学会会员、会长。著有《自然哲学的数学原理》、《光学》等；前者为近代科学的奠基性巨著。

牛顿用分析方法把自然界抽象为物质和运动。按照他的看法，物质本身并不固有运动但又和运动联系着，物体的运动是外力作用的结果。这就引出和明确了在伽利略那里还只是模模糊糊的质量和力的两个基本概念。他把质量（密度和体积的乘积）和重量（重力）区别开来，提出两个物体其重量与它们的质量成正比的关系式，并由此说明：重力"是从一个原因而来的，这个原因……是按照物体所含的实际质量的数量起作用的"①；而科学的任务主要在于通过用量来表示的力以及由这种力所引起的机械运动，来认识自然界中所发生的一切现象。

在这里，首先牛顿继承了伽利略关于地球上物体运动的研究成果，系统地制定了物质机械运动的三条普遍定律。他指出，任何物体在不受外来作用时，或保持静止状态，或作匀速直线运动。这其实就是伽利略提出的惯性原理。按照牛顿的说法，质量的根本特征就是"惯性"。他指出，当物体受到外力作用时，物体的加速度与所受外力成正比，与物体的质量成反比；其方向与外力的方向一致。换句话说，外力的大小等于物质质量与加速度的乘积。这条定律吸取了伽利略关于力和加速度的思想，表明了力和加速度之间以质量为媒介，从而说明了为什么轻重不同的物体会以同样的加速度下落。他还指出，当一物给予另一物以作用力时，该作用力与后者给前者的反作用力大小相等，方向相反，且在同一直线上。牛顿的这些力学定律揭示了物质机械运动的普遍规律，它不仅适用于地球上的物体运动，而且适用于天体运动。伽利略所描述和推算的地球上的重力作用，现在以一种更普遍的形式被贯彻到太阳系和一切行星运动中去了。

同时，牛顿还吸取了开普勒关于天体运动的研究成果，发现了万有引力定律，即两物体之间由于物体的质量必然产生互相吸引，这个引力的大小与两物体的质量乘积成正比，与两者质心的距离的平方成反比。但牛顿的万有引力定律比开普勒的行星运动定律要大大前进一步。简扼地说，后者是对行星运动状况的描述，带有经验定律的性质，前者只用一条定律来说明天体运动，其概括程度更高；后者属于运动学的见解，说明天体运动的轨道是怎样的，前者属于动力学的见解，说明天体运动即行星围绕太阳作椭圆形运动是怎样得以维系的；还有，后者只适用于太阳系的行星，而前者适用范围更广，即万有引力支配着天体运动，还制约着地球上的物体，在地球上它就是物体的一般重量。

---

① 丹皮尔：《科学史》，商务印书馆 1979 年版，第 231~232 页。

正是上述物质机械运动的定律和万有引力定律构成了牛顿经典力学的科学体系。也可以说，牛顿用天体力学补充了地球上的物体的力学，并把这两种力学结合在关于物质的机械运动这门统一的科学里。

牛顿的经典力学体系实现了近代自然科学的第一次大的理论综合。他主要综合了并用数学方法表达了伽利略和开普勒关于地球上的物体和天体的机械运动的研究成果。他通过这一综合描绘了一幅数学—力学的世界图景。自哈雷（1656～1742）根据万有引力定律准确地预测了1759年哈雷慧星的出现及其运行轨道起，牛顿的经典力学体系陆续地获得了证实，得到了普遍的承认。诚然，牛顿对世界图景的描绘是以某种未经证明不尽合理的假设——"超距作用"为前提的；尤其是还与所谓"第一推动力"的假设相联系。他认为行星按椭圆形轨道绕日公转，是复杂的合成运动，其中切线力与引力相结合，行星才能按椭圆形作轨道运动。那么，"太阳系最初是怎样才能开始运动的呢？"牛顿强调，如果现存的行星按轨道的切线方向运动的状态是永恒的，那么该运动就必定是在受了某种外来的"第一次推动"后开始的。这实际上就是承认神用"第一次推动"发动起了"宇宙的时钟"。如牛顿自己所说"重力可以使行星运动，然而没有神的力量就决不能使它们作现在这样的绕太阳而转的圆周运动。因此，由于这个以及其他原因，我不得不把我们系统的结构归之于一个全智的主宰"①。应当说，这是牛顿从机械论出发必然会作出的结论。但是，不论牛顿对世界的描绘有怎样的时代和个人的局限，毕竟从此开始，人们关于自然界的知识已不是零碎的、片断的了，而是从少数几条规律出发描述了运动，又解释了运动，从整体上对自然界进行了把握。牛顿的学说是一种崭新的世界观。它是近代自然科学第一时期的"知识综合"阶段，标志着从哥白尼开始的该时期人们对自然规律性的探索达到高峰；同时也可以说是该时期这一探索的结束。"哥白尼在这一时期的开端

---

① H·S·塞耶编：《牛顿自然哲学著作选》，上海人民出版社1974年版，第62页。

给神学写了挑战书；牛顿却以关于神的第一次推动的假设结束了这个时期。"①

从 15 世纪末叶到 18 世纪中叶的近代自然科学成就不仅表现在上述力学方面，还表现在其他各个方面。在这一时期，为天文学和力学服务的数学也很有进展。如耐普尔关于对数的发现，尤其是笛卡尔解析几何的创立和牛顿、莱布尼茨对微积分的探讨。在当时，伽利略依靠几何的论证来证明其力学命题，很勉强和不灵活；笛卡尔则发现，代数是更灵活和普遍的数学技巧。于是，他根据自古已知的天文和地理经纬度，借助于坐标概念，用代数的方法来研究曲线性质，创立了解析几何。在这中间，他把变数引入了数学，这是他的重大贡献。恩格斯曾说，"数学中的转折点是笛卡尔的变数"②。因为先前的数学使用的是一些恒常的不变的数值——常数；有了变数，运动和辩证法就进入了数学。这就使微分和积分成为迫切需要的了。而当牛顿和莱布尼茨各自独立地用代表一个几何点运动的代数方程来描述几何图形，这时微积分就创立起来了。它使自然科学不仅可以数学地描述状态，还可以数学地描述过程；它作为一门独立的科学能更好地解决涉及质量和运动的问题。

在这一时期，天文学、昆虫生理解剖学等实验科学对光学仪器如望远镜、显微镜的需要，推动了人们对光的研究。如像伽利略奠定近代实验力学的基础和吉尔伯特（1540～1605）奠定近代磁学的基础一样，开普勒提出光度随距离减弱的平方反比律等奠定了近代实验光学的基础。牛顿则用三棱镜分析日光，发现白光是由不同颜色的光合成的，奠定了光谱分析的基础。但是这一时期对光的研究的成就主要表现在对光的本质的认识方面。在这个问题上，概括地说，笛卡尔和牛顿主张光的微粒说，认为光线是由微粒组成，并且沿直线作快速振动传送。他们根据这种理论解释了反射、折射和直线传播等光学现象；并认为没有中间介质的活动是没有的，光在密介质比在稀介质中要走得快，就如球沿着硬而重的桌子滚动比在

① 恩格斯：《自然辩证法》，人民出版社 1971 年版，第 11 页。
② 恩格斯：《自然辩证法》，人民出版社 1971 年版，第 236 页。

软而轻的地毯上滚动要容易一样。荷兰物理学家惠更斯（1629～1695）则主张光的波动说。他认为，光是由传光流体或静止以太等介质传播出来的纵波，波浪中的每个介质点都是第二波的中心。他以这种理论来解释折射、反射等光学现象，与光的微粒说相对立。这两种学说展开了激烈的争论。起初，由于牛顿的威望，光的微粒说占统治地位；牛顿之后有一个世纪，光的研究没有进展。直到19世纪，人们发现了光的干涉、衍射和偏振等现象后，光的波动说才占上风。实际上这两种学说都分别反映了光的本质的某一方面即光现象中的抽象的间断性因素或不间断性因素。它们的提出都是当时在光学领域中的重大科学成就。

医学和天文学一样是这一时期自然科学的重要学科。这一时期的医学注重对人体的构造的研究；明显地具有解剖学和力学的倾向。在这方面，17世纪英国生理学家哈维获得了最突出的成就。哈维（1578～1657）在反复解剖的实验基础上，继维萨里和塞尔维特之后，在亚里士多德关于地球范围内天然循环运动思想的启示下，提出了他的关于血液循环的学说。他把人体看作大宇宙中的一个小宇宙，似是作为水力机的机器；把心脏比作小宇宙的中心——太阳，看作是“生命的基础和一切活动的源泉”。他认为，心脏的搏动使体内发生血液流动，血液经过动脉和静脉，滋养全身；“通过血液的运动，循环运动也在体内进行着”。就如哥白尼在天文学上把圆形运动现象归之于整个的地球一样，可以说，他是完整地提出血液循环学说，把生理学“确立为科学”① 的人。这一学说强调，血液循环仅与单纯的生理机制相关，而与神性无关；“灵魂本身就是血液”，并非不随肉体消亡，从而推翻了被中世纪宗教神学奉为神圣的古代盖伦学说②。这一学说用机械论观点解释人体，把心脏、动脉和静脉构成一个运输血液的机械系统，企图把人和自然

① 《马克思恩格斯选集》第3卷，人民出版社1972年版，第524页。
② 公元2世纪罗马医生盖伦认为，人体中有不同等级的血液，它们分别在脑、心、肝等不同器官内流动，不能产生循环。这种学说后来被用来论证，只有“天界”才有循环（圆周运动）。

的运动统一起来，是对牛顿所描绘的新的世界图景的重要论证和补充。

在这一时期，与上述科学成就同时兴起的，还有瑞士医生帕拉塞尔苏斯（1493～1541）企图把医学和炼金术结合起来，提出人体本质上是一个化学系统的学说，其疾病是由于元素间的不平衡引起，可用矿物和无机物进行治疗，从而对医疗化学的形成作出了贡献。英国化学家波义耳（1627～1691）在伽桑狄复兴了古希腊的原子论之后，主张分子微粒说，认为物质就是由运动的微粒组成，又把这种机械论观点用于科学研究，发现了气体的压力与其体积成反比，史称波义耳定律；并解释了肌体酸痛以及饥饿等现象。他还提出了关于化学元素的合理定义，为对化学变化作定量研究提供了理论基础，把化学确立为科学。继之，德国的医疗化学学家如贝歇尔（1635～1682）、斯塔尔（1660～1734）等还提出了燃素学说，认为燃素为一切可燃物体的要素；当这些物体燃烧时，燃素便从物体中逸出。此外，在生物学方面，荷兰列文虎克（1632～1723）用显微镜观察了血球、精子和细菌，揭开了微生物的新领域。英国植物学家格鲁（1641～1712）和约翰·雷（1627～1705）分别阐述了植物构造和植物科学分类法，推进了植物形态学的进展。瑞典的生物学家林耐（1707～1778）在1735年出版的《自然系统》中主要根据植物生殖器官这一个特征将大量的植物按纲、目、属、种进行分类；还将动物分为六类即四足类、鸟类、两栖类、鱼类、昆虫类和蠕虫类，是这一时期生物学的重大成就。与此同时，近代早期的航海技术、机械技术和动力技术等也获得了蓬勃的发展。

以上所述，就是近代自然科学在这一时期，主要在力学、数学等部门中所获得的重大成就。在这之前，自然科学还深深地被禁锢在神学之中；因此，这些成就乃标志着自然科学在近代的伟大复兴。近代以力学—数学为基础的自然科学的复兴，从本质上看，是科学与神学较量，逐渐摆脱神学，战胜神学，获得独立发展的过程。关于这点，恩格斯曾说过："自然科学当时也在普遍的革命中发展着，而且它本身就是彻底革命的；它还得为争取自己的生存权利而斗争。"① 如上所述，这一过程在这一时期是以哥白尼的《天体运行论》那本不朽著作的出版为开始，以牛顿的《自然哲学的数学原理》这一巨著的问世为结束；牛顿以其所描绘的力学—数学的世界图景取代了神学世界观。诚然，牛顿最终还是作出了关于上帝的第一推动的假设，在这一时期自然科学的最高的普遍的思想还是关于自然界安排的合目的性的思想，自然科学并未彻底摆脱神学的羁绊。但从整个说来，这是自然科学中的革命；这一革命可以说是与这一时期新兴资产阶级在政治领域中的反封建的斗争相适应的。正因为这样，所以，在这过程中曾有多少科学家因其科学发现而遭到了教会的迫害！如伽利略由于其支持太阳中心学说而遭到罗马教廷的终身监禁；塞尔维特由于其建立血液循环学说而被教会送上火刑场。这种状况也就是这一时期近代自然科学复兴所具有的意义之深刻性所在。而近代欧洲经验论和唯理论哲学与那个时代的自然科学则有着密切的关系。它正是在此近代自然科学伟大复兴的推动下得以产生的。它无论在思维方式方面，还是在内容、形式和性质等方面无不受到这一时期具有自身特点的自然科学状况的制约和影响。如果说，在中世纪，哲学是神学的婢女，哲学完全以神学为基础，为神学服务；那么在这一时期，哲学便可说主要是以科学为基础，为科学服务的了。真正说来，这是人类历史上第一次哲学和科学的结合。

第三节 近代西欧以人为中心的社会文化思潮的发展

自 15 世纪起，在欧洲社会经济和阶级关系发生深刻变动的时代，新兴资产阶级其实际地位和扩张能力同封建制度的继续存在已开始不相容了。它们在经济和政治上虽还缺乏强大的力量来推翻封建阶级的统治，但已在政治、历史、文学艺术、科学和哲学等各个

---

① 《马克思恩格斯选集》第 3 卷，人民出版社 1972 年版，第 446 页。

方面提出了破旧立新的伟大任务，在为资本主义代替封建主义、资产阶级推翻封建统治制造舆论、摇旗呐喊了。由于罗马天主教会在那个时代是封建制度的巨大的国际中心和精神支柱，因此，它们的每一种斗争都必然首先把矛头指向教会，指向宗教神学和经院哲学。在这过程中，它们随着新大陆新航路的发现和对古代希腊罗马文化的发掘，思想视野扩展了，把目光从虚幻的天国转向了对大自然的研究，使自然科学从神学的束缚中解放出来，走上了独立发展的道路，获得了伟大的复兴。以牛顿为代表的自然科学家们最终所提供的力学—数学的世界图景就是到18世纪中叶为止的这一时期近代自然科学最重要的成果。它以机械论的世界观取代了宗教神学的世界观，是对宗教神学和经院哲学的沉重打击。这是一方面。另一方面，它们把目光从虚幻的天国转向了对现实的人生的研究，掀起了一场大规模的以人为中心的社会文化运动或思潮。在当时欧洲所出现的人文主义运动和宗教改革运动就是它们所掀起的这一社会文化思潮的两种表现形式。前者以世俗的形式表现了资产阶级的新文化，后者以神学的形式表现了资产阶级的新文化。两者都以人的发现和人的颂扬来对抗宗教神学的世界观，沉重地打击了宗教神学和经院哲学。

在中世纪，基督教在社会意识形态领域里占统治地位，它的教义是一切思维的出发点和基础，所以中世纪的社会文化是神学的，各门学科都被归属于"神学的科目"。在它里面，上帝受尊崇，处于至高无上的地位，是万物的创造主；人受压抑，被贬到了地下，是上帝的"羔羊"。诚然，人曾被宗教提升为仅次于天使的、从宇宙的中心即地球上来俯览万物的最高尚的存在物，但这指的仅仅是人的精神或灵魂；人的肉体和物质世界则根本上是恶的。整个来说，在中世纪，思维和存在、精神和物质是对立的，这对立以抽象的绝对的形式，通过上帝和人的对立表现出来；在上帝面前人是有原罪的，"人应当蔑视自己"。这种对人的观点实际上是封建贵族赖以统治人民的最根本的思想武器和文化观点。这样，在当时，新兴资产阶级在反封建和反宗教神学的斗争中，就不能不把锋芒着重指向这一文化观点上。

　　自 15 世纪起，新兴资产阶级的学者在鄙弃以基督教神学为中心的封建文化和从事各个领域的社会文化研究时，曾广泛地利用了古代希腊罗马的文化成果。古代希腊罗马的文化成果在欧洲中世纪曾遭到严重的摧残；12、13 世纪以后才陆续从阿拉伯东方重新传入欧洲。14 世纪末，希腊学者赫雷索罗那（约 1350～1415）应邀到佛罗伦萨举办了为期 4 年的希腊文讲座；一些西方学者如布拉丘里尼、布鲁尼等多次到各地著名的修道院去搜集古籍抄本，发掘古代文化遗物；大规模的私人藏书和民间图书馆在意大利出现了，在教皇尼古拉五世时建立了梵蒂冈图书馆。自此之后，学习、恢复和整理"古典文化"的热潮在欧洲便掀起了。该运动的参加者宣称"让死去的东西复活"，热衷于研究古代的语言、文学艺术、自然科学、历史和哲学。他们从中"发现了人和自然"，认为"古典文化"以人和自然为研究对象，是非神学的世俗文化。他们尤其注重人的研究，并从西塞罗那里借用拉丁文"人文学"一词来称谓之，以表明他们所从事的是同"神学学科"有区别的新学问。这一新学问的出现不仅指学术方向的改变，还意味着一种以人为中心的提倡人性或人道精神的新世界观和新文化代替了宗教神学的旧世界观和旧文化；它和近代新兴的自然科学一起共同冲击着宗教神学和经院哲学。这就是文艺复兴时期的人文主义思潮。它开始于资本主义最早发展的意大利，后来在法国、德国、英国、荷兰和西班牙等国家也开展起来。主要代表人物在意大利有彼特拉克（1304～1374），人称"人文主义之父"，还有薄伽丘（1313～1375）、费奇诺（1433～1499）、彭波那齐（1462～1525）、瓦拉（1407～1457）、达·芬奇（1452～1519）、特勒肖（1508～1588）、马基雅弗利（1469～1527）和康帕内拉（1568～1639）等；在西欧其他各国则有德国的库萨的尼古劳（1401～1464）、荷兰鹿特丹的爱拉斯谟（1466～1536）、西班牙的斐微斯（1492～1540）、法国的蒙田（1533～1592）和拉伯雷（1495～1553），以及英国的莎士比亚（1564～1616）和莫尔（1478～1535）等。

　　文艺复兴时期人文主义思潮的本质是对人性的发现。它肯定和注重人、人性，要求在政治、历史、语言、文学艺术、科学和哲学等各个文化领域里把人、人性从宗教神学的禁锢中解放出来。它的口号是："我是人，凡是人的一切特性我都具有"（源出公元前2世纪拉丁诗人特伦斯的诗）。它的内容，概括地说有下述几个方面：

首先，人文主义者反对中世纪神学抬高神贬低人，视人为神的造物的观点，肯定人的价值，强调"人的高贵"。他们把人看作是"宇宙的精华，万物的灵长"①，说它"在行为上多么像一个天使，在智慧上多么像一个天神"，热烈地赞美人的力量的伟大，颂扬人的特性的完美和人的理想的崇高。他们还通过著述《巨人传》，或雕刻大理石像，塑造追求真理、热爱祖国、有超人的力量和优秀品质的文学艺术形象——"巨人"或"大卫"等，来提倡尊重"人的尊严"，发展人的事业。

其次，人文主义者反对中世纪的宗教桎梏和封建等级观念，强调和要求人的个性自由和平等。他们揭露教皇和贵族的专横和好战，痛斥他们"用刀剑来继续行善"，为"什一税"而战斗。他们批判上帝的命定论，宣传"人天生具有自由意志"，肯定自由意志不只是属神的称号，也是属人的；上帝可以坚定人的意志，但并不能代替人的意志，成为人的活动的直接原因。他们主张"顺从你的意欲而行"，"想做什么，便做什么"，如"男女修士可以光明正大地结婚，人人都可富有钱财，自由自在地生活"②。在他们看来，人的自由、快乐、知识或理性是构成道德和良心的最重要的条件，只有在意志自由的环境里，才能培养出精通学术义理和处世治身之道的人。他们还认为"人类是天生平等的"，按照人的出身门第来区别贵贱是"世俗的谬见"；强调真正的高贵性在于个人的品德、努力和才能。

再次，人文主义者特别重视伦理文化思想，如瓦拉的《论快乐》就是其复兴伊壁鸠鲁思想的伦理学专著。他们反对中世纪神学的禁欲主义和来世观念，要求享受尘世的欢乐，注重人的现世生

①《莎士比亚戏剧集》第4卷，作家出版社1954年版，第187页。
② 拉伯雷：《巨人传》，人民文学出版社1956年版，第174、161页。

活的意义。他们认为，"快乐的追求"是人的自然本性的要求，人必须服从自然的推动，满足物质上和精神上的需要。没有欢乐，人的生活就每时每刻都是悲哀的；没有情欲，也就不会有人类的繁衍。他们宣称，"享乐是真正的幸福"，是普遍的道德原则，"不道德的享乐是不存在的"；"美德的报赏是美德本身，美德就是幸福；恶的惩罚是恶本身，行恶的人一切都是苦恼的"，人的美德和恶行没有自身以外的目的。他们还认为，"我自己是凡人，我只要求凡人的幸福"，人生的目的不是死后的永生，而是现世的享受；没有什么死后的赏罚和天国的幸福，灵魂不朽在道德上也是不必要的。此外，他们还揭露僧侣主义要别人"勿享乐"，远离肉欲享受，自己却放荡淫逸的伪善和腐化。

最后，人文主义者还首先揭开了反对中世纪教会的经院哲学和蒙昧主义斗争的序幕，推崇人的感性经验和理性思维，要求认识自然，造福人生。他们讽刺神学家们的烦琐论证和不学无术，说后者可以用"六百个三段论式"去宣布别人是异端，空谈什么"没有质料的形式"、"共相"等，或"凭着星象预言未来"，自以为无所不知，实际上一无所知。他们不主张消极遁世，歧视科学，而主张依靠人的认识能力来考察和研究自然事物本身。他们认为，凡是自然知识不能证明的均属可疑的，强调人的认识对于宗教信仰的独立性。他们甚至把愚昧无知看作是社会罪恶的根源，相信只要传播自然知识，推广启蒙教育，就能打倒"愚蠢女皇"的统治，消除社会的弊端。

文艺复兴时期的人文主义思潮是资产阶级的新世界观和新文化的最初表现。它尚不是一个有组织的学派所掀起的统一的文化思潮，本身比较复杂，有的还具有明显的贵族主义倾向。它也远未摆脱中世纪神学的束缚，不是独立的、完整的思想文化体系，很多人文主义者依然相信上帝的存在，是天主教徒。但它毕竟通过对古典文化的发掘和研究，提出了人性论、人道主义，用抽象的、普遍的人性、人道来对抗神性、神道，矛头直接指向中世纪以基督教神学为中心的封建文化，是新兴资产阶级反对封建制度，谋取自身经济和政治地位的思想武器，在当时无论在理论上有怎样的局限，都起着进步的社会作用。

在文艺复兴时期，欧洲各国新兴资产阶级用来对抗中世纪以基督教神学为中心的封建文化的，除了人文主义运动外，还有宗教改革运动。如 14、15 世纪在前捷克地区出现的由扬·胡斯领导的与民族解放运动结合在一起的反对教会权威的宗教改革运动；16 世纪在德国爆发的由马丁·路德领导的宗教改革运动；以及接着在瑞士、荷兰等地掀起的，由加尔文所领导的宗教改革运动等。如前所说，这一时期在欧洲各国陆续爆发的宗教改革运动致力于建立一个在世俗政权的领导和支持下适合新兴资产阶级要求的"廉俭的教会"，是新兴资产阶级在宗教外衣掩护下的反封建的社会经济、政治改革运动。恩格斯曾把德国的宗教改革运动称作是资产阶级反对封建制度的长期斗争中的第一次大起义。但是，这一运动同时是一种思想解放运动，是一种文化思潮；其主要代表是马丁·路德和加尔文，他们以神学的形式宣传了资产阶级以人为中心的新世界观和新文化。

马丁·路德（1483～1546），16 世纪德国市民宗教改革的领袖。曾获神学博士学位，任维登堡大学神学教授和图林根地区修道院监督。以在维登堡教堂公开贴出《九十五条论纲》和当众焚毁教谕，发动宗教改革运动著名；后被迫隐居从事《圣经》翻译工作，并走向反对由宗教改革引起的农民战争。主要著作还有《致德意志基督徒贵族书》、《论基督徒的自由》等。

路德在他的论著中着重探索了"灵魂获救"、灵魂解脱的问题。在这个问题上，长期以来，中世纪天主教神学宣扬一种依靠上帝的力量使人获得拯救的理论。这种理论以奥古斯丁的"人人生而有罪"的"原罪"说为基础，主张人应靠"善功"（即实行宗教礼仪、宗教法规，如忏悔、禁食、苦修、慈善行为和购买赎罪券等）来求得上帝救赎的恩典，人有过也应承受上帝的惩罚；上帝不与有罪的人直接交往，人要获救必须服从和依靠教皇为首的僧侣阶级，以其为中介，后者掌握着圣规、圣礼的主持权，是上帝在人间的代理者，管理和控制着这种救赎。中世纪的天主教教会就是以此救赎理论作为统治和控制人民的工具；实际上，信徒们也是以此救赎理论来规范自己的思想和行动的。这种救赎理论曾使马丁·路德久久困惑不解。

但是，在罗马教皇强力发售赎罪券之后，路德终于起来反对这一理论了。他在灵魂获救问题上引用《圣经》中圣保罗的话"义人必因信而得生"，提出"因信称义"学说。他把人分为两部分，一为属灵的或内心的人，是自由的；一为属肉的或外在的人，是受束缚的。他认为，就属肉的来说，人有贪欲等本能，应靠善功控制自己的行为，行善避恶，以维持社会的安定；但就属灵的来说，靠善功是不能使人的灵魂成为正义的，人的灵魂应靠信仰上帝获救。在他看来，灵魂所需要领受的是上帝的圣道，在圣道里面，"恩典、公义、平安、自由与万事都允许给你了"；"你若相信，就有一切，你若不信，就缺一切"①。这种信仰是自主的，即是信徒们在直接阅读《圣经》，对《圣经》作理性的思考和判断的基础上建立起来的。因为圣经是基督救世的福音，惟有它才是判定信仰的尺度。而信徒一旦信仰上帝，领受了圣道，其灵魂就可称义，获得拯救。这即是路德"因信称义"学说的内容概要。

路德的学说把对上帝的理性信仰看作是人的灵魂获救的惟一准则。这一学说，从其所表达的内容和论证的方式来看，无疑是中世纪式的。它丝毫没有摆脱统治着和笼罩着他那个时代的对上帝的尊崇的神秘主义倾向。但它毕竟在宗教的形式下，主张人的获救不能靠外在的宗教，而要靠以个人的理性对圣经的理解为基础的内心信仰；不需要以僧侣作为人与上帝交往的中介，而应以"人人为僧侣"，从而突出和体现了资产阶级要求理性、思想自由、信仰自由和要求平等的"人性"需要和愿望，是对罗马教皇和天主教会的神圣权威和严格的教阶制的公开否定。

加尔文（1509～1564），16 世纪法国宗教改革家，加尔文教的创始人。曾在研究《圣经》和教义著作基础上提出新教义，人称加尔文主义。以在日内瓦建立政教合一的代议制共和政权，并在

---

① 《路德选集》（上），金陵神学院托事部、基督教辅侨出版社 1957 年版，第 357 页。

法、德、意等国广泛地推进宗教改革活动著名。主要著作有《基督教要义》、《信仰指南》等。

　　加尔文在他的论著中主张一种预定论。这种理论认为，上帝是万物的创造者、管理者和支配者，它以其智慧预定它所要做的事，以其权能执行它所预定的事。世界上所发生的一切都是上帝的安排和命令；甚至"没有一滴雨不是奉上帝的命而降的"，没有一根头发不是奉上帝的命而落的。这种理论还和路德的"因信称义"学说相联系，支持"因信得救，不靠事功"的观点，并突出其宿命论的方面，认为：上帝早已预定谁是选民并得救，谁是弃民并遭"永恒的咀咒"；人的灵魂因信获救最终要靠上帝的恩典。它还进一步反对罗马教皇和教会以偶然的"神迹"来说明信仰和代替神圣的必然性。

　　加尔文的预定论就其所表达的内容和论证的方式来看，也无疑是中世纪式的。加尔文教正因其主张预定论而与正统的天主教教义有别而成为新教的一支。但是，他认为，"上帝自永恒所命定的，并不妨碍我们照上帝的旨意为自己筹划办事"。他在宣传客观的必然性同时强调人的主动活动，曾说，"我们否认善工在称义上有什么地位，但我们主张善工在义人的生命中十分有地位"①。只是他认为，人用上帝赐予的理性来判断他应该做什么，因而一切成功便是上帝的恩典罢了。通俗地说，这也就是"谋事在人，成事在神"的思想。加尔文的这种思想，实际上是当时新兴资产阶级在商业竞争的社会中，一方面必须积极地进行实际的社会活动去获得现实的成功，另方面还要受制于异己的、至高的社会经济力量的摆布和支配这种经济状况在宗教理论上的反映。换言之，在那个社会中，竞争胜利了，是上帝注定你抉择了善，竞争失败了，是上帝注定你选择了恶；但人们必须积极地参加竞争。因而这种思想也就成为新兴资产阶级论证资本主义制度合理性和制定自身活动原则的根据。如

---

　　① 转引自车铭洲：《西欧中世纪哲学概论》，天津人民出版社1982年版，第266页。

恩格斯所说,"加尔文的信条适合当时资产阶级中最勇敢的人的要求"①。

概括地说,路德的"因信称义"学说和加尔文的预定论力图复返于圣经以改革宗教,其精华就在于主张用理性来诠释《圣经》、提倡思想自由、信仰自由,和个人参加实际的社会活动的主动性或自由。它们在神学的形式下,反对了全面剥夺人的权利的罗马天主教会和教皇,突出和宣传了新兴资产阶级以人为中心的新世界观和新文化,把近代人的解放问题的研究向前推进了一步。关于这点,海涅曾写道:"自从路德说出了人们必须用圣经本身或用理性的论据来反驳他的教义这句话以后,人类的理性才被授予解释圣经的权利,而且它,这理性,在一切宗教的争论中才被认为是最高的裁判者。这样一来,德国产生了所谓精神自由或有如人们所说的思想自由,思想变成了一种权利,而理性的权能变得合法化了。"②从这个角度来看,文艺复兴时期的宗教改革思潮和人文主义思潮在总的目标和精神上就是一致的,可以说是殊途同归,都属于这一时期新兴资产阶级所掀起的以人为中心的社会文化思潮。只是前者力图复返于圣经,以神学的形式出现,后者热衷于复兴古典文化,以世俗的形式出现罢了。当然,在文艺复兴时期,这两种思潮在社会作用上是有重大区别的。宗教改革家们在反对正统的罗马天主教会中,攻击的不是教会的腐败,而是作为一种福音的弊病的天主教本身,并把其宗教思想转变成为历史的现实的运动;而人文主义者中间大多数仍然是正统的天主教徒,至少在形式上不否认罗马天主教会的至高地位。因此真正说来,对罗马天主教会构成直接威协、与历史进步有密切关系的乃是宗教改革,而不是人文主义。正是这种情况,使得封建统治者和罗马教廷可以嬉戏于人文主义的喜笑怒骂之中,却对宗教改革惊恐异常和不能容忍。但是,就其内容而言,如罗素所说,"文艺复兴和宗教改革瓦解了中世纪的综合思想体

---

① 《马克思恩格斯选集》第3卷,人民出版社1972年版,第391页。
② 海涅:《论德国宗教和哲学的历史》,商务印书馆1974年版,第42页。

系"①。它们都突出了人、人性的研究，肯定和颂扬了人、人性，体现了新兴资产阶级反对中世纪以基督教神学为中心的封建文化的时代精神。

15、16世纪在欧洲所掀起的以人为中心的社会文化思潮，在17、18世纪获得了继续和演变。这种继续和演变主要表现在，在前一阶段，思想家们着重从文学、伦理学的角度来突出和颂扬人、人性；可以说，他们是处在对人的研究的"感性"阶段。在后一阶段，他们花许多精力去研究社会历史和国家问题，并反对用神的眼光，而主张用人的眼光来观察和阐述这些问题，如以人性论为基础的自然状态学说和空想社会主义等，如在国家问题上反对"君权神授"论、主张"社会契约"论等；可以说，他们是处在对人的研究的"知性"阶段，是文艺复兴时期对人的研究的深入。而这种贯串于几个世纪中的对人、人性的肯定和颂扬的社会文化思潮，正是近代注重人的认识的研究的经验论和唯理论哲学得以产生的重要前提，就如同那个时期的对自然的研究即自然科学是近代经验论和唯理论哲学产生的重要前提一样。

---

① 罗素：《西方哲学史》（上卷），商务印书馆1963年版，第379页。

第二章　欧洲近代经验论和唯理论
哲学产生的资料前提

在近代西欧，经验论和唯理论哲学就内容来说还有其产生所必需的资料前提。实际上，自有哲学以来，人们在不同时期，以不同形式，已在探讨认识论问题，具有经验论和唯理论的倾向了。追溯这一漫长的哲学发展过程，我们看到，近代西欧经验论和唯理论哲学经历了这样的"前史"。

第一节　在古代希腊，以朴素和自发的形式
表现出来的经验论和唯理论倾向

众所周知，在古代希腊，哲学家们注重研究世界的本原问题，本体论问题占首要地位；但是这并非意味着那时没有对认识论问题的研究。其实，早在希腊城邦奴隶制形成时期，伴随着商品经济的开始兴起，在伊奥尼亚一带，就有米利都学派和爱非斯学派的哲学家在谈论这个问题了。如赫拉克利特（约公元前 530～470）主张，人应当通过感觉来认识自然界，"眼睛是比耳朵更可靠的见证"；又把"逻各斯"引入认识论，强调理性认识，认为智慧就在于"认识那善于驾驭一切的思想"① 即逻各斯，逻各斯虽永恒地存在着，但靠感觉是不能了解它的，只有凭靠智慧才能把握它。赫拉克利特的这些观点乃是他从朴素的唯物主义立场出发对感性认识和理

_____

① 《古希腊罗马哲学》，商务印书馆 1961 年版，第 22 页。

性认识关系问题的最早猜测。与此同时，在南意大利一带，则有毕达哥拉斯学派和埃里亚学派的哲学家，他们也谈论过这个问题。如巴门尼德（公元前 6～5 世纪），把人的认识区分为真理和意见，认为真理是关于存在（本质）的知识，用理性去认识存在，这是真理之路；意见是关于非存在（现象）的知识，用感觉去认识非存在，这是意见之路。他反对走意见之路，而主张走真理之路，曾说"不要遵循这条大家所习惯的道路，以你茫然的眼睛、轰鸣的耳朵以及舌头为准绳，而要用你的理智来解决纷争的辩论。你只剩下一条道路可以放胆前进"[1]。在他看来，"只有存在物是存在的……非存在物的存在则不可能"[2]，而思维不能思维非存在，只能思维某一种存在物，因此"能够被思维的和能够存在的乃是同一回事"。诚然，他并未完全否定意见。"意见虽然不合真理，你仍然要加以体验"；只有正确对待意见，才能制服这"虚幻之见"。但整个说来，他的观点是针对赫拉克利特"倾听自然的话"的认识道路的，乃是西方哲学史上从原始唯心主义立场出发主张唯理论的最早表现。

在古代希腊，在感性和理性关系问题上具有代表性观点的乃是德谟克利特的"影像说"和柏拉图的"回忆说"。德谟克利特（约公元前 460～370），古代希腊"古典时期"哲学家，原子论学派的创始人，在认识论上主张一种影像说。我们看到，在德谟克利特之前，就有恩培多克勒（约公元前 490～430）在"四根说"的基础上认为，事物本身有无数通道，并不断发射出一种物质性的流；人的感官也有一些通道，并不断发射出一种物质性的流。当事物的流进入感官的通道，与感官中的流相沟通时，人的感觉就产生了；理智性的智慧就从这种感觉开始。不过，这与"同类相知"的观点相联系，即认为：每一类对象都各自与一类通道相配合。我们用自己的土来看土，用自己的水来看水，用气来看气，用火来看火，更

---

① 《古希腊罗马哲学》，商务印书馆 1961 年版，第 51 页。
② 《古希腊罗马哲学》，商务印书馆 1961 年版，第 53 页。

用我们的爱来看世界的爱，用我们的恨来看它的恨①。与此同时，还有阿那克萨戈拉（约公元前 500～428）在"种子说"的基础上也认为，认识从感觉开始。不过，这与"异类相知"的观点相联系，即认为：感觉起源于相反的东西的对比与刺激；我们由冷知道热，由热知道冷，由干知道湿，由湿知道干。他还看到了"感官的无力"，指出只有凭借理性才能认识到构成事物的种子，获得真理。这两个人观点虽有区别，但都主张唯物主义的感觉论，并接触到了感性和理性的关系问题。他们是德谟克利特影像说的先驱。

德谟克利特在原子论的基础上认为，由原子和虚空所构成的事物都在不断地流射出和本身相似的"影像"；这种影像先作用于空气，然后进入我们的感官和心灵，产生感觉和思想。在他看来，感觉和思想的产生不是靠对象和感官的直接接触，而是以影像为中间环节，"若不是有影像来接触，就没有人能有感觉或思想"②。他又针对巴门尼德否认意见真实性的观点，指出事物的本质和现象不同，一为始基，是不可感的，一为万物，是可感的；但两者又是相统一的。既然原子和虚空是真实存在，由它们所组成的万物即现象也必定是真的。正是在此基础上他谈论了感觉和理智的关系问题，认为两者的区别在于影像及其作用于认识器官的方式不同。事物本身的影像作用于感官，产生感觉；构成事物的原子的影像是"最精细的物质"，它通过感官的孔隙直接作用于灵魂原子，则产生理智。感觉是认识的起点，理智必须以感觉为基础，由感觉来证明；对原子和虚空的认识及其证明是不能脱离感觉的。但另方面，他又认为感觉是对事物现象的认识，只是"暗昧的认识"；认识必须上升到理智阶段，才能达到对原子和虚空的"真理性的认识"。

总之，德谟克利特是哲学史上最早系统地研究感性和理性关系问题的人。他的影像说以在"四根说"和"种子说"基础上形成起来的原子论为基础，肯定了认识对象的客观性，提出了感觉和理智的真实性和相统一的观点。这种学说虽然是粗糙的、空疏的，甚

---

① 《古希腊罗马哲学》，商务印书馆 1961 年版，第 90 页。
② 《古希腊罗马哲学》，商务印书馆 1961 年版，第 103 页。

至有贬低感觉、夸大理性的意向，如他把感觉有时说成是"从俗约定"的，会"迷惑理智的敏锐"；但整个来说，乃是古希腊唯物主义感觉论的高峰，奠定了唯物主义认识论的基础。

柏拉图（公元前 427～347），古代希腊"古典时期"哲学家，曾创建"亚加德米学园"，以理念论的客观唯心主义体系与德谟克利特的原子论唯物主义体系相对抗；在认识论上则主张回忆说。我们看到，在柏拉图之前就有智者学派和苏格拉底的出现。智者普罗塔哥拉（公元前 481～411）是古代希腊第一个感觉主义者；在认识论上主张知识就是感觉，感觉是知识的惟一来源，也是知识的真正本质。他把感觉的真实性、可靠性绝对化，提出"人是万物的尺度"的著名命题，主张人的感觉为判断事物和认识的标准，说"事物对于你就是它向你呈现的样子，对于我就是它向我呈现的样子"，"风对于感觉冷的人是冷的，对于感觉不冷的人是不冷的"①。这种极端感觉论的观点在同一学派高尔吉亚（公元前 5 世纪）那里竟发展成了主张"无物存在；即使有物存在，也无法认识；即使可以认识，也无法说出来告诉别人"的极端怀疑论观点。智者的这个著名的命题促进了人的思想解放，作为前苏格拉底阶段和后苏格拉底阶段之间的桥梁，孕育和预示了另一个极端即柏拉图的思想体系即将出现。而苏格拉底哲学就是这一思想体系的前驱。苏格拉底（公元前 469～399）在认识论上反对认识自然，认为这是"渎神"的事情；而主张"照顾你的心灵"即"认识自己"。在他看来，神创造和安排人有思维，就是为认识人心中的目的即善；只有这样，人才能行善，过有道德的生活。那么，认识的途径是什么呢？他指出，要认识自己就必须"避免和身体接触"，就应运用"灵魂的眼睛"即通过内心的"沉思"（"灵异"）来认识和发现自己心中固有的善的规定。所谓真正的知识也就是关于这种善的规定的一般概念或定义。诚然，苏格拉底还借助于"问答术"来引导别人认识心中的善，含有古代意义的辩证法思想；但这归根结底是以承认概念的先天性为前提，以引出先天地存在于人心中的概念为

---

① 《古希腊罗马哲学》，商务印书馆 1961 年版，第 138、133 页。

目的的。可以说，苏格拉底的这些观点为柏拉图的回忆说的产生提供了理论前提。

柏拉图把苏格拉底的天赋概念的普遍性加以扩大，以"理念"顶替了"善"，并在理念论的基础上提出了回忆说。他主张有两个世界，即理念世界和感性世界。前者是真实的存在，是可知世界，对它的认识是真理性的知识。这种知识有两个等级："理性"，以纯粹理念为对象，单凭推理就可获得，是最高的知识；"理智"，以数学理念为对象，尚未完全摆脱感性，如数学知识。后者作为理念的摹本，是不真实的存在，是可见世界，对它的认识是虚妄的意见。意见也有两个等级："信念"，以感性事物本身为对象；"想象"，以感性事物的影子为对象，如水中倒影，这是最低级的。信念和想象不是真正的知识，人的认识目的就是要获得理念知识，这是"主要乐曲"。柏拉图在感性和理性的关系问题上显然是把两者隔裂开来，并竭力贬损感性认识。在他那里，由感性认识决不能上升到真理性知识。不仅如此，他还认为，肉体感官是人们获得知识的障碍。"肉体却总是打断我们，给我们的探讨造成纷扰和混乱。"① 那么，人们怎样才能获得真理性的知识呢？柏拉图提出了"知识即回忆"的观点，认为"人的灵魂是不朽的"，灵魂在取得人的形式之前与理念住在一起，已具有对理念的知识；当灵魂投入肉体，受到肉体的玷污、纷扰，它就把这种知识暂时遗忘了；只是在后来经过感觉的刺激，唤起灵魂的联想，这种知识才被回忆起来。在这里，他还以数学童奴的回忆为例，说明回忆就是通过感觉的刺激和诱发，凭借推理即"从理念出发，通过理念，最后归结到理念"②，恢复我们在先前已具有的理念的知识。

总之，柏拉图是哲学史上第一个系统地阐述唯心主义唯理论思想的哲学家。他的回忆说乃是他在本体论上颠倒个别和一般的观点在认识论上的必然表现。诚然，这一学说蕴含有"从一个理念到另一个理念"的概念辩证法思想和"辩证法"是惟一的实现真理

---

① 罗素：《西方哲学史》（上卷），商务印书馆1963年版，第182页。
② 《西方哲学原著选读》（上卷），商务印书馆1981年版，第93页。

性认识的"研究方法"① 的观点；但它终究以最粗野，最荒谬和最神秘的见解否定了对外物的感觉是认识的基础的观点，是古代希腊唯心主义唯理论思想的高峰，奠定了唯心主义认识论的基础。从此，以柏拉图和德谟克利特为代表，认识论上两个派别的斗争便贯串于整个哲学史。

在柏拉图的"回忆说"和德谟克利特的"影像说"的对立和斗争之后出现了亚里士多德的认识论。亚里士多德（公元前 384 ~ 322），古代希腊"古典时期"哲学家，柏拉图的学生，曾对柏拉图的理念论展开过批判，后在里克昂创立"逍遥学派"，是古代最伟大最博学的思想家。他的认识论可以说是古代希腊认识论诸成果的综合。亚里士多德认为，人的认识来源于感觉。感觉是被动的，即"那引起感觉的东西是外在的"②；"感觉的心灵"好比是"蜡块"，感觉就是外物印在蜡块上的痕迹。他强调感觉在认识中的作用，认为"理性的心灵"原是一本什么都没有书写的书，关于一般的知识乃是理性通过分析和归纳从对个别事物的感性知觉中抽引出来的。"离开感觉，没有人能够理解任何东西"。这里在实质上已提出了"凡是在理智中的，没有不是先已在感觉中的"经验论原则。不过，亚里士多德并没有停留于此，还指出理性认识的重要性，说凭前者只"知事物的所然而不知其所以然"；凭后者才能"知其所以然"，给人以真知识。但是，他在认识的来源问题上并没有把上述观点贯彻到底。他指出，感官"能够撇开事物的质料而接纳其可感觉的形式。这正像一块蜡接纳图章的印迹而撇开它的铁或金子"③。不仅如此，他还宣称，一切科学如数学、形式逻辑、哲学等的第一原理或基本概念都不是来自感觉，而是潜在于心灵，在经验的刺激下，通过理性直观得到的。他还肯定人的理性灵魂中最积极的能动的部分是不依赖于人的身体而独立存在的，是"不死的和永恒的"；它思维的不是自然界，而是完全不涉及质料的纯

---

① 《古希腊罗马哲学》，商务印书馆 1961 年版，第 201、205 页。
② 列宁：《哲学笔记》，人民出版社 1956 年版，第 293 页。
③ 《西方哲学原著选读》（上卷），商务印书馆 1981 年版，第 149 页。

形式，"心灵所思维的东西，必须在心灵之中"①。这说明，亚里士多德虽然从唯物主义感觉论出发，最终还是陷入到唯心主义唯理论方面去了。正是这种对理性认识的重视和夸大，促使他花大力去研究逻辑思维形式和思维规律，成为哲学史上第一个把形式逻辑变成系统科学的人。

亚里士多德的认识论是古代希腊认识论思想的集大成者。它的显著特征就在于动摇于感觉论和唯理论之间，正如他在本体论上动摇于唯物主义和唯心主义之间一样。这种动摇实际上就是德谟克利特影像说和柏拉图回忆说的对立和斗争在亚里士多德哲学体系内部的表现。

在亚里士多德之后，在古代希腊晚期，希腊城邦奴隶制走向衰落；但这并不等于在哲学上完全没落。在那时，德谟克利特和柏拉图的认识论思想在伊壁鸠鲁学派和斯多亚学派那里获得了一定的发展。伊壁鸠鲁（公元前341~270），晚期希腊著名的唯物主义和无神论者，曾创建学校，史称"伊壁鸠鲁花园"。他在世界观上坚持和发展了德谟克利特的原子论，相应地在认识论上也坚持了德谟克利特的影像说，如说感觉和思想是由透入我们心中的"影像"产生的等；但又与其有明显的区别。他更坚决地相信感觉的可靠性，曾说"一切感官都是真理的报导者"，"没有什么东西能够驳倒感性的知觉"，概念也不能驳倒它；并认为"概念依赖于感性的知觉"②，排斥感觉一切知识都将不可能。尤其是，他的"准则学"还把感觉看作是判断真理的标准，如说"意见的标准在于感觉"③，"永远要以感觉以及感触作根据，因为这样你将会获得最可靠的确信的根据"④ 等。他还认为，从感觉获得的认识有时也可能错误，但错误并不在于感觉本身，而只在于我们的判断和解释；凭靠

---

① 《西方哲学原著选读》（上卷），商务印书馆1981年版，第152页。

② 见马克思：《博士论文》，人民出版社1961年版，第8页。

③ 黑格尔：《哲学史讲演录》第3卷，商务印书馆1959年版，第56页。

④ 《西方哲学原著选读》（上卷），商务印书馆1981年版，第168页。

"感觉持续地存在",我们就能"证实并继续证实它自身"①。诚然,伊壁鸠鲁并不排斥理性,曾提出一般概念具有同它们所依赖的感觉同样的确实性,它能使我们得到感觉所得不到的那些精细的知识。但实际上他把概念仅看作由感觉的多次重复在记忆中保留下来而形成的、标志一类个别事物的符号、"名称"②。因此,从整个说来,伊壁鸠鲁比德谟克利特更突出了感觉在认识中的作用,后者毕竟还有贬低感性、夸大理性的方面。据此,后人明确地称其为唯物主义感觉论者。

和伊壁鸠鲁同时代的斯多亚派在许多方面具有那个时代哲学衰落的性质。该派早期代表有塞浦路斯岛的芝诺(公元前 336~264)和克利西波斯(公元前 280~207)等。他们的自然哲学继承赫拉克利特的观点,用"火的嘘气"("普纽玛")来说明自然现象;但又对它作了唯心主义的发挥,认为它具有理性的"世界灵魂",是超自然的、神圣的力量,整个世界的生灭变化都受它支配。与此相应,他们在认识论上虽有唯物主义感觉论的倾向,主张人的灵魂如白板,认识起源于对个别事物的感觉,"知觉是领路的,然后是思想";但主要强调,人的理性是"神"的理性的火花,在它之中原就有所谓先于经验的一般原则和观念,人们以此为前提,进行逻辑推理,就能达到真理。尤其是在真理标准问题上,他们提出一种"有说服力的知觉"③,认为,这种知觉符合于真实对象,清楚明白,由它而生的概念也总是清楚明白的,因而是被理解、有说服力的;它就是"确定事实的真理性的标准"或"真理的正当标准"。他们中有的还径直主张"预想"、"健全理性"是"真理的一个标准"④。显然,在知识起源和真理标准问题上,斯多亚派归根结底陷入柏拉图的唯心主义唯理论中去了。这是与伊壁鸠鲁坚决主张唯物主义感觉论所不同的。

---

① 黑格尔:《哲学史讲演录》第 3 卷,商务印书馆 1959 年版,第 53 页。
② 《西方哲学原著选读》(上卷),商务印书馆 1981 年版,第 172 页。
③ 《西方哲学原著选读》(上卷),商务印书馆 1981 年版,第 179 页。
④ 《西方哲学原著选读》(上卷),商务印书馆 1981 年版,第 179~180 页。

在晚期希腊，人们把伊壁鸠鲁主义和斯多亚主义叫做独断论，即对于哲学上的各种问题都具有确定的（肯定的或否定的）回答。在那时，还有一种对哲学问题既不作肯定回答，也不作否定回答的哲学，即皮浪的怀疑主义。它的出现标志着怀疑论作为一个独立的学派而存在。皮浪（公元前365～275），晚期希腊怀疑论学派的创始人。他的哲学原则是对事物"坚持不作任何判断"，如说我们"应当毫不动摇地坚持不发表任何意见，不作任何判断，对任何一件事物都说，它既不不存在，也不存在"①。这是一种极端的怀疑主义。对它来说，一切都是值得怀疑的。"我们谁都不知道任何事物，甚至于不知道'我们究竟是知道某物还是什么都不知道'。"②其产生乃是古代哲学家既看到了感觉经验经常犯错误，不能据此来说事物是真或假；也看到了理性思维往往作不准确的判断，不能据此来说事物是真或假，从而无法解决经验论和唯理论的对立和统一，只好教人放弃追求真理的结果和必然表现。这种怀疑主义后来在埃奈西穆德和塞克斯都·恩披里可那里获得了系统化和理论论证，它为罗马帝国末期各种神秘主义思潮的兴起开辟了道路。

纵观整个古代希腊认识论思想的发展，我们看到，这一时期在哲学上认识论思想乃为论证世界本原问题服务，不占整个哲学研究的主导地位。就内容上来说，这时已开始涉及认识论的各方面，如认识对象、认识途径、认识方法、认识的可能性、知识分类和真理标准等；尤其是围绕着感性和理性的关系问题也已发生过争论，并形成了各式各样的学说，这一争论基本上是以德谟克利特的唯物主义感觉论倾向和柏拉图的唯心主义唯理论倾向为代表的。这一时期的认识论思想，其显著特征同样在于具有朴素的、自发的性质。它尚缺乏科学的细节上的研究和论证，仅仅是从总体上对认识过程的笼统的把握、猜测和断言，甚不完备；它不是建立在自然科学的基础上，而仅以普通的生活常识为依据，以原始的、纯朴的形式出现，如"影像说"、"回忆说"和"蜡块说"等；它还没有清楚地

---

① 《西方哲学原著选读》（上卷），商务印书馆1981年版，第177页。
② 《古希腊罗马哲学》，商务印书馆1961年版，第341页。

提出哲学基本问题，在认识论上的唯物主义和唯心主义的界限还不十分确定和分明。总之，古代希腊的认识论思想是欧洲认识论思想发展的幼年阶段。尽管它具有这幼年阶段的一切特征，但其影响深远。恩格斯曾指出："在希腊哲学的多种多样的形式中，差不多可以找到以后各种观点的胚胎、萌芽。"① 确实，古代希腊的认识论思想留下了许多人类最早思考人的认识本身的宝贵成果，是欧洲哲学认识论思想发展的开始和起点。

第二节　在中世纪，以宗教神学的形式表现出来的经验论和唯理论倾向

　　欧洲中世纪是封建社会产生和发展的时期。这个社会的重要特征之一就在于天主教教会及其神学学说统治和支配着一切，也垄断着思想领域的各个部门。那时的哲学主要是在天主教教会的经院中进行研究的经院哲学，它作为"神学的侍婢"而存在，是封建制度的强大的精神支柱。

　　中世纪的经院哲学是 11 世纪末罗马教会为巩固教会的统一和统治，在奥古斯丁等人的教父学的基础上建立起来的。它以超验的上帝为最高对象，以从概念到概念的三段论式的逻辑推理为方法，以直接论证基督教的教义为任务。它虽垄断一切，其本身并非铁板一块，乃存在着明显的分歧和争论。这就是贯串于整个中世纪、持续了数百年的经院哲学内部唯名论和唯实论的斗争。

　　中世纪的"唯名论"和"唯实论"的斗争是围绕着一般是什么，它和个别的关系是怎样的问题而展开的。概括地说，唯实论主张，一般（共相）是真实的客观存在，它先于个别事物而存在，并且愈普遍愈实在；它比个别事物更根本、更实在。唯名论则主张一般（共相）仅仅是人用来表示个别事物的"名称"或概念，它不是真实的客观存在；真实存在的只有个别事物。其实，在古代希

---

① 《马克思恩格斯选集》第 3 卷，人民出版社 1972 年版，第 468 页。

腊哲学中，围绕着世界本原问题的争论，哲学家们已涉及到一般和个别的关系问题了。如德谟克利特路线用物质性的水、火或原子，而柏拉图路线用精神性的数、善或理念来说明世界万物，就是与个别和一般关系问题密切地相联系的；尤其是柏拉图和亚里士多德更是直接地讨论过一般和个别的关系问题。这个问题，是在公元 3 世纪时被明确地提出来的。如波菲利（232～304）在《亚里士多德的〈范畴篇〉引论》一书中就曾提出：种和属是真实存在的还是纯粹理智的产物？如果是真实存在的，则是存在于感性事物之外，抑或存在于感性事物之中？① 后来，波埃修斯（480～524）和伊里吉纳（约 815～877）虽也都未明确回答这个问题，但实际上分别开了唯名论和唯实论的先河。在中世纪，这个问题直到公元 11 世纪才引起经院哲学家的重视，成为他们哲学研究的中心问题，形成唯名论和唯实论的不同见解。

可以说，唯名论和唯实论对一般和个别的关系问题都采取了形而上学的割裂态度。唯名论不懂得一般寓于个别之中，即它把一般往往看作纯粹主观的东西，因而就否认了一般的客观真实性，陷入唯心主义；但它终究肯定个别事物的客观实在性，确认个别事物不依赖于人的思维而独立存在，这是唯名论中的唯物主义倾向。它在当时被当作经院哲学中的"异端"看待。唯实论也不懂得一般寓于个别之中，即它把一般看作先于个别事物而独立存在，是一种精神性的实体；而个别事物乃是被派生的东西。它在当时作为经院哲学中的"正统"派而存在。

真正说来，"中世纪的唯名论者同实在论者的斗争和唯物主义者同唯心主义者的斗争具有相似之处"②。这也就是说，中世纪哲学不明确提出思维和存在的关系问题，无论是唯名论还是唯实论本身都不构成一条独立的哲学路线；它们之间的斗争乃是在中世纪的特殊历史条件下以宗教神学形式表现出来的唯物主义和唯心主义的斗争。这一斗争归根结底是欧洲封建社会内部重视人间世俗生活和

---

① 《西方哲学原著选读》（上卷），商务印书馆 1981 年版，第 251～252 页。
② 《列宁全集》第 20 卷，人民出版社 1959 年版，第 185 页。

个人现实利益的城市市民与宣传普遍的神圣实体——上帝的封建统治阶级及其教会的斗争在经院哲学内部的曲折反映。

中世纪经院哲学内部的唯名论者和唯实论者都确认对上帝的信仰，在此前提下他们也谈论人的理性、认识问题，有其认识论观点。不言而喻，其认识论观点是与他们所围绕争论的个别和一般关系问题紧密相联系的，是他们哲学的组成部分。如果说，唯名论和唯实论在本体论上实质上提出的是一般是什么？个别先于一般，还是一般先于个别？那么，由于"一般与概念有联系，而感性知觉与个别有联系"①，它们在认识论上提出的也就是概念的本性是怎样的？我们的认识是从感觉到概念呢，还是从概念到个别事物？包括从一般演绎地导出个别比较正确呢，还是从个别归纳到一般比较正确？在这个问题上，可以说，唯名论继续了古希腊以德谟克利特和亚里士多德为代表的感觉主义倾向，唯实论继续了古希腊以柏拉图为代表的唯理主义倾向。当然，它们的认识论观点都是以确认宗教信仰的神学形式表现出来的。

从公元 11 世纪下半叶到 12 世纪上半叶是早期经院哲学阶段。早期经院哲学中唯实论的代表是安瑟伦。安瑟伦（1033～1109），意大利僧侣，曾任英国坎特伯雷大主教，奥古斯丁的信徒，被称为"最后一个教父和第一个经院哲学家"。他在哲学上明确提出信仰高于理性的原则，说"我相信：'除非我信仰了，我决不会理解'"②，主张先信仰，再理解，理解是去理解信仰的东西；哲学的任务就在于为教义提供"可理解的证明"。正是从此出发，他作出了关于上帝存在的"本体论证明"，并以此闻名于世。安瑟伦关于上帝存在的"本体论证明"就是从上帝的概念推论出上帝必然客观存在的证明。其过程是这样的：我们心中都具有作为"绝对完满者"的上帝观念；绝对完满者必定包含着存在的特性在内；所以上帝就是真实存在的，"既存在于理智中，也存在于现实中"。

---

① 亚里士多德：《物理学》，1937 年俄文版，第 18 页。转引自奥·符·特拉赫坦贝尔：《西欧中世纪哲学史纲》，中国对外翻译出版公司 1985 年版，第 23 页。

② 《西方哲学原著选读》（上卷），商务印书馆 1981 年版，第 240 页。

这一证明表明，他主张一般概念（上帝是最高的共相概念）先于具体事物而独立存在，并从中推论出现实的存在物。这即是极端的唯实论观点，是柏拉图理念论和奥古斯丁信条的结合；它的出现为中世纪唯实论奠定了基础，标志着中世纪封建教会官方哲学的建立。同时，这一证明也表明了他在认识论上强调真理是上帝直接启示在人心中，从概念出发来推演出一切的唯理论观点，这一观点不仅对正统经院哲学，而且对近代唯理论哲学的发展都产生过影响。

早期经院哲学中唯名论的代表是贝伦加里、洛色林和阿伯拉尔。贝伦加里（1000～1088），法国神学家，主张理性高于权威，用"辩证法"来否定超自然的神迹，是从异端的立场上来解释教义的唯名论者。他的唯名论观点和感觉论相结合，认为一般（共相）是没有的，"实体只能是为外部感觉所感知的东西"，并注重反对教会圣餐仪式中的实在论观点；不过这种结合尚是不自觉的。真正说来要算洛色林最早对一般（共相）是什么的问题作了明确的唯名论回答。洛色林（1050～1112），法国僧侣，唯名论学派的创始人。他的唯名论带有极端的性质，认为个别事物是客观的、实在的；一般（共相）只是标志个别事物的"记号"、"名称"，甚至只是一阵风或声音，其本身不具有客观实在性。如只有黑色的实物，没有黑色本身；只有聪明的心灵，没有聪明本身。它还认为，"整体的名称是空洞的词"，部分才具有实在性；并由此出发，提出"三神论"，对教会的"三位一体"说作了异端的解释。洛色林的这种观点自然地使他在认识论上坚持感觉论的观点。安瑟伦曾指责他，"完全浸沉在感性里边"，"不能理解为理性所理解的、不依赖于表象的东西"，不会依靠"纯粹精神的认识"。早期唯名论最重要的代表是阿伯拉尔。阿伯拉尔（1079～1142），洛色林的学生，经院式的逻辑学家和辩论家，温和的唯名论者。他反对安瑟伦"信仰后再理解"的观点，而主张"理解后再信仰"，力求通过"合理的论证"来巩固信仰；曾提倡用"经常的怀疑"来检验和认识真理。他的唯名论乃是关于共相的一种新学说即概念论，认为个别事物是真实的，但是一般（共相）则不是无意义的名称或声音，而是有一定思想内容的词，即人们通过抽象而获得的关于个别事物的相似性或共同性的概念。当然，在他那里，这些相似性或共同性在个别事物中是被个别化了的，它们只存在于我们的理智中；在客观上则并不存在与我们思维中的一般概念相应的一般。阿伯拉尔的概念论虽没有超越唯名论，但比起洛色林的唯名论来是更为细致和深刻的。这一学说提出了一般概念的本性及其形成途径的认识论问题。它终究认为，一般概念不是"乌有"，而以个别事物的共同点或相似点为基础；因而其形成就不能脱离感觉，离开对个别事物的感觉，一般概念就不可思议。不过它由于根本否认在现实中有与概念相应的一般，最后在概念的根源问题上，还是认为是上帝将理念、"形式"注入人心才形成概念的。这也是阿伯拉尔在宗教神学形式下来谈论认识论问题的主要表现。

从公元 12 世纪下半叶到 14 世纪上半叶是后期经院哲学阶段。后期经院哲学中唯实论的最大代表是托马斯·阿奎那。托马斯的哲学产生在东方阿拉伯哲学传入西欧之际。那时许多阿拉伯哲学家的著作纷纷被译成拉丁文在西欧出版，其中最重要的是阿威洛伊。阿威洛伊（1126～1198）即伊本·鲁士德，亚里士多德的推崇者。其著作的特征在于"亚里士多德解释了自然界，而阿威洛伊却解释了亚里士多德"；尤其是他从唯物主义的角度来解释亚里士多德哲学。如反对从无中"流溢"出世界的神学观点，强调物质世界是永恒的；以人类"统一的理性"否定个人灵魂的不朽；还提出"两重真理"说，主张哲学和宗教在各自的范围内都可有自己的真理，互不干涉。这种解释在西欧影响甚大，形成了"拉丁阿威洛伊主义"思潮；是对正统经院哲学的严重挑战，后者把它斥为最危险的异端邪说。但是，东方阿拉伯哲学的传入还有另一方面的影响，那就是亚里士多德的原著也随之重返欧洲。最初教会只顾忌他的《形而上学》、《物理学》等为"异端"提供根据，曾予以查禁；不久他们就发现，从这些原著中完全可以引出有利于宗教神学的结论来。于是他们便大力提倡按宗教神学的精神去解释和吸收亚里士多德哲学，把它奉为权威，为经院哲学奠定新的理论基础；并以一系列亚里士多德三段论式的推理组成繁琐论证，使之系统化，以便有效地同阿威洛伊主义和唯名论作斗争。就在此种情况下，庞大的托马斯哲学体系产生了，它完成了正统经院哲学理论化和系统化的任务。

托马斯·阿奎那（1225～1274），意大利神学家，被称为"圣徒"、"天使博士"，所著《神学大全》为天主教神学的经典。他也坚持信仰高于理性的原则；但他比安瑟伦更注重理性在论证基督教神学方面的作用。他利用亚里士多德形式和质料学说作出的关于上帝存在的宇宙论和目的论的证明，以及关于上帝从无中创造世界的理论，就是他的精致的神学唯心主义世界观的表现。在此基础上，他表达了对共相问题的新观点，认为共相即"形式"有三种存在方式。首先，它作为上帝造物的原型内在于上帝的理性中，是先于个别事物而存在的；其次，它作为事物的形式或本质与事物不可分离，是存在于个别事物之中的；再次，它还作为对个别事物的抽象而形成的概念存在于人的理性中，这是后于个别事物而存在的。托马斯的这个观点，由于他坚持"存在于物质中的形式是从无物质的形式中产生的"，归根结底还是主张一般（形式）先于个别而存在的观点。但是，这种主张不那么直截了当，毕竟承认和容纳了个别先于一般（概念）而存在的观点，所以是温和的唯实论。它规定和蕴含了托马斯的认识论思想。托马斯赞成亚里士多德，认为人的感觉印象是事物作用于人的肉体感官的结果，"我们的知识开始于感觉"；人们通过感觉只能认识个别，要认识一般形成概念，就需要理智；所以，对自然事物的认识必须从个别到一般，从感觉到概念。但是，他在说明问题时，又诉诸神秘的想象，认为上帝所创造的事物是有灵的，能发射出一种非物质的"意象"，感觉实是上帝通过事物发射出的"意象"启示给人心的；人的灵魂也是上帝所创造，具有能动的"理智之光"，它在上帝的启示下就可以从对事物的感觉中抽象出一般概念。总之，托马斯在认识论上以神学的观点解释了亚里士多德的认识论思想。这是托马斯哲学体系的重要组成部分；与安瑟伦的基于柏拉图唯理论的直接的天启论不同，它吸取了认识从感觉到概念的思想，又强调了上帝通过外部事物把它事先置放在人心中的知识启示出来，乃是一种隐蔽的复杂的天启论。它的出现标志着中世纪正统经院哲学在认识论上达到高峰。

托马斯哲学体系的出现激化了经院哲学内部的争论。在 13、14 世纪，唯名论思潮在反对托马斯主义的斗争中获得了复兴。它的主要代表是英国的邓·司各脱和威廉·奥康。他们与早期法国唯名论者不同，具有明确的唯物主义和感觉论倾向。邓·司各脱（约 1270～1308），苏格兰僧侣，曾任法兰西斯僧团博士。他虽然承认神学高于哲学，理性不能与信仰冲突，却竭力主张"两重真理"说，强调哲学是独立的"思辨"学科，并不能证明上帝存在，其使命仅在于对自然的认识。他认为，个别事物是物质和形式的统一体；形式即事物的共性和个性，其中共性被浓缩后存在于个性之中；个别事物就包含共性和个性，如柏拉图就是动物、人加上其个性。他以此唯名论观点表明，个别是最真实的实在，唯有它是人的理智的直接对象。他把灵魂也看作由物质和形式构成，认为，也许可以说，在灵魂中有物质，物质是其基础，思维是其机能；并求助于上帝的万能来作出物质也能够思维的猜测。正是从上述观点出发，他指出，"我们的一切知识都是从感觉产生的"；人的理智像一块"白板"，其中的观念都来自对个别事物的感觉。他还主张从对自然现象的经验中归纳出它的规律来；断言人的理智无须上帝的启示就能达到真理。司各脱在认识论上的这些唯物主义感觉论倾向是唯名论发展中的新因素，它的出现标志着唯名论思潮复兴的开始。

威廉·奥康（约 1300～1350），司各脱的学生，人称"不可战胜的博士"。他在哲学和神学的关系问题上，持司各脱的"两重真理"说，但比后者更强烈地反对哲学为神学服务，曾批判安瑟伦和托马斯关于上帝存在的理性证明。他把司各脱的唯名论观点彻底化了。司各脱的作为事物共性的形式浓缩后存在于个性之中的观点含糊不清，掺有唯实论的成分；奥康则强调一般既不能先于个别存在，也不能存在于个别之中，而只能后于个别作为概念或"符号"存在于人心中。与此相联系，他的感觉论倾向也就更明显。如他认为，人在认识中，先由个别事物引起感觉，继通过记忆保存感觉和产生感受，再在感受重复的基础上，经思维的抽象形成概念。在他看来，概念无不起源于感觉经验，据此才有所谓科学即"关于一般的知识"。尤其是，他还把"思维经济原则"作为认识论的首要原则，主张"如无必要，切勿增加实体的数目"，要求把妨碍人们正确地认识事物的所谓"隐秘的质"、"实体形式"等赘物统统抛弃，强调把目光转向对于事物的经验认识和研究。这就是著名的"奥康的剃刀"。奥康的这些更为明确的唯物主义感觉论倾向的出现标志着唯名论思潮的复兴达到高峰，它沉重地打击了托马斯的唯实论，直接地促进了正统经院哲学的衰落。

在这一时期，托马斯经院哲学体系还遭到了新兴起的实验自然科学思潮的打击，其主要代表是罗吉尔·培根。罗吉尔·培根（1214～1294），英国僧侣，一生致力于各种自然科学的实验和研究。他当然承认神学，但认为这并不妨碍科学认识，人们必须"经过认识创造物而认识造物主"，发展以自然为对象的哲学和科学是建立以上帝为对象的神学的前提。他指出，自然是由各种个别物体构成，个别物体"比所有的一般结合在一起更加实在"；而一般既非先于事物而存在的实体，也非存在于人心中的符号，它只存在于个别事物之中，具有客观实在性。正是这种高于唯名论的观点使他明确地作出了科学认识必须面向自然，其对象是个别事物的结论；并表达了他关于认识途径的观点。他强调，科学认识是"从感官知识到理性"；感觉经验是知识的真正来源和检验，"没有经验，任何东西都不可能充分被认识"①；而推理只能作出结论，不能证明结论。经验又有两种：一是"自然的经验"即是经由我们的外部感官获得的；一是"用艺术帮助自然"即在仪器的参与下进行的科学实验。罗·培根的特点就在于提倡科学实验，认为要认识真理必须进行实验，"一切事物必须通过实验来证实"②；实验自然科学是"科学之王"，它"支配着一切其他科学"。同时，他还提出要清除掌握真理的"四种主要的障碍"，即谬误甚多的"权威"，以及习惯、成见、虚夸。他把盲从权威列为认识真理的第一障碍，表明其矛头主要指向亚里士多德主义和托马斯哲学。当然，

---

① 《西方哲学原著选读》（上卷），商务印书馆1981年版，第287页。
② 《西方哲学原著选读》（上卷），商务印书馆1981年版，第289页。

罗·培根的认识论思想并没有否认和超越神学，还认为有所谓"内在的经验"，凭藉它能认识上帝；在他那里，科学实验和神秘的占星术、炼金术等是混杂在一起的。但是，尽管如此，他为实验科学的存在和发展所起的作用是超越时代的。他是近代实验自然科学的光辉先驱。

总起来说，中世纪经院哲学内部是围绕着个别和一般的关系问题在展开争论。与此相联系，他们对感觉和概念的关系问题也各有看法，或偏重于对个别事物的感觉经验知识，或偏重于对一般共相的理性知识。其中，早期经院哲学主要以柏拉图主义为理论基础，局限于从逻辑方面来展开共相是什么的问题的争论，所涉及的认识论思想比较粗糙，简单；后期经院哲学则一般以亚里士多德主义为理论基础，蕴含有许多自然知识，涉及许多认识论问题，尤其是托马斯哲学带有体系的性质。但整个来说，中世纪的唯名论和唯实论都是在宗教神学的形式下来谈论认识论问题的。它们在相互斗争中所增长起来的对神学和信仰至上性的怀疑、贬低以及对以经验来认识自然的强调，标志着经院哲学的衰落，是文艺复兴时期认识论思想的准备。

第三节　在文艺复兴时期，以新旧交替的过渡形式
表现出来的经验论和唯理论倾向

15、16 世纪即被法国人正确地称之为"文艺复兴"的时期，是欧洲封建社会解体和资本主义生产关系萌芽的时期。这一时期的文化思潮是以大规模地利用被中世纪埋没了的古希腊的世俗文化来作为新兴资产阶级反封建、反神学的思想武器为特征的。当时著名的口号就是"回到古代去"。这个口号的提出表明，那个时期兴起的意识形态提倡面向自然和人，具有新的方面；但本身不以独立的形式出现，远未摆脱中世纪神学的束缚，显然带有新旧交替的性质。这种新旧交替的过渡性质，不仅文艺复兴前期的人文主义哲学具有，文艺复兴后期的自然哲学也同样具有。

在文艺复兴前期，认识论上比较典型的有下述著名思想家。玛尔希诺·费希诺（1433～1499），意大利人文主义者，复兴柏拉图主义的主要代表，曾任柏拉图学院院长，长期从事翻译和注释柏拉图著作的工作。他认为柏拉图哲学是人类精神的最高成果，并力图引证基督教的教义对其作神学的解释和说明。他把宇宙看作是由上帝、天使、天体、人、动物、植物和自然物体组成的等级结构，强调人的灵魂是天上神圣实体和地上物质实体的联系环节；它通过沉思可直接认识上帝、天使，通过肉体与外物的接触可直接认识自然事物。在他那里，人的灵魂乃是脱离人的现实存在的独立的精神实体，其认识就是灵魂实体自身的上升或下降的活动；这种认识还和柏拉图式的抽象的爱结合在一起。费希诺的认识论思想强调人的一切认识能力，客观上具有贬低中世纪亚里士多德主义的进步作用；但他复兴了柏拉图的唯心主义唯理论，具有维护神学、背离人文主义运动的逆流方面。

皮埃特洛·彭波那齐（1462～1525），意大利人文主义者，复兴亚里士多德主义的主要代表，曾任帕多瓦大学哲学教授，注重宣传亚里士多德哲学的唯物主义方面。他针对托马斯哲学对亚里士多德主义的曲解，论证了思维与物质、与感官有不可分的联系，肯定感觉是人周围的物体作用于人的感官而产生的，并认为物质世界与上帝没有任何关系，它的发展服从自然的规律。他还认为：灵魂的绝对不朽是无法用人的理性来证明的。按照亚里士多德，人的灵魂不能离开人的肉体而独立存在，它和肉体一样并非不朽；既不存在个人的灵魂不朽，也不存在所有人共有的灵魂不朽。当然，彭波那齐在强调人的认识对于宗教信仰的独立性时，同时宣称灵魂不朽可作为信仰被承认。他是在两重真理的形式下宣传其唯物主义感觉论的。

达·芬奇（1452～1519），意大利人文主义者，杰出的艺术家、科学家、哲学家，复兴德谟克利特和伊壁鸠鲁唯物主义感觉论的主要代表。他是《最后的晚餐》、《蒙娜·丽莎》等现实主义名画的作者，还致力于数学、解剖学、光学、力学、生物学和地质学的研究，在机械设计和技术发明方面也富有成果。正是这些活动，使他具有强烈的唯物主义感觉论倾向。他指责经院哲学家的诡辩，说真理不是在宗教中，而是在科学中。他把自然看作科学的惟一对象，肯定自然界的诸现象都受制于客观的必然性，并认为：一切知识都发源于对外部世界的感觉；研究自然必须"从经验出发，并通过经验去探索原因"；"经验是一切可靠知识的母亲"①，科学的任务就在于用经验的观察和实验的方法来确定自然现象的因果联系。他还企图把经验和理性结合起来，指出，真正的科学"始终根据那些真实不虚的、人所共知的根本原理一步一步前进，循着正确的秩序，最后达到目的"；并说过"科学是将帅，实践是士兵"②，否则就好比没有舵和罗盘的航海者，将不知自己驶向何方。达·芬奇是近代经验方法的奠基人之一。不过他所谈的实践仅指科学和艺术活动，带有狭隘的性质；他还对宗教深有妥协，并不否定上帝的存在。

在文艺复兴时期，蒙田的哲学思想占有特殊的地位。米谢尔·德·蒙田（1533～1592），法国人文主义者、哲学家，以复兴皮浪主义、宣传怀疑论思想著称。他把"认识自己"和"我知道什么"作为认识原则，认为人是变化无常和动摇不定的创造物，"关于人找到确定不变的判断是困难的"；事物都处在运动变化中，"没有什么东西是屹立不变的"，人们对同一事物不可能作出同样的判断。他还认为，我们的一切知识都是从感觉开始，"由感觉传授给我们"，但感觉是虚假的，会欺骗我们；在此基础上形成的理性认识也往往软弱无力。正是基于这些理由，他作出结论说，我们必须持怀疑态度对待自己的认识，"独断和固执己见是愚蠢的确实的标志"③。但是蒙田的怀疑论与皮浪的怀疑论根本不同，它并非怀疑怀疑本身，鼓吹蒙昧主义；而是"我知道我什么都不知道"，相信自己的怀疑是确定的，自己无知才能促进人去求知，宣传一种积极

---

① 《西方哲学原著选读》（上卷），商务印书馆 1981 年版，第 309 页。

② 《西方哲学原著选读》（上卷），商务印书馆 1981 年版，第 309、311 页。

③ 转引自车铭洲：《西欧中世纪哲学概论》，天津人民出版社 1982 年版，第 194 页。

进取的探索精神。当然蒙田的怀疑论坚持相对主义，否定感觉的可靠性，仍有虚无主义的方面；他还指责过无神论"违反自然和荒诞不经"。但在当时的条件下，其矛头实是指向以绝对权威自居的经院哲学和亚里士多德主义的独断论的。蒙田怀疑论的出现说明当时的人文主义者对古代人的学问和权威也开始感到失望了。他们看到古代哲学对同一问题纷争不已，其决断又无根据令人信奉，于是便以怀疑论的形式向着经验和自然的研究呼喊了。就这个意义上说，蒙田的怀疑论乃是由文艺复兴前期哲学向文艺复兴后期自然哲学过渡的桥梁。

在文艺复兴前期，在"回到古代去"口号下所唤起的对自然的兴趣，到16世纪即文艺复兴后期，随着自然科学的兴起获得了迅速的发展。这就是以自然为直接研究对象的自然哲学思潮。自然哲学的先驱是库萨的尼古劳。尼古劳（1401～1464），德国神学家，对古希腊哲学深感兴趣，曾从事数学、力学、天文学的研究。他对新柏拉图主义关于上帝从自身中流溢出世界的观点作了"异端"的解释，认为其意即"上帝即是万物"：上帝包含着万物，万物都在它之中；上帝展现为万物，它就在万物之中。在此泛神论观点下，他指出，世界是统一的，构成事物的是元素或原子；世界是无限的，因为上帝是无限的；事物都是"对立面一致"，等等。与此相联系，他把人的认识能力分为感性、知性和理性，认为感性提供事物的模糊的形象，是知识的开端；知性整理感觉材料，区分和认识事物的对立面，形成各门知识；理性作为最高能力，认识事物对立面的一致。他特别指出，人的知性只能认识有限对象，关于上帝我们一无所知，认识到这点本身就是知识（即"有学问的无知"）；通过理性我们才能认识上帝，达到对无知客体的知。总之，尼古劳在这里以泛神论的形式表达了从自然本身解释自然的要求；他在认识论上充满矛盾，既有认识起源于对外物的感觉，人关于现实界的知识不都是确切无误的合理因素；又有通过理性直观实现灵魂与上帝融合的神秘观点。

倍尔那狄诺·特勒肖（1508～1588），意大利哲学家，曾在家乡创办科森扎学园研究自然，这一时期自然哲学的创立者。他主张

55

"依照物体本身的原则论物体的本性",认为一切事物由两个原则构成:"物质"不能被创造也不能被消灭,存在于空间中,是事物存在的原则;"冷"和"热"的斗争推动着物质的不同结合,是事物运动即产生和消灭的原则。他也用它们来说明人的灵魂。在认识论上他提倡用观察和实验研究自然,强调观察和实验是科学知识的惟一源泉。他指出,感觉由事物作用于感官引起,理性对它们进行比较和概括,离开感觉经验,理性便一无所知;甚至片面地说过"不靠理性靠感觉"、"思维远不及感觉完善"等。特勒肖的观点也充满矛盾。他在中世纪亚里士多德主义的统治下,提出科学和哲学应研究自然的本性,这是勇敢的;但他主张自然神论,认为按自身规律运动的世界归根结底是上帝创造的,并承认人的灵魂不朽。此外,他的唯物主义感觉论体现了实验科学精神,弗·培根曾称他是"具有现代精神的第一个思想家";但仍有"两重真理"的倾向,认为上帝和不朽的灵魂属信仰的范围。

乔尔丹诺·布鲁诺(1548~1600),意大利哲学家,因坚持科学和唯物主义真理英勇献身而著名,这一时期自然哲学最卓越的代表。他从"怀疑"出发否定了经院哲学和亚里士多德主义的权威,认为物质实体才是世界的本原、原因,是自然事物统一的基础;其基本单位是单子,单子是极小的,它反映了整个宇宙的性质和能力。他还区分宇宙和世界的概念,指出宇宙是无限的,所谓太阳中心仅就有限的能见世界而言;它们都是"对立面的一致"。但是上述唯物主义自然观是在泛神论的形式下表达的。布鲁诺并不否定上帝,他认为:既然上帝是无限的存在,而无限的存在不能有两个,所以上帝即宇宙。他还区分"产生自然的自然"和"被自然产生的自然",承认有所谓内在于自然中的"宇宙灵魂"或"普遍理智",并把它视为推动世界的永恒原则。与此相联系,布鲁诺在认识论上也就承认"自然真理"。他把认识真理的过程分为四阶段即感觉、知性、理性、智慧,认为:感觉是认识的来源,只能认识物体的存在和现象;理性则比知性高些,能揭示事物的内部联系;智慧是理性的最高部分,惟有它才能认识一切自然事物共有的规律即普遍理智。他在这里把认识看作由感觉到理性、由现象到本质的

"上升"过程，否认有神秘的直觉；但与特勒肖不同，比较片面地强调对"普遍理智"的理性认识，显露出其唯心主义唯理论的倾向。布鲁诺在这方面的特点在于他把这一时期自然哲学中的唯物主义认识论思想开始系统化了，他是一位承先启后的重要人物。

此外，与文艺复兴后期自然哲学思潮同时出现的还有一种早期空想社会主义思潮。它的主要代表是意大利的康帕内拉。康帕内拉（1568～1639）在认识论上深受特勒肖的影响，倾向于唯物主义感觉论。他强调对自然的认识应以感官所取得的经验为依据；感觉是一切知识的来源、基础，也是检验真理的标准。他的思想虽有感觉论的片面性，但对当时批判经院哲学，发展进步文化来说，却是有力的思想武器。

整个说来，到文艺复兴后期，哲学家们在"回到古代去"的总口号下直接以自然为研究对象的倾向愈益明显，对经院哲学的批判更加深入，理论上开始具有系统的发展形态和性质，生气勃勃，富有创造性；同时他们的认识论思想又都没有摆脱宗教神学的藩篱，即使是布鲁诺哲学也都充满矛盾，具有新旧交替的时代特征。这说明，文艺复兴时期的哲学虽超越了古希腊人的"天才的猜测"，冲决着经院哲学的神秘的罗网，也都还不够成熟，还没有成为完全独立的严整体系；但它们和前人的认识论思想成果却预示了一种主要以新兴自然科学为基础的经验论和唯理论哲学即将来临。换句话说，在西方，近代意义上的认识论乃是在经历了漫长的"前史"，扬弃了朴素的、神秘的和过渡的形式，积累了丰富的思想资料之后，才得以真正走上自身独立发展的道路的。

第三章　欧洲近代经验论和唯理论哲学的形成和发展概况

我们在前面已经阐述了近代西欧资本主义经济的发生和早期资产阶级革命的状况；自文艺复兴以来以力学为基础的自然科学复兴的状况；以及以人为中心的社会文化思潮掀起的状况。这一切也就是近代西欧经验论和唯理论哲学所赖以产生的历史环境。此外，还阐述了从古代希腊罗马时期到文艺复兴时期的哲学自身发展所提供的资料前提。从这样的历史环境和哲学资料前提出发，我们才能来理解和说明具有自身特征的近代西欧经验论和唯理论哲学的形成和发展。

第一节　认识论研究提到首位，经验论和唯理论哲学正式形成

我们知道，在西欧近代重新觉醒的哲学归根结底是和新兴资产阶级的经济利益相适应的。但是，哲学是"更高的即更远离物质经济基础的意识形态"，经济的发展对这一领域虽具有最终的支配作用，这一作用却是通过一系列的中间环节得到实现的。这些中间环节便是政治、法律、道德、文学艺术和自然科学等，它们在不同程度上直接地影响着哲学领域。就我们所涉及的时代来说，这些中间环节可划分为两个方面即以力学为基础的自然科学方面和以人为中心的社会文化方面。而西欧近代重新觉醒的哲学，其根本问题和内容，就是对这两个方面的最高理论概括和升华。

首先，这一时期复兴的自然科学，以牛顿力学为其最高成就，提供了一幅力学—数学的世界图景，对人类社会各个方面的影响都是巨大的。如牛顿力学，作为知识转化为技术，成为人类发展生产、实现自己目的的工具；使当时许多思想家在宗教上转向自然神论；在政治上则推动人们转向自由主义，等等。而在哲学上，它却自觉地为其提供了新的前提、基础。简要地说，它在这一时期，在宗教神学和经院哲学占统治的情况下，肯定和颂扬了自然，使自然界日益恢复了它的感性的权威，不再是宗教神学所诅咒的罪恶对象。如雅·布克哈特所说，在人们的心目中，"大自然这时已洗刷掉罪恶的污染，摆脱了一切恶魔势力的羁绊"①，而成了人们独立研究的对象；它在广度和深度上逐渐地开始为人们所认识、所征服。这就是说，和人处于关系之中的自然在这时就被突出起来了。

其次，这一时期新掀起的社会文化思潮，涉及政治、法律、伦理、文学艺术等等领域，彼此之间虽有显著的区别，却有共同的地方。这一文化思潮其共同点就在于以人为中心，它从另一方面为哲学提供了新的前提、基础。简要地说，它在这一时期，在宗教神学和经院哲学占统治的情况下，使人也恢复了自己的感性的权威，不再是宗教神学所诅咒的罪恶根源，而成了人们所重视和研究的对象。许多诗人和思想家这时都把目光转向人，从各个方面肯定和颂扬人和人的自然本性，其中当然会导致和包括对人的感觉和理性思维能力的肯定和颂扬。这就是说，和自然处于关系之中的人本身在这时也被突出起来了。

正是上述对自然和人的突出，即对在人之外的感性自然和在自身以内基于本性而具有的人的感觉和理性思维能力的肯定和颂扬，才使近代重新觉醒的哲学有了自己探究的对象和主题。那时的哲学家们从更高的角度对上述自然科学和社会文化思潮的成果进行概括，在哲学自身发展所提供的资料的基础上，企图从理论上把现实

---

① 雅·布克哈特：《意大利文艺复兴时期的文化》，商务印书馆 1979 年版，第 293 页。

的自然和现实的人统一起来，就明确地提出人和自然、思维和存在的关系问题；把哲学研究的重点转移到认识论问题上来。

恩格斯在科学地总结西方哲学的历史发展时曾指出，"全部哲学，特别是近代哲学的重大的基本问题，是思维和存在的关系问题"①。他并认为，这个重大的基本问题有两个方面。一个方面是"思维对存在、精神对自然界的关系问题"即"思维对存在的地位问题"，也就是"什么是本原的，是精神，还是自然界？"另一个方面是"我们关于我们周围世界的思想对这个世界本身的关系是怎样的？我们的思维能不能认识现实世界？我们能不能在我们关于现实世界的表象和概念中正确地反映现实？用哲学的语言来说，这个问题叫做思维和存在的同一性问题"。恩格斯在这里完全是从思维和存在之间的"关系"这个角度来阐述问题的。人们知道，思维和存在、精神和物质是哲学上两个"广泛已极的概念"，是最一般、最普遍的两个哲学范畴。它们之间的关系应从最概括的角度来理解，也只能是两个方面即对立和同一的方面。而上述哲学基本问题的一个方面即"什么是本原的，是精神，还是自然界？"也就是通常所说的思维和存在何者为第一性的问题，即是表达思维和存在、精神和物质两者之间的"对立"关系的方面。恩格斯把这个问题叫做"哲学的最高问题"，并视之为划分哲学阵营的惟一标准。哲学家依照他们如何回答这个问题而分为唯物主义和唯心主义两大阵营。上述哲学基本问题的另一个方面即我们的思维能否认识现实世界的问题，亦即表达思维和存在、精神和物质两者之间的"同一"关系的方面。

在这里，我们不应当把"什么是本原的，是精神，还是自然界？"这个问题仅仅归结和理解为"世界的本原问题"。这样的理解是狭隘的。实际上，这个问题又合逻辑地包含着两个方面：本体论的方面和认识论的方面。或者说，它可以从两个不同的角度来看。从本体论的角度看，表现为物质和精神何者是根源的问题，即何者是本来就有的问题；从认识论的角度看，表现为物质和精神何

①《马克思恩格斯选集》第4卷，人民出版社1972年版，第219页。

者是认识源泉的问题，即精神适合、反映物质还是相反的问题。前者说明世界是什么，即为世界的本原、本质的问题；后者说明认识是什么，即为认识的源泉、本性的问题，这虽与前者有联系，却是不能为前者所替代或取消的问题。而上述"什么是本原的，是精神，还是自然界？"这个问题，把两者（本体论的方面和认识论的方面）统一成为整体，乃是一种更高的概括和综合。而只有对它作这样的理解，它才能说得上是哲学的"最高"问题，才能作为划分哲学阵营的"惟一"标准。自然，我们也不应当把哲学基本问题的另一个方面笼统地等同于"认识论"。否则，若我们作这样的等同，那就意味着哲学基本问题的另一个方面，包含有思维和存在之间的对立方面（认识源泉的问题）在内，而不只是思维和存在的同一方面；那就会搅混哲学基本问题两个方面的涵义，把划分哲学阵营的标准扩大化，认为不仅哲学基本问题的第一方面是划分唯物和唯心的标准，而且哲学基本问题的另一个方面也含这样的标准了，如此等等。因为实际上"认识论"的涵义是广泛的，它既包括我们的思维能否认识现实世界的问题，也还包括认识的源泉问题等在内。

思维和存在的关系问题客观地存在于哲学的历史发展之中，但在不同的历史阶段，其表现形式是不同的。我们看到，在古代希腊，由于生产力低下，人们的智力极不发达，哲学和自然科学没有明显的分化，哲学家们注重探讨的是关于世界的本原问题。古代希腊哲学家从一开始就把自然现象的无限多样性的统一看作是不言而喻的；但它们统一于什么呢？万物是由什么构成的呢？这就是万物的"始基"问题。如亚里士多德说的："一个东西，如果一切存在物都由它构成，最初都从其中产生，最后又都复归为它（实体常住不变而只是变换它的性状），在他们看来，那就是存在物的原素和始基。"① 而围绕着这个问题就有种种论说，形成种种学派。如最早的米利都学派把"水"或"气"看作万物的始基，认为世界是由水或气构成的。接着，爱非斯学派的赫拉克利特认为，世界是

----

① 《古希腊罗马哲学》，商务印书馆 1961 年版，第 4 页。

按规律燃烧着和熄灭着的永恒的活火，用"火"来解释万物的构成。但是，个别的、具有固定形体的东西又怎能作为万物的始基呢？后来的恩培多克勒和阿那克萨戈拉以扩大个别的方式用"四根"（水、火、气、土）或"种子"来解释万物的构成，也没有摆脱这个矛盾。于是，德谟克利特的原子论便出现了。他把不可分割的按必然性在虚空中运动的物质微粒——"原子"看作万物的始基，这在古代哲学中是一大进展。显然原子更富有一般的性质，更能说明世界的无限多样性。当然，德谟克利特的原子论，不是建立在自然科学基础上，也没有完全超出用有形的实物的范畴来看待和说明世界，因此远不能说是彻底地解决了这个问题。上述这些哲学家虽然具体的主张不同，属于不同的学派，但他们都用物质来作为万物的始基，说明世界的多样性，这个立场是共同的、明确的。在这里这已经完全是一种"原始的、自发的唯物主义"了。在古代希腊，另有一些哲学家也企图来解决这个问题。如在德谟克利特之前有毕达哥拉斯，他认为"数是万物的始基，万物都由数产生"，数构成了万物"和谐"的"秩序"。不过，最突出的要算稍后的柏拉图。柏拉图主张用"理念"来说明万物的构成，认为真实存在的是独立存在的"理念世界"，可感觉的现实世界中的事物只是理念的摹本或影子。这些哲学家虽然具体的主张也不同，属于不同的学派，但都尝试着把一般当作万物的始基。不过，他们由于颠倒了一般和个别的关系，实际上是在用精神来说明万物的构成，是一种"原始的唯心主义"，仍然没有解决世界的本原问题。而后来的亚里士多德正是鉴于德谟克利特和柏拉图各有优劣，才著述自己的《形而上学》，把他的"第一哲学"定义为专门研究"有"本身，亦即研究作为"有"的"有"之科学，并提出著名的"四因说"，以综合的方式来解决世界的本原问题。

总之，在古代希腊，在人们面对客观世界进行哲学认识的早期，哲学家们重视探讨的是世界的本原问题，思维和存在的关系问题突出地表现在本体论方面。那时的哲学家们之被划分为唯物的或唯心的，主要是根据他们对世界本原问题的回答而定的。当然，在那时，如前所述，哲学家们并非没有关于认识论问题的探讨和争论，如德谟克利特的"影像说"和柏拉图的"回忆说"之间的分歧。但这通常是作为论证本体论的方式而隶属于本体论的。其实，思维和存在的关系问题在中世纪也突出地表现为世界的本原问题。这个问题在中世纪的经院哲学中起过巨大的作用，并"以尖锐的形式针对着教会提了出来：世界是神创造的呢，还是从来就有的？"①

可是，自16世纪末起，情况就很有不同。如前所述，在这一时期，在西欧，新兴资产阶级登上历史舞台，热衷于发展生产、复兴自然科学和反对神学对社会文化包括哲学的垄断，哲学家们便日益注重科学知识如何形成，我们如何才能正确地认识现实世界的问题即认识论问题的探讨了，哲学研究和斗争的重点开始转移。我们看到，在那时，不论在英国、法国、荷兰或德国，哲学家们的著作主要是关于认识论方面的。弗·培根把自己的主要哲学著作称作《新工具》，认为哲学的主要任务就是要为人类认识自然、解释自然提供可靠的方法和工具。笛卡尔发表的第一部重要哲学著作叫《方法论》，他也把确立科学的方法论原则看作是哲学的首要问题，甚至是"世界上最重要的......比他们稍后的洛克其哲学著作《人类理解论》则更是明确地......是认识论，以研究人类的理智能力，研究观念......知识的起源、确实性和范围为中心内容......进论》，莱布尼茨有《人类理智新论》......理原理》和休谟有《人类理解研究》等等，......论当作重大的哲学课题来进行认真的探讨，广泛地......象、认识的主体、认识的起源和途径、认识的方法、认识......和认识真理性的标准等诸认识论问题。在那时，判定哲学家是唯物的还是唯心的，也还要看他们对认识对象或源泉是主观的还是客观的这一问题的回答；哲学最高问题的认识论方面的涵义显著地突出。自然，这一切决非仅仅出于当时哲学家们的个人兴趣和爱好。在他们看来，惟有在哲学上注重认识论问题的研究，自然科学才可能有强有力的理论和方法的

―――――――

① 《马克思恩格斯选集》第4卷，人民出版社1972年版，第220页。

指导,才可能获得真正的复兴和独立的发展,为有效地促进资本主义工业生产服务。同时,这种认识论问题的研究,从其本性上说,又是和以神为中心、宣扬信仰至上的宗教神学和经院哲学相对立的。黑格尔曾说,"中世纪的观点认为思想中的东西与实在的宇宙有差异,近代哲学则把这个差异发展为对立,并且以消除这一对立作为自己的任务"①。在这一时期,哲学家们正是以对认识论问题的研究来摆脱为封建制度服务的宗教神学和经院哲学对社会文化和哲学的垄断,使社会文化尤其是哲学成为资产阶级反封建、反宗教神学的有力的思想武器。当然,这也并不等于说,在那时,哲学家们没有本体论问题的探讨和争论,如他们在实体问题和身心关系问题上的详细研究及其演变。但这通常是为了说明其认识论的理论基础而进行的,是隶属于认识论的。

总之,在那个时候,在西欧,哲学研究重点开始转移,从整个来说认识论问题的研究被提到首位,这是显然的。换句话说,思维和存在关系问题的本体论方面和认识论方面的涵义到这时才获得了充分的展开,并在后来通过德国古典哲学获得了综合和统一。正是基于这种情况,所以恩格斯说,思维和存在的关系问题,全部哲学的最高问题,"只是在欧洲人从基督教中世纪的长期冬眠中觉醒以后,才被十分清楚地提了出来,才获得了它的完全的意义"②。

自16世纪末起,在西欧,哲学研究重点转移,认识论问题被提到首位。然而,那时问题尚不在于能否认识世界、获得知识,因为从伽利略到牛顿已给人们提供了一幅崭新的力学—数学的世界图景,这个事实就使人们相信世界是可以用定量的方法和机械的规律来加以把握的;而主要在于具有普遍性和必然性的科学知识是如何形成的,即突出感性认识和理性认识关系问题的探讨。(其实,这个问题不仅反映了自然科学形成中所必然蕴涵的深刻矛盾,而且也反映了哲学认识形成中所必然蕴涵的深刻矛盾。纯粹的高度抽象的哲学概念具有普遍性和概括性,无疑是超越感觉经验的结果,尽管

---

① 黑格尔:《哲学史讲演录》第4卷,商务印书馆1978年版,第5页。
② 《马克思恩格斯选集》第4卷,人民出版社1972年版,第220页。

这种超越具有历史性和相对性；但从本质上说，它之被提出和被理解，终究离不开感觉经验，是立足于感觉经验之上的。）与此相应，便出现了经验论和唯理论两大学派。实际上，在近代西欧，哲学上经验论和唯理论两大学派的存在是客观的明显的事实，它们的形成有种种复杂的原因，但首先和主要是与这个时期自然科学的状况密切地和直接地相联系的。

综观近代自然科学在这一时期的发展，我们了解到，它以立足于科学实验和数学方法的实验科学的崛起为重要特征。如所周知，在古代和中世纪，人们从事科学活动主要凭靠肉眼的定性的观察，尚无严格意义的科学实验，其间那种企图把普通的物质变为黄金、白银和灵丹妙药的炼金术和炼丹术的神秘活动曾盛极一时。这在形式上已有类似于科学实验的因素，并积累了一定的关于物质化合分解的知识，发现了一些化合物和元素的性质。后来，13 世纪的罗·培根积极提倡物理、化学实验活动，反对一切思辨的知识和方法；15 世纪末达·芬奇指出，"我们必须从实验出发，并通过实验去探索原因"。他们是近代实验自然科学的先驱。在欧洲，人们立足于科学实验去认识自然界则是在 16 世纪资本主义经济产生之后。那时，工业生产的迅速发展要求自然科学从根本上去认识自然过程的本质和规律，获得力学、物理学、化学等各门科学的实证知识，并提出了许多必须由科学实验来解决的问题；实验工具和实验的其他物质手段日益完善和多样化也使科学实验得到了系统的发展，逐步实现了它与生产实践的分化。应当说，真正有系统的实验科学，这时候才第一次成为可能。这时候，如伽利略在力学领域里通过著名的比萨斜塔实验和斜面实验，考察了物体运动和力的关系，认识了自由落体定律、惯性定律和抛体定律；并认为获得和检验科学知识的基础就是实验，曾说"我深深懂得，只要一次单独的实验或与此相反的确证，都足以推翻这些理由以及许多其他可能的证据"[1]。在近代，从自然科学本身来看，虽说是哥白尼第一次向神

① 伽利略：《关于托勒密和哥白尼两大世界体系的对话》，上海人民出版社 1974 年版，第 161 页。

学提出了挑战，但真正用科学实验来论证科学的首先还是伽利略。弗·培根也被认为是近代实验科学的始祖，在他的眼中，真正的科学是实验的科学，"自然的奥秘也只是在技术的挑衅下，而不是在任其自行游荡下，才会暴露出来"①。此外，我们看到，在天文学领域里，水星凌日、金星凌日、土星的卫星和光环、火星和木星的自转等都是这一时期科学家们在用天文望远镜来观测天象时所发现的②。在化学领域里，17世纪科学家波义耳以实验考察气体体积同压力的关系，发现了著名的波义耳定律；另一科学家巴斯噶的大气压力实验也很有代表性。在光学领域里，斯涅耳、格里马第和牛顿则通过实验把握了光的反射、折射、干涉、衍射、色散的规律，等等。这一切都表明，近代自然科学是以系统的实验研究为基础，由实验工具装备起来的科学。

然而近代实验科学，从方法论上说，所自发运用的一方面固然是对各种自然现象加以观察和实验的方法，另方面则是对各种观察的材料和实验的结果加以数学的处理和理性的分析、推理的方法。马克思曾说，在近代，"科学是实验的科学，科学就在于用理性方法去整理感性材料。归纳、分析、比较、观察和实验是理性方法的主要条件"③。确实，在近代自然科学的研究过程中，科学实验在实际上总是与假说、演绎相联系在一起的，与数学演算和逻辑推理相联系在一起的。伽利略和牛顿等近代科学家所藉以描绘和提供力学—数学世界图景的正是观察、实验和数学证明、逻辑推理这两个不同的，但一刻也不能相脱离的方面。他们的贡献也就在于把观察、实验和归纳、演绎、假说综合为一个行之有效的完整的科学方法。而在那个时代的人类思维的状况下，这种科学方法即成为近代

① 《十六——十八世纪西欧各国哲学》，商务印书馆1975年版，第42页。
② 按照列宁的说法，"我们用来作为认识论的标准的实践应当也包括天文学上的观察、发现等等的实践"。（《列宁选集》第2卷，人民出版社1960年版，第140页。）
③ 《马克思恩格斯全集》第2卷，人民出版社1957年版，第163页。

哲学在认识论上发生经验论和唯理论分野的前提。

　　在那个时代，形而上学的思维方式广泛地支配着哲学家们的头脑，他们片面地对待这些在自然科学研究中本来是相结合地被运用的方法。有一些哲学家片面地固执于其中的观察和实验的方法，从中制定出经验论的理论。这种理论在普遍性和必然性的知识是如何形成的问题上强调，知识起源于感觉经验，感觉经验比理性认识更可靠、更实在，并在方法上主张经验归纳法。另一些哲学家片面地固执于其中的数学的方法，从中制定出唯理论的理论。这种理论在普遍性和必然性的知识是如何形成的问题上强调，知识起源于理性，理性认识比感觉经验更可靠、更重要，并在方法上主张理性演绎法。属于前一类哲学家的如弗·培根、霍布斯、洛克、贝克莱和休谟等；属于后一类哲学家的如笛卡尔、斯宾诺莎和莱布尼茨等。近代哲学家们就是这样主要在总结自然科学成果的过程中，从对机械论本身固有的两个因素即力学原理和数学原理的偏重开始，而正式形成经验论和唯理论两大学派的。这两大学派的形成，不仅表明了基于资本主义生产发展需要而复兴的近代自然科学对那时哲学影响的深刻和巨大，也反映了当时哲学研究的重点从本体论方面转移到认识论方面来的历史特点，是人类哲学认识深入发展的显著标志。这也便是我们之所以要把欧洲近代经验论和唯理论哲学作整体考察的主要理由。

　　我们还看到，近代欧洲经验论和唯理论两大学派的形成带有明显的地域性质。一般地说，经验论学派的主要代表集中在英国，唯理论学派的主要代表集中在西欧大陆各国。这当然并非纯属偶然；这与英国和西欧大陆各国各自不同的历史状况，如经济的、政治的、自然科学的和思想文化传统的有关，也与它们各自的民族性有关。在英国，资本主义工业生产比较发达，自然科学实验风气盛行而悠久，如13世纪已掀起以罗·培根为代表的实验自然科学思潮；也素有崇尚工匠学问的传统，16世纪末、17世纪初的威廉·吉尔伯特即是与学术知识相结合的工匠学问的范例。恩格斯曾指出，13、14世纪的"唯名论，唯物主义的最初形式，主要是存在于英国经院哲学家中间"①，这也就是说，英国还曾是唯名论思潮的主要阵地。这一切都使得在当时的英国科学家中观察、实验的方法被公认为自然科学的主要方法，使得经验论有了滋生的肥沃土壤。此外，英国人的民族性的特点就在于无法解决的矛盾，完全相反的东西的合一。如他们一方面最虔信宗教，关心彼岸世界；另方面又最不信宗教，只注重"私人利益"。面对这种情况，他们提倡"个体主义"②，并不相信能用理性解决，于是就完全听从经验，走向怀疑论。正是这些复杂的因素，英国成了近代经验论的发祥地。在西欧大陆各国，资本主义工业生产不如英国发达；自然科学家哥白尼、伽利略、开普勒等在天文学、力学的研究中均甚注重数学的应用和对事物的定量分析，开普勒就是以其严格、精确的数学计算证实和发展了哥白尼的日心说，并因此而著名；唯名论的传统也远不如英国深厚。这一切就使得在当时大陆各国的科学家中数学的方法被公认为自然科学的主要方法，使得唯理论有了滋生的肥沃土壤。此外，大陆各国的民族性与英国人也不同。如德国人尊崇基督教"唯灵论"的准则，"在哲学方面发展人类的普遍利益"，醉心于抽象的思辨。这些也就是大陆各国产生和发展近代唯理论的重要原因。近代西欧经验论和唯理论的地域性质，本质上属该地域的经济、科学和文化传统对哲学的影响，就如在古代希腊早期，米利都学派和爱非斯学派的"原始的、自发的唯物主义"出现于伊奥尼亚一带，毕达哥拉斯学派和埃里亚学派的"原始的唯心主义"出现于南意大利一带一样。所谓民族性乃是指一定的民族在它的物质生产和精神生产的总和和活动中形成的与其他民族的差别性，也是不能离开社会经济来理解它对哲学的影响的。如马克思所说，德国人的思维的抽象和自大总是同它的现实的片面性和低下并列。正是基于这种地域的性质，所以后人通常把前者称作英国经验论，把后者称作大陆唯理论。当然，这是就一般而言，并非是绝对的。在当

---

① 《马克思恩格斯选集》第 3 卷，人民出版社 1972 年版，第 382 页。
② 参阅汤用彤：《关于英国经验主义》，载《外国哲学》第 4 辑，商务印书馆 1983 年版。

时，在西欧，各国的经济、科学和文化并不是一种孤立的现象，而是相互影响，彼此交流的。与此相联系，各国的哲学也并不是只受本国土壤滋养的结果。一些哲学家和科学家经常游历欧洲各国，更是推进了这种过程。因此，在西欧大陆曾出现属于经验论学派的哲学家，如法国的伽桑狄；在英国也不乏重视理性和数学方法的哲学家和科学家，如牛顿。只不过在这方面他们不具代表性罢了。

第二节　经验论和唯理论哲学矛盾的 复杂性和发展的阶段性

前已指出，16 世纪末，在积累有自古希腊以来所提供的认识论自身丰富的思想资料的前提下，主要通过总结当时自然科学的成果，哲学上开始形成了经验论和唯理论两大学派。它们在自身的发展中主要围绕着知识形成的途径即感性和理性的关系问题展开了激烈的论争。但是这一论争，其内容和表现并不是单纯的和惟一的，而是错综复杂的。

毫无疑问，在那个时期，不论是经验论还是唯理论，作为资产阶级的哲学都是反对中世纪宗教神学和经院哲学传统的。它们或注重人的感觉经验，或注重人的理性思维，从不同角度颂扬人的认识，强调认识的价值，因而都具有进步的意义。在它们看来，只有开展对传统的宗教神学和经院哲学的批判，才能解放人们的思想，从而在深度和广度方面推动反对封建制度的斗争，推动自然科学的发展。

另一方面，经验论和唯理论哲学在考察知识如何形成，阐述感性和理性关系问题时，都不能避免知识与客体的关系问题，不能不回答认识的对象或源泉是主观的，还是客观的？于是它们又各有唯物的和唯心的之分。我们知道，认识论有"两个重要前提"。第一个重要前提无疑地就是：感觉是否是我们知识的惟一泉源；第二个重要前提，即客观实在是否是我们感觉的泉源。从感觉出发，可以遵循着客观主义的路线走向唯物主义，也可以遵循着主观主义的路线走向唯心主义①。前者如洛克，认为知识起源于感觉经验，还主张感觉经验来源于客观世界，是唯物的经验论者；后者如贝克莱，也承认知识起源于感觉，但主张存在即被感知，否认感觉来源于客观世界，是唯心的经验论者。就唯理论方面说，斯宾诺莎强调实体即神或自然，否认超自然的精神实体的存在，并认为这神或自然就是理性直观的对象，基本上是唯物主义者；莱布尼茨以单子论为基础，认为单子是特种灵魂，没有"窗子"可供别的东西出入，所以一切观念都是天赋的，是唯心的唯理论者。换句话说，在那一时期，经验论和唯理论围绕着感性和理性关系问题的论争，是与唯物主义和唯心主义的对立交织在一起而表现出来的。

在这一时期，经验论和唯理论哲学除了各有其唯物或唯心的基本形态外，还有介于两者之间的中间形态的哲学。如在唯理论方面，笛卡尔哲学是二元论的典型形态；在经验论方面，休谟哲学是不可知论的典型形态。这类哲学在哲学史上起过重要的作用，其客观存在毋庸置疑。就休谟哲学来说，它的本质就在于不超出感觉，停留在现象的此岸，不承认在感觉的界限之外有任何"确实可靠的"东西。关于这些物本身，我们是根本不能确实知道的。这就是说，它既没有进一步唯物地承认我们感觉是外部世界的反映，也没有进一步唯心地承认外部世界是我们的感觉，而回避对物质和精神何者是第一性这一哲学最高问题作明确的回答。正因为这样，所以"恩格斯把哲学体系基本上分为唯物主义和唯心主义，把近代哲学中的休谟路线看作是介于两者之间、动摇于两者之间的中间派，称这条路线为不可知论……"② 当然，承认哲学上中间派的存在，并不意味着它就超越于唯物主义和唯心主义之上，或能取消哲学最高问题，否认有唯物和唯心之分。实际上，正由于存在着唯物主义和唯心主义两大哲学阵营，才出现了介于这两大阵营之间的诸如二元论、不可知论一类的哲学上的中间形态、过渡形态或综合形态。它们的出现，进一步表现了这一时期经验论和唯理论哲学矛盾

---

① 列宁：《唯物主义和经验批判主义》，人民出版社 1950 年版，第 117 页。

② 列宁：《唯物主义和经验批判主义》，人民出版社 1950 年版，第 1 页。

的复杂性。

不仅如此，在哪一时期的哲学论争中，不论是经验论或唯理论哲学，其本身都不是绝对的、纯粹的。如经验论者贝克莱把知识分为"世俗的"和"神圣的"，认为关于自然的知识起源于感觉，但在谈论精神知识时就认为它起源于"意念"，容纳有唯理论的因素。在唯理论方面，莱布尼茨在论述普遍性和必然性知识的形成时，则容纳了与之相对立的经验论因素，把感觉看作使天赋观念由潜在变为现实的诱发因素或条件，在承认"推理的真理"之外又承认"事实的真理"。就唯物主义和唯心主义哲学方面来说，它们也都不是纯粹的、彻底的。如所周知，在这一时期，自然科学的发展促使唯心主义发生演变，使唯心主义体系也愈来愈加进了唯物主义的内容。尤其是这一时期的唯物主义哲学，可以说都没有把唯物主义原则贯彻到底。如洛克唯物主义哲学在承认灵魂可能是物质之外，又容忍了灵魂的非物质性，主张在精神方面的"无形实体"的存在；提出著名的"两重经验"学说，把感觉和反省看作我们知识和观念的两个独立的来源，具有二元论和唯心主义的因素。斯宾诺莎哲学在本体论上主张实体即神或自然，坚持泛神论观点，具有唯物主义和唯心主义的两重性和含混性。它们中有的还以自然神论的方式表达和宣传唯物主义观点，如托兰德哲学。这一切表明，在这一时期经验论和唯理论，唯物主义和唯心主义，它们之间既是互相对立的，又是互相渗透的。

上述经验论和唯理论哲学出现错综复杂的矛盾情况当然不是偶然的。恩格斯曾就这一时期唯物主义哲学往往具有唯心主义和神学不彻底性的特点指出："唯物主义的自然观不过是对自然界本来面目的朴素的了解，不附加以任何外来的成分，所以它在希腊哲学家中间从一开始就是不言而喻的东西。但是，在古希腊人和我们之间存在着两千多年的本质上是唯心主义的世界观，而在这种情况下，即使要返回到不言而喻的东西上去，也并不是像初看起来那样容易。"① 不过，造成这种情况的根源如前所述，最终在于西欧各国

_____

① 《马克思恩格斯选集》第 3 卷，人民出版社 1972 年版，第 527 页。

资本主义经济和政治的发展不平衡。即使在同一国家，资产阶级在处于同一历史时期的不同阶段，或处于同一阶段，由于阶层不同，其哲学的性质也是不同的。

还应指出，16 世纪末到 18 世纪初，西欧各国与宗教神学和经院哲学相对立的经验论和唯理论哲学中，唯物主义占有重要的地位。在英国，唯物主义哲学是资产阶级在夺取政权之前哲学思想的主要形式；在西欧大陆，它也有广泛影响，荷兰的斯宾诺莎和法国的伽桑狄均是著名的唯物主义者，笛卡尔建立的虽是二元论哲学体系，其《物理学》也是唯物主义的。但是，近代西欧各国唯物主义哲学是在总结近代自然科学成果的基础上建立起来的。本来，自然科学在本质上是与唯物主义一致的，它的进步是哲学发展的坚实基础；在那一时期，真正推动哲学家前进的，主要是自然科学和工业的强大而日益迅速的进步。这就使得这一时期的唯物主义哲学与古代希腊罗马的唯物主义哲学不同，具有自身的显著特点，如恩格斯所说，"甚至随着自然科学领域中每一个划时代的发现，唯物主义也必然要改变自己的形式"①。

首先，这一时期的唯物主义具有形而上学性。如前所述，自 16 世纪以来，自然科学虽然获得重大进展，但毕竟处在近代自然科学发展的初期，注重经验的考察，尚处于搜集和初步整理材料的阶段，采用分门别类地搜集材料然后加以归类整理的方法。这是当时自然科学发展的重要特点。自然科学的这种单纯的分析方法即是把自然界分解为动物、植物、矿物各个部分，又把其中的无机界划分为不同的领域加以研究，把其中的有机体也进行解剖的研究，尽力寻找和描绘最单纯的要素。这种方法曾经是近代自然科学"获得巨大进展的基本条件"，至今仍然是科学方法论的必要环节。但是，那时的科学家却形成了一种习惯，往往以孤立的、静止的和片面的观点看问题，而不能以联系的、发展变化的和全面的观点看问题。林耐的"物种的绝对不变"的观点和牛顿的"天体的绝对不变"的观点便是这种习惯的典型表现。"这种考察事物的方法被培

---

① 《马克思恩格斯选集》第 4 卷，人民出版社 1972 年版，第 224 页。

根和洛克从自然科学中移到哲学中以后，就造成了最近几个世纪所特有的局限性，即形而上学的思维方式。"① 概括地说，这一时期的唯物主义具有形而上学性，既是其优点，也是其弱点。一方面，形而上学的产生是有其历史理由的；并且在当时的历史条件下，因其是科学研究和哲学发展的必经阶段，在对自然界的"细节"的描述中，"比希腊人要正确些"，无疑具有积极的进步的意义。另一方面，就其本身而言，它终究违背了事物的辩证法，在对世界的总的观点上是一种倒退，"希腊人就比形而上学更正确些"；它还限制了唯物主义，使其不能贯彻到底而陷入唯心主义，如牛顿在说明行星运动时就因其形而上学而得出了"第一推动力"的神学结论。当然，这一时期的唯心主义哲学从根本上说也同样是形而上学的。

其次，这一时期的唯物主义具有机械性。如前所述，处于发展初期的近代自然科学的特点还在于，它仅仅在对最简单的运动形式机械运动的研究，即关于地球上物体和天体的力学以及数学的研究上达到了较完善的地步，而对于较为复杂的和高级的运动形式方面的研究则很缺乏，甚至还没有开始。如本来意义上的物理学在当时还未超出最初的阶段，光学得到例外的进步仅由于天文学的实际需要；化学刚刚借燃素说从炼金术中解放出来；地质学还没有超出矿物学的胚胎阶段，因此古生物学还完全不能存在；生物学尚在襁褓中，只是林耐关于植物和动物的分类达到了较高的成就；对生命现象的研究还谈不到②。这种状况就使得当时的一些哲学家拜倒在力学—数学这门科学面前，只能以用数学方式表达的机械运动的观点来看待和说明一切，包括无机界、有机界和人类社会。例如把世界看作"大钟表"，把动物看作"机器"，甚至把人的心脏、神经和关节也比作钟表上的发条、游丝和齿轮。概括地说，他们把物质的特性归结为机械的、力学的、数量的特性，把物质的运动归结为机械的运动，只承认机械运动一种运动形式。这也就使得这一时期的

---

① 《马克思恩格斯选集》第3卷，人民出版社1972年版，第61页。
② 参见《马克思恩格斯选集》第3卷，人民出版社1972年版，第447页。

唯物主义哲学带上了机械论的特征。这一方面，当然是符合人类科学认识的进程的，从最低级、最简单的运动形式开始，才能进而对更高级、更复杂的运动形式有所阐明；另一方面，毕竟抹煞了无机界与有机界的本质区别，自然界与人类社会的本质区别。

有鉴于近代早期自然科学的发展有力地促进着这一时期唯物主义哲学反对宗教神学和经院哲学的斗争，并影响着它在形式上的改变，使它具有形而上学性和机械性，所以这一时期的唯物主义就被称为形而上学的机械的唯物主义；又因为机械性本质上是形而上学性的表现，所以这一时期的唯物主义又被看作整个唯物主义发展中的形而上学阶段。但是，终究这种形而上学性和机械性限制了这一时期的唯物主义本身，使它对于许多哲学问题不能作出圆满的解决。例如它把广延看作物质的惟一属性，这样，仅具有量的规定性的物质如何能够有感觉和有思维，成为我们认识的主体呢？本身是迟钝的不具有能动性的物质又如何能够作用于我们，成为我们心中观念的原因呢？然而这种弱点被唯心主义窥见和意识到了，唯心主义便藉此起来反对唯物主义，并企图用辩证的观点来看待和解决这些问题。这一时期的唯心主义唯理论者笛卡尔、莱布尼茨等的哲学体系包含有令人注目的辩证法因素，成为这一时期"辩证法的卓越代表"，也并非偶然。这也就是说，在这一时期的经验论和唯理论，唯物主义和唯心主义的错综复杂的斗争中，还交织有辩证法和形而上学的斗争。

总之，把16世纪末到18世纪初的经验论和唯理论哲学放在近代整个西欧的经济、政治、自然科学和文化思潮以及哲学斗争的历史环境下作整体的考察，我们就能了解，这两大学派自它们形成之时起就以反对经院哲学为共同的目标，但彼此又有角度上的差异性，其矛盾充满着错综复杂的性质。正是这种矛盾，使该哲学的存在表现为一个过程，并显现出它的发展的阶段性来。如前所述，经验论和唯理论之间的论争涉及许多认识论问题，不是狭窄的；但主要是围绕着感性和理性关系即知识的起源和途径问题而展开的。经验论和唯理论之成为当时认识论上公认的两大学派，其划分标准亦鉴于对这个问题的不同回答。因此，这个问题是否明确提出、是否完备系统有论证和是否极端发展，也就应当被看作区分该哲学发展阶段的重要标志。概括地说，该哲学在其矛盾进展的过程中显现为创立阶段、发展阶段和终结阶段。

在欧洲近代经验论和唯理论哲学的创立阶段，主要涉及弗·培根、霍布斯和笛卡尔、伽桑狄等哲学家。培根是英国经验论的创始者。他推崇和提倡实验科学，是近代实验科学的始祖。这就使他在反对经院哲学的斗争中，最早在自然科学的基础上明确提出感觉是可靠的，是一切知识的源泉的基本原则；同时十分注重方法论的探讨，率先制定了著名的经验归纳法。这些原则和方法的明确提出和制定就标志着英国经验论的创立。培根的经验论是以唯物主义形态出现的。在他那里作为知识起源的感觉的形成和经验归纳法的制定都是以承认外部世界的客观存在为前提的。不过，培根的经验论只是处于明确提出其基本原则的阶段，远没有系统地说明和详尽地论证这一原则；尤其是他的唯物主义只是"在朴素的形式下包含着全面发展的萌芽"，尚不具有与近代自然科学总观点相适应的机械论的性质，并充满了神学的不彻底性。比培根稍后的是霍布斯。霍布斯在明确提出和坚持知识和观念起源于对外物感觉的基本原则方面，与培根无有不同。其特殊之点在于，他最早提出了机械唯物主义的原则，是"第一个"18世纪意义上的近代唯物主义者；他以此近代观点为基础企图把培根的唯物主义和经验论思想"系统化"，并消灭了他的有神论的偏见。基于这些，他也与培根并列被视为英国唯物主义经验论的创始者。

笛卡尔是西欧大陆唯理论的创始人。他在反对经院哲学的斗争中与培根相对立，强调人的理性思维的可靠性和重要性，认为人心中有所谓清楚明白的"天赋观念"，我们以此为前提和基础，经过理性演绎，就能获得普遍性和必然性的知识。可以说，他最早规定了唯心主义唯理论的基本原则；也十分注重方法论的探讨，制定了著名的理性演绎法。当然，他不完全否认人的感觉在认识中的作用，尚未认为一切观念都是天赋的。他在世界观上持二元论观点，包括主张身心二元论和交感论，在"物理学"范围内则持机械唯物主义观点；他是近代辩证法的卓越代表之一。不过，笛卡尔唯理论自诞生之日起，就遭到了学者们的反驳和诘难，其中主要有英国的霍布斯和法国的伽桑狄。伽桑狄是西欧大陆罕见的唯物主义经验论者，他通过复兴伊壁鸠鲁的唯物主义哲学，和霍布斯一起在反对经院哲学的同时，从各个方面展开了对笛卡尔唯理论的论争。这是近代西欧经验论和唯理论哲学创立阶段的著名论争，也是整个西欧经验论和唯理论的最初交锋。他们最早地阐发和论证了唯物主义感觉论思想，暴露了唯心主义唯理论的片面性，开始了往后人们对笛卡尔主义的批判；另一方面，他们也受到了笛卡尔唯理论的影响。如霍布斯的认识论在谈论理性认识时主张概念是名称，推理是计算，就明显地容纳有唯理论的因素；他宣布几何学为主要科学，在方法论上企图结合分析法和综合法，但比较起来要更加注重后者，亦即理性演绎法。

在欧洲近代经验论和唯理论哲学的发展阶段，主要涉及斯宾诺莎、马勒伯朗士和洛克、托兰德等哲学家。在西欧大陆，笛卡尔唯理论虽然遭到了唯物主义经验论者的反驳和诘难，但其实际的社会影响远比唯物主义经验论要广泛和深刻，甚至在许多国家里占据支配地位，有其众多的信徒。在荷兰，有斯宾诺莎。斯宾诺莎在反对经院哲学的斗争中从笛卡尔的实体概念出发，以实体、神、自然和属性、样式等一系列范畴和命题，表达了他的基本上是唯物主义的实体一元论体系；他的物心、身心平行论把笛卡尔的二元论从实体推向属性。在此基础上他又以其知识种类和真观念的学说，把笛卡尔的唯理论推进到了系统完备的程度，对经验论作了深入的否定；比笛卡尔更推崇理性演绎法，以至用欧几里得几何学的论证格式严格地书写其哲学著作。他是近代辩证法的卓越代表之一，也是西欧大陆唯理论的完备者。在法国则有马勒伯朗士。马勒伯朗士认为神是惟一的实体，"宇宙处在神中，而不是神处在宇宙中"，神也是身心相互作用的真正根源（"偶因论"）；并主张认识是人的心灵对于万物的观念，神就是这种观念的源泉。在唯理论者中间，如果说，斯宾诺莎从唯物主义方向发展了笛卡尔的唯理论，那么马勒伯朗士就是从宗教唯心主义的角度来发展笛卡尔的唯理论的。而他们的唯理论又都是围绕着如何消除笛卡尔的二元对峙的观点而展开的。

在这个阶段，洛克则是英国唯物主义经验论的集大成者。他在反对经院哲学的斗争中把研究人类理解力和确定知识的性质、等级和范围作为哲学的中心内容，并"详尽地论证"了培根和霍布斯提出的普遍性和必然性的知识和观念起源于对外物的感觉的基本原则，系统地说明了哲学要是不同于健全人的感觉和以这种感觉为依据的理智，就不可能存在，从而使唯物主义经验论第一次成为一个较严密的理论体系。洛克是在和笛卡尔唯理论的论争中推进和发展唯物主义经验论的。他特别批判了笛卡尔提出的天赋观念说，强调人心如白板，概括知识和抽象观念是心灵在比较、抽象和概括后天获得的感性材料的过程中形成的，没有什么天赋的观念。洛克对笛卡尔唯理论的批判要比霍布斯、伽桑狄的反驳和诘难内容更全面、深刻，影响更广泛、深远，是这一阶段唯物主义经验论和唯心主义唯理论的著名论争。当然洛克的唯物主义经验论，其中的形而上学性相当突出，并包含有唯心主义和不可知论等因素，这些因素为贝克莱和休谟哲学的出现提供了理论渊源。在洛克稍后，还有托兰德。托兰德是17世纪英国唯物主义哲学家和自然神论的著名代表。他从洛克的唯物主义经验论出发，也批判了笛卡尔哲学。他的贡献在于提出物质本身具有客观的质的多样性，运动是物质的特性，与物质不可分等观点，在某种程度上克服了当时机械唯物主义的缺陷，铲除了洛克感觉论的最后的神学藩篱。从一定意义上说，托兰德是近代英国唯物主义经验论的完成者。

在欧洲近代经验论和唯理论哲学的终结阶段，主要涉及莱布尼茨、沃尔夫和贝克莱、休谟等哲学家。莱布尼茨是近代西欧大陆唯理论的高峰和完成。他在反对经院哲学的斗争中，将斯宾诺莎的实体一元论转变为单子多元论，在世界图景和身心关系等问题上主张"前定和谐"的学说，从而用唯心主义一元论真正克服了笛卡尔的二元论。他之能作这种克服，与他站在唯心主义立场上吸取自然科学成果，针对和利用机械唯物主义的缺陷，赋予精神性的单子以能动性有关；可以说，他是这一时期辩证法的最卓越的代表。尤其是，他在认识论上和洛克针锋相对地展开了全面性的论争，称洛克的学说比较接近亚里士多德，并和伽桑狄大体相同，称自己的学说比较接近柏拉图。这一论争是该阶段唯心主义唯理论反驳唯物主义经验论的著名论争。在论争中他捍卫了笛卡尔的唯理论原则，并认为：一切观念都是天赋的；认识乃是天赋观念由潜在到现实的神秘过程；在这过程中单靠理性不行，感觉终究起有诱发和唤醒的作用。这表明他把笛卡尔的唯理论已推至极端，并直接预示了唯理论的否定。在莱布尼茨之后是沃尔夫。沃尔夫是莱布尼茨哲学的直接继承者。他的思想本身无新颖之处，仅在于把莱布尼茨的唯理论系统化和浅薄化；但其社会影响很广泛。"莱布尼茨—沃尔夫"哲学的出现标志着近代西欧大陆唯理论哲学发展的终结。

在这个阶段，在英国，贝克莱和休谟在反对经院哲学的同时，一方面坚持经验论、反对唯理论；另一方面又起来批判以洛克为代表的经验论。贝克莱和休谟对洛克的批判是这个阶段经验论内部唯心主义和不可知论反对唯物主义和可知论的著名论争。先是贝克莱，他利用洛克唯物主义的不彻底性，把"感觉和官能"确定为人类知识的第一原则，主张存在即被感知的唯心主义观点，企图否定物质的客观实在性，否定洛克经验论的唯物主义性质。他是英国经验论由唯物主义向唯心主义转变的实现环节。但是，贝克莱毕竟同时承认了关于精神的知识起源于意念的观点，并没有把经验论原则贯彻到底。于是便有休谟对贝克莱经验论的修正和对洛克唯物主义经验论的进一步批评。休谟从彻底的经验论出发，提出"观念起源于印象"的原则；强调认识不超出感觉，在感觉之外无论是物质实体还是精神实体，其是否存在均不可知；也把因果性观念归结为习惯性的联想。休谟的不可知论是英国经验论哲学发展的必然归宿。它的出现，表明英国经验论在解决思维和存在的关系，获得普遍性和必然性知识的问题上已走入死胡同，是近代英国经验论哲学发展宣告终结的标志。

在欧洲近代，当经验论和唯理论哲学在其错综复杂的矛盾进程中经历了创立、发展和终结等阶段之后，哲学家们所围绕的中心问题就不是感性和理性的关系即普遍性和必然性知识的起源和途径问题了，而是思维和存在的同一性问题了。最早开始突出这个问题的是 18 世纪德国哲学家康德的认识论。但从历史的角度来看，康德认识论乃是欧洲近代经验论和唯理论哲学的综合，也是哲学史上企图克服两者片面性的重大尝试。在这里，我们仅把它看作是整个欧洲近代经验论和唯理论哲学历史发展的真正的结束。

上　编

欧洲近代经验论和唯理论哲学

的创立阶段

第四章　英国经验论哲学的创立者
——培根哲学

16 世纪末到 17 世纪初，在英国资本主义迅速发展和资产阶级革命序幕时期，在哲学舞台上出现了一位富有开拓性的学者——培根。他是近代欧洲最早适应着新兴资产阶级发展生产、复兴科学和反对神学对哲学的垄断的时代需要，注重认识论和方法论研究，提倡唯物主义经验论的哲学家。可以说："英国唯物主义和整个现代实验科学的真正始祖是培根。"[①]

培　根　小　传

弗兰西斯·培根（1561～1626），生于伦敦的一个与宫廷有密切联系的新贵族家庭里。父亲尼古拉·培根是在英国宗教改革中购得爱德蒙斯寺院的几处土地而成为新贵族的，曾担任英女王伊丽莎白的掌玺大臣。母亲安尼是安东尼科克爵士的女儿，加尔文教派的教徒。姨夫博莱伯爵则是女王的财政大臣。培根幼时聪慧早熟，有"小掌玺大臣"之称。13 岁时入剑桥大学。在大学期间勤奋好学，善于独立思考，对经院哲学和亚里士多德主义"愈来愈不满"；并萌发了改革一切脱离自然、脱离生活的知识，使科学和哲学为人类实践谋福利的信念。他在大学毕业后，由父亲安排，作为英国驻法大使随员，在巴黎工作和生活了 3 年。后于 1579 年，因奔父丧返回英国，开始研究法

---

① 《马克思恩格斯全集》第 2 卷，人民出版社 1957 年版，第 163 页。

律；从此进入仕途，从事政治活动。1584 年，培根 23 岁，被选为国会议员，并"依靠"女王宠臣艾塞克斯伯爵的扶植，力图谋求更高的职位。但他在 1596 年才受命为女王的私人特别法律顾问，仕途坎坷，始终未受重用；不久艾塞克斯企图谋反失宠，培根支持议会当众起诉其叛国，又被指责为"忘恩负义"，名声不好。直到詹姆士一世即位，培根以《论学术的进步》的书题献给詹姆士，颂其"有国王的权力与高贵，有僧侣的睿智与光辉，有哲人的博学与远见"，并仰仗詹姆士宠臣白金汉公爵的推荐，才得赏识，并逐渐青云直上。他于 1607 年任副检察长，1613 年任检察长，1617 年任掌玺大臣，最后于 1618 年成为英格兰的大法官；同时先后被授封为维鲁兰男爵和圣阿尔本斯子爵。然而，在 1621 年，由于议会和王室的矛盾加剧，培根受到议会的弹劾，被指控在行使大法官职责时接受诉讼人的贿赂；尽管他百般辩护，说自己受贿并未影响公正判决等，还是被判处罚金四万英镑和监禁伦敦塔中。于是培根只得以忏悔的心情向国王求助，说"受馈者还赠以馈；臣竭诚馈赠于陛下——如蒙垂恩赦罪，当修英国良史以报"[1]。结果，得詹姆士暗助，他在监禁两天后被释放，罚金也被豁免了。事后培根履行诺言，写出《享利七世史》称颂国王；并以此退出政界，专心致志地从事理论和历史的著述活动。这是他一生的转折点。

培根对仕途生涯的久久迷恋，无疑表现了他对功名利禄的渴望和追求。这与他的家庭出身，所受仕途教育和社会风气的深刻影响有关。但是，他之投身官场也包含有这样的意图，即希望"有一个较大的权力，能以动员更多的劳力和才智来帮助我的工作"。他的根本志向仍在于在当时的社会历史条件下，为"复兴"和发展自然科学开辟道路。如他在 1591 年给姨父博莱伯爵的求职信中曾说过，我的功名心在于使科学家摆脱毫无内容的争论，摆脱毫无意义的结论、谬误的观察和消除在人民中流传的毫无根据的见解；我想用正确的观察、有

---

① 转引自巴克拉捷：《近代哲学史》，上海译文出版社 1983 年版，第 54 页。

论据的真理和卓有成效的发现来取代这些乌七八糟的东西①。正是在这一"不能忘怀"的目标的指引下，培根写下了许多著作，其中主要是《科学的伟大复兴》。培根是近代最早提出编纂《百科全书》的学者。他有关于编纂《百科全书》的意义和宗旨的说明，并制定了编纂计划、方针、要求、大纲和目录。他把此项工程看作是与人类尊严相称的事业，曾说，若"没有我所要规划的那种自然和实验的历史，那么在哲学和各种科学方面就不会以经验得到或行将得到与人类尊严相称的进步"②。他在1620年正式出版的《科学的伟大复兴》也就是这样一部《百科全书》式的著作。关于这一著作，培根写有序言和对各部分内容作简略规划的《工作大纲》；实际完成的有第一部分"论科学的价值和发展"即《论学术的进步》（1605年），第二部分"新工具或关于解释自然的指导"即《新工具》（1620年），第三部分"自然现象，或可作为哲学基础的自然和实验的历史"即《自然的和实验的历史》（1622～1623年）；而计划中的第四、五、六部分即"智力的阶梯"、"先驱者或新哲学的预测"、"新哲学或能动的科学"等，则未曾完成。培根的《论学术的进步》和《新工具》是他的认识论的著名代表作，被认为是开启"科学的伟大复兴"之门的钥匙。他在这里确定了科学的对象和科学的分类，对经院哲学和诸"假相"展开了批判，并为自然科学提供了新的世界观和方法论。除此以外，培根的重要著作还有《论天》、《论原则和本原》等，它们以神话、寓言的形式论述了他的自然哲学；《新大西岛》（1624年），它描述了一个由科学主宰一切的理想社会，反映了培根对科学的推崇；以及《培根论说文集》，它由一系列短篇论文汇编而成，集中表达了培根的社会政治伦理观点，其中包括他的处女作《道德政治概论》（1597年）等。

培根晚年过着贫困的生活，曾不得不恳求国王帮助。但他以科学的伟大复兴为己任，把余生专注于科学和哲学的研究，在学术上卓有成就。1626年3月底，培根在一次赴伦敦北郊的海盖特途程中，临时决定作冷冻防腐的试验，下车用冰雪填入鸡腔，因深受风寒不久便患

① 参见巴克拉捷：《近代哲学史》，上海译文出版社1983年版，第53页。
② 转引自《哲学研究》，1984年第8期，第24～25页。

病去世，时年 65 岁。他是为了科学真理而离开人世的；临终前还念念不忘科学的复兴事业。他的遗体被安葬在圣阿尔本斯的圣迈凯尔教堂内他母亲的墓旁。

第一节　推崇科学知识，批判经院哲学和诸"假相"

培根有漫长的政治生涯，阅历甚深，处理过不少重大的现实问题，有明确的社会政治观点。如主张发展资本主义生产，实行均衡贸易，开展对外扩张，在政治上反对"君权神授"、"君权无限"；又极力维护王室关于专利的特权，强调对女王的忠诚和"消除叛乱的萌芽"等。但是，培根作为英国资产阶级和新贵族的思想代表，在历史上占有重要地位，主要在于他在哲学上主张复兴科学知识，反映了在封建社会面临崩溃、资本主义因素迅速增长的时代新兴资产阶级要求技术发明和革新，提高劳动生产率和增加物质财富的愿望。可以说，培根感受到了新时代的脉搏跳动，比较理解新时代的时代精神；他的哲学是"时代勇敢的产儿"。

培根十分推崇科学知识。他的哲学认识论也是从论述作为对自然的认识结果的科学知识本身的价值开始的。这集中地体现在他的"知识就是力量"① 的判断和口号上。他认为，在彻底摆脱中世纪专制主义和宗教神学统治的斗争中，最重要的就是要获得科学知识。科学知识是"照亮隐藏在世界深处的一切秘密的灯火"，没有关于自然的科学知识，人类就会永远愚昧、落后；有了关于自然的科学知识，人类就能控制和驾驭自然，增加财富，实现尘世生活的幸福。他以此判断和口号激励人们高度重视科学技术事业的发展，提高征服自然的能力，促进资本主义经济的发展；并强调这是人类的普遍利益，说："在所能给予人类的一切利益之中，我认为最伟

---

① 《西方哲学原著选读》（上卷），商务印书馆 1981 年版，第 345 页。

大的莫过于发现新的技术，新的才能和以改善人类生活为目的的物品。"① 按照法灵顿的观点，"知识就是力量"乃是培根哲学中的"日月之食"。

从理论上说，培根关于"知识就是力量"的判断和口号蕴涵着服从自然和征服自然相互关系的合理思想。在培根看来，人类应当尊重自然，服从自然，去获得关于自然的知识。其《新工具》的第一句话就是"人是自然的仆役和解释者"②。他以此箴言肯定人类对自然的服从和认识的必要。但同时他认为，科学知识本身不是目的，只是驾驭自然的工具。人类不能仅仅停留在观察和认识自然上，消极地受自然的摆布，还应当积极地运用关于自然的知识去征服自然，创造生活的幸福。另一方面，他又认为，人类支配自然的范围和程度以及人类活动的方式都将受到所获知识的范围和程度的制约。或者说，要支配自然就必须要有关于自然的知识，"要命令自然就必须服从自然"③；并且人类有多少知识，就有多少支配自然的力量。因为，真正的知识乃根据原因得到，是以掌握自然规律为内容的；因此，知道了事物的原因，掌握了自然规律，借助于自然的统一性，人们就能发现从未发现过的东西，实现从未实现过的东西。"在思考中作为原因的，就是在行动中当作规则的"，"由于形式的发现，我们就可以在思想上得到真理而在行动上得到自由"。正是基于这样的思想，培根坚信人类知识本身就是一种巨大的力量，断言："人的知识和人的力量合而为一"，"达到人的力量的道路和达到人的知识的道路是紧挨着的，而且几乎是一样的"④。他在这里把认识自然和征服自然统一起来了；正确地认为两者乃手段和目的、必然和自由的关系。

培根在推崇科学知识，强调知识是一种"力量"时，还认为知识不仅是驾驭自然的雄伟力量，还对变革社会有巨大的作用。我

① B·法灵顿：《弗兰西斯·培根》，三联书店1958年版，第43页。
② 《西方哲学原著选读》（上卷），商务印书馆1981年版，第345页。
③ 《西方哲学原著选读》（上卷），商务印书馆1981年版，第345页。
④ 《西方哲学原著选读》（上卷），商务印书馆1981年版，第345、347页。

们看到，在《新工具》里，培根曾指出野蛮人、文明人的分野是以对知识掌握、利用的程度为标志的，把知识看作人类文明的基本要素和社会发展的基本标志。他还论及中国的指南针、印刷术和火药等三大发明的"力量，效能和后果"①，指出它们在航行、学术和战事方面改变了整个世界的面貌和状况。他甚至这样说过，这是任何政权、任何学派、任何杰出人物对人类事业的影响都不能与之相比拟的。"因为发现之利可被及整个人类，而民事之功则仅及于个别地方；后者持续不过几代，而前者则永垂千秋。"② 应当说，强调知识是"力量"，这是培根对知识看法的核心和特点。对他来说，人既是自然的仆役和解释者，又是自然的主人和统治者。这是他感受到资本主义需要发展生产的结果，也是他对文艺复兴时期注重人的价值和理性，强调科学反叛教会的精神的继续和发挥。这在中世纪宗教神学和经院哲学蔑视自然贬损科学知识、视科学为神学的侍婢和知识为罪恶的文化背景下是很可贵的。可以说在人类历史上，若第一个认识知识的巨大价值的阶级是资产阶级的话，那第一个真正揭示了知识的意义的学者便是培根③。

当然，培根关于"知识就是力量"判断的理解和运用并非没有局限。第一，带有抽象地看待知识的作用，把它夸大为一切社会生活的决定力量的片面性。如他在《新大西岛》中所描绘和向往的理想社会，就是一个通过科学技术促使生产发展和生活富裕的资本主义社会；在这个社会中支配一切的是高度发展的科学技术和集中了一切科学家的"所罗门之宫"。其实，在当时欧洲和英国封建社会大变革的序幕时代，提倡科学知识能发展资本主义生产力，为社会由封建主义到资本主义的变革开辟道路，但这并不等于它就能取代社会的政治革命，直接地促使这一变革的来到。科学知识的存在和发展及其作用的发挥，归根结底要受社会一定的生产方式所制约。第二，具有神学的不彻底性。培根一生有很长时间热衷于功名

----

① 培根：《新工具》，商务印书馆1984年版，第103页。
② 培根：《新工具》，商务印书馆1984年版，第102页。
③ 参见余丽嫦：《培根及其哲学》，人民出版社1987年版，第110页。

利禄，这使他在实际上对科学的任何一个部门都没有作过深入的探讨。他合理地认为他将要建造的科学大厦不是一个人或一代人所能完成的，打算把这一建造工作留给别人去作；但他本人大大落后于当时科学发展的实际水平，这也是事实。如他对同时代的同胞耐普尔的对数表的发明毫不留意；他对开普勒1609年发表的发展哥白尼学说的《新天文学》并不信服；他根本不了解近代解剖学的先驱维萨留斯的成果；甚至他对他的私人医生、著名医学家哈维关于血液循环的研究和发现似乎也茫然无知。这种对当时自然科学新成就的漠视，显然影响了他的哲学水准。如他认为，肤浅的科学认识停留在事物的表层，使我们与上帝疏远；深刻的科学认识追求事物的最高因，使我们体会到上帝的奇妙创造和全智全能。由此他提出了"知识是滋养信仰最完善的养料"的命题。在他看来，上帝创造人就是要人认识万物，征服自然；所以科学愈发展，人们征服自然的能力愈增强，就愈能表现上帝的意志和力量。但是，整个说来，培根关于"知识就是力量"的判断是洋溢着生气勃勃的新的唯物主义精神的。它激励人们解放思想，奋发有为地去探求自然的奥秘，对近代欧洲科学和生产的发展是巨大的推动；同时也表明，新兴资产阶级在为自己利益而斗争的过程中规定了哲学的目的在于复兴科学，开始把认识论问题提到了哲学的首位。

培根在宣传"知识就是力量"，提倡科学知识的同时，开展了对经院哲学和诸"假相"的批判。在他看来，经院哲学和人心中的诸"假相"仍是人们获得和发展科学知识的真正障碍。因而这实是同一问题的两个方面，即科学的伟大复兴的建设方面和"破坏"方面。

培根在审察和估量当时欧洲科学知识状况时曾指出，作为人类关于自然的知识的科学自在中世纪被贬低为神学的侍婢以来，"既不景气，也没有很大的进展"；仔细地"巡视"那浩如烟海的各种科学书籍，就会看到它们从形式到内容"都在不断重复同样的东西"，"说古话，引古事"，照搬照传，根本没有给人类知识宝库增添新的方面。因此，"现有科学不能帮助我们创造新的工作，现有的逻辑不能帮助我们建立新科学"。他认为，造成欧洲学术界这种状况和弊端的根源乃在于指导人们从事科学知识的理论和方法——经院哲学那里。"就现在的情形而论，对于自然的研究也被经院哲学家的总纲和体系弄得更加困难，更加危殆了。"① 这样，培根就把斗争的锋芒直接指向了经院哲学本身。

首先，培根揭露了经院哲学体系脱离自然、脱离生活的抽象思辨的性质。他指出，经院哲学家们不但身子被关闭在僧院和学院中，而且智慧也闭锁在狭隘的阴洞里；他们所谓的理论，只不过是凭着自己头脑的极度的智慧巧思编织出来的"繁重的学问之网"。他认为，这种"学问之网"，从概念到概念，从命题到命题，一连串的三段论式，看似"精良宏博"，精细严密，实是玩弄概念的文字游戏；它能谈说，不能生产，富于争辩，无实际效果，空空洞洞，是完全无益于人们对自然的认识和对世界的改造的"堕落的学问"。其次，培根揭露了经院哲学体系的宗教神学的神秘性质。他指出，经院哲学是不以自然界和现实生活为研究对象，而以神学和教义为注释对象的，实为"神学和哲学的混合物"。如他写道，"经院哲学家尽量把神学归结为严整的条理秩序，把它弄成一种艺术，最后把亚里士多德的富于争辩性而荆棘丛生的哲学勉强和宗教的体系结合起来"；经院哲学家"力图从哲学家的原理中把基督教的真理推演出来，并且借他们的权威来证实这种宗教真理"②。他还斥责经院哲学要求人们严格尊奉神学教条的观念行事，围绕着"圣经"打转转，绝不许逾越神学的禁区；说它"深怕在对于自然的研究中会找到某种东西来推翻或者至少动摇宗教的权威"③，其结果就斩断了勤劳的精力和刺激，抛弃了经验本身的机会，压抑了科学，使科学如神灵一样受到崇拜和赞礼，却"不会移动或前进"。

培根对经院哲学的批判是尖锐的和切中要害的。就在这种批判的基础上，培根明确地宣布，经院哲学是科学发展的主要障碍和敌

---

① 《十六——十八世纪西欧各国哲学》，商务印书馆1975年版，第36页。
② 《十六——十八世纪西欧各国哲学》，商务印书馆1975年版，第36页。
③ 《十六——十八世纪西欧各国哲学》，商务印书馆1975年版，第37页。

人，并把受经院哲学支配的现有科学比作古希腊神话里的女神斯居拉，说它有个"处女的头脸"，而腰间却布满着"狂吠的妖怪"，实是一个不会生育的修女；同时强调哲学的目的在于认识和解释自然，哲学和科学应真正建立"合法的婚姻"，生育儿女，以减轻人类的贫困和灾难。

培根还着重批判了人心在从感觉和物体行进到公理和结论的过程中具有的幻相和偏见，这些幻相和偏见也影响和妨碍着人们对自然事物的正确认识，是人们陷于错误认识的思想根源，他称之为"假相"。培根在《新工具》中根据这些"扰乱人心的假相"的起源和性质，把它们归结为四种，即种族假相、洞穴假相、市场假相和剧场假相；并对它们一一加以评说。这就是其著名的假相学说。

第一，关于种族假相（Idola tribus）。培根认为，人们在认识自然事物时不是从事物本身出发去认识事物的本来面目；而总是习惯于把自己的天性掺杂到事物中，当作事物的本性，从而歪曲了事物的真相，陷入谬误之中。例如，人类在从事活动时总是抱有目的的，因而在进行认识时也就习惯于持目的论观点，把事物看作有目的性的。人们的理智还习惯于设想自然现象中存在着本来并不都存在的条理、秩序等。他对此还作过这样的解释，说"人的理智就好像一面不平的镜子，由于不规则地接受光线，因而把事物的性质和自己的性质搅混在一起，使事物的性质受到了歪曲，改变了颜色"①。培根认为，这种心理习惯即幻相和偏见乃由人的认识能力本身的缺陷所引起，为人类固有的天性所致，叫做"种族假相"。"种族假相"的基础就在于人的天性之中，就在于人类的种族之中。这种假相因而具有普遍性，即是人人都具有的；也具有必然性，即是人们在认识事物中不可避免和不可克服的。培根对"种族假相"的揭露和否定显然表明，他坚持从自然事物出发去认识自然事物的唯物主义观点。但是他把产生这种假相的基础归之于人类的天性，认为人在认识自然事物中普遍地必然地会产生这种假相，这则是一种先验论的错误观点。

_____

① 《十六——十八世纪西欧各国哲学》，商务印书馆1975年版，第13页。

第二，关于洞穴假相（Idola specus）。培根认为，人们在认识自然事物时，由于"每个人都有他自己所特有的天性"，在性格爱好、与人交际、所受教育或所处环境等方面各异，而形成不同的幻相和偏见；这些幻相和偏见使人们看事物往往从自己特有的条件和角度出发，从而歪曲事物的真相，陷入谬误之中。培根借用柏拉图关于洞穴的比喻把它们叫做"洞穴假相"，即犹如"坐井观天"，人们栖身于自己的洞穴中来观察自然事物，受狭窄天地的限制，致"使自然之光发生曲折和改变颜色"。例如，在科学的认识中一些人看重事物的区别，另一些人看重事物的相似；一些人"极端崇拜古代"，拘泥于以往的认识，另一些人"极端爱好新奇"，热衷于时髦的观点；一些人只注意事物的个别方面，另一些人只注意事物的整体结构，等等。这种假相和种族假相不同，其基础是个别人的肉体、灵魂和素养而不在于人类的天性，因而具有后天的性质，而不是人们先天固有的；它含有特殊性和差异性，不同的人有不同的假相，而不是人人所共有的；并且它也是易避免和克服的，而不是相反。培根对洞穴假相的揭露和否定显然表明，他反对人们在认识中只见树木不见森林的片面性；强调人们的理智应注意"保持平衡和清醒"①。

第三，关于市场假相（Idola fori）。培根认为，社会上的人们是通过语言来表达认识、交流思想的；但是"语词的意义是根据俗人的了解来确定的"，如果语词选择和确定得不当，就会限制人的思维，使之"陷于无数空洞的争辩和无聊的幻相"。这种在人们交际中因误用流行的不确定、不严格的语词而形成的幻相和偏见，叫做"市场假相"。它之扭曲和影响人们的认识和交际，犹如在市场的买卖中以劣货充优货、以假货充真货而影响人们的交易一样。例如，命运、火元素等是不存在的，人们却偏偏制造和使用一些语词来虚构它们的存在；有些语词其意义含混不清，使用它们必陷入无休止的争论中。培根宣称，"市场假相"是一切假相中最麻烦的一种假相。如他指出，那些试图超出对事物通常解释的科学家，常

---

① 《十六——十八世纪西欧各国哲学》，商务印书馆 1975 年版，第 20 页。

常受到语言中所包含的对事物的错误划分线的阻碍；因为语词既然具有约定俗成的性质，因此"当一个更敏锐或更勤于观察的理智要改变这些线来适合自然的真正划分时，语词从中作梗，并且反抗这种改变"①。培根对市场假相的批判揭示了语言对思维可能发生的限制或影响和哲学、科学中乱用概念、流于诡辩的思想根源，强调了语言概念的确定性和真实性。但他要求人们在形成事物的概念时不允许有异议的概念发生和存在，这就把人的认识过程简单化了。

最后，关于剧场假相（Idola theatri）。培根认为，人们在认识自然事物中又往往像"着了魔"似的崇拜传统、权威，从而使人们的思想受到束缚，陷入谬误之中。这种由于对传统权威，尤其是古代哲学体系的盲目崇拜，把流行的哲学教条移植到人心中而形成的幻相、偏见，叫做"剧场假相"。在培根看来，流行的哲学体系都不过是舞台戏剧，以一种不真实的幻景来表现哲学家自己所创造的世界罢了。如以柏拉图为代表的"听任其幻想驰骋，要想在神灵鬼怪中去寻求科学的起源"的迷信哲学，以炼金术士为代表的仅凭少数暧昧的实验就"推导和构造各种体系"的经验哲学，尤其是以亚里士多德为代表的只凭"玄想和个人的机智活动"的诡辩哲学等，它们都是"虚幻哲学"，看似精致和令人悦目，实却远离真实世界；对它们盲目崇拜，必定妨碍科学的发展。培根对剧场假相的批判揭示了当时哲学、科学不能获得长足进步的主要的认识论根源。特别是他在批判中曾援引奥卢斯·吉利厄斯的《雅典之夜》中的话，说"真理是时间的女儿，并不是权威的女儿"，强调：真理的发现"必须求之于自然之光亮，而不能溯求于古代之黑暗"；"我们完全可以希望从这个时代得到比古代更多的东西，因为它是世界上更进步的时代，并且储藏着无限丰富的实验和观察。"②

这些就是培根为进一步清除科学发展的障碍而阐述的假相学说

---

① 《十六——十八世纪西欧各国哲学》，商务印书馆1975年版，第20页。
② 《十六——十八世纪西欧各国哲学》，商务印书馆1975年版，第32页。

的基本内容。培根对诸假相的揭露和对经院哲学的批判是有区别的，其使命在于揭示人们的认识产生错误的思想根源，目的是要人们"以坚定而严肃的决心"清除人心中的各种偏见，"使理智完全得到解放和刷新"。这种揭露与罗·培根的"四障碍"说相比，显然是一种更为深刻的进展。但是另一方面，两者又有联系，即培根的假相学说其矛头归根结底是指向经院哲学的。因为在他看来存在于人心中的诸假相是在经院哲学长期占统治的背景下形成的，或者说它本质上就是经院哲学直接影响人心的结果。如所周知，正是经院哲学用目的论等谬说来看待和解释自然；以神学"教育"培植了人们的偏见；以专事空洞的诡辩，编造各种三段论的体系来迷惑人心；并以亚里士多德主义为理论基础，奉之为绝对权威。因此，培根的假相学说可以说也就是从认识论根源的角度对经院哲学各种弊端的揭露；是他直接批判经院哲学脱离自然、论证神学的唯心主义本质的继续。当然，培根的批判和揭露是有局限性的。主要如：以为人们认识上的错误"纯然"在于人的心灵被幻相、偏见侵害所成，不甚懂得其原因是多种多样的，忽视了经院哲学和诸假相产生的社会历史根源；以为一旦清除了这些认识上的障碍，人们便能进入以自然王国为基础的人的王国，科学便能迅速发展，有绝对否定谬误和追求终极真理的意向。

总起来说，像培根那样推崇和提倡科学，对经院哲学和"扰乱人心"的假相的批判，在近代哲学史上还是第一次；这解放了人们的思想，推动了科学的发展，是培根作为近代唯物主义开拓者的历史贡献。培根对科学的提倡和对经院哲学与诸假相的批判是培根哲学的重要组成部分。这一提倡和批判使培根提出了研究认识论和方法论的任务；乃是他创立近代唯物主义经验论和制定归纳法的大前提。

第二节　确认物质、运动和形式的统一

如上所述，培根乃从正面提倡和清除障碍两个方面致力于科学的复兴。但是这并不等于他不关心"形而上学"问题。相反，从

他的关于科学分类的学说中，我们可看到"形而上学"在他心目中的地位。

为适应编纂百科全书的需要，培根提出了他的科学分类的学说。培根认为，科学及其发展体现了人类的理性能力，因此，应从人类理性能力出发对科学进行分类。人类理性能力分为记忆、想象和知性；与此相应，科学就划分为历史、诗歌和哲学。他指出，历史（包括自然史和人类史）总与受时间空间限制的现实的个体发生关系，这些对象都与记忆有关；所以历史与记忆相对应，属于记忆的科学。诗歌虽也与个体有关，但这些个体已是虚构的存在物，可以不遵守现实的规律；所以诗歌与想象相对应，属于想象的科学。哲学则不同，它以从对事物的感觉印象中抽象出来的概念为对象，并按照事物的规律对概念作联合或分离，而这正是知性的职责；所以哲学与知性相对应，属于知性的科学。在他看来，这还是"最佳的"科学分类法。

培根在这里是根据人心的能力，而不是按照客观事物的运动形式来进行科学分类的。这样的分类原则否定了科学分类的客观基础，不能反映事物固有的次序、分类和排列，不能反映认识对象本身的发展线索，显然属于主观的科学分类原则；尽管他曾声称，"不要以为我所不用的那些分类是我所不赞成的"。但是，在近代，在科学开始从包罗万象的哲学中分化出来处于分门别类地研究的情况下，培根终究是第一个提出科学分类原则，企图把分散的零乱的认识成果综合起来，藉以推动科学发展的人。而正是按照这一科学分类原则，他把科学比作一座"金字塔"，认为这座塔的惟一基础是历史和经验，最靠近基础的是物理学，最高层便是"形而上学"；明显地表明了他对哲学的高度重视。

培根的"形而上学"同物理学一样，以自然界为对象，是关于自然界的学问。他确认物质、运动和形式的统一，曾说"这三个方面无论在哪种情况下都不能够彼此分开，而只是互相区别"①。

---

①　培根：《论原则和本原》，1937年俄文版，第22～23页。转引自《哲学译丛》，1980年第1期，第75页。

这是他在反对经院哲学的斗争中所形成起来的自然观的最基本的内容。

一、关于物质的观点

培根的自然观是不系统的，但他却反对经院哲学家关于自然事物的"隐秘的质"等虚构，明确地承认物质的客观实在性。培根指出，"在自然中真正存在的东西"只是按照一定规律活动的个别物体，除此以外就没有别的；而物质是自然万物的本原，世界在本质上是物质的。他把物质称作原始物质，强调原始物质与自然界的区别，认为，物质是一切原因的原因，其本身是自因即不为其他原因所决定；在物质之前"没有构成它的动力因，也没有比它更为原始的东西"。物质是永恒的，它可以改变形式，但既非"生于无"，也不会"化为无"。任何外力，"以至任何长时间，都不能把物质的哪怕是极小极小的任何部分化为无，它永远总是在那里"①。而现存的自然界则不同，它乃是进化的结果，是有原因的和不是永恒的。"因为物质的运动和活动最初产生了事物的不严密的结构，它们并不结合在一起，仅仅是试图形成大千世界，以后在时间过程中才逐渐产生具有形式的组织。"② 此外，他还把"形而上学"和物理学联系起来，从物质结构的角度来说明物质是实在的。在这方面，他曾称赞德谟克利特把物质归结为最小粒子的思想，说"我们的目的不在于把自然归结为一些抽象，而是在于把它分解为许多部分，正如德谟克利特学派所作的那样，这个学派比其余的学派更能够深入到自然里面去"③。关于这一点，马克思说道："阿那克萨戈拉连同他那无限数量的原始物质和德谟克利特连同他的原子，都常常被他当做权威来引证。"④ 可以说，在近代最早恢复德谟克利特在欧洲学者中的科学声望的是培根。不过，培根并未照搬前人用

① 培根：《新工具》，商务印务馆 1984 年版，第 249 页。
② 《哲学译丛》，1980 年第 6 期，第 47 页。
③ 《十六——十八世纪西欧各国哲学》，商务印书馆 1975 年版，第 18 页。
④ 《马克思恩格斯全集》第 2 卷，人民出版社 1957 年版，第 163 页。

原子构成万物的观点，而是主张一种分子构成万物的学说。在他看来，原子论者仅用量的观点来看待原子，而忽视了质的观点。他们假设了虚空，并把原子看作无质的区别而完全一样的孤立的不变的东西，这就把物质抽象化了。他认为，"抽象的物质只是议论中的物质，而不是宇宙的物质"；构成物质的最小粒子应当是分子。各有其性质的分子按其不同的排列构成各种事物，它就具有我们在自然事物中所能感觉到的各种质的规定性（"原始感情"和"欲望"），如密度、温度、重量、体积、颜色和运动等等。用分子来说明物质，意味着用质的观点来看待事物，就能体现物质的实在性。

培根对物质的客观实在性的明确肯定，无疑表明了他的本体论的唯物主义性质。当然，他在这个问题上终究还是小心翼翼地坚持了"创造"的宗教观点，避免陷入主张"非创造的物质"的异端。如他在论述原始物质在自然界并无他"因"时竟称"上帝当然例外"①。他区别了两种"创造"：物质的最初创造和世界的创造，用这样的方式给上帝保留了一个"最后因"的位置，把物质和世界有区别的思想同基督教的教条调和起来。显然这是他在本体论方面的一种神学不彻底性。

二、关于运动的观点

培根在谈论物质概念时还明确地主张物质与运动不可分，把运动看作物质固有的性质。他总结了"古人的智慧"，指出：希腊哲学注重发现物体的物质原则，而对它们的动力因未给予应有的注意，但如赫拉克利特、德谟克利特等，都一致认为物质是能动的，在自身中具有运动的原则；"对此，任何人都不能有别的想法，除非公然抛弃经验"②。他具体地解释道，自然界中没有真正的静止，静止只是物体的表面现象，即为运动的均衡形态；物体或它的微小部分都处在经常的运动之中。不仅如此，他还把运动看作"物质

---

① 转引自余丽嫦：《培根及其哲学》，人民出版社 1987 年版，第 308 页。
② 罗伯逊编：《培根哲学著作集》，1905 年英文版，第 651 页。

的固有特性"中的"第一个特性",突出物质诸性质中的运动这一性质;并作了"关于运动的合理研究",发挥了古代关于物质的能动性思想,表露了他在本体论上的辩证法因素。

首先,培根认为物质运动在形态上具有多样性。他在《新工具》中依据"物质的真正法则和自然的结构"提出和阐述了19种"性质最普遍的运动"。如"反抗运动",他指出,这种运动存在于物质的各部分之中,为每一物体所固有;凭着它,物质无论受到何种外力,它总会借改变形式或位置存在下去。他企图以此来解释物质的不灭性质。如"连接运动",他指出,此即"防止虚空的运动";借着它,各种物体都不会从相互连接中隔离开来断了接触。他企图以此来解释气体或液体的流动现象,如水被抽水机所吸起时的情形。如"同化运动",他指出,此即"自我增殖运动;"借着它,物体可以把别的相关物体转化成自己的内容和本质,如动植物吸收食物的汁液以营养自身等运动。他以此主要解释了自然界中生命现象的存在和保持。此外,还有"逃避运动",即物体出于一种"反感"遇到异己的物体时自行躲避开或将它排挤掉,如闻到臭的气味在胃口上引起恶逆的运动,等等。培根关于运动形态的划分、阐述和例证无疑是在当时自然科学水平下对自然界中事物的存在和运动变化的理论概括。它涉及排斥、吸引、化合、分解、同化、异化等物理运动、化学运动和生命运动,并没有把运动仅仅归结为机械的位置移动。这在当时是很可贵的。正像马克思说的,"这里所说的运动不仅是机械的和数学的运动,而且更是趋向、生命力、紧张,或者用雅科布·伯麦的话来说,是物质的痛苦"[1]。

其次,培根认为,自然界事物的运动是有规律的。他明确地说过,"虽然在自然中真正存在的只是那些作出纯属个别动作的个别物体,它们的动作却是按照规律的"[2]。他并且指出,在科学中,这种规律以及对规律的研究、发现和解释,乃是认识的基础。自然哲学的根本任务也就在于发现和认识自然万物的这种活动规律。

---

① 《马克思恩格斯全集》,第 2 卷,人民出版社 1957 年版,第 163 页。
② 黑格尔:《哲学史讲演录》第 4 卷,商务印书馆 1978 年版,第 29 页。

　　再次，培根还十分重视对物质运动原因的探讨。他认为科学的基础在于探讨物质运动的原因；人们若不了解物质运动的原因，就不能揭示自然界的规律，更谈不上支配和统治自然。因而，自然哲学的重要任务又在于发现使物质运动的原理或"活动的原则"。在这方面，培根指出，一般说来，物质的运动是由物质内部的一种"能动的效能"所引起，即类似于人类欲望的一种"渴求"、"渴望"。物质的能动性就在于这种"渴求"、"渴望"。关于这种"渴求"、"渴望"，培根未作明确的说明；从其对各种形态的运动的阐述中，我们看到，实际指的是逃避非自然的压力，厌恶新的扩张和收缩，恐惧连续的分解、解体，以及同质相合的欲望等这样一些物质性的力量。加之，他经常抨击亚里士多德的"最终因"即目的因，曾说，"最终因的研究是不结果实的，正像一个奉献给上帝的处女是不会生育的一样"①。这就说明，培根强调的是物质的自己运动。

　　从上所述，可见，培根关于运动的合理研究注重对物质运动的原因、发展和形态的揭示，它所包含的辩证法因素比之古代的运动观自然要更深刻些。当然，培根的运动观不可避免地会受到时代的局限。如他关于运动形态多样性的阐述，带有朴素的、想象的、非科学的成分，并把它们看作各自孤立的，远不懂得它们之间的相互转化和联系。他认为事物由简单的性质构成，如同为数不多的字母构成成千上万的语词一样，通过把事物分解为不变的简单性质我们才能认识事物；与此相应，物体的运动也是由简单的运动构成的，通过把物体运动简化和分解为简单运动我们也才能认识它，这已具有机械论的倾向。此外，他并未完全否定亚里士多德的神学目的论观点，认为自然物体的合目的性观点，从物理学的角度看是愚蠢的，从"形而上学"的角度看是合理的；自然界的各个部分或物质微粒的运动是盲目的，但它们不知不觉地完成了上帝的"构造计划"，维持了有机的生命以及宇宙的总体结构，等等。

---

　　① 《哲学译丛》，1980 年第 6 期，第 60 页。

三、关于形式的观点

培根还提出和阐述了形式问题。他的物质概念又是和"形式"相联系的。

"形式"这个概念，原是袭用亚里士多德的用语。在经院哲学中人们常歪曲亚里士多德的原意，把形式看成与物质相脱离，认为这是一种脱离具体事物又决定事物存在的抽象的本质；原始物质和在它之外的这种形式相结合，才形成一定的事物。在培根看来，这种形式以及所谓"形式产生存在"是"人心的错误"。而他之袭用形式这个概念仅由于该概念已为大家所习用和熟知，就其内涵而言，他则作了更新和改造。

培根的新颖之处在于突出了形式与物质的密切结合。"第一物质（作为事物的本原）是具有形式和各种质的，而不是抽象的、潜在的和无样式的。"① 他认为，事物具有简单性质和复杂性质。简单性质如密度、温度、体积、颜色、重量、不可入性等，是复杂性质的基础；它们是客观存在的，不变的，在数量上是有限的，其相互结合可以构成许多彼此有质的差异的事物。某物之为某物也就在于它是各种简单性质的聚集和总和。而这些简单性质在构成事物时便要依存于一定的形式。形式乃是决定事物性质的本原和基础，是事物自身本质的真正规定。"有了一定的形式，一定的性质就必然跟着出现"；若改变这种形式，这种性质也就"必然跟着消失"②。简言之，在他那里，形式乃是物质的形式，两者是相互联系而不可分割的。

关于形式本身，培根曾作过这样的说明："当我讲到形式的时候，我所指的不是别的，正是支配和构成简单性质的那些绝对现实的规律和规定性。"③ 分析起来，这种说明包含有两个角度、两种涵义。首先，他对形式作了静态的理解，认为形式是具体事物内部

① 罗伯逊编：《培根哲学著作集》，1905 年英文版，第 650 页。
② 《十六——十八世纪西欧各国哲学》，商务印书馆 1975 年版，第 48 页。
③ 《十六——十八世纪西欧各国哲学》，商务印书馆 1975 年版，第 56 页。

的分子结构。如他说过，事物内部的"结构和组织乃是事物中一切隐秘的和所谓专有的性质与品质所依据的"①。而上述支配和构成简单性质的普遍的内在的规定性指的就是这种事物内部的分子排列结构。他还指出，人类知识的工作"在静止不动的物体则是要发现其隐秘结构"②。其次，他对形式又作了动态的理解，把它提到规律的高度，认为形式是事物活动的规律。如他说过，"形式乃是人心的虚构，除非你打算把那些作用的规律称为形式"③；形式与毫无例外的自然规律有关，这种规律乃是决定着事物的性质和活动的。例如，热，作为事物的一种简单性质，即是物体的分子的快速不规则运动，热的形式就是决定着这种类型运动的规律。"热的形式或光的形式和热的规律或光的规律乃是同一的东西。"他还指出，人类知识的工作"是要就每一产生和每一运动来发现那从明显的能生因和明显的质料因行进到所引生的形式的隐秘过程"④。当然，培根关于形式的概念是多义的，如有时指物体，有时指性质；有时说形式规定性质，有时说形式来自性质等。这表明，他对此尚"没有弄明白"。但他强调形式是物质的结构和结构的变化，以及简单的作用和作用（或运动）的规律，这是明显的、确实的。

培根关于形式的观点包含有积极的合理的因素。它起码表明，培根用形式说明事物及其性质的存在和彼此间性质上存在的差异。在他看来，世界上千差万别的事物正是由于事物的各种内在的分子结构和活动规律所造成的；这样，谁认识了形式，谁就"把握住若干最不相像的质体中的性质的统一性"⑤。显然，这是他在事物的多样性和统一性关系问题上的辩证猜测；这与把世界归结为量的要素即速度和数量的机械论观点区别开来。正如马克思所说，在培根那里，"物质的原始形式是物质内部所固有的、活生生的、本质

---

① 《十六——十八世纪西欧各国哲学》，商务印书馆 1975 年版，第 51 页。
② 培根：《新工具》，商务印书馆 1984 年版，第 106 页。
③ 《十六——十八世纪西欧各国哲学》，商务印书馆 1975 年版，第 18 页。
④ 培根：《新工具》，商务印书馆 1984 年版，第 106 页。
⑤ 培根：《新工具》，商务印书馆 1984 年版，第 107～108 页。

的力量，这些力量使物质获得个性，并造成各种特殊的差异"①。它还表明，培根把对真正的形式的发现看作人类的知识和力量结合起来的关键和通道。在他看来，认识事物归根结底是要认识事物的形式，而"谁理解了一个形式，就知道了使这个自然本性再现在各种对象上的最终可能性"②。因为，人们认识了事物内部的分子结构和活动规律就可以"导致行动"，即掌握正确的"操作规则"，进行实验，改变事物的性质，使它变成另一种事物。例如，改变白银的性质，使白银变成黄金，从而作出炼金术士们幻想要作出的一切奇迹。换言之，培根强调，"由于形式的发现，我们就可以在思想上得到真理而在行动上得到自由"③。这也是培根对"知识就是力量"论断的进一步说明。不过，培根关于形式的观点同时表明，他没有从事物之间的相互关系和事物内部的矛盾性上，而乃从事物内部的物理构造上来考察和把握事物的本质及其多样性，而这种物理构造又是以承认客观世界中存在着不变的分子和不变的简单性质为前提的。这样，他关于形式的观点就又否定了事物的发展、变化和质的多样性，陷入了形而上学；从这个意义上说，它乃是按自己的方式重复了中世纪关于事物的多样性无非是隐秘的质的观点。

注重考察形式，是培根自然观的重要部分和特点。按照他的观点，形式至少就其作为自然的基本规律来说是"永恒的和不变的"④，因此，对它的研究就构成了"形而上学"。另一方面，对事物的形式的考察，标志着培根主张从事物自身的状态中寻求事物的本质，虽然这是从质的观点而不是从量的观点出发的，但已表明它和近代自然科学精神的符合。实际上，培根对形式的强调和阐述就与 16 世纪英国的自然科学有关，乃是对当时自然科学注重用实验方法探求物体的本质，普遍地认为物体的诸性质大体依赖于其内部分子的结构和活动这一成果的哲学概括。

① 《马克思恩格斯全集》第 2 卷，人民出版社 1957 年版，第 163 页。
② 黑格尔：《哲学史讲演录》第 4 卷，商务印书馆 1978 年版，第 30 页。
③ 《十六——十八世纪西欧各国哲学》，商务印书馆 1975 年版，第 47 页。
④ 《十六——十八世纪西欧各国哲学》，商务印书馆 1975 年版，第 52 页。

以上就是培根在反对经院哲学斗争中所建立起来的关于物质、运动和形式相统一的观点。这是一种唯物主义的自然观。这也是近代英国和欧洲唯物主义的最早表现。全面地作考察，我们看到，培根并没有独立的、系统的唯物主义自然观的专门论著，他的观点仍是在他阐述经验论的认识理论和认识方法的著作中以"朴素的形式"表达出来的。他的观点远未否认上帝，还包含有不少沿袭中世纪的神学因素。尤其是，他的观点还具有值得重视的辩证法思想，如马克思所说，"唯物主义在它的第一个创始人培根那里，还在朴素的形式下包含着全面发展的萌芽。物质带着诗意的感性光辉对人的全身心发出微笑"①。这些都说明，培根的唯物主义自然观尚未与近代自然科学的水平完全相适应，达到典型的机械唯物主义的形态。但它毕竟与古希腊的朴素唯物主义有了区别，开始属于近代哲学的范畴了；它决定和制约着培根认识论和方法论的内容和水平，为它们奠定了基础。

第三节 从自然出发，提出经验论的认识原则

培根在确立唯物主义自然观的基础上从正面提出和阐述了他的认识理论和认识方法。如果说，复兴科学是培根哲学的目的，那么，他在批判了阻碍科学发展的经院哲学和诸"假相"之后，在确认物质、运动和形式统一的基础上，提出他的认识理论和认识方法，便为革新和复兴科学开辟了道路。应当说，这是培根哲学的核心部分，它确立了培根在近代哲学史上的重要地位。

关于认识客体的问题是培根认识理论的立足点。在这个问题上，他明确地主张以感性的自然作为科学认识的对象。他认为，以往科学认识进展缓慢，甚不景气，其根本原因在于认识脱离事实、脱离自然；其实，科学认识决不能从宗教神学的教条和权威中去寻求，而必须面向自然，"在事物本身中来研究事物的性质"。如他写道，"一切事情所以成功，都要靠我们来把视线集中在自然底事

---

① 《马克思恩格斯全集》第 2 卷，人民出版社 1957 年版，第 163 页。

实上，并且照它们的真相来接受它们的影像。因为上帝不许我们把自己想象的幻梦拿出来，做为世界的模型"①。他曾宣告"人是自然的仆役和解释者"，说"知识就是存在的映象"；"存在的真理同知识的真理是一个东西，两者的差异亦不过如同实在的光线同反射的光线的差异罢了"②。他还进一步指出，"凡值得存在的东西，就值得知道"，一切自然现象都是人们直接观察、直接研究的对象；人们绝不会因为认识和研究自然现象而玷污了自己，"正像太阳照耀着宫殿，也同样照耀着阴沟，而并不损其灿烂的光辉"③。如所周知，在培根生活的时代，虽然经过人文主义和宗教改革等运动，人们独立思考的自由精神获得复苏，但由于经院哲学的巨大影响，精神和自然的分裂在人心中依然存在，对感性自然的研究依然被视为渎神的和卑贱的、有失尊严的事情。在这种情况下，培根崇尚自然，强调"睁开眼睛观看存在的东西"，以感性自然作为科学认识的对象，恢复了人与事物本性的沟通，无疑是勇敢的、可贵的。这也决定了他的整个认识理论的基本性质。

培根注重研究认识的起源和过程问题，以说明思维如何和存在同一。这是他的认识理论的主要内容。在这个问题上，他积极倡导经验，提出一切知识起源于对事物的感觉的原则，强调在认识的整个路程中人们应当以感觉为依据，从经验中形成概念和原理，明确地肯定感觉经验在认识中的作用。如他说过，"人们若非发狂，一切自然的知识都应当求助于感官"；"全部解释自然的工作是从感官开端，是从感官的认知经由一条径直的、有规则的和防护好的途径以达于理解力的认知，也即达到真确的概念和原理"④。在他看来，真理"只能求之于自然和经验的光亮——这才是永恒的"⑤；经验是人心与自然沟通的桥梁，真正的知识从经验中才能获得。当

① 培根：《新工具》，商务印书馆 1936 年版，第 30 页。
② 培根：《崇学论》，商务印书馆 1938 年版，第 26 页。
③ 余丽嫦：《培根及其哲学》，人民出版社 1987 年版，第 214 页。
④ 培根：《新工具》，商务印书馆 1984 年版，第 216～217 页。
⑤ 培根：《新工具》，商务印书馆 1984 年版，第 29 页。

科学以经验为依据时，科学则繁荣，有活力；当科学脱离经验时，科学则衰落，干枯。他曾不顾那个时代轻视经验，认为思考和谈论经验是不高贵的、粗糙的和偏狭的流行俗见，抨击亚里士多德为构建其论断和原理不先商于经验，而先依照其意愿规定问题，再诉诸经验，使经验屈服于其意愿，像被牵着游街示众的俘虏一样①。在他看来，既然感性自然是认识的对象，只有通过自然界才能解释和说明自然，那么对自然的知识就不可能是一种直接与精神等同的知识，而必须是来源于对自然的感觉经验的知识。我们还看到，培根毕生致力于倡导上述认识原则，曾呼吁国王资助一部实验与自然的历史作为科学、哲学的基础，并说，"我们如果不从事这种工作，则我们的事体就得根本抛弃了"。

在认识论上，关于知识起源于对外物的感觉经验的原则，就其本身而言，无疑是正确的唯物主义认识原则。不过就经验论者来说，他们的这个原则总是与轻视、贬损理性在认识中的作用的观点联系在一起的。我们看到，培根在《新工具》中曾多次指出，追求和发现真理的正确道路"是从感官和特殊的东西引出一些原理，经由逐步而无间断的上升，直至最后才达到最普通的原理"②。而在这过程中，对于从自然历史和机械实验收集来的经验材料不能把它们原封不动、囫囵吞枣地累置在记忆当中，而要"把它们变化过和消化过而放置在理解力之中"。这表明，培根是确认理性思维在认识中的作用的。问题在于培根在这里对理性活动即所谓改变和消化经验材料的活动本身的理解。对此，他似无明确的阐述。但他在讨论认识方法时曾说过，"我们的惟一希望乃在一个真正的归纳法"③。而从他对归纳法的阐述中，我们看到，他所谓的理性活动实指对所收集的经验材料加以排列、类比、分析和排除，最后确定现象起因的活动。不言而喻，在科学研究中使用归纳法，主要是舍弃事物的特殊点，分离和抽取出事物的共同点。然而，由此获得的

---

① 参看培根：《新工具》，商务印书馆 1984 年版，第 37 页。
② 培根：《新工具》，商务印书馆 1984 年版，第 12 页。
③ 培根：《新工具》，商务印书馆 1984 年版，第 11 页。

一般并非就是事物的本质，而往往是事物的纯粹外部的共同性，仍属感性的范围。可见，培根对理性活动本身的理解实际上是狭隘的。他并未真正把握理性概念的科学抽象的真实涵义。

与此相联系，培根自然还否认从感性到理性的认识进程中具有飞跃的观点。他曾说过，"只有根据一种正当的上升阶梯和连续不断的步骤，从特殊的事例上升到较低的公理，然后上升到一个比一个高的中间公理，最后上升到最普遍的公理，我们才可能对科学抱着好的希望"①。换句话说，他强调，科学认识应遵循由低到高的循序渐进的认识道路；"决不能给理智加上翅膀，而毋宁给它挂上重的东西，使它不会跳跃和飞翔"。而培根否认假说在科学研究中的作用，便是这种观点的具体体现。如他说，"若是使用预测的方法，纵使尽聚古往今来的一切智者，集合并传递其劳动，在科学方面也永远不会做出什么大的进步"②。其实，在科学研究中人们往往根据有限数量的经验材料进行推想、预测，迅速作出各种概括性的假说，以便进一步有目的、有方向地进行观察和实验，在获得足够数量的材料后，引出合乎实际的科学理论来。科学史表明，人们不可能在穷尽一切经验材料之后再去引出理论；假说乃是人类从感性到理性的认识进程中不可缺少的重要环节。因此，培根反对认识中的飞跃，否定假说在科学研究中的作用，乃是他"最不可恕的错误之一"。上述一切都说明，培根从根本上是轻视和贬损理性在认识中的作用的。"我是完全地经常地停留在自然事物当中的，即使抽身旁观，运用理智，也只是以自然事物的形象和光线在视觉中交汇于一点为限。"③ 此外，我们还看到，在培根那里，以感觉经验为基础的物理学是自然科学的重要部分，而数学因"实验性差"仅具有从属的地位。他对于具有高度抽象性、本质上体现着一种抽象思维的力量的数学及其方法颇不感兴趣。不仅如此，他还经常地不自觉地把抽象的理性思维混同于经院哲学家们脱离实际的空洞思

① 《十六——十八世纪西欧各国哲学》，商务印书馆 1975 年版，第 44 页。

② 培根：《新工具》，商务印书馆 1984 年版，第 15 页。

③ 余丽嫦：《培根及其哲学》，人民出版社 1987 年版，第 237 页。

辨。这些都与他轻视理性的观点有关。他对于真正的理性思维本身的意义，尚缺乏了解。

由上可见，不能说培根关于知识起源于对外物的感觉经验的认识原则，与轻视和贬损理性思维的观点无关。实际上这是他对感性和理性关系问题理解的相互联系的两个方面。而正是由于这种情况，培根的上述认识原则便属于经验论的范畴，是唯物主义经验论的认识原则。单纯地根据他主张知识起源于对外物的感觉，来说明其经验论的认识原则，是不确切的。

黑格尔在《哲学史讲演录》中曾概括地说过，"培根的哲学，一般说来，是指那种基于对外在自然界或对人的精神本性（表现为人的爱好、欲望、理性……）的经验和观察的哲学体系"①。他强调培根以经验的观察为基础，从而作出推论，找出经验领域即有限的感性的自然界的普遍观念和规律；并称其为经验哲学的鼻祖和"经验哲学家的首领"。黑格尔在这里单纯地从是否承认"知识的真正来源是经验"这个角度出发，称培根为经验论者，就不确切；然而，他却正确地指出了这样的历史事实，即在近代哲学史上，培根是第一个明确地提出一切知识起源于感觉经验的认识原则的人。

培根的建立在物质、运动和形式的统一学说基础上的认识理论是唯物主义的经验论。但是，用历史的眼光来考察，培根的经验论尚有自身的特点，即它带有明显的初创性质。这主要是指它限于提出知识起源于感觉经验的基本原则，在理论上不完善、不系统，并缺乏详尽的论证；尤其是不很典型，即不像后来发展了的经验论形态那样片面、狭隘和极端。这种不那么片面、狭隘和极端的情况有如下的具体表现。

首先，经验论者既然主张一切知识起源于感觉经验的认识原则，自然是要确认感觉的可靠性的。然而，培根与后来发展了的经验论哲学不同，在提出这一认识原则时，对感觉的可靠性问题进行了讨论和阐述，强调感觉具有相对性和主观性，并不认为"感觉是完全可靠的"。如他明确说过，"人类理解力的最大障碍和扰乱

---

① 黑格尔：《哲学史讲演录》第 4 卷，商务印书馆 1978 年版，第 16 页。

却还是来自感官的迟纯性、不称职以及欺骗性"①。在他看来,"感觉确实是能骗人的","感官本身就是一种虚弱而多误的东西";"有时它完全不能给人以报告,有时它只能给人以虚妄的报告"。那么,感觉为什么不完全可靠呢?培根认为,这有两个方面的原因。从客观对象方面说,由于有的物体本身过于细微或庞大,有的离认识主体距离太远或太近,有的本身的运动太快或太慢,还有的过于常见而不突显等等,因而,感官对它们不能作出恰当的反映。从主观方面看,因为感官的证据和报告往往是"参照着人而不是参照着宇宙"的。而"如果观察是粗疏模糊的,它的报导便是骗人的、欺诈的"②。总之,培根不赞成那种把常态感官所传来的直接知识都认为是确定的观点,声称:"感官虽然能了解一切事物,可是它底了解是不可靠的……要说感官是万物底准绳,那是很错误的。"③

当然,培根并没有因声称感觉不完全可靠,而否认感觉的客观性。他同样明确地说过,"感官能传达印象,又能保障确实性"④;认为,感官还能供给我们方法来发现它们的错误,感官的缺点是可以补救的,它的欺骗性也是可以矫正的。他声明,感官虽然不能恒常直接报告真理,但"感官的证验,在某种校正过程的帮助和防护之下,我是要保留使用的"⑤;应当相信,在认识过程中,感觉终究是可靠的,人们不能不通过感官的感觉去和自然相沟通,获得对自然的认识。我们看到,正是在这种信念的支配下,培根曾"精勤地、忠实地"找寻了许多方法来帮助人们补救感官的错误。例如,他注意到和肯定当时发明不久的放大镜、望远镜、温度计和气压计等科学仪器在扩大和改进感官认识功能方面的重大作用。

其次,培根经验论的认识原则所涉及的感觉经验概念是与强调

---

① 培根:《新工具》,商务印书馆1984年版,第26页。
② 《十六——十八世纪西欧各国哲学》,商务印书馆1975年版,第41页。
③ 培根:《新工具》,商务印书馆1936年版,第22页。
④ 培根:《崇学论》,商务印书馆1938年版,第166页。
⑤ 培根:《新工具》,商务印书馆1984年版,第2页。

科学实验相联系的。如前所述，培根在谈论感觉的不完全可靠性时，曾认为，使用科学仪器、工具可以把不能直接知觉到的东西明显地显现出来，使不可感的变为可感的。同时他指出，要真正地纠正感官的虚妄，获得可靠的经验材料，应当积极进行科学实验。在当时，实验这个词尚未有确切的规定。在培根那里，其含义比较广泛，指每一种有意识的对自然界的干涉，包括各种工艺和技术活动；但主要还是指一般实验室的科学实验活动。在他看来，"实验底微妙作用，要比感官在受了最精密工具底帮助时所有的微妙性还要大"①。因为实验仍是向自然界的提问，迫使自然界作出回答。实验的特点在于干扰事物，改变事物，通过它就可以比较、分析自然界中的诸复杂现象，去掉其中的不相干因素，显示其中的因果联系。如他多次说过，"事物的性质，在受了艺术底激动后，比在其自然的自由状态下，更能把真相显露出来"②；"自然的奥秘也是在技术的干扰之下比在其自然活动时容易表露出来"③。所以他申明，"我并不十分看重感官底直接本有的知觉，我只是要使感官在判断实验上尽其职务，使实验在判断事实上尽其职务"④，强调一切比较真实的对于自然的解释，乃由适当的实验得到。

不仅如此，培根还接触到了实验、实践是确定认识真理性标准的观点。如他认为事理究竟可知否？这不是争辩的问题，而是诉诸经验的问题，"最好的论证当然就是经验，只要它不逾越实际的实验"⑤；"在自然科学中实践的结果不仅仅是改进人类福利的手段而已。它们也是真理的保证"，"真理之被发现和确立是由于实践的证明而不是由于逻辑或者甚至于观察的证明"⑥。由上可见，培根在谈论知识起源于感觉经验的认识原则时不只是指由感官直接行使，通过消极的直观自然获得的简单经验，主要是指通过科学实

---

① 培根：《新工具》，商务印书馆 1936 年版，第 22 页。
② 培根：《新工具》，商务印书馆 1936 年版，第 26 页。
③ 《十六——十八世纪西欧各国哲学》，商务印书馆 1975 年版，第 42 页。
④ 培根：《新工具》，商务印书馆 1936 年版，第 22 页。
⑤ 培根：《新工具》，商务印书馆 1984 年版，第 45 页。
⑥ 转引自 B·法灵顿：《弗兰西斯·培根》，三联书店 1958 年版，第 55 页。

验，并经适当思考和衡量而求得的经验。"感觉所决定的只接触到实验，而实验所决定的则接触到自然和事物本身。"①

培根把实验看作感官和客观事实的中介，强调实验在认识中的作用，是他的经验论之建立在近代自然科学基础上的标志。诚然，在这之前，曾有罗·培根、达·芬奇等提倡科学实验，但那时近代自然科学中的实验方法还刚刚产生，人们尚未完全理解其特点和性质。在这种情况下，培根从哲学上对自然科学中的观察和实验加以研究、论证和概括，揭示了它在认识自然中的重要作用，打击了当时盛行的经院哲学纯粹思辨的推理方法，显然这是对既有的经验概念内涵的深化；并且这也是培根经验论较后人的优越之处，后来的经验论对此似不像培根那样的强调和论述。

再次，比较起来培根尚无后来的经验论者那样明显的推崇经验、排斥理性的片面倾向。他说过"经验只是手段，而不是目的，只是发端，而不是结果"；主张把经验和理性结合起来。这也是其经验论的一个特点。这与他的"形式"学说显然有密切的关联。如前所述，培根是以对事物的形式（本质和规律）的研究、发现和解释作为人类知识的工作和基础的。他一再指出"我的主要目的在于供给一些光明以求把原因发现出来"②；由于形式的发现，我们就可以在思想上得到真理而在行动上得到自由。他之设想筹建"所罗门之宫"的机构亦旨在探问事物的本原及其运行的秘密，扩大人类的知识领域，使理想的实现成为可能。所以，他认为，认识不能止于经验，停留在"自然的外庭"，还必须"在经验底树林中一直前进"，进入"自然的内室"即深入到事物的形式中去，达到真正的概念和公理。在他看来，简单经验只是一种在暗中的摸索，希望侥幸找到道路；其实人们最好是待天亮后再行走。他还指出，实验仍属于感性经验的形态，仅使人更清晰地感觉事物；要从根本上克服感官的欺骗性，非凭靠"理性和普遍的哲学"③不可。

① 《十六——十八世纪西欧各国哲学》，商务印书馆1975年版，第17～18页。
② 培根：《新工具》，商务印书馆1936年版，第25页。
③ 培根：《新工具》，商务印书馆1984年版，第230页。

　　培根对于抛弃经验的经院哲学的纯思辨观点曾有过深刻的洞察，认为依据这种观点和方法来织就的学问之网，看似精美绝伦，精良宏博，实是空洞机巧，毫无实质，根本不能供人类以实用和利益。他把这种观点归结为从概念到概念的公式，看作"用各种范畴来形成世界"的思想游戏，犹如"蜘蛛"只会从自己肚里吐丝织网一样。培根也揭示过"迷失在经验里"、排斥理性的观点的弊端，曾说若医生纯主经验而无学理，死守药方而不识病因，把病人交托他手里，岂不荒谬。他把这种观点归结为从工作到工作、从实验到实验的公式，并比作"蚂蚁"，说它们只图采集，专供实用。正是在这样的批判中，培根呼吁"有学问的应当注重经验，以经验擅长的，亦应当注重学问所教的方法"①；并把自己的这种观点归结为"从事功和实验中引出原因和原理，然后再从那些原因和原理中引出新的事功和实验"②的公式。他还指出，"合格的自然解释者"既不专凭人心的能力进行推论，也不单务实验仅收集材料，而是把材料处于理解力中加以"改变和消化"，犹如"蜜蜂"既能从花园和田野里采集花粉，又能把它们酿成蜂蜜一样。诚然，如前所述，培根本人首先是为了经验而工作；对理性本身的理解实际上是狭隘的；并远未找到正确地解决感性和理性关系问题的关键。但从理论上说，他终究企图将感性和理性的结合看作一条重要的原则，希望在经验能力和理性能力之间永远建立"真正合法的婚姻"，以推动知识的进步；而不允许两者的不和睦与不幸离异，使人类的一切事务陷于混乱。显然，这是他有别于后来的经验论者的最重要的地方。正如费尔巴哈所说，"培根不是通常所说的经验论者，尤其不是对比较深刻的原理、对哲学采取否定态度的经验论者"③。

　　综上所述，可见，培根的经验论对感觉的局限性和欺骗性有较深的理解，并由此引出它在感官的直接本有的知觉和实验，感性和

---

① 培根：《崇学论》，商务印书馆 1938 年版，第 151～152 页。
② 培根：《新工具》，商务印书馆 1984 年版，第 90 页。
③ 《费尔巴哈哲学史著作选》第 1 卷，商务印书馆 1978 年版，第 32 页。

理性等关系问题上带有辩证因素的观点，显示了它不像后来的经验论那样片面和极端。这种认识论上的辩证因素与他在自然观上的辩证因素乃是相应的。此外，还应指出，培根的认识理论也还具有神学的不彻底性。这主要是指他同时持有"两重真理"的观点，认为"人的知识"如同水从天上降落和从地下涌起似的，或由神圣的启示所激起，或由自然的光亮所陈示，"按照两种不同的来源，而分为神学和哲学两种"①；两者在各自的领域里是真理，互不干涉。在他那里，"理性灵魂"就是"天启知识"的对象，就被排除在自然科学研究之外。培根在新的历史时期重新提倡中世纪阿威洛伊主义者等曾主张过的这种观点，虽然旨在为科学的独立发展和复兴争取地盘，依然具有进步的社会作用，但终究表明他在认识理论上远未完全摆脱宗教的束缚，与宗教彻底相决裂。应当说，这也是他的唯物主义经验论的初创性质的一种表现。

总起来说，培根的认识理论立足于感性自然，是唯物主义的经验论；它之不很完善和系统，不那么片面和极端，以及尚有神学的不彻底性等表明，培根是英国和欧洲经验论哲学的初创者。培根哲学的认识理论是在英国资产阶级要求发展生产、复兴科学和反对神学对哲学的垄断的历史环境下，通过总结实验自然科学的成果而问世的；它的问世为那个时代人们思维方式的重大改变奠定了基础，其意义和影响之深远是显然的。

第四节　归纳法的制定和意义

培根在认识论上的特点和功绩还在于直接制定了一种新的认识方法即归纳法。他是在唯物主义经验论的基础上制定归纳法的。换言之，归纳法就是他的认识理论的具体的运用和体现，或称经验归纳法。

培根极其重视认识方法问题的探讨。实际上，他之研究和阐述唯物主义经验论的认识理论，就是为建立新的认识方法；可以说，

---

① 培根：《论学术的进步》，1954 年英文版，第 85 页。

这是他的哲学的真正的论题。培根曾说，"赤手做工，不能产生多大效果；理解力如听其自理，也是一样。事功是要靠工具和助力来做出的，这对于理解力和对于手是同样的需要"①。在他看来，人类的认识对象——感性自然，不论是其性质或现象，都是复杂的和不规则的；人类的认识主体，不论是其感官或理性，又各有自身的局限。因此，人类的理智必须借助于"心灵的工具"作为指导，才能对自然有深入的认识，使科学获得顺利的发展。理智若没有正确的方法的指导，如黑夜行走，缺少烛光，大海航行，缺少罗盘一样，将收效甚微。他还举例说明过，"瘸子"走着正确的路途，亦可以比走在错路上的"善跑者"先达到终点。鉴于这种认识，他把制定科学的认识方法看作事关人类复兴科学和掌握对自然的统治权的崇高事业。如马克思所说，培根和笛卡尔都"认为生产形式的改变和人对自然的实际统治，是思维方法改变的结果"②。

培根认为，在以往漫长的岁月中，人类科学认识发展缓慢的原因之一就在于缺乏科学的认识方法。他明确地说过，现有的逻辑只是论辩的艺术，而不是认识自然事物的方法；"不能帮助我们找出新科学"。他指责经院哲学和亚里士多德偏重演绎，把三段论式的论证看作构成知识的重要条件；认为"三段论并不能用于科学的第一原理"③。因为它所藉以组成的概念是混乱的以及是过于草率地从事实中抽出来的，从而使它往往流于空泛的形式。它"与其说是帮助追求真理，毋宁说是帮助把建筑在流行概念上面的许多错误固定下来并巩固起来"；"是只就命题迫人同意，而不抓住事物本身"④。他强调，它对一切科学来说"害多于益"，"至于我，则竭力排斥三段论法"；并试图建立真正的科学方法——经验归纳法。他声称，"我们的惟一希望乃在一个真正的归纳法"；若非藉归纳法，理智是没有资格去作判断的；"以真正的归纳法来形成概

---

① 培根：《新工具》，商务印书馆1984年版，第7~8页。
② 马克思：《资本论》第1卷，人民出版社1975年版，第428页。
③ 《十六——十八世纪西欧各国哲学》，商务印书馆1975年版，第9页。
④ 培根：《新工具》，商务印书馆1984年版，第10页。

念和公理，这无疑乃是排除和肃清假象的对症良药"①。可见，培根的归纳法乃是在反经院哲学和亚里士多德逻辑中建立起来的。他的主要著作题名为《新工具》，其意就在表明，它在研究的起点、解证的秩序和著述的目的等方面与阻碍科学发展的亚里士多德的《工具篇》根本相对立，体现了逻辑的"新"方向。

按照培根的观点，人们的认识从对外物的感觉经验起始，并是感性和理性相"结合"的过程。那么，人们应如何对感性材料进行理性加工，发现现象的原因，认识事物的"形式"呢？这也就是他的归纳法所要解决的问题。换言之，培根的归纳法是"指导人们怎样从经验来抽出和形成原理"的方法，也就是从感觉和特殊事物中把原理引申出来，然后不断上升，达到最普遍的原理的方法。具体地说来，培根的归纳法包括下述诸步骤或环节：

第一步，收集充足的经验材料。在培根那里，这种经验材料是通过对自然事物的"观察和实验"而收集起来的。他强调，在实行归纳法的开始，要准备一部"充足的、完善的"自然和实验的历史。这一步是全部工作的基础。

第二步，整理所收集起的经验材料，把它们列举在不同的例证表里。首先确定一种所要研究的性质，如"热"；并把收集到的具有该性质的事物或现象作为"肯定的例证"列在一起，构成"热物体的一览表"。培根一共列举了 28 种具有热性质的例证，如阳光、火焰、滚水和磨擦过的物体等等。这种由许多具有同一性质的例证构成的表，他叫做"本质和具有表"，或"肯定表"。继而把收集到的缺乏该性质的类似的事物或现象作为"否定的例证"列在一起，构成"冷物体的一览表"。培根一共列举了 23 种不具有热性质的例证，如月光、磷火等等。这种由否定的例证构成的表，他叫做"相似情形下的缺乏表"或"否定表"。最后还要把收集到的具有在不同状况下程度不同的同一性质的例证列在一起，构成"热度不定的物体的一览表"。培根一共列举了 41 种这类例证，如移动置于阳光下凸透镜的位置，受它照射的同一物体的温度比较起

---

① 培根：《新工具》，商务印书馆 1984 年版，第 19 页。

来就有差异等等。由这类例证构成的表，他称之为"程度表"或"比较表"。简言之，培根认为，在收集大量的经验材料之后，应把这些材料进行分析、比较，整理为上述三种例证表。这就是所谓的"三表法"。"三表法"表明，培根没有一般地简单地列举经验材料，而是主张对所收集到的经验材料作全面的考察，以便选择有本质意义的例证即"优先权的例证"。他还指出，"三表法"不就是归纳法，它只是整个归纳法中的一个步骤；并且这一步骤也不是根本的，它只是为下一步骤进行"真正的归纳"提供准备。

　　第三步，对三表中所列举的例证进行"适当的拒绝和排斥"。培根认为，"这三个表的功能和职司，我称为向理智提供例证。在提供了例证之后，归纳本身便要开始工作"①，即就可以排斥、剔除无关的、非本质的性质。这些性质是在有给定的性质的例证中找不到的，或者在给定的性质不存在的例证中找到的，或者是在这些例证中给定的性质减少而它们增加，或给定的性质增加而它们减少的。例如，因为有滚热的水和空气，也有金属和别的固体只受热而不至于着火或烧红，因此就不能把火焰和光亮等看作热的原因，就可以把火焰和光亮等从热的形式中排除出去。这即是所谓"排斥法"。它依据的是这样的原则："任何相反的例证都可以推翻关于形式的任何假设。"在他看来，这一步是整个归纳过程中最关键的一环。"真正归纳的首要工作（就形式的发现来说）乃是在于拒绝或排斥这样一些性质。"他还表达了这样的辩证见解："人只能从否定的东西出发，最后在穷尽了排斥之后，才能达到肯定的东西"②。

　　第四步，对留下来的包含所要考察性质的例证作归纳，引出关于形式的肯定的结论。培根说"在拒绝和排斥的工作适当完成之后，一切轻浮的意见便烟消云散，而最后余留下来的便是一个肯定的、坚固的、真实的和定义明确的形式"③。例如，他列举了 27 种

①　《十六——十八世纪西欧各国哲学》，商务印书馆 1975 年版，第 54 页。
②　《十六——十八世纪西欧各国哲学》，商务印书馆 1975 年版，第 55 页。
③　《十六——十八世纪西欧各国哲学》，商务印书馆 1975 年版，第 55 页。

包含有热性质的"优先权的例证",如运动着的滚水,移动凸透镜使物体燃烧的运动和运动的火焰等等。从这些留下来的例证中,他发现运动在该物体每一例证中都可以找到并且没有任何相反的例证存在,即热总与运动有关,便归纳出运动是物体具有热性质的原因的结论,认为热的本质、形式就是运动。"热是一种膨胀的、被约束的而在其斗争中作用于物体的较小分子之上的运动。"① 在培根看来,确定事物或现象的原因,把握事物的形式,才是逐渐排斥过程的终极归宿;这是在否定性的排斥过程之后"不可避免"地要达到的肯定性的结论。值得提出的是,他有时把关于热的形式的结论称为"第一次收获",主张"发明底艺术是跟着各种发明一同进步的"。这说明,他并没有把所作出的肯定性的结论完全看作最终的结论。不过,就一定的程序来说,至此,他的归纳过程就算结束了。

以上即是培根的经验归纳法所包含的诸步骤和环节。总之,新归纳法的内容和实质乃在于以对自然事物的观察和实验为基础,用三表法整理经验材料,并进一步作拒绝和排斥的工作,最后得出关于事物形式的肯定性的结论。换句话说,在培根那里,"科学就在于用理性方法去整理感性材料"。观察、实验,分析、比较、排斥和归纳是这一理性方法的重要条件;促使事物的形式的发现则是这一理性方法的目的。可见,培根的归纳法在一定意义上是符合人的认识从自然事物出发,经由感性到理性的过程和要求的。

培根归纳法的制定乃与近代自然科学的发展密切相关联。在那个时代,科学是实验科学,自然科学家们在从事科学研究的活动中主要是使用经验观察和实验以及分析的方法。培根从哲学上把这种自然科学方法加以总结和系统化,便制定了经验归纳法。新归纳法不同于通常流行的简单枚举法。培根说"那种以简单的枚举来进行的归纳法是幼稚的"②,它的论断只建立在少数的手边的事实上面,而无任何的理性加工整理;它的结论是不稳定的,只要遇上一

---

① 《十六——十八世纪西欧各国哲学》,商务印书馆 1975 年版,第 58 页。
② 培根:《新工具》,商务印书馆 1984 年版,第 82 页。

个相反的例证便会遭到危险；因而它是无法使我们获得关于事物形式的肯定性结论的。新归纳法更不同于亚里士多德的三段论式。它所引用的概念"是从事实中得出的"。"我们还不要把这种归纳法仅仅用于发现原理，也要把它用于形成概念。正是这种归纳法才是我们的主要希望之所寄托"①；而归纳推理就要以这健全的概念为基础。它不是从最普遍最抽象的原理出发去证实个别判断。"我的逻辑对理解力的教导，宗旨不在使它以心灵的纤弱卷须去攫握一些抽象概念（像普通的逻辑那样）"②；而是强调从个别判断出发，经过中间原理，到最高的原理。惟有经过"真正的、坚实的和富有活力的"中间原理，最后才能获得真正的最普遍的原理，才能形成事物的第一原则，为进一步推论提供大前提。基于这样的区别，可以说，培根的归纳法结束了当时经院哲学形式主义繁琐方法在方法论上的统治，在哲学史和逻辑史上展现了新的一页，也推动了自然科学的发展。当时，许多自然科学家在自己的富有成果的科学活动中，如热学中波义耳定律的发现，牛顿提出引力说和光的微粒说等，都运用了归纳法，体现了培根的基本精神。这一切表明，培根以振奋人心的热情系统阐述归纳学说，大力宣扬归纳推理的作用，堪称近代归纳法的奠基者。后来19世纪穆勒的归纳法也就是以培根的归纳法为基础，对它加以展开和条理化而形成的。

毋庸置疑，培根的归纳法是有弱点的。我们看到，它反对凭借少数事实和观察仓促作出结论，却要求收集齐全的例证，在穷尽一切经验材料之后进行归纳工作。这显然难以达到，无异于否认对感性材料的理性加工活动。它本身虽包含着理性的抽象和推论，但如前所述，其所达到的并非都是事物的真正本质，往往是事物的纯粹外部特征方面。这些都表明，培根是在经验主义的框子里谈论归纳法的。不仅如此，他还具有夸大归纳法在认识中的作用的倾向。如他提出，"在研究事物的本质时，无论大小命题，通体都要用归纳法"，它对自然科学、政治学、心理学等领域，统统都适用。如他

---

① 培根：《新工具》，商务印书馆1984年版，第82页。
② 培根：《新工具》，商务印书馆1984年版，第289页。

强调，归纳法扶助感官，接近自然，最后推出的是坚固的真实的和定义明确的形式，其结论是必然可靠的。在这里应当说明，培根在其著作中并不完全否认演绎法。如他说过，"我对于解释自然的指导含有两个类别的分部：一部是指导人们怎样从经验来抽出和形成原理；另一部是指导人们怎样从原理又来演出和推出新的实验"①；"我们的这条路不是一道平线，而是有升有降的，首先上升到原理，然后降落到事功"②。但他终究不甚懂得归纳推理因其所由以出发的经验总是未完成的，本质上属尚成疑问的推理，其结论只具或然性，因而在复杂的认识中尚需同演绎法相互联系、相互补充；致使他视归纳法为解释自然的"真正钥匙"，而忽视了对演绎法的具体运用。实际上，培根在其自身的科学活动中，由于片面地依靠和运用归纳法，除了作出简单性质如热的形式是运动的结论外，也并没有获得更重要的成果。不过，从认识论上说，培根在近代哲学史上第一个制定和倡导科学所运用的归纳法，其功绩和意义是巨大的。

此外，培根归纳法的意义还在于，它的问世意味着西方哲学界思维方式的开始转变。在培根生活的时代，自然科学正处于搜集材料的阶段，尚未对事物的变化过程、相互联系作系统的整理研究；而对单个的事物、现象主要是在观察、实验的基础上通过分析方法，即把自然界分割为各个不同的领域，把事物本身分解为一些有限数量的要素——简单性质，从中探求出事物的形式这样的方法进行的。鉴于复兴科学的使命，培根把这种观察事物的方式引进到哲学上来就构成他的归纳法。归纳法大量的工作是分析的工作，借此从个别抽绎出一般。它使人习惯于把自然事物和现象看作是孤立的、静止的、固定不变的东西，并逐渐成为哲学领域中有广泛影响的思维方式。如恩格斯所说，"这种考察事物的方法被培根和洛克从自然科学中移到哲学中以后，就造成了最近几个世纪所特有的局

---

① 培根：《新工具》，商务印书馆 1984 年版，第 117 页。
② 培根：《新工具》，商务印书馆 1984 年版，第 81 页。

限性，即形而上学的思维方式"①。培根的这种把对象分解为要素，抽象出其形式的方法在当时显然是一种新的思维方式。它不像古希腊人把自然笼统地看作统一的整体，其中一切都是相互联系的，都在运动和发展着，用自发的辩证的思维方式来观察事物；而是把事物的特性从整体，从总的联系和总的发展中抽绎出来个别地进行研究。毫无疑问，这种分析方法是遵循唯物主义的认识路线的；并且在培根那里照例要比他的后继者们的形而上学要正确些，并不与综合方法完全相分离；把那种进一步将性质加以联合的工作视为多余②。但它毕竟割裂了个别与整体的联系，忽视了事物的产生、发展和消灭，是一种具有片面性的思维方式。然而，这种思维方式乃以近代自然科学成果为基础，在自然科学发展中是必经的和必要的，甚至是当时复兴科学的首要任务。因为不了解个别事物和现象，也就不可能弄清楚事物的总的联系和总的发展。这种要求分析自然界的事物和现象的方法，可以说乃是"最近四百年来在认识自然界方面获得巨大进展的基本条件"③；它使培根开始摆脱了古代的思维方式，成为近代实验自然科学的始祖。这种分析方法在培根哲学中占有重要地位，并且也制约着培根哲学的趋势，即向霍布斯哲学的必然转化；他的后继者们把这种分析方法的狭隘性发展到极端，它才成为典型的形而上学的思维方式。

第五节　培根哲学的两重性和历史地位

生活在英国资产阶级革命序幕时期的哲学家培根，为了实现资产阶级和新贵族的经济和政治利益，一方面提出知识就是力量，大力推崇科学知识，另一方面批判妨碍科学发展的经院哲学和诸假相；在此过程中他阐述了自己的以物质、运动和形式相统一的自然观，并在此基础上初创了经验论的认识理论和用归纳来解释自然的

---

① 恩格斯：《反杜林论》，人民出版社1970年版，第19页。
② 参看培根：《新工具》，商务印书馆1984年版，第169页。
③ 恩格斯：《反杜林论》，人民出版社1970年版，第18页。

认识方法。这一切就是上述培根哲学的主要内容。整个说来，我们看到，培根哲学是唯物主义的经验论哲学，英国唯物主义即由它起始。但同时它充满着神学的不彻底性，不论在自然观还是在认识论上都包含有中世纪的神秘因素。如18世纪法国百科全书派哲学家达兰贝尔指出的，这位挣断许多铁索的伟人，仍然被一些无法粉碎的锁链所束缚。这样的矛盾状况即是培根哲学的特点之一。它的存在具有深厚的根源。实际上，它乃是当时英国资产阶级和新贵族既要反对封建制度和英国国教，又要与封建势力相妥协和利用基督教来"钳制"劳动群众的特性的理论反映。确实，培根作为"忠心耿耿"的国务活动家，是不可能摆脱占统治地位的宗教神学的影响的。因此否定培根哲学的这种两重性，即轻视和低估其神学因素，或把它看作培根著作中的"零星缺陷"①，或把它视为培根本人的一种"伪善"，或认为它"对这位英国唯物主义创始人来说毋宁具有外部的、形式的意义"② 等等观点，都是值得商榷的。

培根哲学的特点还在于，它虽在实际上已开始具有形而上学的性质，但又尚未达到"完全的形而上学"，尤其是尚未对自然界作出彻底的机械论的解释，而富有值得重视的辩证法因素。如在自然观上承认物质的统一性和多样性，物质运动的主动性、规律性和在形态上的多样性等；在认识论上企图把感觉经验和理性结合起来，重归纳，在理论上不否认演绎，重分析，在理论上不否认综合等。显然，这种辩证法因素不是个别的、偶然的，它们是培根哲学中的有机的组成部分。因此，我们不能把培根哲学作机械论和形而上学的解释，笼统地说它就是"近代机械的形而上学唯物主义"；甚至不能说它是近代机械论和形而上学的"开始阶段"。这样的说法都是不能反映培根哲学的真实内容的。确切地说，培根哲学乃是古希腊朴素的唯物主义和17世纪机械的形而上学唯物主义之间的过渡环节。

---

① 参看全增嘏主编：《西方哲学史》上册，上海人民出版社1983年版，第478页。

② 参看巴克拉捷：《近代哲学史》，上海译文出版社1983年版，第68、71页。

在近代哲学史上，培根哲学的出现标志着哲学研究的重点由本体论向认识论开始转移。培根哲学的最重要、最令人注目的部分也就是他的认识理论和认识方法。他和同时代的笛卡尔不同，着重从认识客体即感性自然界出发来谈论他的认识论思想，说明思维和存在的同一。这就是他的知识起源于对外物的感觉的经验论原则和立足于观察、实验的经验归纳法。一般地说，近代哲学家都提倡人的认识以反对宗教神学和经院哲学。而培根则是从展开人的感觉经验这个角度来反对宗教神学和经院哲学的；并且唯物主义经验论在他那里，因未成系统、缺乏论证，不那么片面、极端，一切矛盾尚未充分展开，甚至充满着神学的不彻底性而具有明显的初创性质。这表明，培根是近代唯物主义经验论哲学的创立者。可以说，他的哲学最早反映了英国资产阶级和新贵族的利益及英国人的民族性。

培根的唯物主义经验论哲学的启蒙意义和历史影响是很大的。他"像哥伦布一样，在科学上发现了新世界"，动摇了人们对经院哲学独断论的盲目信仰，促进了近代实验自然科学和近代资产阶级哲学的发展，为英国资产阶级革命作了舆论准备。在他之后，科学家和哲学家们越来越孜孜不倦地面向自然，进行观察、实验和探求的工作，其视野和活动范围日益扩大。他对英国尤其是 18 世纪法国的唯物主义者影响巨大，是近代欧洲唯物主义光辉学派的前辈。

第五章　大陆唯理论哲学的奠基者
——笛卡尔哲学

　　笛卡尔生活在欧洲新兴资产阶级已经登上历史舞台，要求发展科学、发展资本主义经济的时期，是 17 世纪上半叶法国著名的数学家和哲学家。他崇尚理性和数学、自然科学，反对中世纪的经院哲学和宗教神学，毕生致力于哲学的复兴事业。他在世界观上是古典的二元论者，在"物理学"范围内持机械唯物主义观点。尤其是他很重视认识论的研究，事实表明，"笛卡尔和培根一样，认为生产形式的改变和人对自然的实际统治，是思维方法改变的结果。他的《方法论》就说明了这一点"①。不过，他和培根不同，试图从主体着手，倡导唯理论的认识理论和方法，建立其知识体系；是近代西欧大陆唯理论哲学的奠基者。

笛卡尔小传

　　勒内·笛卡尔（1596～1650），出生于法国北部都兰省兰爱叶村。父亲为律师，是不列塔尼议会议员，母亲为不列塔尼名门闺秀；两者均是当地贵族的后裔。自幼丧母，体格羸弱，但异常聪明，于 1604 年进入欧洲著名的拉·弗来施城耶稣会公学，接受正规的宗教教育。在学期间好学不倦，除攻读哲学、数学、逻辑、文学和历史等课程外，还阅读了化学、物理学、天文学、医学等等书籍。广泛的阅读开

---

　　①　马克思：《资本论》第 1 卷，人民出版社 1975 年版，第 428 页。

阔了他的眼界，使他不再像传统所要求的那样崇拜亚里士多德哲学权威，而为大量的"怀疑和错误所困扰"，对新科学越来越热忱。1612年，笛卡尔在该校毕业，即前往波埃颠大学攻读法律，经多年的努力，先后获得了学士、硕士学位。

自 1616 年起，笛卡尔决心抛弃"书本的研究"，到"世界这本大书"里去寻找学问①。开始，他到达巴黎；一年后，因厌烦巴黎的社交生活，便投笔从戎，到荷兰参加了军队，认为这是实现游历世界最经济、最简便的方法。1619 年三十年战争爆发，他又志愿到巴伐利亚国王的军队中服务。1621 年他辞去军职，先后到丹麦、德国、瑞士、维也纳和意大利等国旅行，增长了许多知识。最后，他于 1625 年定居巴黎；在巴黎期间与当地学术名流来往频繁。

笛卡尔在军队中任职和旅行期间，对数学深感兴趣，推崇数学推理的确切、明了，认为这是通往其他科学的大门。他和一些数学家和物理学家的结识也推动他潜心地钻研数学。据说巴伐利亚冬天寒冷，笛卡尔不爱早起，常常躺在床上思考；他的解析几何就是在那时发现的。他还倾心于天文学、气象学、地球学、光学、力学等新科学的研究，认为这些都应看作数学的组成部分。逐渐地，他在心中形成了要用数学方法来彻底改造哲学、制定新的哲学体系的计划。为此他曾许愿：若圣母恩准这一计划，他将前往洛勒托圣地去朝拜。他创建新哲学的决心是很大的。

1628 年秋，笛卡尔为了躲避封建势力的迫害，寻找一个合适的科学研究的环境，便侨居荷兰。在当时，荷兰是惟一较有思想自由和言论自由的资本主义国家。笛卡尔把父亲遗留下的地产卖掉，拿钱投资，靠每年所得六七千法郎的红利，在那里生活了 20 年。平时，他衣冠楚楚，身佩宝剑，安心著述；在这清静的环境里，他写下了许多著作。如：《世界，或论光》（1633 年），该书采取哥白尼的日心说，因值伽利略持日心说受到罗马教廷迫害，笛卡尔决定不予发表（该书直到他死后 14 年即 1664 年才出版）。《方法论》（1637 年），该书是笛卡尔首次公开发表的著作，着重论述"正确引导理性在各门科学中

---

① 《十六——十八世纪西欧各国哲学》，商务印书馆 1975 年版，第 140 页。

寻求真理的方法";附有《几何学》、《折光学》和《气象学》等三篇附录,作为使用新方法的实例;用法文书写,在内容和形式上新颖、清晰,被公认为近代哲学的宣言书;其中的《几何学》即是数学史上开辟新纪元的解析几何。《关于第一哲学的沉思》(1641 年),该书是笛卡尔的成熟著作,论述了他的基本哲学思想;在发表前,笛卡尔通过友人麦尔塞纳神甫分送给当时的著名学者如霍布斯、伽桑狄等征求意见,然后一一写作答辩,作为附录一并发表。《哲学原理》(1644 年),该书是笛卡尔哲学思想的系统总结和最终定型,其中物理学部分内容尤为丰富;是作者献给敬仰他的波希米亚的伊莉莎白公主的。此外还有《指导心智的规则》,《论胎儿的形成》等。笛卡尔最后的一部著作是《论灵魂的感情》,它发表于 1649 年,讨论心理学问题,包括身心关系问题。

但是,那时即使在荷兰,封建势力也还具有一定的力量。在 1640 年已有天主教徒和新教徒开始激烈攻击笛卡尔,说他的学说会导致无神论;后来在 1643 年则有乌特莱赫特大学,1647 年则有莱顿大学公开禁止讲授笛卡尔哲学。在这过程中,幸有法国大使山虞和英国奥伦治公爵的出面干涉,笛卡尔才免受其害。在这种不利的情况下,1649 年 9 月,笛卡尔接受了瑞典女王克里斯汀娜的邀请到斯德哥尔摩为她讲授哲学;此前他通过法国大使曾与女王有过书信来往,还寄赠过她论爱情和论灵魂的两篇作品。女王为了表明自己的开明和注重学术,专派一位上将和一艘军舰迎接他前来。但结果,这位女王除在每天清晨 5 点钟听他讲学外,竟腾不出别的时间。北国冬日的严寒和不习惯的半夜起床,使这位体格孱弱的哲学家十分辛劳,终于由感冒转成肺炎,于 1650 年 2 月 1 日溘然与世长辞,时年 54 岁。笛卡尔毕生经历平淡;当时的学术界对他不予重视,出殡时送葬者寥寥无几。但他的哲学思想给人类送来了理性的"自然之光";不到几年,人们便发现了它的伟大。1667 年,他的遗骸被运回法国,隆重地安葬在圣田纳维埃乌山上的圣堂中。1799 年,他的遗骸又被供在法国历史博物馆中,与法国历史上的光荣人物并列。1819 年以后,他的遗骸复被安置在柏蕾的圣日曼的圣心堂中,供人瞻仰;其墓碑上铭刻有这样的颂词:"笛卡尔,欧洲文艺复兴以来,第一个为人类争取并保证理性权利的人。"

第一节　主体性是笛卡尔哲学的出发点

笛卡尔是当时著名的科学家，但他重视哲学，称哲学为智慧或智慧的研究，认为它概括人类的全部知识，是文明人和野蛮人的区别所在，国家文明和进步与否的重要标志①；所以，他毕生致力于复兴哲学事业。他反对经院哲学，认为经院哲学依照固定的逻辑公式推演出维护宗教神学的结论，是违反人类理性和阻碍科学、自由发展的"空洞哲学"。他酷爱和提倡具体的科学研究，认为惟有科学的发明可以推进生产技艺，造福于人类；但又称研究科学应探究科学的原则和方法，建立科学的哲学，只有这样才能真正推动科学的发展。广义地说，这种哲学也可叫做"实践哲学"；他强调要用"实践哲学"来代替经院中的"思辨哲学"，以认识和利用自然的力量和作用，使我们成为"自然的主人和占有者"②。实际上在笛卡尔那里，这种哲学乃是一种无所不包的新的知识体系，包括三个组成部分："形而上学"——关于超自然、超经验的事物的学说，研究心灵、上帝和物质等；物理学——关于自然的学说，研究物质自然界的一般特征；各门具体科学——照料人的健康的医学，调节人的情绪的伦理学，以及制造工具的机械学等等，它们带有明显的实用性。笛卡尔指出，"整个哲学好像一棵大树，树根是形而上学，树干是物理学，从这树干上发出的枝条是各种其他科学"③。诚然"人们最终是从树枝上采集果实的"，但"形而上学"和物理学起着基础和骨干的作用。尤其是"形而上学"，它为后者的经验内容提供最终的根据和真理的保证；必须先寻找出一种无可置疑的

---

① 参阅钱志纯编译：笛卡尔《我思故我在》，台北志文出版社 1973 年版，第 17 页。

② 笛卡尔：《方法谈》，商务印书馆 1935 年版，第 50 页。

③ 钟宇人、余丽嫦编：《西方著名哲学家评传》第 4 卷，山东人民出版社 1984 年版，第 127 页。

"形而上学"原则，才可能有物理学，有各门具体科学。他的当务之急也就在于对"形而上学"作系统的"沉思"，"重建"一个健全的新的哲学基础。

在哲学史上，笛卡尔哲学的特点和贡献就在于他在反对经院哲学的斗争中提出了主体性原则。主体性是笛卡尔哲学的出发点。他以突出主体性来重建其"形而上学"。笛卡尔首先提出普遍怀疑的原则。普遍怀疑是笛卡尔哲学的开端，笛卡尔是通过普遍怀疑来确定"形而上学"的"第一原理"的。他曾说，我们早年都曾接受过由社会和学校灌输的各种知识和对诸多事物作过各种判断，那时我们尚无健全的理性，这些知识和判断就必定是不确实的。因此，若要给科学打下牢固基础，就必须在一生中对这些知识和判断有一次严肃的普遍怀疑，以抛弃人心中旧有的假设和偏见①。他把这些知识和判断按照认识能力的层次分为三种类型，并指出：（一）要怀疑对可感事物的认识即感觉。他认为迄今通过感觉获得的知识可归纳为存在判断、属性判断和关系判断，它们有时欺骗我们。如在梦中看到的和清醒时幻觉到的东西并不真实；一座方塔远看却是圆形的；我们坐在向前行驶的船上，却觉得两岸在往后倒退。（二）要怀疑依靠演绎或推理而获得的知识即理性知识。他认为物理学、医学、天文学等，人们围绕它们往往争论不休；即使是自明的几何学命题（如正方形从不多于四条边等）也应予以怀疑，"一些恶神，既具大能，又喜骗人"，说不定在数正方形的边时它就叫我出错。（三）还要怀疑宗教神学中那些想象出来的感性存在物和观念即介于感性和理性之间的知识。他认为如埃及的狮身人面像等，尽管它的各组成要素是真实的，但整个来说是虚构的、可疑的。当然，从原则上讲笛卡尔的普遍怀疑并没有规定的界限，他甚至宣称可以怀疑自己"没有手、没有脚，最后竟没有身体"。但他主要是怀疑"我以前信以为真的"一切旧意见所依据的那些原则，否则就将是无止境的工作了。

笛卡尔对自己的普遍怀疑曾作过形象的描述说，"我就像突然

---

① 《西方哲学原著选读》（上卷），商务印书馆 1981 年版，第 365～366 页。

掉进很深的水里，惊慌失措，以致既不能用脚在水底站稳，也无法浮出水面"①。不过，真正说来，他所提倡的普遍怀疑与以往怀疑论者的怀疑是不相同的。他的怀疑不是"为怀疑而怀疑"，以怀疑为目的或结局，永远得不出肯定的结论，否定真理并消极厌世；而是出于对真理的信心，以怀疑为手段或方法，通过怀疑仅在于否定假的肯定真的，即"使自己得到确信的根据，把浮土和沙子挖掉，以便找出磐石和硬土"，为建立知识体系确立一个可靠的"据点"或基础。他的怀疑不是完全的抛弃一切，不是对人类全部知识的一种形而上学否定；在他那里，被怀疑的东西经"放在理性的尺度上校正之后"，本身还是有用的，是真知识的胚胎，犹如"在拆除旧房屋时通常总把拆下的材料保存起来，以便用它来建造一座新的房屋"②。总之，笛卡尔的普遍怀疑是认识论上的必然假定；他之谈论怀疑，"除了关心寻求真理以外，并不追求任何目的"。

笛卡尔提出的作为方法的怀疑，像培根提出的要认识自然必须清除假相一样具有强烈的反经院哲学的启蒙性质。多少世纪以来，人们凭藉着感觉确信太阳围绕地球旋转，地球本身则不动；托勒密的地心说具有广泛的影响不无认识论上的原因。笛卡尔是哥白尼日心说的拥护者，他对感官认识的怀疑实际上向人们提出了一个严肃的问题：光凭感觉能力不足以认识世界。这对于把日心说视为异端邪说的经院哲学和宗教神学无疑是重大的打击。同样，他对理性认识的怀疑也等于宣告了中世纪以来关于"实体的形式"、"隐秘的质"等观念和原理的陈腐和荒谬；其矛头所向更为明确。当然，笛卡尔的普遍怀疑仍只停留在个人的冥思苦想活动上；他还表白自己是虔诚的天主教徒，其怀疑仅限于"思维真理"方面，不涉及"立身行事"方面，与神学、政治、社会无干。但整个地看，它主张把一切既有的知识放到人类理性面前审查、批判，反对盲从和迷信，这在当时显然冲击着僵化的经院哲学思维方式，起着解放思想

---

① 巴克拉捷：《近代哲学史》，上海译文出版社 1983 年版，第 83 页。

② 《十六——十八世纪西欧各国哲学》，商务印书馆 1975 年版，第 143、146 页。

的进步作用；它推动了人们"重新开始从根本做起"去建立可靠的新哲学体系，也为笛卡尔自己重建新的哲学体系寻找和确立了一个"据点"，就如阿基米德为重建宇宙需要一个"固定不动的支点"一样。

笛卡尔哲学的"据点"或"第一原理"即"我思想，所以我存在"。这个著名原理涉及我思和我在的关系，就是笛卡尔通过普遍怀疑对思维自身作不断的"抽象"① 而获得的肯定性结论。按照他的看法，我怀疑一切，可以假定没有神、没有天、没有形体等等，但我不能怀疑"我在怀疑"本身；只要我一怀疑"我在怀疑"这个当下的事实，就恰好证实了"我在怀疑"。我在怀疑即意味着我在思想，这又是自明的；即使我在做梦，也确实是在思想。既然我在思想，这个在思想的"我"的存在也就是无可怀疑的；"必须存在，才能思想"，没有思想者，怎会有思想本身?② 笛卡尔在这里不同意说"我看故我在"、"我玩故我在"。在他看来，我的感觉（如看）或运动（如玩）并非是无可怀疑的确定的事实，或许这就是我的梦幻。因此根据我在看、玩就不能证明我的存在。甚至也不能说"我想象故我在"。他强调惟有用思想才能真正确定"我"的存在。

笛卡尔认为，他把"我思想，所以我存在"当作他重建哲学体系的基石即"第一原理"，其理由就在于它是清楚明白的，并且从它出发能推演出其他命题来。他着重指出，这个原理本身没有大前提（"凡思想者均存在"），不是推论；它只是表示判断"我思想"已包含了思想者"我"在内，判断"我存在"并没有扩大前一判断的内容，仅仅肯定了前一判断中已包含的东西。因此这个原理只不过是通过直觉的活动承认一个简单地给与的事实，如数学的公理一样是不证自明的。笛卡尔说，"'我思想，所以我存在'这条真理是这样确实，这样可靠，连怀疑派的任何一种最狂妄的假定都不能使它发生动摇，于是我就立刻断定，我可以毫无疑虑地接受

---

① 《费尔巴哈哲学史著作选》第 1 卷，商务印书馆 1978 年版，第 167 页。
② 《十六——十八世纪西欧各国哲学》，商务印书馆 1975 年版，第 148 页。

这条真理，把它当作我所研求的哲学的第一条原理"①。而笛卡尔正是凭借着这条绝对真实的原理推演出种种其他原理，推演出他的"形而上学"、他的整个哲学体系来的。

笛卡尔把"我思想，所以我存在"当作其哲学体系的第一原理表明，他推崇人的思想、理性，把人的思想、理性放在哲学的首位，突出了人的思想、理性的重要性。在他的眼光里，思想、理性是根本的。思想、理性或良知"是惟一使我们成为人并且使我们与禽兽有区别的东西"；它使我们具有正确地作判断和辨别真假的能力；它使我们所看到的、听到的能够成为知识。他还指出，思想、理性或良知"是人人天然地均等的"；"它在每一个人身上都是完整的"②。如所周知，在中世纪，宗教信仰在各个领域里高于一切，处于至尊的地位。尽管在经院哲学内部围绕信仰和理性的关系问题唯名论者和唯实论者展开过种种争论，从"先信仰，再理解"到"理解了，再信仰"，以及人文主义对人的经验、理性的提倡，理性的地位渐渐提高，但信仰至上的局面远没有从根本上获得突破和改变。在这种背景下，笛卡尔在近代最早起来推崇人的思想、理性，把思想、理性放在哲学的首位，并宣扬理性平等的观点，从而使哲学和神学对立起来，从神学中独立出来，其反经院哲学的启蒙意义是显然的。

尤应指出，笛卡尔在推崇思想、理性时又并非是在作抽象的孤立的谈论，而是强调"我在思想"即把思想和思想者内在地联系起来，把思想者"我"作为思想、认识确实存在的根据。这即提出了思想、认识的主体性问题。这样，他把"我思想，所以我存在"当作其哲学体系的第一原理，也就意味着他从思想、认识的主体性出发来重建其"形而上学"。他已不像古代希腊哲学家那样把主体与客体不加区分，单纯地考察客体；而是把主体与客体区分开来，欲从主体的角度去看待"人—自然"结构中的另一端自然即客体。换句话说，他之确立主体性在哲学认识中逻辑在先的地

---

① 《西方哲学原著选读》（上卷），商务印书馆1981年版，第369页。

② 《西方哲学原著选读》（上卷），商务印书馆1981年版，第362页。

位，表明他将从认识论着手转而引出本体论问题，把"形而上学"认识论化。无疑，这显示了近代哲学的一般特点，也显示了他与从自然出发探究哲学的培根的不同之点，是他对哲学发展的重大推动。对此海森伯说得中肯："笛卡尔哲学的这个基础与古希腊哲学家的基础根本不同，这里的出发点不是基本的本原或实体，而是一种基本知识的尝试。"①

第二节　心灵和物质二元对峙的实体理论

那么，笛卡尔是怎样从主体"我"出发推演出整个世界，重建"形而上学"的呢？这即是他的实体学说。在他那里，实体有三个，即：心灵、上帝和物质。首先，笛卡尔在确立"我思想，所以我存在"的原理后紧接着就考察了"我究竟是什么"的问题。他指出，我可以设想我没有身体，没有所在的地点，没有位置的移动，但不能设想我不存在。而既然这个已被证明为存在的"我"仅由"我思想"这事实所推知，所以只有当我思想时我才存在。"如果我一旦停止思想，则纵然我所想象的其余事物都真实地存在，我也没有任何理由相信我存在。"这就是说，在他那里，我就是思想本身的存在，或自知其存在的思想即自我意识。换言之，"我是一个实体，这个实体的全部本质或本性只是思想"②。"思想本身，因为是存在的原则，所以组成它的本性与属性也只是思想而已。"③ 笛卡尔还指出，思想实体就是一切观念的最一般的共相，就是在怀疑、理解、理会、肯定、否定、愿意、想象和感觉的东西，也就是"心灵"、灵魂，并断言：它"不需要任何地点以便存在，也不依赖任何物质性的东西"；它"比身体更容易认识，纵然

---

①　海森伯:《物理学和哲学》，商务印书馆 1984 年版，第 39 页。

②　《西方哲学原著选读》（上卷），商务印书馆 1981 年版，第 369 页。

③　参见钱志纯编译：笛卡尔《我思故我在》，台北志文出版社 1973 年版，第 39 页。

身体并不存在，心灵也仍然不失其为心灵"①；它根本不会导致毁灭，"心灵是不死的"②。

其次，笛卡尔在肯定"我"作为思想实体必然存在后，强调应使它成为敞开的原则，通向宇宙万物，否则我们便无法去解释各种现象的存在。然后，笛卡尔继续推论，却先推论出了上帝实体的存在。他认为，我心中确有天地日月星辰的观念，但这不表明在我心外就有天地等物的存在；我心中确有完满性的观念，惟独这才证明在我之外有这观念所表现的完满者即上帝的存在。他的推论是这样的：完满性的观念不可能以我作为原因，因为我在怀疑，是不完满的；同样也不可能以其他外物作为原因。因此就必定有一个完满物作为原因存在，否则就不会有完满性观念的出现。这个完满物就是上帝实体。他还指出，上帝实体意味着全知、全能、全善、无限、永恒等；它存在于我们心中，也存在于现实中。笛卡尔在这里是从上帝的观念来证明上帝的必然存在的。这种论证方式无疑是中世纪经院哲学家安瑟伦关于上帝存在的本体论证明的重复，只是后者符合笛卡尔的论证逻辑，才在这里被采用；其错误犹如心灵见到三角形概念中三内角之和等于两直角的规定，就认为三角形具有两直角一样。

再次，笛卡尔还继续进行推论，以回答"是不是有物质性的东西"③。他认为，思想不论多么清楚明白，总是封闭的，只能证明思想本身的存在，而不能证明外物的存在。即使如感觉是被动的，它提供生动明晰的观念，似一定由外物而引起；也因其有时是可疑的，而不能确证这个问题。因此，他强调，要从"我"推演出物质世界，就必须借助于上帝的保证。在这个问题上，笛卡尔是这样推论的：我们心中确有关于物质世界的清楚明白的观念。因为上帝作为绝对完满的存在是全能的，具有创造一切清楚明白的观念和纠正错误观念的能力；又是至善的，在道德上不可能违背其本性

---

① 《西方哲学原著选读》（上卷），商务印书馆1981年版，第369页。
② 《十六——十八世纪西欧各国哲学》，商务印书馆1975年版，第155页
③ 《十六——十八世纪西欧各国哲学》，商务印书馆1975年版，第176页。

而欺骗人。因此，这种观念只能来自上帝，并且是真实可靠的。换句话说，外部物质世界确实是存在的；上帝的存在保证了物质实体的存在。实际上笛卡尔出于对实验科学知识的信念，不管以什么方式，不能不承认物质实体的存在。

笛卡尔对实体曾作过规定说："我们只能看作能自己存在，而其存在并不需要别的事物的一种事物"①。他认为心灵、上帝、物质符合这个规定，都是实体。而根据这些实体之间的关系，笛卡尔关于超经验、超自然的实体的学说即从主体出发所构建的"形而上学"归根结底乃是古典的二元论。我们看到，在笛卡尔那里，心灵的根本属性是思想；想象、理解、感觉和意志等等都只是思想的样式。换言之，心灵"是一个在思想而无广袤的东西"。它是能动的，无时无刻不在作思想活动，并且能在自己内心寻找观念，自身就有作思想活动的条件而无需外界事物的刺激或影响；按照自然哲学所能知道的情形，它是不死不灭的。物质的根本属性是广延；一切用来描述物体的东西都以广延为前提。换言之，物质"是一个有广袤而不思想的东西"②。它是被动的，只要受第一次推动就一刻不停地作着机械运动；在形态上还能遭受到外力破坏而归于消灭。正是基于这些区别，所以他肯定，心灵和物质之间互不依赖、互不决定，两者乃处在二元对峙的关系之中。这即是笛卡尔在实体问题上的二元论观点。笛卡尔在哲学史上即以此观点而著称。

笛卡尔的二元论是哲学上二元论的典型形态。它回避对思维和存在何者为本原问题的回答，是哲学上的一种中间派。它的产生与那个时代哲学家们受机械论观点的统制有关。既然物质的属性被归结为广延，它又怎样作用于作为无广延的东西的意识呢？反之亦然。但它终究在欧洲人从基督教中世纪的长期冬眠中觉醒以后，把物质和意识的对立十分清楚地提了出来，突出了哲学的基本矛盾，推动了哲学的发展。

在笛卡尔的"形而上学"中，上帝概念具有重要的地位。按

---

① 笛卡尔：《哲学原理》，商务印书馆 1958 年版，第 20 页。

② 《十六——十八世纪西欧各国哲学》，商务印书馆 1975 年版，第 180 页。

照笛卡尔的看法，心灵和物质不能算是真正的实体。因为它们是不完满的，不完满东西的存在就不能凭靠自身，而需要上帝的帮助和保证。它们之被称为实体仅在于它们的存在再不依赖于别的被创造的东西；相反，后者则依赖于它们。上帝则不同，它是绝对"非被创造的思维实体"；本身又能创造一切，是心灵和物质最高的本原和相统一的基础。因此他便把心灵和物质称作"相对的实体"，而把上帝称作"绝对的实体"。笛卡尔的这种说法表明，他在本体论上并没有把二元论贯彻到底；为统一心灵和物质最终不得不引出了上帝。"我们只能设想有一个绝对独立的实体，那就是上帝。"①

　　但是，笛卡尔之引出上帝，真正说来并非是神学的需要，而乃出于认识论的需要。费尔巴哈曾说过，如果说基督教是从提出"上帝就是精神"这个命题开始的，那么，与此相反，在笛卡尔那里，近代哲学——它的本质在于通过肯定基督教去否定基督教——却是从提出"我是精神"这个命题开始的。这就是说，在他那里，上帝已不再像中世纪那样是惟一的精神，压制着人的精神，视人的精神为上帝精神的主观化、样式化；而是突出了"我"的精神即自我意识，同等地赋予它以实体的地位，确认它作为自然科学的认识主体独立存在的权利，甚至从它（上帝的观念）开始引出和证明了上帝自身的存在，使上帝自身从原始项变成了派生项。其次，在他那里，上帝也不再像中世纪那样和心灵一起同物质绝对地尖锐地对立着，压制和贬低着物质，视物质为罪恶的根源；而是同等地赋予物质以实体的地位，确认和保证物质作为自然科学的认识对象独立于意识而存在的权利。此外，从他的相对实体和绝对实体的说法中，我们还可悟出，在他那里，实际上上帝还将心灵和物质统一、包容于自身中，遂使自身不但具有心灵实体的特性，还蕴含有物质实体的特性，换言之，他虽是不自觉的，却迫使上帝开始了自然化的进程，这一进程后来在斯宾诺莎那里得到了实现：实体即神或自然。

---

　　①　笛卡尔：《哲学原理》，商务印书馆1958年版，第20页。

　　总之，上帝必须存在，并在本体论上高于一切，这是笛卡尔"形而上学"的绝对命题；但他却从此出发来确立上帝"作为建立我与世界之间的关系的一个共同参考点"① 的存在，以保证把"我"规定为认识主体，把物质规定为认识对象，使认识成为真正的认识。他的上帝已无明显的宗教内容。这说明，笛卡尔的"形而上学"已对中世纪的上帝观念作出了重大的改造。当然，尽管如此，笛卡尔的上帝由于其存在乃从关于上帝的观念中引申而来，真正说来还是"我"的意识、精神，因而是缺乏逻辑根据而不能保证物质作为认识对象的独立存在的。如马克思所说："上帝存在的证明或者不外是对于本质的人的自我意识的存在的证明……例如本体论的证明。试问，当我思索它的时候，什么存在是直接的？回答只能说：自我意识。"②

　　在笛卡尔的二元论中身心关系学说是其重要的组成部分。按照笛卡尔的看法，人的身体属于自然物体领域，是与物质同一的实体；因此他的物质和心灵二元对峙的观点就必然适用于人的身体和心灵的关系问题，"发展出心灵和身体的区别"③ 即身心二元的观点。笛卡尔说，"人的心灵或灵魂是与形体完全不同的"④。心灵的本质是思想，思想的存在和活动是不依赖于身体的，它自己就是存在和活动的充足理由；当我在怀疑我的身体是否存在时，我思想的存在已是无可怀疑的了。身体的本质是广延，有广延的东西也是不依赖于无广延的心灵的。此外，他认为，心灵"完全不可分"，是一个绝对单一而且完整的东西，"意志、感觉、理会等能力实际上决不能说是心灵的部分"。身体是"永远可以分"的，我能把一只脚或一条胳臂与整个身体分离。这也说明两者是截然对立的。

　　但是，笛卡尔作为科学家不能无视身心之间相互作用的事实。他曾说，"我有一个形体，当我感觉痛苦时，它就不舒服，当我感

---

① 海涅：《论德国宗教和哲学的历史》，商务印书馆1974年版，第40页。
② 马克思：《博士论文》，人民出版社1961年版，第93页。
③ 笛卡尔：《哲学原理》，商务印书馆1958年版，第3页。
④ 《十六——十八世纪西欧各国哲学》，商务印书馆1975年版，第181页。

到饿或渴时，它就需要吃或喝"；反过来，当我心里想做某件事，我身上的肌肉就伸缩起来促使手去干那件事，等等。"因此我决不应当怀疑这里面有某种真理"①。诚然，笛卡尔曾以上帝来统一物质、身体和心灵；但如前所述，真正说来，上帝也还是作为人的精神之内的精神存在，依然是无广延的精神实体，它又怎能去统一有广延的身体和心灵呢？在这种情况下，笛卡尔便企图从自然科学的角度提出"松果腺"的理论来解释这种事实，说明心灵和肉体联结的方式。

笛卡尔曾详细地研究过人体解剖学和生理学，尤其是哈维关于血液循环的学说，认为在人的身体内有一个惟一不对称的部分，它是位居间脑顶部的圆锥形小腺状体，叫"松果腺"，是心灵的驻守地，起着联结和转换身体和心灵的作用。他具体地描述道：身体内各部分的血液沿着通向心脏的动脉流入脑部，血液的精华在这里形成一种稀薄的物质性的东西即"生命的精气"对"松果腺"发生作用；"松果腺"受到这种作用的震动就把其中的运动转移给心灵，便引起心灵的两种活动即观念和感情。简言之，身体借助于"松果腺"才得以引起心灵的活动；"松果腺"每震动一次，心灵的思想活动就产生一次。这是向心运动。还有相反的离心运动，即心灵通过"松果腺"把它的观念和感情传达给"生命的精气"，"生命的精气"便带着这些运动往外传，经过神经和动脉、血管到达肌肉里，肌肉就发生收缩或伸张。简言之，心灵借助于"松果腺"才得以引起身体的活动。笛卡尔在《哲学原理》中说，"某一种形体是比世界上的其他各种形体更紧密地和我们的灵魂联结在一起的"。其所以如此，即在于借助于"松果腺"。笛卡尔在这里并没有像柏拉图那样，把心灵和身体的关系看作如舵手和船的关系，而是像亚里士多德那样看作如舵手端坐在他的在水里行驶的船上一样②。他认为，作为人其心灵和身体不能分别地存在，它之成为实体和存在，是心灵和身体的共同结果：心灵之成为实在的人，因为

---

① 《十六——十八世纪西欧各国哲学》，商务印书馆1975年版，第180页。
② 《十六——十八世纪西欧各国哲学》，商务印书馆1975年版，第180页。

有身体；身体之成为实在的人，因为有心灵。但他又认为，人体内一种具有特殊的"转换运动方向"功能的"松果腺"，才是心灵和身体互通的中介，就如舵手端坐在船上的作用一样。这即是所谓身心交感的观点。笛卡尔在晚年写就的《论灵魂的感情》中还一直在研究人的生理和心理问题，寻找和阐述身体和心灵之间的辩证联系。

这样，笛卡尔关于身心关系的学说就包含两个方面：一方面，坚持身体和心灵的二元对峙和分裂，彻底否定身体受心灵影响，或心灵受身体影响的可能性；另一方面，又企图联结身体和心灵，如用身体去说明观念和感情的起源，并把它们看作外物作用的结果等。在笛卡尔那里，后一方面乃是以确认前一方面为前提的，并非是对前一方面的抛弃，因此它也就远非是对身心关系的正确解决。从科学上看，"松果腺"的作用不仅是转换信息，还制约着身体的生长。当时自然科学尚不知道内分泌，尚未发现神经中枢，笛卡尔的观点乃受到机械论的局限。从理论上看，既然认为"同类物只能作用于同类物"，那么，心灵实体没有广延，又如何能通过大脑中的一个同样有广延的"松果腺"与身体发生作用呢？笛卡尔的观点并没有摆脱矛盾。但是，这种对身心关系的辩证探索和解释终究又表明了从人的身体本身去说明人类意识起源的意向，从本质上看是对二元论的某种克服；同时，由于其自身乃包含着尖锐的矛盾，这种矛盾在本性上反映了哲学和科学的差异，它对后来的哲学家注重探索和解决身心关系问题以至哲学最高问题起了重大的推动作用。

总起来说，笛卡尔对"形而上学"的"沉思"乃是从主体出发去构建物质和心灵二元对峙的实体理论。这是一种被认识论化的"形而上学"。它并没有达到用惟一实体来标志世界的统一性；但比起经院哲学来，不能不说是长足的进步。利恩·罗特曾说"笛卡尔革命在于试图以建立在形而上学基础上的物理学来代替以物理学为基础的形而上学"①。笛卡尔哲学和中世纪经院哲学的重大区别也就在于，它以对此实体理论的原理的确定，为自然科学的经验

————————

① 利恩·罗特：《笛卡尔的〈方法谈〉》，1937年英文版，第23页。

内容提供"形而上学"根据和真理保证。

第三节　物理学范围内的机械唯物主义观点和卓越的辩证法思想

笛卡尔的物理学是关于自然界的学说，属他的哲学体系的重要组成部分。在他那里，"形而上学"是"根"，物理学是从这条根里长出来的"干"。在"形而上学"中，笛卡尔把物质和心灵看作各自独立、互不影响，为上帝所创造；并强调上帝赋予物质以实体的地位。在物理学中，他则干脆把上帝和心灵抛在一边，放手地专门地按照自然科学的观点来论述物质世界。他着重论述了物质实体的根本特性，物质的运动和规律，并进而描述了有秩序的自然界的情景。换句话说，他在物理学范围内是以物质概念为第一原则来推演出他对自然的看法，表露出他的机械唯物主义观点的。马克思曾说，"笛卡尔在其物理学中认为物质具有独立的创造力，并把机械运动看做是物质生命的表现。他把他的物理学和他的形而上学完全分开。在他的物理学的范围内，物质是惟一的实体，是存在和认识的惟一根据。"①

在笛卡尔的物理学范围内，物质是惟一的实体。笛卡尔曾明确地肯定，自然界在根本上是物质的，除了物质以外，不会有其他东西存在。他说过，"地和天是由同一物质构成的；而且纵然有无数世界，它们也都是由这种物质构成的"。他还说过，我们凭自己的感觉"可以确知物质事物的存在"；我们关于物质事物的观念，"乃是起因于我们心外存在的对象，而这个观念和那些对象在各方面都是相似的"②。简言之，在他看来，"世界不是多元的"，而是统一的，统一于物质。笛卡尔的这个观点实际上是对关于自然界的神学观点的断然否定，是作为一个自然科学家本能地所具有的唯物

① 《马克思恩格斯全集》第 2 卷，人民出版社 1957 年版，第 160 页。
② 笛卡尔：《哲学原理》，商务印书馆 1958 年版，第 45、34 页。

主义观点。

笛卡尔在物理学中具体地指明了物质实体的根本特性是广延性即占有空间性。他认为，任何物质都占有空间，都以具有长度、广度和深度三个向量为前提。我可以设想物体没有其他一切特性，如没有硬度、重量、颜色等，但不能没有长、广、深；形状、运动等第一性质惟有在广延中才能被想象。因此"物体或物体之性质，只是在于它事实上是向长、阔、深扩展之物而已"①。实际上，在他那里，物质和空间在范围上是同一的：物质即是有广延的实体；空间"必然包含有一个实体"，亦即无非是物质自身的广延。古希腊原子论哲学家主张万物的本原是原子和虚空；原子在虚空中运动，虚空只是原子运动的场所。笛卡尔则与此不同，不承认有什么"绝对虚空"的存在。他解释道，通常所讲的"虚空"并不是"指一个绝对没有任何事物的场所或空间，而是指一个场所，那里没有我们假设为应有的那些东西。就如，人造水瓶既然是为了盛水，所以它在只充满空气时，我们就说它是空的。又如鱼池中没有鱼时，则它虽满贮水量，我们也说其中没有东西"②。他为此还与牛顿的绝对空间说展开了论争。

笛卡尔把物质的根本特性规定为广延性，从另一方面说，也就认为物体不具有由物体分子的运动作用于人的感官而产生的那些性质，如色、声、味等。他把这些性质视为感觉，认为它们属模糊之物，"实在并不表象在我们心外存在的任何事物，而且它们的变化也全看身体受刺激时各部分和情状的差异而定"③。他只承认物体的数学和力学方面的性质——广延性的存在，而不承认色、声、味等感觉性质的客观性，这说明他不懂得事物的质的多样性。这是他的物理学在物质特性问题上的重大局限。但是，笛卡尔持这样的观点意味着他在用量来解释一切；并且明白地宣告，"这种物质里根

---

① 钱志纯编译：笛卡尔《我思故我在》，台北志文出版社 1973 年版，第 88 页。

② 笛卡尔：《哲学原理》，商务印书馆 1958 年版，第 42 页。

③ 笛卡尔：《哲学原理》，商务印书馆 1958 年版，第 30 页。

本没有经院中所争论的那些'形式'或性质，也并没有任何东西是那样地不能为我们的心灵所认识，因此，谁也不能想象自己不认识它"①。这在当时又显然是一种进步。我们看到，笛卡尔还主张"这个世界或物质实体的全部，其广袤是无有界限的"。因为，我们无论在什么地方立一界限，都可以想象在此界限之外，还有许多空间。他还把物质实体的微粒叫做分子，指出"最小的有广袤的分子永远是可分的"，而不同意德谟克利特关于原子天然不可分的观点。因为，广延是一种量的规定，按其"本性"它们就是可分的。笛卡尔的这个观点虽带有想象成分，却表露了他的辩证法因素。

笛卡尔物理学的又一重要观点是物质按规律作机械的运动。在笛卡尔那里，物质及其微粒都是有运动的。"全宇宙中并没有真正静止的点"，"任何事物，除了在我们思想中使之固定不变外，都没有恒常的位置"。所谓静止只相对于事物而言。例如，我们坐在一只行驶的船上，相对于船体来说是静止的，相对于两岸来说便是运动的。他强调，物质的"全部花样，或其形式的多样性，都依靠于运动"；没有运动，物质就不能获得生命力，由简单的形式发展为复杂而有次序的天体、地球、生物甚至生命、人。但是，笛卡尔指出，运动并不在虚空的空间中发生，而乃在于一物体向另一与其毗邻的物体的位置移动。"所谓运动，据其通常意义而言，乃是指一个物体由此地到彼地的动作而言。"② 既然物质只有广延一种属性，因此，物质的运动就只能是广延的位置移动。他把力学的观点引进了哲学，把一切运动归结为机械运动，这实际上又是对物质形式多样性的否定。那么，运动是如何产生的呢？笛卡尔认为，说物质有运动，不等于说物质产生运动，单就其本身而言物质是惰性的。在他看来，运动是上帝连同物质一起创造的："我觉得很明显，只有上帝以它的全能创造了带着运动和静止的物质"；没有上帝的创造，物质本身便不会运动。这也是机械论者在这个问题上的

---

① 《十六——十八世纪西欧各国哲学》，商务印书馆1975年版，第153页。
② 笛卡尔：《哲学原理》，商务印书馆1958年版，第45页。

必然回答。不仅如此，笛卡尔还认为，上帝赋予物质以运动仅仅只有一次；它在对物质作第一次推动之后，便以同样的方式保持物质中的一切。换句话说，上帝在创造自然界和推动它运动之后就不再干预自然界了，而让自然界严格地遵循着自身的规律运动；在这里，甚至上帝就是自然界的秩序和规律。自然界就永远有那么多物质，有那么多运动；这运动从物质的这一部分转到那一部分，流转不已，总量不增也不减。这即是他的著名的"动量守恒定律"，即：物质运动的量等于物质的运动速度和质量的乘积；就整个世界来说"运动量"是一个精确的常数。后人在新的历史条件下所提出的"能量守恒和转化定律"就是继承了笛卡尔这一观点的结果。

在笛卡尔的自然学说中，物质和运动是最基本的概念。他正是用物质和运动来推演和解释世界的，认为自然界中的一切形体包括天体、地球和生物等等都是在按规律作机械运动的物质。他排除了目的论的观念，认为在物理学中谈论目的是愚蠢可笑的。他甚至宣称，给我物质和运动，我将为你们构造出世界来；借助于数学和力学的原理就能够认识世界。而他在《世界论》一书中就把上述机械唯物主义的观点运用于天文、地球等方面，着重对宇宙的起源问题作了论述。

笛卡尔关于宇宙起源的理论即天体演化论。按照他的看法，自然界并非从来如此。最初，它只存在一些同类的物质微粒。这些物质微粒处在无秩序的混沌状态中，并由于彼此冲突而形成统一的漩涡运动。而后，在这种漩涡运动中，它们逐渐地分裂为土、空气和火三种"要素"。这些"要素"的微粒具有大小、质量、形状和运动的属性，其中土"要素"由最大、最重、最坚的粒子构成；空气"要素"由球状即小而圆和善于运动的粒子构成；火"要素"由能渗透一切的最细微的粒子构成。最后，在漩涡运动中，由于旋转，土"要素"被抛开了中心，逐渐地形成了地球和诸行星；火"要素"停留在中心，逐渐地形成了太阳和恒星；空气"要素"则形成了充斥于宇宙空间中的物质，这些物质促使光的传播，这即后人所谓的"以太"。至此，现存的天体便形成了。

笛卡尔根据机械力学的观点所作出的天文学上的这一假设，尚是一种臆测，缺乏科学的论证；迫于教会的力量还把漩涡运动的发生最终归之于上帝的"推动"。但它毕竟是在证明，这些混沌的物质如何遵守一定的自然规律而运动，"形成类似我们的天宇的东西"，肯定了物质运动的规律性。他甚至指出，行星的旋转引起了新的漩涡运动，形成了一些与我们的太阳系不同的另一些太阳系；并说"即令上帝创造出许多世界，也不会有一个世界不遵守这些规律"①，上帝一经确定了混沌的物质和自然律后就让自然界按规律自然地去运动。尤其是，他还第一次把发展观念引入宇宙学说，以发展的观点解释了天体的起源，也解释了地球的形成：地球上的一切物体如何具有向心的引力，如何自然地形成山川河流，以及金属如何出现在矿藏，植物如何生长在旷野，等等。他说："没有什么神创的奇迹，仅仅由于纯粹的物质在长时期中使世界变成了今天的模样；世界是一点一点进化而来的，而不是一开始就是我们今天所看到的模样。"② 就他来说，把事物看作逐渐产生的，比起把它们看作完全现成的，对于认识它们的本性要容易得多。笛卡尔的这个观点，是他的辩证法思想的重要表现，在近代哲学史上占有重要地位。它虽然遭到了牛顿天体学说的反对，终究在一百多年以后为康德所继承和发展，是康德天体起源学说——星云假说的先驱。

最后，笛卡尔把上述机械唯物主义观点深入地应用于生物界，还作出了"动物是机器"的论断。笛卡尔曾坦率地承认过自己"对动物还没有充分的知识"。在当时，自然科学尚处于用力学原则说明事物，无法对生命起源问题作出说明的阶段，他只能"假定上帝把一个人的身体造得和我们每一个人完全相似"，在自然界的历史发展中似乎有一天突然出现了动物和人；并在具体地论述动物和人时，使用了力学的原则。我们看到，他在这个问题上重视和欣赏英国医生哈维的新发现——血液循环理论。这个理论主张，动物和人身上的血液并非如人们想象的是静止地盛在身体里，而是通

---

① 《十六——十八世纪西欧各国哲学》，商务印书馆 1975 年版，第 153 页。
② 《笛卡尔哲学著作集》第 1 卷，1911 年英文版，第 109 页。

过心脏和一定的血管不间断地流动着。心脏的搏动把血液压进肺动脉，使它流入肺脏；然后通过肺静脉流向心脏；再通过大动脉流向全身；最后又通过大静脉回到心脏。如此流动，循环不已。一旦停止流动，动物和人生命就终止了。笛卡尔指出，这正好清楚明白地说明了动物和人的生命在于血液的机械运动，就像水泵压水一样。他认为，无机的自然界是机械的，有机的植物界是机械的，动物界也是机械的。禽兽会飞会走，会吃会喝，这些都是机械的位置移动。因此，动物是自动的机器。"这架机器是由上帝的双手造出来的，所以安排得比人所发明的任何机器不知精致多少倍，其中所包含的运动也奇妙得多。"① 他还指出，即使如动物的心理机能，那也只是动物作为自动的机器对外界的刺激发生的机械的反应。例如，一条狗见到沙鸡时，自然而然地就扑向它；听到枪声时自然而然地逃之夭夭。这时的狗并不思考，仅习惯于对一定的外界刺激作出反射动作而已。笛卡尔在这里第一次谈到了条件反射的观点，是反射学说的奠基人之一。

在笛卡尔看来，不仅动物是机器，而且对人的身体也可作机械的说明。如身体由血、肉、骨头等组成，如同一架机器。我们可以解剖它，从而认识它的运动规律；也可以在出现故障时修理它，使它恢复健康。他不懂得动物和人的生命的本质；实际上动物和人体作为有机体，不仅要服从机械的运动规律，还要服从化学的、物理的和生物的等等运动规律。不过，笛卡尔还是认为，人与动物有本质的不同。上帝赋予人以灵魂、理性，使人高于动物，能思想，有感情，有意志；它们支配着人的身体，人的行动。而这些都不是物质的属性，它们属于"完全独立于身体"的"理性心灵"②。所以从本质上说，人不是机器；我们不能用机械的规律来解释人的道德、政治、科学和艺术。笛卡尔持这样的观点是与他坚持身心二元对峙和"灵魂是不死的"观点分不开的。

综上所述，可见，从物质实体出发，以运动为中心，用机械论

---

① 《十六——十八世纪西欧各国哲学》，商务印书馆1975年版，第154页。
② 《十六——十八世纪西欧各国哲学》，商务印书馆1975年版，第154页。

的力学原则来说明和演绎出天体——地球——矿物——植物——动物——人的漫长系列，展示出物质实体的多样性，这是笛卡尔《物理学》的基本内容。笛卡尔在物理学范围内持机械唯物主义观点，他在他所处时代反映了自然科学发展的水平和要求，体现了知识控制自然的信念和理想。

但是，笛卡尔的机械唯物主义尚没有达到极端和形成模式的程度；他的物理学蕴含有丰富的辩证法因素。如认为，世界是无限延伸的，物质粒子是无限可分的；"全宇宙中并没有真正静止的点"，运动是绝对的，静止是相对的；物质是惟一的实体，在形式上又具有多样性；物质和空间在范围上同一；物质的运动是有规律的；以及天体由原始物质的漩涡运动演化而成；等等。不仅如此，他在数学研究中还把变数引入数学，以变数为基础，将几何（以图形为对象）和代数（以数为对象）这两门学科联系和结合起来，通过他所设计的坐标系统标示法，证明几何问题可归结为代数问题，用代数方法来求解，从而创立了解析几何，也为微积分的产生准备了条件。这在数学史上是一个重大的突破。如恩格斯所评价的："数学中的转折点是笛卡尔的变数。有了变数，运动进入了数学，有了变数，辩证法进入了数学，有了变数，微分和积分也就立刻成为必要的了。"① 基于上述这些，笛卡尔曾被称为近代哲学中辩证法的卓越代表之一。

笛卡尔的物理学是在他的"形而上学"的"根"上建立起来的。它所具有的机械唯物主义观点与他的"形而上学"相矛盾，对近代欧洲自然科学和唯物主义哲学的发展起了积极的推动作用，是霍布斯机械唯物主义模式的直接准备和未来法国唯物主义的两重理论起源之一。马克思曾就拉美特利等模仿笛卡尔的"动物是机器"而提出"人是机器"指出，"法国的机械唯物主义附和笛卡尔的物理学而同他的形而上学相对立"②。

---

① 恩格斯：《自然辩证法》，人民出版社1971年版，第236页。
② 《马克思恩格斯全集》第2卷，人民出版社1957年版，第160页。

第四节　从理性出发，提出唯理论
的认识原则和方法

在笛卡尔所处时代，欧洲新兴资产阶级要求发展生产，复兴科学；哥白尼、第谷、伽利略、开普勒和哈维等科学家使数学、力学、天文学、宇宙学、生理学等获得了独立的发展。科学知识开始成为哲学反思的对象；什么是知识，什么是真理性知识获得的途径，什么是证实知识真理性的标准和原则等问题摆到了哲学家的面前。面对时代的这种需求，培根最早提出了知识就是力量的口号，以《新工具》表达了他对认识理论和方法的研究。与此同时，笛卡尔也把方法问题的研究视为"普遍科学"，企图建立新的认识理论和方法。他曾说，"寻求真理必需方法"①；"那些只是极慢地前进的人，如果总是遵循着正确的道路，可以比那些奔跑着然而离开正确道路的人走在前面很多"②。他还坚信，确定统一的方法是可能的。因为，人类智慧是整体，"无论智慧所运用到的学科是多么不同，它总是同一的"③；人人都有均等的理性或良知，一人所发现的和对一人有用的方法，也能为其他人所发现和对其他人有用。换言之，在他看来，"我们在这阶段能够做的最有用的探究"就是方法论。笛卡尔哲学的主要任务也就在于建立新的认识理论和方法，赋予知识以系统的结构和形式。

但是，笛卡尔和培根不同，他在反对经院哲学的斗争中，不是从自然出发，提出经验论的认识理论和方法，而是以"我思"作为存在和认识的根基，从理性出发，提出唯理论的认识理论和方法。而他之提出这样的认识理论和方法乃是他对数学方法直接反思的结果。如所周知，笛卡尔在对天文学、光学、力学或机械学和音

① 《笛卡尔哲学著作集》第 1 卷，1911 年英文版，第 9 页。
② 《十六——十八世纪西欧各国哲学》，商务印书馆 1975 年版，第 137 页。
③ 《笛卡尔哲学著作集》第 1 卷，1911 年英文版，第 9 页。

乐等作普遍考察后，曾认为数学是最主要的科学。因为数学所研究的"次序和度量"乃是各门学科共有的特性；各门学科都可从研究次序和度量的数学中得出，都可看作数学的组成部分或数学科学。数学又是最可靠的、确定的科学。例如欧几里得几何学，它从定义、公理出发演绎出结论，其推理过程之严密的逻辑性令人"心悦诚服"。"在所有科学中，惟有算术和几何是摆脱了错误或不确定性的。"① 因而数学是通往其他学科的大门。既然数学方法是发现真理的方法，那就"应当在数学中，寻求理智活动的法则"，确认"数学方法，也是其他科学的方法"。伽利略用数学方法研究物理学就取得了巨大的成果。正是这种对数学的系统考察和反思，使笛卡尔"设想所有那些进入人的认识之中的事物很可能是以同样方式互相关联着的"②，并强调：光凭逻辑学的原则还不能建立起真正的知识，必须把数学方法加以泛化和扩展，"移植"到哲学中去，即必须找到一条清楚明白的基本原理作为哲学的出发点，并经过演绎，从中推出整个哲学体系来；惟有这样，哲学才能成为真正的科学。这也就是笛卡尔提出并藉以建立其哲学体系的唯理论的认识理论和方法。

笛卡尔的认识理论和方法其显著特征在于从理性出发。概括地说，这可归结为以下诸观点。

一、用理性来说明获得真理性认识的途径——直觉和演绎

按照笛卡尔的看法，真理性的认识只能来自理性。"借助于理性的作用，我们才能认识事物，而不必担心任何谬误。"而在认识过程中理性的作用只有两种即直觉和演绎。他曾说，"除了通过自明性的直觉和必然性的演绎外，人类没有其他途径来达到确实性的知识"③。

笛卡尔明确地肯定了直觉在认识中的作用。他指出，"直觉，

① 《笛卡尔哲学著作集》第 1 卷，1911 年英文版，第 4 页。
② 《笛卡尔哲学著作集》第 1 卷，1911 年英文版，第 92 页。
③ 《笛卡尔哲学著作集》第 1 卷，1911 年英文版，第 7、45 页。

我指的不是由感官所提供的恍惚不定的证据，也不是由想像力所作出的错误判断，而是由纯粹和专一的心灵所产生的概念。这种概念是如此简单和清楚，以致对于所认识的对象，我们完全无需加以怀疑"。① 在他看来，直觉作为人类理性固有的一种高级思维形式，是心灵在一定时刻对事物"纯粹而简单的本质"的直接观察；通过这种理性直观所获得的乃是关于"纯粹而简单的本质"的清楚明白的概念，如我们对"自己存在着"、"自己思想着"、"三角形只有三条边"和"球只有一球面"等事实的不证自明的概念。而直觉的任务也就在于，以这种不证自明的概念为我们的演绎活动提供"第一原理"，从该原理出发，我们推论出一系列的原理和结论来，就可构成真理性的知识系统。如前所述，笛卡尔"我思想，所以我存在"的原理就是通过直觉获得的。

应当指出，在笛卡尔这里，直觉并不是一种超自然的神秘的能力和活动，也不是纯思维的自由创造活动；而是普遍地存在于人类思维和科学中并在一定基础上出现的一种认识能力和活动。它"只是由理性的光辉所产生的"。人的理性为要达到"纯粹而简单的本质"，必须先对所考察的对象进行"分析"，从个别中分析出一般，从复杂中分析出简单，"尽可能地分成细小的部分"，如从直角三角形中分析出三角性质，从钝角三角形中分析出三角性质等等；同时再运用"归纳"把这些抽象的性质概括为一个简单命题，如"三角形皆有三角性质"。但是仅凭分析和归纳，是不能确实地达到"纯粹而简单的本质"的，归纳终究不能穷尽所有的三角形。当分析和归纳到一定的程度即接近"最高度的绝对"，这时直觉就参加进来了；人的理性运用直觉就得出如"三角形有三只角"的自明的概念。笛卡尔的这种以自然科学的分析和归纳为基础的直觉，无疑又不同于"古代人的天才的自然哲学的直觉"，古代人的直觉多半是建立在猜测的基础上的。笛卡尔认为，正是在直觉的基础上，人的理性开始了演绎活动。

笛卡尔又明确地肯定了演绎在认识中的作用。他认为，借助于

---

① 《笛卡尔哲学著作集》第 1 卷，1911 年英文版，第 7 页。

这一方法，我们可认识到很多事物。"很多事物是确定无疑地被认识的，它们虽不是自明的，却是由持续不断的心灵活动对过程中的每一步都看得很清楚地从已知的正确原则中演绎出来的"。而这正是直觉中所没有的运动。那么，什么是演绎呢？笛卡尔说，"我们理解为所有从确定性知识作出的必然推理"①。按照他的看法，演绎也是理性活动，但它不是理性的单纯的活动，而是必须藉某种定义为前提才能进行的必然的推理活动。换句话说，从内涵上分析，演绎的特点就在于：

首先，演绎推理是以直觉为基础的。它从直觉所提供的第一原理出发，亦即"从最简单、最容易认识的对象开始，一点一点逐步上升到对复杂的对象的认识"②。整个具有确实性的知识体系，都是由直觉所提供的自明的第一原理推论而来。其次，从第一原理出发进行的演绎推理在"次序"上具有必然性。笛卡尔曾制定"规则"说，"从绝对简单的直觉理解出发进行推演，据同样严格的步骤上升到对所有其他事物的知识"。他认为，"按照次序引导我的思想"，保证各个环节以及各个环节之间在逻辑上的严密性，这就是演绎。他强调，若第一原理已成立，那就需用演绎来揭示前提和结论之间的逻辑联系；而"这种运动在任何地方都不可间断"，否则，过于仓促，遗漏了某个中介环节，"整个链条立刻就会破裂，我们就会完全丧失结论的确实性"。在他看来，演绎不像直觉那样具有清晰性，必须对它"尽量普遍地加以审视"，使它具有逻辑上的严密性。再次，演绎的任务在于证明真理。笛卡尔认为，"第一原理来自直觉，反之，结论仅仅是由演绎获得的"。③ 第一原理只是为结论提供真理性的可能，演绎使这种可能变为现实。如果第一原理是确实的，那么只要演绎的过程严格遵守逻辑次序，结论也就必定是确实的。换句话说，通过演绎而作出的结论因在逻辑上保证了从第一原理传递下来的真理性而成为真理。

① 《笛卡尔哲学著作集》第 1 卷，1911 年英文版，第 8 页。
② 《十六——十八世纪西欧各国哲学》，商务印书馆 1975 年版，第 144 页。
③ 《笛卡尔哲学著作集》第 1 卷，1911 年英文版，第 8 页。

应当指出，笛卡尔所谈论的演绎还体现了思维的综合作用。这里，所谓综合乃是用经过分析、归纳和直觉而得出的"纯粹而简单的本质"来重新组成和说明复杂的事物。如前所述，从第一原理到结论的过程表现为演绎推理；但构造演绎推理的却是综合。正是思维将第一原理（大前提）与特殊概念（结论）和中词综合起来，才能把真理性注入结论，同时形成演绎。换言之，演绎是离不开综合的，是综合的形式和结果。

总之，笛卡尔肯定，只有直觉和演绎才是获得知识的可靠途径。其中，直觉的功用在于提供知识的最初原理，演绎的功用在于应用这些原理来引出知识的其他原理和命题。相对于培根的经验归纳法来说，笛卡尔的方法被称之为理性演绎法。这是他在知识途径问题上突出理性作用的重要表现。这种理性演绎乃是在概括当时逻辑学和数学成就基础上对经院哲学纯思辨的三段论式的演绎的改造。毕竟它强调前提必须经理性认定为确实可靠，结论也必须根据理性认定为确实可靠；而经院哲学家们却根本不是以理性而是以盲目信仰的教条、权威为最终根据的。但是，笛卡尔在合理地断定直觉和演绎是获得真理性知识的"可靠的途径"时却宣称，"在我们的天赋能力方面，任何别的能力都不应该被接受。所有其他的途径都应当看作是危险的，容易发生错误的"。① 这就表明，他从总体上漠视了对经验归纳法的应用，具有重演绎、轻归纳的片面性和局限。

二、用理性来说明演绎推理的前提——天赋观念

笛卡尔是近代最早提倡天赋观念的哲学家之一。在他的认识理论中，天赋观念学说占有重要的地位。笛卡尔曾强调通过理性的直觉和演绎来获得真理性知识，而漠视对经验归纳法的应用。这个问题又可被归结和引申为作为演绎推理前提的直觉命题的来源问题，亦即它和感觉的关系问题。在这个问题上，他主张这些命题是天赋的。

---

① 《笛卡尔哲学著作集》第 1 卷，1911 年英文版，第 8 页。

笛卡尔对人心中的观念曾作过系统的考察。他把这些观念分为三类，即天赋的、外来的和凭幻想捏造的。他解释道，"我具有一种能力来设想我们一般地称为事物、真理或思想的东西，所以我觉得我的这种力量不是从别处得来的，只是来自我自己的本性；可是如果我现在听到某种声音、看见太阳、感觉到热的话，我直到现在为止都是断定这些感觉来自某些存在于我以外的东西的；最后，我觉得美人鱼、飞马以及其他这一类的怪物都是我的心灵的虚构和捏造"①。他在这里尚未把一切观念都看作天赋的，还承认有来自外界事物的观念；但他却把天赋观念看作最重要的，是永恒真理。笛卡尔的天赋观念，从内涵方面说，并非指一些早已具备的既成观念，而是指与生俱有的一种禀赋的倾向或思想形式。犹如说一婴孩的肾结石病是天生的，并非指它在母胎里已有此病，而是指他生来有患此病的结构或倾向。从外延方面说，乃是指几何学公理、逻辑规律、自我观念和上帝观念等。在他看来，惟有这些最简单的、自明的天赋观念，才能作为我们理性的演绎推理的前提，使我们从中推论出真理性的知识来。笛卡尔的"形而上学"体系可以说也就是在自我、上帝等观念的基础上建立起来的。

那么，笛卡尔是怎样论证上述观念的天赋性质的呢？笛卡尔崇尚自然科学，自然重视具有普遍性和必然性的观念。但他认为几何学公理、逻辑规律、自我和上帝等观念都具有普遍性和必然性，因而不可能通过感官得来。如前所述，笛卡尔曾确认感觉是可疑的、骗人的，如说过，一座方塔远看却是圆的，天上的太阳仰望却是很小的等等；还以蜂蜡为例，说明凭感觉不能认识蜂蜡经火烤后在性质上的变化。他不懂得感觉的相对性，从而就否认了感觉的可靠性。他还指出，即使感觉不都是虚假的，它也只是一个一个的知觉，是个别的、片面的。而从虚假的或片面的感觉中怎能得出普遍的和必然的东西来呢？这样，当笛卡尔一旦确信感觉的报导往往是错误的片面的，普遍性和必然性的观念不能源自感觉时，他就认

---

① 《西方哲学原著选读》（上卷），商务印书馆 1981 年版，第 374 页。

为，这种观念就只能是天赋的即与生俱有的。当然，人们并不是一生下来就知道自己所具有的天赋观念的，而一定要用理性思考一番，经分析、归纳和直觉，概括出纯粹的简单的本质，才能发现它们的存在。

笛卡尔的天赋观念学说是不可一概否定的；它的被提出显示了感觉的局限性。本来，通过感觉是不能直接获得关于事物的普遍性和必然性知识的，必须运用理性才能达到这一步；这一方面，后来也为洛克所注重。但是，笛卡尔确认有所谓天赋观念毕竟表明，他把理性和感性对立起来，使这种观念成为无本之木、无源之水，并最终成为脱离现实的纯粹观念；同时，也使以这种观念为前提的整个推理过程及其结论具有思辨的性质。正是基于这种状况，笛卡尔的这个学说一出现便遭到了法国本土的伽桑狄和英国霍布斯的诘难和反驳，而后又遭到了洛克白板学说的激烈对抗。

笛卡尔之确定天赋观念的存在是与他推崇数学，又不能正确地看待数学相联系的。他为数学的高度抽象性所迷惑，把它的各种公理单纯地视为理性的产物，而不懂得数学的对象乃是现实世界的空间形式和数量关系，形和数的概念归根结底乃是从现实世界中得来的。诚然，就有理性的个人来说，数学公理等是历史地形成的，人们可以直接地加以运用而无需再经过个人的感性经验，似乎存在着天赋观念。但就整个人类认识而言，任何概念（包括数学公理）都是起源于对外物的感觉的。笛卡尔的失足之处正在于混淆了个人的认识来源和人类的认识来源。他只看到人的认识能力和活动的个体性方面，而忽视了人的认识能力和活动的整体性方面，自然就会把本来是在感觉经验基础上历史地形成的概念看作脱离感觉经验的天赋观念了。这是他的认识理论唯理论性质的主要表现。

三、用理性来说明判定认识真理性的标准——观念的清楚和明白

笛卡尔在谈论理性的直觉和演绎时曾多次指出，"决不把任何我没有明确地认识其为真的东西当作真的加以接受，也就是说，小心避免仓猝的判断和偏见，只把那些十分清楚明白地呈现在我的心智之前，使我根本无法怀疑的东西放进我的判断之中"①。他在这里再次用理性说明问题，把观念的清楚和明白作为判定认识真理性的标准，强调这是使我们的理性演绎活动能够得以正确地进行和建立真理性知识体系的重要因素。在笛卡尔看来，在整个理性思维活动中，由直觉所提供的"第一原理"应当是关于"纯粹的简单的本质"的清楚和明白的观念，如"我思想，所以我存在"。这是为建立真理性知识体系提供确实性保证的第一步。其次，在整个理性思维活动中由演绎推理所提供的每一步推论和命题同样应当是清楚和明白的，惟有这样，第一原理的真理性才能一步步地传递下来。再次，当前提可靠，推理严密，从中得出的结论也就必定是确实的，而证实和标志结论的确实性的又必须是观念的清楚和明白。简言之，他认为，理性思维活动的每一环节都应当是清楚和明白的；只有这样，才能保证整个知识系统的真理性。

笛卡尔断定，"凡是我们十分明白、十分清楚地设想到的东西，都是真的"②。在这里，所谓清楚的，他是指不暗昧，就如一个对象以充分的力量刺激眼睛，而眼睛在其观察的位置上又适应在心中所清楚地呈现出的观念那样。所谓明白的，他是指不混杂，即如一个对象同其他对象界限分明地呈现于心中时所明白地呈现出的观念那样。这就是说，在笛卡尔那里，判定认识真理性的标准是观念的清楚和明白；而判定观念是否具有清楚和明白特性的承担者乃是人的理性本身，观念的清楚和明白原就是人们的理性在认识对象时的一种意识状态。

笛卡尔把观念的清楚和明白作为真理标准，与他认为清楚明白的才符合客观实际即是真的观点有关。按照他的看法，通过感官获得的观念是可疑的，该观念就可能有假即不代表心外的客体，如关于日月星辰的观念。从头脑里幻想捏造出来的观念，如狮头羊身怪物，必定虚假即不符合实际。而清楚明白的天赋观念，如我思想，所以我存在，等量加等量其和相等，便一定是真的即符合实际的，

---

① 《十六——十八世纪西欧各国哲学》，商务印书馆 1975 年版，第 144 页。
② 《十六——十八世纪西欧各国哲学》，商务印书馆 1975 年版，第 148 页。

因为其反面不可设想。而既然清楚明白的必定是符合实际的，那就可把它当作衡量一切知识的标准，即凡清楚明白的就是真理，否则就是谬误。笛卡尔在这里很注重知识的真理性。这是他作为科学家对人们的理性思维信任的表现和自然的要求，理性思维无疑是要求主观性的思维保持其内容的客观真理性的。

如所周知，17 世纪以机械运动为中心的自然科学的发展和为此服务的解析几何的创立，使人们可能在关于对象的认识上达到完美的精确性。这些科学要求把一切分割成尽可能小的部分，对其一一加以细察，直到一目了然、清楚明白为止，而坚决反对一切模糊和笼统的臆断。笛卡尔关于真理标准的观点是从新科学那里来的，这正是他对抗经院哲学的表现。经院哲学以神学教条或权威论断作为判定认识真理性的标准，而他则强调"科学是清楚而明白的认识"①。这种用理性的标准来对抗和代替神学和权威的标准的观点，在认识论中显然具有革新的意义，它在经院哲学占统治的文化气氛中为科学的发展开拓了道路。此外，笛卡尔关于真理标准的观点，还是对自文艺复兴以来流行的以蒙田为代表的怀疑主义思潮的否定。在他看来，怀疑主义在当时作为经院哲学的对立面出现，是经院哲学家们围绕宗教教义而争论不休的必然归宿；但它终究否定理性的确定性，是对理性本身的不信任和对科学精神的背离。因此，我们应当"拒绝一切或然性知识，建立起一个规则——只相信那些完全被认识了的和无可怀疑的知识"②。

不过，笛卡尔谈论真理标准问题仍停留在思辨范围内。他用理性本身来说明判定认识真理性的标准，忽视理性思维对外界客体的依赖性，不懂得应把概念和它所反映的对象相对照即实践的认识论意义，排斥了真理标准的客观基础；显然这是一种主观主义的真理标准观点。这种观点是不可能与经院哲学真正地划清界线的。如马克思所说，"人的思维是否具有客观的真理性，这并不是一个理论的问题，而是一个实践的问题……关于离开实践的思维是否具有现

---

① 《笛卡尔哲学著作集》第 1 卷，1911 年英文版，第 3 页。
② 《笛卡尔哲学著作集》第 1 卷，1911 年英文版，第 3 页。

实性的争论，是一个纯粹经院哲学的问题"①。例如，我们看到，笛卡尔出于坚持二元论，并不否认我们在使用天赋观念进行判断和推理时会和外部事物不协调。他在解释谬误的发生时还认为，既然理性本身被认作真正的认识能力，它就不可能是谬误的原因，那必定是"恶魔"使我们产生看来是清楚明白的谬误观念；或者在我们下判断时"自由意志"进入认识过程，使我们把愿望当作真理而走向了谬误。正是这两个方面的原因，使笛卡尔作出结论：单凭理性即观念的清楚和明白还不能保证科学认识的真实性；清楚和明白的科学认识的真理性必须由上帝的存在来保证。因为上帝是全知、全能和全善的，它赋予我们以"理智的自然之光"，这种能力就可保证这类清楚和明白的观念的真实性。换言之，"神的真实性是我们明白洞察的东西与外界实在之间的绝对纽带"②。笛卡尔的这个结论乃是他在真理标准问题上与经院哲学相妥协的明显表现；这与他在本体论上关于上帝是最高实体的观点也是相联系的。

以上所述，即是笛卡尔唯理论的认识理论和方法的基本观点。这些观点贯串在他的"形而上学"、物理学中，也贯串在他的关于社会生活的学说中。例如，他在伦理学上认为，善和恶的差别与真理和谬误的差别是一回事；理性是道德的基本原则，道德生活的目的就是用理性来克服情欲，达到明晰的自觉等。换言之，笛卡尔的整个哲学体系都是运用唯理论的观点和方法建立起来的。

笛卡尔认识理论和方法的出现，表明了他企图克服培根经验论的片面性。培根强调普遍性和必然性的知识没有不是先存在于个别性和偶然性的知觉中；因此他主张通过归纳法，把普遍的和必然的东西从特殊的和偶然的东西里找出来。实际上他抹煞了理性和感性的区别，夸大了感性在认识中的作用。而笛卡尔则提出天赋观念等学说，强调具有普遍性和必然性的科学认识不是来源于感性认识，而只能由理性所提供。他为肯定和获得普遍性和必然性的科学认识而推崇理性，提出了培根的认识理论和方法所忽视的方面，令人注

---

① 《马克思恩格斯选集》第 1 卷，人民出版社 1972 年版，第 16 页。
② 黑格尔：《哲学史讲演录》第 4 卷，商务印书馆 1978 年版，第 82 页。

目。但整个说来，笛卡尔所坚持的唯理论在谈论认识时，并未说认识必须有客体，而是强调认识先有主体。"我们认识思维要比认识任何有形体的东西更在先，更确定。"① 它确认有天赋观念，主张一切从天赋观念出发，就表明，它所谓的理性思维乃是脱离了对外物的感觉，与外物相割裂的纯思维。同时，笛卡尔的唯理论从思维方式上讲，虽注重理性在认识中的作用，却否定了理性对感性的依赖关系。它和培根的经验论一样，把理性和感性对立起来，不懂得两者的辩证关系；只是这属于另一片面性即唯理论的片面性而已。此外，笛卡尔曾说，"把我所考察的每一个难题，都尽可能地分成细小的部分，直到可以而且适于加以圆满解决的程度为止"②；并把这看作心灵在直觉和演绎时必须遵守的规则之一。实际上这乃是对分析的机械论看法，这在当时虽是先进的，却是不科学的，毕竟全体不只是各部分的机械的总和。笛卡尔认识理论和方法的性质和局限是显然的。

第五节　笛卡尔哲学的两重性和历史地位

在 17 世纪西欧大陆所出现的笛卡尔哲学是古典的二元论。这种哲学在物理学范围内持机械唯物主义观点，在认识论范围内持唯心主义唯理论观点。整个说来，我们看到，笛卡尔哲学具有突出的内在矛盾。笛卡尔的"形而上学"从我思出发，虽未从中引申出外部世界的存在，而只是引申出心灵实体自身的存在，心灵和外部世界是二元对峙的；但为了证明外部世界的存在，它却求助于全能的上帝，上帝的存在决定着外部世界的存在。就这个意义上说，它归根结底是客观唯心主义的。但它又把"形而上学"和物理学分开，在物理学范围内始终坚持唯物主义观点。在身心关系问题上，它一方面否认两者之间有因果联系；另一方面又持身心交感论，承认两者有因果联系。除此以外，笛卡尔哲学一方面固执着形而上学

---

① 黑格尔：《哲学史讲演录》第 4 卷，商务印书馆 1978 年版，第 71 页。

② 《十六——十八世纪西欧各国哲学》，商务印书馆 1975 年版，第 144 页。

和机械论的观点；另一方面又有丰富的辩证法思想，是近代卓越的辩证法代表。一方面，在经院哲学占统治地位的条件下竭力捍卫理性的主权，推崇人的理性在认识中的作用，具有反经院哲学的性质；另一方面又强调科学认识的真理性最终要靠上帝来保证，具有向经院哲学妥协的倾向。笛卡尔哲学的这些突出的内在矛盾，从整个社会历史和文化背景来看，可以说是当时法国资产阶级和封建贵族在各个方面尚处在势均力敌的局面这种客观形势的反映。尤其是，在当时，自然科学获得了相当的发展，它强烈地影响着笛卡尔，使他在许多方面都站在当时科学知识所达到的水平上，受到它的推动；但天主教会在意识形态领域里势力还相当强大，笛卡尔又始终没有摆脱拉·弗来施学校传授给他的经院哲学的束缚。从理论上说，笛卡尔哲学的这些内在矛盾归根结底则都与他的心灵和物质的二元对峙的观点有关。这也是笛卡尔哲学的两重性与其他哲学的两重性在形式上相区别之处。

在近代哲学史上，笛卡尔哲学具有重要的地位。笛卡尔是著名的科学家和哲学家，然而他的最大成就不在于科学、数学，而在于哲学。笛卡尔在政治上一生谨小慎微，曾宣称"只求克服自己，不求克服命运，只求改变自己的欲望，不求改变世界的秩序"①；但是他在崇尚自然科学，致力于哲学复兴事业方面是很勇敢的。笛卡尔哲学的出发点和灵魂是理性。他从理性出发确立了他的心灵和物质二元对峙的实体学说；这是近代哲学上典型的二元论形态。他突出了理性在认识中的作用，确立了他的唯理论的认识理论和方法，并贯串于他的整个哲学体系之中。可以说，他是近代第一个通过推崇理性思维的方式，使自己的哲学系统化为一个包罗万象的知识体系，反对宗教神学和经院哲学，表达欧洲新兴资产阶级要求科学自由和按照理性原则组织社会生活的时代意向的哲学家。黑格尔曾指出，新世界的哲学"是从笛卡尔开始的"。这是一种独立的哲学。这种哲学是独立地从理性而来的，自我意识是真理的主要环节；它坚持内在性本身，抛弃僵死的外在性和权威，使哲学转入了

---

① 《十六——十八世纪西欧各国哲学》，商务印书馆 1975 年版，第 146 页。

主观性和确定性领域。从笛卡尔开始，哲学的出发点成了人类理性本身①。从这个意义上我们说，笛卡尔和培根一样，注重思维方式的转变；又从不同于培根的方向，引起了近代哲学的革命，给当时的哲学带来了新思潮、新精神和新动力，是近代哲学的又一奠基人。当然，笛卡尔尚没有把人类理性推到绝对的地步。如前所述，他为寻找外部世界存在的根据和科学认识真理性的保证，结果找到的是非理性的东西——上帝。他甚至还承认有所谓通过宗教启示而确立的信仰，曾严格划分宗教和科学，认为通过理性获得知识，通过启示得到信仰，两者各有一定的领域。这说明，理性在它的启蒙时代尚是娇嫩的和软弱的，以至于它需要退回到信仰的温床上去寻求自己在冒险后的安宁。

笛卡尔哲学具有重要的历史影响。他的物理学和唯理论的观点在当时就遭到过本国和他寓居的荷兰天主教会的反对，被禁止在大学讲授，他的著作曾被教皇列为禁书，他本人曾被指责为"无神论者"。而他的"形而上学"则遭到了本国伽桑狄和英国霍布斯等人的诘难和批判。不过，笛卡尔哲学由于适应了 17 世纪欧洲新兴资产阶级的社会需要，在当时还是获得了广泛的传播，其影响遍及荷兰、法国、意大利、德国和英国，并形成了"笛卡尔学派"和"笛卡尔主义"。后来，因笛卡尔哲学突出的特有的两重性，笛卡尔学派渐渐地发生了分化，产生了一些新的哲学学说。一支，代表人物有克劳贝格（1622～1665），贝克尔（1634～1698），格林克斯（1625～1669）以及马勒伯朗士（1638～1715）等人，他们力图排除笛卡尔哲学中的唯物主义因素，把它发展为完全的宗教神学的唯心主义学说。另一支，代表人物有勒卢阿（1598～1679），拉美特利（1709～1751）以及卡巴尼斯（1757～1808）等人，他们以"人是机器"的观点继承和"完成了"笛卡尔哲学中的机械唯物主义。除了这些公认的笛卡尔学派的代表人物之外，荷兰的斯宾诺莎和德国的莱布尼茨也都是笛卡尔哲学的继承者。他们分别从不同的立场出发，企图解决笛卡尔二元论哲学的不可克服的矛盾。罗

①　黑格尔：《哲学史讲演录》第 4 卷，商务印书馆 1978 年版，第 59 页。

素曾说过，笛卡尔哲学的内在矛盾使它"富于丰硕的思想"，"自圆其说也许会让他仅仅成为一派新经院哲学的创始者，然而自相矛盾，倒把他造就成两个重要而背驰的哲学流派的源泉"①。总之，笛卡尔哲学的影响是深远的，就如亚里士多德哲学之对于中世纪哲学的推动一样。

---

① 罗素：《西方哲学史》（下卷），商务印书馆 1976 年版，第 92 页。

第六章 对培根唯物主义和经验论思想的系统化——霍布斯哲学

霍布斯生活在英国政治风云变幻的资产阶级革命高潮时期，是17 世纪英国杰出的哲学家和政治思想家。他在概括欧洲近代自然科学和数学成果、体现文艺复兴以来的人本主义精神的基础上，最早提出了机械唯物主义的原则，力图把培根的唯物主义和经验论思想系统化，反映了那个时期英国资产阶级和新贵族的利益和要求。恩格斯特别指出，"霍布斯是第一个近代唯物主义者（十八世纪意义上的）"①。

霍布斯小传

托马斯·霍布斯（1588～1679），出生于英国南部维特夏的维斯堡镇。父亲是乡村牧师，母亲系一自耕农家庭的女儿。早年因父亲弃家出走受伯父的抚育和培养长大。青年时期在牛津大学学习过古典语言和古希腊罗马哲学，特别是亚里士多德哲学；1608 年大学毕业获文学学士学位并留校讲授逻辑学。一年后受聘在卡文迪什男爵家当家庭教师，从此便侧身于显贵家族，在事业上获得了依靠和便利条件。

霍布斯在 1610～1637 年期间，曾三次陪同学生游历欧洲大陆各国，前后在国外生活了近 20 年。这是他一生中的重要时期。在这期间，他阅读到了许多科学和哲学著作。其中，欧几里得《几何学原

---

① 《马克思恩格斯选集》第 4 卷，人民出版社 1972 年版，第 485 页。

理》的几何学方法、伽利略《关于运动的对话》的机械运动原理以及笛卡尔的物质实体学说等对他尤有深刻的影响，致使后来其著作的论证方式几乎完全是几何学式的。他结识了许多学者名流，与麦尔塞纳、笛卡尔和伽桑狄都有交往，曾和伽桑狄一起共同诘难笛卡尔的《形而上学的沉思》，反对他的天赋观念学说；笛卡尔在该书出版时曾将霍布斯等的诘难连同自己所作的答辩一起作为附录付印。在 1621～1625 年，他还给培根当过秘书。后者于晚年受贬后退隐乡间从事著述活动，霍布斯经常同他一起散步，记录其思想言论，并协助他把某些著作翻译成拉丁文。此外，他还熟悉了科学界的新风气，深受其熏陶。这一切都推动他投身于哲学事业，并着手规划其哲学体系——论物体、论人和论国家；逻辑学是这一体系的先导。

1637 年底，霍布斯返回英国。英国国内国会和王党矛盾加剧的动乱形势，促使霍布斯把注意力集中于社会政治问题。早在 1628 年，霍布斯已把古希腊历史学家修昔底德的《伯罗奔尼撒战史》译成英文，企图通过历史上雅典民主制的命运来告诫国民，若坚持民主制，将会招致内战的悲剧。此时他写了《法律要旨》，试图证明国家权力不可分地属于统治者，国王应有绝对的权力。1640 年英国内战爆发前夕，霍布斯因害怕这本鼓吹君主专制的小册子会带来危险，便随同卡文迪什家族逃往法国避难。在法国他把该书的"论公民"部分加以扩充，认为教会和国家是同一躯体，国王是这躯体的头脑，并以《论公民》为题匿名发表于荷兰；后又以通俗读物的形式写了《利维坦》。《利维坦》以社会契约论来论证专制制度的合理性，与前书主旨相同，但比前书内容更丰富，论证更详尽；它在霍布斯于 1651 年结束流亡生活回到克伦威尔执政下的英国后很快在伦敦出版。霍布斯的学术声望主要来自这一著作（注："利维坦"原是《圣经》中提到的一种威力巨大的海兽，霍布斯以此象征国家）。总起来说，霍布斯的政治学说公开为君主专制主义辩护，乃是当时英国资产阶级和新贵族为抑制封建主义、开始和人民斗争而要求建立专制政权的理论表现。

在克伦威尔政权的庇护下，霍布斯在伦敦平静地从事其尚待完成的哲学体系的著述工作。他早就研究过物理学、光学、数学和生理学等，已具有相当的自然科学知识；很快于 1655 年完成和出版了《论物体》的著作。这是他经多年辛勤思考、系统地阐述其机械唯物主义自然观的结晶。这实际上是他整个哲学体系的基础。1658 年，他又正式发表了《论人》一书，从自然物体的运动原则出发来推演出对人的精神现象的解释以及人性的基本原则。至此，霍布斯便完成了他的哲学体系的构造工作，他把这一体系总称为《哲学原理》。还应指出，在此过程中，霍布斯在自由和必然关系问题上曾和布朗霍尔主教发生过激烈争论，并于 1656 年出版了《关于自由、必然和偶然》一书，主张严格的决定论观点。他和牛津大学的几何学教授瓦里斯也展开过争论，表明自己解决了古希腊时代流传下来的数学难题，即发现了怎样求作一正方形，使其面积与一已知圆的面积相等。此外，他还就物理学和空气的本质等问题同当时著名的科学家波义耳进行过辩论。

1660 年即克伦威尔死后两年，英国斯图亚特王朝复辟，查理二世即位。霍布斯在巴黎曾教过他数学，查理二世因而对他很尊重。如在卧室里悬挂他的画像，批准他每年有 100 英镑的养老金；霍布斯也发表了效忠王室的声明。尽管如此，霍布斯因其无神论思想还是受到了许多攻击和迫害。尤其是 1665 年英国大瘟疫和 1666 年伦敦大火之后，他的《利维坦》一书首当其冲地成为受攻击的目标。他写过一部论述英国内战史的著作《独希莫斯》，该书由于英国对他有出版禁令，也只得在荷兰出版。霍布斯在 1675 年还用英文翻译过荷马的《奥德赛》和《伊利亚特》等史诗；他在 1678 年发表的《生理学研究》是他一生最后的一部著作。他晚年的威望主要在国外。他在英国政治风云变幻时期，作为英国资产阶级和新贵族的哲学代言人，与长期依赖于显贵家族不无关系。1679 年冬，霍布斯随卡文迪什家迁居，经不起旅途颠簸，到家后卧床不起，不久即去世，时年 92 岁；死后葬在附近教堂的简朴的墓地里。

第一节　提出机械唯物主义自然观的基本模式

霍布斯是培根之后英国著名的哲学家。他的重要贡献在于最早提出了机械唯物主义自然观的基本模式。

霍布斯在他的著作中明确地阐述了关于哲学的规定和构成。霍布斯说，"'哲学'是关于结果或现象的知识，我们获得这种知识，是根据我们首先具有的对于结果或现象的原因或产生的知识，加以真实的推理。还有，哲学也是关于可能有的原因或产生的知识，这是由首先认识到它们的结果而得到的"①。这个"定义"表明了他对哲学的基本看法。

霍布斯把"物体"看作哲学研究的对象。哲学的对象，乃是每一个这样的物体：这种物体我们可以设想它有产生，或者可以加以组合与分解的。在他看来，哲学就是关于物体的科学。又，这里所说的物体是有产生、有特性的；因此他所讲的哲学就不是研究确定的事实，而是研究事物的因果联系的。"哲学的任务乃是从物体的产生求知物体的特性，或者从物体的特性求知物体的产生。所以，只要没有产生或特性，就没有哲学。"② 与此相联系，他也就认为，哲学是通过推理而获得的知识。它不是感觉和回忆，如我们看到了某件事物或回忆起发生过的某件事情；它们并没有把握事物的因果联系，不是真正的哲学知识。霍布斯还说："科学是关于推理的知识，也叫做哲学。"③这种说法实际上是把哲学视为一切合理知识的总汇。这表明，在 17世纪，各门科学尚未取得完全独立的地位，哲学家们对科学和哲学尚未作出完全明确的区分；霍布斯也没有例外。

总之，霍布斯强调，哲学是人们通过推理获得的关于物体的因果性知识的总汇。从这种观点出发，他进而说明了哲学的构成。他认为，物体主要有两类，彼此很不相同。一类是自然的产物，称为自然的物体；另一类是由人们的意志和契约造成的，称为人造物体，如国家。在这两者之间是"人"，人既是自然物体，又是人造物体国家的创造者和组成部分。相应地，他也就把哲学分为自然哲学和公民哲学两个部分。其中公民哲学包含：伦理学，它研究人们的气质和行为；政治学，它研究人们的公民责任，或直接称为公民哲学。这里，公民哲学是霍布斯最为注重、最感兴趣的部分；而自然哲学，其重要性乃

---

① 《西方哲学原著选读》（上卷），商务印书馆 1981 年版，第 382 页。
② 《西方哲学原著选读》（上卷），商务印书馆 1981 年版，第 385～386 页。
③ 霍布斯：《利维坦》，1929 年英文版，第 65 页。

在于它是霍布斯整个哲学的基础。霍布斯在《论物体》中阐述了这一部分，其中包括几何学、力学和物理学。它表达了霍布斯关于自然的观点。

霍布斯的自然哲学以自然物体为对象，涉及物体、偶性、运动和因果性等互相关联的基本范畴。

在霍布斯的自然哲学中"物体"是最核心的范畴，哲学的对象就是物体。霍布斯指出："物体的定义可以这样下：物体是不依赖于我们思想的东西，与空间的某个部分相合或具有同样的广延。"他还说过，物体的产生或特性"我们是能够认识的"①。霍布斯对物体范畴的这个规定，是西方哲学史上第一个从思维和存在的关系出发来确定的明确的、完整的物质概念。他在这里强调，物体是不依赖于我们的思想而"自己存在的东西"；物体"可以为感觉所知觉，并且为理性所了解"。这就明确地肯定了物体的客观实在性。他还指出，世界上存在的是以广延性为特征的个别的物体。没有什么物质实体，物质作为实体仅仅是我们的观念，是那些个别物体的抽象；也没有笛卡尔所谓的"心灵"实体，我们不能把思想同思想着的物质分开。而宇宙就是物体的总和，它是有形体的即有长宽高的度量的。"宇宙的每一部分，都是物体，不是物体的，就不是宇宙的一部分。"② 这虽然否认了物质一般的客观存在，具有唯名论的倾向，但终究肯定了世界的物质统一性。霍布斯对物体的这些叙述明显地表明了他的自然观的唯物主义性质。

为了深入地考察物体，霍布斯还提出了"偶性"范畴。什么是偶性？霍布斯说，"物体的偶性是存在于心灵之外的"，"一个偶性就是某个物体借以在我们心里造成它自身的概念的那种能力"③。这就是说，他认为，偶性是独立于认识主体的，为物体本身所具有的；偶性又不是作为物体的一部分包含于其中，而只是通过它我们才能感知物体的属性。物体和偶性的关系不是整体和部分的关系，乃是主体和属

① 《西方哲学原著选读》（上卷），商务印书馆 1981 年版，第 392、385 页。
② 霍布斯：《利维坦》，1929 年英文版，第 524 页。
③ 《西方哲学原著选读》（上卷），商务印书馆 1981 年版，第 392 页。

性的关系。霍布斯又把物体的偶性分为两类。一类是为一切物体所固有的，如广延或形状。在他看来，广延是物体的根本属性，和物体不可分离。所谓物体也就是"与空间的某个部分相合或具有同样的广延"。"没有广延或形状，物体是不能设想的。"① 他在这里否定了把空间当作单个事物的容器的看法，不承认有所谓虚空的存在；但他讲的广延仅指实在物体的大小，至于空间一般，他则认为是我们对事物的影像，它只存在于思维之中。另一类是只为某些物体所特有的，如静、动、颜色、硬等。在他看来，这类偶性是可以产生和消灭的，"把一个白的东西弄成黑的，其中的白就消灭了"。它们与广延不同，不为物体所固有，乃是实在物体的运动形式作用于我们感官的结果。"我们的感觉使我们觉得存在于世界上的任何偶性或性质，都并不在世界上，而只是外貌与显现。真实存在于我们以外的世界上的东西，是引起这些外貌的那些运动。"② 例如，"声音"即是空气的振动在大脑中的一种"显现"。换句话说，这类偶性本身并不客观存在。"光和颜色是感觉者的影像，所以不能是对象的偶性"③，仅是我们意识的产物。他在这里的观点实际上在当时科学界里是很流行的，后来为洛克所发挥，即所谓第一性的质和第二性的质的学说。霍布斯关于偶性的学说，把能直接用数学方法度量的广延、形状看作物体的根本属性，只从量的方面来考察物体，不懂得物体还有物理、化学、光学方面的特性；也还把物体看作似乎和色、声等偶性的变化毫不相干、自身永恒不变的空洞的东西。这一切乃是霍布斯自然观机械论性质的明显表征。

运动是物体的偶性之一。霍布斯又考察了"运动"范畴。霍布斯承认物体的运动，但他把运动不看作物体的根本属性，而只看作某些物体特有的偶性。实际上，在他看来，物体本身没有运动的能力，它不是能动的，而是僵死的。他把"动者恒动、静者恒静"的力学定律引入哲学，说"任何一件静止的东西，若不是在它以外有别的物体以

---

① 《西方哲学原著选读》（上卷），商务印书馆1981年版，第393页。
② 《十六——十八世纪西欧各国哲学》，商务印书馆1975年版，第93页。
③ 《十六——十八世纪西欧各国哲学》，商务印书馆1975年版，第91页。

运动力图进入它的位置使它不再处于静止，即将永远静止"①。这就是说，他认为，物体的运动都由外力造成，是"一个物体推动另一个物体"。例如，钟锤的运动引起空气的运动，空气的运动引起听觉器官的运动、神经的运动，后两者又引起大脑和心脏的运动。霍布斯用事物的运动来解释事物的差异和变化，说一般的事物"总共只有一个一般的原因，就是运动。一切形状的不同，都是由于造成这些形状的运动不同"，像"颜色、声音、滋味等的不同，除了运动以外，也没有别的原因"；"一切变化都在于运动"②。但是他所说的运动乃是机械的位置移动。"'运动'是不断地放弃一个位置，又取得另一个位置。"③ 在他看来，世界上的一切事物和现象都是受机械运动原理支配的，都可用机械运动的原理来解释。如人可看作一架像钟表那样的自动机，心脏是发条，神经和关节是游丝和齿轮；甚至意识现象也可用物质的粒子运动来解释。他强调，科学的任务就在于研究物体运动的形式：几何学研究物体本身的简单的运动；力学研究从一物体加于另一物体的外部作用所获得的运动；物理学研究物体内部的不可见的运动；伦理学研究人体内的物质运动；政治学研究人们之间利益的相向和相背的运动。而所有这些运动都属于机械运动。所以马克思指出，在霍布斯那里，物理运动成为机械运动或数学运动的牺牲品。这样的观点不能解释事物的多样性，缺少事物发展的观念，乃是霍布斯自然观机械论性质的又一表征。

霍布斯在研究物体的偶性时，还认为物体的偶性之间存在着"因果关系"。在他看来，科学知识就在于探讨这种因果关系即从原因到结果，从结果到原因的关系。如几何学在于从原因出发去探讨结果，物理学在于从结果出发去探讨原因。但是，霍布斯把物体的偶性之间的因果关系单纯地理解为动作者和被动者的关系。例如，用手烤火取暖。在手之外的火是动作者，是原因；被火烤暖了的手是被动者，暖是结果。这种对因果关系的理解，把结果看作单纯地由外部作用所造

---

① 《西方哲学原著选读》（上卷），商务印书馆 1981 年版，第 394 页。
② 《十六——十八世纪西欧各国哲学》，商务印书馆 1975 年版，第 68 页。
③ 《西方哲学原著选读》（上卷），商务印书馆 1981 年版，第 394 页。

成、完全是消极被动的东西，显然是机械的。霍布斯还说，"一切已经发生或将要发生的结果，都在其先行的事物中有其必然性"①，强调原因和结果之间的联系是必然的。即原因必有其结果，结果必有其原因；任何一个事物都处于因果必然的链条中，整个世界是原因和结果必然联系的锁链。他认为，世界上根本不存在任何摆脱必然性的所谓自由意志，自由不过是按照必然性而无阻碍的活动，与必然是并存的。如水向下流，既有其向下的自由，也有其向下的必然。世界上也根本没有什么偶然的东西，"人们通常把那些他们还不知道其必然的原因的东西叫做偶然的"②。如明天必然要下的雨，我们认为它是偶然下的，这是由于我们不了解它的原因。霍布斯不懂得必然和自由、必然和偶然都是对立的统一。他对自由和偶然的客观性和作用的否定表明，他的因果论乃是机械的决定论。这也是他的自然观的机械论性质的明显表征。

综上所述，可见，霍布斯的自然哲学乃是通过物体、偶性、运动和因果性等基本范畴所表达的。概括地说，霍布斯的自然哲学也就是以物体范畴为中心的关于物体的特性及其因果联系的知识体系。霍布斯认为，知识是通向力量的途径。有了上述这样的知识，我们就可以利用它来"为我们谋利益"。哲学的目的或目标就在于，我们"可以通过把一些物体应用到另一些物体上，在物质、力量和工业所许可的限度之内，产生出类似我们心中所设想的那些结果，来为人生谋福利"③。

霍布斯的自然哲学无疑是继承培根唯物主义传统的结果，但它又与之有明显的不同。如前所述，在霍布斯那里，作为哲学对象的物体是可以分解和组合的，广延是它的惟一的根本属性；物体的运动被视为一个物体推动另一个物体，是不断地放弃一个位置，又取得另一个位置；在因果关系问题上持明确的机械决定论观点，完全否定自由和偶然性。这一切表明，霍布斯的自然哲学乃是一种机械唯物主义。这

---

① 卡尔金斯编：《霍布斯的形而上学体系》，1913 年英文版，第 72 页。
② 卡尔金斯编：《霍布斯的形而上学体系》，1913 年英文版，第 79 页。
③ 《十六——十八世纪西欧各国哲学》，商务印书馆 1975 年版，第 63 页。

也就是说，霍布斯把培根唯物主义哲学中所具有的"全面发展的萌芽"，如事物具有质的多样性，运动是事物固有的特性等等观点都抛弃了。他发挥了培根哲学中的形而上学性，使"感性失去了它的鲜明的色彩而变成了几何学家的抽象的感性"；甚至使人的一切情欲都变成机械运动。在他那里，唯物主义变得片面了；也变得敌视人了。当然，这并非是培根哲学的完全"倒退"。由于在 17 世纪，几何学和力学取得了辉煌成就，促使当时许多哲学家力图用数学、力学的观点去解释世界。霍布斯是这方面的典型代表。他持机械唯物主义观点是有其历史理由的。"在自然科学的历史发展中最先发展起来的是关于简单的位置移动的理论"，"一切运动都是和某种位置移动相联系的……所以首先必须研究位置移动"①。换言之，霍布斯的机械唯物主义观点乃是人类科学地认识运动形式的必经的最初阶段在哲学上的表现。没有这一步，人类的哲学认识就不可能前进。

霍布斯的机械唯物主义自然观显然不像培根的唯物主义那样尚比较朴素、缺乏论证，它力图把培根的唯物主义思想"系统化"。我们看到，霍布斯在自然哲学中提出了物体、偶性、运动和因果性等基本范畴，并赋予它们以确定的含义。这些范畴互相关联，其中物体范畴占有核心地位。他正是用这样一些范畴来织造和表达他的自然哲学的。这些基本范畴的确立，为他把培根唯物主义系统化提供了条件。甚至他的包括自然哲学、伦理学和政治学在内的整个哲学体系也都是以物体范畴为核心的。霍布斯在自然哲学中又很推崇几何学，把几何学看作主要的科学。几何学的方法也被宣布为科学的主要方法。这种方法要求把物体分解为组成因素，再用这些组成因素构成一个复杂物体，并确定它是否与原来的物体相符合。他力图把这个方法运用于一切知识。他的自然哲学甚至整个哲学也就是运用几何学方法改造培根哲学而形成的。综合地看，上述基本范畴的确立和几何学方法的运用，乃是霍布斯自然哲学之区别于培根唯物主义而力图成为体系的标志。

霍布斯的自然哲学还以其机械唯物主义消灭了培根唯物主义中的

---

① 《马克思恩格斯选集》第 3 卷，人民出版社 1972 年版，第 491～492 页。

有神论的偏见。如前所说，霍布斯认为，哲学是关于物体的科学；哲学的任务乃是从物体的产生求知物体的特性或者从物体的特性求知物体的产生。据此，他断言"哲学排除神学"①。在他看来，整个世界是物体的总和，物体或实体在本性上是有广延、有产生的，凡无广延无产生的都是幻想之物。这样，上帝、天使、灵魂这类独立的精神实体就决非科学的对象。因为上帝是没有形体的，根本不存在关于上帝存在的有效论证，所谓"无形体的实体"如同"圆的方"一样实是自相矛盾的；上帝是永恒的，不能产生的，也就是根本不可思议的。因此他反对培根的两重真理说，要求废除神学。霍布斯关于"哲学排除神学"的论断从理论上表明了霍布斯哲学的无神论性质，乃是对经院哲学的挑战和否定，也是较培根唯物主义的优越之处。就当时来说，他的无神论思想比较鲜明、突出，以至于在 17 世纪的英国，凡不信仰宗教的人都被称为"霍布斯主义者"。当然，在实践上霍布斯并没有同宗教神学彻底决裂。他把唯物主义无神论仅作为贵族的、秘传的学说；对于人民群众来说，他则主张保留宗教和宗教信条，因为宗教作为"社会马勒"可起一种约束的作用。即使在理论上，霍布斯由于持机械唯物主义观点，无法回答运动本身是如何产生的，有时也有关于上帝是运动的始因的言论。例如他说，人们在观察事物时总会探讨该事物的直接原因以及这一原因的原因。这样探讨下去，"最终必然得出一个结论：存在着第一推动者，也即万物的原初的、亘古长存的原因。而这正是人们所理解的上帝"②。不过，整个说来，霍布斯的自然哲学可看作 17 世纪在基督教神学和经院哲学统治下的无神论的基本形式，它反映了英国资产阶级和新贵族的两重特性。

总起来说，霍布斯的自然哲学乃是对培根唯物主义的发展。这突出地表现在它力图把培根的唯物主义思想系统化上。霍布斯是以机械唯物主义来实现这种系统化的；可以说他提出了近代机械唯物主义的基本模式。这也是霍布斯在哲学研究上受笛卡尔物理学的影响，继承其机械唯物主义观点而作出的最重要的成果。他以此为英国经验论哲

① 《西方哲学原著选读》（上卷），商务印书馆 1981 年版，第 386 页。
② 巴克拉捷：《近代哲学史》，上海译文出版社 1983 年版，第 119 页。

学奠定了本体论的基础，从而在英国经验论发展的创立阶段中和培根的地位并列。

第二节　对培根唯物主义经验论思想的系统说明

在认识论方面，霍布斯没有专门的著作。但他在《利维坦》、《论物体》和《论人》中却有专门的章节论述了知识的起源，感觉经验的特点以及概念、推理和真理等问题。这些论述彼此间有着内在的逻辑联系，形成了他的具有自己特点的认识论思想，表现出了他对培根提出的唯物主义经验论思想力图作出系统的说明。

首先，霍布斯坚持和重申了培根在知识起源问题上的唯物主义经验论原则。我们看到，霍布斯在《利维坦》中把客观存在的物体及其偶性看作认识对象，曾说人们的每一观念"是我们外面的物体的某种性质或其他偶性的表象或形象，这物体通常称作对象"。在此前提下，他指出，"如果现象是我们借以认识一切别的事物的原则，我们就必须承认感觉是我们借以认识这些原则的原则，承认我们所有的一切知识都是从感觉获得的"①。因而"全部思想的发源，就是我们所称的感觉"②。那么什么是感觉经验呢？霍布斯吸取了当时自然科学的成果，对感觉经验作了解释，认为感觉经验主要由"感觉"，"影像"，"记忆"，"影像的连接"和"经验"等诸相互关联的环节构成。在他看来，"一切观念最初都来自事物本身的作用，观念就是事物的观念。当作用出现时，它所产生的观念也叫感觉"③。或者说，外物的作用，通过感官和神经传到头脑和心，在那里引起一个反作用，这就是感觉。他指出，"影像仅仅是由于对象的离开而衰弱或减弱了的感觉"；"影像是过去的感觉的保留，影像也是记忆"④，因为不同的考虑而具有不同的名称；在心灵中，影像又是连接的，通过记忆，人们可以由

---

① 《西方哲学原著选读》（上卷），商务印书馆1981年版，第395页。
② 霍布斯：《利维坦》，1929年英文版，第11页。
③ 《十六——十八世纪西欧各国哲学》，商务印书馆1975年版，第92页。
④ 莫勒思沃斯编：《霍布斯英文著作》第1卷，1839年版，第396页。

一个影像联想到另一个影像，特别是，由物体的因果关系在感觉中引起的原因和结果的观念（影像）可以相互连接。他还指出，大量的记忆或关于许多东西的记忆被称为经验，经验实质上是对感觉影像的记忆和对影像的连接的回忆。

霍布斯在关于感觉经验的解释中把外物和感觉的关系看作机械运动中的作用和反作用的关系，认为外物的运动给感官以某种压力，感官产生某种抗力，这就发生了感觉。如以压力打击眼睛产生光的感觉，以压力施于耳朵产生声的感觉。感觉只是由感官对外物施加的压力所产生的抗力而引起的心理状态。这说明，他对于感觉形成的理解具有明显的机械性质。不仅如此，他认为，感觉和感觉对象的关系同时是反映和被反映的关系。他明确地指出"我们通过种种器官，对于对象的种种性质得到种种观念"，肯定感觉向我们报导了感觉对象的种种性质。例如，通过视觉，我们得到由颜色与形状组成的观念或影像，这是对象通过眼睛给予我们的关于它的本性的全部知识。通过听觉，我们得到所谓声音的观念，这是我们从耳朵得来的关于对象的性质的全部知识。而其余的感觉也是对于它们的对象的种种性质的观念①。霍布斯在感觉问题上是唯物主义的反映论者。

不过，在霍布斯那里，感觉和感觉对象之间的这种反映关系尚有两种情况。如关于形状的感觉，他认为，它们向我们报导了事物的性质。它们所报导的事物的性质是事物固有的，存在于事物里面。就这个意义上说，感觉和感觉对象的关系乃是一种"相符合"、一致的关系，如颜色、声音等感觉，他接受了伽利略的观点，认为它们向我们报导了事物的性质。但它们所报导的事物的性质并"不是对象固有的，而是对象的某种运动作用于感官的结果"②。当我直接去看时，颜色好像存在于对象中；当我根据反射来看时，颜色并不在对象中③。就这个意义上说，它们和对象的关系就不是相符合、一致的关系，而乃是"相对应"的关系。霍布斯在这里看到了感觉的主观性方面，看

---

① 　参看《十六——十八世纪西欧各国哲学》，商务印书馆1975年版，第92页。
② 　卡尔金斯编：《霍布斯的形而上学体系》，1913年英文版，第161页。
③ 　《十六——十八世纪西欧各国哲学》，商务印书馆1975年版，第93页。

到了感觉这种认识形式和客观事物的属性这种认识内容之间的差异性，并非持那种把反映仅仅理解为感觉这种主体的认识形式和感觉对象的性质在原型上机械地一致的观点，这在认识史上是令人注目的。当然，他不懂得事物的运动与这类感觉之间的具体的关系，有时也认为声音、颜色等感觉是由于外物的运动作用于我们的耳目等感官的压力而产生的"原始幻影"，仅仅是一种我们认识物体的性质的方式，是一种纯粹主观的心理状态。但整个说来，他还是坚持感觉是外物本性的反映的观点，确认感觉的可靠性的。而知识即起源于这种对外物的感觉。在霍布斯看来，没有对外物的感觉就没有对外物的认识，在理智中存在的东西都早已包含在感觉中。

在霍布斯从事哲学活动时，笛卡尔已表达了他的天赋观念学说，在欧洲学术界有广泛的影响。笛卡尔宣传，人心中存在的某些观念如自我、几何学原理、逻辑思维规律和上帝等，不是从感觉经验中获得的，而是"与生俱有"的天赋观念。霍布斯从坚持上述唯物主义经验论原则出发，对笛卡尔的天赋观念学说进行了反驳，认为"任何观念都不是天赋的"，都来自对外物的感觉。他具体地指出，没有什么天赋的自我观念，人们是在看到了自己的身体之后才形成自我观念的。没有什么天赋的三角形观念，"心里面的三角形来自我们见到过的三角形"。他尤其指出，人们心中的所谓全智全能的上帝观念也仅仅是人们由于对自然现象的无知和恐惧而凭借信念和推理所获得的；如果上帝的观念真是天赋的，那么它对于任何人都应该是无可怀疑的，然而事实上人们关于上帝的争论是最多的。总之，在他看来，笛卡尔的天赋观念学说是荒谬的，是对经院哲学的让步。霍布斯对笛卡尔天赋观念学说的反驳是他坚持唯物主义经验论原则的必然结果，也是他从反面阐发唯物主义经验论原则的表现。

从上所述，可见，霍布斯在认识论上坚持和重申了培根的唯物主义经验论原则。然而这不是简单的坚持和重申；两者处在同一阶段上却又有区别。他对唯物主义经验论原则本身的论述比培根更为鲜明，且较为系统；它预示了洛克白板学说的产生。这与他重视当时的自然科学成就和受伽利略的影响有关。不过，他没有详尽地论证培根关于知识和观念起源于感性世界的基本原则，这个任务后来是由洛克所实现的。

其次，霍布斯关于理性认识的观点具有唯理论的因素。霍布斯的认识论是以知识起源于对外物的感觉的原则为基础的。按照霍布斯的看法，真正的科学、哲学知识应是从原因求得结果或从结果求得原因的知识。那么，单凭感觉能否向我们提供这样的知识呢？

霍布斯在确认知识起源于对外物的感觉的原则时，考察了感觉经验的特点，指出感觉经验只能把握有限的东西，说明"是什么"，只是对个别事物本身的认识；它不能把握无限的东西，告诉我们"为什么"，从它之中得不出普遍的必然的结论。换句话说，他认为，知识的经验来源本身并不能保证知识的获得，感觉经验不能直接向我们提供真正的科学知识。霍布斯说，"知识的开端乃是感觉和想象中的影像；这种影像的存在，我们凭本能就知道得很清楚。但是认识它们为什么存在，或者根据什么原因而产生，却是推理的工作"①。在他看来，真正的科学知识是通过理智本身借助于推理而获得的，只有这样获得的知识才具有普遍的必然的性质。霍布斯在这里，从感觉经验的局限性出发，引出了理性认识的问题。他对唯物主义经验论原则的说明，是与他关于理性认识的观点联系在一起的。

霍布斯关于理性认识的观点集中地表现在他关于名称、推理和真理的学说上。（一）关于"名称"的学说。霍布斯认为，感觉能力是人的本能，是人和动物共有的，理性思维则是人特有的，它随着语词概念的应用而发展起来。语词名称概念是人的理性思维的工具，是人们进行推理的前提。人们通过它，把它作为"记号"，可在自己的头脑中记忆观念；把它作为"标志"，可与别人交流思想。基于这种理解，他在自己的著作中在论述三段论和命题之前论述了名称问题。

霍布斯是英国唯名论传统的继承者。在他那里，概念不过是名称。马克思曾指出，"霍布斯根据培根的观点论断说，如果我们的感觉是我们的一切知识的泉源，那末观念、思想、意念等等，就不外乎是多少摆脱了感性形式的实体世界的幻影。科学只能给这些幻影冠以

---

① 《十六——十八世纪西欧各国哲学》，商务印书馆 1975 年版，第 66 页。

名称。同一个名称可以适用于许多幻影。甚至还可以有名称的名称"①。

我们看到,霍布斯曾从各个角度研究和划分了名称。他把名称主要分为两类,并从名称同观念、同客观事物的关系中来考察名称的性质。一类是个别的名称,即"单对一个事物的名称",如荷马、彼得、约翰等。霍布斯认为,个别名称是我们对某一确定的事物的观念(感觉、影像)的符号。它不直接是事物自身的符号;它可以把"一个事物带到心灵中",世界上也存在着与这类名称相对应的个别事物,所以它是对客观事物的"反映"。值得注意的是另一类普遍的名称,即对许多事物的共同的名称,如人、马、树等。霍布斯认为,普遍名称仅涉及到关于个别事物的幻象或影像的名称,乃是一些同类的个别名称的名称即"名称的名称",其中按照普遍性的程度不同,还可分为属概念(如动物)和种概念(如人)。它们不是观念的符号,心灵中没有什么普遍的观念与之相应;它们同客观事物并无本质的联系,世界上不存在与这类名称相对应的客观的普遍的东西。他曾说,"世界上并没有共相,而只有名称,因为被命名的事物,每一个都是个别的和单独的"②;"普遍性仅仅归因于语词和名称,而不是事物"。他在这里显然否认了概念的客观性,认为:一般概念并不是对存在于同一类个别事物中的共性的反映,而只是用语词表达的"事物本身的名称",只是单纯地帮助人们记忆和交流思想的记号。例如,"物质",在他那里就"既不是和别的物质不同的任何物体,也不是它们中的一种物体",而"仅仅是一个名称"③。他甚至说过,"原始的物质是虚无"。当然,对他来说,这并非是"无用的名称";"它们是一些记号,用来帮助我们记忆,用来把我们自己的发明给自己记录下来"。如一个人考察了一些三角形,发现了这些三角形内角之和等于两直角。但这只是关于这些三角形的内角之和的知识。现在若有了"三角形"这样的普遍名称,并把它作为"认识的记号"用于思维、推理,他在遇

---

①《马克思恩格斯全集》第2卷,人民出版社1957年版,第164页。

② 霍布斯:《利维坦》,1929年英文版,第26页。

③ 莫勒思沃斯编:《霍布斯英文著作》第1卷,1839年版,第118页。

到又一个三角形时就可以不必再重新计算和思考三角形内角之和等于多少了。因为"每一个普遍名称都指示着我们对于无限个别事物的了解"①。

上述霍布斯关于普遍名称的概念的性质的理解，无疑是唯名论的。他还说过，"普遍的名称，因为许多事物在质和别的偶性方面的相似而被加于许多事物"，多少承认普遍名称同客观事物有某种联系。但这仅说明他的唯名论是受到阿伯拉尔、奥康的温和唯名论影响的结果。他终究不懂得，个别中包含有一般，一般寓于个别之中；承认个别事物的客观实在性，也就必定要承认一般或共相的客观实在性。在他看来，人类的全部知识都是由感官提供的。但是，如果一方面认为一切观念都起源于感性世界，另一方面又认为除了通过我们的感官而为我们所知道的存在物，即全都是个别的存在物之外，还有某种普遍的，非个别的存在物，"那就矛盾了"②。他否认共相或一般的客观实在性，也就导致他把概念仅仅看作名称，作出否认普遍概念的客观性的结论，开始背离了他的唯物主义的反映论。而他关于推理的学说也就是建立在这样的名称学说的基础上的。

（二）霍布斯十分重视对推理的研究。他的"推理"学说把进行推理看作对感觉材料作理性加工获得科学知识的惟一途径，集中地表达了他的关于理性思维的观点。就霍布斯的整个认识论来说，若知识起源于对外物的感觉的经验论原则是其基础部分，他的推理学说便是其核心部分。

霍布斯对于推理的理解是很特殊的，曾说"我所谓'推理'是指计算。计算或者是把要加到一起的许多东西聚成总数，或者是求知从一件事物中取去另一件事物还剩下什么。所以推理是与加和减相同的"③。他明确地认为，推理即"计算"，而计算即加和减。至于乘和除，都可归结为加和减。"乘不过是把一些相等的量加起来，而除不过是把一些相等的量一一减去。"换句话说，在他那里，人的理性思

---

① 《十六——十八世纪西欧各国哲学》，商务印书馆 1975 年版，第 75 页。
② 恩格斯：《反杜林论》，人民出版社 1970 年版，第 327 页。
③ 《十六——十八世纪西欧各国哲学》，商务印书馆 1975 年版，第 61 页。

维即推理也就是概念的相加或相减的过程。例如，我们望远看到有个东西，就会在心中形成它是一个"物体"的观念。走近一些，看到那个东西会活动，就会形成它是"活的"观念。再靠近一些，听到那个东西能说话，并且说得很有道理，又会形成它是"有理性的"观念。这时，我们就得知，原来它是"一个人"。在霍布斯看来，所谓人的概念就是"物体"、"活的"和"有理性的"三个观念的总和，即由它们相加、组合而形成的。反过来，当我们离对象越来越远时，我们便从这个总观念中逐一减去"有理性的"、"活的"和"物体"这些基本观念，导致人的概念的消失。

霍布斯在这里还强调，计算、加减不仅限于数目；它们在一切思维领域中都有意义。例如，几何学对线、面、体、角进行加减；逻辑学对名称、命题进行加减，两个名称加在一起形成一个陈述命题，两个命题加在一起形成一个证明；政治家把契约加在一起发现了人的义务；律师把法律和事实加在一起，发现了人的行为正义与否。霍布斯指出，当我们在计算、加减这样一些东西时，也可以说"我们就是在思考"①。

上述霍布斯关于推理的理解无疑具有片面的机械的性质。在霍布斯所处的时代，注重事物之间的数量关系，对研究的问题采用数学的方法，促进了当时自然科学的发展。霍布斯看到了这一点，就力图把数学方法的最基本的原理——加减运算运用到理性思维过程中来。这对于反对经院哲学关于理性思维的神秘主义观点具有积极的作用；这表明，他看到了人类的理性思维过程中确实存在着的量的规定性方面，开辟了对理性思维研究的新方向。现代科学的发展表明，人们正是根据人类思维活动中的这一量的规定性方面，创造出了电子计算机，以计算机的运算来代替人类这部分的思维活动。他的这一观点具有巨大的启发性，甚至还可以说是现代整个数理逻辑的先声。不过，就霍布斯来说，他把人类的理性思维活动单纯地归结为机械性的计算，这就把人类的理性思维活动简单化了。他抹煞了人类理性思维活动的复杂的辩证性质，抹煞了这一过程所特有的能动的创造性质。

---

① 《十六——十八世纪西欧各国哲学》，商务印书馆1975年版，第62页。

　　霍布斯关于推理的理解还具有割裂感性认识和理性认识的形而上学性质。霍布斯论述推理学说的目的在于说明，如何通过推理对感觉经验进行理性加工，使之上升为科学知识。但是，在他那里，推理学说是与名称学说相联系的，即推理实质上是通过对名称概念的加减进行的；只有借助于名称概念，把对观念的推理转化为对名称的推理，"把对影像的许多东西的推断的计算，转换为对名称的推断的计算"，才能使感觉经验上升为具有普遍性和必然性的科学知识。而我们已经知道，霍布斯是把名称划分为个别名称和普遍名称的。这样，他所论述的推理，相应地也就有两种情况。一种是把推理看作对个别名称的计算、加减。就这种情况来说，由于个别名称抽象性和概括性很低，和感觉经验处在同一层次上，他实际上就把推理即对感觉材料的加工整理这一理性思维过程归结为感觉观念的单纯的数量加减了。这种把理性思维"感性化"的观点乃是一种对推理的极端经验论的了解。本来，霍布斯运用数学方法于理性思维过程，表现了企图克服经验论片面性的意向；结果，他还是把感觉经验同理性思维割裂开来，没有摆脱狭隘经验论的片面性。另一种是把推理看作对普遍名称的计算、加减。霍布斯强调普遍名称在推理中的作用，曾说过"推理仅仅是计算（即加和减）即关于一致的普遍名称的推断的计算"[①]。就这种情况来说，由于他否认普遍名称概念是对客观事物的反映，对普遍名称持一种唯名论观点，他所讲的推理即对感觉材料的理性加工过程本质上也就是一种在纯主观范围内的普遍名称的计算、加减了。这种把理性思维"抽象化"的观点乃是一种对推理的唯理论的了解。本来，霍布斯运用数学方法于理性思维过程，企图克服经验论的片面性；结果，他只从理智本身来寻求理性认识的来源，走向了否认认识来源于感觉经验的唯理论方面。

　　霍布斯关于推理的理解，一方面把推理纯粹感性化，另一方面又把推理纯粹抽象化，这两方面其实都是建立在对感性认识和理性认识关系的形而上学割裂上的。这种在感性认识和理性认识关系问题上的形而上学观点是与霍布斯对推理的机械的了解即缺少发展观念有关。

---

① 霍布斯:《利维坦》，1929 年英文版，第 33 页。

总之，霍布斯以名称学说为基础的关于推理的学说，并没有真正解决从感性认识上升到理性认识，获得具有普遍性、必然性的科学知识的问题。这种学说不只是狭隘经验论的，而且容纳有唯理论的因素了。

（三）关于"真理"的学说。在霍布斯看来，人们在认识活动中经过推理就获得了结论。结论就是判断，命题，就涉及真理问题。他指出，人们认识的目的正在于获得真理。

霍布斯关于命题、真理的学说是值得注重的。他认为，"命题是由两个相连结的名称所构成的语言"。如"人是动物"就是一个命题。"人"和"动物"这两个名称、概念通过系词"是"相连结，表达了一种逻辑关系，前者由后者所包含；它们"在我们心灵中产生关于同一个事物的观念"，是关于同一事物的。那么，什么是真理呢？霍布斯说，"命题是肯定地或否定地表示真理和谬误的语言"①。在他看来，真理是通过命题表达的，真理就是真实的命题，谬误就是虚假的命题。他还强调，"真理和谬误都是语言的属性，而不是事物的属性"②，"真理由语言构成，在于语言而不在于讲到的事物"③。

从这些叙述中，我们看到，霍布斯表述了真理同客观事物的区别，强调真理只能在陈述中表达，而不在事物本身中表达，它是关于事物的判断的属性，而不是事物的属性，是关于事物的陈述，而不是事物本身。这样的观点显然是正确的。但是另一方面，他却夸大了这种区别，割裂和否定了真理同客观事物的关系。如他说，"真理不是依随着事物，而是依随着语言"，"真理或真实性不受事物的影响，而受关于事物的命题的影响"。在他看来，"真理在于我们陈述中的名称的正确的秩序之中"。一个命题是否为真理，就在于其主项和谓项之间的逻辑关系是否正确，在于谓词是否包含了主词；若谓词包含着主词，它便是真实的。例如，在"博爱是一种美德"这个命题中，名称"美德"包含了名称"博爱"，所以这个命题是真理。"人是动物"亦属此类命题。例如，在"一切人都是正义的"这个命题中，名称"正

---

① 莫勒思沃斯编：《霍布斯英文著作》第 1 卷，1839 年版，第 30 页。
② 霍布斯：《利维坦》，1929 年英文版，第 27 页。
③ 莫勒思沃斯编：《霍布斯英文著作》第 1 卷，1839 年版，第 35 页。

义的"包含不了名称"一切人",所以这个命题是虚假的。"人是石头"亦属此类命题。霍布斯仅仅把命题中主词与谓词之间的逻辑关系看作确定真理的根据,而不以命题是否符合客观事物来判断命题的正确与否,这样的观点显然是片面的。

不仅如此,霍布斯在解释科学中的第一真理、原初的命题时,还断言,"第一真理是由那些最初把名称加到事物或从别人的文章中得到名称的人任意造成的";"原始的命题是由语言的发明者任意构造的真理……是无需证明的"①。例如,他认为"人是生物"这个命题之所以是真实的,仅在于人们在某一时候想到给这同一事物以这两个名称。这就更清楚地表明了霍布斯真理学说的错误性质,可以说,他在这里乃持一种约定论的观点。他不懂得,在真实的判断中,把两个表达事物属性的名称加以结合,这根本不是任意的,而是它们所表达的属性在事物中本来就是结合着的。

当然,我们不能说霍布斯完全否认命题与客观事物的联系。例如,他曾说过,构成命题的两个名称是"指称同一事物"的;可以"在我们心灵中产生关于同一个事物的观念"。而"一切观念都是影像,并且来自感觉";"我们从感觉的原则或开端来理解真理的明证"② 即命题的意义。但是,这只是说明霍布斯在企图把真理的形式和真理的内容统一起来。毕竟,在他那里,真理的形式——名称、概念,是普遍、一般,真理的内容——感觉观念,是个别、特殊,两者是尖锐地对立的;真实的判断被归结为两个指称同一对象的名称的结合,这些名称及其关系都是人们任意联结、任意制定的。可见,霍布斯夸大了真理的主观形式方面,漠视了真理的客观内容方面,从而把真理局限于主观范围之内,从根本上背离了自身的唯物主义出发点。在真理问题上,他的唯理论的因素表现得更明显了。这种唯理论因素表明,基于他的名称学说和推理学说,他是不能保证所获得的结论即知识的客观性和可靠性的。

---

① 莫勒思沃斯编:《霍布斯英文著作》第 1 卷,1839 年伦敦版,第 38、35、36、37 页。

② 莫勒思沃斯编:《霍布斯英文著作》第 4 卷,1839 年版,第 28 页。

总起来说，霍布斯的认识理论是以唯物主义经验论为基础的。他坚持和重申了培根的经验论原则，并对这一原则作了较为系统的说明；这规定了他的认识理论的基本性质。同时，这一理论又有对从感觉经验如何上升到具有普遍性和必然性的知识，达到思维和存在的同一这个问题的较为系统的解释。他在这里阐述了关于名称、推理和真理的学说，具有越来越明显的唯理论因素。整个地看，霍布斯的认识理论是对培根经验论思想的系统化；这种较为系统化的经验论是容纳有唯理论因素的经验论，在表现形式上与培根经验论有所不同。毕竟霍布斯在从事哲学活动时笛卡尔的唯理论在欧洲已有广泛的影响，他在继承培根的经验论时，不能不受到这种影响的制约。从理论上说，霍布斯的经验论容纳有唯理论因素的关键乃在于他在普遍名称问题上的唯名论观点。另外，这与他在推理问题上的机械论观点也是密切不可分的；这种机械论观点使他缺乏发展的观念，在认识论上不可能真正懂得从感性认识到理性认识的辩证进展。

第三节　在方法论上企图结合分析法和综合法

在霍布斯所处的时代，随着哲学研究的重点向认识论方面的逐渐转移，方法论问题也越来越引起哲学家们的普遍重视。中世纪经院哲学的方法论，长期妨碍着人们认识自然，认识真理；自然科学和社会科学的迅速发展迫切要求新的认识方法的产生，以代替旧的认识方法。培根的《新工具》和笛卡尔的《方法论》的问世即是这种社会性要求的明显表现；它们打击了经院哲学的统治，推动了自然科学的发展。不过，培根和笛卡尔对科学方法问题探索的角度是不同的，前者强调实验科学的经验归纳法，后者重视几何学的理性演绎法，都有一定的片面性。

霍布斯关心当时科学的成果和发展，也很重视方法论问题的研究，认为哲学知识没有正确的方法是不能达到的，认识论是不能和方法论相脱离的。他认识到培根和笛卡尔在方法问题上的片面性，这种认识也推动他对方法问题作出自己的探索。他在《论物体》一书中，便研究了分析方法和综合方法，叙述了自己关于方法问题上的观点。

　　霍布斯对分析方法和综合方法的涵义曾有过规定。我们知道，通常所谓分析法是指把事物的整体、个体在思想中"分解"为它的组成部分、要素的方法；综合法是指把事物的组成部分、要素在思想中"组合"成整体、个体的方法。它们都是认识事物的方法。但是，霍布斯从因果关系的角度来理解和说明这种方法。他强调，哲学知识是通过由原因到结果或由结果到原因的推理而获得的知识；所以，在哲学里，"方法"就是根据结果的已知原因来发现结果，或者根据原因的已知结果来发现原因时所采取的最便捷的道路。又"推理就在于组合、分开或分解"①；所以作为认识方法的分析法就是指由结果上溯到原因即从对事物的感觉经验进到普遍原则的方法，作为认识方法的综合法则是指由原因索求结果即从普遍原则进到个别事物的方法。从这个角度上说，他所讲的分析法和综合法，与培根、笛卡尔说的归纳法和演绎法涵义是同一的。霍布斯指出，物理学采取的方法便是分析的，即从自然现象出发去探求自然的原因；物理学的目的在于获得关于自然的原因的知识。几何学采取的方法便是综合的，即从公理、定义出发推演出定理、结论来，用"第一原理"（运动）去说明位置和速度，说明如何造成了点、线、面等；几何学就是从原因到结果的科学。在他那里，哲学认识的方法和科学知识的方法乃是一致的。

　　霍布斯在这里还指出，分析法和综合法对于认识事物的原因来说都是必需的、不可缺少的。他认为，认识事物的原因要先分析后综合，即要先从当前的结果出发，寻求产生这一结果的各个部分的原因，再从各个部分的原因出发，把它们"组合"起来，寻求这一结果的整体原因。例如，为发现光的原因，首先要分析对光的产生有影响的种种偶性如光源、媒介物和身体结构（眼、神经、大脑和心）等，考察它们各自对光的产生有何影响；然后把这些影响综合起来，并发现，光源运动了，借助于媒介物的传导到达眼睛，再通过神经进入大脑和心，这时我们才感觉到了光。其中，光源的运动，媒介物的传导，身体结构的作用等的组合便是光产生的整体原因。霍布斯在这里谈论分析法和综合法时都着重于研究事物的原因，并把两者都叫做

---

① 《西方哲学原著选读》（上卷），商务印书馆 1981 年版，第 387 页。

"发明的方法"；就这一点来说，它们又与培根、笛卡尔说的归纳法和演绎法涵义不同。同时，他主张先分析后综合，这也说明，他注意到了这两种方法各自在认识事物原因中的重要作用，把它们看作由个别到一般再到个别，由整体到部分再到整体这个统一认识过程中先后相继的两种方法，表现出了企图结合分析法和综合法，既以经验论为基础，又注意吸收唯理论的合理成分的意向。霍布斯持这样的主张，其根据就在于事物本身就客观地存在着个别与一般的因果关系。例如他说，"个别事物的原因，是由一般的或简单的事物的原因组合而成的"，"整体的原因是由各个部分的原因所组成的"；所以我们"必须先认识一般事物的原因，或者一切物体亦即一切物质所共有的偶性的原因，然后才能认识个别事物的原因，亦即使一物与另一物有别的那些偶性的原因"①。换言之，"它们的原因最初个别地被认识，后来组合起来，就使我们得到关于个别事物的知识"②。

但是，霍布斯并没有真正懂得在认识事物的原因过程中分析法和综合法的有机联系。首先，他说过，"获得关于事物的普遍知识的方法"，亦即从感觉出发进而发明原则的方法，"纯粹是分析的"；由普遍原则进而说明个别事物的整体原因的方法则纯粹是综合的。这就是说，在他所主张的先分析后综合中，实质上分析中是无综合的，综合中是无分析的。他只是强调在哲学认识中"根据所求问的东西的不同情况，有时应当用分析的方法，有时应当用综合的方法"③。例如，他认为，培根的经验归纳法并不适用于所有知识领域，而只适用于物理学；在几何学里，"如果我未被欺骗的话，除了定义之外，我什么也没有肯定"，即只有理性演绎法才能适用。可见，在霍布斯那里，分析法和综合法在适用范围上是有严格的区分的，两者是互不依赖而独立地被使用的。这样，他虽然企图把分析法和综合法结合起来，这种结合也就是形而上学的外在的和折中的，而并非是一种有机统一的

① 《十六——十八世纪西欧各国哲学》，商务印书馆1975年版，第67、66、67页。
② 《十六——十八世纪西欧各国哲学》，商务印书馆1975年版，第68页。
③ 《西方哲学原著选读》（上卷），商务印书馆1981年版，第389页。

思维方法。

其次，他最终还是抬高了综合法的作用。例如，他认为，"一般的事物的原因是自明的……总共只有一个一般的原因，就是运动。一切形状的不同，都是由于造成这些形状的运动不同"①。因此，他强调，把我们理性所构造的定义作为综合的前提，其正确性是无可怀疑的，或者说，从这种定义出发，经过推理得出的结论是必然正确的；而分析法是从自然现象和经验出发的，经过分析，我们只能得到或然的可能的知识。他还把几何学"宣布为主要的科学"，像笛卡尔那样特别推崇几何学的理性演绎法，指出"整个证明的方法是综合的，包含着从自明的基本命题或最普遍的命题开始的那个语言次序，通过不断地把命题组合成三段论式而向前推进，一直到最后学习者理解了所要寻找的结论的真理性为止"②。他的整个哲学体系也就是运用几何学的综合法来加以表述的，即从运动出发，通过几何学到力学、物理学，再进到伦理学和政治学。可以说，霍布斯的哲学体系乃是用几何学方法对培根经验论哲学丰富和改造的结果。这都说明，霍布斯对于使用分析法、归纳法以求得普遍原则这一点没有很好领会，不懂得几何学的概念体系在形式上虽由少数公理推演出来，实际上这些公理最终还是根源于感觉经验的，是人类亿万次实践经验的概括和总结；科学的论断在逻辑上必须是正确的，但在逻辑上是正确的，如托勒密的地心说，未必就是在实际上是正确的。

由上可见，霍布斯在方法论上是以经验论为基础的，但终究具有浓厚的唯理论因素。在他那里，方法论在倾向上是和认识论相适应的。

第四节　霍布斯哲学的两重性和历史地位

在 17 世纪英国资产阶级革命高潮时期产生的霍布斯哲学，真正说来，乃是围绕着物体范畴，按照几何学的方法，以机械唯物主义的自然观为基础，以容纳有唯理论因素的经验论的认识论为核心，并以

---

① 《十六——十八世纪西欧各国哲学》，商务印书馆 1975 年版，第 68 页。
② 《十六——十八世纪西欧各国哲学》，商务印书馆 1975 年版，第 76 页。

主张社会契约论的社会政治学说为归宿而建立起来的完整的哲学体系。这亦即是我们对霍布斯哲学所作的一种整体性的表述。毫无疑问，对于霍布斯来说，最感兴趣和最重视的是他的社会政治学说即公民哲学。公民哲学的主要内容是阐述人造物体——国家的起源和本质，认为：在国家产生之前，社会处在人们完全按自己的本性而生活的状态即自然状态中。在那种状态中，由于受利己本性的支配，人对人像狼一样；这严重地威胁着人的生命和自我保存原则。人们为摆脱这种状态，不仅必须遵守自然法即衡量善恶的真正的和惟一的道德准则，而且还订立社会契约，保证各自放弃自己的自然权利，把它们转让给"一个人或一些人组成的会议"。这即是国家，它有足够的权力和力量来保证国内和平和抵御外敌。换句话说，霍布斯用人的眼光来观察国家问题，主张一种社会契约论。这种理论和君权神授论相对立，具有反经院哲学的社会意义；但又把国家看作代表全体公民意志的"普遍人格"，否认它在当时是一定阶级的统治工具，并非是对国家的科学说明。这种理论实际上起着为君主专制主义作论证和辩护的作用，乃是17世纪在欧洲贵族和市民等级势均力敌、专制君主制得以作为表面上的调停人而独立存在的现实状况在理论上的表现。它反映了英国社会动乱时期资产阶级和新贵族的利益和要求。在近代，霍布斯正是以提倡这样的社会契约论而著称的。

但是，霍布斯的公民哲学是建立在机械唯物主义的基础上的。在他那里，人不是"社会的动物"，而只是个别的原子；人的一切情欲都是正在结束或正在开始的机械运动，同样服从机械力学的原则。国家不过是人造的机器人；其中，给整个机体以生命和运动的如灵魂，立法和行政的官吏如骨骼，奖励和惩罚如神经系统等。社会是许多原子的结合体，由国家来管理，也被归结为受因果律支配的巨大机器。同时，我们看到，霍布斯公民哲学的任务也就在于，像欧几里得那样无情地从某种"公理"（关于人的本性的论断）出发推论出国家学说的全部内容。从这个意义上说，霍布斯的自然观和认识论又是值得我们注重的。

如前所述，霍布斯在自然观上继承了培根的唯物主义，持机械唯物主义观点。这种观点具有唯物主义无神论和有神论的两重性；但就其基本倾向而言，霍布斯乃是英国资产阶级革命高潮时期的伟大的唯物主义者和无神论者。他的重要贡献也就在于，力图把培根的唯物主义思想系统化，并消灭了它的有神论偏见，从而为近代哲学提供了一个机械唯物主义的基本模式，奠定了英国经验论的唯物主义基础。基于这点，恩格斯称他是近代第一个18世纪意义上的唯物主义者。

在认识论上，霍布斯坚持和重申了培根提出的经验论原则，对此作了较为系的说明；同时在回答感性认识如何上升到理性认识问题上容纳了西欧大陆唯理论的某些因素，具有调和经验论和唯理论矛盾的特征。但就其基本倾向而言，霍布斯乃是英国著名的经验论者。他与笛卡尔天赋观念学说的论争乃属欧洲近代经验论反对唯理论的最初交锋之列，是对经院哲学的重大打击。他受笛卡尔的影响，把唯理论思想容纳到经验论体系中来，表现了他的经验论企图克服经验论的片面性，不那么极端、片面；并把经验论和唯理论的矛盾进一步展开了，推动了近代认识论的发展。

总之，在近代哲学史上，霍布斯哲学是对培根的唯物主义和经验论思想的系统化。它尚缺乏对唯物主义经验论原则的详尽论证，属于英国经验论哲学的创立阶段；是从培根到洛克的经验论发展中的重要环节。它不仅在英国本土，而且在欧洲大陆都产生了巨大影响，是18世纪法国启蒙思想运动的主要渊源；对斯宾诺莎以至莱布尼茨的唯理论哲学的产生也有一定的推动。

第七章 对笛卡尔《形而上学的沉思》的诘难——伽桑狄哲学

伽桑狄是笛卡尔的同时代人，17 世纪上半叶法国新兴资产阶级著名的哲学家。他和笛卡尔一样，崇尚自然科学，反对中世纪的经院哲学和宗教神学；但在哲学思想上又和笛卡尔走着不相同的道路。马克思曾说："在法国以笛卡尔为主要代表的 17 世纪的形而上学，从诞生之日起就遇上了唯物主义这一对抗者。唯物主义通过伽桑狄（他恢复了伊壁鸠鲁的唯物主义）来反对笛卡尔。"① 正是这一反对经院哲学和笛卡尔"形而上学"的错综复杂的斗争，构成了伽桑狄哲学的特点，也奠定了伽桑狄在近代哲学发展中的历史地位。

伽桑狄小传

皮埃尔·伽桑狄（1592～1655），出生在法国普罗旺斯省桑泰尔西耶的一个农民家庭里，早年在该省的迪尼和艾克斯大学受教育，性格忧郁，聪慧好学。他在 16 岁时任修辞学教师，3 年后进了阿维尼翁神学院，1614 年得神学博士学位，并在 25 岁时由博学的最高法院顾问官勃里斯夏斯推荐当了迪尼大教堂的首席神甫，同年主持艾克斯大学哲学讲座。青年时代的伽桑狄曾是亚里士多德的信徒。他不仅研究过亚里士多德哲学，而且还讲授过多年。据他自述，著名的西塞罗和

---

① 《马克思恩格斯全集》第 2 卷，人民出版社 1957 年版，第 161 页。

人文主义者沙朗、斐微斯和拉梅的著作对他很有影响，使他从亚里士多德和经院哲学的束缚中摆脱出来，成为亚里士多德的反对者。伽桑狄在艾克斯大学时已有专门著述对亚里士多德哲学作了严肃而大胆的批评；并因此而引起了当时耶稣会教士们的不满，于1623年被迫辞职。1624年，伽桑狄把他的著述以《亚里士多德的异议》为名公开发表；因顾虑危险，只发表了一部分。他在那时已开始推崇伊壁鸠鲁的伦理学说了。

1625年，伽桑狄到了巴黎。在那里，他结识了神学家和自然科学家麦尔塞纳以及笛卡尔等学者。他还到荷兰和英国旅行过。在英国他结识了霍布斯，彼此在学术上经常进行亲密的对话和热烈的争论，友谊甚深，以至在1640年后伽桑狄在巴黎还不断与他来往；霍布斯也把伽桑狄引为知己，在他晚年卧病不起时，麦尔塞纳奉命到他那里，他首先要求告诉他最近何时能会见伽桑狄。1631年，伽桑狄回到故乡普罗旺斯省，在那里一直住到1637年。在这段时间里，他着重研究了天文学，发表了《论假太阳》、《弗鲁德学说批判》等许多天文学方面的著作，并曾实地观察了开普勒所预计到的1631年11月7日的水星掩日现象，和发现了木星的五个卫星等等。在这以后，他又回到了巴黎。

1640年笛卡尔在写成他的主要著作《形而上学的沉思》后，曾托麦尔塞纳替他征求意见，希望得到神学家和哲学家们的肯定，以获得巴黎神学院的出版许可。伽桑狄在认真阅读后，写出了对笛卡尔《沉思》的六个诘难。笛卡尔在该书出版时曾将这些诘难连同自己的答辩一起作为附录付印。后来伽桑狄又对笛卡尔的答辩作了反驳，并连同这些诘难以《形而上学探讨或为反对笛卡尔的形而上学而提出的怀疑和异议》为题于1644年单独出版。伽桑狄在这一著作中以机智的论据逐条地反驳了笛卡尔的"形而上学"，并明显地表述了他的唯物主义和无神论观点。伽桑狄与笛卡尔的这一论争是他反对亚里士多德研究的继续，是近代哲学史上具有影响的著名的论争之一。

1645年伽桑狄被任命为法兰西皇家学院的教授，讲授数学。翌年他和费尔马共同发表了《论重物坠落时的加速度》和《天文学指南》。他是有成就的天文学家、数学家和力学家。伽桑狄很钦佩哥白尼和伽利略等大科学家。他在写给伽利略的信中曾接引了"智慧是靠勇气得来的"这句名言。他的关于天文学和物理学方面的著作实际上都是维护哥白尼和伽利略的地球围绕太阳而运转的学说，反对神学唯心论的宇宙观的。他还自认为是布鲁诺的学生，宣称他的生活的口号是"烧死也不屈服"。此外伽桑狄曾写过一些极有价值的科学家传记，其中以哥白尼传和丹麦天文学家第谷·布拉赫传最为突出；他是在自然科学研究中具有历史观点的人。

1647 年伽桑狄得了严重的肺病，于是又返回故乡迪尼居住，直到1653 年。他在这段时期里深入地研究和阐述了伊壁鸠鲁的哲学。他关于伊壁鸠鲁的著述活动大部分是在这一时期进行的。他曾详细地注释过第欧根尼·拉尔修的十书，并先后发表了《关于伊壁鸠鲁的生、死和快乐学说》和《伊壁鸠鲁的哲学体系》，以这两部著作来纪念这位古代伟大的唯物主义和无神论者伊壁鸠鲁。在同一时期里，他还以《哲学体系》这一重要著作，积极地发展了自己的学说。在《哲学体系》中，他认为哲学是对智慧的研究和应用，以真理和德行为主要对象；其中"物理学"的目的是真理，"伦理学"的目的是美德，"逻辑学"则是教导人们认识真理的方法。这是他一生中从正面系统地阐述自己哲学思想的最主要和最成熟的著作。只是因为慑于反动的天主教会的压力，他在对伊壁鸠鲁哲学的阐述上不得不附加上神学性质的说明。

1653 年，伽桑狄在家乡为写作付诸了极大的心血和精力之后，又为当时流行的热病所传染，身体大为虚弱。在回巴黎的途中，他再次为热病所袭击；经 13 次放血，终于医治无效，断送了生命。1655 年10 月 24 日，伽桑狄在坐落于巴黎教会街的蒙莫尔院士寓所里与世长辞。这是他经常居住、写作和与学者交谈的地方，时年 63 岁。他的遗体被安葬在尼古拉也夫公墓中蒙莫尔家族的墓地内；1658 年即他死后 3 年，他的《哲学体系》被收在全集里发表，那时他的全集以 6 卷对开本的形式在里昂出版。

第一节　在自然观上复兴伊壁鸠鲁的原子论

根据伽桑狄的《哲学体系》和他对中世纪亚里士多德哲学和笛卡尔"形而上学"的斗争，我们看到，在自然观上复兴古代希腊化时期伊壁鸠鲁的原子论哲学，是伽桑狄哲学的显著特点。他以这种方式明确地表述了自己关于自然的根本观点。

伽桑狄在自然观上采取这样的方式，一方面是由于当时在反对经院哲学的斗争中需要用一种哲学来和被经院哲学家奉为权威的亚里士多德哲学相对抗，他在精确的自然科学领域中所进行的广泛和多方面的活动也需要强固的唯物主义支柱和基础；另一方面则是原子论哲学在本质上具有正确性所使然。在古代希腊，哲学研究围绕着世界的本原问题而展开，曾有德谟克利特的原子论哲学，它用原子来作为世界的始基，说明世界上的各种事物和现象，是古代希腊唯物主义的最高成就；而伊壁鸠鲁哲学就是德谟克利特原子论的继续和发展，是古代原子论哲学的最完整的体系。当然，它缺乏自然科学的基础和论证，具有朴素的和自发的性质；但它企图用物质的一般来解释世界的多样性，这明显地是合理的，并包含有各种天才的猜测。生活在 17 世纪的法国，具有深厚的哲学素养，又重视自然科学研究的伽桑狄自然是懂得原子论哲学的价值的。他在青年时代讲授语言学时又曾接触到在语言学界有声望的卢克莱修的《物性论》。马克思曾说："在所有古代人中卢克莱修是惟一能够了解伊壁鸠鲁的物理学的人，在他那里，我们将可以找到一种较深刻的阐明。"[①] 卢克莱修的著作深深地影响了伽桑狄，使伽桑狄十分爱好与崇敬伊壁鸠鲁哲学，以至于 1628 年在他旅行尼德兰时，洛文的著名语言学家埃里夏斯·普提诺斯竟赠给他一件非常珍贵的礼品即用宝石复制的伊壁鸠鲁像，以留作永久的纪念。而在自然观上他也就直接地继承和复兴了伊壁鸠鲁的原子论。

伽桑狄关于自然的观点是他的哲学体系的基础方面。他在

---

① 马克思：《博士论文》，人民出版社 1961 年版，第 18 页。

《伊壁鸠鲁的哲学体系》中反对亚里士多德的质料和形式的学说，阐述了伊壁鸠鲁的原子论，表述了自己的自然观。他把宇宙和可见的世界区别开来，认为宇宙只有一个，是无穷的、永恒的；可见的世界是宇宙的一部分，它有始有终，有生有灭，是不断演变着的。他认为宇宙有两个本原或基础即原子和虚空。物质、物体是复杂的，是由简单的东西构成的，例如人是由头、胸、腹等构成的，这一切又是由乳糜和血液构成的，而这两者又是由食品构成的，食品最终又是由所谓物质的要素构成的。这些简单的物质要素就是原子。在伽桑狄看来，原子是客观实在，并且不含有任何空隙，是绝对结实而不可分的；原子如果有空隙，可以加以切断或分割，它就不成其为物质的要素了。原子的首要特性就在于它是不可分割的构成物质的最简单的要素。他还认为，在分解复合物时最后必然留下一种原始的最简单的物质要素，因为自然界不能从虚无中创造出任何事物，也不能把任何事物变成虚无。伽桑狄在这里与亚里士多德不同，显然认为没有物质的形式是没有的，没有形式的物质则是可以存在的。他还阐明了物质不灭的原则：木片被燃烧着，发出火焰，变成烟和灰，这只是原子的不同结合，物质是永恒的实体，是不能被创造和消灭的。

原子作为实体来说是同一的，没有差别的；就其形态而言则是各异的。伽桑狄指出，原子并非是抽象的数学上的点，而是极其细微的肉眼不能看到的实体。它是有体积的，否则不可分的东西和不可分的东西加在一起就不能产生出广延；是有形状的，形状不外是广延的界限和规定，如有圆形、椭圆形、扁豆形和钩形等等；此外还有重量的不同。伽桑狄强调原子具有重量的区别，这是继承了伊壁鸠鲁特有的观点，伊壁鸠鲁就是以此发展了德谟克利特的原子论的。

宇宙的另一个本原是虚空。伽桑狄反对经院哲学关于空间的概念，援引物体的收缩和膨胀的实例，认为虚空也是客观存在，它不可创造，不可消灭，是不依赖于上帝而独立存在的。不过他又指出，虚空只是原子分隔开来时所利用的场所，原子是物体的一部分，虚空并不是物体的一部分，正如空气虽然存在于我们的鼻、口和肺之中，但不是我们身体的一部分。在他看来，虚空是物质的否定，它的特点在于无实体性；但它也不是偶性，它是不动的，是不依赖于物体的变化的。伽桑狄把物质和虚空完全割裂开来了。

把运动看作是原子固有的永恒的属性，这在伽桑狄那里是突出的。他认为原子处在虚空中，由于本身具有重量，它在虚空中就发生内在的颤抖和不安，"不断企图运动"。至于静止是相对的，是暂时受抑制的运动。和伊壁鸠鲁一样，他认为，一切原子都以同样的速度运动着；经验也证实：一切物体不论在大小和质量上如何不同，都以同样的速度从高处落下。在伽桑狄看来，重量是原子最主要的特性，它是原子的一种天然的自我运动的力量和能力，是原子运动的内在源泉和根本原因。虚空也是原子运动的必要条件，如果没有虚空，原子到处充满着，也就无法运动了。基于原子的这种能动性，伽桑狄又强调物体是能动的。他说："风、火以及其他许多种物体都是自动的，同时有推动别的物体的性质"①；并坚决反对笛卡尔否认物体有自动性的观点，认为按照这种观点就必须承认有一个精神的能动者，否则水不能流，动物也不能行走了。

伽桑狄从原子论的立场出发，把物质和运动联系起来，宣传和阐发了伊壁鸠鲁的天体演化学。他认为，原子在虚空中运动，不只是天然向下的，由于有形状、体积和重量的不同，还是按照不同的方向进行的。这种按照不同方向的运动使原子互相碰撞，其结果是运动缓慢，原子互相聚集和结合起来。最初，形成了一堆联系紧密的混乱的原子即原子团。后来，这堆原子由于运动发生分裂，重的原子往下降，形成了地球（土地）和液体（水）；轻的原子往上升，并继续分裂，形成了天、星、太阳、月亮和空气等。同时，各个星体并不是永恒不变的，它产生后又会分裂开来变成原子，原子又可重新集结，形成新的星体。"……星体的各部分最后似乎都变成了原子，原子在空间占据一定地盘之后就联结起来，并且重复着最初的运动，或者长期往前飞驰，或者很快冲入另一些星体，或者

---

① 伽桑狄：《对笛卡尔〈沉思〉的诘难》，商务印书馆 1963 年版，第 6 页。

在和另一些原子相碰之后同它们结合起来形成新的星体。"① 在他看来，整个宇宙都处在不断的生长和毁灭的过程中。伽桑狄还指出，星体上的土壤形成"种子"，"种子"逐步地形成复杂的结构，那就是植物和动物。因为"种子"中间包含有感性的原则，所以在他那里就不存在感性从非感性的物质微粒子中产生出来的问题。

应当指出，伽桑狄在这里与伊壁鸠鲁的观点是有区别的。伊壁鸠鲁强调原子由于重量在虚空中作直线下降运动，在下降中会因自身内部的原因而发生"偏离"，遂使得原子之间互相碰撞，形成漩涡运动，结合成为万物。而伽桑狄显然是否认原子运动有偏离的。他抛弃了伊壁鸠鲁在这个问题上对德谟克利特的发展，看不到其中所包含的辩证法因素，这是一种后退。但是也必须指出，伽桑狄把事物的产生和消灭看作是原子的结合和分离，这是与伊壁鸠鲁的观点完全一致的。

其次，伽桑狄也很注重用原子论的观点说明精神现象。在伽桑狄生活的时代，经院哲学家关于灵魂不灭的观点依然很有影响，它否认灵魂的物质性和死亡性，认为人的灵魂是上帝创造的精神实体形式，它推动和决定着肉体，也不随肉体的消灭而消灭，"肉体解体以后，它仍然活动"。笛卡尔虽然不同意这种观点，却持心物、心身二元的说法，认为灵魂只是在思想的实体，没有广延，居住在"松果腺"中，与有广延的物质、肉体各不相干。伽桑狄在反对经院哲学时，与笛卡尔不同，强调灵魂并不是什么精神实体，而只是一种由特殊的原子构成的渗透和散布到肉体中的非常精细、非常疏散的物质即精气。他曾说，灵魂乃是"一种纯粹的、明白的、精细的实体，它像一阵令人舒适的风，散布在全身，或者至少散布在大脑里，或者身体的某一部分里，使之有生机，它在那个地方行使你所认为行使着的一切职能"②。他还详尽地论证了灵魂是有广延的和自动的。对于伽桑狄来说，具有广延性和自动性是物体的本

---

① 伽桑狄：《哲学小品》第 3 卷，1958 年法文版，第 32 页。

② 伽桑狄：《对笛卡尔〈沉思〉的诘难》，商务印书馆 1963 年版，第 12 页。

性，因此，他论证了灵魂是有广延的和自动的，也就说明了灵魂是物体，只是它是非常精细的物体罢了。总之，在伽桑狄看来，"人是由两种物体合成的，一个是粗实的，另一个是精细的；既然把物体这一通常的名字给了前者，那么就把后者称为灵魂或心灵"①。

伽桑狄同时说明了灵魂是以肉体为基础的。他指出，灵魂不能没有肉体而存在，它并不像船上的舵手一样端坐着，而是散布在整个身体里；它不是聚集在"松果腺"中，而是和整个大脑都有联系。他还认为，当肉体生长时，灵魂也生长；当肉体衰弱时，灵魂也衰弱；而当肉体死亡时，灵魂也就烟消云散了。不过，所谓灵魂的烟消云散，伽桑狄只是指灵魂原子"过大的拆散、分离"，并非是说它变为虚无。

在这里，伽桑狄把人的灵魂分为感性的和理性的。感性的灵魂又叫动物灵魂，是人与动物所共有的；理性的灵魂即指思想，是人所特有的。人的抽象思维能力的存在证明有理性灵魂的存在。但伽桑狄针对笛卡尔把思想看作纯粹精神的东西的观点，着力指出，它们都是非常精细的物质，具有"物体性的功能"，区别在于思想是"灵魂中的最高贵的部分"，是"灵魂的最精细的花，或者灵魂的最纯粹、最活跃的部分"。他还强调，思想也是不能离开肉体大脑的，大脑刚一昏，它就昏了；大脑一乱，它也乱了；大脑丢失了某些东西的形象，它也就一点影子也剩不下。在他看来，人的思维能力是随它的肉体、器官的增长而发展起来的。

最后，令人注目的是，伽桑狄还逐条驳斥了笛卡尔关于上帝存在的一切"证明"。伽桑狄着重指出，笛卡尔企图从我们有一个完满性和无限性的观念来证明和推论出上帝的存在，是"荒谬可笑"的。伽桑狄的论据归结起来是：（一）"观念的实在性的原因是被观念所表象的事物本身"②，因而在观念里边的东西在观念里边是

---

① 伽桑狄：《对笛卡尔〈沉思〉的诘难》，商务印书馆 1963 年版，第 84、85 页。

② 伽桑狄：《对笛卡尔〈沉思〉的诘难》，商务印书馆 1963 年版，第 36 页。

现在的，并不等于在事物本身里边也是现在的；（二）人们加之于上帝身上的那些完满性，实际上乃是人们从某些人和东西上所观察到的一些优点而"集于一身"的，而所谓无限性的概念也乃是人们从有限推论出来，是"有限的否定词"；（三）也不能把存在性当作完满性之一，说有了完满性就必然有存在性，而是有了存在性，完满性才存在。除了这一驳斥外，伽桑狄还指出，笛卡尔从追溯有限事物的原因上也是不可能推论出上帝的存在的。因为不能同时证明世界有始，就不能说这样无穷地追溯下去有什么不合理。伽桑狄对于笛卡尔关于上帝存在的"证明"的驳斥在逻辑上是很细致具体的；应当说，这是他对伊壁鸠鲁无神论思想的继承和发扬，是他的唯物主义原子论世界观的重要组成部分。

总起来说，伽桑狄用原子论观点说明了自然现象，尤其是说明了精神现象，强调灵魂给肉体以生命，使肉体能用眼睛看，用耳朵听，用大脑想；同时又强调灵魂依赖于肉体，以肉体为基础，否认灵魂是独立于物质的纯粹的精神实体，在实际上驳斥了经院哲学家鼓吹的灵魂不灭和来世的说法。这就突出地明确地表现了他在自然观上复兴伊壁鸠鲁唯物论的哲学观点。他也是以此来与笛卡尔的二元论观点相区别的。

需要说明的是，伽桑狄对伊壁鸠鲁原子论哲学并非是简单的继承或重复。他力图把伊壁鸠鲁哲学和近代自然科学结合起来，在新的形式上宣传和复兴了伊壁鸠鲁哲学。

近代自然科学自 16 世纪哥白尼的太阳中心说提出以来走上了独立发展的道路；它研究地球上的物体和天体的最简单的运动形式即机械运动，并达到了较完善的地步。在那个时期哲学家们不能不受到自然科学的影响，往往用力学的观点来解释一切事物。如在英国，霍布斯认为，世界上的一切事物和现象都是受机械运动原理支配的，甚至人的意识现象也可用物质的粒子运动来解释。在法国，笛卡尔的物理学亦带有明显的机械性质，自然伽桑狄哲学也不会例外。伽桑狄认为，原子在虚空中由于重量从一个位置到另一个位置移动，并发生相互间的机械碰撞，造成原子的不同结合，才形成万物；而一个物体的最大量的组成原子趋向什么方向，这个物体便向什么方向运动，物体的运动是按力的构成的机械规律进行的。伽桑狄在论证灵魂是一种精细的物质时，是以灵魂有形状和位置，能推动和被推动的机械性质为根据的；他还认为灵魂的运动是一种在动物里边的动物精气的盲目冲动，如同在钟表里或旁的机器里所发生的一样；他不仅把事物的产生和消灭，而且把灵魂的生死也都归结为原子的机械的聚合和离散；等等。总之，伽桑狄力图把原子论建立在近代自然科学成就的基础上，用力学的观点来说明自然现象和精神现象。同古代希腊伊壁鸠鲁哲学的朴素性和自发性相比，这是一种明显的进步和深化。伽桑狄是一个独立思考的哲学家。当然，伽桑狄用有广延的原子结构来解释灵魂，把灵魂归结为精气，认为灵魂本身是一种物质，它和肉体的区别只是在于精细的和粗实的之间，而根本看不到精神现象乃是由物质派生的，是物质发展到高级阶段的产物的事实，这显然是他的局限。本来用原子论的观点要科学地说明精神现象是不可能的，伽桑狄也没能例外。不过，从整个来看，伽桑狄把伊壁鸠鲁的唯物主义原子论观点，叙述得清楚、明了，赋予了新的形式，提出了不少新论据、新论点，这在理论上不能不说是他的一大贡献。

还应指出的是，在伽桑狄生活的时代，以亚里士多德哲学为理论基础的经院哲学和宗教神学在西欧各国依然占据统治地位。人们知道，亚里士多德哲学由于本身同时具有明显的唯心主义和神学的倾向，长期以来一直为教会所利用和歪曲，并被推崇为哲学和科学的最大权威，影响巨大、深远，直到 17 世纪上半叶在法国，尤其是在巴黎大学的教授中，仍然具有很大的支配力量。但是古代希腊的另一种哲学——伊壁鸠鲁哲学，它的地位就截然不同了。伊壁鸠鲁哲学是德谟克利特唯物主义哲学的继续和发展，具有强烈的无神论性质，曾受到卢克莱修的热情讴歌，被赞为"最先打倒众神和脚踹宗教的英雄"。正因为如此，伊壁鸠鲁哲学便遭到了历史上教会和唯心主义者的各种攻击和诽谤，长期以来被看作是极端的异教的象征，湮没无闻；在 17 世纪，情况依然如此。在这样的历史条件下，伽桑狄宣传和复兴伊壁鸠鲁哲学，这无疑是对经院哲学的重大打击，是需要巨大勇气的冒险事业。马克思曾说，伽桑狄"把伊壁鸠鲁从禁书里面拯救出来了"①。伽桑狄在人类思想史上推倒和洗刷了基督教对这位伟大的哲学家所加的诬蔑，并发展了伊壁鸠鲁哲学，恢复了唯物主义的声誉，其功绩是显著的。诚然，复兴古代文化，这种现象是在先就有的。例如，14 世纪在法国巴黎的唯名论者奥康学派中就有人以恢复古代原子论来反对经院哲学和宗教神学。稍后 15、16 世纪即被法国人正确地称之为文艺复兴的时期，则更是以大规模地利用被中世纪埋没了的古希腊罗马的文化来作为反封建的思想武器为特征的。但以复兴伊壁鸠鲁哲学而著称的伽桑狄无疑是文艺复兴传统的杰出的继承者。比埃尔·培尔就曾称他为人文主义者中间最优秀的哲学家，也是哲学家中间最有学识的人文主义者。对此，伽桑狄是当之无愧的。

第二节　对笛卡尔唯心主义唯理论的驳斥

伽桑狄在认识论上则复兴伊壁鸠鲁的感觉论，是著名的唯物主义感觉论者。他坚持着知识起源于对外物的感觉，感觉比理性认识可靠的观点。考察伽桑狄的著作，我们看到，由于这个立场，他系统地驳斥了笛卡尔的唯心主义唯理论。

用普遍怀疑的方法，对所认识的一切事物质疑，认为它们的存在是骗人的、虚假的，在我们之外就根本没有事物存在，这是笛卡尔整个认识论的起点。伽桑狄首先对笛卡尔的这一谬论提出异议。他问道："如果你还不相信有地，有天，有星辰，那么请问为什么你在地上走？为什么你抬起头来观察太阳？为什么你靠近火炉取暖？为什么你吃饭来解饿？……"② 他指责笛卡尔"借助于装腔作势，捏造那些幻觉，追求那些拐弯抹角、稀奇古怪的东西"，并说道："对事情直截了当，老老实实，实事求是地加以说明……岂不

---

① 马克思：《博士论文》序，人民出版社 1961 年版，第 1 页。
② 伽桑狄：《对笛卡尔〈沉思〉的诘难》，商务印书馆 1963 年版，第 28页。

是更适合于一个哲学家的坦率精神，更适合于追求真理的热诚态度?"①

　　伽桑狄驳斥了笛卡尔提出的表明其对认识主体看法的"我思想，所以我存在"的命题。伽桑狄揭露说，在笛卡尔那里，"我只是一个在思想的东西"，我之所以为我，只是由于能够思想；这个"我"不仅摆脱了身体，一点物体的东西都没有，也摆脱了一部分灵魂，与感觉是全然分开的，因而只是一个"纯粹的心灵"或精神实体。他认为，实际上作为认识主体的我，乃是散布于肉体各个部分的一种有形体的非常精细的物体。伽桑狄还从逻辑上指出笛卡尔关于"我"只是说了一种"活动"，表明了"我存在"，而并没有说明以思想为其属性的这个东西是什么。他尤其针对笛卡尔说的"我不是空气，不是风，不是火，不是气体……"指出，重要的是你应当告诉我们你是什么，"谁要是仅仅知道布塞法勒不是一个苍蝇，他对于布塞法勒②就算有一个清楚、明白的观念吗?"③ 简言之，在伽桑狄看来，笛卡尔的"我"乃是假定的、推论出来的，是"用一个未知的概念给另一个未知的概念下定义"，事实上并没有这样的东西。

　　总之，伽桑狄对于实际上是笛卡尔关于认识对象和认识主体的观点的揭露和驳斥是打中要害的。它切实地表明了伽桑狄在认识论上唯物主义的基本立场。伽桑狄对于认识对象和认识主体的客观性的确认，是他整个唯物主义感觉论的基石和前提，是他和笛卡尔唯心主义唯理论的最根本的对立。

　　伽桑狄的唯物主义感觉论思想是在与笛卡尔天赋观念学说的论争中得到展开的。笛卡尔强调有所谓天赋观念，即认为在人心中的一切清楚和明白的真正的观念，不是由感觉和经验得来的，而是"与生俱有"的。伽桑狄则坚决主张一切知识起源于对外物的感觉。他说道，"全部观念都是外来的，它们是由存在于理智以外的

---

① 伽桑狄:《对笛卡尔〈沉思〉的诘难》，商务印书馆 1963 年版，第 5 页。
② 布塞法勒（Buc'ephale）是马其顿亚历山大大帝的坐骑的名字。
③ 伽桑狄:《对笛卡尔〈沉思〉的诘难》，商务印书馆 1963 年版，第 81 页。

事物落于我们的某一个感官之上而生起的"①。他根据伊壁鸠鲁的"影像说"具体地指出：事物的影像或偶象（伊壁鸠鲁的用语）不停地从外物流射出来，这些影像是一些由特殊种类的原子构成的精细的疏散的物质实体，它们刺激和进入我们的感官，便产生一定的感觉，这些感觉凭借着那种沿神经通路而运动的"动物精气"，传递到大脑中就变成观念；感觉的活动就在于感受这些外界的影像或偶象。他还论证道：在一个天生的瞎子的心里没有任何颜色的观念，或在一个天生的聋子的心里没有任何声音的观念，就是因为这些外在的东西本身没有能够把它们自己的影像送到这个残废人的心里。伽桑狄根本"不相信"有什么天赋观念。对他来说，无论是"狮头、羊身、犬尾"的怪物的观念，关于"我"的观念，还是上帝的观念，终究都是来自外界的；假如我们一直闭住眼睛，堵住耳朵，只是在自己心里边沉思，那么这类观念又会是怎样产生的呢？

值得注意的是伽桑狄关于一般概念的观点。的确，如"人是有理性的"这一类实际上是真实的一般概念，是常常被人作为前提用来进行推论的。例如，人是有理性的，柏拉图是人，所以柏拉图是有理性的。但是伽桑狄指出，这并不意味着这类观念就是"与生俱有"的。事实是，"理智是在看到了柏拉图、苏格拉底以及其他很多人都有理性之后才做了一切人都有理性这个命题的；当它以后想要证明柏拉图有理性时才把它拿过来做为他的三段论法的前提"②。在伽桑狄看来，一般的概念是由许多特殊经过抽象概括得出来的。

在实体和偶性的关系问题上，伽桑狄认为，物体例如蜡，都有许多非常可感觉的非常显明的偶性，如大小、形状、硬度、颜色、气味、位置等来表明自己。我们只能够从蜡的偶性的概念中抽象出蜡的实体的概念来，离开了感官对这些偶性的观察去谈论这个实体是什么，那是不可能的事。

可见，伽桑狄主张先有物质，后有认识；先有感性认识，后有

<hr />

① 伽桑狄：《对笛卡尔〈沉思〉的诘难》，商务印书馆 1963 年版，第 25 页。
② 伽桑狄：《对笛卡尔〈沉思〉的诘难》，商务印书馆 1963 年版，第 65 页。

理性认识；先有特殊观念，后有一般观念。伽桑狄坚持感觉论的基本原理"凡存在于理性中的，都已先存在于感觉中"，灵魂生来是一块"白板"，这是非常明确的。

伽桑狄的唯物主义感觉论思想还表现在他对知识的可靠性问题的回答上。伽桑狄反对经院哲学的神学教条，也反对怀疑论，曾援引伊壁鸠鲁的著名理由说过，由于怀疑论者硬说任何东西都是不能认识的，所以就给自己关闭了认识的大门。他尤其反对笛卡尔怀疑感觉的可靠性，把感觉视为错误的来源的观点，曾依据伊壁鸠鲁"一切感官都是真理的报导者"的思想论述道："错误或虚假倒不是在感官里"，感觉永远是真实的。因为一切事物给我们表现得就像它们给我们表现的那样；而感官并不主动，它只是接受外界事物的物质影像，按照影像对它表现的那样把它们提供出来。例如，在近处观看一座方塔，决不会怀疑它是方的。他又说道，即使理性告诉我们不要去相信的事物，如在远处观看方塔以为它是圆的，也"并不能去掉现象的真实性"，以为我们把事物看成不是我们所看见的那样。他明确指出，"错误或虚假是在判断里，或是在心灵里；判断或心灵没有给予应有的周密细致对待，没有注意到离得远的东西只是由于离得远或由于别的原因，而应该比它们离我们较近时显得小和模糊"①。伽桑狄强调感觉的真实性，认为感觉比理性认识可靠，这也是显然的。

与此相联系，伽桑狄还批判了笛卡尔把观念的清楚和明白作为确定认识真理性的"准则"的观点。伽桑狄称笛卡尔的这一准则是一个使我们把假的当作真的，"引导我们误入歧途的准则"。他说道，科学史上常有这样的事：最初我们觉得我们对一个事物认识得再也不会更清楚、明白了，后来我们却有同样的理由对这一认识的真实性感到怀疑和不信任；对于科学上的同一真理，人们各有不同的见解，但每个人都认为他的见解是最清楚、明白的。在伽桑狄

---

①　伽桑狄：《对笛卡尔〈沉思〉的诘难》，商务印书馆1963年版，第75页。

看来，真理"只是判断和所判断的事物二者之间的一致性"①，而概念和理性的判断是否是真理，要通过明确性、事实和感觉来加以检验，即如果理性同感觉的明确性相符合，那么它的判断就是正确的，如果理性同感觉的明确性相矛盾，那么，它的判断就是错误的。换言之，伽桑狄主张，感觉才是认识真理性的标准。伽桑狄的这一观点是从他绝对地确信感觉的真实性的观点中引申出来的。

最后，伽桑狄还驳斥了笛卡尔关于"上帝是全部科学的可靠性和真实性的保证"的观点。他明确指出，这样的观点是"很难找到什么人相信的"。他问道："有谁相信几何学的论证的明显性和确定性要从对上帝的证明中得来呢？有谁相信迪亚果腊（Diagore）、太奥多腊（Théodore），以及其他一切类似的无神论者们不能确信这些种类的论证的真理呢？"② 伽桑狄对笛卡尔这一观点的驳斥是他坚持唯物主义感觉论的必然结果。

总起来说，伽桑狄在与笛卡尔的论争中强调和论证了全部知识起源于对外物的感觉，感觉是理性认识的基础；感觉是真实可靠的，是理性认识真理性的标准，等等。这一切在当时都是很突出的。

在西欧大陆各国哲学中，伽桑狄可说是例外地属于唯物主义经验论学派的哲学家。伽桑狄之坚持感觉论的立场并非是英国经验论直接影响的结果。他游历过英国，但与英国经验论的始祖培根并无来往；他与霍布斯的交往倒是很密切的，年龄也小于霍布斯，但他在哲学上的成就比霍布斯要早。真正说来，这与伽桑狄本人是著名的自然科学家，高度重视以感性经验为基础的物理学，牢牢坚持着实验、观察和归纳的方法有着直接的关系；同时也是他在自然观上继承伊壁鸠鲁原子论，乃至在认识论上受伊壁鸠鲁感觉论影响的必然结果。正是这一唯物主义经验论的立场，使得他在笛卡尔的

---

① 伽桑狄：《对笛卡尔〈沉思〉的诘难》，商务印书馆 1963 年版，第 26 页。

② 伽桑狄：《对笛卡尔〈沉思〉的诘难》，商务印书馆 1963 年版，第 71 页。

《形而上学的沉思》刚一问世时就对它提出了"诘难"。他以一系列有说服力的论据驳斥了笛卡尔的对客观事物的普遍怀疑和"我思想，所以我存在"的著名命题，也批判了他的表明其唯理论特点的天赋观念学说和思维清楚明白的真理标准观点，等等。伽桑狄在认识论上对笛卡尔唯心主义唯理论的批判，在他一生的哲学活动中，乃是主要的和富有光彩的一面。

但是，也应当指出，伽桑狄在阐发和论证唯物主义感觉论思想时夸大了感觉在认识中的作用。例如，他虽强调在理智里的东西没有什么不是首先提供给感官的，但同时认为它是通过感觉的机械的"组合"或"划分"而形成的。这就是说，在他那里理性认识只是感觉的附属物，和感觉无质的区别。他曾说，通过感官所得到的关于太阳的感觉和通过天文学的道理得来的太阳的观念，都是真实的，只是"在程度上"一个较多一些，一个较少一些。他确实不懂得由感性认识到理性认识是认识过程中的飞跃。另外，他认为感觉是永远可靠的真实的，并把感觉视为检验认识真理性的标准，这也是夸大感觉在认识中的作用的重要表现。从理论上说，伽桑狄同样地具有经验论所固有的片面性。

当然，伽桑狄批判笛卡尔的唯心主义唯理论，强调感觉在认识中的作用，并不等于说他就完全漠视了理性的必要，取消了概念的作用。伽桑狄曾说过："为了检查和改正我们自己的判断……我们必须把我们的心灵运用到更清楚的认识上去，有了更清楚的认识，随之而来的就一定会是一种更好的，更可靠的判断。"① 例如，他认为，我们在近处观塔和在远处观塔，结果是不同的。究竟谁符合对象呢？在这个时候，就要考虑到"理性的经验告诉我们：同样的东西距离我们远的时候就比距离我们近的时候显得小"。伽桑狄还根据伊壁鸠鲁的思想论述了"预拟概念"的学说。他说："……如果我们从某些事物中得出某种结论，或作出某种断言，或提出某种判断，那么就应当具有关于这些事物的清楚而明确的预拟概念，

---

① 伽桑狄：《对笛卡尔〈沉思〉的诘难》，商务印书馆1963年版，第61页。

这些概念是原理和原则,借助这些原理和原则来证明所得出的结论和作出的断言或判断。"① 在他看来,预拟概念在推理中是作为大前提而出现的,它是一切推理的原则。伽桑狄关于"预拟概念"的学说也是他承认理性在认识中作用的表现。据此我们可以认为,伽桑狄虽然具有经验论所固有的片面性,但他企图把感觉经验和理性思维作某种结合,这在当时的历史条件下是很可贵的。我们从他的著作中还看到,他尽力避免对方法的片面理解,给予演绎法以一定的意义,企图把归纳法和演绎法结合起来。

如前所述,伽桑狄毕生在精确的自然科学领域中进行广泛而多方面的活动,尤其是在物理学和天文学方面有很多著作;此外,还有天文学上极为重要的观察。伽桑狄的科学活动成就连平时不怎么赞扬人的笛卡尔也是承认的,后者曾称他是当时自然科学家的权威。正是这些活动使得伽桑狄能与当时的自然科学相结合,以新的形式复兴了伊壁鸠鲁哲学;也推动他对笛卡尔的唯心主义唯理论作系统的驳斥。而伽桑狄说明和发展了关于物质的原子论学说,宣告了对外物的感觉经验是一切知识的起源,强调了自然科学的观察、实验和归纳的方法,以及反对了上帝是科学的保证的观点等等,这一切又都为自然科学提供了认识论和方法论基础,推动了近代自然科学的研究和发展。历史的事实是,在伽桑狄之后,在化学上有波义耳,在物理学上有牛顿,这两位著名自然科学家的杰出的科学成就就是与伽桑狄观点的影响分不开的。例如,波义耳在他的《从微粒哲学看形式和性质的来源》的论文中曾叙述了一系列亚里士多德的反对者,认为他们的著作对他都有帮助。但他明确地指出,使他受益最大的乃是伽桑狄叙述伊壁鸠鲁哲学的内容极为丰富的书。同时,波义耳在许多论文中都表示过他对为伽桑狄所复兴的伊壁鸠鲁哲学的赞赏,曾为未能早一些了解伊壁鸠鲁的观点而惋惜。比波义耳稍晚的牛顿也深受伽桑狄著作的影响。波义耳和牛顿的原子论无疑是伽桑狄原子论和感觉论的继续和应用。综观整个自然科学的历史发展,可以说,从德谟克利特到牛顿,从古代朴素的原子

① 伽桑狄:《哲学小品》第 3 卷,1958 年法文版,第 9 页。

论到近代科学的原子论，唯物主义原子论者和感觉论者伽桑狄是起了重要的桥梁作用的。

第三节　伽桑狄哲学的两重性和历史地位

在 17 世纪的法国出现的伽桑狄哲学，在自然观上是以复兴伊壁鸠鲁哲学为特征的；在认识论上是西欧大陆罕见的主张唯物主义感觉论的哲学。伽桑狄在哲学上的活动主要也就在于他在自己所处的时代宣传和复兴了伊壁鸠鲁的唯物主义，反对了经院哲学和笛卡尔的"形而上学"。

伽桑狄的哲学具有明显的两重性。如所周知，在他的哲学中，除了以复兴伊壁鸠鲁哲学来对抗经院哲学以外，还有对经院哲学的直接批判。如他曾讥笑经院哲学家是"集市上的丑角"，说他们需要的不是真理，而是诡辩术；不懂哲学，也不懂科学。他对笛卡尔《沉思》的诘难，真正说来，其矛头也是指向经院哲学的。我们还看到，伦理学在伽桑狄哲学中占有重要地位，他的物理学和逻辑学都是为伦理学服务的。伽桑狄在伦理学方面继承和复兴伊壁鸠鲁的"快乐论"，主张人生的目的乃追求最大的幸福，幸福是建立在快乐的基础上的，或就在快乐之中；而真正的快乐乃在于身体健康和精神宁静，即肉体上无病无灾，不痛苦和精神上恬静平和，不激动。他严厉谴责神学家们由于仇视伊壁鸠鲁的唯物主义和快乐论而把讲究肉体上恣情纵欲的称之为"伊壁鸠鲁主义者"。他还明确说道，"理性和作为一切取舍原则的最普遍的智慧是相同的"①，力图证明理性是获得快乐和幸福的必要条件，认为精神上的痛苦和不安宁主要来源于对神和死亡的恐惧，而人可以利用自己的理性去了解事物及其发展规律，从而就可以铲除和医治这种恐惧心理，获得安宁和幸福。可见，伽桑狄的伦理学乃是对教会禁欲主义道德的否定，同样具有唯物主义和无神论的性质。

但是，在考察伽桑狄哲学时不能忽视它还有神学的不彻底性方

---

① 伽桑狄：《哲学小品》第 3 卷，1658 年法文版，第 70 页。

面。我们看到,伽桑狄在《对笛卡尔〈沉思〉的诘难》一书中曾公开地声明过:"我之反驳你所有这些东西,不是由于我怀疑你打算得出来的结论,而是由于我不相信你就这个问题所提出来的论据";"事实上,我公开承认我相信有一个上帝,相信我们的灵魂是不灭的"①。还有,伽桑狄在用原子论观点来解释自然现象时,也曾附加上了种种神学性质的说明。例如,他认为世界上万事万物最终是由原子构成的,但又认为一定数目的原子本身不是永恒的,它归根结底是由神创造的;他强调物体按其本性是自动的,但又认为原子实际上只有可动性,它的自动性也是神赐予的,"一切事物的第一原因是神";他在生物发生的问题上认为有机体是由"种子"发展而来,但又认为神是各种有机体"种子"的创造者;他一方面批判了笛卡尔关于上帝存在的实际上是本体论的和宇宙论的"证明",另一方面则从宇宙间事物的和谐秩序与植物、动物和人体构造的完美性中又肯定了上帝的存在;此外他有时把理性灵魂看作是物质的有形的,肉体死后便烟消云散了,但有时又承认有所谓非物质的无形的"理性灵魂"的存在,并认为它是永恒的、不变的;等等。总之,伽桑狄哲学具有神学的不彻底性是显然的。这说明,伽桑狄"竭力要使他的天主教的良心和他的异教的知识相协调,使他的伊壁鸠鲁和教会相适合"。用马克思的话来说,"这当然是白费气力的"②;这也是他的哲学的最大的缺点。

伽桑狄的哲学体系保留了神的地位,明显地表现了 17 世纪法国新兴资产阶级哲学家对封建势力的软弱性和妥协性。在伽桑狄生活的时代,法国在政治上和宗教上的反动已经加强起来。伽桑狄不断受到教会势力的冲击,为了"寻求安全",实际上变得"小心谨慎"了。关于这一点,狄德罗曾说过:"……可怜的伽桑狄,为了躲避殉教者的花冠,不得不给伊壁鸠鲁挂上基督教的面具。"③ 确

---

① 伽桑狄:《对笛卡尔〈沉思〉的诘难》,商务印书馆 1963 年版,第 85、4 页。

② 马克思:《博士论文》序,人民出版社 1961 年版,第 1 页。

③ 敦尼克等主编:《哲学史》第 1 卷,三联书店 1959 年版,第 432 页。

实，既然伊壁鸠鲁成了神的牺牲品，为什么伽桑狄不侍奉神呢？伽桑狄生活在 17 世纪的法国具有这样的弱点，是不奇怪的。

不过，伽桑狄著述的着力点乃在于他的唯物主义和无神论的方面，而并非在于论证神的存在和灵魂不死的方面。他对于神的存在和灵魂不死的承认是抽象的，而对于唯物主义和无神论的论证，以及对于经院哲学和笛卡尔"形而上学"的驳斥则是具体的。在伽桑狄看来，神创造了原子，把原子变成可见的自然界，就让它按照自己的规律永恒地发展着，再也不管它了。神在他的哲学体系中真正说来，乃是形式上的。同样，他从灵魂是无形体的推断出灵魂是不死的，这与他的原子论也是很少联系的。因为按照原子论，没有形体和不存在是一回事。伽桑狄有句名言，"让我们严肃地、老老实实地对待这些事物，让我们习惯于按照事物是什么样就把它们说成什么样吧！"① 综观伽桑狄的全部哲学活动，应当说，伽桑狄在本质上是坚持了这一唯物主义原则的。

由上可见，伽桑狄虽然和笛卡尔生活在同一时代、同一国家，并且都反对经院哲学和宗教神学，也都有对神学的妥协方面，但彼此的方向和角度是截然相反的。概括地说，笛卡尔的哲学，其物理学部分是机械唯物主义，就全体而言是典型的二元论；伽桑狄的哲学则在本质上是唯物主义的，他毫不掩饰地阐发自己的唯物主义观点。笛卡尔把思维和直观分开，强调有所谓天赋观念，用理性来反对经院哲学；伽桑狄则十分强调感觉经验，用经验来反对经院哲学。在方法问题上笛卡尔强调几何学的演绎法；伽桑狄则注重实验科学的归纳法，给予归纳法以应有的意义。伽桑狄和笛卡尔的这种不同表明，法国进步的资产阶级思想体系，一方面受国内资本主义和自然科学发展的历史条件所制约，另一方面也是不能脱离整个欧洲资本主义和自然科学发展的总的状况的。而伽桑狄，由于他的社会经历（如游历过荷兰和英国），他对精确的经验自然科学的兴趣和研究（如注重天文学和物理学，钦佩哥白尼和伽利略）等，他

---

① 伽桑狄：《对笛卡尔〈沉思〉的诘难》，商务印书馆 1963 年版，第 28 页。

的哲学乃更多地反映了荷兰和英国资本主义和自然科学的发展对法国资产阶级的影响，以及法国资产阶级发展自然科学、反对经院哲学和宗教神学的要求方面。在人类历史上一种新制度代替旧制度的革命转变时期，在新兴的阶级内部产生比较革命和比较妥协的阶层，这是常见的。在 17 世纪上半叶伽桑狄乃是法国资产阶级内部先进阶层的思想代表。

伽桑狄哲学在近代哲学的发展中具有重要的历史地位。我们注意到，正是在伽桑狄哲学之后，从笛卡尔学说中分化出一些新的哲学学说。而哲学发展的事实表明，18 世纪的法国唯物主义有两个派别：一派起源于笛卡尔，一派起源于洛克。前一派是机械唯物主义，它"汇入了真正的法国自然科学的总流"。18 世纪法国唯物主义的这一学派虽然起源于笛卡尔，却吸收了 17 世纪英法唯物主义尤其是法国本土的伽桑狄哲学的卓越成就。可以说，没有伽桑狄唯物主义与笛卡尔"形而上学"的对抗，也就很难有笛卡尔学说的分化，有 18 世纪法国唯物主义的产生。特别是，在认识论上，我们看到，伽桑狄以"诘难"的形式与笛卡尔的针锋相对的论争乃是这一历史时期经验论和唯理论之间整个斗争的最初交锋，它甚至比霍布斯对笛卡尔的批判还略早一些。伽桑狄把认识论上的矛盾第一次展开了，比别人更早地阐发和论证了唯物主义感觉论思想，揭露了唯心主义唯理论的荒谬性和片面性，开始了往后人们对笛卡尔学说的唯物主义批判，这无疑是他在哲学发展上的杰出贡献。

当然，伽桑狄在 17 世纪批判了笛卡尔哲学，但是在当时并没有能够战胜它。正如马克思说的，"伽桑狄和霍布斯正是在他们的敌人已经作为官方势力统治着法国的一切学派的时候战胜这个敌人的，而这已是他们去世以后很久的事了"①。实际的情况是，笛卡尔哲学当时在西欧大陆各国影响巨大，占据了统治地位。这主要是由于以二元论形式出现的笛卡尔哲学更能体现和适合于当时法国资产阶级向封建势力妥协的意向和要求，因而，在实际的社会作用上尽管伽桑狄哲学在大的方向上是正确的，它也是不如笛卡尔哲学

①《马克思恩格斯全集》第 2 卷，人民出版社 1957 年版，第 161 页。

的。其次，伽桑狄哲学具有神学的不彻底性，这一弱点多少模糊了他同经院哲学和宗教神学的斗争锋芒，似乎他攻击的目标只是笛卡尔哲学，这就使得他的唯物主义和无神论思想给予当时的官方哲学和神学震动不是很大，影响了人们对它的理论价值的认识。战胜笛卡尔哲学的任务是由后来的，尤其是 18 世纪法国唯物主义的哲学家们在与之连续不断的斗争中才完成的；同时也只是在这个过程中，伽桑狄哲学的意义和历史地位才逐渐被充分的估计和深刻的认识到。

中 编

欧洲近代经验论和唯理论哲学

的发展阶段

第八章　大陆唯理论哲学的完备形态
——斯宾诺莎哲学

　　斯宾诺莎是 17 世纪荷兰新兴资产阶级著名的哲学家。他在实体学说中持唯物主义和泛神论观点，是近代辩证法的卓越代表之一；也是西欧大陆唯理论派继笛卡尔之后的又一个代表人物。斯宾诺莎与笛卡尔哲学有密切的关系，他在霍布斯和伽桑狄批评笛卡尔哲学的背景下，为克服笛卡尔哲学的矛盾，着力抛弃笛卡尔哲学的二元论，使之一元化而形成了自己独特的思辨哲学。他的哲学是西欧大陆唯理论哲学的完备形态。如黑格尔所说，"斯宾诺莎主义是笛卡尔主义的完成"，"是笛卡尔哲学的一种完备的发展"①。

斯宾诺莎小传

　　别涅狄克特·德·斯宾诺莎（1632～1677），出生于荷兰阿姆斯特丹的一个犹太商人家庭里。祖先原居西班牙，为躲避宗教法庭的迫害于 1592 年迁至荷兰定居；父亲曾任犹太人公会的会长和犹太教会学校的校长，经营海运贸易，颇有资产。幼时深受家庭犹太传统的熏陶，后在 7 年制的犹太教会学校上学，学习希伯莱文、旧约全书和犹太典籍；尤其是热心地钻研过中世纪犹太哲学家迈蒙尼德等的著作，并牢固地接受了犹太哲学和神学里关于"上帝"是最高存在的观念。

　　1649 年斯宾诺莎继承父业，正式到商界服务。商业经营使斯宾诺

---

　　①　黑格尔：《哲学史讲演录》第 4 卷，商务印书馆 1978 年版，第 132 页。

莎结识了许多有自由思想的青年商人，也推动他进入由自由思想家和人文主义者凡·丹·恩德主持的学校，孜孜不倦地学习拉丁语、各种世俗学问和科学知识。在这中间，他接触到了卢克莱修、布鲁诺、培根、霍布斯和笛卡尔的哲学著作，以及物理学、数学和医学等，尤其对布鲁诺的"自然"观念和笛卡尔的"实体"观念有浓厚的兴趣。新科学和新哲学强烈地影响了斯宾诺莎，使他对犹太教的经典和教义产生了怀疑。他开始漠视犹太教的教规仪式，拒不执行犹太教的饮食规则；否认灵魂不灭，认为灵魂随生命的断绝而消灭；否认天使的存在，认为它只是我们想象中的幻影；并把上帝看作自然本身，而不是超自然的精神主宰。正因为这样，他被犹太教集团视为异端分子，并受到收买、惩罚、谋害直至永远革出教门等各种方式的迫害；也遭到基督教神学家们的激烈反对。不久，斯宾诺莎便被迫离开阿姆斯特丹，并以磨制光学镜片为业，生活清贫。但他没有消沉，如海涅所说，学校和生活把他教育成人，增强了他探讨哲学、追求真理的决心。在这个时候，他将原希伯莱文的名字巴鲁赫改为拉丁文名字别涅狄克特（均为受上帝恩惠的意思），以示与犹太教会断绝关系。

1660 年后，斯宾诺莎先后迁居莱顿城附近的莱茵斯堡镇和海牙附近的沃尔堡镇，并于 1670 年应德·维特的邀请又迁居海牙。他的晚年即在海牙度过。在这个时期里，他勤奋地埋头写作；继他的第一部哲学著作《略论神、人和人的幸福》之后，又写作了《笛卡尔哲学原理（附形而上学思想)》和《知性改进论》两部重要的早期著作。前者"按照几何学方法证明"笛卡尔的观点，为他以后采用同一方法阐述《伦理学》打下了基础；后者是他的认识论和方法论著作，因表达了其哲学的伦理目的而成为《伦理学》的导言。从 1663 年起，斯宾诺莎开始书写《伦理学》。《伦理学》是他的哲学思想的集中表达和结晶，是他一生中最重要的代表作。它的写作过程断断续续历经 13 年，直到 1675 年才告完成。其间，他著有《神学政治论》；通过对圣经作科学的历史的解释批判了传统的宗教迷信，阐述了自己倾心于德·维特共和派的宗教政治观点。该书在短时期内连出 5 版，轰动全国和欧洲，并遭到了犹太教会的强烈反对，被斥责为"渎神"，后被荷兰总督奥伦治第三禁止传播；作者本人则被攻击为"恶魔"。他还著有

《政治论》，该书与前书不同，没有引用圣经，是纯粹的政治理论；著有《希伯莱语法》，据说斯宾诺莎曾用希伯莱文翻译过《圣经》。此外，斯宾诺莎还指导着阿姆斯特丹的一批青年学习哲学；与英国皇家学会首任秘书奥尔登堡交往，后者曾称他为"颖敏好学之士"；并与著名科学家和哲学家如波义耳、惠更斯、胡德和莱布尼茨等通讯，进行学术讨论。他本人对自然科学有广泛的兴趣，曾进行过不少物理学、化学的实验和光学方面的研究；也撰写过《论虹》以及刊行过《机遇的计算》等文章。

　　斯宾诺莎一生以仁慈和美德著称。他对财富淡漠，曾把父亲的遗产让给了异母姐姐，自己宁靠磨镜片为生；也拒绝过西蒙·封伏里斯拟指定他为财产继承人的馈赠，仅收了一笔300弗洛林的年金。他为人正直，曾不屈服于犹太教会的迫害，说为正义而死是一种光荣，为自由而死是一种荣耀；在荷兰和法国战争时，也严正地拒绝过法国人要他著书献给路易十四的要求；此外，1673年普鲁士帕拉廷选帝侯卡尔·路德维希邀请他到德国海德堡大学任哲学教授，他还因其有"不滥用这种自由来动摇公共信仰的宗教"等附加条件而拒绝受聘。对此，罗素曾评述道，"按才智讲，有些人超越了他，但是在道德方面，他是至高无上的"[①]。

　　1677年2月，斯宾诺莎因患肺病而过早地逝世。这是他长期磨制镜片吸入尘埃而招致的恶果；时年仅45岁。他的著作在生前除《笛卡尔哲学原理》外大部分是用匿名发表的；死后曾由友人以《遗著》为书名（汇编了《伦理学》、《政治论》、《知性改进论》、《希伯莱语法》和《书信集》等五篇著作）用真名发表。斯宾诺莎说过，"我只将我的著作献给真理"，"我的愿望是为共和国谋福利"。鉴于斯宾诺莎为真理和自由而斗争的一生，后人曾在他逝世二百周年时在海牙他的旧居附近建立了一座全身铜像来纪念他。

---

① 　罗素：《西方哲学史》（下卷），商务印书馆1976年版，第92页。

第一节　实体一元论的基本范畴和观点

斯宾诺莎的主要哲学著作是《伦理学》，原名《论神、理性灵魂和最高幸福》。它表明，斯宾诺莎哲学由本体论、认识论和伦理学等构成。其中论人的幸福是其论述哲学的目标部分，论理性灵魂是其研究该哲学目标实现的途径和方法部分，而论神则是其论述哲学的基础部分即本体论部分。

斯宾诺莎从事哲学研究活动正值笛卡尔哲学在荷兰得以形成并具有广泛影响的时期，自然地他也就从笛卡尔的实体概念出发；但他不同意笛卡尔的二元论观点，而对笛卡尔的实体学说加以改造，提出了自己对实体概念的独特理解，表达了他对世界本原问题的看法。这即是他的实体一元论学说。

斯宾诺莎的实体一元论学说涉及实体、神、自然以及样式、属性等范畴。它不像笛卡尔那样从普遍怀疑出发，而是从定义出发，引出具有自明性的命题，以此唯理论的演绎方式来阐述问题；并包括下述几个基本的观点。

一、在实体问题上的泛神论观点

斯宾诺莎首先对实体下定义说，"实体，我理解为在自身内并通过自身而被认识的东西"①。他明确地肯定，实体是无须依赖他物而能自己独立存在的，是无须借助他物的概念而能自己说明自己的。根据这个定义，他依次引出了关于实体的种种自明的本性。如实体是"自因"的，即它是自身存在的原因，而不为任何别的东西所产生；否则，它依赖于他物而存在，就违背实体的定义了。如实体是永恒的和无限的，即它是自因的，它的存在在时间上就不会有开端和终结，在空间上也不会有在它之外的他物来限制它；否则就等于说，它不是自因的，不是实体了。如实体还是惟一的，即它在数量上只有一个，"不能有两个或多个具有相同的本性或属性的

----

① 斯宾诺莎：《伦理学》，商务印书馆1958年版，第3页。

实体"①；否则它就不是永恒的和无限的了。概括地说，斯宾诺莎认为，"宇宙间只有一个实体存在着，而这个实体是绝对无限的"②。若如笛卡尔那样，有所谓物质实体和心灵实体，两者二元对峙，各不相干，那就需要借助另一更高的概念来说明心灵或物质，这样，它们也就不成其为实体了。斯宾诺莎关于实体概念内涵的规定表明，他以一元论来克服和代替笛卡尔的二元论，这终究是哲学发展中的重要进展；这还是人类对自然界的哲学认识中的重要阶段，因为，"真正地认识原因，就是使我们的认识从现象的外在性深入到实体"③。

斯宾诺莎按照唯理论的演绎方法来规定其内涵的实体概念不是空洞的先验范畴，就外延而言，他的实体即"神或自然"④。斯宾诺莎曾说，只有一个实体，就是神。"除了神以外，不能有任何实体，也不能设想任何实体"。在他看来，"神是绝对无限的本体"，是不可创造的最高存在，惟有神才能"是万物本质及万物存在的惟一原因"⑤。他又认为，实体即自然。不过这里所讲的自然乃是相对于样式世界而言的作为整体的自然，即是由自然中个别事物的相互联系、相互作用所构成的系统⑥。实体是自因的、永恒和无限的、惟一的，即是与它作为由个别事物的相互作用所构成的整体这一点相联系的。也惟有这样的自然才能作为自然万物存在的原因。

总之，在斯宾诺莎看来，惟有神或自然才符合实体的定义和规定。应指出的是，他在这里没有只提实体即神（若那样就是有神论的观点了）；也没有只提实体即自然（若那样就是唯物主义和无神论的观点了）。他的命题是实体即神或自然。这表明，斯宾诺莎把实体、神和自然"三位一体"化了，赋予了实体概念以新的

---

① 黑格尔：《哲学史讲演录》第 4 卷，商务印书馆 1978 年版，第 109 页。

② 《十六——十八世纪西欧各国哲学》，商务印书馆 1975 年版，第 248 页。

③ 《列宁全集》第 38 卷，人民出版社 1959 年版，第 167～168 页。

④ 斯宾诺莎：《神学政治论》，商务印书馆 1963 年版，第 90、94 页。

⑤ 斯宾诺莎：《伦理学》，商务印书馆 1958 年版，第 13、49 页。

⑥ 钟宇人、余丽嫦编：《西方著名哲学家评传》第 4 卷，山东人民出版社 1984 年版，第 338～341 页。

理解。

斯宾诺莎的这个命题涉及到他在神和自然关系问题上的见解。考察起来，这有两个方面：

(一)"神"即自然。他把神归结为自然，这是对传统的神的观念的改造。按照基督教神学的观点，神是超自然的、有人格有意志的存在物；神在时间中创造自然界，是自然万物的始因，还干预人间祸福。斯宾诺莎则宣称"我对于神和自然持有一种和那些近代基督教徒惯常所主张的非常不同的观点"，认为"神是一切事物的内在原因，而不是超越的原因"①。这个作为自然万物内因的神不是非物质性的主宰即精神性的实体，而是作为整体的自然本身。因为只有在与其他事物的相互联系、相互作用中即在整体中，个别事物才得以存在。这个作为整体的自然无疑包含有物质的本性。斯宾诺莎曾说过："神根据必然性而认识自己，也根据同样的必然性而动作。"② 而在当时，唯有物质性的东西才被认为是缺乏能动性、受盲目的必然性支配的。可见斯宾诺莎在这里对神的见解具有强烈的反传统宗教神学的唯物主义倾向。

(二)"自然"即神。他又赋予自然以神的本性，这是对流行的自然观念的改造。斯宾诺莎把上述自然理解为作为整体的自然，而未理解为现实的物质的自然。他说过，"如果某些人认为《神学政治论》以神与自然界（他们把自然界理解为某种质量或有形物质）是同一的这个思想为基础，那么他们是大错特错了"③。在他那里，整体性与至善性似是一个概念。作为整体的自然本身是超时间的，不变不动的，永恒的；它具有无限的属性，包括有绝对思维的能力和爱人爱己的属性，是至善至美的圆满存在物的标记；因而它才能作为万物存在的原因而存在。换言之，这样的自然是具有神的本性的自然，这种本性与传统的宗教神学中上帝的本性类似。斯宾诺莎提醒人们"注意"说："我在这里所谓'自然界'的意义，

---

① 沃尔夫编译：《斯宾诺莎书信集》，1928 年英文版，第 343 页。
② 斯宾诺莎：《伦理学》，商务印书馆 1958 年版，第 43 页。
③ 巴克拉捷：《近代哲学史》，上海译文出版社 1983 年版，第 175 页。

不仅指物质及其变形，而且指物质以外的无穷的其他的东西"①，认为单凭物质不能表现实体的无限丰富性。我们还看到，他不仅没有抛弃神的名词，或把神视为标志现实的物质自然的单纯名称，而且先已肯定和运用了中世纪经院哲学家关于上帝存在的本体论证明②。神的存在对他来说是不言而喻的。由此可见，斯宾诺莎在这里把自然理解为神，虽包含有超越旧唯物主义把物质等同于广延的物质观的意向，终究是他在本体论上的唯心主义表现。

总之，斯宾诺莎在神和自然关系问题上没有单纯地把神归结为自然，或把自然归结为神；而是既把神归结为自然，宣称神在自然中，又赋予自然以神的本性，宣称自然在神中。这即是斯宾诺莎的泛神论思想，这种思想既有突出的反对传统宗教神学的倾向，又有一定的唯心主义性质。斯宾诺莎以泛神论的形式对笛卡尔的实体学说作了改造，表达了他对自然和神关系问题即世界本原问题的特殊回答，这是明显的。

二、在样式问题上的决定论观点

斯宾诺莎在实体一元论学说中又提出了样式的概念，并定义说，"样式，我理解为实体的分殊，亦即在他物内通过他物而被认知的东西"③。他把样式看作实体的特殊状态，认为没有实体，谈不上样式，样式是实体的样式；反之，没有样式，实体不表现出来，它就不具有完整性、完满性，正如不产生结果的原因是不完整的一样。在他看来，实体是整体，样式是部分、个别；实体是无限的，样式是有限的、有质的规定性的；实体是本质，样式是现象。他还指出，实体在时间之外，没有运动变化，是永恒的，样式在时间之中，有运动变化，是暂时的；等等。简言之，实体是具有神性的作为整体的自然，样式就是自然万物及其总和即通常所说的现实的自然。从这里，我们看到，斯宾诺莎与亚里士多德不同，不是把

① 斯宾诺莎：《神学政治论》，商务印书馆1963年版，第91页。
② 斯宾诺莎：《伦理学》，商务印书馆1958年版，第10~12页。
③ 斯宾诺莎：《伦理学》，商务印书馆1958年版，第3页。

个别事物看作实体，认为实体有许多个；而是把它看作实体的样式，认为实体只有一个，样式是众多的，并且彼此之间是有联系的。

斯宾诺莎说，"实体按其本性必先于它的分殊"①。但他强调，作为整体的自然与自然万物之间并非是在时间中产生因果和创造被创造的关系；而乃是在逻辑意义上的因和果的关系，即前者并非是后者的"发生因"，而乃是后者的"内在因"，乃是在时间之外作为后者的逻辑理由而存在②。否则就难以解释无运动变化的、作为整体的自然如何能产生有运动变化的、可分的自然万物，就等于把作为整体的自然设定为在自然万物之外，是有限的，不是实体了。斯宾诺莎在这里还借用布鲁诺的术语，把自然分为"产生自然的自然"和"被自然产生的自然"。前者又叫"能动的自然"，是指作为实体的自然；后者又叫"被动的自然"，是指作为样式世界的自然即通常所说的现实的自然。他使用这对范畴正是为了表达上述作为整体的自然和自然万物之间的这种逻辑关系，说明前者乃是后者的"内在因"。斯宾诺莎把自然两重化了，这是了解他的实体和样式关系问题的关键所在。

总之，斯宾诺莎在这个问题上的观点不同于把实体看作是有人格的上帝，上帝在时间中创造自然万物的宗教神学观点；也不同于把实体看作是现实的自然，其在自身的发展中产生自然万物的唯物主义观点。在他看来，没有神或作为整体的自然，"就不能有任何东西存在，也不能有任何东西被认识"③，即个别事物如果离开了它与其他个别事物的联系，离开了它与其他个别事物所构成的整体，那是根本不能存在的。神或作为整体的自然内在于自然万物中，通过自然万物体现出来；自然万物又被包含在神或作为整体的自然中，甚至人也"参与神性"。由此可见，斯宾诺莎在力图把神或作为整体的自然和自然万物"调和"起来。应当说，这是他在

---

① 斯宾诺莎：《伦理学》，商务印书馆 1958 年版，第 4 页。
② 巴克拉捷：《近代哲学史》，上海译文出版社 1983 年版，第 185 页。
③ 斯宾诺莎：《伦理学》，商务印书馆 1958 年版，第 14 页。

实体一元论学说中的泛神论思想的继续和延伸。

斯宾诺莎在论述样式概念时还特别说明了样式世界中具体的个别事物的产生问题。斯宾诺莎写道，"凡是被决定而存在和动作的东西，都是为神所决定而这样的。但是有限的、且有一定的存在的东西，不能为神的任何属性的绝对本性所产生；因为凡是出于神的任何属性的绝对本性的东西，都是无限的和永恒的。所以任何有限之物，不是自神而出，必是自神的某种属性而出，就这种属性被看成处于某种样式的状态而言"①。他认为，具体的个别事物并非直接导源于无限的实体、由实体所直接派生，而是由其他具体的个别事物所直接产生的。按照他的看法，个别的事物乃是存在于别的事物内并通过别的事物而被认识的东西。它与别的事物的关系不同于实体和样式世界的关系，存在着在时间中的因果关系，即一事物为在它之外的另一事物所决定，以在它之外的另一事物为原因，"这个原因又同样为别的原因所决定，如此递进，以至无穷"②。个别事物是如此，作为样式的观念亦是如此。这即是斯宾诺莎的决定论观点。斯宾诺莎是近代决定论的著名代表。他用因果联系的观点来说明样式世界即现实的自然，认为在自然界中存在着同一的紧密的因果联系。他是十分强调"事物和行动都服从一个命定的必然"的。

斯宾诺莎的决定论突出有命定的必然，是一种外因论观点。如他自己说的，每个个别事物非经"另一个"有限的、且有一定的存在的原因决定它存在和动作，便不能存在，也不能有所动作③。这种观点的出现，无疑与当时自然科学的状况有关。而按照这种观点进行逻辑推论就必定会得出有神的"第一推动力"的结论。但是由此引出这个结论是一回事，公开确认这个结论是又一回事。斯宾诺莎并没有为当时自然科学的狭隘状况所迷惑，由此直接作出有"第一推动力"等超自然的人格神的结论；因而他的这种观点不能

---

① 斯宾诺莎：《伦理学》，商务印书馆 1958 年版，第 26 页。
② 斯宾诺莎：《伦理学》，商务印书馆 1958 年版，第 81 页。
③ 斯宾诺莎：《伦理学》，商务印书馆 1958 年版，第 25 ~ 26 页。

说就是宿命论的观点，因为后者毕竟是和承认正统的有神论观点相联系的。他解释自然界的方法主要在于阐述自然界的历史本身。他还从中引申出"在心灵中没有绝对的或自由的意志，而心灵之有这个意愿或那个意愿乃是被一个原因所决定，而这个原因又为另一原因所决定"① 的结论。斯宾诺莎在这里"坚持从世界本身说明世界"，排斥各种宗教神学的观点，这又是突出的。奥尔登堡在通信中就曾揭示过斯宾诺莎"事物和行动都服从一个命定的必然"的观点的"秘密"："如果接受和承认了这一点，岂不等于说，一切规律、道德和宗教的力量全都不攻自破，各种赏罚也都成为多余。"②

三、在属性问题上的平行论观点

斯宾诺莎在实体一元论学说中还提出了属性的概念。关于这个概念，他定义说，"属性，我理解为由知性看来是构成实体的本质的东西"③。斯宾诺莎曾说过，"除实体和样式外，不存在任何别的东西"。但这并不等于说他就认为属性不存在。他是肯定属性存在的，不过其存在的方式不同于实体和样式的存在方式，它乃作为实体的本质特性而存在。在他看来，实体和属性的关系不是本质和现象的关系，也不是原因（逻辑理由）和结果的关系，属性不是来自实体的；而是内容和表现形式的关系，即它揭示实体的内容，是实体的表现形式。没有属性，实体就无法存在和表现出来，正如没有三维空间，广延属性的内容就无法被揭示出来一样。

斯宾诺莎又认为，实体的属性是无限的。毕竟圆满性、完善性是实体的本性，所以实体必然是由无限多的属性构成，不缺少什么；其中每一个属性都表达和显示永恒的和无限的本质。但他同时强调，在无限多的属性中能被我们认识的只是两个，即广延和思

---

① 斯宾诺莎：《伦理学》，商务印书馆 1958 年版，第 80 页。
② 见《哲学译丛》，1982 年第 1 期，第 66 页。
③ 斯宾诺莎：《伦理学》，商务印书馆 1958 年版，第 3 页。

维。"……除了广延和思维以外，心灵并不能感知到上帝的其他属性。"① 如他宣称和确认的："广延是神的一个属性，换言之，神是一个有广延的东西"；"思想是神的一个属性，或者神是一个能思想的东西"②。此外，他还指出，样式是"实体的分殊"，实体总是体现为样式即特殊事物的；因而"特殊的事物只不过是神的属性的分殊"，它"以某种一定的方式表示神的属性"③，亦即蕴含有实体的一定的广延属性或思维属性。属性表现实体，决定着它也表现样式。

问题是，从惟一的实体中怎样引申出广延和思维这两个属性来呢？具有无限属性的实体怎么只有这两个属性能被认知呢？对此，斯宾诺莎自己并未作出说明；这也不是他通过演绎方法所推论出来的。实际上这乃是他根据世界上既存在着物质的现象（广延），又存在着精神的现象（思维）这一关于现实自然的普遍的经验常识而断言的。这样，斯宾诺莎在这里就既没有放弃上帝的观念，因为他确认了实体即神具有无限的属性，而上帝实体不能不是完善的；尤其确认了"思想是神的一个属性，或者神是一个能思想的东西"，也没有放弃现实的自然的观念，因为他反映了关于现实自然的普通的经验常识；尤其确认了"广延是神的一个属性，换言之，神是一个有广延的东西"，而在当时物质的东西才被认为是有广延的。可见，斯宾诺莎关于属性问题的论述同样体现了他的泛神论思想。

我们还看到，斯宾诺莎在这里与笛卡尔不同，不是把广延和思维看作独立存在的两种实体或两个不同实体的属性，而是认为："凡是无限知性认作构成实体的本质的东西全都只隶属于惟一的实体。"在他看来"思想的实体与广延的实体就是那惟一的同一的实体，不过时而通过这个属性，时而通过那个属性去了解罢了"④。例如，自然界中的圆形与圆形的观念即是如此。这说明，斯宾诺莎

---

① 巴克拉捷：《近代哲学史》，上海译文出版社1983年版，第178页。
② 斯宾诺莎：《伦理学》，商务印书馆1958年版，第43、42页。
③ 斯宾诺莎：《伦理学》，商务印书馆1958年版，第25页。
④ 斯宾诺莎：《伦理学》，商务印书馆1958年版，第46页。

在企图克服笛卡尔的二元论，把它导向实体一元论，并按自己的方式解释了在实际生活中存在着的思维和广延两者相互作用的现象："广延和思维并不是真正分开，而只是外表上分开，因为它们都是整体"，即都统一于实体，因而，没有广延就没有思维，反之没有思维也就没有广延。这也是斯宾诺莎为否定传统的宗教神学中的上帝观念所必需，因为笛卡尔正是从心物二元论出发引申出了超自然的上帝存在的必要。

但是，斯宾诺莎在这里并不主张物体决定思维，或思维决定物体。相反，他认为思维和广延是从不同方面表现实体的，它们在类上不同：广延不是思维，思维不是广延；彼此仅通过自己来表现自己。而"如果两物之间没有共同之点，则这物不能为那物的原因"，即"物体不能限制思想，思想也不能限制物体"①。此其一。其二，他还指出，"当事物被认作思想的样式时，我们必须单用思想这一属性来解释整个自然界的次序或因果联系；当事物被认作广延的样式时，则整个自然界的次序必须单用广延这一属性来解释"。而"无论我们借广延这一属性，或者借思想这一属性，或者借任何别的属性来认识自然，我们总会发现同一的因果次序或同一的因果联系"②。简言之，斯宾诺莎主张：思维和广延并不处于相互的因果联系之中，而是彼此独立，互不决定的；又，思维的因果次序和广延的因果次序是"同一"的，"同时发生"的。思维和广延的关系问题实即思维和存在的关系问题，在这个问题上斯宾诺莎乃持一种心物平行的观点。

与此相联系，斯宾诺莎还就作为特殊样式的人的肉体（有广延之物）和灵魂（能思维之物）的关系问题说道："身体不能决定心灵，使它思想，心灵也不能决定身体，使它动或静……"③ 在他看来，心灵只能决定心灵，影响心灵；身体只能决定身体，影响身体。他还指出，"我们身体的主动或被动的次序就性质而论，与心

---

① 斯宾诺莎：《伦理学》，商务印书馆 1958 年版，第 3 页。
② 斯宾诺莎：《伦理学》，商务印书馆 1958 年版，第 46 页。
③ 斯宾诺莎：《伦理学》，商务印书馆 1958 年版，第 92 页。

灵的主动或被动的次序是同时发生的";"心灵的命令、欲望和身体的决定,在性质上,是同时发生的,或者也可以说是同一的东西"①。这即是斯宾诺莎的身心平行的观点,他以此观点批评了笛卡尔的身心交感说。

由上可见,斯宾诺莎并没有真正克服笛卡尔的二元论。他一方面解释了思维和广延、心灵和身体有相互影响和作用的现象,另方面则否定了它们之间有相互影响和作用的实在;只是把笛卡尔的二元论从实体方面转移到了属性方面。他由于思辨地形而上学地看待实体,认为实体不是通常所说的现实的自然,它是不动的,自然地就不能了解物质在其发展中产生生命的过程,不能解决物质和意识的相互关系问题。"实体与物质的相脱离转变成思维与存在、灵魂与肉体的相脱离。"② 而这种属性二元论毕竟否认思维是物质高度发展的产物,是肉体的活动方式;为承认心理的独立性打开了方便之门。

总起来说,斯宾诺莎在本体论上的观点是通过实体、神、自然以及样式、属性等基本范畴、命题表达出来的。这是从惟一的实体出发,演绎出一切实体的一元论学说。它涉及神和自然的关系,作为整体的自然和自然万物的关系以及思维和存在、心灵和身体的关系等问题;并对这些问题作了不同于笛卡尔的新解释,蕴涵着泛神论、决定论和平行论等思想。斯宾诺莎的泛神论是他对世界本原问题的回答,这是他的哲学的基础方面;它清楚地展示出了斯宾诺莎哲学具有调和唯物主义和唯心主义的方面。恩格斯曾就泛神论说过:"唯心主义体系也愈来愈加进了唯物主义的内容,力图用泛神论的观点来调和精神和物质的对立。"③ 当然,泛神论在哲学史上有一发展过程;斯宾诺莎的泛神论不同于此前的泛神论。概括地说,在中世纪,泛神论以神学唯心主义观点的体系出现。如"中

①　斯宾诺莎:《伦理学》,商务印书馆 1958 年版,第 93、95 页。
②　见《哲学译丛》,1982 年第 1 期,第 65 页。
③　恩格斯:《费尔巴哈和德国古典哲学的终结》,人民出版社 1972 年版,第 17 页。

世纪哲学之父"伊里吉纳和德国的艾克哈特等认为,上帝是惟一的存在,是包罗万象的存在;万物从上帝"流溢"出来,又复归于上帝。在这种观点下,他们才提出"创造主和被创造物是同一的东西","上帝是万物,万物也是上帝"的泛神论思想的。他们中有的还认为,上帝在大多数人的灵魂深处;人通过内心的神秘的启示,其灵魂就能接触、认识上帝,达到与上帝的同一。这一时期的泛神论虽反对圣经上关于上帝创世的说法,但整个说来,唯心主义和神秘主义思想占主导地位。

在文艺复兴时期,泛神论以自然哲学观点的体系出现。如意大利的布鲁诺在关于宇宙结构的系统论述中,把宇宙和世界作了区分,认为宇宙是统一的无限物质,是世界的本原和永恒的原因。而上帝也是无限的存在,无限的存在不能有两个,所以上帝就是宇宙本身。这一时期的泛神论唯物主义因素显著增加,开始成为主导方面,如布鲁诺有时就干脆把上帝叫做"产生自然的自然",把世界叫做"被自然产生的自然";但另一方面,它与自然界有所谓"宇宙灵魂"或"普遍理智"的观点相联系,唯心主义杂质仍很明显。而在近代,斯宾诺莎的泛神论则以实体一元论观点的体系出现。它用思辨的方式看待神和自然,抛弃了它们的个体性,把它们统一和升华为"实体"。与此前的泛神论相比较,它把它们对上帝自然化的程度提高了一大步,具有更强烈、更系统的反传统宗教神学的倾向,其唯物主义内容更为充实、突出,甚至比自然神论更接近无神论。但是,即便是如此,也不能否认他的泛神论之"调和精神和物质对立"的性质。在这方面,费尔巴哈对斯宾诺莎哲学的评述是中肯的:"如果我们一旦不再有存在于上帝以外的世界,那么我们也就不再有存在于世界以外的上帝,不再有任何只属理想的、想象的实体,而只是一个实在的实体。这样,用一句话来说:我们便有了斯宾诺莎主义或泛神论。"斯宾诺莎的"泛神论是神学的无神论,是神学的唯物论,是神学的否定,但是它本身是站在神学的立场上的"①。

_____

① 费尔巴哈:《未来哲学原理》,三联书店 1955 年版,第 22~23 页。

第二节　唯理论的知识种类和知识理想学说

斯宾诺莎在认识论上是近代西欧大陆继笛卡尔之后有重要历史影响的哲学家。他的主要著作《伦理学》有其认识论思想的详细阐述，他的《知性改进论》更是其认识论专著。这些著作，针对经验主义的观点提出，为获得对事物完满的知识，应对人的知性进行"医治"或"改进"，正确地选择认知方式来进行认识活动；并在实体一元论的基础上系统地说明了关于知识种类和知识理想的学说。他的认识论思想就集中地体现在这一学说上。

斯宾诺莎指出，知识有三种，即感性知识、理性知识和直观知识；它们之间有重大区别。其中，第一种知识，他称之为"意见或想象"。除"间接传闻"外，这主要指"泛泛的经验"。如我知道油能助燃、水能灭火等。斯宾诺莎认为，这种知识是由认识主体对外界事物的直接接触而产生的知觉和回忆，其特点在于它是人心按照"在自然界的共同秩序下"来认识事物的方式而得到的，即它"并不是出于理智的力量，乃是起于外界的原因，即按照身体，在醒时或睡时，受种种不同的刺激而起"[1]。他指出，这种知识虽"起于外界的原因"，但人心在认知过程中必须凭借其身体的情状，这就使"我们对于外界物体所有的观念表示我们自己身体的情况较多于表示外界物体的性质"[2]；加之，不同的人有不同的"身体的结构"和情状，"每个人都可以按照其自己的身体的情状而形成事物的一般形象"。因而，这种知识是片断的、混淆的，是不可靠的、不必然的；通过它，"心灵对于整个的或者由许多部分组成的东西只知道其一部分"[3]。他提出"普遍概念"来说明这个问题。"普遍概念"乃人的心灵由于无能分辨同类事物在身体内的形象之间的差别，把它们抽象化，抹杀掉其个体特点而形成的最一般、最

---

①　斯宾诺莎：《知性改进论》，商务印书馆 1960 年版，第 49 页。

②　斯宾诺莎：《伦理学》，商务印书馆 1958 年版，第 58 页。

③　斯宾诺莎：《知性改进论》，商务印书馆 1960 年版，第 40 页。

空泛的概念，它是感性知识的认知工具。他认为，对于人、马、狗等普遍概念，人们实际上是按照自己的方式来加以理解的。如骑兵从马字回忆起战场，农夫由马字想到了耕田等。因而，以此空泛的概念为基础的感性知识，自然是虚妄的、不确切的了。他还认为，普遍概念中最错误的就是"目的论观念"，即人们总爱按照人具有目的的观点来解释一切自然现象，如把声音的悦耳性质当作外物的性质，好像自然界也在追求目的，其运行是和谐的乐章。

第二种知识，他称之为"理性"知识。这是一种推理知识即根据表现一切事物特质的"共同概念"来进行演绎推理或由果求因而获得的知识，其特点在于它是人心按照"在理智的秩序下"来认识事物的方式而获得的。"获得这种知识是由于由结果来求原因，或者由于见到某种普遍的事物常常具有某种特质，便拿来当作推断的根据。"① 斯宾诺莎指出，这里作为推理根据的"共同概念"有别于"普遍概念"，它不是更多地反映我们身体的情状，而是表示一切事物固有的"第一性的质"即机械的几何学性质；它不是人人相异的，而是人人所共同具有的。"对于人体和通常激动人体的外界物体所共有和所特有的，并且同等存在于部分和全体内的东西，人心中具有正确的观念"②；加之，理智也是人人相同的。因此，按照理智的次序从这种共同概念出发进行演绎推理而形成的就必然是客观的、正确的知识。换句话说，这种知识与感性知识不一样，具有可靠性和必然性。"凡是由心灵中本身正确的观念推演出来的观念也是正确的。"③ 例如，我们明了视力的性质，知道同一物体远看小近看大，就可以推知实际上存在的太阳要比我们眼见的为大。他认为数学知识便是这种确实可靠的知识的典型形式。不过，在斯宾诺莎看来，理性知识是可靠的、必然的，只是一般地说来是如此。由于"共同概念"尚不是事物的本质的反映，以此为根据进行推论就尚不能把握事物的本质；推论过程有时也会有差

---

① 《十六——十八世纪西欧各国哲学》，商务印书馆 1975 年版，第 233 页。
② 斯宾诺莎：《伦理学》，商务印书馆 1958 年版，第 71 页。
③ 斯宾诺莎：《伦理学》，商务印书馆 1958 年版，第 71 页。

错，例如，由果求因"并不必然正确"，因为一个结果或许由好几个原因所产生。因此，这种知识就还不是最可靠、最必然的，即其可靠性和必然性是相对的，不是绝对的。

第三种知识，他称之为直观知识。这是一种"纯从认识到一件事物的本质，或者纯从认识到它的最近因而得来的知识"①。这也是一种理性知识，因为它所要求考察的是比事物的属性更为深刻的事物的本质，而不是事物的现象。在斯宾诺莎看来，这种知识的特点在于它是人心按照"在永恒的范式下"来认识事物的方式而获得的。"在永恒的范式下以认识事物，即是就事物通过神的本质被认作真实存在去加以认识，或者就事物通过神的本质而包含存在去加以认识"；亦即是把事物看作"在神之内，通过神而被认识"②。这也就是说，他认为，个别事物是作为惟一永恒的实体的样式而存在的，因此我们从关于永恒实体之属性的形式本质的真实观念——他叫做"恰当观念"出发，把个别事物不是看作偶然的零星的对象，而是当作惟一永恒的实体的样式来认识，就能达到对事物本质的正确知识，就必然具有对于神的知识。斯宾诺莎在这里明确提出有所谓纯粹的理性直观（理性直接观察和把握事物的本质）的认知方式。这种直观不是感性直观，也不是与逻辑思维活动相对立的神秘主义的直觉，而是理性的即本身还是一种推断；并且其结果乃是一些极端明确清楚的"真观念"，它将成为一连串演绎推理的出发点，与推理认识有着紧密的联系。这种理性直观又不是三段论式的演绎推理的认知方式，它不需要证明和复杂的推理过程即"不经过演算过程"，是只从事物的界说直接推出关于事物本质的知识的认知方式，在这个直接推断中，其结论直接包含在前提的界说中。例如，"存在是实体的本性"这个命题就来源于对实体的直观；从"我知道一件事物"中就可以直接推断出我知道"我知道这件事物"；凭直观还可以知道三加二等于五，或两条直线各与第三条直线平行，则它们必平行；等等。正是基于这些，斯宾诺

---

① 斯宾诺莎：《知性改进论》，商务印书馆 1960 年版，第 24～25 页。
② 斯宾诺莎：《伦理学》，商务印书馆 1958 年版，第 240 页。

莎把这种理性知识叫做"直观知识"。斯宾诺莎还指出，通过这种从表示实体即事物存在的根源和本质的"恰当观念"出发进行直接推断的最完善的认知方式而得来的知识，"才可直接认识一物的正确本质而不致陷于错误"①。他把这种知识叫做"真观念"。"真观念"也就是关于事物本质的正确的知识。他认为，这种知识才具有"最高的确定性"和绝对的必然性，是人们应追求的理想的知识。"具有真观念并没有别的意思，即是最完满、最确定地认识一个对象。"②

以上所述，即是斯宾诺莎关于知识种类和知识理想学说的基本内容。他是从知识的对象、认知的方式和认知的工具，以及知识的可靠程度等相互联系的诸方面来区分知识的种类和确定知识的理想的。

如所周知，斯宾诺莎在其知识种类和知识理想的学说中，高度重视和肯定理性知识和直观知识在认识中的作用。如他认为，"假如我们不能认识一件事物的本质，则决不能认识这件事物的个别存在"③，只有这两类知识能达到对事物的真正认识。尤其是，他把直观知识视为最高的知识即"真观念"，指出这种知识是对事物本质的认识，包含"最高的确定性"；认识的任务也就在于揭示事物的必然性，获得"真观念"，实现知识理想。但同时，他认为这两类知识并不起源于感性知识。如在他看来，感性知识是混淆的、偶然的。"当人心在自然界的共同秩序下认识事物时，则人心对于它自身、它自己的身体，以及外界物体皆无正确知识。"④ 与此不同，理性知识和直观知识终究是"真知识"，具有可靠性和必然性。而可靠的必然的知识怎能来自不可靠的、偶然的知识呢？因此，他固执于理性知识和直观知识不是起源于和依赖于感性知识，而是根据本身就是正确的观念即"共同概念"或"恰当概念"间接地演绎

① 斯宾诺莎：《知性改进论》，商务印书馆 1960 年版，第 27 页。
② 斯宾诺莎：《伦理学》，商务印书馆 1958 年版，第 76 页。
③ 斯宾诺莎：《知性改进论》，商务印书馆 1960 年版，第 27 页。
④ 斯宾诺莎：《伦理学》，商务印书馆 1958 年版，第 66 页。

推论出来或凭直观直接获得的。他明确地声称感觉经验在真理的认识过程之外；"依据第三种知识来理解事物的努力或欲望不能起于第一种知识……"① 这一切表明，斯宾诺莎哲学在认识论上继承了笛卡尔的唯理论观点。可以说，他的唯理论比笛卡尔的唯理论论证更严密、更为系统，使唯理论达到了较为完备的形态。当然，这并不等于他就否认感性知识的存在及其在一般生活中的作用。在他那里，感性知识仅涉及"单个物体"即样式的非本质属性，"差不多所有关于实际生活的知识大都得自泛泛的经验"②；他贬损"间接传闻"的意义，实际上也还具有反对经院哲学盲目推崇古代权威和宗教教条的作用。但他认为感性知识是"虚妄的原因"即谬误的来源，否定它在人们获得普遍的必然的理性知识中的作用，则是显然的。

与在认识论上持明确的唯理论观点相应，斯宾诺莎在方法论上注重几何学的理性演绎法。他和笛卡尔一样推崇欧几里得几何学，这种几何学给那个时代的哲学家们提供了最清晰的演绎推导或公理系统的范例，也为他提供了构造和表达其哲学体系的方法。斯宾诺莎的早期著作《笛卡尔哲学原理》是他用几何学方法阐述哲学问题的最初尝试。后来，他又把这种方法运用于他一生中最重要的著作《伦理学》。先是对一些最普遍的概念——实体、样式、属性等列出定义（下界说），再根据定义列出命题和进行推论，推论出他的哲学的各个必然的结论来，就如几何学中"考察线、面和体积一样"。可以说，他在这方面比笛卡尔更为极端，其《伦理学》的写作方法和格式全是模仿几何学的体例的。在《知性改进论》中，斯宾诺莎说，"为了使心灵能够充分反映自然的原样起见，心灵的一切观念都必须从那个能够表示自然全体的根源和源泉的观念推绎出来，因而这个观念本身也可作为其他观念的源泉"③。他认为，一切事情全可能证明，这从数学上说叫几何学方法，运用于哲学上

① 斯宾诺莎：《伦理学》，商务印书馆 1958 年版，第 238 页。
② 斯宾诺莎：《知性改进论》，商务印书馆 1960 年版，第 25 页。
③ 斯宾诺莎：《知性改进论》，商务印书馆 1960 年版，第 32 页。

便是"反思"方法;这样的认识方法"是最完善的方法"。概言之,强调理性演绎法,把它绝对化并加以彻底运用,否定经验归纳法在认识中的作用,乃是斯宾诺莎之比笛卡尔更为完备的唯理论观点的又一表现。

在这里,我们还必须进一步考察斯宾诺莎唯理论的基本性质。由于直观知识即"真观念"在斯宾诺莎认识论中是最高的、理想的知识,占有突出的地位,因此,这个问题又可归结为"真观念"的基本性质即真观念和外界事物的关系问题。

(一)从认识对象的角度看。斯宾诺莎曾明确说过:"构成人的心灵的观念的对象只是身体或某种现实存在着的广延的样式,而不是别的。"① 在他那里,感性知识以外界事物的个别的偶然的属性为认识对象,理性知识以外界事物的广延属性为认识对象。那么"真观念"呢?他认为,真观念是纯粹从一件事物的本质来考察一件事物,或者纯粹从对于它的最近因的认识而得来的知识。这就是说,直观知识即真观念所要求的认识对象也并非别的,而乃是外界事物的本质。当然,这里还得具体说明,外界事物的本质是如何能够成为真观念的对象的?

在斯宾诺莎哲学中肉体概念是重要的。他曾说:迄今为止,虽然人们尚不能说明身体的结构和功能,但既有的事实已足以表明,"身体自身单是按照它自身性质的规律,即可以作出许多事情来,对于这些事情那身体自己的心灵会感到惊讶的"②。他尤其强调肉体概念的认识论意义,认为人的心灵与外界事物的联系是以人的肉体为中介的。在他看来,作为认识主体的人并不是独立存在的精神实体;它"由心灵与肉体所组成",身体以物理形式表现人的本质,心灵以观念等形式表现人的本质。人的肉体是一种样式,由许多复杂部分组成,在许多情况下为外界物体所激动;相应地便有肉体的情状及其观念。人的心灵即关于肉体情状的观念,它提供关于肉体情状的知识,同时为外物存在的观念所激动,才提供关于外物

---

① 斯宾诺莎:《伦理学》,商务印书馆 1958 年版,第 51 页。
② 斯宾诺莎:《伦理学》,商务印书馆 1958 年版,第 93 页。

的片断的知识；这种知识是模糊的、不确定的。另外，人的心灵本身也是样式，具有相应的观念即关于心灵的观念，亦即观念的观念。它提供关于心灵的知识，同时为外物的观念所激动，才提供关于外物的本质的知识；这种知识是清楚的、确定的。斯宾诺莎指出，这里的"观念并非指眼睛里或脑髓中间的形象，而是指思想的概念"①；就它本身而言具有真观念的一切特性和内部特征。由此可见，在他那里，按照身心平行论的观点，一方面心灵（观念）并不由肉体的直接作用而产生，因为心灵不能决定肉体，使之运动；肉体不能决定心灵，使之思维。但另一方面，它同肉体的情状并非无关，乃是与肉体的情状"相应"而产生的。又肉体的情状是受外界事物的激动而引起，所以心灵（观念）也就是在外物对肉体的激动之后产生的。而关于心灵的观念，即观念的观念，倘若它是关于外物本质的知识，也只能是伴随着肉体情状观念的变化而变化，因此归根结底它也是在外物对肉体的激动之后发生的。简言之，心灵要认识外物的本质必须经过人的身体情状及其观念的作用。"人心除凭借其身体情状的观念外，不能知觉外界物体。"② 我们看到，斯宾诺莎还说过："人心有认识许多事物的能力，如果它的身体能够适应的方面愈多，则这种能力将随着愈大。"③ 这样，斯宾诺莎在谈论理性知识和直观知识的源泉问题时，虽在内容上坚持了反经验主义的唯理论观点，却与笛卡尔在二元论基础上提出的天赋观念学说有不同，还是力图从人的生理心理机制的角度，借助"肉体的情状及其观念"的中介，把真观念与外界事物联系起来，使外界事物能够成为真观念的认识对象。应当说，这是其唯理论的唯物主义性质的重要表现。

（二）从认识内容即真理标志的角度看。斯宾诺莎肯定"真观念必定符合它的对象"④，并把这看作是"真观念"的"外在标

---

① 斯宾诺莎：《伦理学》，商务印书馆1958年版，第81页。
② 斯宾诺莎：《伦理学》，商务印书馆1958年版，第65页。
③ 斯宾诺莎：《伦理学》，商务印书馆1958年版，第57页。
④ 斯宾诺莎：《伦理学》，商务印书馆1958年版，第4页。

志"。在他看来，真观念就是与事物的本质相符合的认识。而他在这里藉以说明真观念与其对象相符合的，主要是其两种因果联系的理论。

斯宾诺莎在实体学说中曾用决定论即因果联系的观点来说明样式世界。在此，他把这一观点运用于作为特殊样式的人的认识领域，视之为认识论的准则："自然是永远和到处同一的；自然的力量和作用，亦即万物按照它们而取得存在，并从一些形态变化到另一些形态的自然的规律和法则，也是永远和到处同一的。因此也应该运用同一的方法去理解一切事物的性质，这就是说，应该运用普遍的自然规律和法则去理解一切事物的性质。"① 按照斯宾诺莎的看法，如前所述，思维和广延是实体的两种属性，它们属不同的类，其中一个不能决定或影响另一个；但它们又不是分属两个实体，而是同属于一个惟一的实体。对于样式来说，情况亦是如此："广延的一个样式和这个样式的观念亦是同一的东西，不过由两种不同的方式表示出来罢了。"因此他认为，"无论我们借广延这一属性，或者借思想这一属性……来认识自然，我们总会发现同一的因果次序或同一的因果联系"②。这就是说，他主张，在广延领域内存在的必然的因果系列与在思想领域内存在的必然的因果系列虽是互不决定和影响，却是相同的，或是"同时发生、同时产生"的；它们是同一个因果连续即惟一的自然的因果次序或联系。这即是他提出的在自然中"观念的次序和联系与事物的次序和联系是相同的"著名原理。这个原理同样适用于心灵和身体。斯宾诺莎关于两种因果联系同一的这个原理原属他的平行论的组成部分，它从根本上表明了思维规律和自然规律的一致。

正是根据这样的因果联系理论，斯宾诺莎解释了真观念与外界对象的关系。他认为，"每一个事物都有相应的这个事物的观念"。当人（作为样式，是肉体和心灵的统一体）在与外物相接触时，其肉体受到的是外物具有的广延属性的作用，相应地其心灵就受到

---

① 斯宾诺莎:《伦理学》，商务印书馆 1958 年版，第 90 页。
② 斯宾诺莎:《伦理学》，商务印书馆 1958 年版，第 46 页。

外物具有的思想属性即观念的作用。而外物具有的思想属性主要即是相应于外物本质的观念："一个现实存在的个体事物的观念必然包含这个事物的本质和存在。"① 因此在外物的思想属性对人的心灵发生作用时，人的心灵就能够直接观察和把握到外物的本质，形成符合外物本质的正确认识，即真观念。他还认为，人心从正确观念出发，按照适当程序进行推论，之所以能得到新的正确的知识，就在于事物之间本身有因果联系，倘若自然中一事物与其他事物毫无联系，则它的观念将与其他观念毫无联系，我们对它便不能有任何推论，便不能获得新的知识。

斯宾诺莎与笛卡尔的天赋观念学说的又一不同就在于，他断定存在着与对象相符合的真观念。他认为，真观念与对象实际上乃是一个实体的样式的两面，因而两者的符合乃是不证自明的"公则"；并反对怀疑论说："具有真观念的人，必同时知道他具有真观念，他决不能怀疑他所知道的东西的真理性。"② 他深信，"我们的心灵可以尽量完全地反映自然。因此心灵可以客观地包含自然的本质、秩序和联系"③。应当说，这是斯宾诺莎唯理论的唯物主义性质的又一重要表现。

总之，在斯宾诺莎那里，平行论的观点并不排斥心以物为对象和心与物相符合的观点，相反这是平行论所应有的涵义之一个方面。斯宾诺莎认识论毕竟是在培根哲学以及伽桑狄和霍布斯反对笛卡尔唯心主义唯理论的论争之后出现的。从理论发展上说，他的唯理论的唯物主义性质乃是它深受培根、伽桑狄和霍布斯等的唯物主义影响的结果。

但是问题还有另一方面。（一）我们看到，斯宾诺莎承认真观念要求以外物的本质为认识对象，在外物对肉体的作用之后发生。然而，这又如何与他所持的反经验主义的唯理论观点相协调呢？这里的关键在于，他对上述人的这种生理心理机制过程的叙述实是在

---

① 斯宾诺莎：《伦理学》，商务印书馆 1958 年版，第 78 页。
② 斯宾诺莎：《伦理学》，商务印书馆 1958 年版，第 75 页。
③ 斯宾诺莎：《知性改进论》，商务印书馆 1960 年版，第 54 页。

"相应论"的基础上作出的。"假如人身在任何情形下不受外界物体影响，则人身的观念，换言之，人心，将不在任何情形下被该物体存在的观念所激动，也不在任何情形下知觉该外界物体的存在。但是只要人身在任何情形下被外界物体所激动，则人心便知觉外界物体。"① 这就是说，每一个事物"相应地"都有这个事物的观念，每一种肉体的情状"相应地"也都有这种肉体情状的观念；事物激动肉体，"相应地"事物的观念激动肉体情状的观念，以至激动"观念的观念"，在人心中提供关于事物的本质的知识，即"真观念"。可是，相应论这个概念，在斯宾诺莎平行论中，虽包含有知识以外物为对象和与外物相符合的涵义，与二元对峙的观点乃不可分。它终究确认观念不能由肉体和外物的对象所决定和产生，只能由另一个观念所决定和推出。"神的各种属性的观念以及个别事物的观念都不承认观念的对象或被知的事物为其致动因，但只承认作为能思想者的神本身，为其致动因。"② 这样，斯宾诺莎的真观念尽管借助于"肉体的情状及其观念"，在物体对肉体的作用之后产生，但真正说来，其内容又并非起源于"被知的事物"，而"纯粹是出于心灵"，与笛卡尔的天赋观念相似。他确实说过，"真观念作为天赋的工具存在于我们心中"③。他还批评说："大多数人没有遵照哲学的方法。他们不但没有把神的本质看作高于一切（因为神的本质在认识中和在自然界中占着首位），却以为神的本质在认识的次序中占据末位，并把人们称之为感知对象的物看作先于一切。"④ 应当说，在这里，斯宾诺莎把事物本质视为认识对象，承认直观在认识事物本质中的作用，是合理的；但他把感知的出发点排除掉，单纯强调理性对事物本质的直接的直观，这就使其观念与认识对象失去了联系的环节，实际上成为无本之木、无源之水的主观自生的东西。这显然是他的唯理论之唯心主义性质的表现。

---

① 斯宾诺莎：《伦理学》，商务印书馆 1958 年版，第 65 页。
② 斯宾诺莎：《伦理学》，商务印书馆 1958 年版，第 44 页。
③ 斯宾诺莎：《知性改进论》，商务印书馆 1960 年版，第 31 页。
④ 参看《哲学译丛》，1982 年第 1 期，第 65 页。

（二）斯宾诺莎在谈论真理标志问题时，虽说过"真观念必定符合它的对象"，但他还认为，这只是真观念的就涉及对象而言的一种"外在标志"；真观念还有另一种"内在标志"，即观念自身的清楚、明白和恰当。我们看到，他把真观念又叫做"恰当观念"，认为两者"实际上没有根本区别"。仅仅"真"这个字表示观念与对象的符合，"恰当"这个词表示观念自身的性质。恰当观念，"我理解为单就其自身而不涉及对象来说，就具有真观念的一切特性及内在标志的一种观念"①。说这是恰当观念，就等于相信它的真实性。关于真观念的内在标志，斯宾诺莎还明确说过："除了真观念外，还有什么更明白更确定的东西足以作真理的标准呢？正如光明之显示其自身并显示黑暗，所以真理即是真理自身的标准，又是错误的标准。"② 此外，他在另一地方还重申了笛卡尔关于观念与映象相区别的说法："观念（作为一种思维方式）既不存在于某个事物的映象中，又不存在于人的言语中。言语和映象的本质仅仅是由肉体的运动所构成的，而肉体的运动却根本不包括思维的概念。"③ 这点也加强了人们对他持上述观点的印象。

斯宾诺莎的上述观点，显然与他把真观念看似天赋观念有关。但细究起来，还应与他的两种属性的理论相联系起来考察。按照这个理论，样式以某种一定的方式既表示实体的广延属性，又表示实体的思维属性；每一事物本身都有相应的这一事物的观念。这一理论的错误或实际含义与其说在于万物有灵论，毋宁说在于他把事物的本质仅当作观念的唯名论思想。他既然与同时代的哲学家一样，把广延看作物质的根本特征，也就必定认为，能用广延衡量的才是物质；而作为真观念的对象的事物的本质、规律性是不能用广延来衡量的，所以它只能是观念（附带说一句，这种思想与他在本体论上的"实体即神或自然"的观点也是相适应的；正因为事物的本质是观念，是精神性的东西，他才可能把实体归结为作为能思想

---

① 斯宾诺莎：《伦理学》，商务印书馆 1958 年版，第 41 页。
② 斯宾诺莎：《伦理学》，商务印书馆 1958 年版，第 76 页。
③ 参看《哲学译丛》，1982 年第 1 期，第 65 页。

者的神。他把实体看作自然，又看作神，其理论根源即在于此）。他在这里与中世纪的唯名论者一样完全否定了一般本质的客观性。这样，真观念与其认识对象即事物本质之间的关系，在他那里也就成了观念与观念之间的关系。这种观点与他的观念只能由观念推出的平行论观点相吻合，是他的理性直观活动真正成为可能的根据。因此，他特别强调真观念还有其内在标志，从观念自身的清楚明白来确定真理的标志。就他来说，强调真观念有其自身的逻辑要求和标志，原本是合理的；但他却把这一标志看作比真观念的外在标志更根本、更重要，这显然是其唯理论之唯心主义性质的又一表现。

综上所述，可见，斯宾诺莎关于知识种类和知识理想的学说乃持一种明确的唯理论观点，并要比笛卡尔的唯理论论证更严密和完备。特别是他的唯理论在论述真观念与外物的关系时，从唯物主义方向上发展了笛卡尔的唯理论，如它承认真观念以外物的本质为对象和在外物对肉体的作用之后发生，并肯定真观念的外在标志即它必定符合它的对象。当然，另一方面它又认为真观念就其起源而言只能从观念推出，近似天赋观念，并肯定和突出真观念的内在标志即观念自身的清楚、明白和恰当。斯宾诺莎哲学在认识论上的这种状况，毫无疑问，乃与它在本体论上的复杂状况相适应。

第三节　《伦理学》中卓越的辩证法思想

在近代思想界，自培根和洛克先后把自然科学中观察事物的方法移植到哲学领域时起，形而上学思维方式占统治地位的时代就来到了。人们曾把西方哲学史上思维方式的演变归结为从古代希腊朴素的唯物辩证法经16～18世纪西欧各国的形而上学到德国古典哲学自觉的唯心辩证法的过程。但是这决不意味着可忽视和低估16～18世纪这一时期哲学领域中的辩证法思想。如前所述，笛卡尔哲学中蕴含有卓越的辩证法思想；现在，我们看到，斯宾诺莎哲学中也蕴含有卓越的辩证法思想。在往后的叙述中，我们在莱布尼茨哲学那里还将看到有更为深刻的辩证法思想。

斯宾诺莎哲学中的辩证法主要表现在他的下述诸论点上。第一，实体是自身的原因。这涉及原因和结果的关系。斯宾诺莎曾说，实体是"自因，换言之它的本质必然包含存在，或者存在即属于它的本性"，亦即实体是自己产生自己，而不为别的东西所产生的。斯宾诺莎把实体看作神即作为整体的自然，这个作为整体的自然乃由自然事物的相互作用和联系所构成，是必然存在的系统；"如果不是无物存在，就是有一个绝对无限之物存在"①。在他看来："自然万物没有不是互相关联的"，人们的观念和事物一样，"也都具有同样的关联"②；或自然界中的一切事物都是相互作用，处于错综复杂、互为因果的联系之中。这样，单就个别事物而言，甲物为乙物的原因，乙物又为丙物的原因；但就作为整体的自然来说，它存在的原因就只能从所有这些事物的相互作用和联系中即从自身中去寻找。因为实体是惟一的，在它之外没有另一实体可作为其原因存在，否则它就不是实体了；所以实体乃是自身的原因。

关于斯宾诺莎的实体是自因的思想，恩格斯曾给予相当的注意，说"相互作用是我们从现代自然科学的观点考察整个运动着的物质时首先遇到的东西。我们看到一系列的运动形式，机械运动、热、光、电、磁、化学的化合和分解……都是互相转化、互相制约的，在这里是原因，在那里就是结果，运动尽管有各种不断变换的形式，但总和始终是不变的（斯宾诺莎：实体是自身原因——把相互作用明显地表现出来了）"③。由此可见，斯宾诺莎并不停留在对因果关系的直线式的无限追溯的观点上。他在实体问题上提出了相互作用的观点，第一次对因果关系作了辩证的理解；从而作出了实体是自因，即相互作用是作为整体的自然存在的真正的终极原因的结论。这个结论显然接近于发生在实体内的内部运动的思想。这是他的实体学说中藉以排斥所谓"第一因"即超自然的造物主以及天意、奇迹等神学虚构的重要的辩证法思想。

应当指出，斯宾诺莎在这里同时认为，实体本身是不变动的、

①　斯宾诺莎：《伦理学》，商务印书馆1958年版，第6、11页。
②　斯宾诺莎：《知性改进论》，商务印书馆1960年版，第32页。
③　《马克思恩格斯选集》第3卷，人民出版社1972年版，第551～552页。

僵死的，即没有能动性的。因为实体不是"处于时间的标志之下，而是处于永恒的标志之下"。它既不能从某种别的东西中产生，又无处可以改变成某种别的东西。它产生了自己的样式，但仍然是同一实体。这样，在他那里，实体既是自因即在内部有自己运动的源泉，其本身又是不变动的、僵死的；这说明斯宾诺莎的这个结论所具有的辩证法思想乃是与形而上学思想交织在一起的。正如黑格尔所说，"如果斯宾诺莎进一步发展了自因里面所包含的东西，他的实体就不是死板的东西了"①。

第二，"规定就是否定"。这涉及肯定和否定的关系。斯宾诺莎于 1674 年 6 月 2 日和雅里希·耶勒斯的通信中，在论述神的数目和形体问题时曾说："形状不是别的，而是规定，而规定就是否定，因此，正如我们所说的，形状除了是否定外，不能是别的。"②联系他在另一信中所说"神不能被认为是规定了的，而只能被认为是无限的"，我们看到，斯宾诺莎的规定一词乃和无限即不受限制，而不是和无规定性相对而言，是指限制的意思；并且他是为论证实体（神）的无限性而谈论规定就是否定的。

在斯宾诺莎看来，说一物受到某种规定或限制即具有某种形状或性质，就是说它不具有他种形状或性质。如说一朵花是红的，就是说它不是黄的、白的；肯定一图形为三角形，就是否定其为圆形、方形；等等。换言之，限制就是否定，就是指出此物的非存在方面。他曾明确地说过："规定不是指事物的存在，而是正相反，规定是指事物的不存在"③；这个命题"只意味着那个被认为是规定的性质之缺少存在"。这也就是说，在这个命题里，规定的东西和否定的东西不是同一的，说它是这"就是"说它不是那；否则就不能说"就是"了。与此相联系，斯宾诺莎就认为，对事物加以规定，就是把事物局限在一个有限的范围内，否定事物能达到无限的必然存在。这就是说，"规定就是否定"这个命题只适用于样

---

① 黑格尔：《哲学史讲演录》第 4 卷，商务印书馆 1978 年版，第 104 页。
② 沃尔夫编译：《斯宾诺莎书信集》，1928 年英文版，第 270 页。
③ 沃尔夫编译：《斯宾诺莎书信集》，1928 年英文版，第 270 页。

式，不适用于实体。因为，对有限的东西来说才是缺少什么，有所谓否定；无限的东西是完全实在，"绝对圆满"，不缺少什么，不包含否定的。"绝对无限者的本性中就具备了一切足以表示本质的东西，却并不包含否定。""说任何一物是有限的，其实就是部分地否定它的某种性质的存在，而说它是无限的，也就是绝对地肯定其某种性质的存在。"① 否则，实体若是有规定的，受限制的，它就不是实体了。

斯宾诺莎"规定就是否定"命题作为论证实体无限性的方法论原则被提出来，乃富有合理的方面。就这个命题本身来说，我们看到，它确认了肯定和否定、有限和无限对立着的两极的存在；并表达了肯定和否定之间的联系即提出了要从对事物及其性质的肯定方面中看到其所不具有的否定的方面。这种对肯定和否定关系问题的表达，显然具有辩证的性质和意义，致使后来黑格尔能够对此命题加以引申和发挥。斯宾诺莎首次明确提出这样的辩证命题是很可贵的。

但是，应当指出，斯宾诺莎赋予该命题的具体涵义也还是形而上学的。他只是消极地对待规定"就是"否定，认为有所谓绝对肯定，而不懂得：规定本身乃是能引起否定的肯定；否定本身也乃是包含着肯定在内的积极的否定，是联系和发展中的环节。他也片面地看待无限和有限，不懂得：无限"是有限部分所构成的"②；有限也会过渡到无限。简言之，他是按照形式逻辑的规则来区分肯定和否定、有限和无限的，并未认识到两者之间的转化。斯宾诺莎在这里的辩证法思想同样是和形而上学交织在一起的。

第三，部分是和整体相联系的。这涉及整体和部分的关系。斯宾诺莎在论述实体和样式关系问题时就表达过整体和部分、统一性和多样性等范畴之间的辩证联系。如前所述，他把自然两重化为"产生自然的自然"和"被自然产生的自然"；认为，前者作为实体是整体、统一性，后者作为样式是部分、多样性。而实体是

---

① 斯宾诺莎：《伦理学》，商务印书馆 1958 年，第 4、7 页。
② 斯宾诺莎：《伦理学》，商务印书馆 1958 年版，第 16 页。

"凡能为无限理智的对象之一切事物的致动因"①。这样，脱离整体、统一，就谈不上样式即部分、多样性的存在；反过来，脱离部分、多样性，实体也就不具有完整性、统一性。不仅如此，他又把"被自然产生的自然"分为样式世界和有限事物两部分，前者似乎是作为普遍（实体）和个别（有限事物）之间的中间环节的范畴。后来黑格尔所阐述的普遍、特殊和个别三者统一的观点就与此观点有关。

斯宾诺莎在谈论实体和属性关系问题时也涉及到整体和部分的范畴。他提出实体具有广延的属性，并论证道，"我们对于量有两种理解，一是抽象的或表面的量，乃是我们想象的产物；一是作为实体的量，是仅仅从理智中产生的"②。就想象之量而言，量是有限的、可分的，"是部分所构成的"；就理智之量而言，"量是无限的、惟一的和不可分的"。这就是说，他在这里，明确地认为有两种整体：相对于前者的，是由截然可分的部分集合而成的整体；相对于后者的，是由不可分割的部分组成的有机整体。他认为，对于无限理智来说，所有的部分都不能离开整体而独立，否则就失去了整体赋予它的生命力；而整体若丧失了部分，它自身也不复存在。他以此观点驳斥了那种认为实体不可能有广延，若有广延就只能是有限的说法。

斯宾诺莎还说，"没有神就不能有任何东西存在，也不能有任何东西被认识"③。他把上述观点运用于认识领域，认为不了解整体就不能了解部分。他在给奥尔登堡的一封信里曾举例说明过：人体内的每一滴血液是整个血液的一部分，具有血液的一般本性；要理解每一滴血液，就必须把它同一个由血、淋巴、乳糜等液质所组成的整体联系起来，由这个整体来说明每一滴血液的性质和状态；等等。在他看来，"每一个事物，就它们以一定方式存在而言，必定被认为是整个宇宙的一部分，与宇宙的整体相一致，并且与其他

---

① 斯宾诺莎：《伦理学》，商务印书馆 1958 年版，第 18 页。
② 斯宾诺莎：《伦理学》，商务印书馆 1958 年版，第 17 页。
③ 斯宾诺莎：《伦理学》，商务印书馆 1958 年版，第 14 页。

238

部分相联系"，因此"对自然界中的所有物体，我们可以而且也应当以像我们这里考察血液的同样方式来加以考虑"①。与此相联系，他还认为，某一论断或原理的真正涵义与其说要根据该论断或原理本身来加以判明，不如说要根据以该论断或原理为组成部分的更广泛的原理来加以说明。他的这一观点与孤立地对个别事物或原理本身进行研究的观点是很不相同的。

斯宾诺莎在这里把整体和部分"统一"了起来，确认了对立的一方不能脱离另一方而存在并互相否定，这显然是一种有价值的辩证法思想。当然，斯宾诺莎同时认为，运动不是实体的属性，样式才在时间中，是有变化和运动的。他曾说，"我们不难理解整个自然界是一个个体，它的各个部分，换言之，即一切物体，虽有极其多样的转化，但整个个体可以不致有什么改变"②。这种说法很难说是对变动性和相对静止性的辩证统一的观点的猜测，无法回答不动的实体如何能作为运动变化的样式的"致动因"。这样，他就又把实体（整体）和样式（部分）割裂开来了。这说明，在整体和部分的关系问题上，他的辩证法思想和形而上学思想也是交织在一起的。

第四，自由是对必然的认识和顺应。这涉及自由和必然的关系。斯宾诺莎与中世纪基督教神学把人非自然化不同，尽力使人返回自然，声称"人是自然的一部分"；并按照严格的决定论观点强调，人作为样式无论是其身体或心灵，一切皆服从必然性。但是斯宾诺莎还有这样的观点："凡是仅仅由自身本性的必然性而存在、其行为仅仅由它自身决定的东西叫做自由。反之，凡一物的存在及其行为均按一定的方式为他物所决定，便叫做必然或受制。"③ 这就是说，他区分了两种必然性。其中，事物的存在和活动由外在的原因按照一定的方式所决定，叫做外在的或自然的必然性，如石块的运动由别的事物推动而引起；这又称强制。事物的存在和活动仅

---

① 沃尔夫编译：《斯宾诺莎书信集》，1928年英文版，第211页。
② 斯宾诺莎：《伦理学》，商务印书馆1958年版，第56页。
③ 斯宾诺莎：《伦理学》，商务印书馆1958年版，第4页。

仅由自身的内在本性的必然性所决定，叫做内在的或自由的必然性；这就称自由，意即内心意识到和自觉地遵循必然性。在他看来，人是特殊的样式，和其他自然事物不同，具有突出的思维属性；人之为人正在于它是"思维着的东西"，有理性和意志。因此，人必须也能够认识自然界的必然性即把外在的必然性转化为内在的必然性，并按照这种必然性来从事活动。而人只要这样做了，它就是由自身的本性的必然性而存在和行动，它就不是受奴役的，而是自由的。换句话说，斯宾诺莎认为，自由就是对必然的认识和顺应。我们在多大程度上为外界原因所决定，就在多大程度上受到奴役；我们在多大程度上认识和顺应必然性，就在多大程度上获得自由。

斯宾诺莎的这个论点表明，他把自由和强制或奴役相对立，但这种对立并不在于是否否定必然性，而在于是被迫地盲从必然性还是内心意识到和自觉地顺应必然性。他并没有把自由和必然性相对立，在肯定自由时排斥必然性，而是把两者联系起来考察。他针对笛卡尔关于神和人的意志是无限自由的完全不受客观必然性制约的观点，明确地说道："对我说来，断言必然的和自由的是（相互排斥的）对立，是很荒谬的和违背理性的"①；"自由不在自由的决定中，而在于自由的必然性中"②。应当说，是斯宾诺莎首次对自由和必然关系问题提出这样的辩证法思想的。这一合理的思想后来曾为黑格尔和恩格斯在各自的哲学基础上所吸收、论证和发挥。

但是，斯宾诺莎关于自由的理解同时交织有形而上学的直观的性质。我们看到，他有时仅把自由归结为对必然性的认识，似乎认识到了必然性，就自由了。就如一个失去某种幸福的人，只要认识到这种幸福已不可能保存下来，他就不会再痛苦了。他不懂得认识必然性仅仅是实现自由的前提。即使他对此作过进一步的论述，也是只强调自由是对自然界必然性的顺应，与控制情感，摆脱激情的束缚相联系，与对神的理智的爱，达到灵魂的最高满足相联系。这

---

① 洪汉鼎译：《斯宾诺莎书信集》，商务印书馆 1993 年版，第 223 页。
② 巴克拉捷：《近代哲学史》，上海译文出版社 1983 年版，第 194 页。

自然有合理之处，但他根本未涉及通过社会实践对外部世界的改造，更谈不上说自由是历史发展的产物了。如他曾说过，人是自然的一部分，人被迫而服从自然的规律、被迫而在无限多的情形下"适应自然"①；"人的力量是异常有限，而且无限地为外界的力量所超过，因此我们并没有绝对的力量，能使外界事物皆为我用"②。换言之，斯宾诺莎乃是在消极地顺应必然的框架内谈论自由的；在他那里，坚持严格的决定论和承认意志自由并未达到实在的统一。真正说来，这与他把必然性归结为因果性，把偶然性混同于无因果性，从而否认物质领域中有偶然性的观点是相应的，只是表现在精神领域中罢了。

在斯宾诺莎哲学中，表达辩证法思想的论点不止于上述这些。例如，还有真理和谬误的对立具有相对性的思想。有人认为太阳距地球不过两百步；这显然是谬误。但斯宾诺莎认为，它却包含着太阳是存在的以及太阳对我们有作用等合乎事实的真理成分。当然，斯宾诺莎的辩证法思想远不是系统的和全面的；也不是自觉的和纯粹的。如有的在提法上是辩证的，其具体涵义则是形而上学的；有的同时伴之以对问题的形而上学说明。在他的哲学中辩证法思想和形而上学思想尚未达到尖锐冲突的地步，乃是和形而上学思想交织在一起表现出来的。但斯宾诺莎的辩证法思想也不是偶然的个别的。马克思曾说，"在那些赋予自己的著作以系统的形式的哲学家如斯宾诺莎那里，他的体系的实际的内部结构同他自觉地提出的体系所采用的形式是完全不同的"③。从这个角度看，斯宾诺莎的辩证法思想涉及原因和结果、肯定和否定、有限和无限、整体和部分以及自由和必然等多方面的对立和统一的范畴；并且是从他的体系的内容和本质特点中作出来，都是以整体性思想为基础的。斯宾诺莎在本体论中突出实体（作为整体的自然），在认识论中突出直观知识，以至在伦理学中突出至善观念都与此有关。因此，与近代哲

①　斯宾诺莎：《伦理学》，商务印书馆 1958 年版，第 212 页。
②　斯宾诺莎：《伦理学》，商务印书馆 1958 年版，第 218 页。
③　引自索考罗夫：《斯宾诺莎的世界观》，商务印书馆 1960 年版，第 9 页。

学诸家相比较来说，尤其是在形而上学思维方式占统治的时代，斯宾诺莎的辩证法思想是令人注目的，以至被恩格斯称为近代"辩证法的卓越的代表"之一，为后来莱布尼茨、康德和黑格尔等所重视和吸收。

第四节　斯宾诺莎哲学的两重性和历史地位

在 17 世纪荷兰资产阶级革命之后出现的斯宾诺莎哲学，是从笛卡尔的实体概念出发，力图克服笛卡尔哲学的矛盾和弱点的以实体一元论为基础的唯理论哲学。但它又没有真正地克服笛卡尔哲学的矛盾和弱点，在本体论上持泛神论观点，在认识论上持平行论观点，都具有唯物主义和唯心主义的两重性。综观其著作，我们看到，斯宾诺莎用来表达其哲学思想的诸基本命题或论点大都是模棱两可，交织有两种对立的涵义，表现出两种对立的性质。因此，这种两重性乃和含混性相联系，具有含混性的具体表现形式。其哲学中所蕴涵的辩证法思想也是和形而上学思想交织在一起表现出来的。这可说是斯宾诺莎哲学的显著特征。

在这里，应当说明，斯宾诺莎的实体一元论所表达的是泛神论，而不是唯物主义一元论或无神论思想。那种认为他的"哲学一元论或实体论完全是唯物主义的"，"在理论上达到了无神论"的说法并不确切。确实，斯宾诺莎在当时由于公开怀疑灵魂不灭和上帝的存在，曾受到犹太教会的残酷迫害，其哲学被指责为渎神的、危险的、"无神论的学说"，其本人在欧洲有了无神论者的名声。然而这属于理论的社会作用问题，不等于它在理论上就是无神论。在那个犹太教会严格统治、不容异说的时代，为维护上帝的神圣地位，对于稍有异端倾向的学说都是指责为大逆不道，冠之以"无神论"的罪名的。尤其是他曾公开地"反对"过对他的这种指责，说"如果他知道我是怎样的人和我遵循怎样的原则，他就决不会轻易相信我在讲授无神论"①。斯宾诺莎并非不了解无神论的

---

① 见《哲学译丛》，1982 年第 1 期，第 63 页。

理论涵义。他对莱布尼茨曾说过："一般哲学是从被创造物开始，笛卡尔是从心灵开始，我则从神开始"①，宣告他在出发点上与一般唯物主义的不同。这说明，他之拒绝接受无神论的称号决非是名义上的，如出于"策略"上的考虑，是一种"伪装"、"外衣"等等，而乃是原则上的。当然，这与当时人们把无神论在实践上混同于放荡不羁、贪求荣誉和财富等不道德行为也有关，斯宾诺莎毕竟是崇尚伦理的。但对哲学家来说，这主要是理论上的原因（在他那里，神不是可有可无的：它既是世界的本原，真知识的对象；也是人生追求的伦理目标和宗教信仰的对象。他反对传统的宗教迷信，但并不反对宗教本身）。与此相联系，也不能笼统地认为"斯宾诺莎认识论是唯物主义的认识论"，或者"斯宾诺莎认识论是唯心主义的认识论"，"凡唯理论都是唯心主义认识论"等；因为那样的说法同样不能如实地反映斯宾诺莎哲学的真实内容和性质。

斯宾诺莎哲学具有两重性和含混性的特征表明，它对哲学基本问题没有很明确的回答。就这个意义上说，它并没有超出中间形态的哲学范围。这是它与霍布斯和伽桑狄的唯物主义哲学的区别所在，也是他与笛卡尔哲学的共同方面。当然，这样说并不意味着斯宾诺莎哲学无主导的方面。如前所说，笛卡尔主张统一于上帝实体的物质实体和精神实体的二元对峙的观点，并以此论证和维护超自然的人格神的存在；而斯宾诺莎则将笛卡尔的二元论从实体推向属性，坚持实体一元论的观点，并确认上帝是有广延的实体，在当时荷兰的历史条件下，矛头直指正统的基督教和犹太教神学，其重点和实质显然在于强调作为整体的自然的物质客观性和统一性方面。同时，他在用决定论观点说明自然万物的产生时，没有由此直接作出有"第一推动力"等超自然的人格神的结论，而"坚持从世界本身说明世界"，排斥各种宗教神学的观点，这又是突出的。

再之，斯宾诺莎在一封通信中曾谈论过哲学史上的一次著名论

---

① 斯泰因：《莱布尼茨和斯宾诺莎》，1890 年德文版，第 283 页；钟宇人、余丽嫦编：《西方著名哲学家评传》第 4 卷，山东人民出版社 1984 年版，第 341 页。

争，这无意中也直截了当地表达了他的哲学的基本倾向："柏拉图、亚里士多德、苏格拉底等权威的哲学家对我没有太大的影响。假如您引证了伊壁鸠鲁、德谟克利特、卢克莱修或哪一位原子论哲学家的话，我肯定会大吃一惊。那些相信由老巫婆编造的神奇故事，却贬低德谟克利特的权威，这是不足为怪的。他们是多么嫉妒德谟克利特的荣誉，因而把他出版的书籍全都付之一炬。"① 此外，在认识论上，在当时经验论和唯理论的哲学斗争的条件下，其唯物主义方面也显得突出一些。这一切表明，在斯宾诺莎哲学中唯物主义占主导方面；他在克服笛卡尔二元论的过程中突出了它的唯物主义方面。这是他的哲学的有价值部分，为马克思恩格斯所注重和强调，是"当时哲学的最高荣誉"；人们据此也往往称斯宾诺莎为伟大的唯物主义者。

在斯宾诺莎生活的时代，一方面荷兰是欧洲最先进的国家，资本主义生产关系急剧发展，另一方面，因革命采取反西班牙的民族战争形式，其反封建任务未彻底完成，国内封建势力一度还十分强大；一方面荷兰成为欧洲先进的文化中心，科学、艺术和哲学惊人地繁荣起来，另一方面，正统的宗教教会及其神学思想体系仍有支配群众理智的巨大权力和影响。这种情况表明，当时荷兰资产阶级尚不够成熟，与封建社会仍有千丝万缕的联系。这就使得它的许多思想家虽站在新政治、新科学和新哲学的立场上，仍不能摆脱正统的宗教神学的观点。斯宾诺莎曾说过，我并不认为我已经发现了最好的哲学，我只知道我的哲学是"一种真实的哲学"。他的这种具有两重性和含混性的哲学也就是荷兰当时这种复杂的社会状况的真实反映。

斯宾诺莎哲学具有重要的历史地位。它在本体论上一方面把笛卡尔的二元论导向了实体一元论；另一方面，又有明显的两重性和含混性。整个说来，它为莱布尼茨的单子论的产生提供了条件，是西欧大陆从笛卡尔二元论哲学到莱布尼茨彻底的唯心主义一元论哲学的过渡或中间环节。近代哲学家们反对正统的宗教神学和经院哲

---

① 见《哲学译丛》，1982年第1期，第64页。

学，以及笛卡尔的二元论之被克服，是一个过程；在此过程中斯宾诺莎富有成就，在实际上有力地推动了近代唯物论的往前发展，但终究仍处于过程之中。在认识论方面，斯宾诺莎唯理论的认识理论和方法的出现，标志着西欧大陆唯理论的发展进入了一个较为完备的阶段。他按自己的方式提出了知识种类和知识理想学说，从理论上全面地论述和论证了唯理论的认识理论和方法。他比笛卡尔更极端地用理性演绎法来构造自己的哲学体系，严格地按照几何学的论证方式撰写著作。他甚至把理性主义观点贯彻于伦理学领域中，从"意志和理性的同一"出发，主张自由是对必然的认识，用理性指导和控制情感，至善即"对神的理智的爱"①等命题，从理性中引申出道德的内容、标准和理想，倡导理性主义的伦理学说。这一切表明，斯宾诺莎为反对经院哲学，与经验论的认识理论和方法相对立，而把笛卡尔创始的唯理论完备化了。无疑，这与他不适当地推崇几何学，把几何学方法推广于哲学领域有关。黑格尔对此曾批评说，"由于数学具有明确性，所以人们把这种方法看成非常美妙的方法，但是这种方法并不适用于思辨的内容，只有在有限的理智科学中才能运用自如"；并认为这一点虽是外在形式方面的，却是斯宾诺莎的"主要的缺点"②，毕竟我们不能相信宇宙各部分的相互联系就是逻辑的联系。此外，斯宾诺莎在本体论、认识论以至在伦理学中所表达出来的辩证法思想，实质上强调了一系列相对立的范畴之间的统一和联系，在形而上学思维方式占统治的近代欧洲最早"说出了这种深刻的统一性"③；它直接促进了莱布尼茨辩证法思想的产生，架起了从古代希腊亚里士多德的范畴论通向德国古典哲学家康德和黑格尔的范畴论的桥梁，其意义也是不可低估的。

斯宾诺莎哲学在当时由于采用严格的几何学方式来构造和表达自己的体系，因而其著作思辨、枯燥和难懂，其传播不及笛卡尔哲学广泛。但是，历史地看，它的影响是巨大的和深远的。如 18 世

---

① 斯宾诺莎：《伦理学》，商务印书馆 1958 年版，第 241 页。
② 黑格尔：《哲学史讲演录》第 4 卷，商务印书馆 1978 年版，第 103 页。
③ 黑格尔：《哲学史讲演录》第 4 卷，商务印书馆 1978 年版，第 95 页。

纪法国唯物主义者在批判他的"形而上学"的同时继承并发展了他的唯物主义方面；19世纪德国古典唯心主义者力图把他的思想歪曲为唯心主义的，并在一定的意义下复活了他的思辨的"形而上学"。而比他稍后的莱布尼茨则更是直接受其影响，继承、发展他的唯理论思想和反对他的唯物主义方面的哲学家。这里特别要指出，在相当长的时期内，哲学家们对待斯宾诺莎哲学可以说是态度各异，众说纷纭。例如，有的极端仇视斯宾诺莎哲学，把它当作"反宗教的无神论"来迫害；有的则批判它对神的确认，认为它是"最荒诞不经的假说"。有的认定他有关于完全独立和不依赖于神而存在的自然学说；有的则宣称他的唯物主义思想为"骇人听闻的假设"或"狂诞的幻想"。有的对他的泛神论思想推崇备至，宣称"除了斯宾诺莎哲学外，没有别的哲学"；有的则称他是"醉心于神"的有神论者，或称他是伟大的无神论者。还有的则根据他不区别上帝和世界称，与其说他是无神论者，不如说他是"无世界论者"①；等等。哲学家们对斯宾诺莎哲学评价的这种复杂的状况，除了反映各个哲学家本身所持立场和观点的不同外，无疑也与斯宾诺莎哲学本身具有显著的两重性和含混性有关；否则将很难引起后来人们对它的这样激烈的争论和反响。

---

① 黑格尔：《哲学史讲演录》第4卷，商务印书馆1978年版，第129页。

第九章　笛卡尔唯理论哲学的宗教唯心主义化——马勒伯朗士哲学

　　马勒伯朗士是 17 世纪法国笛卡尔学派的著名哲学家。他和不属于笛卡尔学派的斯宾诺莎一样，从笛卡尔哲学出发，并力图克服笛卡尔的二元论；但又和斯宾诺莎不同，不是突出了笛卡尔哲学中的唯物主义方面，而是突出了笛卡尔哲学中的唯心主义方面，把它进一步发展成为宗教神学的唯心主义学说。这一学说在本体论上强调上帝作为惟一至上的实体是自然万物真正的创造者和致动因，在身心关系问题上持偶因论观点；在认识论上则主张在上帝里面观看一切。整个说来，它为改造经院哲学，企图在理性的基础上来论证上帝的存在和作用，来说明真理性知识的源泉，也属笛卡尔唯理论哲学的完备发展。黑格尔曾说，"马勒伯朗士介绍笛卡尔哲学时所采取的形式，是一种与斯宾诺莎主义站在一边的形式……这是另外一种虔诚的神学形式的斯宾诺莎主义"①。

马勒伯朗士小传

　　尼古拉·马勒伯朗士（1638～1715），生于法国巴黎一个达官显贵的家庭里。父亲是首相黎世留红衣主教内阁成员、五大庄园的总司库，后来还当过国王的秘书。舅舅曾任总督、省长和国会议员。母亲

---

　　①　黑格尔：《哲学史讲演录》第 4 卷，商务印书馆 1978 年版，第 132 页。

是虔诚的天主教徒，学识渊博。整个家庭充满着传统的道德和宗教的气氛。马勒伯朗士是家里 10 个孩子中最小的一个；幼时孱弱多病，生性畏怯孤独，除请家庭教师补习功课外，主要由母亲悉心指导学习。16 岁时，健康状况好转，遂进入拉马士公学，在亚里士多德派哲学家鲁雅尔指导下学习亚里士多德主义和经院哲学；2 年后获文科学士学位。1656 年，又入巴黎大学神学院学习神学。1658 年，他的父母相继去世；这在精神上对他是一大打击。1660 年，他入"奥拉托里会"即"祈祷会"修道院隐修；在那里学习奥古斯丁和柏拉图的哲学，还学习希伯莱文和《圣经》。1664 年 9 月，他被授予神甫圣职。其实，在这一时期里，马勒伯朗士对亚里士多德哲学和经院哲学，以至对奥古斯丁和柏拉图的哲学都不甚感兴趣；在哲学和神学方面，"智力中等"，成绩平平，丝毫未有征兆显示他会成为哲学家和神学家。

1664 年，一天，马勒伯朗士在圣雅各大街经过一家书店时，偶见一本笛卡尔著《论人》。他在读后激动不已。接着，他又读了笛卡尔的《方法论》、《第一哲学沉思集》和《哲学原理》等著作。这些著作使他感受到了新时代的理性和科学的精神，改变了以往那种对一切缺乏兴趣和漠不关心的态度，唤起了对哲学的喜爱，并开始去思索如何回答笛卡尔提出的哲学问题。在这之后的 5 年里，他不断研习数学、力学、物理学，经常进行观察和实验如磨镜、制锁、观察昆虫和活体解剖等；还努力探讨"形而上学"和伦理问题。通过这些活动，他开阔了眼界，了解了自然科学和哲学的新成就，很崇敬笛卡尔主义，变成一个笛卡尔主义者。然而，当他深入"沉思"时，他逐渐地发现笛卡尔的理论是不彻底的，它对待事物的本质、观念的性质和永恒真理等问题的见解还不深刻。这时，奥古斯丁和柏拉图的观点在他思想里潜移默化地起作用了，促使他把自己的哲学研究和宗教思考转向精神领域，集中到传播理智这个方向；力图把笛卡尔哲学和宗教信仰结合起来，克服笛卡尔哲学的矛盾，进一步改造经院哲学，建立近代基督教的真理体系。

自 1668 年起，马勒伯朗士开始写作他的《真理的探求》一书；并于 1674 年发表了第一册（包括前三卷），翌年即 1675 年又发表了第二册（包括后三卷）。这是他的第一部也是最重要的著作。《真理的探求》论述人的心灵的本性及人应该如何避免在各门科学中犯错误；涉及在当时具有广泛影响的笛卡尔主义的真正本性和上帝的真正本性等众人所关注的问题。它的出版引起了深刻的反响：在不长的时间内被译成英文、拉丁文、希腊文；出现了一批笃信马勒伯朗士哲学的信徒。巴黎奥拉托里会的神父们为此还召开大会庆祝，引以为荣。1678年，该书的第三册又出版了，内容是对前二册中有争议的问题作进一步的阐明。

马勒伯朗士在《真理的探求》发表后，曾到离巴黎不远的一所奥拉托里会在乡间的宅第里以及其他一些地方隐居，从事研究。自那时起，他边沉思边写作；并不断与人展开激烈争论，反对二元论、唯物主义和无神论，提倡宗教唯心主义。他陆续地又有许多著作问世。其中，《基督徒的会话》（1676年），其内容和《真理的探求》基本相同，但偏重于宗教和道德问题；《论自然与圣宠》（1679年），该书是与笛卡尔学派的阿尔诺关于圣宠问题的争论，这一争论直到1694年阿尔诺死后还在继续；《基督教和形而上学沉思录》（1683年），该书主要论述宗教、真理等问题，包括20个沉思。除了上述这些外，他还有《论道德》（1684年）；《关于形而上学和宗教的对话录》（1688年），该书简称《关于形而上学的对话》，内容和《真理的探求》基本上一致，但由于总结了20年来与人的争论和修正了某些论点，其阐述更为系统，文字更为流畅，是哲学家思想成熟的标志，于1696年再版时还附以1688年的《关于死亡的谈话》；《关于上帝存在，一位基督教哲学家和一位中国哲学家的谈话》（1707年），该书是应在中国的法国传教士德·李奥纳之请写的，是对中国清朝康熙年代外国基督教传教士关于中国当时的官方哲学即朱熹的理学是有神论抑或无神论的争论的评述；《答阿尔诺》（1709年），该书旨在为自己的体系辩护；等等。马勒伯朗士的最后一部著作是1715年的《论物质的使动》，这是对布尔歇于1713年出版的《上帝对造物的行动或物质的使动》一书的论战。此外，他还留有许多有价值的书信。

马勒伯朗士的写作和与人论争表明，他是一位学者。他和笛卡尔一样是一位著名的数学家和自然科学家，在自然史、生理学、心理学、几何学和物理学方面造诣颇深；于 1699 年被接纳为法兰西科学院院士。他在哲学上的声望很高，曾到西欧大陆诸国公开讲授。马勒伯朗士在平时过着一种有节制的生活，既保持着身心平静，又不停顿地进行理智活动；后终因年岁已大，于 1715 年 6 月在巴黎附近的乡村里突然病倒；经 4 个多月的折磨，终于停止呼吸，时年 77 岁。他在死前还与来访的英国贝克莱大主教进行过一次热烈的争论。他是在哲学沉思中拿着著述的笔死去的；他的哲学著作后来被人整理为 21 册的《马勒伯朗士全集》出版。

第一节　上帝是世界万物的创造者和致动因

马勒伯朗士生活在 17 世纪法国资产阶级经济、政治力量尚不够强大，和封建贵族依然处于"斗争的一方尚未压倒另一方"的时期。这一斗争甚至在天主教内部也有了反映。在天主教内部，耶稣会和祈祷会即奥拉托里会等之间的矛盾和冲突渐渐加剧。前者代表着封建势力的利益，力图用传统的经院哲学来同科学和理性相对立；后者实际上体现了新兴资产阶级世界观的要求，与获得了独立发展的自然科学和哲学有密切的关系，即它意识到正在发生的宗教危机，企图吸取当时自然科学和哲学的新成果来改造经院哲学和宗教神学，建立一种既能适应时代变化的要求，又能为各方面政治力量所接受的新宗教真理体系。这种情况表明，作为封建统治阶级意识形态的天主教正在发生着潜移默化的演变，开始向资产阶级意识形态转化。马勒伯朗士所参加的正是负有这种宗教使命的祈祷会并深受其影响；他的哲学就体现了这种特殊的宗教使命和要求。

马勒伯朗士哲学也是从笛卡尔的实体概念出发的。笛卡尔哲学在当时具有广泛的社会影响。它对于构成天主教神学的亚里士多德宇宙观作了有效的反抗，曾有人称笛卡尔为"异教徒中的上帝"。因此，他的思想自然地为许多哲学家所推崇和接受。斯宾诺莎是如此，马勒伯朗士也是如此。

马勒伯朗士指出："凡是我们能够单独领会而不想到别的东西，凡是我们能够单独领会为不依赖什么别的东西而独立存在或者不用我们具有的表现什么别的东西的观念的东西，就毫无疑问地是一个存在体或者一个实体。"① 根据这样的定义，他首先认为，我们可以单独领会物体的带有长、宽、高的广延，而不能单独领会它的形状和运动，因此广延是物体的最本质的东西，它就是一个实体，而形状、运动不过是物体的变化。马勒伯朗士在这里的观点表明，他和笛卡尔一样确认物质世界是不依赖于我们的意识而独立存在的，对物质世界的存在深信不疑。如他曾说，"我们可以肯定在我们之外一般地有广延、一些形状和一些运动。这些东西不单是凭想象出来的，它们是实在的，我们可以相信它们有不依于我们精神的一种实在的存在，这一点我们不会弄错，虽然这是很不容易用论证的方式证明的"②。他甚至这样说过，"除非是疯了，才会怀疑物体的存在"③。与此相联系，他还根据当时的机械力学的科学知识、自己的解剖学实验和笛卡尔《论人》中的观点，认为人体如一架机器，也是这样的物体。如他说，"应该注意：所有这些（指血管、神经和各个内脏的功用）都是机器做成的，我的意思是说，在所有的不同情绪里边的这些神经的各种运动，都不是出自意志的指示，而是相反，它们都是不经它的命令，甚至违反它的命令的，从而一个肉体，即使它不具备一个健康人的肉体所具有的灵魂，也一样能做出与我们的情绪相伴的运动来"④。马勒伯朗士的这些观点体现了当时新科学和新哲学的精神，无疑是对中世纪经院哲学的沉重打击，具有进步的意义。

马勒伯朗士和笛卡尔一样认为世界上还有精神实体。他根据笛卡尔哲学"我思想，所以我存在"的第一原理提问，在我思维的时候，这个在思维的我是什么？他说，那时"我还都不知道。我只知道在我思维的时候，我是一个在思维的什么东西。但是让我们

---

① 马勒伯朗士：《关于形而上学的对话》，1922 年法文版，第 27 页。

② 马勒伯朗士：《真理的探求》第 1 卷，1935 年法文版，第 82～83 页。

③ 转引自钟宇人、余丽嫦编：《西方著名哲学家评传》第 4 卷，山东人民出版社 1984 年版，第 231 页。

④ 马勒伯朗士：《真理的探求》第 2 卷，1935 年法文版，第 166～167 页。

看一看，一个物体能思维吗？一个带有长、宽、高的广延能推理、希望、感觉吗？显然不能。因为这样一种广延的一切存在方式仅仅在于一些距离的关系；而这些关系决非知觉、推理、快乐、希望、感情，一句话，思维"①。所以，他认为这个在思维的"我"不是一个物体，不是指我的身体，"因为我的知觉肯定是属于我的，它们和距离的关系不同"；而是指我的精神或灵魂说的，即"我"就是一个精神实体。在他看来，我可以单独领会精神的思维而不能单独领会它的知觉、感情等，思维是精神的最基本、最本质的东西，所以它是一个实体。马勒伯朗士在这里把思维作单独的考察和强调，这是近代生理学和心理学发展的结果，不能说没有进步的意义；但他终究未把意识看作是物质的产物，是人脑的机能，而是把它和物质、身体分离开来，这是明显的局限。

马勒伯朗士在本体论上在承认物质实体和精神实体存在的同时，还确认了笛卡尔所提过的上帝实体的存在。他在这里试图借鉴奥古斯丁的创世说和柏拉图的理念论来改造笛卡尔哲学，把笛卡尔哲学中的神学倾向作充分的发挥。如所周知，奥古斯丁在他的神学著作中主张"三位一体"说，强调圣子、圣父、圣灵是同一本体的三个方面，世界万物都是三位一体的上帝从虚无中创造出来的，离开了上帝的意志和创造活动，便无世界万物的存在。马勒伯朗士沿用了这种学说，强调上帝是永恒的无限的，它创造世界万物，是惟一至上的绝对实体；世界万物包括自然、人和心灵，只不过是上帝所创造的没有普遍性的特殊的存在物。如他曾说，"信仰告诉我上帝造了天和地；信仰告诉我《圣经》……明明白白地对我说有成千上万的造物"②。不仅如此，马勒伯朗士还依据柏拉图的理念论从哲学上来说明这个问题，认为，世界上存在着无数特殊的事物，它们是不完满的，例如各种特殊的三角形就是不完满的；它们组成现实存在的客观世界。与此相对立的则是事物的本质即事物的广延。广延有两种，"一个是心智的，另一个是物质的"。后者即

---

① 马勒伯朗士：《关于形而上学的对话》，1922 年法文版，第 26～27 页。
② 马勒伯朗士：《关于形而上学的对话》，1922 年法文版，第 136 页。

组成世界的被创造的物质；前者即作为事物原型的广延，无非是理念，它们是完满的，例如三角形的理念就是完满的，它们组成理念世界。在这里，现实存在的客观世界根源于理念世界；个别事物由心智的广延所派生。他尤其指出，我们关于"所有的个别存在的观念只是分有无限的一般观念"；换句话说，世界万物的原型或心智的广延乃是作为观念存在于上帝之中，是上帝本身的永恒的本质的体现或"分有"。因而所有的创造物也就"仅仅是不完善地分有神的存在"①。如他所说，上帝是惟一的存在体，"这个存在体在他本质的单一性里包含着万物里边的全部有实在性或完满性的东西，而万物不过是他的本质的无限多的限制的一些分有（我不说一部分），无限不完满的一些模仿"②。个别的有限的心灵也是如此。其本质虽是思维而非广延，但它也是分有了上帝的精神属性的个别存在物；正因为这样，所以"心灵是不朽的"③。

在这里，马勒伯朗士还对上帝的本性作了论述。按照一般哲学家的看法，实体不是物质的就是精神的，没有既非物质又非精神的实体；上帝既然不可能是物质的，所以它必然是精神的。而马勒伯朗士则不这么看。他认为，上帝是"自有的"，是"无限完满的存在体"。这种存在体在时间上是永恒的，没有过去，没有未来，永远是现在的；在空间上是广大无垠的，无处不在，无所不包，充满了一切而不受限制。"一切物体都在上帝的广大无垠性里广延着"④；"凡是不是它的东西的任何无它都包含，但是在无限完满的存在体里没有无"⑤。正是基于这种看法，所以他强调，上帝远远高于物质或精神。"上帝在他本身里包含一切物质的完满性而他本身并非物质的……同样，他也包含被创造的精神的完满性而他本身并不是我们所领会精神那样方式的精神；他的真正名字是'自有

---

① 罗比奈主编：《马勒伯朗士全集》第 1 卷，1968 年法文版，第 442 页。

② 见《中国哲学史研究》，1982 年第 2 期，第 19 页。

③ 罗比奈主编：《马勒伯朗士全集》第 1 卷，1968 年法文版，第 453 页。

④ 马勒伯朗士：《关于形而上学的对话》，1922 年法文版，第 173 页。

⑤ 见《中国哲学史研究》，1982 年第 2 期，第 15 页。

的'。"① 而惟有这样的上帝，它才能够创造自然万物，成为惟一至上的实体。与此相联系，马勒伯朗士还证明了具有这样本性的上帝的存在。他说，"说到神性，我们都理解为无限，无限制的存在，无限完善的存在。然而没有什么东西能够表象无限。所以为了知道上帝存在，只要思想到他就够了"②。在他看来，笛卡尔从上帝的观念来推断上帝的存在是不当的。因为我们不能设想用一个观念即一个被创造的东西能够表象广阔无垠的存在。真正地说，是我思想到无限，因此无限是存在的。因为，如果它不存在，我在知觉它的时候，就什么都没有知觉到，等于我没知觉；而说我知觉，同时又没知觉，这是矛盾的。又知觉到的东西，或是知觉到它的本质，或是知觉到它的存在，二者必居其一；而既然上帝的本质是无限，人的精神是有限，有限的东西不能知觉到无限即上帝的本质，所以知觉到的就必然是上帝的存在。因此，上帝是存在的。其实，马勒伯朗士关于上帝存在的证明，也还是重复了笛卡尔从概念到概念的形而上学的证明方式。这是一种理性的证明方式，具有反经院哲学的性质；但就其本身而言，则同样是荒谬的。

总之，马勒伯朗士强调，上帝是自有的，是惟一至上的实体；世界万物是上帝的创造物。无论是个别的物质的事物，还是个别的有限的心灵，都内在于上帝之中。"上帝不是在世界里，反而是世界在上帝里。"

据上所述，可见，马勒伯朗士在实体学说上与笛卡尔有所不同。在笛卡尔那里，在"形而上学"方面，物质实体和精神实体乃是相对的实体，它们由绝对的实体上帝所创造；但在物理学范围内，物质乃是惟一的实体，是存在和认识的惟一根据。这无疑包含有内在矛盾。而马勒伯朗士在继承笛卡尔时则着重改变了笛卡尔的物质实体的性质，称物质实体为无限性的上帝的分有，即"取消自然为独立的实在，宣扬绝对的唯心主义"③。在笛卡尔那里，上

---

① 马勒伯朗士：《真理的探求》第 3 卷，1935 年法文版，第 435～436 页。
② 罗比奈主编：《马勒伯朗士全集》第 12 卷，1968 年法文版，第 174 页。
③ 梯利：《西方哲学史》（下卷），商务印书馆 1979 年版，第 51 页。

帝作为绝对的实体本质上是精神实体，但他既然认为精神实体和物质实体是二元对峙，互不干涉，又怎能说是上帝创造物质实体呢？这同样包含有内在矛盾。而马勒伯朗士则改变了笛卡尔的上帝实体的性质，称上帝实体为既非物质的又非精神的，即取消上帝为精神实体的说法，宣扬绝对的唯心主义。概言之，马勒伯朗士对笛卡尔哲学的改造就在于他力图克服笛卡尔哲学的内在矛盾，使笛卡尔哲学转化成为完全的神学唯心主义。

在近代哲学史上，马勒伯朗士又是著名的"偶因论"者，是宣扬偶因论的主要代表。在他那里，偶因论是其神学本体论的组成部分，上帝创造世界万物的学说是和偶因论联系在一起的。

如前所述，笛卡尔在《物理学》中依据伽利略关于自由落体定律、惯性定律和抛物体定律等力学成果，用机械论的观点来描绘自然界的一般图景，认为物质不仅是惟一的实体，而且有其自身运动的规律，自身的因果联系，亦即"自然法则"。这种"自然法则"的观点当然又是与其"形而上学"体系即绝对实体（上帝）的观点相矛盾的。而马勒伯朗士之提出偶因论，其任务也就在于进一步克服笛卡尔哲学的内在矛盾，把上帝行为的有效性同它的创造物的状态协调起来。

马勒伯朗士为表明他不违背自然科学，并不否定笛卡尔关于"自然法则"的观点。事实上自然界的确存在着物质运动的现象，存在着事物之间的因果联系，存在着"自然法则"。但是，他和同时代的科学家和哲学家一样，认为自然界中的事物的运动，其源泉不在于自身，即事物本身是被动的、惰性的，是不具有运动的力量和能力的，可以说"没有任何物体可使自己运动起来"；也不在于心灵，即心灵本身也不具有使任何物体运动的力量和能力。"当人们思考关于所有有限的心灵的观念时，并没有看到他们的意志和不管什么物体的运动之间的必然联系，相反是看到没有任何联系和不可能有任何联系"①。马勒伯朗士强调，自然界中事物运动的真正原因或第一原因只能在于上帝。他曾说，"只有一个真正的原因，

---

① 罗比奈主编：《马勒伯朗士全集》第 2 卷，1968 年法文版，第 313 页。

因为只有一个真正的上帝。每个事物的性质或力量都不过是上帝的意愿"①。他解释道,"上帝的意志是无所不能的,他愿意有一个什么样的世界,这个世界就做成了。如果上帝一旦不愿意有世界了,世界就立即消灭,因为世界肯定是取决于造物主的意志。如果世界继续存在,那是因为上帝继续愿意世界存在。因此造物(即被创造的万物)的保存,从上帝方面来说,无非是对造物的不断创造"②。这就是说,在他看来,世界上万事万物的存在及其变化都是上帝意志的结果,上帝的意志是永不停止又永恒不变的,因而也可以说都是按照上帝建立的"一般法则"来进行的;没有上帝的意志,事物就什么能力也没有,连两个物体都不能相撞。上帝是自然万物的真正致动因。

当然,世界上的事物都在不断变化、运动,这些变化、运动明摆着都有其直接的外在的自然原因。但是,马勒伯朗士指出,"一切自然的力量都不是真正的原因,而仅仅是一些机缘原因"③,或"偶因"。例如,他在街上行走,绊了一块石头,摔了一跤。在这里,摔跤这个事故的发生就出于上帝的意志,石头绊则是上帝造成他摔跤的机缘或偶因。又如,上帝创造球甲在不断运动中,球乙在静止中;球甲在运动中碰撞了球乙,球乙被推动了。在这里,球甲的碰撞便是上帝意欲球乙动起来的机缘或偶因。在马勒伯朗士那里,所谓偶因乃指自然界的原因;它不是永恒不变的,而是千变万化的;由于这种原因而引起的一系列的因果连续,本身不具有普遍性和必然性,而只是具有偶然性的因果联系,通常经验所恒常观察到的就是这种自然的偶然的联系,亦即"自然法则"。他认为,这种原因并不是真正的原因,它仅决定着自然的创造物在这样或那样的碰撞之中以这样或那样的方式运动;真正的原因是心灵能够知觉到它和结果之间的必然联系的一种原因,换言之,是上帝把运动的有效性加之于运动的联系中去了。

---

① 马勒伯朗士:《真理的探求》第 6 卷,1935 年法文版,第 325 页。
② 马勒伯朗士:《关于形而上学的对话》,1922 年法文版,第 150 页。
③ 马勒伯朗士:《真理的探求》第 6 卷,1935 年法文版,第 325 页。

　　马勒伯朗士强调自然界的原因不是真正的原因，仅仅是机缘或偶因，目的就是既要确认"自然法则"对物体的作用，又要确认上帝的"一般法则"的决定作用，把上帝的意志和所有物体的运动联系起来。在这里，他把因果联系提升到法则（规律）的高度来看待，是合理的，但又认为：如果把自然原因不看作机缘或偶因，而看作真正的原因，那就等于否定上帝的意志或"一般法则"是第一原因；如果不承认有什么偶因，认为一切仅仅出于上帝的永恒不变的意志或"一般法则"，那又怎么说明世界上千变万化的现象的产生和自然界的规律、秩序呢？而离开了偶因或"自然法则"，上帝的意志或"一般法则"本身也是得不到说明和表现的。所以，马勒伯朗士的偶因论乃是一种独特的神学唯心主义的因果观点。

　　马勒伯朗士的偶因论还表现在身心关系问题上。如所周知，笛卡尔在身心关系问题上持心灵和肉体彼此独立、互不决定的观点，但他作为科学家不能无视身心之间相联系的事实，从而又从人本身着手以"松果腺"理论来解释这个事实。笛卡尔的身心交感论虽然是以其身心二元论为基础和前提的，但就其本质来说，显然是和其身心二元论相矛盾的。而马勒伯朗士之提出偶因论，其目的又在于克服笛卡尔在身心关系问题上的内在矛盾。

　　伯雷依埃指出，偶因的概念在马勒伯朗士那里和法则的概念紧密联系在一起。当讲到身心连结时，马勒伯朗士说上帝在感觉或者情感中建立了这样一些身体的情状，作为心灵的某些情状的偶因，或者在意志中建立了这样一些思维的情状，作为身体的某些运动的偶因。这就是说，马勒伯朗士认为心灵和身体之间不能有直接的相互影响，是上帝借助于思想使身体作相应的运动，思想对于身体的运动来说只是机缘或偶因，而不是真正的原因；又借助于身体的运动使心灵有相应的思想，身体的运动对于思想来说也只是机缘或偶因，而不是真正的原因。例如，上帝借我的意志使我的双臂举起来，我的意志只是双臂活动的机缘，真正的原因乃在于上帝意志的力量。又如，针刺手指，手指便疼痛。这里，针刺只是手指疼痛的偶因，因为针刺的直接结果应是手指流血，而不是疼痛。心灵感到手指痛，"这是由于创造主建立的灵魂和肉体相结合的一般法则所使然的，以使我们缩回手，保存他给我们的肉体"①。可见，在马勒伯朗士那里，真正沟通心灵和肉体联系的乃是上帝的意志或"一般法则"；而我们身体的形态不能通过它自身的效力来改变我们心灵的形态，反之亦然。

马勒伯朗士在阐述偶因论时还引用了格林克斯对此所作的比喻：心灵和肉体好像两只构造一样无交互作用的时钟，其指针总能步调一致地转动；上帝就是一个钟表匠，是它不时地调整这两只时钟，使它们指示同一时刻。他借此比喻表明，"人的一切心灵生活是由上帝随时给他带来的，上帝使这种心灵生活跟身体内发生的一切情况严密地保持一致"②。可以说，在"格林克斯的理论中，已经有足够多的神秘主义和神学的因素，而在尼古拉·马勒伯朗士的世界观中，这些因素变成了真正神秘主义—神学的观点"③。可见，他在身心关系问题上乃是按照神学唯心主义观点来消解笛卡尔哲学的内在矛盾的，正如他按照神学唯心主义观点来否定物质的因果联系的独立性，克服笛卡尔哲学的内在矛盾一样。

第二节　在上帝中认识世界万物

马勒伯朗士在本体论上主张上帝是惟一至上的实体，它创造世界万物并是其运动的第一原因，世界万物都内在于上帝之中；在此基础上，他在认识论上便作出在上帝中认识世界万物的结论。马勒伯朗士的认识论是他的神学唯心主义哲学的最重要的部分。

马勒伯朗士在认识论上曾讨论过视觉、听觉、想像力和理智中的错误等许多问题。其中，最重要的是他关于我们真理性知识的起源的看法；他所阐述的一切问题都是围绕着这个问题而展开的。在这个问题上，他赞同和沿袭着笛卡尔的唯理论，并把笛卡尔唯理论

---

①　《中国哲学史研究》，1982 年第 2 期，第 22 页。

②　理查德·泰勒：《形而上学》，上海译文出版社 1984 年版，第 18 页。

③　巴克拉捷：《近代哲学史》，上海译文出版社 1983 年版，第 104 页。

中的神学因素即上帝是人们获得真理性认识的保证的观点加以进一步的发挥。在上帝中认识世界万物，就是马勒伯朗士这种神学认识论的基本命题和集中表达。

在马勒伯朗士那里，人是灵魂和肉体的结合。肉体的本质是广延，它以空间为场所；灵魂的本质是思维，它则以肉体为场所。不过，它并非散布在肉体的各部分，而是如笛卡尔所认为的那样，居住在大脑中的松果腺里。那么，外界事物是如何达到灵魂，或者灵魂是如何获得对外界事物的真理性认识的呢？马勒伯朗士从分析人的认识功能着手来说明这个问题，认为，人的灵魂有三种认识功能或方式，即感觉、想象和理智。感觉凭借感官接受当前的外界事物，它与外界事物直接发生关系；想象凭借记忆接受或扩大不在眼前的事物的影像，它与外界事物没有直接的接触；理智凭借观念接受抽象的共相的东西，它与外界事物更无直接的关系，丝毫不夹杂任何感觉和影像，是"纯心灵"的活动。在他看来，首先，真理性的知识应是具有严格的普遍性和绝对的必然性的知识，这种知识不是心灵通过与肉体结合而获得即不是源自感觉和想象的。

马勒伯朗士并不完全否认感觉在认识中的作用，如认为，人通过内在的感觉意识到自身的种种情状的存在，通过外在的感觉认识到在自身之外的事物的种种情状的存在；理智在认识过程中往往伴随着这样的感觉和想象，也就是说，它"面对着对象的时候，由于感觉器官里发生了某些活动，因而获得了一些感性的观念"[1]。而"我们的感觉官能和我们的想像力，用来认识外界物体与我们身体的关系，是非常合适的"。例如，为了知道一只苹果或一块石头能不能吃，决不应该根据这些观念来推理，而应该尝尝它，即"最可靠的还是用感官"。但是，他着重指出，"感觉官能和想像力所获得的观念，是不可能使我们明确地发现任何真理的"[2]。因为它们只能使我们认识个别事物的感性性质，如大小、形状、运动和色、声、香、味等；它们又往往不"一清二楚"，经常会有错误。

①《西方哲学原著选读》（上卷），商务印书馆1981年版，第466页。
②《西方哲学原著选读》（上卷），商务印书馆1981年版，第467页。

例如，他认为，我们的视觉永远不能给我们以物体大小的概念，因为物体的大小往往因人、因距离的远近而异；也不能使我们正确地认识物体的形状，因为一张圆形或正方形的桌面由于角度不同看起来似是椭圆形或菱形；关于物体的运动也是如此，我们坐在行驶的船上却以为船是静止的，岸上的树是动的。至于我们看到光和听到声音，就以为它们存在于我们之外，那就更是错误的了。马勒伯朗士在这里实际上涉及到了感觉的相对性和事物的两种性质问题，但是他却以此认为"感官的报导未必真实"，"在物体的大小，它们的形状和它们的运动以及各种光和颜色方面，我们的眼睛总是使我们受骗"①；从而否认感觉是真理性知识的源泉。他曾说，"永远不要用感觉来判断事物本身，而仅仅是用它来判断事物和我们肉体的关系，因为事实上感觉不是为了用来认识事物的真理的，它仅仅是为了保存我们的肉体之用的"②。在他看来，我们应当使我们心灵的感觉官能和想像力"得到最好的使用"即"把它们仅仅应用在它们所适应的事情上"，而"不用它们去揭示那些它们永远弄不清楚的真理"③。

应当指出，马勒伯朗士在这里之所以持上述这样的看法，还是由于他没有摆脱笛卡尔的心物二元论的缘故。从根本上说，他仍然认为，精神和物质是异质的，前者的本质是思维，后者的本质是广延，因而二者就不能相互作用，彼此发生关系。有广延的东西怎能到精神中来呢？精神又是怎样与它结合在一块的呢？因此，他作出结论说，"灵魂不能从外界的事物得到它的各种表象和概念"，"灵魂的一切感觉和一切情绪都不表现存在于它之外的任何与它相似的东西，它们不过是一个精神所能做出的一些变化而已"④。可以说，这乃是他认为"应当把我们的感觉和想象仔细地与我们的纯观念分开"，感觉不能作为真理性知识的源泉的立论根据。

---

① 罗比奈主编：《马勒伯朗士全集》第1卷，1968年法文版，第79页。
② 马勒伯朗士：《真理的探求》第1卷，1935年法文版，第41页。
③ 《西方哲学原著选读》（上卷），商务印书馆1981年版，第469页。
④ 马勒伯朗士：《真理的探求》第3卷，1935年法文版，第394页。

　　其次，马勒伯朗士强调，"应当用心灵的纯观念去揭示真理"；但他也不把人的理智自身看作真理性知识的源泉。他明确地说过，"灵魂也不能由自身产生出观念"，"观念也不能是天赋的"；还援引奥古斯丁的话说过，"你们不要说，你们自身就是你们自己的明灯"①。如前所述，笛卡尔曾承认有所谓"天赋观念"，如上帝观念、自我观念和数学真理等就是我们人心固有的。而马勒伯朗士在这个问题上则与笛卡尔有明显的不同。在他看来，人的心灵和自然界的一切事物一样，"是一种特殊的本质。它只不过是一种非常有限和很不完善的本质"②。有限的不完善的本质是不可能包含任何普遍的、必然的观念的，因而它怎能是真理性知识的源泉呢？他还具体地解释道，上帝是无限的、完满的，心灵是有限的、不完满的；有限的不完满的我们，心中怎么会包含无限的完满的上帝的观念呢？我们知道有个自我，只是由于在思维；而思维本身只是意识活动，不是观念。因此通常所讲的关于自我的观念，实际上只是我们内部的直接体验，是心理的，而不是理性的；真正说来，我们并没有关于自我的观念。至于数学真理，如二乘二等于四等，那只是一种"关系"，即二乘二和四有相等的关系，和五有不相等的关系；它们并不是什么实在的观念，更不是什么天赋的观念。

　　马勒伯朗士认为，我们对于上帝、自我和数学真理都没有观念，我们对于物体才有观念，我们是用观念来认识物体的。但是，纯粹理智本身也不能清楚明晰地认识物体的本性：精神"在它们本身里既看不见事物的本质，也看不见事物的存在"③。因为按照前面说过的道理，物体和灵魂是异质的，它本身就既不能在你的精神里起作用，也不能在你的精神里表现出来，成为我们关于物体的表象和概念的真正原因。概言之，马勒伯朗士断然否认有所谓上帝、自我和数学真理等天赋观念，断然否认理智自身是关于物体的真理性知识的源泉。他还说道，"理性尽管是我们的主要部分，使

①　黑格尔：《哲学史讲演录》第4卷，商务印书馆1978年版，第133页。
②　《费尔巴哈哲学史著作选》第1卷，商务印书馆1979年版，第224页。
③　马勒伯朗士：《真理的探求》第3卷，1935年法文版，第394页。

用过分也常常造成错误，这是由于它用多了就会疲劳，也就是说，它不能有充分的认识来下正确的判断，然而人们却要求下判断"①。

那么，怎么才能认识外界事物呢？马勒伯朗士最后明确地认为，理智唯有同上帝结合，即在上帝中才能认识一切事物。如前所述，按照马勒伯朗士的观点，灵魂是不能直接认识物体本身的，灵魂只能认识物体中与自己相通的东西即观念。这样，在他那里，就可从两种角度来看待观念。像颜色、声音、疼痛等表现我们内心直接体验的观念，或表现我们之外的物体的观念，是作为思想、认识而言的；另一类则不同，是作为认识对象而言的。"我们不能知觉在我们以外的物体本身。我们看见太阳、星体和无穷无尽的物体在我们以外，灵魂不能从肉体中走出，去在天空中翱翔以便观察一切物体。因此它不是从它们的本身看见它们。比如说看见太阳时，我们精神的直接对象不是太阳，而是一种直接与我们的灵魂相结合的什么东西，这个东西，我们称之为观念。因此，用观念这一词，我在这里不是指别的东西，而是指在精神知觉到什么东西的时候，精神的直接对象或者与精神最接近的东西说的。"② 显然，这是马勒伯朗士对观念的一种特殊的看法。

在马勒伯朗士那里，作为认识对象的观念乃是他根据柏拉图理念论而认为的作为物体的原型存在的理念。这种理念是事物的本质，也就是事物的广延。当然，应该把两种广延分别开来，即物质的和心智的。物质的广延是被创造的广延，这就是组成世界的物质。马勒伯朗士在这里所说的作为事物的原型、本质的广延并非指这样的广延，而乃是指精神性的心智的广延。"心智的广延是永恒的、广大无垠的、必然的；这就是神圣的存在体（上帝）的广大无垠性，就其可以被物体性的造物分有，可以由广大无垠的物质表现方面而言；简言之，它是可能的无限多的世界的心智观念；这就是当你想到无限时，你的精神所思考的东西，就是通过这个心智的

---

① 《西方哲学原著选读》（上卷），商务印书馆 1981 年版，第 470 页。
② 马勒伯朗士：《真理的探求》第 2 卷，1935 年法文版，第 373 页。

广延你才认识可见的世界。"① 这就是说，马勒伯朗士认为，心智的广延不是别的，它乃是表现在无限多的物质事物中的上帝的永恒性和广大无垠性，是上帝的永恒性和广大无垠性在物质事物中的分有，上帝就是根据这个分有，即把它作为物质事物的原型才得以创造物质事物的。而我们的心灵在面对物质事物时所思考的就是这个作为上帝的分有和事物的原型的心智的广延；心灵只有通过它对无限者所具有的观念即心智的广延，才能认识世界万物。"我们称之为看见物体无非是现实地在精神上出现的广延的观念，这个观念用不同的颜色触动或变化了精神；因为我们直接看不见这些物体本身，所以我们肯定只有在心智的、一般的并且由颜色而成为感性的、个别的广延里看见物体；而颜色无非是灵魂在广延作用于灵魂并且使灵魂变化的时候从广延那里得到的感性知觉。"②

这样，他就认为，上帝是惟一的普遍者，作为上帝的分有的心智的广延是特殊者，普遍者先于特殊者，普遍者是特殊者的基础；上帝是无所不在、无所不包的，自然也包含着它的分有——心智的广延，换言之，"上帝是众多精神的所在地"，心智的广延乃存在在上帝里，或者就是上帝本身，"因为凡是在上帝里的都是上帝本身"。因此，我们通过心智的广延认识一切事物，真正说来，也就是在上帝里认识一切事物，就像在空间里看形体一样。马勒伯朗士说，"如果精神不是在那包罗一切的惟一者中看万物，看来它是不能表象种和属等等概念的"③。

综上所述，可见，马勒伯朗士在认识论上与他在本体论上的神学观点相适应，强调的是心灵同上帝的结合，在上帝里认识一切事物。他虽认为心灵在上帝里认识一切事物时往往伴随着和离不开感性知觉，"感觉是我们的精神的一种变相"，但却把感性知觉仅仅看作心灵认识事物的机缘、偶因；对他来说，理智在上帝里认识一

---

① 马勒伯朗士：《基督教的沉思》，1928 年法文版，第 172 页。
② 转引自钟宇人、余丽嫦编：《西方著名哲学家评传》第 4 卷，山东人民出版社 1984 年版，第 247 页。
③ 黑格尔：《哲学史讲演录》第 4 卷，商务印书馆 1978 年版，第 134 页。

切事物乃是"最优裕的"。他把矛头明确地指向"异教哲学家"即只考虑心灵同肉体相结合的经验论哲学家，声称：必须摧毁他们学说的主要基础，即人们错误地称为经验的那个东西；一个人如果只根据心灵的纯粹观念判断一切，倾听最高主宰的声音，就不会陷入错误。他并强调，心灵与神的关系和结合是"心灵最自然、最本质的结合"，是"比与肉体结合更合乎它的本性"；因为神创造心灵只能是为了让人们认识神，"我们根本无法设想神会创造一个没有这种关系的心灵"①。这一切表明，马勒伯朗士在这里不仅主张从普遍到特殊，继承了笛卡尔的唯理论；还强调理智的有限性，对笛卡尔的唯理论作了改造，认为上帝是真理性知识的来源，是一切认识的原则，使笛卡尔唯理论成为宗教唯心主义的认识论。

第三节　马勒伯朗士哲学的两重性和历史地位

生活在 17 世纪的法国和笛卡尔哲学具有广泛影响的时代的哲学家马勒伯朗士，面对法国资产阶级和封建贵族、科学和宗教的矛盾，从笛卡尔哲学出发，力图克服笛卡尔的二元论，使笛卡尔哲学成为完全的宗教唯心主义体系。这即是马勒伯朗士哲学。马勒伯朗士哲学在近代哲学的发展中并非是"多余的理论"。它在一定程度上吸取了当时自然科学的成就，承认了"自然法则"的存在；借鉴了古代柏拉图和奥古斯丁的观点，把基督教神学的人格化的上帝概念改造成为非人格化的具有自然神论倾向的上帝概念；继承了笛卡尔的唯理论，推崇了人的理性；等等。这些都表明，它和这一时期其他的哲学一样，具有反经院哲学的性质。但是，马勒伯朗士哲学实际上并没有克服笛卡尔的二元论。如前所述，在本体论上，他一方面主张上帝是世界万物的创造者和致动因；另一方面仍然持物质、肉体和精神二元对峙的观点，如曾说"不应该像大部分哲学家想象的那样，当精神同形体结合时，精神变成形体，当形体同精

---

① 《西方哲学原著选读》（上卷），商务印书馆 1981 年版，第 472 页。

神结合时，形体变成精神"①。他关于身心关系问题的偶因论学说是在二元论的基础上建立起来的。在认识论上，他主张理智在上帝里认识一切事物；然而，他之否认对外界事物的真理性知识来源于感觉，和来源于理智自身，从根本上说也还是以物质和精神不能互相作用的观点为立论根据的缘故。诚然，他把自有的上帝看作惟一至上的实体，但由于它最终还是人们以"理智之光"思想到的存在物，依然是处于和物质对立中的人的思维内的纯粹精神性的概念，他并未能真正统一物质和精神。相反，在他那里，"精神的、理智的世界和物质的、感性的世界之间的裂缝或者毋宁说深渊，其实更加深了"②。因此，真正说来，马勒伯朗士哲学乃明显地具有两重性，即存在着二元论和一元论的内在矛盾；它之所以被视为属于笛卡尔学派，也是与它仍拘泥于笛卡尔的二元论，没有从根本上超越笛卡尔哲学的构造而自成一个完整的体系有关。

其次，如前所述，马勒伯朗士一方面继承笛卡尔的唯理论，在真理性知识的源泉问题上推崇人的理性，强调应当通过"一步一步地推理"，"用心灵的纯观念去揭示真理"，反对一切真理只来源于上帝的启示或来源于感觉和想象；在上帝的性质和作用问题上也通过从概念到概念的理性思维方式来加以论证。但是另一方面又主张理智必须同上帝相结合，在上帝里认识一切事物；认为人的理智是有限的，人不能凭靠理智本身去获得真理性知识，并否定笛卡尔的天赋观念说。这说明马勒伯朗士哲学实际上又包含着理性和神学的内在矛盾。马勒伯朗士哲学的这些内在矛盾，乃是他所处时代的资产阶级尚不够强大，更多地和封建贵族相妥协的理论表现；也表明近代哲学此时仍处在二元论向一元论的转化过程之中。

在近代哲学的发展中马勒伯朗士哲学具有重要的历史地位和影响。我们看到，它和斯宾诺莎哲学一样都从笛卡尔哲学出发，并力图克服笛卡尔哲学的二元论；都推崇理性在认识中的作用，并用理性演绎的方法构造哲学体系；甚至在伦理学上也都强调心灵对神的

---

① 罗比奈主编：《马勒伯朗士全集》第 3 卷，1968 年法文版，第 315 页。
② 《费尔巴哈哲学史著作选》第 1 卷，商务印书馆 1979 年版，第 256 页。

理智的爱，如它认为，"心灵与神结合得越紧密，也就越纯粹，越光辉，越强大，越恢宏，因为正是这一结合造成了它的全部完善"①。因而它们都具有反经院哲学的性质，并同属于西欧大陆唯理论的完备形态。但它和斯宾诺莎哲学在哲学方向上又很不相同。例如，在实体问题上斯宾诺莎持明确的泛神论观点，认为实体即神或自然，上帝内在于自然之中；而马勒伯朗士则强调上帝是至上的绝对的实体，它创造世界万物，世界上的一切内在于上帝之中。又如，斯宾诺莎是著名的决定论者，承认自然万物中的因果联系，但他由此并没有直接作出上帝是第一推动者的神学说明，乃用世界本身来说明世界；而马勒伯朗士在谈论自然万物的因果关系时则主张偶因论，明确作出上帝是自然万物运动的真正原因的结论。再如，斯宾诺莎认为广延是物质的本质属性，它和思维二元对峙，互不决定，又具有"同一的因果次序或同一的因果联系"，即在心物关系问题上持平行论的观点；而马勒伯朗士则还把广延看作观念，承认有所谓精神性的心智的广延，它是事物的原型，存在在上帝里，因而在认识论上主张在上帝里观看一切事物。简言之，斯宾诺莎在克服笛卡尔二元论的过程中，较多地突出了它的唯物主义方面；而马勒伯朗士在克服笛卡尔二元论的过程中，则更多地突出了它的宗教唯心主义方面。黑格尔曾说，"马勒伯朗士以通俗的方式让灵魂和事物也作为独立的东西存在着。但是如果我们进一步抓住他的基本原则，这种独立的东西就烟消云散了。'神是全在的'；如果我们把这个全在加以发展，那它就要走上斯宾诺莎主义，而神学家们却是反对同一哲学的"②。可以说，马勒伯朗士哲学与斯宾诺莎哲学一起，从不同的方向上进一步展开了物质和精神的关系问题，促进了唯理论和经验论之间的斗争，为莱布尼茨唯理论的一元论哲学的产生提供了准备；它是西欧大陆唯理论哲学从笛卡尔到莱布尼茨的发展中的重要环节之一。此外，我们还看到，马勒伯朗士哲学对经

---

① 《西方哲学原著选读》（上卷），商务印书馆1981年版，第475页。

② 黑格尔：《哲学史讲演录》第4卷，商务印书馆1978年版，第133~134页。

验论和唯物主义哲学也产生过深刻的影响。如英国著名的经验论者休谟在《人性论》中对因果概念所作的分析，就是对马勒伯朗士的偶因论中所谓超自然意义的因果必然性所作的一种批判工作；而法国哲学家梅叶就是在《遗书》中否定了马勒伯朗士那种虚构的、无限完善的实体——上帝的存在而成为 18 世纪法国唯物主义和无神论的先导的。

第十章 英国唯物主义经验论哲学的
典型发展——洛克哲学

    洛克生活在英国资产阶级革命完成时期，是近代英国最著名和最有影响的哲学家和政治思想家。他的哲学思想把认识论问题提到首位，和笛卡尔的唯理论相对立，是英国唯物主义经验论哲学的典型发展，同时又蕴含有突出的形而上学性和不少的唯心主义、二元论、不可知论因素；整个说来，"就像在政治上一样，是 1688 年的阶级妥协的产儿"。从史的角度看，也可以说，"霍布斯把培根的学说系统化了，但他没有更详尽地论证培根关于知识和观念起源于感性世界的基本原则。洛克在他论人类理性的起源的著作中，论证了培根和霍布斯的原则"①。

洛 克 小 传

    约翰·洛克（1632～1704），生于英国西南部萨莫塞特郡林格通城。父亲做过乡村律师，信奉清教，曾站在国会军方面参加过英国内战；母亲也是清教徒。英国 17 世纪中等阶级的清教徒，一般都比较宽容忠厚，富有道德精神，有自信心，并热爱自由。洛克幼时便是在这种家庭环境的教养下度过的。1646 年，洛克在伦敦威斯敏斯特中学求学，接受严格的古典教育。1652 年，他又入牛津大学基督教会学院，研究哲学、物理、化学和医学，毕业时获文学学士学位；两年后

---

① 《马克思恩格斯全集》第 2 卷，人民出版社 1957 年版，第 164 页。

即 1658 年又获文学硕士学位，并留校从事教学和研究，讲授过希腊文和修辞学。

　　洛克在牛津工作期间很厌恶经院哲学，认为它充满了暧昧不清的术语和毫无用处的问题；也不怎么喜欢古典文学，而酷爱科学和哲学。他注重实验科学和医学的研究，与当时科学界的代表人物有很深的交往。据说，他与著名科学家波义耳友善，曾利用其实验室从事化学和气象学的实验，把关于气象的观察报告委托其处理；波义耳逝世前也托付他整理和出版自己的《空气通史》一书。他在 1667 年和著名医学家希顿汉姆合作从事过医学研究；并赞同后者坚持从经验和观察出发，主张"真正的老师是经验的指示"的科学方法论思想。尤其是，他十分熟悉牛顿的力学成就；与牛顿友谊深厚，曾互相通信讨论科学、哲学和宗教神学问题。这一切无疑使他对当时的新兴科学具有广博的学识，因而于 1668 年 11 月 23 日被选为英国皇家学会会员，并兼任"实验考察指导委员会"委员；同时也使他熟知自然科学发展对哲学所提出的要求，致力于认识论和方法论的深入研究。据他自述，1671 年，他和朋友们讨论有关科学、神学和哲学问题，感到困惑；自那时起，他便转而研究人类理智能力本身的性质和限度问题，开始着手写作《人类理解论》。关于这点，后来希顿汉姆在他的《医学的考察》中说过，"你们同样知道，我的方法已经为一个对此问题进行过透彻研究的人作出了大量的证明，我指的是洛克先生。他是我们大家的朋友"①。除此以外，洛克在这一时期还接触了在英国具有影响的威廉·奥康的唯名论思想，尤其是阅读了笛卡尔的哲学著作。真正说来，洛克本人受培根和霍布斯的直接影响并不多，倒是深受笛卡尔物理学的影响。洛克曾不止一次地谈到，笛卡尔著作是"使他产生爱好哲学的第一批书籍"；他虽然往往不同意它的观点，它却第一个把他"从经院哲学的莫明其妙的谈话方式中拯救出来"，启发他为建立一种新哲学而努力。整个地看，这一时期是洛克唯物主义经验论哲学奠定基础的时期。

---

　　①　转引自钟宇人、余丽嫦编：《西文著名哲学家评传》第 3 卷，山东人民出版社 1984 年版，第 337 页。

1664 年，洛克离开牛津大学去柏林担任驻外使馆的秘书达二年。1667 年，洛克回国后受召去看护当时患病的有名的政治活动家阿希莱勋爵。自此，他便与阿希莱勋爵一家相识并长久相处；因医治好了阿希莱勋爵的疾病和具有多方面的才能而得到了赏识，遂被聘为勋爵的家庭医生和秘书。双方都关注和研究经济、政治、宗教和知识自由，后者还把他当作自己的政治顾问。1672 年，阿希莱受封为舍夫茨伯利伯爵，并先后担任大法官、贸易和殖民委员会主席、贵族院议长等要职，领导辉格党与代表王党势力的托利党进行长期的党派斗争，斗争时胜时败；而洛克的政治地位也随之沉浮不定。他于 1675 年因患肺病曾移居蒙特贝里尔，以求恢复健康。他因斯图亚特王朝复辟而曾被迫出境到法国和意大利旅行过。1682 年，舍夫茨伯利伯爵由于从事反对约克公爵（即后来的詹姆士二世）继承王位的密谋活动败露而逃亡荷兰，洛克于 1683 年为免受迫害也逃离英国去荷兰。在荷兰，他积极参加流亡荷兰的辉格党人和威廉·奥伦治公爵反对英王室的活动，成为辉格党的重要的理论家，直到"光荣革命"后即 1689 年 2 月才随同奥伦治夫人凯旋回国。回国后担任过上诉法院专员等职。从 1667 ~ 1689 年，可以说乃是洛克追随舍夫茨伯利伯爵从事政治活动的时期。洛克的政治态度和观点对他的哲学方向有着重要的影响。

洛克在流亡期间和回国后有了从事理论思考和著述的时间。为了适应资产阶级建立和论证新的政治结构的需要，1690 年洛克出版了《政府论》，该书分上、下两篇。上篇主要批判了保皇党人菲尔麦所鼓吹的君权神授论；下篇集中论述了他的社会契约说，论证了现存的君主立宪制的合理性。同年，他的《人类理解论》问世。这部自 1671 年起始，断断续续共写了近 20 年，在 1687 年完成的著作，代表了洛克哲学的水平，在欧洲哲学史上是第一部大部头的认识论专著，占有重要的历史地位。除此以外，洛克在 1683 年写作了关于教育问题的通信（教育漫谈）；在 1685 ~ 1686 年用拉丁文写成《论宗教宽容的书信》，并于 1690、1692 年分别发表了第二、第三封信；在 1691 年出版了《论降低利息和提高货币的效果》，该书奠定了他在经济学说史上的地位；在 1695 年还匿名出版了《基督教的合理性》，该书力图通过对《圣经》的批判研究，主张"启示必须由理性裁断"和保证，把基督教建立在理性的基础上，为宗教宽容说提供理论根据。洛克的重要著作大都是在 1687～1693 年期间写就和问世的。这说明洛克的著述活动受到了革命的鼓舞。

洛克的著作，尤其是《人类理解论》和《政府论》，适应了反对 17 世纪"形而上学"的需要，表达了 1688 年"光荣革命"的精神；显示出他在哲学思想和政治理论上的巨大成就，给英国民族带来了不朽的荣誉。洛克在晚年，因健康状况不佳，遂辞去公职，退居英国贵族的乡村别墅；他终生未娶，曾受到多年老友的照顾。1704 年 10 月 28 日，这位杰出的哲学家和政治思想家与世长辞，享年 73 岁；其遗体被安葬在奥提斯教堂内。临终前，洛克用拉丁文撰写了碑文，自称"是一位受过训练的学者，专心追求过真理的人"；说他的著作，比之于碑文上的颂扬之词，将更为忠实可信地告诉人们有关于他的其他一切评说。

第一节 对笛卡尔等天赋观念论的批判

洛克在《人类理解论》中明确地规定说，他的哲学的目的和任务在于"探讨人类知识的起源、确定性和范围，以及信仰的、意见的和同意的各种根据和程度"①。他认为，传统的哲学家在应用其理智从事哲学研究时，往往不先考察理智本身的性质和能力，就使自己的思想"驰骋于万有底大洋中"；这完全是"从错误的一端下手"，因而必然会陷于人类理智本来达不到的深奥问题之中，走向谬误。而他主张，在解决一般哲学的"形而上学"问题之前，"第一步应当是先观察自己的理解，考察自己的各种能力，看看它们是适合于什么事物的"②。这样，找到了划分可知和不可知的界限，我们就会对于不可知的事物公然听其无知；对于可知的事物，积极运用自己的思想和推论。他甚至声称将不涉及"形而上学"的问题，如说："我不想详细探讨灵魂的本质是什么，也不想研究

① 洛克:《人类理解论》，商务印书馆 1959 年版，第 1 页。
② 洛克:《人类理解论》，商务印书馆 1959 年版，第 5 页。

由于灵魂的哪些运动和躯体中的哪些变化,才使我们能通过自身的感官获得某些感觉或理智中的某些观念,在形成某些观念以及一切观念时是以物质为转移或不以物质为转移。"①

洛克关于哲学研究的目的和任务的规定,当然不能说是科学的。因为,人类的认识能力是在人类与自然、主体与客体的相互作用中形成、表现和发展的。离开人的认识过程本身,怎么能孤立地对它进行研究和考察呢?根据个人的认识或某一时代的人类认识去断言人类认识的限度或范围,只能是一种先验的假定。但是洛克把对人类理智本身的性质和能力的考察作为哲学研究的"第一步",从理论上说,表明他把认识论问题完全提到了哲学研究的首位,并具体地深入到了对认识主体本身的研究;加之他不怀疑客观物质世界的存在,坚持和详尽地论证了感觉经验是事物的真实反映,是全部认识的源泉;因而,比之培根和笛卡尔注重认识理论和认识方法问题的探讨,在实际上开始了哲学研究的重点转移,要前进了一大步。同时,其矛头乃是针对经院哲学、宗教神学和天赋观念学说一类的唯心主义的;他曾认为,要建立自己的宏伟坚实的认识论体系,发展科学知识,必须"扫清道路",批判这些传统学问。

洛克在《人类理解论》的第一卷中就展开了对天赋观念论的批判。这是他所要清除的知识障碍中的主要对象,是他在认识论中批判经院哲学的重要表现,也是他与笛卡尔唯理论哲学体系的基本认识原则相对立的显著标志。

洛克批判天赋观念论有着深刻的历史背景。我们知道,在中世纪,经院哲学继承柏拉图的天赋观念思想,把基督教的信条和教义说成是知识和道德的天赋原则;自那时起,这种传统的天赋观念论一直束缚着人们的头脑。在近代,在西欧大陆有笛卡尔的天赋观念论的出现。笛卡尔在物理学中持机械唯物主义观点,在认识论上则持唯心主义唯理论观点,认为作为全部知识的基础的清楚明白的观念,如自我观念、逻辑规律、几何学公理和上帝观念等,都是天赋的即"与生俱有"的。这种观点虽然在当时受到了伽桑狄和霍布

---

① 转引自巴克拉捷:《近代哲学史》,上海译文出版社 1983 年版,第 131 页。

斯的"诘难"，其影响仍很大。到 17 世纪中叶，作为对以霍布斯、笛卡尔为代表的机械唯物主义和无神论倾向的反扑，在英国本土出现了剑桥柏拉图学派。鉴于以歪曲了的亚里士多德主义为理论基础的经院哲学旧传统不能有效地对抗哲学新思潮，一些人如摩尔、卡德沃思等便重新改装柏拉图的理念论，以尊重理性为幌子，鼓吹人的理智是上帝的烛光，人的知识中的观念和原则具有天赋性质，力图为英国传统的宗教和道德提供新的哲学基础。这个学派虽是 17 世纪英国革命时期整个哲学斗争中的支流，但它却促使天赋观念论得到更大的流传，以至于当时一些宗教和道德原则也被说成是天赋的了。总之，在洛克时代，天赋观念论十分流行。这一理论把人的知识起源于后天的经验的观点视为错误，把宗教和道德的基本原则神圣化，坚持唯心主义和信仰主义，是一种阻碍科学发展、维护封建制度及其意识形态的理论。这一理论和英国资本主义经济、政治的发展日益不相适应。正是在这种情况下，开展对天赋观念论的批判也就成为当时英国资产阶级的主要思想家洛克的首要任务。

洛克是怎样批判天赋观念论的呢？洛克看到，天赋观念论的宣传者们往往以一些数学公理和逻辑规律常为众人"普遍同意"这一事实，作为它们具有天赋性的主要证明和标志。按照他们的看法，既然这些观念、原则"是一切人类所一致承认的"，普遍同意的，它们就一定"是人的灵魂在最初存在时就获得的，是人们把它们一同带到世界上来的"①。于是，他便着重驳斥这种普遍同意论，说道："人们虽然应用普遍的同意作为论证来证明天赋的原则，可是在我看到，这个论证似乎还正可以解证出，根本就没有所谓天赋的原则，因为一切人类并没有公共承认的原则。"② 他并根据当时由航海商业的实践所积累下的大量不同民族及尚停留在原始状态的一些社会制度、风俗习惯的资料，和实际生活中的大量事例，从不同的方面来说明这个问题。

他认为，像"凡存在者存在"、"一物同时不能存在而又不存

---

① 《西方哲学原著选读》（上卷），商务印书馆 1981 年版，第 448 页。
② 洛克：《人类理解论》，商务印书馆 1959 年版，第 7 页。

在"和"全体大于部分"等这类自明的逻辑规律和数学公理，新生婴儿、白痴患者以及未受过相当教育的人是根本不知道的。这说明并不存在所谓普遍同意的观念、原则，因而就没有什么天赋的思辨原则。他指出，在不同的个人、民族或宗教信仰者那里，"实践原则亦一样是不能得到普遍的认可的"。例如，若一切人都倡导"公道"的原则，社会上就不会有图财害命的现象了。"己所不欲，勿施于人"的原则，尽管社会上有人赞同，实际上"却很少有人实行"。关于"良心"或"恻隐之心"，只要看看军队在掠夺城市时的暴行，就可知道这也非人皆有之。"遵守契约"，基督徒认为，这是上帝的要求；霍布斯信徒认为，这是社会舆论的要求；还有人认为，这是人们追求美德或利益的表现。甚至"为父母的要保育儿女"，也并非是人们一致同意的原则，有的民族就有母亲因生育而死，父亲将新生的婴儿陪葬的习俗；等等。因此，"道德原则更是不配称为天赋的"；事实上，也没有什么天赋的实践原则。他还指出，连上帝观念也不是人人都有的，因而也不是天赋的。儿童和野蛮人尚未自觉到有上帝的观念；历史上有许多无神论者，现实中也有一些国家和民族没有上帝的观念；信仰上帝的人，对上帝的解释也各有不同。而"如果没有天赋的神明观念，则我们便不能设想有任何天赋的道德原则"①，就如没有立法者的观念，我们便不能有法律的观念，便不能有遵守法律的义务。他甚至说，即使对于一些原理和原则存在着"普遍同意"的现象，那也不能证明有什么天赋的东西；因为"人们对于自己所同意的那些事物所以能发生了普遍的共许，还有别的途径在"②。

洛克还驳斥了天赋观念论者的"狡辩"，后者认为，天赋原则并非是"现成地"被赋予人的理智的，儿童虽不知道这些天赋原则，这些原则仍然存在于他们心中，即天赋原则的真正意义在于它们是潜在的；当他们能运用理性时，就会把这些潜在的原则揭示、发现出来。洛克说道，心灵具有某些观念，不过是说这些观念为心

---

① 洛克：《人类理解论》，商务印书馆1959年版，第50页。

② 洛克：《人类理解论》，商务印书馆1959年版，第7页。

灵所理解，因为心灵的本质就在于理解。因此，说心灵潜有某些观念而又不理解它们，就等于是说一个观念"在理解中"而又"不被理解"。这与说一个事物存在于某地而又不在某地一样，不能自圆其说。他还责问道，即使运用理性发现了这些原则，又怎能据此推断那些原则"是自然原始在人心本质中所印入的呢？"实际上"初能运用理性的时候并不就是我们知道这些公理的时候"①，儿童们在知道"一物同时不能存在而又不存在"之前就已能运用理性了。

　　总之，在洛克看来，思辨理性没有天赋的观念或原则，实践理性没有天赋的观念或原则，因而人心作为理性没有天赋的观念或原则；而"观念本身如果不是天赋的，则由观念所发生的知识、同意以及心理的或口头的命题，都不是天赋的"②。不仅如此，洛克在论述天赋观念论的理论错误的同时，还揭示了它的危害和产生的根源。他指出，如果承认了天赋观念的存在，"懒惰者便省了探求之劳，怀疑者便停了搜索之苦"③，人们便不肯运用自己的思想去努力追求真理了；一些自命为"教师和宗匠"的人，就可以把他们的原则当作天赋的，迫使人们"盲目信仰"，"更易于受他们的支配，更易于受他们的利用"了。他并说道，实际上上述天赋观念或原则并无高贵的来源。一些人之所以不顾它们如何荒谬，而把它们奉为天赋真理，往往出于乳母和老妇对他们从小开始的灌输；习俗力量比自然力量更大，可以驱使人的理性屈从于公认的教条。一些人面对传统的天赋观念论，怕受别人的责难，怕被斥之为"狂想者、怀疑者、无神论者"，也就不敢冒险反对和怀疑它的错误；舆论的压力可以使任何谬见变成神圣的原则。

　　洛克对天赋观念论的上述批判，在近代西方哲学史上占有重要地位。如果说，继古代希腊亚里士多德以蜡块说对抗柏拉图的回忆说之后，伽桑狄、霍布斯以唯物主义经验论反对笛卡尔的唯理论是近代最早的一次经验论和唯理论之间的论争；那么，洛克对天赋观

---

① 洛克：《人类理解论》，商务印书馆 1959 年版，第 13、11 页。
② 洛克：《人类理解论》，商务印书馆 1959 年版，第 47 页。
③ 洛克：《人类理解论》，商务印书馆 1959 年版，第 65 页。

念论的这一批判便是近代第二次经验论和唯理论之间的论争。在这一批判中，洛克否定了天赋观念的实在性，同时说明了人心是按一种经验的途径形成自己的观念的，强调了观念的感性基础和后天属性。"感官在一起初就纳入一些特殊的观念来，以装备尚在空虚的那个小室。人心渐渐同它们有的相熟悉了，于是便把它们保存在记忆中，给它们定了名称。随后，人心又可以进一步，来把那些观念抽象化了，渐渐会运用概括的名词。借着这个方式人心便储备了各种观念和语言，并且在这些材料上，来运用它的推理能力；这些能促动理性的各种材料愈加增长，则理性的运用亦日益明显。不过概括观念的获得及概括言语的应用，虽然常和理性在一块生长，可是这个亦万不能证明它们是天赋的。"① 应当说，这具有合理的方面，在大方向上是正确的。在内容上，这一批判在揭示天赋观念论的理论错误时，涉及到了人心的各个方面即既驳斥了思辨理性的天赋原则，又驳斥了实践理性的天赋原则；还揭示了天赋观念论的狡辩以及危害和产生的根源。它比之此前的伽桑狄、霍布斯对笛卡尔唯理论的批判要更具有广度和深度。同时这一批判在英国和西欧大陆有力地打击了经院哲学和近代唯理论的唯心主义观点，也具有更大的影响；以至于在当时受到了守旧派的种种攻击，如 1702 年亨利·李在《反对怀疑论》中，1704 年威廉·舍洛克在讲道中都指责过洛克，说他的批判引起了对宗教和道德规范的绝对性的怀疑，是无神论。

但是，另一方面，洛克对天赋观念论的这一批判仅着重于对"普遍同意"论的驳斥。自然，自西塞罗以来，"普遍同意"似一直被视为天赋理论的一个基本论据和标志；洛克对普遍同意论的驳斥和援引大量的实例，无疑是对天赋理论的沉重打击。然而，近代天赋观念论的实质乃在于强调了观念的先天性，即认为自我、上帝、逻辑规律和数学公理等作为认识的普遍原则的观念，都不能从感官经验里归纳、抽象和概括出来，因而只能是"与生俱有"的，而不在于普遍同意论。因为后者只与观念的自然禀赋性相联系，而观念的自然禀赋性与上述观念的先天性是不相同的。因此，否定了普遍

① 洛克：《人类理解论》，商务印书馆 1959 年版，第 13～14 页。

同意论不就等于否定了天赋观念论本身①。就此而言，洛克对天赋观念论的批判又是不甚深刻的。其次，洛克批判天赋观念论实际上乃是从一切观念仅仅起源于感觉经验的经验论原则出发的。既然人的理性所具有的一切观念都是经由感官输送到人心中去的，因而它们就都是后天的，就没有任何意义上的先天性，即就没有天赋观念。显然，这是一种对天赋观念论的简单否定。因为洛克的立足于这一出发点上的这种否定，不但否认了天赋观念本身，同时也否认了该理论所具有的合理因素，即人心有产生一切观念的能动本性。如果说，笛卡尔确认天赋观念，是把理性与感性截然对立起来；那么，洛克批判天赋观念论，则是把感性与理性绝对割裂开来。他把观念的先天性等同于天赋观念，完全否认理性的作用，否认观念的先天性，是一种明显的形而上学片面性。因此，这一批判并未能真正回答和说明观念或原则如何形成，它们来自后天经验又如何能具有普遍性和必然性的问题，并未达到彻底否定天赋观念论的水平。例如，洛克在谈及数学知识时就曾认为，它们是不依靠感觉经验，而由心灵单独地构成的；他甚至还相信启示为知识之源，说过"仅只有启示的证据，便是最高的确实性"②；等等。而正是上述这些明显的局限，后来才导致了莱布尼茨以新的形式再度兴起天赋观念论和对洛克这一批判的反抗。

第二节　对培根、霍布斯唯物主义经验论
原则的详尽论证

洛克对笛卡尔等天赋观念论的上述批判，为他发展培根、霍布斯所创立的唯物主义经验论，完成自己的认识论思想体系清扫了道路，奠定了基础。

---

① 参阅邹化政：《〈人类理解论〉研究》，人民出版社 1987 年版，第 251～254 页。

② 罗素：《西方哲学史》（下卷），商务印书馆 1976 年版，第 136 页。

洛克认识论首先要考察的问题是普遍性和必然性知识的起源问题。这个问题在他反对天赋观念论的斗争中必然会提出来；既然人心中没有什么天赋观念，那么观念和知识从何而来呢？对此，洛克自然地继承了培根和霍布斯的思想，认为观念和知识仅起源于感觉经验。但他在这个问题上却有着特殊的贡献，那就是：他提出和探讨了白板学说、两重经验学说、两种性质学说、两类观念学说等等，详尽地论证了培根和霍布斯唯物主义经验论的基本原则，使英国唯物主义经验论思想发展成为一个有前提，有中心，有内在逻辑，有明确结论的严密的理论体系。

一、人心如白板

在普遍性和必然性知识的起源问题上，如果说培根、霍布斯只提出知识起源于对外物的感觉的观点，那么洛克便进一步假定人心似一块白板，以作为前一观点的"基地"。这即是洛克的白板学说。这一学说，可以说是他把培根、霍布斯唯物主义经验论原则推到极端的标志。

洛克在对天赋观念论的批判中，既否定了人心有天赋的思辨原则，又否定了人心有天赋的实践原则，即认为人心没有任何的天赋原则。然而对他来说，人心中的感觉也属观念一类，它作为观念无疑也不是为人心所天生具有的。因此，他作出了人心似白板的结论。洛克说，"我们可以假定人心如白纸似的，没有一切标记，没有一切观念"[①]。在他看来，心灵本身或儿童心理的原始状态本来并无任何内容，它只是一个空无所有的能力的抽象；如果说，后来在它上面逐渐有什么东西的话，那只是纯由外力写上去或铭刻上去的。

在西方哲学史上，洛克并非是首次提出这一学说的哲学家。在古代希腊，亚里士多德就曾主张过"蜡块说"。他把人心比作蜡块，或比作一块具有纹路能够雕成石像的大理石，认为它不是一无所有的空虚，在上面什么都没有，而是某种作为能产生观念的可能性，能转变为现实的潜能而存在的东西；它在认识中不是纯粹被动的承

---

① 洛克：《人类理解论》，商务印书馆 1959 年版，第 68 页。

受物，而是本身就蕴涵着某种能动性的东西。他以此朴素地表达了他的唯物主义感觉论思想。洛克的学说无疑是继承了这种观点的；当然与之有所不同且有所深入，还对心灵是否真是一张白纸作了经验的论证。如所周知，笛卡尔的二元论认为，物质的本质是广延，心灵的本质是思想。在他那里，人生而具有心灵，心灵永远具有思想，心灵与思想是不能分开的，就如人的身体上必有手和脚一样；这实际上是他的天赋观念论的理论基础。洛克受到笛卡尔的影响，也承认有两种实体；但出于反对天赋观念论的需要，他在心灵的本质问题上却持异议。他说："心灵之不必永远思想，正如身体之不必永远动作似的；因为我想，心灵之知觉观念，正同身体之发为运动似的；知觉并不是心灵底一种本质，乃是它底一种作用。因此，我们虽可以假定，思维是心灵所特有的一种作用，可是我们并不必假定，它是永远思维，永远动作的。"① 简言之，他认为心灵是能思的东西，并不是永远在思想的东西；思想本身不是心灵的本质，只不过是心灵的力量和表现之一。经验证明，人们并不总是在思想：当人酣睡时，只是有睡眠而没有梦；新生的婴儿更是长时间处于沉沉昏睡之中。在这种情况下，心灵既无感觉，又无思想。可见，心灵的本质是白板，并且人人一样，毫无差别。

　　洛克关于心灵是白板的假定，从科学的观点来看，其重大的局限在于，它把心灵看作空无所有的能力的抽象，完全否认了心灵的能动本性；它不懂得思维规律起作用的直接思想表现是潜意识，甚至否认了任何意义上的潜意识的存在。他还混淆了个人的认识来源和人类的认识来源，与笛卡尔相反只看到人的认识能力和活动的整体性方面，而忽视了人的认识能力和活动的个体性方面，不懂得：虽然就前者而言，任何观念都是起源于对外物的感觉的，但就后者而言，人们由于人类进化和遗传的本性，其能力和活动已不同于前人了，并且往往可以对人类历史地形成的诸观念直接地加以运用，而无需事事再经过个人的感觉经验。洛克的白板说显然具有机械的和形而上学的性质。但是，该学说却是洛克为对抗笛卡尔等的天赋

① 洛克：《人类理解论》，商务印书馆1959年版，第72～73页。

观念论而建立的认识论体系的最初的逻辑前提。洛克说，假定心灵像我们所说的那样，是一张白纸，那么，"心灵是怎样得到那些观念的呢？它是从哪里获得由人的忙碌而不受约束的幻想以几乎无限多的花样描画在它上面的那许多东西的呢？它是从哪里得到理性和知识的全部材料的呢？我用一句话来答复这个问题：是从经验得来的"。换句话说，他正是从这个前提出发，才提出了我们的观念、知识是怎样进入人心中的重要问题，才从逻辑上推导出了观念、知识起源于经验的原则，认为"我们的全部知识是建立在经验上面的；知识归根到底都是导源于经验的"①，重申了"凡是存在于理智中的，没有不是先已存在于感觉中的"这一古老的唯物主义感觉论的基本原理。

二、经验有两种：感觉和反省

洛克在心灵似白板的"基地"上，肯定和论述观念起源于经验的问题时，对经验本身作了考察和规定。洛克说，"我们对于外界可感物的观察，或者对于我们自己知觉到、反省到的我们心灵的内部活动的观察，就是供给我们的理智以全部思维材料的东西。这两者乃是知识的源泉，从其中涌出我们所具有的或者能够自然地具有的全部观念"②。他在这里认为，经验有两种，即感觉和反省。感觉是人的心灵通过感官对外界事物的作用的感受，又叫"外部经验"；它是经验供给我们的理智以思维材料的一个来源。感觉的对象是外界的物质的东西，当外界事物作用于感官而引起种种感觉时，感官就把对于事物的知觉传达到心灵里面，我们就获得了观念；这类观念是"从外物传进心中"的，这就是"我们对于黄、白、热、冷、软、硬、苦、甜以及一切我们称为可感性质者的观念"。反省是"指心灵对于它自己的各种活动以及活动方式的那种注意"，是人的心灵对于自己内心作用的感受，又叫"内部经验"；它是经验供给我们的理智以思维材料的另外一个来源。反省的对象是我们自身内部的心理活

---

① 《西方哲学原著选读》（上卷），商务印书馆 1981 年版，第 450 页。
② 《西方哲学原著选读》（上卷），商务印书馆 1981 年版，第 450 页。

动，当心灵把自己的眼光转向自身的内部，观察自己对于已有的那些观念所进行的活动时，我们的理智里面就产生了这些活动的观念；这类观念是不能从外面取得的，这就是我们关于"知觉、思维、怀疑、信仰、推理、认识、意愿以及我们自己的心灵的各种活动"①（其中也包括某种激情如满足或不安等）的观念。在洛克看来，感觉和反省是在对象、产生的方式和性质上完全不同的两种经验，是观念和知识的互相独立的两种源泉。通过这两种经验，在心灵的白纸上就刻上了观念的文字。一切观念都是建立在这两种经验上的，即"人心的印象或则是由外物经过感官印于人心的，或则是在反省那些印象时它所发生的各种作用给它印入的"；任何知识都"不能稍微超出感官或反省所供给它的那些思维的材料——观念——以外"②。洛克还生动地把人的理智比作"黑暗之室"，把感觉和反省比作暗室中的"窗子"，认为只有它们能"把光明透进来"，能"从外面把外界事物的可见的肖像或观念传达进来"③。

如所周知，在洛克之前，哲学家们还没有真正认识到人类整个认识过程的各个环节和因素如感性、理性、经验和观念等的确切含义，经验尚不被认为是和知识在同一层次上的东西，是纯粹的思维和纯粹的感性相结合的产物；如培根、霍布斯等就是把经验混同于感觉的，他们所谓的观念起源于经验，就是指观念起源于对外物的感觉。在这方面，洛克当然也是如此；但他与培根、霍布斯又不同。他把作为观念起源的经验分为感觉和反省，不仅把经验视为对外物的感觉，还扩充了原有经验概念的内涵，把人心对其内部的心理活动的感受也纳入了经验的概念。这种扩充表明，随着人的认识的深入，人的心理活动开始被当作了人的"思考的对象"；人对这一对象的理性认识也起源于经验；人心通过反省就可产生对这种心理活动的感受或印象，获得这种理性认识的材料。应当说，这是合理的，它在揭示经验的意义和内涵方面比前人深入了一步。

---

① 《西方哲学原著选读》（上卷），商务印书馆 1981 年版，第 450 页。
② 洛克：《人类理解论》，商务印书馆 1959 年版，第 83 页。
③ 洛克：《人类理解论》，商务印书馆 1959 年版，第 129 页。

其次，洛克在谈论观念起源于感觉时，继承培根和霍布斯对经验的解释，进一步强调感觉起源于外界的物质的事物，以外界事物的客观存在为前提；尽力说明外物如何作用于人的感官，通过神经或"生命精气"，传到大脑或感觉中枢，产生感觉，感觉以人的生理机制为基础；并把感觉经验视为外物的映象、"摹本"，确认感觉经验的可靠性。同时，他还声称"我们所具有的大部分观念的这个巨大的源泉，是完完全全依靠我们的感官，并且通过感官而流到理智的，我把这个源泉称为感觉"①；把这类人从外界事物获得的感觉经验看作一切认识首要的起决定性作用的根据。此外，洛克在谈论观念起源于反省时认为，反省是以我们对于源自外物的观念所进行的思考活动为前提，因而是以一定的方式依赖于感觉的，当感觉能力获得发展，感觉经验向我们提供材料时反省活动才得以开始，例如，当感到用刀片割身上的肉时，便觉得疼痛；甚至把反省视为"变相的感觉"，从而提出了观念的真实起源和观念的心理原因的关系问题。从这些方面来看，洛克关于两种经验的学说可以说在哲学的大方向上是正确的，是对知识起源于经验的原理所作的真正的论证。

但是，洛克的两种经验学说有着明显的局限。如他在考察感觉经验时，把感觉经验看作是由心外事物的作用经外感官输送或铭刻到人心这块白板上而成的，完全排除了人的感性机能在感觉经验形成中的能动性。除此以外，还表现在他的反省学说上。洛克的反省学说缺乏充分的科学根据和论证，具有直观和猜测的性质；本身对反省并未作出确切的具体的说明。相反，他曾把反省和感觉这两种经验相提并论，有反省是人类知识的独立源泉的说法。他还说过，反省是人们对于自身的心理活动的认识的惟一途径；而关于心理作用的反省观念是"不能由外面取得的"，"和外物毫无关系"②。这就为引出人心中固有着某种可为知识源泉的东西的存在，有脱离物质的"自我"即独立的精神实体的存在，心理现象只是精神实体的属性等结论提供了可能，具有否认心理活动的生理机制和物质内容的

---

① 《西方哲学原著选读》（上卷），商务印书馆1981年版，第450页。
② 《西方哲学原著选读》（上卷），商务印书馆1981年版，第450、451页。

倾向。

　　实际上，洛克在本体论上就有两种实体的观点。洛克认为，经验告诉我们有两种实体：一是外界事物的作用和能力，它们集合在一起就构成物质实体；一是人心中的各种作用和能力，它们集合在一起则构成非物质的精神实体。因为这两种不同的作用和能力都是属性，属性本身必有其存在的依托或支柱，这就是物质实体和精神实体。而物质实体的本性是坚实性和广延性，它本身无能动性而只能被推动和推动别的物体；精神实体的本性则是能思想，它本身具有能动性，能主动地激起活动。因此，这是两种根本不同的实体。洛克说，"无认识力的物质和运动，不论在形相和体积方面产生什么变化，它永久不能产生出思想来"①；"我们既断定思维、推理、恐惧等活动不能独立存在，也看不出它们如何能够属于物体或者为物体产生，于是就倾向于认为它们是某种别的实体的作用，这种实体我们称为精神"②。这说明，洛克虽然在认识论上反对笛卡尔的天赋观念论，但在本体论上并没有真正摆脱其二元论的影响。而他的两种经验学说的上述局限正是与此二元论倾向相联系的，是这种倾向在其认识论中的具体表现。

　　当然，洛克在本体论上继承霍布斯机械论的自然观，毕竟看到一个无广延的东西说它与物质无关，是很难与"存在"调和起来的。但他为解决这个难题却求助于上帝。他说，"根据我们对自己的思考，根据我们在自己组织底内容方面所作的无误的发现，我们底理性就使我们知道这个明显而确定的真理，就是有一位悠久的，全能的，全知的主宰"③。而他认为，我们不能理解物质本身怎么能思维，但上帝是全能的，它"能给物质以思维的能力"，以思想、理性、意志。因此，真正说来洛克并没有解决这个难题，从而也并没有消除二元论的倾向，克服其反省学说的局限；相反倒更进一步地显示了他的经验论的神学不彻底性。

---

① 洛克：《人类理解论》，商务印书馆 1959 年版，第 619 页。
② 《十六——十八世纪西欧各国哲学》，商务印书馆 1975 年版，第 385 页。
③ 洛克：《人类理解论》，商务印书馆 1959 年版，第 616 页。

洛克对反省的上述看法与他主张白板学说和反对天赋观念论在逻辑上是相矛盾的。这一弱点后来被莱布尼茨意识到了。莱布尼茨正是抓住了这一弱点说，既然如此，"还能否认在我们心灵中有许多天赋的东西吗？"① 从而重新恢复了天赋观念论的地位。因为，承认非物质的精神实体的存在与承认天赋观念的存在乃有着必然的逻辑联系。

三、第一性的质和第二性的质

洛克在论述两种经验学说，强调观念和知识大部分起源于感觉经验的同时，为了"更好地揭示我们的观念的本性"，还进一步对感觉经验的外在源泉本身作了具体的分析和研究，这即是他的关于物体的两种性质的学说。这个学说直接说明，作为感觉对象或源泉的外界的物质事物具有怎样的性质或能力；我们的感觉与产生它们的物质事物的这些属性具有怎样的关系。如果说，按照前面所述，洛克关于观念、知识起源于经验的学说之所以在哲学方向上是正确的，主要在于它确认感觉经验起源于外界事物，那么，洛克关于两种性质的学说就为他的整个经验论原则提供了具体的理论基石，是他对培根、霍布斯经验论原则的详尽论证中的重要环节，而并非是"不足取"② 的。

洛克在自然观上深受牛顿的影响，和 17 世纪许多著名的科学家和哲学家一样，主张物质微粒学说。"我这里所采取的是所谓微粒说，而我所以采取它，只是因为人们都以为它最能明了地解释物体底各种性质。"③ 洛克认为，外界物体是由一些物质微粒构成的，这些物质微粒本身只具有机械的属性，如坚实性即不可入性，广延性即占有空间的性质，可动性即本身不动而可为外力所推动的性质等；而没有什么其他物理和化学的属性。外界各种物体，其性质都是由构成它们的物质微粒的这些机械属性决定的。在这里，洛克把物体

---

① 《十六——十八世纪西欧各国哲学》，商务印书馆 1975 年版，第 504 页。
② 邹化政：《〈人类理解论〉研究》，人民出版社 1987 年版，第 371 页。
③ 洛克：《人类理解论》，商务印书馆 1959 年版，第 538 页。

的体积、广延、形状、运动或静止和数目等性质称之为物体的原初的或第一性的质，并认为这种性质是物体在任何时候、任何情况下都固有的。"不论物体处于何种状态，它都绝对不能与物体分开；不论物体遭受什么改变或变化，受到什么力量压迫，它都仍然为物体所保持。"这些性质，也"不论我们知觉到它们与否，都在物体里面"①。例如，一颗麦粒被"分割"到任何程度，它的各部分仍具有一定的体积、广延、形状和可动性等。基于这点，他又称它们为"实在的性质"。洛克认为物体还具有另一些性质，"这些性质，人都叫做能力"②，即物体里面那种根据它的不可感觉的第一性的质以某种特殊的方式或直接作用于我们的感官，或改变另一物体的第一性的质，使它作用于我们的感官，从而"在我们心中产生一些颜色、声音、气味、滋味的不同的观念的能力"③ 等。例如，雪团具有使我们心中产生白、冷、圆等感觉的能力；太阳具有使蜡变白的能力。在他看来：这些性质在我们用它们来称呼的物体里面，只不过是一种能力；能力就是物体的质，能力就寓于质上，在物体里面；它依赖于物体的第一性的质，是"第一性的质的不同变形的结果"④；它是在物体和主体的关系中才得以表现出来。这是物体的第二性的质；与物体的第一性的质不同，它并不是物体在任何时候任何情况下都固有的。单个的物质微粒只具有机械的特性即第一性的质，而没有第二性的质；物质微粒在构成为物体，有不同的数量组合和空间排列时，才具有不同的物理的、化学的特性，能作用于人们，使人们产生不同的颜色、声音、气味和滋味等感觉。换句话说，物体的第二性的质乃是物质微粒在组合为物体时才得以产生的。假如，一颗麦粒被分割为许多部分，每个部分又相当小，小到我们光凭自己的感官不能觉察它们的体积、形状或运动，这时该物体引起我们心中产生颜色、声音、气味和滋味等感觉的能力也就会消失。

---

① 《西方哲学原著选读》（上卷），商务印书馆 1981 年版，第 453、457 页。
② 洛克：《人类理解论》，商务印书馆 1959 年版，第 106～107 页。
③ 《西方哲学原著选读》（上卷），商务印书馆 1981 年版，第 457 页。
④ 《西方哲学原著选读》（上卷），商务印书馆 1981 年版，第 458 页。

总之，洛克认为物体具有两种性质即第一性的质和第二性的质。在这中间，第一性的质是物体在任何情况下都有的，第二性的质则并非物体在任何情况下都有的；第一性的质是决定一切物体何以具有各种特性的内在根据，第二性的质则对第一性的质具有依存性；等等。正是物体中的这些性质作用于人的感官，产生人的感觉。洛克在这里力图用自然科学的观点来说明物体，乃表现了他在自然观上的唯物主义观点。

应当说明，在洛克那里，所谓物体第二性的质一般不是指颜色、声音、气味、滋味等本身；颜色、声音等只是物体的某种客观能力作用于我们感官而引起的感觉。诚然，洛克有时曾说过：物体具有某种颜色、声音等性质。但那通常是为了"适应通俗的意念"，便于"为他人所充分理解"；实际上指的仍是物体中能产生某种感觉或观念的能力。"这些观念，如果我有时把它们说得好像是在事物本身里面，那我的意思就是指物体里面那些在我们心中产生这些观念的性质。"① 因此，那种一概认为洛克的第二性的质是主观的即洛克把物体的物理和化学的性质归结为感觉的观点，是不符合洛克的原意的。洛克哲学的出发点决定他必然要承认物体及其属性的客观性质；洛克否认物体的质的多样性主要在于他用机械论的观点解释物体及其属性，而不在于他要否定物体的物理和化学性质的客观性。

洛克论述物体的两种性质，其主要意义在于认识论上，即对感觉、观念的本性作具体的分析。洛克认为，物体的两种性质都是人的感觉经验的源泉，与物体的第一性的质相应的是第一性的质的观念；与物体的第二性的质相应的是第二性的质的观念。这两类观念的产生方式是相同的，即它们都是"由不可见的微粒作用于我们感官而产生的"。但是就它们和两种性质的关系而言，情况则有所不同。洛克指出，物体的第一性的质的观念与第一性的质是相似的，它是后者的"肖像"，它在物体中有其"原型"；而第二性的质的观念如颜色、声音、气味、滋味等则根本不与第二性的质相似，它不是后者的"肖像"，它在物体中并无其"原型"。"这些性质，在我

① 《西方哲学原著选读》（上卷），商务印书馆1981年版，第453页。

们用它们来称呼的物体里面，只不过是一种在我们心中产生这些感觉的能力"；否则，就不能解释，同样的火，离得较远，就在我们心中产生温暖的感觉，离得较近，则在我们心中产生痛苦的感觉。

在这里又应当说明，我们可以认为洛克的第一性的质的观念具有客观的源泉，又具有客观的性质即在内容上与第一性的质相一致；但是不能根据他的第二性的质的观念与第二性的质不相似，就笼统地说它只具有客观源泉而不具有客观的性质即在内容上与后者不一致，是"主观自生"的。因为，在洛克那里，物体的第二性的质的观念实际上只是在形态上与第二性的质不相似，而就内容上说它总是与第二性的质相对应的、"相称的"①，它不是后者的任意的标记。科学也证明，不同的颜色总是与不同频率的电磁波相对应的，不同的声音总是与不同频率的空气振动相对应的。真正说来，那种把洛克的第二性的质的观念不看作第二性的质的反映的观点乃是把认识论上的反映概念狭隘地理解为形态上相似的必然结果。而在洛克看来，"观念的相符性仅仅指这一情况，即它们是由存在于实在现实界中的一定原因所产生的"②。

毫无疑问，关于物体的两种性质的观点在当时为许多科学家和哲学家所具有。如波义耳在 1666 年《从微粒哲学看形式和性质的来源》中第一次提出了"第一性的偶性"或"物质的更单纯的更原始的性质"和"第二性的偶性"的概念；霍布斯、笛卡尔等也都具有类似的观点。他们都用物质的机械特性来说明一切物体的性质和变化。洛克继承了他们的观点，所不同的是他把他们的观点作了修正，称为"第一性的质"和"第二性的质"；并作了明确的规定和在认识论上的详细说明。当然，他依然受到当时科学和哲学水平的限制。首先，他强调物体的机械性质，把运动的快慢、数量的多少、空间的结构这些可以精确测定和度量的机械特性作为物体的根本性质，用它去说明物体的一切物理的和化学的性质。这虽然体现了近代自然科学不满足于古代希腊对外部现象的直观描述和力图认识可用精

①　洛克:《人类理解论》，商务印书馆 1959 年版，第 361 页。

②　巴克拉捷:《近代哲学史》，上海译文出版社 1983 年版，第 145 页。

确的数学公式表达的自然规律的要求，为当时的科学发展提供了用量说明质的方法论原则，不无积极的肯定的意义，却明显地具有否认物体质的多样性的机械论固有的局限。

其次，他仅仅知道引起颜色、声音、气味、滋味等感觉的一般的物质原因，而不懂得引起它们的具体的物质原因。如不同的颜色、声音等由怎样的电磁波和空气的振动作用于人的感官而引起，这些都需要依据现代光学、声学、化学、生理学等科学成就才能断定。也正因为受时代的局限，他在其著作中不时表现出形而上学地看待两种性质问题。如，按照洛克，第一性的质是物体固有的，人们关于它的观念与其原型完全相似，即与主体毫无关系。这显然是一种片面性；实际上人们关于形状的观念就往往受到主体因素的影响。不仅如此，他在论述第二性的质时又片面强调它的观念在物体中无其原型，与主体密切相关；致使他在这个问题上有时掺杂着颜色、声音、气味、滋味纯粹是主观感觉，第二性的质就是人心中这类感觉的说法，陷入唯心主义。我们知道，在我国学术界，人们关于洛克的两种性质学说曾有种种争论。应当说，这种争论不只是由于人们对洛克哲学的理解不同；从一定意义上说，它还反映了洛克本人观点的某种复杂性和混乱。

但是，总的来说，洛克的两种性质学说对当时的科学和哲学有着重要的意义。尤其是，他把感觉经验的源泉和本性问题的研究从主观推之于客观，即具体说明了感觉经验和物体性质的关系，力图证明一切感觉经验都具有客观性，从而为他的作为整个认识的基本材料的简单观念找到了客观根据，奠定了他的经验论的唯物主义基础。

四、复杂观念由简单观念构成

洛克在对两种经验，尤其是对感觉经验的源泉和本性作了具体的论述之后，就来直接说明知识、观念如何起源于经验的问题。这是他的认识论的核心问题。这即是他关于两种观念的学说。

在洛克看来，所有成为我们知觉、思维的直接对象的东西，如感性印象、表象、想象的印象和概念等都可以说是观念，它们是心灵在活动时形成的，是心灵构造人类全部知识的基本材料。而这样的观念可区分为两类，即简单观念和复杂观念。他说，"要明白了解我们知识底本质、方式和限度，则我们应当在自己的观念方面，仔细注意一件事；就是说，有的观念是简单的，有的观念是复杂的"①。他并把简单观念看作是原始的基本的观念，用它来说明复杂观念的起源和本性。

洛克认为，当外物及其属性直接作用于我们的某种感官或不止一种感官，这种作用被传达到心灵里面时，我们就获得了一种观念即感觉观念，如黄、白、冷、热、软、硬、苦、甜或空间、广袤、形相、运动等观念。感觉观念就是直接起源于外感官的简单观念。当心灵在获得上述各种观念后对自己在观察这些观念时的内心活动进行直接的反省，这时我们就获得了另一种观念即反省观念，如知觉或思维，意向或意欲等观念。反省观念是直接起源于内省的简单观念。洛克在这里没有提到有起源于人的肉体上的内感官的简单观念，按照其简单观念的起源和分类的理论逻辑，这是混乱的；这与他尚缺乏关于肉体上的内感官的知识有关。洛克指出，上述这些观念作为简单观念其特点首先在于，它们在内容上是"单纯不杂"的。如他说，"刺激各种感官的各种性质，在事物本身虽然都是联络着，混合着，以至都不能分离，没有距离；不过我们分明看到，它们经过各种感官以后在心中所产生的观念，都是单纯而非混杂的"。他还解释道，它们本身"各各既都是单纯不杂的，因此，它们只含有一种纯一的现象，只能引起心中纯一的认识来，并不能再分为各种不同的观念"②；就如古代希腊德谟克利特所主张的原子不可分一样。其次在于，它们的产生是被动的。如他说，"这些简单的观念，不是人心所能造的，亦不是人心所能毁的"，它们所以得提示得供给于心中，就只凭上述感觉和反省这两条途径。他还解释道，"关于这种观念，心灵所具有的不能够多于它所接受的，也不能够异于它所接受

---

① 洛克：《人类理解论》，商务印书馆 1959 年版，第 84 页。
② 洛克：《人类理解论》，商务印书馆 1959 年版，第 84 页。

的"①;"人底理智无论如何高超，理解无论如何扩大，它们亦没有能力凭着神速而变幻的思想，在上述途径之外，来发明、造作新的简单观念"②；就像一面镜子，除了在其中反映出对象外，不能创造出任何一个映象一样。例如，一个物体在亮光下呈现在我们面前，我们就不能不因看见而在心中形成该物体的形状、颜色等观念；没有紫罗兰的作用，我们就不能在心灵中有天蓝颜色和芬芳气味的观念。洛克在这里尚不懂得无论是凭靠感官还是反省的途径，都不能现成地供给人的理智以简单观念；实际上观念的单纯性乃是相对的，变易的，它们的产生与理智本身的能动性并非无关。

正是在论述简单观念及其特点的基础上，洛克强调复杂观念是人心用简单观念构成的。在洛克看来，就简单观念的产生来说，人心完全是被动的，但就复杂观念的产生来说，人心在"贮有"一定数量的简单观念之后，"却也起它自己的一些作用"，利用简单观念为材料和基础来构成种种复杂观念。而洛克指出，人心在构成复杂观念时这种能动的作用乃是对简单观念的结合、比较和抽象的作用；因为，既然这方面的材料都是人心"既不能制造也不能毁灭的，人所能做得到的就只是：或者把它们结合起来，或者把它们并列起来，或者把它们分开来"③。他并由此来划分和论述复杂观念。

首先，人心借助于"组合"的作用，把若干个简单观念构成为复杂观念。洛克认为，这类观念有样态观念和实体观念。"样态观念"是由若干个简单观念组合而成的表示事物情状（如性质、状态、数量、时间、空间等）的复杂观念。例如，"十二个"是表示事物数量的由同一表示单位的简单观念组合成的样态观念。例如，"美"是由引起观察者快乐的颜色、形状等不同的简单观念组合成的样态观念；与前不同，它表示事物的混杂的情状。在这里，洛克还把知觉、记忆、直观等都归入思维样态观念之中。"实体观念"是表示实际存在事物的复杂观念，如黄金、人、马等。洛克重视考察实体观念的

① 《西方哲学原著选读》（上卷），商务印书馆1981年版，第461页。
② 洛克：《人类理解论》，商务印书馆1959年版，第84~85页。
③ 《西方哲学原著选读》（上卷），商务印书馆1981年版，第460页。

起源问题，认为，人们看到某些表示事物性质的简单观念经常在一起出现，就设想它们属于同一个事物；并且"由于不能想象这些简单观念如何能够独立存在，因而惯于假定一个基质，作为它们的依托，作为它们产生的原因，我们也就因此称这个基质为实体"①。他在这里把实体解释为物体的各种可感性质的"支撑者"、"支托"，或它们得以产生的"原因"；他甚至把实体看作是物体的各种可感性质的"集合体"②。例如，我们把黄色、重量、硬度、韧性和可熔解性等简单观念同实体观念"结合"起来，就得到黄金的观念；把活动能力、思维能力和判断能力等简单观念同实体观念"结合"起来，就得到人的观念。除了"物质实体"观念以外，他又把经由反省的途径得来的简单观念如思想、知觉、意志等同实体观念"连合在一块"，叫做"非物质的精神观念"即"精神实体"的观念。此外，他为了解释世界统一的基础，甚至提出上帝这个"纯粹精神"实体观念来："我们根据自身底经验，得到存在、绵延、知识、能力、快乐、幸福等等观念……在我们企图对于崇高的主宰，形成最恰当的观念时，我们便以无限观念把这些观念各各都加以放大，因此，把它们加在一块以后，就成功了我们底复杂的上帝观念。"③ 在洛克那里，实体这个复杂观念按词义来说主要是指"在某物之下"或"支撑者"，乃是表示内在于万物之中的一个种种物性所由以生起的最终根据；没有这个"支撑者"，样态观念便不可能存在。

其次，人心借助于"比较"的作用而造成复杂观念。这即是"关系观念"。洛克认为，情状观念和实体观念都是人心在考察事物本身时所形成的；关系观念则不同，"人心在思考一个事物时，如果把它同别的事物在一块考究，并且在两物之间来回观察，这就叫做关系"④。这就是说，它是人心把两个简单观念并列起来同时观察，又不把它们合而为一而造成的复杂观念；像父和子、大和小、原因

① 《十六——十八世纪西欧各国哲学》，商务印书馆 1975 年版，第 384 页。
② 洛克：《人类理解论》，商务印书馆 1959 年版，第 275 页。
③ 洛克：《人类理解论》，商务印书馆 1959 年版，第 276、287 页。
④ 洛克：《人类理解论》，商务印书馆 1959 年版，第 291～292 页。

和结果等就是。例如，一定程度的热使蜡块熔化了这样的观念就表现了热和蜡块的流动性之间的因果关系。对洛克来说，既然实体观念"只是我们所假设而实不知其如何的一种支托"，自然地我们就可从对事物本身转向对事物之间的关系的考察而去建立关系观念了；并且它往往比实体观念要"更为清晰、更为明白"①。

再次，人心借助于"抽象"的作用而造成复杂观念，那是"概括的观念"。在洛克那里，"复杂的观念不外情状、实体和关系三者"；但抽象可造成概括的复杂观念。他重视对这种观念的考察，认为对同一类具体事物的复杂观念进行抽象，舍弃它们中的特殊成分和保留它们中的共同成分；或把同一个具体事物的观念从其时间、空间的特殊情节分离，经过这样的过程，我们就可得到概括的观念。例如，对各种具体生物的观念进行抽象，把它们中共有的"机体、生命、营养、感觉、自发运动"等简单观念保留下来，把它们中"属于各个体的成分"去掉，就形成"动物"这个概括的观念；若再把其中的感觉和自发运动等简单观念去掉，保留机体和生命等观念，就形成"生物"这个更为概括的概括观念。当然，洛克在概括观念的形成问题上不能避免循环论的局限，如：要对同一类具体事物的观念进行抽象，形成概括观念，必须先有概括观念；借助于概括观念才能把相似的事物分门别类。

总之，在洛克那里，人心在构造复杂观念时虽受到简单观念的材料限制，但整个来说是积极的、主动的；复杂观念就是人心在所提供的简单观念的材料基础上，凭借自己的力量对简单观念进行结合、比较和抽象而形成的。换句话说，洛克关于两种观念的学说，其主旨就在于说明一切复杂观念都由简单观念构成；由于在洛克那里简单观念是直接来自感觉和反省这两种经验的，所以这等于说明了一切观念都起源于经验。

必须指出，洛克认为，知识是由判断构成的，而观念是构成判断的条件和成分。在有了来自经验的简单观念和复杂观念以后，人心把两个不同的观念联合起来就产生了判断，产生了知识。如"白

---

① 洛克：《人类理解论》，商务印书馆1959年版，第266、295页。

不是黑"、"三角形三内角之和等于两直角"等命题就是各由两个观念联合起来而形成的判断、知识；它们揭示了白和黑或三角形的三内角和两直角等观念之间不相一致或相一致的关系。在《人类理解论》中，洛克还从内涵上分析了许多复杂观念；通过这些分析，涉及到了数学、物理学、伦理学、法律学、哲学和神学等各个知识领域。因此，又可以认为，洛克的两种观念学说，归根结底论证了一切知识都起源于经验的原则。

综上所述，我们看到，洛克在批判天赋观念学说的斗争中，从提倡白板说，在逻辑上为提出知识起源于经验确立前提；到论述两种经验和两种性质学说，说明经验尤其是感觉经验的本性和起源问题；再到论述两种观念学说，说明一切观念如何起源于经验的问题，从而详尽地论证了培根、霍布斯提出的全部知识起源于经验的基本原则，以其正面的唯物主义经验论与笛卡尔等的天赋观念学说相对抗。洛克详尽地论证培根、霍布斯提出的知识起源于经验的唯物主义经验论原则，可以说是他整个认识论体系的最主要的内容，也是他在近代哲学史上最重要的贡献；这一贡献乃是他的学说之成为近代唯物主义经验论的发展形态的标志。

当然，从总的方面看，洛克哲学的局限性也是明显的。首先，洛克所详尽地论证的知识起源于经验的原则只能说基本上是唯物主义的。如他在解决经验即感觉和反省的源泉问题上，与物质和精神两种实体的观点相联系，具有二元论的倾向，具有唯物主义和唯心主义的矛盾。像前面所述的，这也是他在批判笛卡尔天赋观念学说的同时，受到笛卡尔哲学影响的表现和结果。

其次，洛克在详尽地论证知识起源于经验中，把简单观念看作是不可再分的，是构成知识的固定不变的最单纯的要素；把全部复杂观念和知识归结为简单观念的不同的机械组合。很显然，这是与洛克机械论的自然观即一切物体都是由物质微粒组合成的观点相适应的；是洛克继培根之后把当时在自然科学领域中具有的孤立地静止地分析事物的方法和习惯移植到哲学领域中的结果。然而，这种观点乃蕴涵着逻辑矛盾：按照洛克的看法，复杂观念由简单观念所构成，简单观念先于复杂观念而现成地呈现于人心中；可是，在实

293

际的认识进程中，首先呈现在人心中的是关于事物（如一个苹果）的感性形象，而洛克是把它的不同方面直接看成简单观念的，这样，对洛克来说，这感性形象也就成为所谓的复杂观念，复杂观念又先于简单观念而呈现在人心中了。这表明，洛克并没有真正地揭示人的认识的逻辑进程。尤其是，这种观点断言，"人心虽然涉思玄妙，想入非非，可是尽其驰骋的能力，亦不能稍为超出感官或反省所供给它的那些思维底材料——观念——以外"①。它把人的认识从低级到高级的发展，完全归结为数量的变化，把人的全部知识即理性认识，完全归结为感性认识。这就等于确认人的认识只能停留在为简单观念和感觉经验所反映的事物的外部属性和现象上，确认人的知识本质上是固定不变而无飞跃、彼此孤立而无必然联系的东西。这是自培根开始的近代形而上学思维方式在洛克认识论中的突出表现。

再次，洛克在谈论复杂观念的构成，说明知识起源于经验时，曾强调过人心对简单观念的组合、比较和抽象的作用。这表明，他尽管否认人心在获得简单观念的感性阶段的能动作用，却并非完全否认人心在获得复杂观念的认识进展阶段的能动作用。相反，如康德所说，"研求吾人所有知识能力自特殊的知觉进展至普遍概念之最初活动，当然获益甚大。开始此新研究者，实为名望卓著之洛克"②。但是，洛克对于人心在认识中的能动作用本身并未有自觉的正确的理解。对他来说，人心（作为理智）的组合、比较和抽象等作用归根结底是以其中的组合为基础的，因为比较是对组合的东西的比较，抽象是对组合的东西的抽象。因而，实际上，他所谓的组合、比较和抽象等作用乃是停留在感性领域之内的，换言之，他尽管曾声称人心"可以无限地超过感觉或反省所供给的那些观念"③，但还是把人的理智感性化了；这是他把人的知识感性化的前提。此外，他似乎受到唯理论的先验论的某种束缚和影响，还曾把人的理智能力看作是纯粹的天赋的能力。如他说过，复杂观念"是由人心

---

① 洛克：《人类理解论》，商务印书馆 1959 年版，第 83 页。
② 康德：《纯粹理性批判》，三联书店 1957 年版，第 93 页。
③ 洛克：《人类理解论》，商务印书馆 1959 年版，第 131 页。

随意做成的"①，它们是人心自由选择来加以联结的观念的组合，而不管它们在自然界中的联系。因此，洛克虽然强调了知识来源于经验，却并没有也不可能真正回答通过个别的经验如何能够得出普遍性和必然性的知识，来自后天的经验如何能够为人们所普遍同意等认识论的重大问题。

第三节　论知识的性质、等级和范围

洛克《人类理解论》所考察的除了观念、知识的起源问题以外，还有知识的性质、等级和范围等问题。这是两类不同的问题。从整个来说，洛克站在唯物主义经验论的立场对观念、知识起源问题的详尽论证，属于解决知识问题的准备工作；他最终要确定的是知识本身的性质、等级和范围问题。在这个问题上，他的经验主义认识论思想获得了展开，同时，他在前一问题上的和唯物主义相矛盾的方面也获得了发展。

一、关于知识的性质

洛克对知识本身的考察首先表现在知识的性质问题上。洛克说，"人心在一切思想中、推论中，除了自己底观念而外，既然没有别的直接对象，可以供它来思维，因此，我们可以断言，我们底知识只有关于观念"②。他把观念看作知识的直接对象，认为人心进行思维和推理直接涉及的是观念，而不是客观事物；因而我们的知识便只与观念相关，而不与客观事物相关。"所谓知识不是别的，只是人心对任何观念间的联络和契合，或矛盾和相违而生的一种知觉。知识只成立于这种知觉"③；这种知觉体现了前面所述的人心的能动性。凡属知识必伴随有这种知觉；没有这种知觉，我们就不能形成各种形式的判断，就没有知识，就只有"想象、猜度或信仰"。

①　洛克：《人类理解论》，商务印书馆 1959 年版，第 130 页。
②　洛克：《人类理解论》，商务印书馆 1959 年版，第 515 页。
③　洛克：《人类理解论》，商务印书馆 1959 年版，第 515 页。

在洛克看来，藉以构成知识的观念之间的契合和相违的关系，从逻辑上说共有四种：

第一种：同一性或差异性。洛克认为，人心在发生观念时，它的"第一步动作"就是在所知觉的范围内认识这个观念的自身同一，和这个观念不是那个观念。例如，凡存在者存在，同一事物不能同时存在而又不存在；白是白，白不是黑等。这些命题就是对上述观念之间的同一性和差异性的认知。这是观念之间契合和相违关系的第一种表现。洛克在这里强调人心对这一关系认知的先行性，如说"一个人心中一有了'白'、'圆'等观念，他立刻就会无误地知道，这些观念就是这些观念，而不是'红'、'方'等别的观念，他在以前不知道那个概括规则的时候，就已经知道得这一层十分明白、十分确定"。

第二种：关系。洛克认为，"人心在其任何观念间所发现的第二种契合或相违，我想可以叫作关系，这种契合就是人心对任何两个观念——不论它是实体的、情状的或别的——间的关系所发生的一种知觉"①。例如，"三角形三内角之和等于两直角"的命题就是对"三角形的三内角之和"和"两直角"之间某种关系的认知。

第三种：共存。洛克认为，人心在各种观念间所知觉到的又一种契合或相违，就是观念之间的共存性或不共存性。这一种关系是"属于实体方面的"。例如，黄金这个复杂的实体观念包含金黄色、重量、可熔性和延展性等等简单观念，这些简单观念在黄金这个实体观念中就是共存的，常相连合的。

第四种：实在的存在。洛克认为，人心在各种观念间所知觉到的最后一种契合或相违就是指"现实的实在的存在和观念间的契合"②。例如，"上帝是存在的"判断就表现了上帝这个观念与实在的存在相契合的关系。还有"外界事物是存在的"判断也是这种观念和实在的存在相契合关系的表现。

归结起来，洛克所谓的知识也就是人心对上述观念之间诸种契

① 洛克：《人类理解论》，商务印书馆1959年版，第516页。
② 洛克：《人类理解论》，商务印书馆1959年底，第517页。

合和相违的逻辑关系的觉察、认识和表达。或者说，在他看来，我们所能有的一切知识只不过是说，观念就是它自身而不是别的；它与别的观念有这种或那种关系；它与别的观念或共存或不共存于同一实体中；它在人心外另有一种实在的存在。洛克对知识的这种看法，是他从逻辑的结构和形式上来说明知识本性的尝试，表明了他在知识论的研究中展开了知识、命题的逻辑方面，其反经院哲学的意义是不可抹煞的。然而，这种与认知识的对象为观念的看法相联系的关于知识本性的解释，毕竟包含了这样的涵义，即我们只要应用逻辑规律去考察任何观念之间的这些关系，就可以得到全部知识。这就是说，洛克在此乃企图脱离思维综合感性的能动性而孤立地来谈论人心的认知活动。这就使得洛克所谓的知识有停留在观念的联系中，束缚于观念的范围内，不与客观对象联系起来，不表现客观对象的实在性的可能和方面，从而不能不带有主观主义的倾向。此外，洛克对知识本性的解释还带有不完善性，即他把上述四种逻辑关系当作知识的全部关系；实际上，知识所蕴含的观念之间的逻辑关系，以抽象的形式表现着现实中事物之间的各种关系，远比洛克所述的要复杂得多。也带有明显的外在性，即他所涉及的上述四种逻辑关系只是停留在观念之间的外在关系上，并未进入到更深的逻辑层次即观念的内在差别中去。总起来看，洛克对知识本性的解释，可以说乃是受笛卡尔唯理论影响的一种表现和结果。

二、关于知识的等级

洛克认为，知识是对观念之间的契合和相违关系的觉察、认识。但是，人心是通过不同的"思维方式"来觉察、认知观念之间的这些关系的，而觉察、认知的明白性和确定性的程度有所不同，所以知识也就可以分为几个等级即直觉的、解证的和感觉的知识。洛克在这里是以知识的形成方式和与此相关的知识的明白性和确定性的程度来作为划分知识等级的根据和标志的。

（一）直觉的知识。在洛克看来，人心单凭直观的方式，不必插入任何其他的观念，而直接觉察到两个观念之间的契合和相违所获得的知识，叫做直觉的知识。如"白不是黑"、"圆不是三角形"、

"三大于二"等这类判断即是。这里说的直觉知识不同于笛卡尔的"我思想，所以我存在"这样的直觉知识，只是指对表现可感性质的简单观念之间的同一性和差异性的知觉和认知。洛克指出，直觉知识具有最大的清晰性、明白性。它使人一目了然，不可抗拒，不发生动摇、怀疑；因而它是最可靠、最确定的知识。"一个人如果于这种确定性以外，想求一种更大的确定性，则他所求的自己亦不知是什么，而且他这样只表示他想当一个怀疑学者而又当不了"。这种知识是人类一切知识的基础，"我们一切知识底确定性，明白性，就依靠于这种直觉"。①

（二）解证的知识。洛克认为，人心不能借直接比较和观察而必须通过一个或多个中介观念，运用推理的方式，来觉察、认知两个观念之间是否相契合而获得的知识，叫做解证的知识。如三角形三内角之和等于两直角等这类有关观念之间的这种或那种关系的命题或知识，就是通过某种中介观念（如既同三角形三内角相等又同两直角相等的另一个角）来确立和获得的。洛克指出，在这里，中介观念很重要，人们是以此作为共同的尺度来发现两个观念之间的契合或相违的；数学、几何学就是典型的严密的解证知识。当然解证并不限于广袤、形相、数目等观念。解证的知识也具有明白性和确定性，因为它的推理的每一步都离不开人心的直觉作用，都以直觉知识为基础，具有直觉知识的明白性和确定性。但是，这种知识由于借助了中介观念和经历了推理过程，在明白性和确定性上就不及直觉的知识那样"充分确信"；并且借助的中介观念越多，经历的推理过程越长，这种情况就愈甚，以至"人们往往把谬论当作解证"②。

（三）感觉的知识。这是人心通过感性知觉认识外界事物的存在和特性所获得的知识。例如，物理学和其他自然科学就属于这类知识。这也就是说，对于观念与实在的存在契合的认知，或观念在实体中的共存关系的认知，既非来自直觉，也非来自解证，而需依赖

---

① 洛克：《人类理解论》，商务印书馆 1959 年版，第 521 页。
② 洛克：《人类理解论》，商务印书馆 1959 年版，第 524 页。

"当下的"感官经验的陈述。洛克指出，由于外界事物的存在和特性不是人心的直接对象（那应是观念），只是感官的直接对象，而感觉或知觉是特殊的、当下的，所以我们对它的认知便达不到如直觉的或解证的知识那样的确定性；感觉知识是不可靠即不确定的知识。但是，洛克根据感觉或知觉和想象有区别，对事物的存在和感觉知识的可靠性又深信不疑，认为这类知识毕竟超过了单纯的或然性而具有较多的或然性，所以"我们仍以知识一名来称谓它"。

应当说明，洛克的各种等级的知识都是对观念之间的契合和相违的觉察和认知。"我们的知识不能超过我们对那种契合或相违所有的认知以外"①。但是，它们与由观念之间的契合和相违构成的四种知识的关系并非是简单地依次相应的，而乃是复杂地有交义的。如关于现实的实在的存在的知识，洛克说，"在这方面，我们对于自己底存在，有一种直觉的知识，对于上帝底存在有一种解证的知识，对于别的一切东西，则我们只有感性的知识，这种知识超不出感官当下所取的物象以外"②。

还要指出的是，洛克所谓的不同等级的知识的确定性问题，实际上涉及到了真理的标准问题。在他看来，知识并不和真理完全等同；"能精确地，如实地，表示出各种观念底契合或相违，这就叫做真理方面的确实性"③。他强调要"认识那个命题底真理"；而不同等级的知识之为真理，其标准是不同的。

概括起来，洛克关于真理标准的看法有两种。如就数学、道德学这类解证的知识来说，洛克认为，它们来自人心的内部，人心所具有的观念本身就是这类知识的"原型"或基础。这样，这类知识只要所推论出的观念与人心中作为原型的观念相符，则就是真理。换言之，这类知识的真理性只是在于观念自身的相符，并不涉及外部事物的存在。如他说，"各种普遍的命题之为真为伪虽是我们所确知的，可是它们并与实在的存在无关"。例如，"数学家之考察一个

---

① 洛克：《人类理解论》，商务印书馆 1959 年版，第 527、529 页。
② 洛克：《人类理解论》，商务印书馆 1959 年版，第 544 页。
③ 洛克：《人类理解论》，商务印书馆 1959 年版，第 573 页。

三角形或环形底真实和性质，只是就它们是自己心中观念的范围内来考察的"①。我们规定了三角形的定义，便可把凡符合这个定义的称为三角形，而不管世界上是否存在三角形。由此可见，在解证知识的范围内，洛克关于真理标准的看法，虽不乏深刻、合理的方面，却具有某种颠倒观念与事物关系的倾向。这显然与他把观念看作认识的对象有关。不过，洛克在这里还是意识到了其中的问题，如他所称，我们关于观念的知识如果只限于观念，而不能更进一步，那所建立的真理便"是很轻浮的，只如一个人在梦中明白观察到各种事物，因而就自信不疑地叙述出它们来似的"②。这种意识乃是他提出另一种真理标准的契机。

洛克认为，关于自然事物的知识是从外部感觉经验来的，它们的真理性则在于与客观事物的符合。他说过，"我们底知识所以为真，只是因为在我们观念和事物底实相之间有一种契合"。他还说过，"在我看来，所谓真理，顾名思义讲来，不是别的，只是按照实在事物底契合与否，而进行的各种标记底分合。在这里所谓各种标记底分合，也就是我们以另一名称称之为命题的"。可见，在关于自然事物的知识的范围内，洛克对真理标准的看法是与前面的看法不同的，它具有明确的唯物主义性质。不过，洛克在这里并没有真正地解决自己的"困难"，如他所称，"人心既然除了自己底观念以外再不认知别的，那么它怎么能知道它们是和事物本身相符合的呢？"③ 他只是"相信"：简单的观念都是与事物相契合的，因为它们"都是外界的事物在我们身上起了实在作用以后自然地、有规则地所产生的"；而复杂观念都是由简单观念构成的，所以它们也都和事物互相契合。这说明，洛克在信念上假定和坚持这种对真理标准的看法，在理论上并没有真正解决这个问题。对于经验论者来说，这也是难以解决的问题。

总起来看，洛克对知识等级的划分和斯宾诺莎的知识种类学说

---

① 洛克：《人类理解论》，商务印书馆 1959 年版，第 613、557 页。
② 洛克：《人类理解论》，商务印书馆 1959 年版，第 555 页。
③ 洛克：《人类理解论》，商务印书馆 1959 年版，第 555、566、555 页。

有相似之处。所不同的是，斯宾诺莎是站在唯理论的立场上来谈论这些问题的；而洛克则基本上是站在经验论的立场上来谈论感觉的知识和把感觉的知识同理性的知识割裂开来的。但他认为感觉的知识在可靠性、确定性上低于直觉的知识和解证的知识，谈论着观念的清楚明白性，这就不是经验论而是唯理论的倾向了。尤其是，洛克在真理标准问题上的观点乃具有二元论的性质；这是他在知识起源问题上的二元论观点的继续和发展。

三、关于知识的范围

洛克在关于知识的性质和等级理论的基础上，还进一步对知识的范围作出了说明，确立了在上述各类知识中我们能达到何种界限，即在何种界限内我们有确定的实在的知识。这是洛克知识论中的一个受人注目的问题。

洛克认为，就直觉知识来说，由于它是关于观念与观念之间的同一性或差异性的知识，它就具有普遍性和必然性，即它的范围和我们所具有的观念的范围一样广大。我们有多少观念，就可以有多少关于它自身同一和有别于其他任何观念的确定的直觉。"人心中一发生任何一个观念，它都可以凭直觉的知识，立刻知觉到它自己是什么样子，而且可以知觉到，它和别的任何观念都是不一样的。"①例如，"凡有灵魂者有灵魂"，"一个精灵是一个精灵"等等。不过，洛克又指出，这是一些毫无意义的"无聊的命题"。因为它"以一个名词来肯定同一个名词"，所肯定的仅仅是我们已经知道的；并不能使我们或他人得到任何新知识。洛克在这里从逻辑上探讨和揭示了何种命题不能增加新的知识，这在认识论上是有意义的。

洛克认为，解证的知识则不同，它属关于两个观念之间这种或那种关系的知识，是借助于中介观念来达到确定的知识的；它能启迪我们的理智，扩大我们的知识。"一个人如果想扩大自己或他人的心理，使它知道自己从前所不知的一些真理，则他必须找寻出中介观念来，并且把它们排列起来，使理智看到所讨论的各个观念的契

---

①　洛克：《人类理解论》，商务印书馆1959年版，第534页。

合或相违。"① 他肯定数学是这样的论证的科学，认为这个领域中的命题以自明性的直觉知识为基础，能使我们达到新的确定的知识；道德学也属论证的科学之列，如从人类是有理性的动物出发，进行逻辑推论，就可为人类行为确立善恶和是非的标准。不过，洛克又指出，这种知识是人类知识的最大领域，但只具有一定的普遍性和必然性，其范围是有限的。因为，这类把主宾词联系起来的中介观念有时很难找到或不可能找到。如物质和思想两个观念之间的中介观念即是这样的。"我们虽然有'物质'和'思想'两个观念，可是我们恐怕永不能知道，纯粹'物质的东西'是否也在思想"或非物质的"思想是由何成立的"。所以这种知识不能遍及于一切观念的关系；且不易决定"它可以达到多远"②。洛克在这里限于当时科学的水平，从机械论观点出发认为，"物质就其本性而论是没有感觉和思想的"，直接假定物质有思想是一种矛盾，从而才表达了上述看法。然而，这种看法实际上提出了深入讨论物质和思想关系这一重大哲学问题的要求，这是有意义的。

洛克尤其说明了感觉知识的范围，声称这种知识如关于观念与观念之间的共存关系的知识，由于不能超过我们感官当下所感到的事物的存在，比前两种知识的范围更为"狭窄"。他认为，关于物体的各种可感性质的观念共存于同一实体之中，这些共存于同一实体之中的观念乃是实在事物的性质和能力作用于我们感官的结果。但我们通过感官经验的陈述，以黄金为例，能够认识黄金的金黄色、延展性、可熔性以及它们之间的共存性，却不能认识黄金的这些可感性质之何以必然共存的内在根据（亦即物质微粒的空间结构、数量组合和运动）；也很难知道关于它的第一性的质何以会在人心中产生第二性的质的那种必然联系。这种内在根据和必然联系，洛克把它们称之为实体，或物体的实在本质。对他来说，"我们底少些虚浮的事物观念，只是由感官从外面得来的、或是由人心反省它自身中底经验得来的，而且我们除了这些虚浮的观念而外，再没有其他观

---

① 洛克:《人类理解论》，商务印书馆 1959 年版，第 606 页。
② 洛克:《人类理解论》，商务印书馆 1959 年版，第 531、540 页。

念，因此，再超过这个界限，则我们便一无所知，至于事物底内在组织和真正本质，则我们更是不知道的"①。因为物质微粒太细小了，"我们根本没有达到这种知识的官能"。就如乡下人进城，面对大街上的挂钟，只能看到指针的移动，听到钟声响，观察到一些外表的现象，而不能看到挂钟内部的机件及其运转。所以他断言，实体"只是一种假定的、并不认识的支撑物，支撑着那些我们发现存在着的性质"②，即实体或物体的实在本质是不可知的。洛克还声称精神实体也是不可知的，他不想"费力来研究人心底本质由何成立"，某些感觉或理智中的观念是以物质为转移，还是以人心为转移。当然，他又解释道，"我们不能因为自己没有任何精神实体底观念，就断言精神不存在，亦正如我们不能因为自己没有物质实体底观念，就断言物质不存在一样"③。

与实在本质的概念相联系的是名义本质的概念。洛克认为，在简单观念的基础上所形成的关于事物的概括性的实体观念如人、黄金等，就只是以种名、属名等类名称所表示的"名义本质"；它只起着代表物种和对个别事物分类的作用，而并没有揭示事物的真正的内在本质，向我们提供实际存在的个别事物的知识。他的经验论的立场使他在看到现实中"各种事物的存在都是特殊的"，并无现成的作为共相的存在物时，却看不到在现实中简单观念的对象在其内在联系中的统一性；明确地说，"共相不属于事物底实在存在，而只是理智所做的一些发明和产物"④，即它们只是事物的"标记"——标志个别存在物的记号，"各种事物自身并没有普遍性"。显然，这是一种在英国具有传统影响的中世纪的唯名论观点。这种观点表明了他对个别和一般的真实关系所知甚少；从另一侧面强化了他的实体不可知的思想。

洛克在论述感觉知识的范围时，还涉及到了一个重要的哲学问

① 洛克：《人类理解论》，商务印书馆1959年版，第286页。

② 《十六——十八世纪西欧各国哲学》，商务印书馆1975年版，第384页。

③ 洛克：《人类理解论》，商务印书馆1959年版，第268页。

④ 洛克：《人类理解论》，商务印书馆1959年版，第395页。

题即因果关系问题。他认为，就我们所观察到的事物而言，既然我们对它们只有感性知识，"不能超出特殊经验所指示的事物而外"，因此通常所谓的关于事物与事物之间的因果关系的知识，就只是借助于"比附"和"猜想"，成立于经验的重复和相似；就只有依据经验而确定的或然性，而没有必然性。真正说来，"它们底原因、方式和产生底确然性"即因果关系的必然性，我们只有"安于不知"①。

正是在上述关于感觉知识范围的观点的基础上，洛克指出，"我们就没有物体的科学"，科学的知识终究是可望而不可及的。当然，"更没有关于神圣的科学"，因为我们对神灵所能有的最好的观念只能由反省自己的精神而来；除了"借助于启示"，谁能凭自己的探索和能力知道上帝有多少等级，它和我们之间究竟有什么差异的本质、情况、状态、能力和组织呢？

综上所述，可见，洛克的知识论是以知识起源于感觉经验的经验论原则为基础的，也提出了一些值得重视的合理思想；但它本身却具有主观唯心主义、二元论和不可知论的倾向。毫无疑问，这些倾向又是与他坚持经验论的原则分不开的。尤其是，他关于知识范围的学说，强调我们"不但达不到一切实际的事物，而且甚至亦达不到我们观念的范围"②，这更是如此。他站在经验论的立场上，就不满足于斯宾诺莎对实体的空泛推论和思辨理解；又缺乏对个别和一般关系的真正了解，缺乏发展观念，不懂得知识实现于从个别到一般的认识发展之中。这就使他在论述知识范围时必然作出实体不可知的结论；这也是他的知识论和对人类理智研究的最终结论。洛克的这种结论确立了人类知识的界限，本身是错误的；他据此还宣称我们应当"安于信仰"，承认"启示"，说"我们如果能看清楚：我们底知识可以达到什么程度，那亦是很有用的"③。但在当时的知识和科学的条件下，这种结论实蕴含着"在我们缺乏证据因而不能

---

① 洛克：《人类理解论》，商务印书馆1959年版，第552页。
② 洛克：《人类理解论》，商务印书馆1959年版，第530页。
③ 洛克：《人类理解论》，商务印书馆1959年版，第532页。

产生知识时，哲学家应当谦抑从事，不要随便专断"的反独断的批判精神，提出了科学知识是如何可能的问题；这还是大大突破了狭隘的经验论，推动我们的研究从自然的外部属性深入到物质的内在结构中去，力图使自然科学从纯粹的经验描述变成一门理性的科学，使我们的知识"比一向大为进步"①。

第四节　洛克哲学的两重性和历史地位

生活在 17 世纪英国资产阶级革命完成时期的哲学家洛克，以其《人类理解论》这部大部头著作表达了他的认识论思想。洛克哲学的主要理论成果不在于"形而上学"，乃在于建立了一个论述人类知识起源和知识的性质、等级、范围等问题的认识论体系，其中尤以在批判经院哲学和笛卡尔天赋观念论的基础上详尽地论证了知识起源于感觉经验的原则为最醒目。而整个来说，我们看到，洛克的认识论一方面确认知识起源于感觉经验，具有突出的狭隘的形而上学性质，并且是唯物主义的；另方面同时具有不少的唯心主义、二元论和不可知论的倾向。例如，它承认观念还有其与外物无关的反省这一独立来源；在物体的第二性的质的表述上有相当的混乱之处；认为构成知识的复杂观念是由人心"随意"造成的；强调精神实体的独立存在是不可否认的；把真理标准视为也可与外界事物的存在无关；以及宣称实体或实在本质是人的认识不能达到的，等等。我们还看到，洛克在承认唯物主义的同时，曾公开声称全智、全能的上帝是存在的。并且他从对人本身的存在和物质世界的多样性的无可怀疑性出发，藉追溯物质世界的原初本原和有思维能力的人的原初本原，而推论出一个统一的自无始以来就存在着的最高本原，对他来说，这个最高的本原无疑就是上帝；又基于物质的运动只能产生物质的运动，而不能产生认识能力，他认为这个上帝就只能是纯粹的精神实体，否则便不能说明世界的多样性。他还根据自然界秩序的完美和谐调来设想上帝的存在；与笛卡尔所采用的关于上帝存在

---

①　洛克：《人类理解论》，商务印书馆 1959 年版，第 531 页。

的本体论证明不同，他在这里采用了对上帝存在的经验论的证明即因果性和目的论的证明。此外，他在知识论里对于超出认识范围之外的东西还要求人们求助于上帝的"启示"。这一切表明，洛克的唯物主义经验论哲学尚被围在"神学的藩篱"之中。其实，洛克的上帝概念本身也蕴含着内在矛盾。在他那里，一方面上帝作为纯粹的精神实体是没有广延的；另方面上帝又必定是有广延的，因为没有广延的东西怎能产生有广延的物质世界呢？这种矛盾表明，洛克的上帝概念已与中世纪经院哲学的上帝概念不同，含有物质性的内容了；这一点与斯宾诺莎对上帝的理解略有相似之处。

由此可见，洛克的认识论体系乃带有明显的折中、动摇和不彻底的性质。洛克认识论具有这种形式的两重性，显然是与他持形而上学的经验主义方法以及受笛卡尔二元论和唯理论哲学的影响有关，这种方法和影响使他不可能在认识论领域中把唯物主义贯彻到底。就像黑格尔说的，洛克所采取的认识进程"是完全正确的，但并不是辩证的，而只是从经验的具体事物中分析出普遍来。对于经验的辩证考察是完全被他抛弃了的，一般讲来，这也就抛弃了真理"①。同时，当时的自然科学发展水平也使他难以正确地认识人的颜色、声音、滋味和香味等感觉的客观基础；科学地认识它们的客观基础只有到了物理学、化学和光学等有了相当的发展水平之后才有可能。此外，这种两重性也乃是英国"光荣革命"时期新兴资产阶级在经济和政治上的妥协精神在哲学思想上的反映。

洛克认识论在西方近代哲学史上占有重要的地位。洛克是英国经验主义认识论的主要代表。在他那里，认识论研究显著地突出。他未曾著有专书，制定出关于实在的完整的理论。他的自然观基本上是沿袭着笛卡尔的，如梯利所说，"虽然他给知识以种种限制，又往往表现出怀疑的态度，他却采纳了笛卡尔组成了体系的常识形而上学，不过有所修改"②；而这种自然观乃是他在认识论专著《人类理解论》中通过论述观念的起源、意义和知识论而表达出来的。显

---

① 黑格尔：《哲学史讲演录》第 4 卷，商务印书馆 1978 年版，第 143 页。

② 梯利：《西方哲学史》（下卷），商务印书馆 1979 年版，第 83 页。

然，在哲学研究从单纯的面向自然回到人的内心过程中，洛克已比培根、霍布斯要大大地进了一步。尤其是，他在认识论研究中对于笛卡尔天赋观念论的批判是近代经验论和唯理论之间第二次著名论争；对于知识起源于感觉经验的这一经验论的基本原则的详尽论证，可以说是把培根和霍布斯所创立的唯物主义经验论从理论上推进到了一个新的高度。这在当时从原则、主义出发的经院哲学和唯理论的思辨哲学广泛流行的时代，是很不容易的。这无疑是认识论上的一个"大胆的革新"①，这一革新有力地推动了近代经验论和唯理论斗争的深入发展。事实表明，自那时起，哲学家们要反对唯物主义经验论哲学，就或者需要对经验论哲学作唯心主义的改造（如贝克莱和休谟），或者需要对天赋观念论作新的解释（如莱布尼茨）；否则是难以有力量与之较量和抗衡的②。此外，从思维方式方面看，洛克的形而上学也比之前人更突出、更狭隘、更典型。这一切都表明，洛克哲学乃是英国经验论哲学的发展形态或阶段。与此相联系，我们也应当指出，洛克在政治、经济思想史上也很有地位：他关于国家的起源、本质和形式的学说不同于霍布斯的观点，使他成为近代资产阶级民主主义和自由主义的政治理论的奠基人；他断言"劳动使一切东西具有不同的价值"，则使他成为近代"劳动价值论"的创始人之一。

具有上述两重性和历史地位的洛克哲学对后世的哲学发展有重大的影响。他的《人类理解论》"像一位久盼的客人一样"在英国尤其是在法国受到了"热烈的欢迎"，成为英国以托兰德等为代表的自然神论和18世纪法国唯物主义哲学的重要理论渊源。18世纪法国著名哲学家伏尔泰、孔狄亚克和爱尔维修等出于在政治上反对君主专制制度的需要，在法国宣传洛克的唯物主义感觉论思想，并力图把它运用于对法国社会生活的分析。另一方面，该书中在人类知识的起源和知识的性质、等级、范围问题上的一些唯心主义和不可知

---

① 罗素：《西方哲学史》（下卷），商务印书馆1976年版，第140页。

② 见钟宇人、余丽嫦编：《西方著名哲学家评传》第3卷，山东人民出版社1984年版，第357页。

论的倾向也为欧洲近代另一些哲学提供了理论渊源。如贝克莱主义便是继承和利用了洛克的唯心主义倾向而形成的主观唯心主义哲学；休谟哲学则是对洛克的不可知论倾向所作的彻底的发挥和系统的论证。概言之，洛克认识论的历史影响是双重的，如列宁所说，"贝克莱和狄德罗都渊源于洛克"①。与此相联系，我们也应当指出，洛克的政治思想的历史影响也是巨大的。以卢梭为代表的法国激进的资产阶级民主主义在理论上就源于洛克的民主主义；洛克的三权分立学说后来曾为孟德斯鸠所发展。此外，洛克在伦理学方面强调关于人的本性在于追求幸福，快乐就是善；这对爱尔维修主张功利主义伦理思想也有直接的影响。凡此种种，都表明，在这之前"没有一个哲学家比洛克的思想更加深刻地影响了人类的精神和制度"②。黑格尔在《哲学史讲演录》中还这样地谈及过洛克哲学，说"洛克的哲学是很受重视的，总的讲来，它现在还是英国人和法国人的哲学，并且在一定意义下，也还是德国人的哲学"③。

---

① 列宁：《唯物主义和经验批判主义》，人民出版社 1950 年版，第 117 页。
② 梯利：《西方哲学史》（下卷），商务印书馆 1979 年版，第 95 页。
③ 黑格尔：《哲学史讲演录》第 4 卷，商务印书馆 1978 年版，第 142 页。

第十一章　洛克唯物主义哲学的推进
——托兰德哲学

托兰德是英国 17 世纪末到 18 世纪初的唯物主义哲学家和自然神论者。他生活在英国 1688 年"光荣革命"结束以后，资产阶级和新贵族开始联合执政，革命力量与斯图亚特王朝复辟势力的斗争依然十分尖锐，并通过新教与天主教斗争的形式表现出来的时期；代表着进步力量的利益，要求思想自由，反对传统的宗教迷信，宣传自然神论，与当时的科林斯、多德威尔、考尔德、哈特莱、普利斯特列和丁铎尔等人一起，相互补充，形成一股思潮，同被称为"自由思想家"。他在哲学上坚持和宣传洛克的唯物主义和经验论思想，并把它推进一步；是近代英国唯物主义哲学的最后一位代表。奥伊则尔曼在其主编的《十四——十八世纪辩证法史》中说，"托兰德哲学，合乎逻辑地完成了以弗·培根为真正的创始者、以霍布斯和洛克为继承者的英国唯物主义路线。一方面，托兰德的哲学是对笛卡尔（以及整个笛卡尔派）和斯宾诺莎唯理论哲学的一种反响；另一方面，它代表洛克哲学进一步发展的唯物主义路线"①。

---

① 奥伊则尔曼主编：《十四——十八世纪辩证法史》，人民出版社 1984 年版，第 184 页。

托兰德小传

约翰·托兰德① （1670～1722），生于爱尔兰岛北部伦敦德里的一个罗马天主教徒家庭，父亲为爱尔兰神父，母亲为法国人。自幼在浓厚的迷信和偶像崇拜的环境中度过。年轻时在伦敦德里附近的红堡上学；16 岁时，接受老师的意见，将受洗时命名的尤尼各斯·雅努斯改名为约翰，思想上接受新教信仰，曾批评过宗教和教会。翌年，他前往苏格兰；先后入格拉斯哥大学和爱丁堡大学学习。1690 年在爱丁堡大学毕业，获文学硕士学位。

托兰德在大学毕业前后，相传，曾向苏格兰大主教剖白宗教信仰，申请工作未遂；23 岁时一位热心的牧师为之募捐资助，才得去荷兰深造。在莱顿，他师从斯帕海姆，并结识瑞士新教神学家、阿姆斯特丹神学院教授勒·格勒克。格勒克为《世界和历史丛刊》的创办人，社会联系广泛，曾向组稿对象洛克介绍过托兰德。1694 年，托兰德到牛津，并在博德莱图书馆从事研究和撰写《基督教并不神秘》一书。该书于1696 年先匿名出版，后又署名出版；是托兰德第一部重要的哲学和宗教著作。他在该书中从洛克出发，系统地论述了自己的唯物主义和自然神论思想，说明了"在福音书中没有任何违背理性并超越理性的东西"，推进了洛克的唯物主义；在当时引起了宗教界的轰动。其中，虽然不乏有赞成者，如都柏林的莫利纽在给洛克的信中曾称托兰德是"耿直的自由思想家，优秀学者"；但更多的是种种攻击和指责。如有的认为该书为洛克所著，把它与洛克的《基督教的合理性》（1695 年出版）相提并论；有的径直指斥托兰德为索西尼异端分子。爱尔兰议会甚至没收该书，当众焚毁；并要逮捕作者。在这种情况下，托兰德为免遭不测，即逃往伦敦，并撰写《答辩》书。

在 1698～1703 年期间，托兰德从事政治性活动比较突出。他曾撰

---

① 参阅托兰德：《基督教并不神秘》（商务印书馆 1982 年版）所附托兰德生平和著作年表。

写过《约翰·密尔顿生平》和《哈林顿生平》，这些均为政论性著作。在这之后，1701年，他又出版了《自由的英格兰》，支持英国王位继承法，该法规定英国王位传给英国王室血统的索菲娅公主——汉诺威选帝侯之妻（詹姆士一世的孙女），或其血统的新教徒继承人，力图剥夺斯图亚特王朝的长系的继承权利。他还随麦克莱斯菲伯爵出使汉诺威宫廷向索菲娅公主解释该法，深得赏识。这些表明，他是一位坚定的辉格党人，拥护英国现存的君主立宪政体，反对复辟势力。1704年，流寓在德国的托兰德时年34岁，撰写和出版了《致塞琳娜的信》。他经索菲娅公主的介绍，曾与其女索菲娅·夏洛特（普鲁士王后）相识，后者高兴听他的见解。该书即是他为她而作，包括五封书信；除揭示宗教和偏见的历史起源、批判灵魂不朽的观点外，着重论述了运动是物质的本质属性，描绘了一幅世界运动的图景，从而再次推进了洛克的唯物主义。这是托兰德又一部重要的哲学和宗教著作。为哈利撰写过政论文章的斯威夫特曾据此称托兰德是"哲学家"。在这段时间里，托兰德结识了莱布尼茨，他们多次在皇后面前会面、讨论，平时还保持通信。

　　托兰德在其政治生涯中，曾先后受到舍夫茨伯利伯爵和哈利勋爵的庇护和资助；他也为他们撰写政论文章，协助阐述政见，如《英国政府编年史》等等。1707年，他受哈利委派前往柏林、汉诺威、杜塞多夫、维也纳和布拉格等地；在年终到荷兰，在荷兰逗留时结识了欧仁亲王。1710年托兰德回国。当时辉格党和托利党争斗瞬息万变，国教会和非国教各派争论频繁，哈林等的政治态度也随时变化，而托兰德则有自己的独立见解；他和他们的关系便日益不稳定。1713年，托兰德著《复辟的行动》出版。该书因把由拥护克伦威尔转而为查理二世斯图亚特王朝复辟开道的蒙克将军和哈利勋爵相比拟，遂导致哈利对托兰德不满，并不再接济托兰德了。这一年里，托兰德还为布鲁诺的《论无限》写过导言性书信，并介绍全书。

　　1714～1722年是托兰德一生的最后时期。在这段时期里，托兰德又写了不少政论性的文章和批判宗教的著作，如《重大秘密之败露》、《德拉德姆》等。托兰德是一位知识渊博的学者，据说他懂10多种文字，他的文章和著作涉及哲学、宗教、政治和历史，深受公众的注意。1720年，托兰德的《泛神论者的神像》一书出版。这是托兰德第三部也是最后一部重要的哲学和宗教著作。他在该书中完全排斥基督教的天启和信仰，宣布了一种新的和哲学一致的宗教，认为上帝即是万物所从而生和所由而归的宇宙，应崇拜的是"真理、自由和健康"，心目中圣贤是历史上各个时代的伟大的哲学家，即使他们也无权利束缚"人类的自由精神"①。该书代表了托兰德的泛神论思想时期，被认为是英国文献中最富有无神论思想的作品。1721 年，托兰德开始隐居，享受田园生活的宁静，但却贫病交加；在这中间，他还撰写《无需医生的医学》。1722 年，他的健康状况急剧地恶化，他以哲学家的平静忍耐着病痛的折磨，在死前数日，曾自撰墓志铭；3 月 11 日，在和诸友告别后即离世长眠。他死于伦敦附近的朴特内，时年 52 岁。

第一节　理性是一切确实性的基础

托兰德的著作是宗教著作，又是哲学著作。他的哲学思想是通过对自然神论的阐发而表达出来的。

自然神论是一种比较特殊的意识形态。这种学说提倡一种以自然理性和自然规律为基础的基督教。它推崇理性，认为人类理性能够认识一切；凡理性所不能理解和证实的信仰，如基督教传统教义中的启示、奇迹等，都是迷信，应当抛弃。它推崇自然律，否认超自然的上帝观念；认为上帝是一种非人格的世界始因，它在创造和推动了世界之后就不再干预世界，世界就按照其自身固有的自然律来运行了，甚至上帝本身也得遵从理性或自然律而不能任意地自由行事。换句话说，自然神论并非不要宗教；它仅反对以神的启示为基础的传统的基督教。这种学说产生于 17 ~ 18 世纪的英国。那个时期的英国，虽然爆发了资产阶级革命，复辟与反复辟的斗争并未结束，传统的基督教依然保持着巨大的力量和影响；另一方面，新兴资产阶级坚持资本主义发展道路，以牛顿和波义耳为代表的自然科学进展巨大。这一切就促使当时有一批资产阶级"自由思想家"，既相信宗教，又相信自然理性和自然规律，从而主张一种实质上不同

---

① 参阅李石岑：《朗格唯物论史》（上卷），中华书局 1941 年版，第 325 页。

于传统基督教的自然神论，以此作为论证自由思想的理论依据。托兰德便是这一时期英国自然神论者的杰出代表之一。

托兰德在《基督教并不神秘》中突出了理性和信仰的关系问题。在这个问题上，他的名言是"理性是一切确实性的惟一基础"①。具体地说，他强调理性高于一切，是检验和证明一切宗教教条的标准，信仰应建筑在理性的基础之上；并坚持批判基督教的信仰主义和神秘主义。他认为，福音书的教义并不违背理性。对于它不应根据教会和教父的原意来加以理解，因为他们的观点是各式各样的，而且互相攻击，因而不能是"决断一切争端的无误的法官"；对我们来说，"举足轻重的是它的说服力而不是它的权威"②。也不应根据《圣经》的声明来加以相信，而应根据其中所叙述到的事情具有真实的证据；问题不在于字句，而在于其真实的意思。"《圣经》自身中就存在着神圣性的最鲜明的品格；但是，却是靠理性来发现它们，检验它们，并且根据理性的原则来赞成它们和宣布它们是有根据的；这样做，就会合乎规则地在我们心中引起一种对信仰或信服的默认。"③ 没有合理的证据就相信《圣经》的神圣性，这"就是一种应受谴责的轻率，就是一种卤莽的看法"。他认为，对于上帝的启示也应该用理性来了解它、证明它。"无论谁揭示任何事情，这就是说无论谁要告诉我们一些以前所不知道的事情，他讲的话必需是可以了解的，而且事情必需是可能的。只要这个规则得到了遵守，就让上帝或人成为启示者吧。"④ 凡是"不可了解的关系"，我们不能根据上帝的启示就相信它们；对上帝启示的信仰必须根据有力的证明，而不是根据盲目的迷信。此外，他还认为，真实的"奇迹是按照自然规律产生出来的，虽然超越自然规律通常的效果，因而得着了超自然的协助"⑤。因此，奇迹就必定是某种自身可以理解而且可能的

① 托兰德：《基督教并不神秘》，商务印书馆1982年版，第5页。
② 托兰德：《基督教并不神秘》，商务印书馆1982年版，第4、前言5页。
③ 托兰德：《基督教并不神秘》，商务印书馆1982年版，第20页。
④ 托兰德：《基督教并不神秘》，商务印书馆1982年版，第25页
⑤ 托兰德：《基督教并不神秘》，商务印书馆1982年版，第86页。

事情，尽管其活动方式是特殊的。例如，只有根据某物能够排斥围绕一个人四周的火焰，才能设想此人可以安全行走于烈火之中。任何违背理性的事情都不能是真实的奇迹。

总之，托兰德强调，"《圣经》与理性是完全一致的"，真正的宗教是为了适应有理性的人而创造出来的，"必定是合乎理性的和可以了解的"；我们不能崇拜我们所不能理解的东西。他宣布，"首先被理性说服了，而然后才接受《圣经》"；"宁走理性的平坦大道而不蹈教父们不可超越的迷宫"。他并引用约翰·蒂洛森大主教的话说，"要证明一个人是错误的，最好的方式莫过于听到他宣布反对理性，而由此发现理性是不在他那一方面的"。对他来说，"理性就是上帝安放在每一个进入人间世界的人中的灯塔、向导和法官"①。

那么，什么是理性呢？托兰德在论述理性和信仰、反对宗教迷信和盲目信仰中对"理性及其性质"作了说明，这亦即是他的认识论思想。

托兰德认为，理性是人类"高于禽兽和无生物的惟一特权"。他生活在那个时代，对理性的具体理解不能不受到笛卡尔、斯宾诺莎等的唯理论思潮，尤其是英国传统的经验论思潮的影响。他不同意人们把理性看作是"抽象地加以思考的心灵"（即一般心灵），或"一切事物之间所固有的秩序及其说明"，认为只有在某种特定方式下活动的、据此可形成关于事物的思想的心灵，才能叫理性。而这样的理性，具体地说，托兰德并不是指我们的感觉的能力和活动。如他所说，"这种接受观念进入人心的单纯活动，不论是借助感官的作用，诸如颜色、形状、声音、气味等，还是借助心灵思考它自己对于它从外界接受来的东西的活动，诸如认识、怀疑、肯定、否定等，我认为，严格地说来，这种接受这些观念进入人心的单纯活动并非理性，因为心灵在这里是纯粹被动的"②。也不是指我们的直觉的能力和活动。如他所说，"当人心无需借助于任何其他观念就直接

————————

① 托兰德：《基督教并不神秘》，商务印书馆 1982 年版，第 72、前言 8、1、81 页。

② 托兰德：《基督教并不神秘》，商务印书馆 1982 年版，第 7 页。

知觉到两个或更多的观念的一致或不一致，例如，2＋2等于4，红色并不等于开花；这不能叫做理性，虽然这具有最高度的证据；因为这里无需论述或验证，自明排除了一切怀疑和含混"①。而是指我们的一切推理的能力和活动。

托兰德在这里和洛克一样认为我们的认识能力和活动有三种，即感觉的、直觉的和推理的。他的特殊之处在于把理性视为人的心灵的一种主动的间接的活动。他解释道，所有我们的全部认识，实际上，只不过是对我们的观念的或多或少的一致或不一致的知觉。又因为这种知觉是直接的或间接的，就使得我们的认识是"两重性"的。而"当人心不能直接知觉到任何观念的一致或不一致，这是由于这些观念离得太远，这时为了要比较这些观念，人心就要借助一个或多个中间的观念来发现其一致或不一致"。例如，两座离得很远的房屋，用同一根绳子去连续测量，我们就会看到二者的长度一致或不一致达到什么程度；这点仅凭我们的肉眼是做不到的。这种认识方法就叫做"理性或证明"。简言之，按照托兰德的定义，理性即"心灵借助将其与某种明显已知的事物相比较的方法来发现任何可疑或不明的事物的确定性的那种能力"②。

托兰德对理性的规定蕴含着令人注目的合理内容。首先，他确认理性的认识起源于感觉经验。托兰德在论述理性时提出"告知的方法"的概念。所谓告知的方法是指认识的"途径"，即任何事物借助它们就可径直达到我们的认识。而他认为，告知的方法主要是经验。对此，他是这样论述的："当一个确定的对象顺利地呈现给眼、耳或任何其他正常的感官时，就必然在人心中形成不可避免的印象，同时人心也必然会意识到自身的活动；因此就形成了诸如知觉、意欲、否定、不作判断等活动。"③ 在这里，他又和洛克一样，认为经验或是外在的即"感觉的经验"，给我们提供感性对象的观念；或是内在的即"人心的经验"，帮助我们达到关于我们自己心灵活动的观

---

① 托兰德：《基督教并不神秘》，商务印书馆1982年版，第8页。
② 托兰德：《基督教并不神秘》，商务印书馆1982年版，第8、9页。
③ 托兰德：《基督教并不神秘》，商务印书馆1982年版，第7页。

念。在他看来，以这种方式贮存在巨大的知性仓库中的简单的和清楚的观念并非是天赋的，而它们就是我们"一切推理活动的惟一根据和基础"，就是我们"一切认识的共同原料"。因为有了这样的观念，心灵就可"随时将这些观念放在一起加以比较，把它们组合成复杂的观念、扩大它们、结合或分离它们"①。他强调，当我们尚未对某一事物形成意念或观念时，我们就根本无法对它推理。

其次，他确认理性的认识需要有"信服的根据"。托兰德还提出了"信服的根据"的概念，主张应把理性中的告知方法与信服的根据"区别"开来。所谓信服的根据是指"我们借以判断一切真理的、而必然会使人心信服的准则"②。而他认为，若"忽略"了这种区别，没有某种正确无误的准则作为指导，我们常常会把某个可疑的命题当作一个公理，会把无稽的传说当作道德的确实性，会把人间的谎言当作神的启示，简言之，就会"把人类带进无限的谬误之中"。在这里，托兰德对"信服的根据"作了明确的规定说，"这种正确无误的准则，或叫做正确信服的根据，即是证据；所谓证据，就在于我们的观念或思想与其对象或我们思想着的事物完全符合"。他并进一步论证道，"观念既然是反映的东西，其明显性自然就在于它们具有真实反映其对象的这种性质"③。他根据洛克关于事物的两种性质的观点对此又作了具体的说明，认为有些观念是有其被反映的完善的原型的，如我心中的长度和运动就类似于我使用的钢笔的长度和运动。而有些观念只是物体分子所具有的会在我们身上引起某种特殊感觉的某些力量的结果，并无被反映的原型存在，如糖的甜味、冰的寒冷并不固存于糖及冰中；但它们却表明，它们的主体（如糖或冰）会给予我们利与害，这就使得这些观念如同对那些真正存在于物自身中的性质的认识对人们同样的有用。不仅如此，他还叙述了关于人心活动的观念的证据，称这种证据如同关于我们自身存在的证据一样是不会有错的。因为在"我怀疑我是否存在"的命

---

① 托兰德：《基督教并不神秘》，商务印书馆1982年版，第8页。
② 托兰德：《基督教并不神秘》，商务印书馆1982年版，第10页。
③ 托兰德：《基督教并不神秘》，商务印书馆1982年版，第11页。

题中可以清楚地看到,"怀疑的主体一定和肯定的主体一样是一个确定的某物,这个某物我称之为我自身"。此外,托兰德没有要求证据以证明观念与事物的绝对的一致,而是宣称"有时必然要求或然性来补充证明的不足"①,这也是很可贵的。

托兰德曾说,"我之所以相信一朵玫瑰花的观念是明显的,其理由就在它给我以那朵花的真实的反映。我之所以知道它是真的,这是因为这朵玫瑰花一定包含其观念所揭示出来的一切性质"。他并号召,"让我们现在在纯粹想象的事物中对我们观念的全部一致和不一致严格要求这种证据吧,也尽我们所能的在共同实践的事物中要求这种证据吧!"在他看来,"真理只有一个而且到处都是不变的"②。只要我们以证据作为我们的指导,我们就能"成功地追求真理";而当我们滥用自由而离开它的时候,我们就会犯错误。这是我们一切错误的最初的和普遍的根源。托兰德关于理性要有信服的根据的这些论述是他的认识论具有唯物主义性质的重要标志,也是他揭露和反对流行的宗教迷信的理论武器。

再次,托兰德在论述理性时还确认任何事物都不超越理性,即都是"可认识的",曾说,"任何事物并不因为我们对其一切性质没有一种恰当的观念,对其本质根本没有任何观念,而应叫做某种神秘"。在这里他首先肯定,我们并不认识事物的所有性质;"人们关于有限创造物的认识,随着对象在知性面前的表现,而逐渐进步"③,就如耶稣的智慧是随同他年龄的增长而俱增一样。但我们不能因为我们对事物不会有完整无缺的概念就说该事物是超越理性的。例如,能因为我们尚未觉知到桌子的各个部分的数量和形状,或植物从土地中吸取养分的过程,就说桌子、植物是超越我的理性吗?托兰德在此接触到了人的认识的相对性问题,蕴含着不能因认识的相对性而否定认识的绝对性的思想;应当说这是可贵的。

同时他又认为,我们不能认识"世界上任何实体的本质"。他仿

① 托兰德:《基督教并不神秘》,商务印书馆1982年版,第12页。
② 托兰德:《基督教并不神秘》,商务印书馆1982年版,第12、前言7页。
③ 托兰德:《基督教并不神秘》,商务印书馆1982年版,第44页。

效洛克提出"内部结构"的概念，主张把事物的名称本质和实在本质"区别"开来。他解释道："名称本质就是我们在任何事物中大体观察到的那些性质或样式的、并给予共同指称或名称的一个集合体。"例如，太阳的名称本质就是一个光亮的、热的及圆的物体，离我们有一定的距离，而且具有一种经常规则的运动。蜂蜜的名称本质就在于其颜色、滋味以及其他已知的属性。而"实在本质却是某物的内部结构，是此物一切性质的根据或承担者，也是这些性质由其自然流出或产生的东西"。实在本质"一定是存在着的"，因为事物的性质不能单独存在，必定要有一个主体使自己存在于其中；可是我们"绝对不知道"这主体究竟是什么。例如，"我们所能设想的最清楚的东西莫过于上面谈到的太阳的性质，以及植物、水果、金属等等借以为我们所知的那些性质；但是，我们对于这些性质的若干基础毫无任何观念"①。"我们对于思想、认识、想象、意愿、希望、热爱以及诸如此类的人心的活动形成了最清楚的观念。但是，我们对于这些活动存在于其中的主体却毫无所知。"正是基于这种事物的名称本质和实在本质相区别的见解，他作出结论说，"任何东西不能因为我们不知道它的实在本质而就被叫做某种神秘"②。托兰德在此把事物的现象和本质分开，认为实在本质"根本不可能认识"，甚至我们也"根本没有必要去了解它"，毫无"人的认识要探究事物的内部结构"③ 之意；从而仍然具有洛克的不可知论的倾向。但他的结论却再次表明，他肯定了理性能够认识事物，对人类理性的认识能力满怀信心；这是与洛克不相同的。

值得注意的是，托兰德还提出了他这样论述的"理由"，认为，认识事物就是认识其性质，我们认识的只应当是那些"对我们有用的和必要的性质"；"正确地说来，当我们知道了某物的主要性质以

---

① 托兰德：《基督教并不神秘》，商务印书馆 1982 年版，第 49 页。

② 托兰德：《基督教并不神秘》，商务印书馆 1982 年版，第 50、49 页。

③ 钟宇人、余丽嫦编：《西方著名哲学家评传》第 4 卷，山东人民出版社 1984 年版，第 29 页。

及这些性质的若干用处，我们就算了解了某物"①。我们对那不可知的东西不能有任何观念，它对我们也就无足轻重；因而我们也就无需因为不了解事物的无用的性质或实在本质而声称它超越理性并放弃对它的认识和研究。自然，托兰德的这个见解有其狭隘的方面即它漠视了事物有用性的历史性，如认为了解"雨在云层的产生"，对我没有什么好处，毕竟我不能随心所欲地造雨或阻止下雨。但他提出我们所要认识的只是与我们有关的性质，试图把人的认识对象放在与认识主体的联系中来考察，这在理论上是很有意义的。此外，我们还看到，他把这个见解"应用"于宗教教义和启示中，也就必然认为，它们既然是最有用的，也就"同我们对木石、空气、水以及诸如此类的东西的认识一样易于了解"②，而不应视作某种神秘。

以上所述，即是托兰德在认识论上的基本思想。当然，这些思想并不系统，但是它却提出了不少十分有价值的见解。这些见解使得托兰德在论证自然神论、反对传统宗教的信仰主义和神秘主义时有了坚固的理论基础。他之论述"理性是一切确实性的惟一基础"，其目的也就在于证明"福音书中没有任何违背理性或超越理性的东西；而且确当地说来，任何基督教教义都不能叫做某种神秘"③。这一切就沉重地打击了当时的宗教势力；是托兰德作为自由思想家在理论上富有光彩的地方。

第二节　运动是物质的本质属性

如果说，托兰德在认识论上的主要之点在于论述理性是一切确实性的基础，那么，他在本体论上的主要之点就在于论述运动是物质的本质属性。托兰德是在《致塞琳娜的信》中表述这一本体论观点的。实际上这也是他"讨论唯物论全部问题的核心"④；他之宣传

---

① 托兰德：《基督教并不神秘》，商务印书馆 1982 年版，第 46 页。
② 托兰德：《基督教并不神秘》，商务印书馆 1982 年版，第 47 页。
③ 托兰德：《基督教并不神秘》，商务印书馆 1982 年版，第 5 页。
④ 李石岑：《朗格唯物论史》（上卷），中华书局 1941 年版，第 326 页。

自然神论也与此有关。

托兰德著述其书翰时，在自然科学领域里正是牛顿力学诞生和发挥影响的时代。牛顿力学把物质运动归结为机械的位移这种运动形式，表明牛顿在自然观上持一种机械论的观点；这种观点是与视物质为僵死的、被动的、惰性的实体的观点分不开的。在 17～18 世纪，大多数的哲学家在自然观上可以说都持这样的观点。笛卡尔、斯宾诺莎是这样，洛克也是这样。然而，这样的观点不足以解释在自然界中物质的质的多样性；且在世界运动的源泉问题上必然导致有第一推动力的神学结论。这亦即是这一时代形而上学思维方式陷于困境的某种标志。面对这种困境，一些哲学家试图突破它；在这方面，托兰德就是一位令人注目的哲学家。

托兰德在着手这项工作时，在《致塞琳娜的信》中曾有专门篇幅驳斥斯宾诺莎，称从斯宾诺莎的体系不能说明世界及其部分的运动与内部变异。如所周知，在本体论上笛卡尔确认有三个实体，持物质和精神二元对峙的观点。斯宾诺莎则持实体一元论观点，认为实体只有一个即神或自然，并将笛卡尔的二元论从实体推移到属性即把广延和思维看作是实体的属性。对此，托兰德首先驳斥道，斯宾诺莎把思维属性加给自然，无异于认为物质的每个部分和微粒都在思维，这同人的理性和经验是相矛盾的。因为若是这样，如人就不仅应该以大脑，而且应该以整个躯体来进行思考了。实际上，"思维在这里是不能借缄默来回避的，它是这种能力的专门器官即大脑的特殊运动"①。就是说，在他看来，思维这一现象必伴神经系统之物质的运动而生，好像光由电流而生一样；能思维的不是一般的物质及其各部分，而只是按特殊方式组织起来的大脑，在大脑停止活动的地方或没有大脑的地方就谈不上思维。当然，他在这里并没有说明怎样从无生命的物质到有生命的以至有思维的物质的过渡。

其次，托兰德又责备斯宾诺莎把广延视为物质的属性而否认运动是物质的永恒属性，曾说，"我否认物质现在是并且从来就是处于绝对静止状态的没有活动的、僵死的一大块东西，是迟钝的惰性的

---

① 《托兰德选集》，1927 年俄文版，第 144 页。

东西"①。在他看来，斯宾诺莎虽说过，"一切物体或是运动着或是静止着"，"一切物体都能或动或静，并能动得有时慢有时快"②，但是并没有具体地解释和规定过运动和静止的概念；而对一个哲学家来说，这是"不可谅解的"。这意味着斯宾诺莎不懂得静止只是相对的，从而否认了运动的绝对性。总之，托兰德认为，"斯宾诺莎的整个体系不仅是错误的，而且从根本上就不对，缺乏任何根据"③；他诚然没有直接作出神的第一推动的结论，但也没有承认运动是物质的属性。这样，不变不动的作为整体的自然又如何能够同变化运动的众多的个别物体协调起来呢？

托兰德在批判斯宾诺莎的过程中，同时表述了他自己在本体论上关于物质和运动的基本观点。托兰德确认，所谓物体是物质的某些形态，"宇宙间只有惟一的物质存在"；而物质本身是具有运动的。他说，"运动是物质的本质属性，换句话说，运动同物质的本性是不可分离的，如同不可入性和广延同物质不可分离一样；因此，应当把运动作为组成部分包括到物质的定义中去"④。他并且声称，"我的惟一任务就是证明物质必然是能动的，正如广延一样，并尽我所能由此来解释它的属性"⑤。

托兰德是从各个角度来"解释"物质和运动的不可分离的关系的。首先，他从"普遍和特殊"的角度来加以论述，认为"自然界的一切物质，及其所有部分和微粒，永远处在运动中，决不能处在其他状态中"⑥。例如，在庞大岩石中间的最坚硬的微粒，在铁条或金锭的中心也像水、空气或火的中心一样是在不停地运动的。当然，这些物质的特定的运动不是按照相同的倾向和程度，而是多样的和各不相同的，并以不同的方式相互作用；但对所有它们来说，这种运动是同样自然的和内在的。其次，他从"绝对和相对"的角度来

---

① 《托兰德选集》，1927 年俄文版，第 92 页。
② 斯宾诺莎：《伦理学》，商务印书馆 1958 年版，第 53 页。
③ 《托兰德选集》，1927 年俄文版，第 81 页。
④ 《托兰德选集》，1927 年俄文版，第 92 页。
⑤ 托兰德：《致塞琳娜的信》，1704 年英文版，第 161 页。
⑥ 《托兰德选集》，1927 年俄文版，第 97 页。

加以论述，认为运动和静止都是物质能动性的样态，都是物质的属性；它们相互之间不是排斥的。真正说来，使一个物体保持静止状态所需要的力，等于使它进入运动状态所需要的力。静止是相对的，是运动本身的一种特殊形式；运动才是绝对的，自然界中没有任何一个点是处于"绝对静止"状态的。再次，他从"具体和抽象"的角度来加以论述，认为运动是物质的本质属性。十分清楚，这一属性如同物质的广延属性一样，只有在思维中才能和物质分开，即只有在思想抽象的时候，才能认为它们似乎不是互为前提、互相依赖的；而具体地看，情况恰恰相反。

此外，托兰德还从"外因和内因"的角度认为，物质不是从外部获得运动的；能动性是物质中所发生的一切变化和运动的真正的始因。"谁要从始因来解释世界的起源、解释它现在的物质机制和状况，就应该从运动的始因开始，因为单纯的广延概念并不包含任何多样性的特征和任何变化的原因。很明显，只有能动性才能够产生广延的变化。"[1] 他还驳斥了上帝是运动的第一推动者那种流行的神学观念说，"如果物质自己在本质上是能动的，这就不必要用这种发明来获得运动，也就没有运动的产生的问题"[2]。总之，在托兰德看来，"如果运动是物质的本质特性，那它对于物质定义就应该也是本质的"[3]。只有对物质和运动的关系作这样的规定，才能解释自然界的一切多样性，以及"物质的一切形式、形状、结合和其他的变形"。托兰德把对自然研究的注意力集中在物质运动的论证上，从理论上说决非偶然。

值得注意的是，托兰德根据运动是物质的本质属性的观点还描绘了一幅生动的世界图景。他指出，"虽然宇宙中的物质到处都是一样的，但按物质的不同变化，可以把它区分为无数特殊的系统、漩涡或物质的涡流运动；这些又将再被分成大一些或小一些的相互依

---

① 《托兰德选集》，1927 年俄文版，第 84 页。
② 托兰德:《致塞琳娜的信》，1704 年英文版，第 181 页。
③ 《托兰德选集》，1927 年俄文版，第 97 页。

存的系统，作为一个整体来看，都有其中心、结构、框架和内聚力"①。他在这里运用"系统"的概念来说明问题，认为太阳系是宇宙无数系统中的一个系统，在这系统中太阳是中心，行星围绕它而运行；在这中间有各个较小的系统，如陪伴着木星的卫星，陪伴着地球的月亮。而地球本身又是一个系统，它由空气、陆地、水等组成；有人、鸟、动物、植物、鱼、昆虫、石头、金属等许多不相同的东西。同时，他指出，自然界的一切事物是一根链条上的各个环节，它们"不仅以最紧密的方式相联系和混合，而且在不断的变化过程中彼此相互转化"。例如，就地球来说，土变水，水变气，气变火，然后向相反的方向转化；在永恒的循环中没有终结和限制。就我们的身体来说，我们消灭动、植物，由于营养和排泄而增长，昨天和今天不一样，今天和明天又不一样；当死亡时，我们的各部分为了保养其他的事物，又成为尘土、水和泥土，和无数的事物相掺和与结合。他在这里还运用"形式"的概念来肯定自然界的运动具有规律如运动量守恒的规律，认为自然界发生着物质变形的一些形式被另一些形式所替换的过程，其中任何一种形式都不消失，只是通过不断的转换以另一些形式来代替这些形式。总之，在托兰德看来，宇宙间的各个部分都处在相互联系和不断的产生和消灭的过程中；它们"全都依赖于运动"。这就具体地表明了，在他那里能动性是物质形态多样性的原因和前提。

除此以外，我们看到，托兰德还认为，从运动是物质的主要属性这一概念中，哲学不止是更清楚地说明整个自然界，还可以进一步解决一些局部的问题。例如，他由此拒绝承认伊壁鸠鲁关于原子和独立于物质以外的空虚的空间的学说②；不同意牛顿的物体在有限的绝对空间作机械运动的观念；并进而认为"物质是无限的"等等。

托兰德上述关于运动是物质的本质属性的思想是与他借鉴古希腊朴素的辩证法思想分不开的。如他在表达和论述物质内部的运动和变化是无止境的和有规律的思想时曾直接引用赫拉克利特"我

①　托兰德：《致塞琳娜的信》，1704 年英文版，第 187 页。
②　李石岑：《朗格唯物论史》（上卷），中华书局 1941 年版，第 352 页。

们踏入又没踏入同一条河流"的著名原理，并说"我们处于不断地流动中，如同一条河流一样"。他在表达和论述自然界各种形态的无限联合和分解的思想时曾说"个别要素对全体的关系和全体对个别的关系是同一的"①，这也达到了古希腊人一切产生于一，又分解而复归于一的著名原则。可以说，他面对当时形而上学思维方式的困境，意识到了用古代辩证法观点来解决某些争论问题的必要，在某种程度上不自觉地返回到了古希腊哲学家那里。当然，托兰德对这些问题的解决，尤其是对世界图景的描述虽然仍带有某种直观的性质，但毕竟与古希腊哲学家的天才猜测不同。事实表明，托兰德的上述思想仍是以当时正在萌发的化学、生物学和生理学等一定的自然科学成就为依据的。如他在论述人体的内部运动时说过，"血液和体液在身体每一处可想象的部分中的循环，现在对自然哲学来说已不是什么秘密了"②。他还十分重视和期望自然科学发展的新材料对自己观点的进一步证实，在致塞琳娜的信的最后曾说，"我并不是要向你指出物质的本质属性是运动在哲学上的进一步应用，除非有关于自然的更加清晰的一般知识和关于推动力、虚空内外的位移、空间的性质、物质的无限性等争论问题的专门决断"③。

托兰德关于运动是物质的本质属性的思想和由此出发对世界图景所作的描绘，在当时无疑是一种新颖的观点，但也有重大的局限。如他在《基督教并不神秘》一书中漠视事物的矛盾，把矛盾看作是"不可能性的同义语"，是"纯粹的无"；曾讲过，说某物展延了同时又没有展延，是圆的同时又是方的，就等于什么也没有说。他又把"矛盾"一词等同于"神秘"一词，认为"矛盾和神秘只是表示无的两种强调的方式。矛盾用一对互不相容的观念表述无，而神秘是用根本没有任何意义的词来表述无"④。这说明，托兰德在事物自己运动的源泉问题上尽管曾有"以不同的方式相互

---

① 《托兰德选集》，1927年俄文版，第108、155页。
② 托兰德：《致塞琳娜的信》，1704年英文版，第197页。
③ 托兰德：《致塞琳娜的信》，1704年英文版，第237～238页。
④ 托兰德：《基督教并不神秘》，商务印书馆1982年版，第24、77、78页。

作用"的提法和倾向，其实并未作出完备的和科学的回答。这就使他不可能真正地克服机械论的弱点；在致塞琳娜的信中最终认为，一切物质，不管它连同它所固有的各种属性向我们表现成什么样，都是上帝创造的，世界在被创造出来以后就不受上帝干预，而遵循着自己所固有的秩序和规律运动着。整个说来，托兰德的这一思想从又一角度为他承认和宣传自然神论提供了理论基础。

第三节　托兰德哲学的两重性和历史地位

生活在英国 1688 年"光荣革命"结束以后这一时期的哲学家托兰德，在认识论上主张理性是一切确实性的惟一基础，确认理性认识起源于感觉经验；理性认识所必需的信服的根据在于观念与对象的完全符合；任何事物都不超越理性而具有"可认识的"性质。在本体论上则主张宇宙间只有惟一的物质存在，运动是物质的本质属性。这说明，托兰德在哲学上坚持着明确的唯物主义原则。而这位哲学家也正是以这样的唯物主义思想为他所宣传的自然神论奠定理论基础的；在他一生的思想历程中，这甚至还推动了他的泛神论思想的发展，在某种程度上也推动了他的无神论思想的发展。从实质上看，在当时封建制度和宗教神学占统治地位的条件下，自然神论乃是宣传唯物主义，摆脱宗教的一种简便易行的方法，乃是一种在宗教外衣下的隐蔽的唯物主义。这与他作为自由思想家要求思想自由，反对宗教信仰主义和神秘主义的精神是相一致的。但是，托兰德的唯物主义和自然神论思想，比起既是与基督教相对立的又是与一切宗教相对立的公开的无神论形式的唯物主义来，还是不彻底的。就是说，他在宣传唯物主义时，还保留着宗教，依然认为一切物质都是上帝创造的，甚至自然规律的秩序也是上帝的智慧和意志安排的结果；依然承认神的启示等，只是它们是可理解的罢了。如托兰德说，"我诉诸理性并非为了削弱或迷惑天启，而是为了确证和说明天启"①。这样，他对洛克感觉论承认传统基督教的信仰、

---

① 托兰德：《基督教并不神秘》，商务印书馆 1982 年版，前言第 2 页。

启示等的神学藩篱的铲除，由于对基督教还保留着某种敬意，也就是缓和的、隐蔽的和软弱的。由此可见，洛克认识论所具有的两重性在托兰德的哲学中并没有最终消失，真正说来，他依然"既生活于自然秩序中，又生活于超自然的秩序中"。

托兰德哲学是西方近代启蒙精神的重要表现。如所周知，自文艺复兴时期人文主义运动掀起以来，西方的思想家们开始以人为本来说明世界，他们力图使人独立起来，不再依附于神；这种独立首先体现在强调人的理性上。皮埃尔·培尔在描述17世纪末意识形态里的形势时曾这样说过，"理性的战士和宗教的战士正在进行殊死的斗争以控制人们的灵魂，二者正在一场整个欧洲思想界所注目的竞争中相互抗衡"①。而在这方面，如果说，在17世纪理性的力量表现在自然科学的伟大复兴上，那么自这一世纪末起，它便表现在用理性来审判人类的其他领域如法律、道德、艺术、宗教等等，以使它们建立在合理的基础上。而以托兰德为代表的唯物主义和自然神论思想，强调用理性来说明宗教、检验宗教，即把宗教理性化，便是近代西方这种启蒙精神在宗教领域里的表现。

托兰德哲学在近代西方哲学的发展中也具有重要的历史地位。他在哲学上深受洛克唯物主义和经验论的直接影响，称洛克为"一位优秀的现代哲学家"，在许多基本问题上都是仿效着洛克的观点的。但他又和洛克不同，在洛克认识论的不彻底的地方，他大都作出了积极的结论。例如，他认为，自然界中的任何事物只有通过告知的方法才能进入我们的认识领域；这样的方法除感觉的经验、人心的经验外，还有人的和神的启示。但是，按照洛克，神的启示与理性无直接关系，有所谓纯粹的信仰对象。而托兰德则强调，启示只是告知的方法，任何一经启示了的东西，必须去了解它、证明它，才能使我们信服；信仰不过是建筑在可靠推理基础之上的一种坚定的信念，"如果所谓认识即是对于所相信的东西的了

---

① 保尔·海沙德：《1680～1715年欧洲的思想》第9页。参见詹姆士·斯鲁威尔：《西方无神论简史》，中国社会科学出版社1982年版，第84页。

解，那么我同意这种看法，信仰就是认识"①。如前所述，他在名称本质和实在本质等问题上，情况也是如此。这一切说明，托兰德在认识论上比之洛克更为激进；是从洛克唯物主义出发，并坚持和推进了洛克唯物主义的哲学家。

同时，托兰德在本体论上也以运动是物质的本质属性的命题比前人更深一层地表露了自然的辩证法观点。如所周知，托兰德常常以非常的敬意引述牛顿引力为一切物质的属性的思想，并据此自称是牛顿自然哲学的信徒；尤其注重斯宾诺莎关于自然是自身原因的著名原理，虽然他曾对斯宾诺莎作过尖锐的批评。然而，与他们相比较，托兰德关于运动是物质的本质属性，物质的一切变形就在于物质本身的能动性的思想毕竟要前进了重要的一步。这一思想不仅克服了牛顿主张"第一推动力"和世界依赖于神的不断调整的外因论，蕴涵了斯宾诺莎自然是自身原因的观点，还进一步地揭示了这一自因在于物质本身的能动性，并据此描绘了一幅生动的世界图景。这显然是对固执着物质实体是迟钝的惰性的那种观点的机械论自然观的一次重大的突破。这一切说明，托兰德是一位勇敢的探索者。他的"运动是物质的本质属性"这一光辉思想是从本体论的角度对洛克唯物主义的又一次推进。而英国哲学发展的逻辑表明，在托兰德哲学之后，英国经验论由唯物主义转向了唯心主义；从这个意义上，我们又可以说，托兰德完成了洛克的唯物主义，是近代英国唯物主义的最后一位代表。托兰德的唯物主义和自然神论还对法国启蒙运动的思想家有着重大的影响，是 18 世纪法国和无神论相结合的战斗的唯物主义的先声。

---

① 托兰德:《基督教并不神秘》，商务印书馆 1982 年版，第 80 页。

下　编

欧洲近代经验论和唯理论哲学

的终结阶段

第十二章 大陆唯理论哲学的完成
——莱布尼茨哲学

　　莱布尼茨生活在 17 世纪下半叶到 18 世纪初德国"三十年战争"（1618～1648）后封建割剧严重、社会经济落后、资本主义和资产阶级力量微弱的时期，是当时德国新兴资产阶级的著名哲学家和科学家。从整个欧洲近代哲学发展的角度看，他在反对经院哲学的同时，系统地驳斥了洛克的机械论和经验论的哲学，把经验论和唯理论的斗争推到了高峰阶段，是西欧大陆唯理论哲学的完成。他在世界观上创立了单子论体系，是近代第一个客观唯心主义者；在认识论上继承了笛卡尔的天赋观念学说，并把它推到极端和精致化了；还富有非常深刻的辩证法思想，令人十分注目。此外，他是当时欧洲知识渊博的学者，马克思曾称赞他的"形而上学"有积极的世俗的内容，"在数学、物理学以及与它有密切联系的其他精密科学方面都有所发现"①。可以说，他是近代哲学中继笛卡尔和斯宾诺莎之后思想最为丰富的唯理论哲学家。

莱布尼茨小传

　　哥特弗里德·威廉·莱布尼茨（1646～1716），生于莱比锡，父亲是莱比锡大学道德哲学教授、法学家，母亲笃信宗教，仁慈可亲。6 岁时丧父，靠母抚育长大；但父亲遗留下的丰富藏书使他很早就有

---

　　① 《马克思恩格斯全集》第 2 卷，人民出版社 1957 年版，第 161 页。

强烈的求知欲望和学术志向。15 岁时入莱比锡大学，攻读法律、哲学，勤奋好学。在学校期间，他除研习神学和经院哲学外，曾阅读过西塞罗、塞内卡、普林尼、希罗多德、色诺芬、柏拉图以及罗马帝国时代的史学家们的著作，深受古典文化的熏陶；并得力于希腊哲学史专家雅可布·托马希乌斯老师的指导和影响。他还自称熟悉所有"近代哲学家"的著作，对培根、康帕内拉、开普勒、伽利略和笛卡尔的哲学和科学有浓厚的兴趣，爱讨论有思辨性质的哲学问题。莱布尼茨于 1663 年在通过《论个体原则》的论文答辩后获哲学学士学位。此时，他还到耶拿大学听艾哈特·维格尔讲授的哲学课程，这使他早年就有调和亚里士多德哲学和近代哲学的倾向①；维格尔还是数学家，对莱布尼茨爱好数学，发明双元算术都有推动。莱布尼茨曾有意以法学为职业，还想得法学博士学位；但莱比锡大学竟称其过于年轻而拒绝授予。可是，1666 年他在纽仑堡附近的阿尔特多夫大学却顺利通过了法学博士论文，获法学博士学位；该大学曾聘他当教授，后他因不愿过学院式的生涯，"另有很不同的打算"而加以拒绝了。莱布尼茨在青少年时期孜孜不倦地学习，这为他日后成为博学多才的哲学家奠定了深厚的基础。

莱布尼茨是从在纽仑堡参加一个炼金术士的团体开始踏上社会的。通过该团体他结识了美因茨选帝侯的大臣博因斯堡男爵，并经后者推荐当了法院参议。1671 年他担任男爵儿子的家庭教师；1672 年他陪同男爵旅居巴黎，直到 1676 年。在这期间，莱布尼茨参加了美因茨选帝侯和博因斯堡男爵目睹"三十年战争"后德国的严重状况，致力于天主教和新教重新联合的活动；并立志要用一种新的实体学说去代替笛卡尔的物质实体学说，为这种调和提供理论基础。他还为美因茨选帝侯去巴黎企图游说法王进军埃及、统治地中海而不向德国用兵，以调和德法的利益。不过，在这期间，莱布尼茨的主要活动乃在于学术交往方面。当时，巴黎是欧洲科学、哲学和文化的中心，各国的科学家和哲学家都会集巴黎，法语成为欧洲文化界通行的语言。在

---

① 参阅《费尔巴哈哲学史著作选》第 2 卷，商务印书馆 1979 年版，第 15 页。

那里，他了解了笛卡尔和伽桑狄的哲学，舍弃了在德国所学的经院哲学和亚里士多德主义。他和马勒伯朗士交往，深入地探讨了后者的偶因论；这启发了他去思考和形成前定和谐的思想。他和冉森派神学家笛卡尔主义者阿尔诺（1612～1694）结识和通讯，据罗素称，后者曾使他把他原有的哲学思想"秘而不宣"而向公众谈论另一套哲学①。他还结识了荷兰科学家惠更斯，从他那里学得了近代数学的方法和原则。尤其是他在 1676 年经契尔恩豪森的斡旋，在从巴黎返国途中，专程到海牙访问斯宾诺莎，曾多次与后者讨论哲学问题，阅读其《伦理学》手稿；这对他建立自己的哲学体系有重大影响。此外，莱布尼茨是最早提倡用德文书写哲学作品的人，有"德国哲学之父"之称；但他的大部分著作都用法文书写，这也是他与各国学者学术交往的结果。还有，他于 1673 年曾随大使访问过伦敦，结识了皇家学会秘书奥尔登堡，还结识了科学家波义耳和牛顿，这促进了他在返巴黎后对数学进行系统的研究和发明了"无穷小算法"；这一独立发明导致了后来他和牛顿关于微积分发明权的争论，该争论虽经皇家学会裁决，认定牛顿的发明早于莱布尼茨，但后者成果的公开发表则早于牛顿。莱布尼茨在巴黎短短 4 年的活动使他的思想超越了德国的范围，了解到了欧洲各国先进的文化成果；这对他哲学思想的形成具有决定性的作用。

1676 年，莱布尼茨受德意志北部汉诺威的不伦瑞克公爵委派，在汉诺威任公爵府参议和图书馆馆长等新职。从 1677 年起，他在法国、英国、荷兰侨居了一些日子后，便开始在汉诺威定居，并长达 40 年。在这个时期里，他曾与法国包叙埃主教（1627～1704）通讯，寻求使基督教与新教重新结合的途径；曾在 1680 年受聘开始编纂不伦瑞克公爵的家族历史，多次到德国各地和意大利收集资料；曾与汉诺威的王公后妃们接近，常应约书写哲学文章；曾在柏林居住，因与后来的普鲁士王后苏菲娅·夏洛蒂稔熟，于 1700 年任柏林科学院第一任院长，并力促波兰、俄国、奥地利和中国清朝的皇帝们去建立类似的科

---

① 参见罗素：《西方哲学史》（下卷），商务印书馆 1976 年版，第 117、118 页。

学院；还曾于1712年到奥地利的维也纳旅行同欧根尼·萨沃伊亲王接近，并当了帝国宫廷参议；如此等等。尤其是，在这个时期里，他思想日趋成熟，获得和表达了许多科学和哲学的研究成果。

在数学方面，莱布尼茨在1684年公开发表了"无穷小算法"，为微积分的传播作出了贡献；曾有建立一套"普遍符号语言"的设想，是数理逻辑的先驱。在物理学方面，他以质量乘速度平方的公式，更精确地表达了运动度量，发展了笛卡尔的动量守恒定律；他在与克拉克通信和著文中系统地反对了牛顿关于绝对空间和绝对时间的观点；并且他还反对了笛卡尔关于物质的本性在于广延的观点。在逻辑学方面，他提出了一条新的思维规律即充足理由律，与同一律、矛盾律和排中律相并列。在应用科学技术方面，他曾在哈茨山安装机械为煤矿排水，致力于改进采矿业。此外，他在比较语言学、图书分类学和目录学方面也都有不少贡献。这一切都显示了莱布尼茨渴求揭示"任何一门科学的最内在的根源和联系"，是一位有创造性的博学多识的学者；这种博学多识甚至使普鲁士腓特烈大帝钦佩不已，说莱布尼茨"本人就是一所科学院"。

在哲学方面，莱布尼茨于1685年著述了《论形而上学》。他在给托马斯·伯纳特的信中指出，他是经过20年的思考，藉考察和调和古代哲学和近代哲学才形成自己的哲学体系的。不过，综观其一生，他由于在别的事务上过于繁忙，尚没有从正面集中而系统地阐述其哲学体系的大著作。他的哲学思想大都散见于与人的通讯之中或为某人书写的文章中，或与人辩论的作品中。在1686～1690年间，他在与阿尔诺的通讯中已有关于"单纯实体"和"前定和谐"的观点。1695年，他发表了《动力论》和《各实体之间的本性和相互关系以及心灵和肉体之间的联系的新系统》；这是他最早表达新观点的论文。1710年，他为反驳培尔的怀疑论观点宣扬信仰与理性的和谐一致，"为世人指明上帝之道"而发表了《神正论》；这是为苏菲娅·夏洛蒂王后而写的神学乐观主义作品。他的《人类理智新论》（1700－1704）是以唯心主义唯理论对洛克《人类理解论》的逐章逐节的驳斥，是一部论战性的认识论巨著。还有，他在1714年应欧根尼·萨沃伊亲王之请写了一篇概括其主要哲学观点的重要著作《单子论》；还写有《自

334

然与神恩的原则》，其内容与《单子论》基本类似。此外，他的书信共有 15000 封左右，在当时绝大多数均未向公众发表。整个来看，莱布尼茨是一位独立思考的哲学家。其哲学思想从形式上说有抽象的思辨的远离现实的方面，这方面内容深奥，"富于斯宾诺莎风格"，在当时因顾忌斯宾诺莎哲学为德国当局所不容而不愿发表，遂成为隐秘的理论；还有具体的与现实联系密切的公开发表了的通俗理论方面，这方面与前者在出发点和性质上是一致的。

莱布尼茨一生声名显赫，高官厚禄；但晚年情况却很不相同。由于他所仰仗的不伦瑞克公爵及其他王公后妃们相继去世，新任的公爵即 1714 年当上英国国王的乔治一世对他又素无好感，他就开始受到冷落，致使他晚景凄凉，生活贫困。1716 年 11 月 14 日，莱布尼茨终于在汉诺威去世，时年 70 岁。据说，莱布尼茨力图用他的哲学来为天主教和新教的重新统一服务；但其本人一生从不进教堂，在他临终时没有一个教士在场，以至当地人称他为"无信仰者"。

第一节　用单子多元和前定和谐的观点说明世界图景

莱布尼茨对世界的根本看法叫做单子论，这是一种客观唯心主义的世界观。他在晚年的重要著作《单子论》就是这一世界观的系统表达。据他在《新系统》中概述，他自青年时代起就注重哲学思考，先对经院学派钻研得很深，接受了它们关于"实体的形式"、"隐秘的质"的学说；后阅读了近代的数学和哲学著作，为它们用力学的观点机械地解释自然的方法所吸引，便抛弃了经院学派的观点；但当深入研究力学和运动规律的最后根据时，又发现单用原子和虚空、广延性或量的规定性来解释自然，只能满足想象，于是又把经院哲学的"实体的形式"重新召回，给予自然以新的基础和解释。这便是他的那套单子论观点。这就是说，莱布尼茨单子论的特点乃在于以特有的方式调和古代哲学和近代哲学；他是在对机械唯物主义的思考和批评的基础上实现对经院哲学的回复的。

一、单子及其特性

莱布尼茨生活在欧洲近代，在哲学上继承笛卡尔和斯宾诺莎的观点，强调"实体概念是了解深奥哲学的关键"①。但是，他对实体概念的理解与两者不同，认为实体即单子；他的哲学的出发点是单子。

莱布尼茨是这样来规定单子概念的。首先，单子具有个体性。众所周知，在机械唯物主义者看来，物质实体的本质属性是广延，原子也只有广延或量的规定性；它是组成物体的最小单位，其本身是不可分的。莱布尼茨则不赞成这种观点，指出，凡实体必蕴涵有统一性，此统一性即不可分割性；否则它犹如一盘散沙，将不成其为实体。但是，物质实体有广延或量的规定性，就终究是可分的；即使是原子，占有的空间极小，也不是不可分的。这样，按照上述观点，一方面原子作为实体是不可分的，另一方面真正说来原子又不是不可分的；这显然是一种内在矛盾。为摆脱这种矛盾，莱布尼茨认为，真正的实体必须是没有量的规定，而只有一定质的差别的"单元"；它才是真正不可分的"自然的真正的原子"或事物的真正的"原素"。这即是单子。他解释道，"单子——希腊词，意为一个或单纯"，单子"只是一种组成复合物的单纯实体，单纯，就是没有部分的意思"②；单纯的实体是一定存在着的，因为没有单纯的实体，也就没有复合物的存在。又单子既然是单纯的实体，没有部分，就不能设想有什么东西能从外面进入其内部来造成其变化，即"单子没有可供事物出入的窗子"③，它是自身封闭的，一个单子不能对别的单子发生作用，正如别的单子不能对它发生作用一样。他还解释道，单子既然是单纯的实体，没有广延或量的规定，就谈不上有量的差别，而必须有一定的质，否则它就不是存在物了；并且在数量上有无限多个，彼此在质上各异，否则由其构成

---

① 《费尔巴哈哲学史著作选》第 2 卷，商务印书馆 1979 年版，第 30 页。
② 《十六——十八世纪西欧各国哲学》，商务印书馆 1975 年版，第 483 页。
③ 《十六——十八世纪西欧各国哲学》，商务印书馆 1975 年版，第 483 页。

的事物也就无区别了。总之，在莱布尼茨那里，单子作为实体具有个体性，即它是单纯的、封闭的；又是有质的、众多的。个体概念就其自身而言就是众多个体的意思，是单一性和众多性的统一。如果两个个体完全相同，那就没有任何个体化原则。在这个意义上，后人称莱布尼茨为多元论者。

其次，单子具有能动性。众所周知，机械唯物主义者否认运动是物质实体固有的属性，认为物质实体本身是迟钝的、不动的，其运动依赖于外力的推动。莱布尼茨则不赞成这个观点，指出，当一原本动的物体和一原本静止的物体相碰撞时，其速度就会减慢，其运动方向就会改变。这个经验事实说明，物体除广延外，还有活动的方面。而广延是一种属性，它决不能构成一个完全的存在物；由它也派生不出任何活动和变化来。因此必须把活动概念和实体概念联系起来；若物质实体需依赖于外物的推动，不能独立自主，它也就不能算是实体。莱布尼茨认为，单子作为实体是生气勃勃，充满活力的。"单子的自然变化是从一个内在的原则而来，因为一个外在的原因是不可能影响到它的内部的"；"一切创造物都是有变化的，因而创造出来的单子也是有变化的"[1]。他在这里把内在原则称为力，认为每个单子是一个"力的中心"；在力的推动下，单子及由其构成的事物才能运动和变化。在他看来，单子作为实体"当包含某种形式或能动的成分，以便成为一个完全的存在"；这种能动的成分先于广延而存在，是比广延更为原初的东西。因而单子的本性不在于广延而在于力，单子作为实体只有与"力"、"活动力"的概念联系起来，才能被理解。力标志着"活动是实体的特性"，"只有活动才构成真正实体的基础"；凡是不活动或不含有活动力的东西，就决不是实体。正是在这个意义上，莱布尼茨又把单子叫做"隐德莱希"，因为单子自身就是自己内在活动的原因。在他那里，隐德莱希的意义与能动性的意义是相一致的[2]。

---

① 《十六——十八世纪西欧各国哲学》，商务印书馆 1975 年版，第 484 页。
② 见《费尔巴哈哲学史著作选》第 2 卷，商务印书馆 1979 年版，第 31、244页。

再次，单子具有精神性。莱布尼茨认为，单子既然无广延或量的规定性，不占有空间，它就不是单纯的物质实体，而乃是单纯的精神实体、精神原子。不过，他在这里并没有摆脱物质的惟一属性是广延的观点；相反，他是在承认这种机械论的观点下来论证单子的精神性的。笛卡尔曾说，"如果把物质的实体和广柔（或数量）加以分别，则他们所谓'物质的实体'这个名词是全无意义的"。莱布尼茨就认为这一看法是正确的。不仅如此，他还认为，单子既然是能动的，它就不可能是物质实体而只能是精神实体，因为凡物质实体都是被动的、惰性的。按照他的说法，单子不是"数学的点"，因为后者虽在形式上是不可分的，却是抽象思维的产物，而不是现实存在的东西；也不是"物理学的点"，因为后者虽是实际存在的，却并非是真正不可分的；而乃是"形而上学的点"，它兼有前两者的某些特性，即既是真正不可分的，又是实际存在的①。换句话说，唯有精神性的原子才是真实存在的实体。在这里，莱布尼茨又把这种精神实体叫做灵魂。"一切单纯的实体和被创造出来的单子都可以称为灵魂。"② 在他看来，唯有灵魂这个概念才体现出单子是能动的精神实体。这样，如果说单子（灵魂）具有能动性，那么这种能动性也就表现在它具有感知能力即知觉和欲望上。他强调，单子（灵魂）是始终具有知觉和欲望的。尽管我们有过没有清楚的知觉的状态如酣睡而无梦时那样，但决不能由此而说单纯的实体是根本没有知觉的；须知，单子"不能没有特殊状态而存在下去，特殊状态不是别的，就是它的知觉"。这是它之为能动的精神实体的一种标志。

总起来说，莱布尼茨与笛卡尔和斯宾诺莎不同，强调实体是单子。他赋予单子以个体性、能动性和精神性，认为单子就是具有个体性的能动的精神实体。他在反思机械唯物主义的实体概念中，以对单子作纯粹思辨的抽象理解，回复到了经院哲学的实体概念。其

---

① 祖庆年译：《莱布尼茨自然哲学著作选》，中国社会科学出版社 1985 年版，第 71 页。

② 《十六——十八世纪西欧各国哲学》，商务印书馆 1975 年版，第 486 页。

实，莱布尼茨最初就把他的"实体的原子"叫做"实体的形式"，后来才称其为"单子"的。

二、世界万物由单子构成

一和多的关系问题即实体和自然万物的关系问题，也是莱布尼茨哲学的中心问题。在莱布尼茨之前，斯宾诺莎曾把实体看作是自然万物存在的逻辑根据；但是，斯宾诺莎的实体是惟一的、不动的，不动的实体怎能产生运动变化的自然万物呢？与此不同，他则强调多样性只能从许多真正的单子中获得存在①，世界万物由单子构成。

如前所述，莱布尼茨的单子即单纯的能动的精神实体具有知觉和欲望。莱布尼茨认为，单子的知觉是对在它之外的事物或单子的表象，有清楚和明晰的程度的不同。这里，说知觉是清楚的，是指它可与其他的知觉区别开来；说知觉是明晰的，是指它自身的各个组成部分也都可区别开。而单子之间的不同就在于其知觉的清楚和明晰的程度的不同。知觉的清楚和明晰的程度"造成了单纯实体的特殊性和多样性"，是各类单子的划分标准。依据着这个标准，单子被区分为无数等级，它们构成了世界上各种不同的事物。

按照莱布尼茨的论述，最低的一类是最不清楚、最不明晰的知觉即"模糊的混乱的知觉"；因其不易被觉察，实际上无多大表象能力，所以又叫"微知觉"。具有这类知觉的单子是"赤裸裸的单子"，亦可称为原始的"隐德莱希"；它们就构成通常所谓的无机物乃至植物。较高的一类是较清楚、明晰的知觉。它有嗅觉、触觉乃至记忆等表象能力，如对狗高举木棍，它记忆起曾遭受过的木棍的袭击，便会逃之夭夭；但尚没有意识。具有这类知觉的单子是"灵魂单子"，又可称为"动物灵魂"；它们是动物藉以构成的本质要素。更高的一类是更清楚、明晰的知觉。它有自觉意识即统觉的能力。具有这类知觉的单子是"精神单子"，也可称为"理性灵

---

① 祖庆年译：《莱布尼茨自然哲学著作选》，中国社会科学出版社 1985 年版，第 66 页。

魂"。它们是人藉以构成的重要因素；凭借它们，人能思考物体，思考自我，还能思考上帝①。最高的一类是最清楚明晰的知觉。它表象能力最强，能洞察一切；是最完善的知觉。具有这类知觉的单子是最高的单子即纯理性、纯精神，它也就是上帝本身。

由上所述，可见，在莱布尼茨那里，世界万物如无机物、植物、动物和人等都由单子构成；甚至上帝本身也是单子。上帝是"原始的统一或最初的单纯实体"②，是全知、全能、全善的能创造一切的完满的单子；其他单子均为上帝的创造物。当然，这里并不是说，某类事物仅由某类单子所构成。莱布尼茨认为，某类事物乃由不同等级的单子共同构成，如同一座充满植物的"花园"；只是在其中这类单子知觉能力最高，它们作为中心单子支配着其他单子，构成某类事物的本质、"灵魂"部分，其他单子则构成某类事物的形体部分。例如，人有理性灵魂，这是它之区别于单纯的动物的东西；但它还有灵魂单子，赤裸裸的单子，构成人的肉体部分。一般说来，在莱布尼茨那里，世界万物的构成情况均是如此，"一切被创造的单纯实体都永远和一个形体相结合"③；只有上帝例外，它由惟一的单子构成，是纯精神、纯理性而无形体的。

在这里，需要对莱布尼茨的物质概念作出说明。众所周知，莱布尼茨作为科学家从不蔑视对自然的研究；他在伽利略、牛顿和惠更斯等的新科学面前不能不承认物质对象的存在。但是，他是怎样用单子来解释物质物体的呢？毕竟，在他那里，单子是单纯的精神实体，"不能用机械的理由来说明"④，仅与自然界的"合目的性"相联系；而物质对象是有广延的，受一定力学规律支配，仅与自然界的"必然性"相联系；两者是不相同的。

莱布尼茨指出，在诸种单子中有一种赤裸裸的单子，具有模糊

① 见《十六——十八世纪西欧各国哲学》，商务印书馆 1975 年版，第 488 页。

② 《十六——十八世纪西欧各国哲学》，商务印书馆 1975 年版，第 491 页。

③ 《十六——十八世纪西欧各国哲学》，商务印书馆 1975 年版，第 511 页。

④ 《十六——十八世纪西欧各国哲学》，商务印书馆 1975 年版，第 485 页。

的混乱的知觉即"微知觉",这种知觉是单子中的"消极"性的部分,它即是物质因素如广延、不可入性等;而通常所谓的物质物体便是具有这些物质因素的赤裸裸的单子的组合、堆集或联系。莱布尼茨在这里曾有初级物质和次级物质的概念。前者指具有上述消极性成分的赤裸裸的单子本身;后者即指上述单子的联系,也就是具有形体的无灵性的物质物体,它以前者为基础。由于这些赤裸裸的单子,不管其微知觉微弱到什么程度,终究是有生命的;对他来说,"在物质的最小的部分中,也有一个创造物、生物、动物、'隐德莱希'、灵魂的世界"①,真正无生命的物质是没有的。因此,真正说来,莱布尼茨的物质物体也还是精神性的。同时,在莱布尼茨那里,物质对象可从两个方面来理解:初级物质即赤裸裸的单子,它具有"形而上学的实在性",是真实存在的实体,本身不能说就是物质物体,而只是物质物体的潜在可能性,但这却是物质物体的本质部分;次级物质即这些"单子的联系"本身,它可叫做物质物体,但它不具有"形而上学的实在性",不是真实存在的实体,而仅仅是在感觉或想象中所呈现的某种有广延的处于时间和空间中的物质物体的现象部分,当然,这并非纯粹的幻觉,而是"有良好根据的现象"。换言之,莱布尼茨在这里并没有如古代原子论那样从量的角度来解释实体和物质物体的关系;而乃是从质的角度去解释,把这种关系说成是本质和现象的关系,认为单子"才是构成事物的绝对第一原则"即本质、灵魂。这是他袭用亚里士多德的形式和物质的观点,回复到经院哲学的明显表现。

莱布尼茨关于物质概念的解释,是他用单子说明世界万物构成的重要方面。这一解释表明,莱布尼茨并没有笼统地否定物质的存在。他肯定物质物体是"有良好根据的现象";并把一般的单子看作总是和一个形体相结合着,除上帝外否认有脱离物质形体的精神的存在。但他终究是用单纯的精神实体来说明物质物体,从根本上否认了物质物体的客观实在性。其实,在他那里,不仅无机物,而且植物、动物和人等都是由不同的单子所构成;这是一种客观唯心

----

① 《十六——十八世纪西欧各国哲学》,商务印书馆1975年版,第495页。

主义的世界观。列宁曾说，在莱布尼茨那里"物质是灵魂的异在或是一种用世俗的、肉体的联系把单子粘在一起的浆糊"①。

三、世界是前定和谐的系统

如前所述，在莱布尼茨那里，世界由不同的单子构成。但是，这些不同的单子及其所构成的事物并非只是分散的、间断的，而是处于一个连续的系列之中。就单子来说，这是由最低的具有模糊混乱知觉的单子到较高的具有较清楚明晰知觉的单子、更高的具有更清楚明晰知觉的单子，再到最高的具有最清楚明晰知觉的单子的这样一个无穷的连续系列；就事物来说，这是由无机物到植物、动物和人，再到天使、上帝的这样一个无穷的连续系列。莱布尼茨在这里依据连续性的原则（关于这一重要原则，下面将有专门篇幅予以论述）说，"宇宙中没有任何荒芜的、不毛的、死的东西，根本没有混沌，根本没有混乱，而只是看起来如此"；认为，世界是一幅"普遍的和谐"② 的图景。不仅如此，他还从动态中来描绘世界的这种和谐状态，认为，在上述连续系列中单子具有知觉和"欲求"，而欲求就是从一个知觉过渡到另一个知觉的趋势或"内在本原"③。由于"在知觉和知觉的变化中包含着单纯实体的一切内在活动"，所以单子和事物就不是不变化的，它们在欲望的推动下会不断地发展，从一个知觉变化到另一个知觉。而在这连续系列中，若一个单子或事物有了变化，其余的单子或事物就必定会随之作相应的变化；否则这整个连续系列就将遭受破坏而不复存在，这当然是不可设想的。

莱布尼茨关于世界普遍和谐图景的说明涉及到单子和单子、事物和事物之间的相互联系和交往方式。然而，按照莱布尼茨，单子具有个体性，是自身封闭的，本身"没有可供事物出入的窗子"；

---

① 《列宁全集》第 38 卷，人民出版社 1959 年版，第 430 页。

② 《十六——十八世纪西欧各国哲学》，商务印书馆 1975 年版，第 495、493 页。

③ 《西方哲学原著选读》（上卷），商务印书馆 1981 年版，第 478 页。

"被创造出来的单子不可能对别的单子的内部存在发生物理的影响"。既然如此，那么上述单子和单子、事物和事物之间的联系和适应即世界的普遍和谐状态又是怎么可能的呢？对此，莱布尼茨用上帝的预先规定来作解释，认为单子和单子、事物和事物之间所具有的不是物理上的而是"理念上"的联系和适应；上帝具有创造和规范一切的能力，它"在规范全体时注意到每一个部分，特别是注意到每一个单子"，就已预先规定好了它们之间的这种理念上的联系和适应。"既然一个单纯实体的任何现在状态都自然地是它以前状态的后果，那么，现在中就包孕了未来"①；就人来说，"每个人的个人概念完全地包含着以后他将要发生的一切事情"。他还认为，上帝也预先规定好了它们各自的独立发展的内容和历程与其他的单子和事物发展的内容和历程相和谐一致，每一个单子与别的单子的关系怎样，别的单子与它的关系也就怎样。就如一支庞大的乐队，上帝通过预先谱就的乐曲规定了每个乐器演奏的旋律，也规定了它和其他乐器共同奏出的是一首完整的和谐乐曲。

以上即是莱布尼茨的"前定和谐"② 学说。这是一种从单子和单子、事物和事物之间的联系的角度来说明世界图景的学说。它表明，上帝是世界普遍和谐的根本原因，整个世界是前定和谐的系统。这样，我们看到，在莱布尼茨那里，单子照说是互不相干的个体，世界是绝对的"多"；而根据"前定和谐"学说，单子彼此和谐一致地活动，世界就成为统一的整体。这也就是说，"前定和谐"乃是莱布尼茨解决一和多的关系问题的重要观点。由于上帝本身是最高的惟一的单子，因而这个观点也是他用单子说明世界图景的单子论的不可缺少的组成部分。它显示了莱布尼茨单子论的特色；在这个意义上，莱布尼茨常把他的单子论称作"前定和谐体系"③。

在这里，需要对莱布尼茨关于身心关系问题的理解作出说明。

---

① 《十六——十八世纪西欧各国哲学》，商务印书馆 1975 年版，第 486 页。
② 《西方哲学原著选读》（上卷），商务印书馆 1981 年版，第 490 页。
③ 《十六——十八世纪西欧各国哲学》，商务印书馆 1975 年版，第 497 页。

在欧洲近代，哲学家们对身心关系问题有各种看法。莱布尼茨则认为，人作为特殊的物体由灵魂和肉体两个方面构成，其灵魂能表象世界。但它在表象世界时最初直接地知觉到的对象是肉体；它是以肉体为中介、工具"去想象世界和接受世界的影响"的；或者说，"宇宙是随着形体而被表象于灵魂中的"①。就从这样的观点出发，莱布尼茨肯定了灵魂和肉体的和谐的关系；因为，若两者间没有和谐的关系，灵魂通过肉体就不能表象世界。

在莱布尼茨那里，身心和谐的关系包括两方面的涵义。首先，灵魂虽是单纯的精神实体，并不能脱离物质肉体而存在；肉体虽经常有形态上的改变，也还是附属于灵魂，以灵魂为"隐德莱希"的。莱布尼茨说，"没有完全与形体分离的灵魂，也没有无形体的精灵，只有上帝才完全没有形体"②。他强调，灵魂和肉体，两者是不可分割的。其次，莱布尼茨指出，"灵魂依据目的因的规律，凭借欲望、目的和手段而活动。形体依据动力因的规律或运动而活动。这两个界域，动力因的界域和目的因的界域，是相互协调的"。在他看来，灵魂和肉体虽没有实在的互相作用，各自遵循不同的规律，却有相互一致的关系。换言之，它们都是世界的一部分，共处于普遍的和谐之中，本身也是由上帝前定的和谐的体系。"这个体系使形体好像（自然这是不可能的）根本没有灵魂似的活动着，使灵魂好像根本没有形体似的活动着，并且使两者好像彼此互相影响似的活动着"③。

莱布尼茨在身心关系问题上的前定和谐的观点是他整个前定和谐学说的组成部分。这是他为克服前人在这个问题上的"不妥"而提出来的。如所周知，笛卡尔一方面主张身心二元的理论；另方面又提出通过"松果腺"身心交感的观点。对此，莱布尼茨在《新系统》中指出，这好比主张有两口时钟挂在同一块木板上，其中一个钟摆的振动通过木板传递给另一口时钟，从而使两口时钟走

① 《西方哲学原著选读》（上卷），商务印书馆1981年版，第488页。
② 《西方哲学原著选读》（上卷），商务印书馆1981年版，第489页。
③ 《西方哲学原著选读》（上卷），商务印书馆1981年版，第491页。

得互相一致。但他批评说，这种身心交感的观点，是难以设想的；它使笛卡尔在身心关系问题上陷入了明显的自相矛盾。还有，马勒伯朗士主张偶因论，即在身心平行观点的基础上强调上帝是使身心双方各自产生与对方相应的变化的直接原因；一方的变化只是另一方变化的机缘或偶因。对此，莱布尼茨指出，这好比是有两口时钟，因机缘问题不能都同步运行，尚需要上帝来调拨时针。但他批评说，偶因论的说明并未解决笛卡尔的自相矛盾；在它那里，上帝是"很坏的钟表匠"，它所制作的时钟竟还需要自己时时来作调整。就是通过这些评论，莱布尼茨提出了自己的身心之间前定和谐的观点。这一观点继承了偶因论的身心平行的观点，但强调上帝是全知、全能、全善的，它在创造单子之初，已预先规定好了身心各自变化而又彼此和谐的秩序；就好比制作了两口精密准确的时钟，它们各走各的又绝对地"前定一致"。"即使有意地把它们的摆动搅乱，这两个钟摆也会立刻恢复一同摆动，简直像两根拉直的弦一样"①。当然，莱布尼茨的这一观点也远不是对身心关系问题的科学的解决。他依然否认身心之间的直接的相互作用；有广延的肉体和无广延的灵魂两者如何能相互作用呢？他在否认身心之间相互作用的同时，又要肯定两者之间有和谐的关系，就必然会更突出至高无上的上帝的"神迹"，陷入了比笛卡尔和马勒伯朗士的观点更为神秘的境地。

四、上帝概念在单子论中的地位

莱布尼茨的世界观是与神学观点密切地相联系的。如前所述，在他那里上帝并非是超越单子的东西，它本身就是单子，具有最清楚明晰的知觉能力，是最高的惟一的单子。它是全智、全能、全善的，能创造一切、规定一切、选择一切。换言之，他的上帝概念在单子论中具有突出的地位。

首先，莱布尼茨认为，单子作为单纯的精神实体既然是不可分的，它就不可能通过自然的方式即由部分的组合和分解来产生和消

---

① 《西方哲学原著选读》（上卷），商务印书馆1981年版，第501页。

灭。同时，它又不是始终地实在地存在着的；因此它的开始和终结"只能一下子发生"，也就是说，单子只能通过被创造而获得开始，只能通过被毁灭而告消灭。而在这里，上帝就是各种单子的创造者，可以说它们"是凭借神性的一刹那的连续闪耀而产生的"①。上帝创造了各种单子，又以无限的单子的形式创造了自然万物，使它们按照力学规律运动着。

其次，如前所述，莱布尼茨认为，上帝在创造单子时又预先规定好了单子与单子、事物与事物之间存在着普遍和谐的联系；在这里当然也包括预先规定好了人的灵魂和肉体之间的和谐关系。这就是说，上帝本身又是世界之成为普遍和谐系统的预定者。

再次，莱布尼茨认为，上帝还使得由它所创造和前定的现实世界是一切可能的世界中最好的世界。"上帝的善使上帝选择它"①；否则上帝本身也就不是全善的了。这即是他所谓的乐观主义理论；这一理论是他的单子论中现实性最强的部分，它被后人看作是莱布尼茨为当时德国的腐朽和落后的现状辩护的理论依据。在这里，莱布尼茨还着重指出，上帝是整个世界的充足理由。在他看来，一切有限事物的存在必然有充足的理由，整个世界的存在也应有充足的理由。因为"在创造物的宇宙中，由于自然界的事物极其繁多，以及物体可以无穷分割，所以对特殊理由的分析是可以达到无穷的细节的"，即它永远不会达到最后的充足理由；所以"充足的理由或最后的理由应当存在于这个偶然事物的系列之外，尽管这个系列可以是无限的"。而这也就是上帝本身。"这个实体乃是全部细节的充足理由，而这种细节也是全部联系着的；只有一个上帝，并且这个上帝是足够的"②。正因为这样，所以上帝所创造和前定的世界就一定是一切可能世界中最合理和最好的了；"不但一般地说是如此，就是特殊地对我们本身说也是如此"。

---

① 《十六——十八世纪西欧各国哲学》，商务印书馆 1975 年版，第 491 页。
① 《十六——十八世纪西欧各国哲学》，商务印书馆 1975 年版，第 492 页。
② 《十六——十八世纪西欧各国哲学》，商务印书馆 1975 年版，第 489 页。

当然，莱布尼茨在单子论中关于上帝作用的论述乃是以对上帝存在的论证为前提的。在这方面，我们看到，他曾借用过由笛卡尔和斯宾诺莎所袭用过的中世纪关于上帝存在的先天的即本体论的证明①；也曾借用过中世纪关于上帝存在的后天的即宇宙论的证明，他的上帝是最后的充足理由的说法便是这一证明的发挥和改进。不仅如此，他还根据世界是前定和谐的系统，是一切可能世界中最好的世界等论述反过来证明上帝的存在；并自称，他所提供的乃是引人注目的优于偶因论的新证明方法。

总之，上述这一切都显示了上帝的存在和万能，也实现了上帝自身的目的。可以说，在单子论中，上帝的概念既是开始，又是终结。这表明，莱布尼茨的单子论是与神学观点相联系的客观唯心主义体系。

但是，必须指出，莱布尼茨的上帝概念已不同于传统的宗教神学的上帝概念。在他那里，上帝既"在世界之上"即创造和规定一切，又"在世界之中"即本身乃是单子。同时，他虽然突出和颂扬了上帝的万能，但却还有借一个最大的奇迹来排除其余的一切奇迹，实质上排除了上帝对一切自然过程的干预的一面，即认为：上帝只给自然界以适合其本性的东西——自然规律，上帝创造了世界和预先规定了世界的和谐后就不再过问世界，而是让其按力学规律活动了；它乃"作为立法者的上帝"① 而存在。不仅如此，他还认为，上帝还是在几种可能的世界中"选择这一个而不选择另一个"的惟一选择者，上帝本身就是整个世界的充足理由；它本身不能随时任意活动，而必须按照理性即充足理由律行事。由此可见，莱布尼茨所谓的上帝与宗教神学家们的超自然、任意干涉世间祸福的人格神已属不同，已具有自然神论的涵义。正因为这样，他的论敌克拉克在论战中曾谴责他的前定和谐学说会导致"定命"和"唯物主义"，说他使上帝只成了一个"名义上的统治者"。

---

① 参见《西方哲学原著选读》（上卷），商务印书馆 1981 年版，第 483 页。
① 《十六——十八世纪西欧各国哲学》，商务印书馆 1975 年版，第 499 页。

第二节 《单子论》中非常深刻的辩证法思想

《单子论》是莱布尼茨世界观的理论总结和表达。它虽是与神学观点相联系的客观唯心主义体系，却有非常深刻的辩证法思想。如我们所看到的，莱布尼茨在论述单子的特性和用单子说明世界图景时曾涉及到许多理论问题，对于这些问题他都试图用辩证的眼光来审视它们。这是他的学说的最积极的方面。正是这个方面，使得马克思在致恩格斯的信中对莱布尼茨曾表示高度的重视和"钦佩"①。

莱布尼茨《单子论》中的辩证法思想，主要有如下表现：

一、"在自然中决没有两个东西完全相似"

莱布尼茨在说明单子的特性时，曾对前此的实体概念作了辩证的改造，引入了内在的差别性原则。他认为，单子在数量上是无限多的，但它们的差别"不在于时间和地点"，即它们没有量的差别，而只有性质上的差别。"每个单子必须与任何一个别的单子不同。因为在自然中决没有两个东西完全相似，在其中不可能找出一种内在的差别或基于一种固有特质的差别。"② 他在《人类理智新论》中曾叙述过一位聪明睿智的王后在花园中散步时说的话"世上找不出两片完全相同的树叶"，以说明这个道理③。他还认为，单子和事物都处在自己变化和发展的不同阶段和状态上；就它们本身的变化和发展来说，其不同的阶段和状态之间也都具有必然的差别。这就是说，莱布尼茨不仅否认共存的单子和事物的完全重复性，也否认同一单子和事物在其存在的不同时刻的各种状态的完全重复性。他在这里提出差别性原则，把差别理解为内在的质的差别，显露出了辩证法的倾向。黑格尔曾说，"假如依照相异律说某

① 《马克思恩格斯通信集》第4卷，三联书店1958年版，第372页。
② 《十六——十八世纪西欧各国哲学》，商务印书馆1975年版，第484页。
③ 莱布尼茨：《人类理智新论》上册，商务印书馆1982年版，第235页。

物本身即是相异，则其相异乃基于它的固有的规定性。这样，我们所意谓的就不再是广泛的差异或相异，而是指谓一种特定的差别——这也就是莱布尼茨的相异律的意义"①。

莱布尼茨的差别性原则还与同一性原则相联系。在这里，同一性并非是不同的单子具有共同的精神本性的意思，而是指"不可区分的（事物）具有同一性原则"。按照他的说法，不可区别或识别的东西只能是同一个东西，这叫做"不可识别者的同一性"。某一事物的全部属性为另一事物所有，另一事物的全部属性为某一事物所有，这两个事物便是同一事物，即事物和自身同一。其实，在他看来，差别性和同一性乃是一个问题的两个方面；每个事物与其他事物是不同的，对自己本身来说便是相同的。由此可见，在莱布尼茨那里，同一性通过差别性而存在，差别性通过同一性而存在；这两个方面构成深刻的内在的统一。

莱布尼茨说，"任何地方绝对没有完全的相似（这是我的一条主要的和最重要的原理）"②。莱布尼茨的内在的差别性原则在单子论中的重要性就在于，它的被确定得以说明单纯实体的特殊性和多样性，并由此得以说明事物的特殊性和多样性，从而描绘了一幅丰富多彩的世界图景。科学的发展也日益证实，在世界上没有两个完全一样的星体，没有两个完全一样的活细胞，也没有两种完全一样的人的性格，等等。这样，如果说，莱布尼茨曾致力于世界的统一性，那么这乃是"多样性的实在的统一"，它接近了为一般唯理论者所抵触的以对立统一说明世界的观点。这说明，莱布尼茨的这一原则乃是他解决一与多关系问题的首要原则。当然，这一内在的差别性原则也使莱布尼茨哲学富有特点，是他在实体问题上藉以与机械唯物主义只承认量的差别而否认质的差别的观点相区别，以及与笛卡尔实体二元论和斯宾诺莎实体一元论相区别而构成自己多元论的关键所在。费尔巴哈就说过，"斯宾诺莎的实质是统一，莱布尼

① 黑格尔：《小逻辑》，商务印书馆1982年版，第251～252页。
② 奥伊则尔曼主编：《十四——十八世纪辩证法史》，人民出版社1984年版，第203页。

茨的实质是差异、区别"①。

二、能动性是一般实体的本质

莱布尼茨在说明单子的特性时还提出了能动性原则，认为"实体（物质的或非物质的）是不能光就它的没有任何能动性的赤裸裸的本质去设想的。能动性是一般实体的本质"②。他在这里强调单子在自身中具有活动力，具有永不静止的活动原则，是"自己运动"的实体。显然，这是对笛卡尔和斯宾诺莎那种有广延的、僵死的、不动的实体概念的辩证改造。黑格尔曾称这是一个"伟大的思想"；并加以吸收和深化说，"同样地，内部的、固有的自己运动、一般的冲动（单子的能动性或冲力、绝对单纯的本质的隐德莱希），不外是由于在同一关系中存在着某物自身和它的空无，即某物自身的否定的一面"③。

莱布尼茨的能动性思想，如前所述，是与力的概念相联系的。他把运动的根源叫做"力"，强调谈论活动必须使用力的概念；因为运动本身不是某种实在的东西，惟有力才是某种实在的东西，它时时刻刻存在着。实际上，力的概念是他从牛顿的机械力学那里借用过来的，其广泛含义是作用力、活动和意向。如他说，关于力，我不是指"功能，因为后者只是行动的接近可能性，它好像死的一样，在不受外部刺激的情况下，永远不会产生活动"；我指的是"一种作用力，一种实际的活动，一个隐德莱希。力通过自身化为活动，只要没有东西加以阻碍的话。这就是为什么我把力当作实体的构成部分，因为它是活动的原则，而这正是实体的特性"。他还举例说，绷紧的弓的力决不是一个很小的力，只是我们说它尚未活动。在任何情况下，这种力在弓进行发射之前早已存在，因为弓是用力拉着的，而每一个力都是一种活动。关于这一点，列宁评述道，"莱布尼茨不同于斯宾诺莎的特点：莱布尼茨在实体的概念上

---

① 转引自《列宁全集》第 38 卷，人民出版社 1959 年版，第 427～428 页。
② 莱布尼茨：《人类理智新论》上册，商务印书馆 1982 年版，第 24 页。
③ 转引自《列宁全集》第 38 卷，人民出版社 1959 年版，第 146 页。

增添了力的概念，'而且是活动的力'的概念"；"因此，莱布尼茨通过神学而接近了物质和运动的不可分割的（并且是普遍的、绝对的）联系的原则"①。

　　莱布尼茨还把能动性原则和力的概念推广到物理世界。在他那里，物质世界因是单子世界的"有良好根据的现象"，自然地也就是充满运动的。正是基于这种观点，他具体地研究了物理界的运动的量度问题。在这方面，如所周知，笛卡尔曾利用伽利略的动量概念（物体的质量和运动速度的乘积），以神学的形式提出了动量守恒的原理，认为上帝在一开始就把物质和运动、静止一道创造出来，因此宇宙间"运动的量是不变的"，其总和是一常数。但是莱布尼茨却看出了这一"动量守恒"原理的缺陷。如他认为，力有两种，相应地也就有两种运动的量度：本原的力，又叫活力，它是物体固有的力，如落体运动和弹性物体的碰撞等，其量度为 mv^2；派生的力，又叫死力，它是外来的力，如杠杆、轮轴这些静止物体所受到的压力或拉力等，其量度为 mv。而他发现，若只承认 mv 这一量度，用它去度量落体运动等，按理，一个物体从某一高度下落时所得到的力应当等同于把它举到这一高度时所花费的力；但计算结果，两者则不相等。这说明，笛卡尔的运动量度是不适用于自由落体的情况的。后来他用 mv^2 作力的量度，就说明了这两者相等。于是他便提出用"力的守恒"来代替笛卡尔的"动量守恒"，说"按照我的系统，有一个力和方向的守恒，没有任何物体的自然规律能违反它"；"这是更加真实的"②。在哲学史上，"莱布尼茨是看出笛卡尔的运动量度和落体定律相矛盾的第一个人"③。他以"力的守恒"观点打破了笛卡尔把 mv 看成运动的惟一量度的绝对观念，强调了物体本身固有的活动力，从而使人们对物质和运动之间的关系有了更深刻的认识。

---

　　① 《列宁全集》第 38 卷，人民出版社 1959 年版，第 427 页。
　　② 祖庆年译：《莱布尼茨自然哲学著作选》，中国社会科学出版社 1985 年版，第 86 页。
　　③ 恩格斯：《自然辩证法》，人民出版社 1971 年版，第 70 页。

总之，能动性是一般实体的本质，是莱布尼茨最重要的辩证法论点。正是这一论点使莱布尼茨用单子能够说明世界上的自然万物以及它们由低到高并趋于无限的历史发展过程。此外，在莱布尼茨那里，单子是单纯的精神实体，它的能动性或力即灵魂的知觉、欲望，是一种精神活动。因而，对他来说，这一精神实体的结构和发展过程同世界的结构和发展过程乃是同一的。这在一定意义上蕴涵了历史的东西和逻辑的东西相符合的思想，是潜在的辩证公式，在后来为黑格尔所吸收。

三、"连续律"是宇宙间的一条基本规律

如前所述，莱布尼茨在描绘世界图景时曾认为，单子按照知觉不同的清楚和明晰的程度区分为不同的等级，构成了从无机物、植物、动物、人、天使直到上帝这样一个由低到高的事物发展系列；从总体来说，这一事物的发展系列乃是连续的系列。如他说，"我也同意一切创造物都是有变化的，因而创造出来的单子也是有变化的，我并且同意这种变化在每一个单子中都是连续的"①。莱布尼茨在这里即提出了连续性原则，其涵义是在事物的发展系列中，单子和单子、事物和事物之间并非是间断的，而乃是"衔接"的，只有"小到几乎不可辨别的差别"，以至"不能确定一个种属结束而另一个种属开始的那一点"②。他还形象地指出，"一切形体都在一个永恒的流之中，好像河流一样，继续不断地有些部分流出和流进"③；并说过，"事物按完善的程度以不显著的过渡方式上升"。莱布尼茨强调，"连续律"是宇宙间的一条基本规律，是不可否定的；世界的普遍和谐就是连续律起作用的结果和表现。

莱布尼茨的连续律表明了他对世界发展的形而上学的理解。他主张世界的绝对不间断性，认为在自然界中"一切对立面，空间、时间和方式的一切界限都消失在宇宙的绝对的连贯性、宇宙的无限

---

① 《十六——十八世纪西欧各国哲学》，商务印书馆 1975 年版，第 484 页。
② 《费尔巴哈哲学史著作选》第 2 卷，商务印书馆 1979 年版，第 85 页。
③ 《十六——十八世纪西欧各国哲学》，商务印书馆 1975 年版，第 496 页。

联系面前"①。他否认质变，如说"也没有办法解释一个单子怎样能由某个别的创造物在它的内部造成变化或改变，因为在单子里面不能移动任何东西，也不能设想其中可以激起、引导、增加或减少任何内部运动，这在复合物中是可以的，那里有部分之间的变换"。他明确指出，"自然从来不飞跃"②，甚至运动本身也不可能飞跃，物体之所以能从一个位置移到下一个位置只是由于上帝的"再创造"或"超创造"。可见，在他那里，所谓世界的发展，真正说来并非是在时间中进行的；既然单子没有可供事物出入的窗子，那就不能设想，事物的发展是真正地从无机物过渡到植物，到动物，到人的从低级到高级的辩证过程。

但是，莱布尼茨的连续律毕竟是与差别性原则相联系的。他很注意当时机械论的物质观所陷入的连续性和"不可分的点"的矛盾。他说，"我们的理性常常陷入两个著名的迷宫"：一个是关于自由和必然的大问题，特别是关于恶的产生和起源的问题；另一个问题在于有关连续性和看来是它的要素的不可分的点的争论，而这问题牵涉到对于无限性的考虑。前一个问题烦扰着几乎整个人类，而后一个问题则只是得到哲学家们的注意③。确实，原子论者肯定万物由不可分的点即原子所构成，原子之间为虚空所隔开，因而是否定连续性的；笛卡尔肯定有广延就有物质，否定虚空的存在，因而是否定有为虚空所隔开的原子即"不可分的点"的。而莱布尼茨则既承认万物所由以构成的单子即真正不可分的点的存在，又强调宇宙间的连续律是不可否定的。这说明，他在力图解决为当时哲学家们所争论的关于间断性和连续性的关系问题。"自然界中没有飞跃，正是因为自然界自身完全由飞跃所组成"④。从本质上看，应当认为，莱布尼茨是这样在议论的；这是他在世界发展问题上辩证法思想的明显表露。

---

① 《费尔巴哈哲学史著作选》第 2 卷，商务印书馆 1979 年版，第 85 页。

② 《西方哲学原著选读》上卷，商务印书馆 1981 年版，第 477、499 页。

③ 莱布尼茨：《神正论》序言，1969 年法文版，第 29、30 页。

④ 《马克思恩格斯选集》第 3 卷，人民出版社 1972 年版，第 569 页。

不仅如此，莱布尼茨在论述连续律时还推论出和涉及到一些有价值的论点；这些论点进一步显露了他的连续律所蕴含的辩证法因素。

首先，他认为自然界"根本没有什么虚空"。因为物质的圆满性比之于虚空的圆满性，就正如有某物比之于无物；人们说成有虚空的那些实验，如托里拆利和盖利克所从事的有关真空的实验，都无非是排除了粗大的物质而已。他还提出这样的"理由"："物质愈多，则上帝行使他的智慧和能力的机会也愈多"；"想要自然中有虚空，是把一种极不完满的产品归之于上帝；这是违犯必需有一充足理由这条大原则的"①。在莱布尼茨看来，空间是事物的"并存的秩序"，时间是事物的"接续的秩序"，它们决非"绝对的实在的存在"；离开了物质就无所谓空间，正如离开了物质的运动无所谓时间一样。他的这一论点，其矛头实是针对牛顿的绝对的时空观的；它在最抽象的形式上与现代物理学所证明的真空是以量子场形式存在的物质的一种特殊运动状态的观点相符合。这显然是很有价值的。

其次，世界上一切事物的界限具有相对性。如他在解释连续律时认为，"我们永远要经过程度上和部分上的中间阶段，才能从小到大，或者从大到小"②；在任何运动与完全静止之间，在固体与纯粹液体之间，在神与虚无之间，同样地在任何一个主动者与纯被动的本原之间都存在着"无数的过渡阶梯"。他还作过这样的推断：在植物和动物之间也没有截然分明的界限，一定存在着某种中介的生物，"自然科学今后可能会发现它们"③。这一推断预示了水螅虫的发现；它所蕴含的论点与当时那种拘泥于绝对分明的固定不变的界限的形而上学观点显然不同。

---

① 陈修斋译：《莱布尼茨与克拉克论战书信集》，武汉大学出版社 1983 年版，第 47、18、46 页。

② 《十六——十八世纪西欧各国哲学》，商务印书馆 1975 年版，第 509 页。

③ 见《费尔巴哈哲学史著作选》第 2 卷，商务印书馆 1979 年版，第 256 页。

再次，他认为，事物与其相接近的事物是"衔接"着的，但是在衔接的过程中差别并没有消失，只是小到几乎不可辨别；而差别的不断积累将导致质的变化，从而使事物向自己的对立面过渡。例如，他曾指出，直线是曲线的极限，静止是不显著的运动；认识上的伪实是最小限度的真，被称为恶的东西实是最小的善；并据此作出结论说，一定数量的增加，就能使直线变为曲线，静止变为运动，伪变为真，恶变为善。

还有，他在论述中认为，自然界的一切形体都在一个永恒的流动之中，像河流似的连续不断地流出或流进；但这种流动不是直线式的，而是要经过曲折的。例如，谷粒被撒入泥土，在结穗之前要经受折磨；液体要达到净化，需经过缓慢的发酵，有的甚至需经过激烈的震动，才能迅速地达到精馏。他说，这正是所谓："为了更有力地向前跳跃，你必须先向后退"①。他在《致苏菲娅王妃的信》中还说过，有理由认为宇宙本身越来越发展，它的完满性不断增加，尽管经常是难以觉察地进行，"有时还要向后迂回"。莱布尼茨在这里无疑是比黑格尔更早地流露出了在前进运动中为了更好地跃进而后退的辩证法思想。

最后，莱布尼茨的连续律还涉及到对于无限性的考虑。如他在评述亚里士多德和笛卡尔的物质原理时曾指出过，物质实际上分成无限的部分，从没有这样的原子或物体，其部分是决不能为力所分离的；事物在量和质的增加上情况也是如此，从没有这样的东西可认为是最大和最复杂的了。他在《以理性为基础，自然和神恩的原则》中还说过，"自然界的任何东西都是在向无限前进"。正是基于这种对无限性的论述，他自然地认为，无论从空间还是从时间上说，一事物与另一事物的区别不断地趋于零，又永远不会完全消失而达到零，致使在自然界中事物的发展呈现出连续的状态；并且这种连续的状态也是无限的。总之，莱布尼茨的连续律是与无限性概念相联系的。这一概念说明，在自然界中，事物的发展何以是连

---

① 参见祖庆年译：《莱布尼茨自然哲学著作选》，中国社会科学出版社1985年版，第124页。

续的，以及这一连续是怎样的。又莱布尼茨的"连续律"包括两个方面即物理的连续性和数学的连续性。而他就是以物理连续性的无限性概念为原型和前提，在数学上发明了微分和积分，提出了极大和极小的概念即数学连续性的无限性概念，把辩证法引进了数学。当然，由于莱布尼茨的单子论颠倒了物质和精神的关系，因而他在论述连续律时所涉及到的无限性概念"就变成完全神秘的东西"；他的微分学，如马克思所说也成为"神秘的微分学"。

四、宇宙中的一切都处于相互联系之中

莱布尼茨在描绘世界的发展图景，说明世界的普遍和谐状态时，曾认为，一单子有了变化，其余的单子也随之作相应的变化，一事物有了变化，其余的事物也随之作相应的变化；否则，世界的普遍和谐状态将遭到破坏而不复存在。这里就蕴含着他的普遍联系的思想。如他在《神正论》中说过，"在宇宙中一切都极其紧密地结合在一起，打成一片，好像一个海洋：连最微末的运动也把它的后果一直传播到一切遥远的地方去"①。他在《单子论》中也说过，"每一个物体都不仅受到与它相接触的物体的影响，并以某种方式感受到这些物体中所发生的事件的影响，而且还以这些事物为媒介，感受到与它所直接接触到的这些事物相接触的事物的影响"②。

莱布尼茨关于普遍联系的思想还突出地表现在他的单子是宇宙的镜子的命题上。他说，"这种一切事物对每一事物的联系或适应，以及每一事物对一切事物的联系或适应，使每一个单纯实体具有表现其他一切事物的关系，并且使它因而成为宇宙的一面永恒的活的镜子"③。按照他的看法，单子作为单纯的精神实体具有知觉或表象能力；以在它之外的单子和整个宇宙为表象的对象。每一个单子凭靠这种能力都能反映事物，"表象全宇宙"，包括它的过去、

---

① 黑格尔：《哲学史讲演录》第4卷，商务印书馆1978年版，第181页。
② 《十六——十八世纪西欧各国哲学》，商务印书馆1975年版，第494页。
③ 《十六——十八世纪西欧各国哲学》，商务印书馆1975年版，第492页。

现在和未来。当然，这并非指每一个单子中都有一个完整的宇宙，如每一滴水中都有一个完整的太阳。因为不同的单子由于其知觉的清楚、明晰的程度不同，各自反映宇宙的角度或方式也不同；其所表象的只是宇宙的某个侧面，看起来就像有无限多的不同的宇宙。"正如一座城市从不同的方面去看便显现出完全不同的样子，好像因观点的不同而成了许多城市。"然而，毕竟"这些不同的宇宙乃是惟一宇宙依据每一个单子的各种不同观点而产生的种种景观"①。换言之，这些单子表象的是同一个宇宙，"都以混乱的方式追求无限，追求全体"。因此可以说，整个宇宙在每一个单子中；每一个单子也都包含着整个宇宙。可见，莱布尼茨关于单子是宇宙的镜子的命题实际上表达了个别和一般的关系，蕴含有"个别表现一般，一般通过个别而存在；个别包含一般，一般寓于个别之中"的辩证法因素，是他关于普遍联系的思想的重要方面。

关于莱布尼茨的宇宙中普遍联系的思想，费尔巴哈在其哲学史著作中曾作过详尽的转述②。列宁对此曾指出，"这里是特种的辩证法，而且是非常深刻的辩证法"③。当然，这里有"唯心主义和僧侣主义"。因为莱布尼茨是通过神学而接近事物的普遍联系的思想的。在他那里，单子没有可供事物出入的窗子，它们之间的相互联系是凭靠上帝预先规定好的。"在单纯的实体中，只有一个单子对另一个单子所发生的理想的影响，它只是通过上帝为中介，才能产生它的效果"④；并且，也正是上帝的预先规定，才使单子表象全宇宙成为可能。

五、世界具有追求普遍完善的趋向

莱布尼茨在论述他的乐观主义理论，主张由上帝所创造的普遍

---

① 《十六——十八世纪西欧各国哲学》，商务印书馆 1975 年版，第 492 ~ 493 页。

② 见《费尔巴哈哲学史著作选》第 2 卷，商务印书馆 1979 年版，第 12 节。

③ 《列宁全集》第 38 卷，人民出版社 1959 年版，第 431 页。

④ 《十六——十八世纪西欧各国哲学》，商务印书馆 1975 年版，第 492 页。

和谐的世界是一切可能的世界中最好的世界时，曾涉及到又一重要原则即完善性原则。他认为，任何事物都有追求自身肯定和自身完善的趋向。他更强调，作为整体的世界趋向普遍完善；其本身包含着现时实际可能的"最高限度存在"，并力求达到在以后产生的其他条件下所可能达到的更大的"最高限度"。他在这里虽使用了"最高限度存在"和"趋向完善"等旧术语，却蕴含着他对完善性的一些合理的看法。

首先，上帝所创造的现实世界是一切可能的世界中最完善的世界，但这种完善是相对的，并不等于说世界上没有邪恶现象的存在。莱布尼茨力图为世界上邪恶现象的存在作辩护，认为上帝创造了单子，单子有清楚、明晰的知觉，这是积极的方面；也有模糊、混乱的知觉，这是消极的方面。世界上之所以具有邪恶、罪孽等，就在于单子的这一消极方面；它是世界上邪恶现象存在的基础。而既然如此，世界上邪恶现象的存在也就是必然的，它与善一样，具有"形而上学的实在性"，如乐曲中总有不协调的声音，画面上总有阴暗的部位一样。他并且认为，世界上邪恶现象的存在乃是善的存在的条件。没有恶就不会有善；恶的存在正是为了衬托善，使善显得更善。例如，战争是世界上的恶行，但是，没有它也就不可能有崇高的决策、自我牺牲、勇敢顽强等善行。在莱布尼茨看来，善不是绝对的；说现实世界是可能的世界中最好的，只是指它是现时实际可能的最好的世界，即它的恶相对地说是最少的，它的善比任何可能的世界都要多。可见，在他那里，承认世界上有邪恶现象的存在，并不否定这是可能世界中的最好的世界；从而也并不否定创造这最好世界的上帝的至善本性。这亦即是他所谓的"神正论"，即为世界中的上帝的正义、至善作辩护的理论。

其次，上帝所创造的现实世界是一切可能世界中最完善的世界，但这是有条件的，随着条件的变化，它将转变成不完善的世界。莱布尼茨在1716年《致鲍修埃的信》中曾写道，"虽然宇宙经常是相等地完满的，宇宙的每一个短暂的状态和其他的状态是相等地完满的，但它决不会是最高的完满，因为它经常变化并得到新的完满性，不过要失去旧的完满性"①。他还举例解释道，人们总以为"在 24 小时过去之前，昼变成夜，夜变成昼"；但是这并不是"无论在什么地方都有效"，若到新地岛去居住一下，就看到了相反的情形。甚至地球和太阳本身也并不是必然存在的，"也许会有一个时候，"它们至少将不再以现在的方式存在下去②。他在这里明确地认为，在世界趋向完善的过程中，随着条件的变化，现时的完善性将变成不完善性，并不断地为新的完善性所代替。所谓完善性实是"继续不断越来越得到更大的完满性"。

总之，莱布尼茨的完善性概念涉及到他对善与恶的关系的辩证理解。根据这种理解，通常人们把莱布尼茨的乐观主义说成是为当时德国腐朽和落后的现状作辩护的理论的观点就很值得商榷。实际上，当莱布尼茨说现实世界是上帝所创造的一切可能世界中最完善的世界时，这并非是对现实世界的绝对的无条件的肯定，而乃是在肯定中包含有否定的涵义。

应当指出，莱布尼茨的完善性原则还涉及到可能性和现实性的范畴。莱布尼茨认为，在上帝的观念中有无数个可能的世界。但并非一切可能的世界都能够存在，它们不都是"可共存的"；而只能有一个世界实际上存在，这即是上帝从中所选择的最完善的世界。他在这里明确地认为，上帝所选择的现实的世界与逻辑上可能的世界相比是最完善的。亦即，现实的东西比可能的东西具有更大的完善性；从可能性变为现实性便是向更完善的东西过渡。同时他又认为，现实的世界就其物质物体性而言，乃属现象领域，它有自己众多的本质即单子；它们中有的通过现象成为现实，有的尚未实现仅属可能，并非一切单子都是现实的。而按照莱布尼茨的观点，可能的世界具有逻辑的理性的性质，又"逻辑的东西具有本质的特性"③，因此，可能的东西又比现实的东西更加完善、实在。这样，

① 转引自《外国哲学》第 6 辑，商务印书馆 1985 年版，第 84 页。
② 《十六——十八世纪西欧各国哲学》，商务印书馆 1975 年版，第 502 页。
③ 奥伊则尔曼主编：《十四——十八世纪辩证法史》，人民出版社 1984 年版，第 212 页。

在莱布尼茨那里，从一个角度看，可能性比现实性的完善程度要"低"；从另一个角度看，它又比现实性的完善程度要"高"。这就在一定意义上触及到了可能性和现实性的辩证关系问题。

以上所述种种论点，即是莱布尼茨单子论中辩证法思想的主要表现。莱布尼茨是在反对 17 世纪的机械唯物主义，对它们的实体观点进行改造，用单子多元和前定和谐的观点说明世界图景的过程中形成和表达这些辩证法思想的。这可说是他的整个哲学的最深刻和最积极的方面。

第三节　在和洛克的全面论争中对笛卡尔唯理论的改造和发挥

莱布尼茨在认识论上明确地和唯物主义经验论相对立，提倡唯心主义唯理论；这是他的基本立场。从理论上说，这是受笛卡尔和斯宾诺莎唯理论传统深厚影响的必然结果。但是，莱布尼茨的唯理论又并非是笛卡尔唯心主义唯理论的简单重复。毕竟他所处的理论背景很不同于前人。如我们知道的，在笛卡尔唯理论诞生之时就有伽桑狄和霍布斯对它的"诘难"；在这之后更有洛克以《人类理解论》的巨著详尽地论证了唯物主义经验论的原则，开展了对它的批判。诚然，洛克使人的认识停留在经验范围内，不能达到普遍性和必然性的知识，并没有对理性思维作出合理的说明；但他却充分地阐发了认识过程的一个侧面，深刻地暴露了笛卡尔唯理论对于经验知识怎样发生、怎样可能的问题一般不予重视和探讨的独断主义的片面性。正是在这一更高阶段的经验论和唯理论斗争的理论背景下，莱布尼茨对洛克的唯物主义经验论展开了全面的论战，他的《人类理智新论》无论就内容还是形式而言，都是针对洛克的《人类理解论》而发的。如他所说，"事实上，虽然《理解论》的作者说了许许多多很好的东西，是我所赞成的，但我们的系统却差别很大。他的系统和亚里士多德关系较密切，我的系统则比较接近柏拉图，虽然在许多地方我们双方离这两位古人都很远"①。而他在论战中根据单子论的基本原则提出和发挥了自己的唯心主义唯理论观点。这一观点在大方向和主要内容上与笛卡尔的唯理论相同；但却把它推向极端，并吸收了为洛克所倡导而为笛卡尔所漠视的经验主义的合理因素，可以认为是对它的改造和发挥。这也就是说，莱布尼茨是在新的历史条件下提倡唯心主义唯理论的。他的唯理论和洛克经验论在各个问题上有着原则的分歧；和以往的唯理论也有着明显的区别。这些分歧和区别自然地首先表现在认识主体和认识对象的问题上。

我们看到，在认识主体和认识对象的问题上，洛克虽然持物质第一性和意识第二性的原则，但并没有彻底地遵循这个原则，明确肯定思想是物质的人脑的机能。如他认为有某种精神实体的存在，只是精神实体的实在本质与物质实体的实在本质一样是我们所不知道的；我们不能肯定精神实体一定是非物质性的，或许上帝愿意，也可能使物质本身能够思想。洛克的这个观点有反对笛卡尔机械唯物主义物质观的方面，后者仅把物质的本性限于广延，否认物质具有感觉和思想的能力。但即便如此，莱布尼茨按照单子论的原则也是不能同意它的，认为洛克的主导倾向乃在于维护"在自然秩序的范围内，物质也能够思想"② 的观点。在莱布尼茨看来，单子是世界万物的本原，万物都由单子所构成。单子有种种，其中的"精神单子"即是人类的心灵、理性，它比一般动物具有更为清楚、明晰的知觉，能思考和表象自我、物体甚至上帝。他认为，感觉和思想是物质按其自然本性所不能具有的能力，而只能是非物质的心灵这种精神单子的能力。这种精神单子即是所谓的认识主体。这样，他的认识论实际上就是作为人类心灵的精神单子表象宇宙万物的学说。同时，他所谓的物体和上帝也都是单子。在他那里，单子表象又被表象，是认识主体又是认识对象，单子以其知觉所反映的宇宙间相互联系的事物即认识对象本身也是由单子构成的。这一

① 莱布尼茨：《人类理智新论》上册，商务印书馆 1982 年版，第 2 页。
② 《十六——十八世纪西欧各国哲学》，商务印书馆 1975 年版，第 515 页。

切就决定了他的认识论必然是和唯物主义反映论相对立的唯心主义唯理论；同时又与笛卡尔唯心主义唯理论有所不同。莱布尼茨在认识论上主张唯心主义唯理论是与他在世界观上主张唯心主义单子论相应的。

除此以外，应当着重指出，这些分歧和区别还表现在如下诸方面。

一、关于普遍性和必然性知识的起源问题

17 世纪唯理论哲学家追求具有普遍性和必然性的知识，并在这类知识的起源或获得的途径问题上主张天赋观念说。如笛卡尔认为，人心中的观念有三类，其中有一类清楚明白的观念不是从感觉经验得来，而是"与生俱有"的；从这样的观念出发，经过演绎推理，便能获得普遍性和必然性的知识。笛卡尔的这一观点受到了伽桑狄尤其是洛克的批判。洛克继承亚里士多德，强调任何观念都不是天赋的，人类心灵的原始状态犹如白板，经验可以在上面刻上自己的记号。但是，莱布尼茨则赞同笛卡尔而反驳洛克。他明确指出，心灵本身是否"是完完全全空白的"白板？在心灵上留下痕迹的东西是否"都是仅仅从感觉和经验而来，还是心灵原来就包含着一些概念和学说的原则"？"究竟是一切真理都依赖经验，亦即依赖归纳与例证，还是有些真理更有别的基础？""我和柏拉图一样持后面一种主张。"① 不仅如此，莱布尼茨在这里还根据对单子本性的理解，把笛卡尔的天赋观念说推向极端，主张一切观念都是天赋的。在他看来，作为认识主体的精神单子即人的心灵和别的单子一样，本身是封闭的，没有可供事物出入的"窗子"。因此，外物不可能通过人的感官作用于和进入人的心灵。他说，以为我们的心灵好像是具有窗户以收受消息似的，这是一种"坏的习惯"；由于其他的创造物不可能对灵魂产生直接的影响，因此"观念原先就是存在于我们心灵之中的；我们的思想只是来源于我们自身的

---

① 《十六——十八世纪西欧各国哲学》，商务印书馆 1975 年版，第 501 ~ 502 页。

本性的深处"。"我一向是并且现在仍然是赞成有笛卡尔先生所曾主张的对于上帝的天赋观念，并且因此也认为有其他一些不能来自感觉的天赋观念。现在，我按照这个新的体系走得更远了；我甚至认为我们灵魂的一切思想和行动都是来自它自己内部，而不能是由感觉给与它的。"① 这样，在莱布尼茨那里，人的心灵表象和认识宇宙的活动也就只能是它凭藉理性自身进行"反省"的活动。实际上，这乃是精神单子的知觉在"欲望"的推动下由不清楚明晰到较清楚明晰地表象宇宙的活动，乃是单子内部纯粹主观的活动。

　　莱布尼茨根据单子论观点顺理成章地推论出的一切观念都是天赋的结论，是他和笛卡尔唯理论的重大区别。他正是以此结论反驳了洛克的白板说和维护了笛卡尔的天赋观念说。如果说，洛克强调"凡是在理智中的，没有不是先已在感觉中的"原理；那么，莱布尼茨就以"凡是在理智中的，没有不是先已在感觉中的，但理智本身除外"② 的原理来与它相对抗。当然，莱布尼茨的这个结论也还是他夸大地利用了洛克哲学中关于观念的反省来源观点的结果。如他所说，"也许我们这位高明的作者意见也并不完全和我不同"。因为他在驳斥某种意义下的天赋知识之后，又承认那些不起于感觉的观念来自反省。而"所谓反省不是别的，就是对于我们心里的东西的一种注意，感觉是并不提供我们那种我们原来已经有的东西的。既然如此，还能否认在我们心灵中有许多天赋的东西吗?"③

　　莱布尼茨在对天赋观念的解释上与笛卡尔也不相同。他认为天赋观念并非如笛卡尔主张的那样是完全现成地清晰地存在于人的心灵中，而是潜在地存在于人的心灵中；或者说，存在于人的心灵中的只是它的萌芽状态，而不是它的展开形式。他说，观念与真理是"作为倾向、禀赋、习性或自然的潜在能力"而天赋在我们心中的。他把心灵比作一块"有纹路的大理石"，并解释道，"如果在这块石头上本来有些纹路，表明刻赫尔库勒的像比刻别的像更好，

① 莱布尼茨:《人类理智新论》上册，商务印书馆 1982 年版，第 36 页。
② 莱布尼茨:《人类理智新论》上册，商务印书馆 1982 年版，第 82 页。
③ 《十六——十八世纪西欧各国哲学》，商务印书馆 1975 年版，第 504 页。

这块石头就会更加被决定用来刻这个像,而赫尔库勒的像就可以说是以某种方式天赋在这块石头里了"①。莱布尼茨对天赋观念的这一解释是他在单子论观点的基础上对笛卡尔天赋观念的重大改变。按照他的看法,单子各自具有不同的质,即有的其知觉是模糊的,有的其知觉是较清楚明晰的;其中上帝单子的知觉最清楚明晰,其他的单子,即使是精神单子也都包含有模糊的知觉即微知觉在内。这就使得,人的心灵中的观念不可能是现实地天赋的,而只能是潜在地天赋的;并且,它在每个人那里也都不是毫无区别的。同时,莱布尼茨的这一解释也与他要反驳洛克的白板说有关。因为洛克用来反对天赋观念的重要理由就在于,笛卡尔主张天赋观念一开始就以清楚和明晰的形式安放在人的心灵中,而这种观点不能说明人对同一事物的认识怎能是各式各样的。所以莱布尼茨强调观念只是潜在地天赋的,不会像"大法官的告示贴在他的告示栏上"那样;心灵既具有潜在的天赋观念,则就不能是"白板"。

莱布尼茨对笛卡尔的天赋观念作出新解释,强调天赋观念潜在地存在于人的心灵中,也就为他肯定感觉在人的认识中的作用提供了逻辑前提。对于健全的理智来说,在当时自然科学的发展和洛克反对笛卡尔的哲学斗争的历史条件下,若完全否认感觉经验在认识中的作用将会变得荒谬可笑。因此,莱布尼茨在自己的唯理论中便力图吸取经验论的一些合理因素,承认感觉经验在认识中的某种作用。如前所述,按照莱布尼茨,人的心灵作为精神实体,其本性是"知觉"。但是知觉并非一开始都是清楚和明晰的;它之变成清楚和明晰尚需要经历一个过程。如赫尔库勒的像虽然潜在地天赋在大理石里面了,但要显现出来,还需要人们对那块大理石加以"琢磨",使它清晰,"把那些阻碍这个像显现的纹路去掉"②。而这个知觉由潜在变为现实的过程,一方面是由于"欲望"的内在推动,另一方面也就包括感觉经验的作用在内。他说,"诚然我们不能想象,在心灵中,我们可以像读一本打开的书一样读到理性的永恒法

---

① 《十六——十八世纪西欧各国哲学》,商务印书馆 1975 年版,第 505 页。
② 《十六——十八世纪西欧各国哲学》,商务印书馆 1975 年版,第 505 页。

则，就像在'揭示牌'上读到裁判官的法令那样毫无困难，毫不用探求，但是只要凭感觉所供给的机缘，集中注意力，就足可以在我们心中发现这些法则"①。这就是说，他肯定人的心灵中的天赋观念必须经过感觉经验的机缘、诱发作用才能由潜在变为现实。在他看来，在人的认识中这种作用"是必要的"。即使是像在当时被公认为天赋知识的纯粹数学中所见到的那些必然的真理，"没有感觉我们是不会想到它们的"。关于这个问题，莱布尼茨还作过比喻：他把人的心灵或大脑比作置在暗室中的绷紧的"幕布"，这间暗室有一些小孔，可以透进光线，这幕布从而接受外来影像；但它不是平直的，而存在有许多折皱，这些折皱在光线未透进暗室时并不显露出来，而当光线透入时它们就显露出来了。这些折皱就代表着各种潜在的天赋知识，光线就代表着感觉经验。他以此比喻表明，光线在幕布的折皱显现的过程中起了刺激诱发的作用，就如感觉经验在天赋观念实现的过程中所起的作用一样。

　　莱布尼茨肯定感觉经验在人的认识中有这样的作用，是他在普遍性和必然性知识的起源问题上企图克服笛卡尔唯理论完全漠视感觉经验的局限的明显表现。当然，同样明显的是，他在这里并未对感觉经验这个"谜"作出"真正的答案"。首先，莱布尼茨所讲的感觉经验并非指外物刺激我们的感官引起心灵的感受的活动，是外物在心灵中的映象。他根本不同意"通俗的概念，即事物的印象被感官传递给灵魂"。因为，感官不能被理解为通道之类，这些印象能通过它被带入灵魂；非物质的实体如何能被物质作用"是无法解释的"。他按照单子论观点认为，作为认识主体的灵魂，"是一种单纯的实体或单子，它并无广延而表象着有广延的团块的同样这些变化多端的情状，并且有对它们的知觉"②，这乃由"前定和谐"所决定。因为单子原无可供事物出入的窗子，作为认识主体的单子与作为认识对象的单子之间按"严格的形而上学意义"说来是不能相互作用的，但由于上帝的预先规定，两者便"和谐得

---

① 《十六——十八世纪西欧各国哲学》，商务印书馆 1975 年版，第 503 页。
② 莱布尼茨：《人类理智新论》上册，商务印书馆 1982 年版，第 124 页。

好像一个作用于另一个"。例如，针刺身体，引起心灵有疼痛的感觉。这里针刺并非是因，疼痛并非是果，而是上帝预先规定了两者的和谐，以致看起来似乎前者为因，后者为果。显然这是一种对感觉经验本身的不科学的解释。

其次，在莱布尼茨那里，感觉经验在认识中的作用仅被归结为"机缘"、"诱因"的作用；它虽参与了一切知识产生的过程，却并非为一切真理性的知识提供材料、内容。如他说，"感觉对于我们的一切现实认识虽然是必要的，但是不足以向我们提供全部认识，因为感觉永远只能给我们提供一些例子，亦即特殊的或个别的真理。然而印证一个一般真理的全部例子，尽管数目很多，也不足以建立这个真理的普遍必然性"①。从特殊的或个别的真理中怎能得出具有普遍性和必然性的真理来？所以感觉经验不可能成为普遍性和必然性知识的起源或基础。他并由此引出这样的结论，普遍性和必然性的真理，其根据既然不在感觉经验之中，那就只能在理性之中；真正说来，它只有凭藉人的心灵的理性自身的活动才能获得。"因为只有理性能建立可靠的规律，并指出它的例外，以补不可靠的规律之不足。"② 总之，莱布尼茨在这里虽有肯定和重视感觉经验的意向，但真正说来，他对它的性质和在认识中的作用乃作了歪曲和贬低。诚然，他曾在从俗的意义下谈论过感觉经验，说"我们在一定意义下也可以说外部感觉部分地是我们的思想的原因"③，就如哥白尼曾从俗地谈论过"日出日落"一样。但这与他在理论上的论述是两回事。否则他对感觉经验的上述意向就不能与他的以天赋观念学说为基础的唯理论相适应。

综上所述，可见，莱布尼茨在普遍性和必然性知识的起源或获得的途径问题上，坚持笛卡尔的以天赋观念学说为基础的唯理论观点，但又对这种学说作了某种改造和发挥，即把它推向极端，并使它精致化，具有结合感觉经验的意向。这即是他在和洛克唯物主义

---

① 《十六——十八世纪西欧各国哲学》，商务印书馆 1975 年版，第 502 页。
② 《十六——十八世纪西欧各国哲学》，商务印书馆 1975 年版，第 504 页。
③ 莱布尼茨：《人类理智新论》上册，商务印书馆 1982 年版，第 36 页。

经验论的斗争中所形成的唯心主义唯理论思想的特点所在。这种思想与直接声明感觉经验是谬误的来源，把感觉经验排除在认识真理的过程之外的斯宾诺莎唯理论也是不同的。

二、关于知识的真理性问题

在这个问题上，莱布尼茨明确主张两种真理学说，认为真理有两种，一是"推理的真理"，又叫"必然的真理"；一是"事实的真理"，又叫"偶然的真理"。这一学说不同于自中世纪以来曾有过的两重真理学说。后者认为有基于理性的真理和基于信仰的真理，它带有为宗教张目或向宗教妥协的性质；前者则完全是在理性的原则和基础上来谈论真理的，是莱布尼茨唯理论的重要组成部分。这一学说涉及到的问题主要有：两种真理是怎么提出来的，其理论根据是什么？两种真理的涵义是什么，它们之间有何不同？两种真理的理论实质和真实意义又是怎样的？

（一）如前所述，在莱布尼茨那里，单子（实体）既是本体论的概念，又是认识论的概念。人的心灵即精神单子作为认识主体知觉和表象整个宇宙及其普遍规律。但是这并不等于说，单子表象的内容源自客观对象和基于感觉经验。从根本上说，单子本身包含着宇宙的过去、现在和未来，它在认识中乃是思维自身所具有的东西；由于"前定和谐"，它才自然地与对象中的情况相一致。正是与这种单子（实体）概念相适应，莱布尼茨认为，作为表达认识的判断是分析判断，即其主词乃包括所有可能的宾词在自身中；我们从这个主词中可引出一切宾词来。例如，亚历山大大帝这个主词概念便是君王、打败大流士等宾词的统一体，这些宾词描述了亚历山大大帝的"一切特征和痕迹"；我们从这个主词中就可引出这些宾词来，并构成种种关于亚历山大大帝的分析判断。这样，一般所讲的真理性知识即通过分析判断体现出来。而这类判断只要符合逻辑规律，本身就具有真理性；这类判断是否是真理与对象本身无关。这就形成了所谓推理的真理。实际上这是以天赋观念为基础的诸唯理论哲学在知识真理性问题上的共同特征。

不过，在莱布尼茨那里，真正说来，心灵单子的一切内容乃是上帝所赋予的，包含在上帝的理性和意志之中；惟有上帝才能认清和揭示出它的全部"特征和痕迹"。而作为认识主体的人的心灵自身是不具有这种能力的。它按自己的方式表象宇宙，所表象的还确乎在于它之外的整个宇宙的细节方面；宇宙本身原具有多样性，是"分离的，而理智把它们合在一起，不管它们是多么分散的"①。因此，我们对事物的认识就不能只以思维推理为依据，还必须以客观存在为依据和借助对事物的直接认识即感觉经验。"当我们发现我们所意识到的最微细的思想也包含着对象中的一种多样性时，我们就在自身中经验到了单纯实体中的一种'多'。"② 这里，作为表达对存在的认识的判断便是综合判断。而他认为，"我们从我们之外的事物中得到的东西并不必然同它们完全相似，但它可以表象它们"，就如可用一个椭圆来表象圆那样。这样，他便把这类判断的真理性标准放在命题和对象、事实的相一致上了。他说，"让我们满足于在心中的命题和所涉及的事物之间的符合中来寻找真理性吧"③。当然，他所谓的命题与对象的符合也只是在于"前定和谐"，即只要"一个存在物是真的"，那肯定其实际的或至少是可能的存在的命题也是真的。而这类具有真理性的判断就是事实的真理。

由上可见，莱布尼茨乃是在单子（实体）概念和前定和谐学说的基础上，在论述人的心灵的认识中提出两种真理的。没有这样的理论根据，也就不会有他的两种真理学说。

（二）莱布尼茨所谓的推理的真理和事实的真理在涵义上是不相同的。首先，它们对对象表象的清楚明晰的程度不同。按照莱布尼茨的看法，心灵单子作为认识主体其本性就在于表象宇宙。但是，这一表象"只能在事物的一个小部分中是清晰的，就是说，只能在那些对于每一个单子说或者最近或者最大的事物中，才是清

---

① 莱布尼茨：《人类理智新论》上册，商务印书馆 1982 年版，第 125 页。
② 《十六——十八世纪西欧各国哲学》，商务印书馆 1975 年版，第 485 页。
③ 莱布尼茨：《人类理智新论》下册，商务印书馆 1982 年版，第 460 页。

晰的；要不然单子就会是一个神了"①。这就是说，他认为，对越是近于纯粹心灵、越是一般抽象的东西的认识，就越是清楚明晰；因为这类被表象的对象作为单子的组合，其中占支配地位的单子其知觉原本是较清楚明晰的。反之，对越是近于感觉经验的对象、越是个别细节的东西的认识，就越是模糊混乱；因为这类被表象的对象作为单子的组合，其中占支配地位的单子其知觉原本是不清楚明晰的。莱布尼茨是一个唯理论者，他和笛卡尔一样把观念本身的清楚明晰作为真理的标准。不过，笛卡尔认为，清楚明晰的是真理，混乱暧昧的则是谬误，两者是绝对对立的；而莱布尼茨主张，即使不是绝对清楚明晰的仍可说是真理，否则对低于上帝的人的心灵来说，就无真理可言了。这样，他就认为，那种比较清楚明晰的认识，由于是对近于心灵的一般抽象的东西的认识，通过理性推理而获得，所以叫做推理的真理。那种比较不清楚明晰的认识，由于是对在它之外的具体事物的认识，所以叫做事实的真理。这两种真理的首要区别乃在于它们对对象表象的清楚明晰的程度不同，这是就对对象表象的性质而言的。

其次，它们各自的证明原则不同。莱布尼茨认为，我们的真理建立在"两个大原则"上，即"矛盾原则"和"充足理由原则"。他说，"推理的真理是必然的，它们的反面是不可能的"。这就是说，这个真理具有必然的性质，遵循的是矛盾原则。按照这个原则，任何一个判断不可能既是真的又是假的，也不可能既不是真的又不是假的。所以"凭着这个原则，我们判定包含矛盾者为假，与假的相对立或相矛盾者为真"②。例如，"直角三角形是三角形"这个命题是必然的，因为它是惟一可能的，其反命题"直角三角形不是三角形"是自相矛盾的，是假的。他指出，属于推理的真理或必然的真理范围的知识最明显的有数学等。"数学的一大基础是矛盾原则"，证明算术和几何即所有数学的法则，只要这个原则就够了；其他还有逻辑学以及形而上学和伦理学，逻辑学与前者结

①　《十六——十八世纪西欧各国哲学》，商务印书馆 1975 年版，第 493 页。
②　《十六——十八世纪西欧各国哲学》，商务印书馆 1975 年版，第 488 页。

合形成神学，与后者结合形成法学。"它们都充满了这样的真理"。

莱布尼茨又说，"事实的真理是偶然的，它们的反面是可能的"。这就是说，这个真理具有偶然的性质，遵循的不是矛盾原则。例如，对于我们来说，"我此刻坐在这里"是可能的，其反命题"我此刻不坐在这里"也是可能的。它遵循的是充足理由原则。按照这个原则，"任何一件事如果是真实的或实在的，任何一个陈述如果是真的，就必须有一个为什么这样而不那样的充足理由，虽然这些理由常常总是不能为我们所知道的"①。因为，在现实世界中，一切可能的并不是"可共存的"，并不都是现实的；只有在它同时具有充足理由时才是现实存在的。"要是没有一个充足理由，为什么事情是这样而不是那样，则什么事情也不能发生。"与此相联系，在两个相反而本身同为可能的命题中，具有充足理由的，也才能被证明为真理。所以他说，"充足理由也必须存在于偶然的真理或事实的真理之中"②。例如，对于"我此刻坐在这里"这个命题，我不只考虑该命题本身，还得考虑我的习惯、个性、工作和时间等，才能判定它是否是真理。莱布尼茨关于充足理由原则的论述无疑是一种在因果联系问题上的外因论观点；这种观点将使我们对事实真理证明的推理推到无限，并将导致上帝是世界上一切事物和一切真理最后的充足理由这样的神学结论。但是，它毕竟包含着事物是同别的事物相联系而存在的，因而要证明一个事实的真理，就必须把该事物放到与别的事物的联系中去考察这样的合理因素。莱布尼茨指出，属于事实的真理或偶然的真理范围的知识最明显的有物理学、机械学等经验科学，其他还有医学、历史和文学等；它们都反映了事物或现象之间的联系，充满了事实的判断和真理。

再次，它们在证明方法上也不同。莱布尼茨认为，推理的真理按其本性是从一些基本原理出发，通过推理，遵循矛盾原则而引出来的；对它的证明是不必参照对象和不依赖于感觉经验的。"对于一个普遍的真理，不论我们能有关于它的多少特殊经验，如果不是

---

① 《十六——十八世纪西欧各国哲学》，商务印书馆1975年版，第488页。
② 《十六——十八世纪西欧各国哲学》，商务印书馆1975年版，第489页

靠理性认识了它的必然性，靠归纳是永远也不会得到对它的确实保证的。"① 诚然，那些复杂的推理的真理，其反命题是否与之相矛盾，往往未直接显露出来。这时，我们可用分析法最终把它归结为"原始的理性真理"，如在逻辑学和几何学中，我们可把它归结为"在任何情况下 A 是 A，B 是 B"、"如果规则的四边形是等边的矩形，那么这就是正方形"等"同一陈述"；它们是无需证明的，其反面都包含着显然的矛盾。据此就可反过来证明原先的复杂的理性真理。简言之，"必然真理是天赋的并且是靠内在的东西来证明的"②。

莱布尼茨认为，事实的真理按其本性是"靠经验来建立的"；它毕竟是对具体事物的判断，是关于事物存在的知识。这样，它在证明过程中就必须遵循充足理由原则这一"推理的原则"。莱布尼茨强调，"在感觉对象方面的真正的标准，是现象间的联系……而现象间的联系，它保证着关于在我们之外的感性事物的事实的真理，是通过理性的真理得到证实的"③。但是，在这里即在事实真理的证明中，藉以进行这种推理的根据或前提并非是无需证明的原始的理性真理，而仍然是尚需证明的对具体事物的直接认识；因此，对事实的真理的证明也还是要看它是否与事实相符合，要依赖于感觉经验。莱布尼茨曾把充满着事实真理的物理学、医学、历史和文学等称之为经验科学，其所以如此，即在于物理学等在证明方法上是依赖于感觉经验的。

以上即是莱布尼茨关于推理的真理和事实的真理在涵义上的区别；也惟有在比较和区别中才能说明和理解它们各自的真正涵义。

（三）莱布尼茨所主张的实质上是一种唯心主义唯理论的真理观。如前所述，他把推理的真理看作是真正的真理，认为推理的真理的标准在于观念的清楚明晰，它的证明原则是矛盾原则，它在证明方法上不涉及到对象，不依赖于感觉经验。而事实的真理把充足

① 莱布尼茨：《人类理智新论》上册，商务印书馆 1982 年版，第 49 页。
② 莱布尼茨：《人类理智新论》上册，商务印书馆 1982 年版，第 48 页。
③ 莱布尼茨：《人类理智新论》下册，商务印书馆 1982 年版，第 429 页。

理由的推理原则作为证明原则，也并未超越思维领域；并且它虽涉及到对象，依赖于感觉经验，与对象相符合，但这乃是在"前定和谐"基础上的符合，如只要对象是真的，那肯定其存在的命题就也是真的。同时，他还认为，推理的真理的必然性最终要靠上帝来保证。而事实的真理之所以是偶然的，仅仅对人类而言，因人类无法找出它们的最后的充足理由；但它在上帝那里则能够找到最后的充足理由，上帝本身就是它的最后的充足理由。就这个意义上说，它和推理的真理并无区别，都离不开上帝的保证。由此可见，莱布尼茨在真理问题上与笛卡尔等的唯心主义唯理论观点，从根本上说乃是一脉相承的。

另一方面，莱布尼茨在真理问题上与笛卡尔等的唯理论又有所不同，这些不同显示了他的真理学说的真实意义。首先，他的真理学说蕴涵着对必然和偶然关系问题的特殊解决。

莱布尼茨在真理问题上不仅承认有推理的真理即必然的真理，而且还把关于具体事实的判断提到真理的高度，承认感觉经验的真理性，有所谓事实的真理即偶然的真理。按照唯理论的一般看法，凡真理都具有某种普遍性和必然性；而感觉经验不具有普遍性和必然性，所以，它是不能被称作真理的。如笛卡尔认为，感觉经验的知识是片面的、可疑的；斯宾诺莎则一概断言，它是谬误的来源。可见，莱布尼茨的观点是与此不相同的。而他之承认有所谓事实的真理即偶然的真理乃基于他认为这种真理也具有必然性。

莱布尼茨提出有"两种必然性"。他说，"也必须区别这样两种必然性：一种必然性之所以成为必然性，是因为其对立面蕴涵着矛盾，它被叫做逻辑的、形而上学的或数学的必然性；另一种是道德的必然性，它使贤明者选择那最好的，并使一切心灵遵循那最大的倾向"。在他看来，前一种必然性即推理真理的必然性，它遵循矛盾原则，与对象无关，是绝对的必然性。"那绝对必然的东西，是在许多的东西中惟一可能的，它的反面是蕴涵着普遍矛盾的"；即使世界上无实际的几何图形存在，几何学的那些公理和定理也还是必然真理。在事实真理中的是另一种必然性，它遵循充足理由原则，不是绝对的必然性。即对事实真理来说，并非一切可能的就是现实的，就此意义上说，它是偶然的；同时具有充足理由的才是现实的，就此意义上说，它才是必然的。莱布尼茨称这种必然性为"假设的必然性"，它实际上乃指"确定无误性"。"偶然的事物中也有一种确定无误性，但没有一种绝对必然性"①；既然某一事物是根据前一事物而发生的，有其所以是这样而不是那样的理由，那就可以完全确信这一事物。他还说过，"必须把必然的和虽受决定但是偶然的区别开；而不仅偶然的真理不是必然的，而且它们的联系也不是永远有绝对的必然性的，因为必须承认，在必然的事情的后果和偶然的事情的后果之间，其决定的方式是有区别的"②，后者无非是必求其最好的。但是，他还是把这称作必然性。在他那里，在现实中这是偶然的，因为我们不可能在现实中找到一切可能的东西的最后的充足理由；但在上帝中这是必然的，因为上帝本身就是一切事物的最后的充足理由。这说明，莱布尼茨是在企图把必然性和偶然性联系起来加以考察。对他来说，两者虽有区别，却无截然的界限；偶然的东西只要是有充足理由的就是必然的。他把关于事实的判断提升为真理，肯定和证明偶然真理的存在，其理论依据即在于此。同时这也说明，莱布尼茨的唯心主义唯理论在真理问题上具有结合感觉经验、调和与经验论的矛盾的倾向。因为一般说来，经验论在原则上都是承认感觉经验知识的真理性的。

其次，他的真理学说还蕴涵着对自由和必然关系问题的特殊解决。在莱布尼茨那里，必然真理"以矛盾和本质本身的可能性或不可能性的本原为依据，而与上帝的自由意志或创造活动无关"。但莱布尼茨真理学说的新颖之处乃在于把对事物的感觉经验的知识提升为真理，同时承认有所谓偶然的真理。按照他的看法，偶然的真理无绝对的必然性，它的反命题不含矛盾，在逻辑上也是可能的。又在逻辑上是可能的，并非在事实上也是可能的；它们中惟有与同一个体系中其他可能的命题"可共存的"，才是真正可能的命

---

① 陈修斋译:《莱布尼茨与克拉克论战书信集》,武汉大学出版社 1983 年版,第 63、65 页。

② 莱布尼茨:《人类理智新论》上册,商务印书馆 1982 年版,第 167 页。

题。这样可能的命题及其相应的事物由于所处的系列不同则可以有无限个。而上帝就在这些可能的命题或世界中选择最好的；惟有上帝所选择的这最好的可能性才是真实的命题和现实的存在。这即是他所提出的上帝面对各种可能的命题或世界时"对最佳者的选择"。例如，他说，"既然在上帝的观念中有无穷个可能的宇宙，而只能有一个宇宙存在，这就必定有一个上帝进行选择的充足理由，使上帝选择这一个而不选择另一个"①。在他看来，这种表现于从可能向现实转化过程中的选择就是上帝的自由意志和自由本性的表现。上帝"在选择那最好的时，并不以此而较少自由；相反地，不受妨碍去做那最好的事，这是最完全的自由"②。

上帝受最高理性所使，有最完全的自由，那么作为精神单子的人的心灵呢？按照唯理论的观点，若一切宾词潜在地包含在主词之中，人的一切活动潜在地包含在它的概念之中，则一切均可从主词、概念中分析和引申出来。那么，由此形成的人的判断和活动将是绝对的命定的必然性。而假如只承认必然真理，那人就无自由可言了。但是，莱布尼茨同时承认有偶然真理，认为人对它身上由上帝所注定了的必然性尚是无知的，相反的命题和活动不是不可能的；既然上帝自由选择的是最好的命题和世界，那么人按其本性也总是自由地去完成在它看来是最好的事情。这就是说，人也是有一定的自由的。当一个人"照着最明显和最向往的善来作选择时，他在这一点上就是按其禀赋的比例仿效贤明者的自由"③。

莱布尼茨以其对偶然真理的确认，为上帝和人的自由直接地或间接地作了论证。但另一方面，莱布尼茨认为，不用说是人的自由，就是上帝的自由也并非是绝对的、任意的。上帝是至善的、仁慈的，他的自由的本质就在于选择最好的可能的命题或世界。"上

---

① 《十六——十八世纪西欧各国哲学》，商务印书馆1975年版，第492页。

② 陈修斋译：《莱布尼茨与克拉克论战书信集》，武汉大学出版社1983年版，第64页。

③ 陈修斋译：《莱布尼茨与克拉克论战书信集》，武汉大学出版社1983年版，第64页。

帝是自由地作选择的，虽然他是被决定了要选择最好的。"而所谓最好的可能的命题或世界，是与最多的命题或世界可共存的；这就需要有上帝选择的充足理由。这就是说，上帝在一切可能有的命题或世界中作自由选择时并非非选择某个命题或世界不可，若另一个命题或世界是最好的，它就会选择另一个；但这必须要有充足理由。"需要一个充足理由这条原则是主动者和被动者所共同的。它们的主动行动也和它们的被动一样需要一个充足理由。"① 可见，在他那里，上帝的自由选择是受限制和被规定的，是必须服从逻辑规律的。

莱布尼茨在其著作中曾把自由和必然的关系问题看作是"烦扰着几乎整个人类的大问题"；他十分注重对这一"难题"的探讨。从上所述，我们看到，他通过两种真理学说按自己的方式表达了他对这个问题的理解，即自由和必然两者无截然的界限：上帝和人是有自由的，承认必然性，不论是绝对的必然性或假设的必然性，都"无损于自由"；另一方面，这种自由也决定于某种必然性，它不是脱离必然的任意的自由。莱布尼茨在这里的观点，与笛卡尔的那种把上帝说成是绝对自由地创造万物和决定人间祸福的观点，和斯宾诺莎的那种把自由看作就是认识和顺应必然，在实际上并未彻底摆脱宿命论的必然性的观点，显然是有区别的。当然，他也乃是在神学的藩篱中来论述自由和必然的关系问题的。

第四节　莱布尼茨哲学的两重性和历史地位

毫无疑问，莱布尼茨的单子论和唯理论哲学的基本性质是唯心主义和形而上学的。但是，这种哲学不是单纯的，而是具有两重性和调和性的。著名哲学家德波林曾指出，"莱布尼茨的基本特点是力图调和矛盾，在对立面之间架起一座桥梁，把它们连接起来，德

---

① 陈修斋译：《莱布尼茨与克拉克论战书信集》，武汉大学出版社 1983 年版，第 66 页。

国的条件对这种妥协提供了适宜的土壤"①。可以说，不了解这一点，就不能说了解了莱布尼茨哲学。

我们看到，在本体论上莱布尼茨仍从实体出发，但却用单子多元和前定和谐的观点来说明世界图景，强调全智全能全善的上帝单子是世界万物及其运动变化和普遍和谐的最终根源。简言之，他主张单纯的精神实体——单子是世界的本原和本质；在世界观上是客观唯心主义者。如列宁所说，"单子＝特种的灵魂。莱布尼茨＝唯心主义者"②。但是，另一方面，他的哲学是在反对机械唯物主义对世界图景的说明中回复到经院哲学那里的，掺杂有"原子论的、感性的成分"即唯物主义的成分。如他仍把事物看成"有良好基础的现象"，并不完全否认其实在性；肯定每一单子必与一形体相结合，不认为有脱离物质而独立存在的精神。尤其是，他所论及的上帝，如前所述已不是宗教神学家们的超自然的人格神，而乃是作为"立法者的上帝"而存在。这在当时不能不说是和那些号称"自由思想家"的自然神论者有相通之处，具有明显的反经院哲学的性质。

在认识论上莱布尼茨以单子论为理论基础，肯定认识对象和认识主体都由单子构成；以极端的形式维护天赋观念学说，认为一切观念都"潜在地"天赋在人心中；还坚持推理的真理并非源自对外物的感觉经验，事实真理的充足理由就在于上帝。简言之，他的认识论乃是笛卡尔唯心主义唯理论的继续和发展，并以上帝为其最后归宿。但是，另一方面，他是在与洛克唯物主义经验论的论争中坚持唯心主义唯理论的，乃掺杂有经验论的感性的成分即唯物主义的成分。如他的唯理论承认以事物为对象的感觉经验在认识中的"诱发"和"机缘"的作用，承认偶然真理的存在和可靠性，具有结合感觉经验的倾向，表现了对实验科学的确认。尤其是，他提倡"合乎理性的哲学"，强调理性在认识中的作用，反对盲目信仰，甚至认为对上帝的规定也要基于理性，力图"用智慧、理性来限

---

① 《哲学译丛》，1963 年第 5 期，第 56 页。
② 《列宁全集》第 38 卷，人民出版社 1959 年版，第 430 页。

制神的恩惠和万能"；这与用"奇迹"或"隐秘的质"来为一切现象找根据的经院哲学已属不同。

在方法论上，莱布尼茨哲学的形而上学性是显然的。如在他那里，单子只具有质的特性和质的差别，而不具有量的特性和量的差别；能动性仅属精神实体即单子所有，物质依然只是迟钝的僵死的存在物；强调"一即多"，即用单子来说明万物，却不明白"多即一"，即一自身必须是一个矛盾的统一体；单子和事物只有数量上的即其知觉的清楚明晰程度上的变化而无质的变化，"自然界从来不飞跃"；单子没有可供事物出入的窗子，其相互之间的联系和作用并非其本身所固有，乃是凭靠上帝的中介而就的。此外，他还终究确认了世界的"普遍和谐"和世界的"最高限度性"，主张一切都回归到上帝的目的的实现之中；等等。但是，另一方面，他的哲学却蕴涵有深刻的辩证法思想。这表现在他的"在自然中决没有两个东西完全相似"，"能动性是一般实体的本质"，连续律是宇宙间的一条基本规律，宇宙中的一切都处于相互联系之中，以及世界具有追求普遍完善的倾向等等论述中。此外，他还认为，人的认识是天赋观念由潜在到现实和不断追求新的完满的发展过程；并在一定程度上企图把理性和感性结合起来，把必然和偶然结合起来，把自由和必然结合起来。这一切也都是他对当时占统治地位的机械的形而上学思维方式的突破。

其实，在近代西欧各国早期资产阶级革命时期，许多哲学都有某种形式的两重性。就唯理论哲学来说，如果说笛卡尔哲学的两重性表现于二元论、二元性，斯宾诺莎哲学的两重性表现于含混性即同一概念或命题在涵义上有歧义性；那么，莱布尼茨哲学的两重性便与明显的调和性相联系。如上所述，莱布尼茨哲学具有把唯心主义和唯物主义、唯理论和经验论、形而上学和辩证法调和起来的倾向。从某种意义上说，这是他把古代哲学和近代哲学调和起来的表现；"不过他是通过以机械的笛卡尔哲学的精神解释亚里士多德，来实现古代哲学和近代哲学的调和的"①。我们还看到，莱布尼茨

---

① 《费尔巴哈哲学史著作选》第 2 卷，商务印书馆 1979 年版，第 15 页。

"用自然主义来限制自己的有神论"，"通过对有神论的扬弃来肯定、维护有神论"①，力图调和宗教和科学；提出法国征服埃及的计划，以改变法国在征服荷兰以后入侵德国的企图等，力图调和德国和法国、天主教徒和新教徒的利益，而这些与他在哲学上的调和倾向乃是相应的。莱布尼茨在哲学上的调和活动，使他创立了独树一帜的哲学体系，显示了他的哲学的优点和缺点。"他决不像康德说的那样是一个极端的理性主义者，他自己的真正目的是创造出一个新的综合，以超出早期传统之间在各个理智活动领域中看起来不可调和的冲突。"② 费尔巴哈曾说过，莱布尼茨哲学"不是一个与自身完全一致的、绝对坚定的、独立的、同质的整体"③。

莱布尼茨哲学的出现不是偶然的。它反映了17世纪德国生活在落后社会中的新兴资产阶级的特性和状况。它的以单子论形式出现的、与神学相联系的唯心主义和形而上学方面，反映了德国资产阶级向封建制度和宗教神学相妥协的懦弱特性；它所蕴涵的唯物主义和辩证法因素，则隐晦地反映了德国资产阶级毕竟具有的反封建制度、渴望发展生产和科学的方面。

同时，莱布尼茨哲学又与17世纪后半期光学和生物学的发展有联系。那时显微镜已发明；并且人们已运用它发现了在一滴水中就有无数有生命力和不断活动的微生物的存在。莱布尼茨曾说过，"约翰尼努斯神甫告诉我，某个犹太医生于1638年从英国把头一架显微镜带到科隆"；这说明，他是知道这方面的科学成果的。事实上，这对他的单子论的形成"起着非常重要的作用"④，为他提出单子是世界的本原，具有知觉和欲望，是宇宙的一面镜子的思想提供了与此相关的感性基质。如他在《形而上学序论》中说过，"一切物质一定都满含着有灵气的各种实体"，"没有一个物质的微点，

---

① 《列宁全集》第38卷，人民出版社1959年版，第438页。
② M·罗斯：《莱布尼茨》，中国社会科学出版社1987年版，第3页。
③ 《费尔巴哈哲学史著作选》第2卷，商务印书馆1979年版，第167页。
④ 参阅《费尔巴哈哲学史著作选》第2卷，商务印书馆1979年版，第36页。

其中不含有无限数既有组织又聚集在一块的微生物"；并不止一次地提到他的单子论同荷兰微生物学家列文虎克观点的一致性。基于这点，费尔巴哈曾把莱布尼茨和斯宾诺莎的哲学相比较，称后者"是把遥远得看不见的事物映入人们眼帘的望远镜"；前者则"是把细小得看不见的事物变成可以看得见的事物的显微镜"①。当然，莱布尼茨是唯心主义地运用自然科学的这些成果，把微生物的存在普遍化和精神化，从而来建立其单子论哲学的。

此外，上述莱布尼茨哲学还具有认识论上的根源。如前所述，莱布尼茨强调单子是单纯的能动的精神实体，具有知觉和欲望，能表象整个宇宙。这些内容显然蕴涵了关于认识主体的能动机能的思想，这实际上乃是他考察了不同的人所共有的意识状况的结果。莱布尼茨按照知觉的清楚明晰的程度划分了单子的等级，并系统地描述了不同等级的单子及由其所构成的从无机物、植物、动物到人等的连续系列。这些内容又显然蕴涵了关于人类意识从感性知觉、记忆到理性、反省活动、自我意识的发展过程的思想，这实际上也乃是他考察了同一人在不同时刻的意识状况的结果。不仅如此，莱布尼茨还通过单子的神秘形式涉及到了作为认识主体的人的各个方面：如人和宇宙的关系（人是宇宙的一部分，遵循着宇宙的规律，又能表象整个宇宙）；人自身中灵魂和肉体的关系（它们各自按自身的规律运动又互相和谐一致）；人和动物的关系（亦即理性灵魂和感性灵魂的关系）；以及人和上帝的关系（上帝的全智全能全善靠人去体现，人认识和凭藉上帝才能获得自由）。简言之，莱布尼茨的哲学思想乃是把发生在人身上的有关认识主体、认识机能、认识发展过程的特殊现象作抽象的探讨，把它们片面地夸大为脱离了物质、脱离了自然的绝对。正如黑格尔关于绝对精神发展过程的论述夸大地展示了人类认识的发展史的情况一样，莱布尼茨的单子论也具有深刻的认识论根源和意义。

莱布尼茨哲学在近代哲学发展中具有重要的历史地位。近代西

---

①　参阅《费尔巴哈哲学史著作选》第 2 卷，商务印书馆 1979 年版，第 36 页。

欧大陆唯理论派诸哲学都是从实体出发的，但它们在内容和性质上则有不同。笛卡尔哲学认为有三个实体，并归根结底提倡物质实体和精神实体二元对峙的观点，是近代典型的二元论。斯宾诺莎哲学力图克服笛卡尔的二元论，强调整体性原则，称实体在数量上只有一个，持实体一元论观点；但它宣传实体即神或自然的泛神论，并把二元论从实体推移到属性，因此，并未能真正地克服笛卡尔的二元论。莱布尼茨哲学则认为实体即单子，并强调个体性原则，持单子多元论的观点；但它又认为单子是单纯的精神实体，用单子来说明世界万物，实是一种唯心主义一元论。由此可见，在西欧大陆唯理论哲学中，实体学说乃经历了一个演变过程。这一过程表明，莱布尼茨哲学是近代欧洲第一个客观唯心主义体系，它是以新的形式回复到柏拉图的观点来克服笛卡尔的二元论的。

莱布尼茨在认识论上对洛克经验论的著名论争，乃是近代伽桑狄、霍布斯和洛克的唯物主义经验论同笛卡尔唯心主义唯理论的论争的继续。如他在《人类理智新论》中借代表洛克的斐拉莱特之口曾说，"您是拥护笛卡尔，和拥护《真理的追求》一书的著名作者的意见的；我却发现贝尼埃所阐明的伽桑狄的意见比较容易些和自然些"，并"似乎有意于赞成伽桑狄对笛卡尔所作的绝大部分反驳"①。在这经验论和唯理论之间的又一论争中，莱布尼茨把笛卡尔的唯理论推向极端，并以结合感觉经验的方式加以精致化。可以说，他的哲学在新的历史条件下把近代唯心主义唯理论和唯物主义经验论之间的斗争推到了高峰，是近代西欧大陆唯理论哲学的完成。

莱布尼茨在哲学发展上的重要地位尤其在于他的深刻的辩证法思想方面。我们看到，笛卡尔虽然认为上帝是能动的，"任何的活动都只能为上帝所有"，但却强调物质实体是不动的、被动的。斯宾诺莎更以扩大的形式认为，惟一的实体是不动的。莱布尼茨则强调单纯的精神实体——单子的能动性，断然否定任何关于实体不动的观点。而正是这一根本性的论点，决定了他的哲学比笛卡尔和斯

---

① 莱布尼茨：《人类理智新论》上册,商务印书馆1982年版,第29、30页。

宾诺莎的哲学具有更令人注目的辩证法思想。这一辩证法思想具有这样的优点：首先，它与 17 世纪自然科学的新成就密切相关。莱布尼茨是一位更为杰出的自然科学家，他在数学、物理学以及其他的精密科学方面都有所发现。如他在数学上曾和牛顿一起完成了微积分学，以微积分的创立者著称；而他所提出的连续性原则就涉及到对数学上的无限性的考虑，涉及到极大与极小等概念。他在物理学上曾修正了笛卡尔的动量守恒原理，是"看出笛卡尔的运动量度和落体定律相矛盾的第一个人"；而他的实体能动性思想就是以他在物理学上的力和力的守恒原理为依据的。此外，他强调连续性规律是自然界的根本规律，认为单纯实体的任何现在状态都自然地是它以前状态的后果，这又是与生物学上的进化论思想分不开的。可以说，他的辩证法思想乃是他对 17 世纪自然科学成就所作出的独创性的自然哲学的解释。

其次，它在表达形式上具有"双重性"，即涉及到了一系列的对立和统一的范畴。如他在《单子论》中论述差别性原则时涉及到了统一性和多样性、同一和差别的概念；在论述能动性原则时涉及到了主动和受动、运动和静止等概念；在论述连续性原则时涉及到了连续性和间断性、量变和质变等概念；在论述普遍联系原则时涉及到了个别和一般、有限和无限等概念；此外，在论述完善性原则时还涉及到善和恶、绝对和相对、可能性和现实性等概念。莱布尼茨在这里区分逻辑的东西和物理的东西，注重用相互对立又相互统一的范畴来表达他的辩证法思想，这乃是他在理论上"接近于黑格尔"的富有光彩的地方。

当然，莱布尼茨的辩证法思想是以客观唯心主义为基础，从属于他的思辨的"形而上学"体系的；并且是与神学相联系的，即不过是逐渐实现神的意图的工具和手段。同时，其本身也是不够自觉、系统的。真正说来，莱布尼茨远未给自己提出阐述和创立辩证法的任务，把它当作一门科学来研究，只是对辩证法的卓越的直觉；主要是通过对世界图景的描述来表现它的，尚未把它与认识论和逻辑学有机地统一起来；并且他的辩证法思想也往往和形而上学思想交织在一起，并未超越后者而在他的哲学中占据主导地位。但

381

是，莱布尼茨的辩证法思想毕竟要比同时代的唯理论者更深刻。他凭藉和运用了它才得以洞察到宇宙的矛盾、宇宙的能动结构和宇宙的发展过程及其规律的复杂性，深入地说明了世界图景的许多方面。可以说，它是 17 世纪形而上学在哲学和自然科学中占统治的时期辩证法思想的最高成就，代表着整个辩证法发展史中的一个独特的重要阶段。

莱布尼茨哲学对后人的影响是很大的。它在不久为克利斯提安·沃尔夫所继承，后者把它系统化和浅薄化，建立起了彻头彻尾的神学唯心主义和形而上学的体系，人称莱布尼茨—沃尔夫哲学；曾一度统治了整个德国的哲学讲坛。我们还知道，德国古典哲学诸家，不论是康德、费希特、谢林还是黑格尔，都是很熟悉莱布尼茨的著作，受到过他的唯心主义和辩证思维的熏陶和推动的。如康德曾一度是莱布尼茨—沃尔夫独断主义的信徒；他的关于空间和时间是感性直观的先天形式的观点，沿袭了莱布尼茨否定牛顿所谓的绝对空间和时间，主张"时间或地点的诸部分，就它们本身来看，是理想性的东西"① 这样的观点；他的关于因果性是悟性思维的先天形式的观点，与莱布尼茨把单子或事物之间的联系看作前定和谐的表现的观点，也有着内在的联系。尤其是谢林的包含着丰富的辩证法思想的自然哲学，更是在受到莱布尼茨对世界图景的描绘的启发后成就的。诚然，黑格尔的《哲学史讲演录》表明，黑格尔并没有充分地评价过莱布尼茨唯心主义辩证法的历史功绩，但他直接继承和吸收了谢林关于自然辩证法的探索成果，因而也可以说他是充分地利用了莱布尼茨的唯心主义辩证法思想，包括关于一系列的对立和统一范畴的材料和成果的。概括地说，莱布尼茨哲学为德国古典哲学的产生提供了必要的思想渊源，是德国古典唯心主义尤其是辩证法的思想先驱；没有它，超越英、法两国的哲学体系即自康德以后的德国古典哲学，其形成是难以想象的。

---

① 陈修斋译:《莱布尼茨与克拉克论战书信集》，武汉大学出版社 1983 年版，第 71 页。

第十三章 莱布尼茨唯理论哲学的系统化和浅薄化——沃尔夫哲学

沃尔夫生活在18世纪通常所谓从莱布尼茨到康德期间的"德国启蒙时代",是当时德国市民资产阶级启蒙运动的哲学代言人,西欧大陆有影响的唯理论哲学家和数学家。他在哲学上把莱布尼茨学说系统化,形成了一个学究式的首尾一贯的形而上学体系;其唯理论以独断论的形式出现,并比斯宾诺莎更刻板地按照数学方法陈述哲学。他还十分注重用德语著述著作。黑格尔曾说,"沃尔夫的哲学与莱布尼茨直接联接在一起;因为这种哲学真正说来乃是莱布尼茨哲学的一种系统化,因而也被称为莱布尼茨—沃尔夫哲学"①。整个来说,沃尔夫哲学虽在当时仍有一定的反经院哲学的进步方面,但在理论上则毫无独创和深邃的见解,具有明显的浅薄性质;其出现标志着近代西欧大陆唯理论哲学发展的终结。

沃尔夫小传

克里斯提安·沃尔夫(1679~1754),生于布累斯劳的一个面包师的家庭。年轻时在布累斯劳求学,熟知路德教和加尔文教的独断的神学,亚里士多德主义在他思想上已留有痕迹。1699年就学于耶拿大学神学院,主要兴趣在于数学,曾受到神学家兼数学家欧哈德·维格尔(1625~1699)把数学方法导入哲学的影响。接着又入莱比锡大学

---

① 黑格尔:《哲学史讲演录》第4卷,商务印书馆1978年版,第185页。

学习哲学，研究过笛卡尔、马勒伯朗士以及与莱布尼茨同时代的德国启蒙哲学家普芬多夫（1632~1694）和契尔恩豪森（1651~1708）等的哲学。1703年，沃尔夫以《通论实践哲学》的论文获硕士学位，并受到莱布尼茨的注意。

沃尔夫在莱比锡大学毕业后被留校任大学讲师，讲授数学和哲学。1704年，他开始与莱布尼茨通信，讨论数学和哲学问题，这种通信一直持续到1716年莱布尼茨去世时；他的形而上学原理主要是从莱布尼茨那里引出来的。由于莱布尼茨的推荐，沃尔夫于1707年被任命为哈勒大学数学兼哲学教授；又于1711年被选入柏林科学院。在哈勒期间，他把近代数学引入大学讲授，专门产生了一批广博的和教授法上卓越的教科书。他是第一个明确区分纯科学和应用科学的人。所著《全部数学科学的基础》使莱布尼茨的微积分得到了普遍的应用；对他来说，数学的目的就是为一切其他科学的研究培植理解力和准备思想。接着，他就用德语通俗地撰写著作。在这个期间，他的德语著作主要有《关于人类理智能力的理性思想》（逻辑学，1712）、《关于上帝、世界及人的灵魂的理性思想》（形而上学，1719）、《关于人的行为的理性思想》（道德哲学，1720）、《关于人的社会生活的理性思想》（政治哲学，1721）以及《关于自然的作用的理性思想》（理论物理学，1723）等。

哈勒大学是当时德国基督教正统派和虔信派的中心。1721年，沃尔夫发表了一篇论中国实践哲学的演说，宣扬唯理论观点，以孔子的道德教训为例，证明人的理性凭藉本身能达到道德上的真理；加之，他的声誉和影响日见增长。这就引起了该大学伪善的虔信派神学家们与他发生公开的冲突。虔诚的信仰不能容忍此种理智。特别是神学家朗格（1670~1744）于1723年向黩武国王腓特烈·威廉一世告密，声称：沃尔夫拥护先定和谐学说，否定人的自由意志；这等于说士兵也无自由意志可言，会挑起士兵临阵脱逃，危害国家和宗教。对此国王大怒，便限令沃尔夫于48小时内离开哈勒和普鲁士邦，否则将以绞刑论处。这样，沃尔夫遂于11月23日离开哈勒；他的学生丢游美（1697~1728）和毕尔芬格尔（1693~1750）也和他一起被驱逐出境。

但是，当虔诚的弗兰克（1663~1727）为此兴高采烈，在教堂里跪着向神谢恩时，沃尔夫已应邀在奉行加尔文教的马堡大学任职了；在那里他担任数学和哲学首席教授，潜心地进行教学和科学研究，直到 1740 年。在这期间，他著有《关于自然事物的目的的理性思想》（目的论，1724）、《关于人、动物和植物各部分的用途的理性思想》（生理学，1725）等德语著作。还著有拉丁语著作：《理性哲学或逻辑》（1728）、《第一哲学或本体论》（1729）、《宇宙论概况》（1731）、《经验心理学》（1732）、《理性心理学》（1734）、《自然神学》（1736～1737）、《实践哲学通论》（1738～1739）等。他的学术影响重新高涨起来；同时，荣誉也接踵而至。他曾被伦敦、巴黎、斯德哥尔摩的科学院聘任为院士；曾担任彼得大帝科学顾问（1716～1725），促成了俄国圣彼得堡科学院的建立，被委派为该院副院长；此外，还曾被德国巴伐利亚选帝侯封为男爵。

沃尔夫在马堡大学的学术成就和荣誉引起了柏林当局对他的高度重视。不久，柏林成立了一个专门委员会来鉴定沃尔夫哲学；该委员会宣布沃尔夫哲学对国家和宗教无害，并禁止争论。随即腓特烈·威廉一世向他发出召回书；但沃尔夫踌躇不前。直到 1740 年普鲁士新王腓特烈二世登基后以优礼召回沃尔夫，他才接受召命，于 1741 年重返哈勒大学任法律教授和副校长；并于 1743 年起担任哈勒大学校长，直到 1754 年。1745 年他被封为神圣罗马帝国的男爵。他的拉丁语著作《道德哲学》是在 1750～1753 年间著述的。

沃尔夫一生受到过三次攻击。他第二次受到的攻击为克鲁休斯（1721～1776）等所领导；而最后受到的攻击则为柏林科学院院长、法国数学家和天文学家穆伯杜依（1698～1759）所发动。穆伯杜依提倡法国人的启蒙和牛顿的自然哲学，他把沃尔夫所详细叙述的笨重体系视作中世纪野蛮行为的支流。他曾安排一系列的比赛让人们按照沃尔夫体系中的论题写作论文，这些论题被选择出来以阐明沃尔夫见解的弱点。

经受了这一系列的攻击，沃尔夫在晚年身心已很疲惫。他名过其实，自返回哈勒后所授哲学浅薄、刻板、枯燥，已无复当年对学生的吸引力，其课堂最后竟常常是空空的。他死于 1754 年 4 月 9 日；时年 75 岁。

第一节　系统形式的思辨"形而上学"学说

沃尔夫阐述和表达他的哲学思想，最初是在 1712～1725 年间出版的一套用德语著述的丛书中；而后为了获得国际上的读者，是在 1728～1755 年间出版的一套用拉丁语著述的丛书中。这些著作表明，沃尔夫师承莱布尼茨，其哲学以莱布尼茨哲学为基础，是莱布尼茨哲学的系统化或法式化。

沃尔夫在其著作中把人的精神作用分为"知识的能力"和"意志的能力"两种，相应地他也就把哲学分为属于知识能力的"理论哲学"和属于意志能力的"实践哲学"两大部分。他认为，理论哲学即"形而上学"，包括本体论和理性宇宙论、理性心理学、理性神学等；实践哲学包括自然法、道德学、经济学和政治学等；而逻辑学则是他的整个哲学体系入门的准备学科。黑格尔曾说，沃尔夫在这里"给哲学作了有系统的、适当的分门别类，这种分类直到现代还被大家认为是一种权威"；"这种哲学一般说来应当称为理智哲学，包罗着一切落入知识范围的对象"①。

在沃尔夫哲学中逻辑学是值得注意的。沃尔夫的第一本哲学著作就是他用德语著述的逻辑学《关于人类理智能力的理性思想》。该书在确信人们有一种豁达的、能达到真理的理性能力的前提下，论述了传统形式逻辑中的概念、判断和三段论推理。这是经过沃尔夫系统化和清除了经院作风的理智逻辑；并容纳有大量的心理学。但他在用拉丁语著述的《理性哲学或逻辑》中，则排除了心理学，把逻辑和本体论联系了起来。对他来说，真理是表示关系的，依存于命题的相互关联或排斥；而逻辑就是证明的艺术。沃尔夫断言，逻辑是科学的必要条件。他从把哲学试行通俗论述的哈勒大学哲学家托玛秀斯（1655～1728）对逻辑的贬损中恢复了逻辑的尊严。

在沃尔夫哲学中，理论哲学即"形而上学"是最重要的；它

---

① 黑格尔：《哲学史讲演录》第 4 卷，商务印书馆 1978 年版，第 188～189，187 页。

的"总论"部分是基础部分即本体论(关于存在的本质的学说)。沃尔夫的拉丁语著作《第一哲学或本体论》就是阐述这部分的,这是他主要的哲学著作。该著作强调了"形而上学"的极端重要性,论述了关于"存在"的各种抽象的普遍的哲学范畴或规定,如存在、实体、偶性、现象等等,认为"存在"是惟一的、善的。沃尔夫在这里赋予了亚里士多德主义的本体论概念以一种新的"近代"的秩序,亦即把莱布尼茨的近代思辨"形而上学"与中世纪经院哲学的传统结合起来,加以系统化;并揭示出它们的涵义。他在这里为莱布尼茨的本体论所做的,也就是笛卡尔门徒为笛卡尔的本体论所做的。这是抽象的"形而上学"。

沃尔夫"形而上学"的"各论"部分首先是理性宇宙论。该学说以一切有限事物的总体为研究对象,既包括自然现象,又包括心灵现象,是关于整个世界及其必然特性的先验学问,涉及关于世界的抽象的形而上学命题。沃尔夫在这里忠于莱布尼茨的单子论和神正论。他接受了其关于主体和力的概念,认为世界上存在着没有广延、不能为人们知道的单纯的精神实体,这些实体是具有力的"形而上学的点";通常所谓的物质实体则不同于此种精神实体,它们没有表象的能力,是"现象"。他在说明它们时既否定亚里士多德的隐秘的质的观点,也否定托玛秀斯的万物有灵论,是彻底的机械论者;认为世界是由力学规律所支配而人无法改变的机械系统,即在自然界中没有偶然,只有必然;认为连续性规律是世界的普遍规律,即"在自然界中没有飞跃",只有量变;并研究了世界在时间、空间上的有限和无限以及精神世界中的必然和自由等问题。同时,他不肯定莱布尼茨的世界前定和谐学说是否正确,也拒绝了牛顿的万有引力理论,而主张世界是在上帝把它置于秩序中后才开始机械地运转的,其运动的规律依赖于上帝的任意的命令。此外,他声称,他是第一个区别宇宙学和物理学的人,认为物理学只是关于世界偶然特性的经验学问;他还排斥博物学和自然史。

其次是理性心理学。在沃尔夫那里心理学有两种,即经验心理学和理性心理学。经验心理学以知觉为出发点,是从知觉经验上去研究和说明心灵现象,限于列举并描述知觉所提供的当前事实。他

387

在这方面显然接近于托玛秀斯，即认为知识起源于感觉，认识能力从感觉能力起始；但又与之不同，即缺乏对事实的细节方面的兴趣，曾区分了心灵的两个普遍领域——认识能力和意志，比后者较注重于理论——关于知识的理论和意志的理论，并限制了一般感觉的作用和扩大了理性的作用。换言之，"这种经验主义是极贫乏的"①；虽然它曾激起过 18 世纪一些人们要尽量收集关于精神生活的实验知识的这种倾向。

沃尔夫强调理性心理学与经验心理学不相同，它研究心灵本身的"形而上学"，其目的在于认识灵魂的内在的抽象本性。他在这里把灵魂当作一种"东西"来研究，并自然地提出了如"灵魂所寄居的地方"即空间问题，"灵魂是单纯的还是复合的"问题等。他师从莱布尼茨的单子学说以及关于身体和灵魂的前定和谐学说，明确地认为灵魂即具有表现宇宙和自由意志的能力的非物质实体；从"形而上学"的角度看，它不是"一块白板"，因为一切知识都源自灵魂的活动性。他并企图从理性上证明"灵魂是单纯的"，认为"灵魂与空间有关系"，"灵魂在它不同时间的特定存在里，数目是同一的"等。他尤其强调灵魂是不朽的，理性心理学的目的就在于要证明和"寻求灵魂不灭"。从这里，我们看到，沃尔夫的理性心理学把莱布尼茨的"单子学说还原为旧经院哲学的命题"了；正是由于沃尔夫的这种学说，所谓灵魂的形而上学本质的唯心主义学说在德国开始占据了统治地位。

再次是理性神学或自然神学。沃尔夫还企图以其专门著作《自然神学》来对上帝的存在和特性作出理性的论证和说明。在这个问题上，他最初接受了中世纪正统经院哲学家安瑟伦提出的，在近代得到笛卡尔和斯宾诺莎相继运用的关于上帝存在的本体论证明。这是一种建立在自我意识基础上的关于上帝存在的先天性证明方式。后来，他又接受了中世纪经院哲学集大成者托马斯·阿奎那提出的，在近代得到洛克运用的关于上帝存在的宇宙论证明。这是一种建立在因果观念基础上由一切偶然现象都有其原因的事实，推

---

① 李石岑：《朗格唯物论史》（上卷），中华书局 1941 年版，第 469 页。

出在世界之外必有一绝对存在者存在的关于上帝存在的后天性证明方式。他声称，他的理性神学是和启示相一致的，并不试图去证明任何超越上帝存在的东西。沃尔夫在这里还企图用"量的增加办法"即任意增加上帝特性的数量来表明上帝的无限特性，如说上帝是一个具有永恒、不变、独立、全知、全能、公正、仁慈等等的实体。此外，沃尔夫还同意莱布尼茨的观点，认为上帝创造世界，而现实的世界是一切可能的世界中上帝所选定和构造的最好的世界，它是上帝自由和明智的选择的结果。沃尔夫的理性神学对 18 世纪新教徒的思想有强烈的影响。关于它，费尔巴哈曾揭示其秘密说，"人除了在他身上流露出和表现出的东西外，不可能假定、猜想、设想、思谋有另一精神实质、另一理性。他只能使理性超出自己个体性的范围。与有限精神不同的'无限精神'不是别的，正是超出个体性和实体性范围的理性……"①

　　以上即是沃尔夫"形而上学"的基本内容。我们看到，康德在《纯粹理性批判》中在批判沃尔夫哲学时曾揭示过唯理论哲学思辨"形而上学"的对象和构造，称"思维的主体是心理学的对象，一切现象的总和（世界）是宇宙论的对象，而包含我们所能思维的一切东西的最高存在条件的事物（一切本质的本质）则为神学的对象。因而纯粹理性将提供理性心理学、理性宇宙论，以及先验神学的观念"②。其实，早在柏拉图的时代，这种唯理论的"形而上学"就已经开始有了。到近代，在莱布尼茨学说中它获得了进一步的发展。但是在莱布尼茨那里，它并未成为一个严整的首尾一贯的体系。据上所述，应当说，把"形而上学"系统化的任务是由沃尔夫担当起来的。是他，对哲学作了适当的分门别类，"把全部知识都纳入一个学究式的系统形式"，精心构建，使 17 世纪思辨"形而上学"发展成为一个井然有序的严整体系。这是师从莱布尼茨的沃尔夫哲学之与莱布尼茨哲学的主要区别所在。

---

① 转引自卡拉毕契扬：《康德哲学的批判分析》，商务印书馆 1963 年版，第 306 页。

② 康德：《纯粹理性批判》，三联书店 1957 年版，第 265 页。

第二节 "独断论"形式的唯理论思想

沃尔夫的"形而上学"体系以上帝、灵魂和世界为对象，是研究各种超自然、超经验事物的学说。我们看到，这一学说乃以唯心主义唯理论为基础，即是用理性的观点来把握理性的对象，通过理性的方法陈述出来的。

在沃尔夫看来，人的思维规定、范畴（如存在、因果性、必然性等）也就是事物本身的基本规定；人的思维规律（如形式逻辑的同一律、矛盾律、排中律等）也就是事物本身的基本规律。由此出发，他就断言人们无需感觉经验，单凭理性思维就可以认识上帝、灵魂和世界等，解决"形而上学"的根本问题；就可以获得具有普遍性和必然性的知识，建立起绝对真理的体系；上帝还保证这种知识的客观有效性。沃尔夫是很推崇自然理性的。他在强调思辨哲学理性的价值方面，可以说是大大超过了传统的德国哲学学派对它所规定的界限。这种对理性的强调导致了他对理论哲学的注重，使他比莱布尼茨更强调逻辑和"形而上学"，更注重运用理性来建立自己的"形而上学"体系。其实，沃尔夫的实践哲学如道德哲学也是纯粹理性的。如他曾宣称，善是增加我们完美性的东西，恶是减少我们完美性的东西；完美性是一种客观的"形而上学"概念。所以道德法不依赖于神的意志；它能够独立于基督教的启示，为自然理性所发现。

但是，按照黑格尔的说法，"通过思维首先产生出来的哲学派别是形而上学的派别，思维理智的派别"①。康德以前的"形而上学"就是这样的"知性思维的派别"。而其中，如果说，笛卡尔、斯宾诺莎和莱布尼茨等唯理论者在运用理性来建立"形而上学"学说时，力图用抽象的、片面的、孤立的思维规定、范畴来说明上帝、灵魂和世界等"形而上学"的研究对象，那么，沃尔夫在这方面就显得更为极端和突出。如沃尔夫的本体论即关于"存在"

---

① 黑格尔：《哲学史讲演录》第 4 卷，商务印书馆 1978 年版，第 61 页。

的本质的学说，涉及到存在、实体、偶性、因果性、现象等关于"存在"的各种规定、范畴。但他在这里只是把这些规定、范畴"经验地和偶然地漫无次序地列举出来"，孤立地、抽象地使用这些规定、范畴来说明"存在"的内容，根本不懂得"概念是具体的概念自身，甚至每一个规定性，本质上一般都是许多不同规定的统一体"。黑格尔对此曾指出，"这部门的形而上学只能寻求经验的完备性，和符合语言习惯的字面分析的正确性，而没有考虑到这些规定自在自为的真理性和必然性"①。也正是基于这点，他称沃尔夫的本体论是"关于本质的抽象规定的学说"。

又，沃尔夫的理性宇宙论即关于整个世界的普遍学说，涉及偶然性和必然性、致动因和目的因、本质和现象、形式和质料、质变和量变以及自由和必然、善和恶等规定、范畴。但他在这里同样专用抽象的思维的规定去说明世界，如认为在自然中没有偶然，只有必然，"自然现象受必然律支配"；在人类精神中则只有自由，没有必然，精神现象受自由律支配。黑格尔曾指出，沃尔夫的"宇宙论并不把它的对象看成是一个具体的全体，而只是按照抽象的规定去看对象。因此它只研究这类的问题，例如，究竟是偶然性抑或必然性支配这世界？这世界是永恒的抑或是被创造的？这种宇宙论的主要兴趣只在于揭示出所谓普遍的宇宙规律，例如说，自然界中没有飞跃"②。

此外，沃尔夫的理性心理学即研究灵魂的形而上学本性的学说，涉及灵魂是单纯的还是复合的，多样的还是同一的等问题。但他在这里仍专用"抽象思维的规定"去说明灵魂本身，如说"灵魂是单纯的"，"灵魂在它不同时间的特定存在里，数目是同一的"等等；又，根据这点，他才作出灵魂是不灭的结论，"因为灵魂的不灭是被认为以灵魂的单纯性为条件的"。黑格尔对此曾指出，沃尔夫"把精神无过程的内在性和它的外在性截然分开"即脱离对"灵魂的外化现象"的经验来孤立地考察灵魂的内在本性了；事实

---

① 黑格尔：《小逻辑》，商务印书馆1980年版，第102页。
② 黑格尔：《小逻辑》，商务印书馆1980年版，第104～105页。

上灵魂是一内容丰富的多样性统一的整体，"抽象的单纯性这一规定和复合性一样，都不符合灵魂的本质"①。

还有，沃尔夫的理性神学即研究上帝存在的证明和上帝特性的学说，涉及有限和无限等范畴。但他在这里也是"按照知性的观点"，单从有限的有条件的多样性的东西来推论出无限的无条件的统一的东西即上帝的存在；用有限的特性来说明上帝的无限的特性，如说上帝具有公正、仁慈、威力、智慧等等特性。黑格尔曾指出，沃尔夫的理性神学"不是探讨上帝的理性科学，而只是知性科学，其思维仅仅活动于抽象的思想规定之中"。他从有限的有条件的东西中寻求无限的绝对的东西存在的根据，这是"本末倒置"；他所论述的上帝概念只是纯粹的肯定方面，而排斥了否定方面，这样了解的上帝不是真实的。须知，"纯粹的光明就是纯粹的黑暗"②。

总之，沃尔夫用理性构建"形而上学"，其唯理论的显著特点就在于"以抽象的有限的知性规定去把握理性的对象"。它面对着如必然和偶然、单纯和复合、有限和无限等种种按其原意是对立统一的范畴，却固执地"将抽象的同一性视作最高原则"，认为其一必真，另一必错，从而或把前者当作最真实，或把后者当作最真实，非此即彼。这种形式的理性思维就是"独断论"。独断论此概念原本是与怀疑论相对立而言的。古代的怀疑论把一切具有确定观点的哲学都视为独断论。但在这里，独断论这个概念乃就固执于"非此即彼"的思维方式这种涵义说的。沃尔夫"把理智形而上学的独断主义捧成了普遍的基调"，用一些孤立的、片面的、抽象的思维规定或范畴来把握上帝、灵魂和世界，如说"上帝是存在的"、"灵魂是单纯的"、"世界是必然的"等等。然而，固执于这种思维方式是不能得到对于一个对象的真知、无法穷尽对象的意义的。因为理性的对象其本身乃是多样性的统一。因此，沃尔夫的"形而上学"是不客观的。黑格尔对此曾批评说，"哲学属于思想

---

① 黑格尔：《小逻辑》，商务印书馆 1980 年版，第 103 页。
② 黑格尔：《小逻辑》，商务印书馆 1980 年版，第 107、108 页。

的领域，因而从事研究的是共性，它的内容是抽象的，但只是就形式、就表面说才如此，而理念自身本质上是具体的，是不同的规定之统一。就在这里，便可看出理性知识与单纯理智知识的区别；而哲学的任务与理智相反，是在于指出：真理、理念不是由空洞的普遍所构成的，而乃包含在一种普遍里，这种普遍自身就是特殊，自身就是有决定性的。如果真理是抽象的，则它就是不真的"①。正是基于主要是沃尔夫"形而上学"所采用的思维方式的缺点，后来恩格斯便将近代由培根和洛克把当时自然科学的方法引入哲学思维中所形成的孤立的片面的抽象看问题的方法叫做形而上学的思想方法或形而上学的思维方式。恩格斯的这种提法与旧"形而上学"所采用的方法乃有着内在的历史联系。这就是说，沃尔夫的唯理论思想乃以独断论为特征，是以独断论的形式表现出来的。在这里，沃尔夫乃略改师说。按照莱布尼茨，所有原则除了依据矛盾律或同一律外，还由充足理由律推演出来；这多少表明他对实际的重视。沃尔夫也承认这个观点，但他还进一步认为同一性原则是一切知识和一切要素的基础，充足理由律由同一律推演而来。他把推理的真理看作惟一最高的真理，从而使哲学方法完全形而上学化了。他在这方面比莱布尼茨更极端。

与此相联系，沃尔夫还把理性思维设定为数学推演。这是他的唯理论思想的重要方面。沃尔夫反对托玛秀斯学派的经验的无顺序的精神，也不满足于亚里士多德的"形而上学"，在他看来，后者似乎只是一堆缺乏连贯秩序或证明的辩护理由的分散观念的汇集。他推崇数学方法，把数学方法严格地运用于哲学，以达到一切范围的知识。他的"形而上学"体系就是按照几何学模式，根据自明的原理，通过下定义，从简单推到复杂而陈述出来的。例如，他把哲学定义为"一切可能的事物，就它们是可能的来说的科学"，强调哲学研究本质以及就其本质而言的存在的事物，而不是研究现成的事物；并从此出发推论出各种理智规定和命题，对它们一一作出证明；还把哲学划分成一些呆板形式的学科，并确立了这些学科在

---

① 黑格尔：《哲学史讲演录》第 1 卷，三联书店 1956 年版，第 29 页。

他的体系中的地位，从而构造成他的复杂的演绎的"形而上学"体系。可以说，其中每个概念都是凭靠先前所给予的概念下定义而成，每个命题都是从先前所给予的命题推论而来，整个体系就是这些抽象命题及其证明的混合物。沃尔夫"形而上学"的陈述方法是和斯宾诺莎一样的，甚至比斯宾诺莎更刻板和繁琐。在斯宾诺莎那里，这种数学方法被运用于惟一的实体以及样式和属性，尚具有深刻的思辨性质；在沃尔夫那里，这种数学方法还被运用于一切纯属经验的、内容浅近和属于普遍常识的范围。例如，他曾这样不厌其烦地陈述关于"敌人向要塞走得越近，就必定越难靠拢要塞"的战术条规："证明。敌人向要塞走得越近，危险就越大。而危险越大，人们就必定越能抵抗他，使他的进攻粉碎，摆脱自己的危险，这是非常可能的。因此，敌人向要塞走得越近，就必定越难靠拢要塞。证讫。"沃尔夫在这里的陈述具有更学究式的外观；他不懂得几何学方法远不是惟一的、普遍的认识方法。实际上在当时"由于人们本能地直接意识到了这样一些应用几何学方法的实例太愚蠢，这种方法已经不时兴了"①。

　　沃尔夫用孤立的片面的抽象的思维规定、范畴来把握各种理性的对象，用刻板的数学方法来陈述一切范围的知识，这是他的唯理论思想的主要表现；也蕴涵着他和莱布尼茨唯理论思想的不同之处。

第三节　沃尔夫哲学的两重性和历史地位

　　如前所述，沃尔夫是莱布尼茨哲学的直接继承者。他的哲学本身并无新颖独创的见解，其主要原理几乎都从莱布尼茨唯理论哲学导出。其内容和特征乃在于为提供 17 世纪思辨"形而上学"的完整结构，力图排除莱布尼茨哲学中的不一贯或矛盾之处，把莱布尼茨"形而上学"纳入系统的形式；并用孤立的片面的抽象的思维

---

　　① 引自黑格尔：《哲学史讲演录》第 4 卷，商务印书馆 1978 年版，第 191、192 页。

范畴来说明"形而上学"的对象上帝、灵魂和世界，和用斯宾诺莎的数学方法来陈述"形而上学"。按照沃尔夫的看法，真正的科学应当有自己的体系的阐述；在德国，他就是认为必须使"形而上学"具有科学性质和严整体系的第一个人。他铺下了德国人系统地研究哲学的地盘；后来德国古典哲学的代表人物都严格地遵循这个观点，重视哲学的体系化。

沃尔夫还是第一个使莱布尼茨哲学成为德意志民族的哲学的人。众所周知，莱布尼茨的哲学著作绝大多数是用欧洲通行的拉丁文或法文书写的。而沃尔夫对莱布尼茨哲学作系统论述的著作则大部分是用其祖国的语言——德语书写的。其间他奠定了德语的哲学词汇学。这就促使莱布尼茨哲学在德国获得了广泛的传播，成为德国的公共财产。沃尔夫还最早把欧洲近代自然科学的发展用德语发表，虽然他不同意牛顿的万有引力理论。黑格尔对此曾说，"只有当一个民族用自己的语言掌握了一门科学的时候，我们才能说这门科学属于这个民族了；这一点，对于哲学来说最有必要"①。毕竟祖国的语言对于人们表达和理解一种哲学是最直接的。在当时，用德语书写哲学的，也还有与莱布尼茨同时代的德国启蒙哲学家托玛秀斯和契尔恩豪森，他们也分担了这种贡献。

正是基于上述对莱布尼茨哲学的系统化和广泛传播，沃尔夫哲学才形成为一个学派；他的一位学生毕尔芬格尔把这种哲学叫做"莱布尼茨—沃尔夫哲学"。当然，这一名称不尽精确；它多少忽略了沃尔夫与莱布尼茨的不同之点。实际上，沃尔夫对莱布尼茨哲学的解释还有偏向于笛卡尔的方面，他不仅把斯宾诺莎的方法和莱布尼茨哲学结合起来，也还把笛卡尔的一些原则和这种哲学结合起来。

沃尔夫哲学和前此的西欧大陆唯理论哲学一样，蕴涵有两重性。首先，如前所述，沃尔夫一方面曾深受近代笛卡尔、斯宾诺莎和莱布尼茨哲学的影响，在宇宙学上是一个严格的彻底的机械论者，明确地主张物体是机器，有生命的物体也是机器，世界按机械

---

① 黑格尔：《哲学史讲演录》第 4 卷，商务印书馆 1978 年版，第 187 页。

的力学规律必然运转，并可通过数学计算和逻辑推导作严格的描述；但另一方面，他又接受了他所处时代在德国和英国流行的目的论的理论，认为世界不可能机械地被创造，它只是在上帝把它置于秩序中后才能开始机械地运动，运动的规律依赖于上帝的安排和命令。对他来说，整个世界和诸物体的构造都旨在实现上帝的智慧和目的。这说明，沃尔夫哲学具有调和机械论和目的论的企图。众所周知，莱布尼茨在世界动因问题上曾力图把"动力因的解释"和"目的因的解释"调和起来，认为一切事物都有动力因和目的因；目的因是本质、基础，动力因是现象，从属于目的因；整个自然界最后都要从属于上帝的目的。如他说过，"物体的自然力量全都服从机械规律；而心灵的自然力量全都服从道德规律。前者遵循致动因的秩序；而后者遵循目的因的秩序。前者没有自由地行事，像钟表那样；后者则是有自由地施行，虽然它们严格地和这样一种钟表相一致，另一种最高的自由因已事先使这钟表和它们相一致"①。在这一点上，可以说沃尔夫的观点乃是他为避免他的对手们针对他的宿命论观点的攻击而继承莱布尼茨这种调和倾向的结果。

其次，沃尔夫还在认识论上具有调和唯理论和经验论的倾向。沃尔夫的"形而上学"强调用理性思维把握对象和用数学方法陈述知识，这表明他是一个唯理论者；但他并不完全忽视经验的作用。如他作为唯理论的心理学者认为自己建立的是关于灵魂的纯粹唯理论科学；可是这一学说乃以对灵魂能力进行分类为根据。这一分类表是："Ⅰ. 认识能力：（1）低级活动：肉体的感觉，想象，创造能力，记忆（遗忘和回忆）。（2）高级能力：注意和思索，悟性。Ⅱ. 愿望能力：（1）低级活动：愿意和不愿意、感性的欲望和生理的嫌恶，激情。（2）高级能力：欲望和不欲，意志自由。"在这里，认识能力显然是从"低级官能"、感觉能力开始的。这就是说，实际上他总是在用感觉、心理活动的事实来规定灵魂实体，以经验论的心理学为基础的。关于这点，冯特曾说过，"沃尔夫在

① 陈修斋译：《莱布尼茨与克拉克论战书信集》，武汉大学出版社 1983 年版，第 102 页。

自己的经验论心理学中，企图只从基本的表象力中引导出各种能力，而他的唯理论心理学大部分都是研究这个问题的"①。此外，沃尔夫在谈论物理学和宇宙学的区别时，认为物理学是关于世界的偶然特性的经验学问，并提倡研究者坚持观察和实验，否弃对关于感觉不到的事物的未知原理的抽象假设。这也是他企图调和唯理论和经验论倾向的表现。当然，这并不排斥在他的"形而上学"中唯理论是绝对的基本的方面。总之，上述诸种调和倾向表明，沃尔夫哲学依然具有折中的两重性质。

在近代哲学中，沃尔夫哲学具有特殊的历史地位。沃尔夫自年轻时起深受基督教新教和天主教的经院哲学的影响，他的哲学就是莱布尼茨和笛卡尔的"形而上学"与繁琐的旧经院哲学传统的结合；但他的唯理论思想表明，他虽把理性思维理解或归结为"知性思维"，毕竟是在强调惟有凭靠理性思维才能把握"形而上学"的对象，从而用理性思维取代了宗教信仰，排除了经院式的亚里士多德主义。在他那里，近代西欧大陆唯理论哲学中具有的理性启蒙精神并未消失。他一度曾遭到虔信派的攻击，被冠之以"无神论者"的罪名，勒令离境，其主要原因即在于此。

但是，另一方面，从近代西欧大陆唯理论哲学的发展看，沃尔夫哲学不仅把莱布尼茨哲学系统化，而且把它浅薄化了。首先，沃尔夫的"形而上学"与灵魂不朽的观点，甚至还与浅薄的目的论观点相联系。关于这点，恩格斯曾指出，"这一时期的自然科学所达到的最高的普遍的思想，是关于自然界安排的合目的性的思想，是浅薄的沃尔夫式的目的论，根据这种理论，猫被创造出来是为了吃老鼠，老鼠被创造出来是为了给猫吃，而整个自然界被创造出来是为了证明造物主的智慧"②。实际上，如果一般关于事物的概念或由存在的事实所提供的关于上帝存在的证明在自然科学面前都不能成立，那剩下来的惟有尝试着采取另一种手段，就是看关于现今

---

① 见冯特：《生理心理学的基础》；转引自卡拉毕契扬：《康德哲学的批判分析》，商务印书馆 1963 年版，第 228 页。

② 《马克思恩格斯选集》第 3 卷，人民出版社 1972 年版，第 449 页。

世界的所有事物及其属性和秩序的经验，能否提供一种证据，帮助我们回到关于存在着最高实体的信念中去。换言之，沃尔夫目的论的出现乃是合乎思辨"形而上学"本身逻辑发展的需要的；从一定意义上说，这也是沃尔夫继承和膨胀莱布尼茨前定和谐学说的必然结果。这样，如果说，在 17 世纪"形而上学"尚具有积极的、世俗的内容；那么，到 18 世纪，"形而上学的全部财富只剩下想象的本质和神灵的事物了"①。这是沃尔夫"形而上学"体系浅薄性质的重要表现。

其次，沃尔夫虽然师从莱布尼茨哲学，但他也还是对它作了一定程度的改造。如他的"形而上学"不承认单子所具有的力就是知觉力；他在谈论莱布尼茨的前定和谐学说时也仅限于身心关系而不涉及宇宙万物之间的关系等等。这里，特别要指出的是，他的"形而上学"把莱布尼茨哲学中富有探索精神的积极的辩证法因素都抛弃了。如前所述，莱布尼茨哲学曾涉及关于同一性和差别性、间断性和连续性、主动者和被动者、量变和质变、个别和一般、有限和无限、可能性和现实性以及自由和必然、善和恶等等一系列成对的范畴，他对它们的解释在不同程度上都蕴涵有"亦此亦彼"的对立统一的因素；而沃尔夫则对它们都作了"非此即彼"的理解和解释。在他那里，莱布尼茨哲学中所表露出来的辩证法因素是看不到的。朗格对此曾说过，"莱布尼茨是在散乱的形式上偶然发表他的深邃思想；但在沃尔夫，一切都成了体系与法式。思想的锐锋失去了"②。这是沃尔夫哲学的极端浅薄的性质的又一表现。沃尔夫对莱布尼茨哲学的种种浅薄化表明，他的哲学作为莱布尼茨哲学的直接继续，已片面发展成为纯粹的唯心主义和形而上学体系，是十足的"假学问"了。可以说，他的哲学更多地体现了那个时期德国市民资产阶级特性的软弱和保守的方面。

沃尔夫哲学在德国以至西欧大陆都有深远的影响。在康德哲学问世之前，他的哲学一直成为在德国各大学讲坛上有直接影响的官

---

① 《马克思恩格斯全集》第 2 卷，人民出版社 1957 年版，第 162 页。

② 李石岑：《朗格唯物论史》（上卷），中华书局 1941 年版，第 468 页。

方哲学；他的著作被当作"教科书"使用。在当时，美学家鲍姆加滕（1714～1762）和苏尔兹尔（1720～1779）、神学家莱马尔斯（1694～1768）、认识论者蓝谟伯特（1728～1777）以及美爱尔（1718～1777）、门德尔松（1729～1786）等都是"莱布尼茨—沃尔夫哲学"的信徒。康德在哥尼斯堡大学求学期间也曾是沃尔夫主义者。此外，法国在18世纪40年代也曾出现过不少信奉沃尔夫唯理论的人；在西班牙和意大利，沃尔夫的著作甚至受到许多天主教哲学家的欢迎。诚然，沃尔夫所倡导的唯心主义和形而上学的思维模式一直延续到黑格尔时代，才受到沉重的打击；但沃尔夫哲学作为学派则在他死后，在"通俗哲学"的冲击和虔信教派思想的复活下，不久就瓦解了。沃尔夫哲学在18世纪的出现和瓦解宣告了和标志着近代西欧大陆唯理论哲学发展的终结，正如休谟哲学是近代英国经验论哲学发展的终结一样。

第十四章　英国经验论哲学由唯物主义向唯心主义的转变——贝克莱哲学

　　贝克莱生活在英国 1688 年"光荣革命"之后、英国资产阶级作为统治阶级"微末的"一部分致力于确立资本主义制度和着手利用宗教加强思想统治的时期，是 18 世纪初英国著名的哲学家和神学家。他很注重认识论的研究，在与经院哲学和大陆唯理论的对立中继承英国哲学的经验主义传统；但又与培根、霍布斯和洛克等哲学不同，看到了它们的弱点，进而反对唯物主义，主张唯心主义的经验论。一般认为，他是欧洲近代哲学中主观唯心主义的创始人和最大代表；认真考察，又可以说，他的哲学以上帝的存在为出发点和归宿点，具有客观唯心主义的倾向。马克思曾称："贝克莱主教是英国哲学中神秘唯心主义的代表。"① 在近代哲学的历史发展中，贝克莱哲学乃是英国经验论哲学由唯物主义向唯心主义转变的实现环节；在它之后是休谟的怀疑论哲学。

贝克莱小传

　　乔治·贝克莱（1685～1753），生于爱尔兰基尔肯尼郡。父亲威廉·贝克莱原籍英格兰，后移居爱尔兰，是一个兼任税吏的乡村绅

---

　　① 《马克思恩格斯全集》第 13 卷，人民出版社 1962 年版，第 69 页。

士；母亲是爱尔兰人，都柏林一个酿酒商的女儿。少年时在爱尔兰著名的伊顿公学读书；1700 年中学毕业后入爱尔兰首府都柏林三一学院学习。贝克莱在学院期间聪慧好学，曾花过大量时间研究神学；并学习了希腊语、犹太语、拉丁语和法语，阅读了古希腊罗马的著作，钻研了培根、霍布斯、笛卡尔、斯宾诺莎特别是洛克的哲学。此外，还涉猎了数学、光学和牛顿的《自然哲学的数学原理》。该学院素有"爱尔兰的牛津大学"之称，思想自由活跃：一方面，洛克的《人类理解论》在学院内广泛流传，如贝克莱和同学塞缪尔·莫利纽克斯曾一起组织过社团，研讨洛克新哲学的内容和矛盾；另一方面，国教会反对自然神论的争论十分激烈，院长彼得·布朗曾专门著文号召大家起来反驳托兰德。这种环境对贝克莱后来思想的发展深有影响。

1704 年，贝克莱大学毕业，获文学学士学位。1707 年，他经过继续深造和严格考试又获文学硕士学位；同年当选为都柏林三一学院的初级研究员，并先后任图书馆管理员、希腊语讲师、副学监等。他的家境原不富裕，这些工作则为他从事学术研究争得了条件。从那时起，他开始了一生中重要的著述时期。

从 1707 到 1708 年，贝克莱曾写有后来于 1944 年经都柏林大学的卢斯教授考证、阐释定名为《哲学论稿》的两本笔记。该论稿由 888 条简明的论题组成，其中有他对培根、霍布斯、牛顿、洛克、笛卡尔、斯宾诺莎和马勒伯朗士的学说的评论，有他一年多来对哲学问题的思考；是他整个哲学论著的准备和引论。他后来提出的哲学基本原则和思想在这里已有萌芽。1709 年春，贝克莱出版了《视觉新论》，这是他第一部公开发表的著作。当时，由于光学镜片如眼镜、放大镜、显微镜、望远镜等纷纷出现，牛顿的《光学》著作也已问世，社会上对光和视觉问题的研究成为热门，而贝克莱从生理心理学的角度对这个问题的说明又有一定的合理方面，所以，他的著作受到读者的欢迎。但他在视觉和视觉对象的关系问题上却作出了视觉对象是在观察者心中并随主体的变化而变化的结论，表达了他的主观唯心主义的"一般"哲学观点。1710 年 5 月，贝克莱又出版了《人类知识原理》一书。这是他阐述其神秘唯心主义的最重要的认识论著作。该书笔调秀美，论述清晰，但其结论荒谬，在当时受到学术界的冷漠和笑谈。

1710 年贝克莱受命任爱尔兰国教会牧师的圣职，曾多次讲道，鼓吹对英国最高权力的忠顺是人们"自然的或道德的义务"；这些演说后经汇集整理出版，题为《论消极服从》。1713 年，他渡海到了英格兰，在那里又出版了《海拉和菲伦诺对话三篇》。该书以对话和论辩的方式通俗地宣传和捍卫了《人类知识原理》中的观点。上述这些著作是贝克莱一生中的主要著作。我们看到，这些著作有着共同的哲学主题和内在的逻辑联系，都是在他十分年轻时即 28 岁前书写成的；在这之后，他的著作就没那么重要了。

从 1713 到 1721 年，是贝克莱的游历时期。他曾两度游历欧洲大陆。第一次，他由英国讽刺作家、《格利佛游记》的作者斯威夫特推荐，随从彼得巴勒爵士出使西西里，游历了法国巴黎和意大利里窝那等地，于 1714 年 8 月返英；在巴黎时他专程拜访了马勒伯朗士。第二次，他于 1716 年伴同圣乔治·阿希主教的儿子再度游历罗马、那不勒斯、西西里等地，于 1720 年返英；在归途中他写了法国皇家科学院应征论文《论运动》，后未中选。此外，1721 年，他还就南海投资风潮所暴露出的资产阶级金钱至上的现象发表了一篇道德论文《论如何防止大英帝国的毁灭》；并于 9 月重返离别了 8 年的爱尔兰都柏林三一学院，就任高级研究员，获神学博士学位。

1724 年 5 月，贝克莱被任命为北爱尔兰德利教区的副主教，薪俸优厚。从那时起，他开始筹划在英属美洲的百慕大群岛创办一所学院，拟吸收殖民者及当地印第安人的子女入学，传授基督教教义、数学、艺术和科学，培养英国教会在殖民地的传教士。他的计划获英王的支持，他本人被任命为院长；在经费方面，除征得私人捐款 5000 英镑外，还获得议院拨款 40000 英镑。贝克莱力图把其哲学理论付诸实践，并于 1728 年 9 月偕同新婚妻子安妮（爱尔兰一位高等法官的女儿）横渡大西洋赴北美罗得岛新港筹建学院。在等待议院拨款的 3 年期间，他结交了当地许多知识名流，向当地居民宣传了基督教教义和他的唯心主义哲学主张。后由于拨款落空，他不得不放弃"百慕大计划"，并把既有的土地、房屋和藏书赠给了哈佛大学和耶鲁大学，于 1731 年 9 月返英。为提出和实施该计划，贝克莱前后共花了近 10 年时间。

　　贝克莱在晚年期间还陆续发表过一些哲学、数学和经济学方面的著作。如，1732 年有《阿尔西弗朗或渺小的哲学家》，这是一部反对自然神论的哲学对话录。1733 年有《视觉论辩释》。该书概括地解释了他的视觉理论及其与他的哲学原则的一致性。1734～1735 年有《分析学家》、《为数学中的自由思想申辩》，它们指出了牛顿在使用无穷小量概念时存在的矛盾。1734 年 5 月，贝克莱升任南爱尔兰克罗因教区主教。一年后，他陆续分卷出版过《提问者》一书，涉及到信用、需求、工业、银行、流通等一系列经济学问题，主张劳动是财富的源泉，反对重商主义等。贝克莱在这时的经济学观点乃是亚当·斯密经济学说的先驱。1744 年春，他又出版了《西里斯》（简称《链》）。该书是关于焦油水的哲学反省，表现出对新柏拉图主义的倾倒，半年内出版 6 次，流传甚广；在其影响下，焦油水竟风靡全国。在贝克莱的晚年著作中，该书和《阿尔西弗朗》算是较大的两部书；它们都具有浓厚的宗教和神秘主义的色彩。

　　1751 年，贝克莱在丧子亡友的严重打击下，健康每况愈下。他决定辞去宗教职务，终未获准；英王乔治第二宣称，贝克莱可到他愿去的地方生活，他至死都应是一主教。但在 1752 年，他还是隐退了，并和妻子移居牛津。在这里，他在出版了最后一部著作《杂论集》后，于 1753 年 1 月 14 日坐在卧室的躺椅上突然死去；死时安详平静，时年 68 岁。

第一节　以否定抽象观念为特征的知识起源学说

　　近代哲学家自 17 世纪以来十分注重探讨认识论问题，贝克莱也不例外。他的主要著作就叫《人类知识原理》。在这一著作中，他有大量篇幅谈论了知识的起源问题。如他说过，"自然哲学和数学是思辨科学中的两大部分"，它们包括物理、力学、化学、医学等等，"所研究的是由感官得来的各种观念及其关系"①。他还说道，"我们因为经验到人心中有连续不断的各种观念，因此，我们

---

　　①　贝克莱：《人类知识原理》，商务印书馆 1958 年版，第 64 页。

可以常常根据此种经验对于将来经过一系列行动以后所要刺激我们的那些观念，形成一些确定的、有根据的预言（并非不确定的猜想），并可以正确地判断，我们将来所处的情况如果同现在不一样时，会有什么东西呈现于我们面前。我们对自然所有的知识就是由此成立的"①。贝克莱在这部分知识的起源问题上乃继承着英国经验论的传统，从洛克的经验论出发，主张知识起源于感觉、经验而反对知识起源于理性的观点。他明确地认为，知识是探求真理的，在探求真理的过程中"我们只要稍一离开感官和本能，依着较高原则的标准，来推论、来思维、来反省事物的本性，则我们对以前似乎完全了解的那些事情，到现在就会发生千百种疑问了"。在这里，他特别指出，在几乎一切知识部门中引起困难和错误的原因乃在于人们以为"人心对各种事物有形成抽象观念的能力"，这些抽象观念"就是所谓逻辑和哲学等科学的对象；而且也就是人们所谓最抽象最崇高的那些学问的对象"②。可以说，否定抽象观念的存在及其在认识中的作用，乃是贝克莱的知识起源学说之区别于洛克的显著特征。

我们知道，洛克在《人类理解论》中虽然详尽地论证了培根和霍布斯的知识起源于经验的基本原则，但他毕竟承认人们具有形成抽象观念的能力，并把它看作人与动物的根本不同之点。如他认为，事物的诸性质互相联系而不能各自独立存在，但人心能把其某种性质与其他性质分开，单独地加以考察而构成抽象观念。例如，对于一个有广袤、颜色和能运动的对象，人心可以单独地考察其一种性质而构成"广袤"或"颜色"或"运动"等抽象观念。人心又能从感官所知觉的各种特殊的广袤（或颜色或运动）中略掉其特殊成分，概括出其一般的共同的方面，构成抽象的广袤（或颜色或运动）观念。例如，广袤观念就是既非线，也非面、非体的一个抽象观念。此外，人心还能获得较复杂事物的含有多种共存性质的抽象观念。例如，从彼得、詹姆士和约翰中分离和除去每个人

①　贝克莱：《人类知识原理》，商务印书馆1958年版，第44～45页。
②　贝克莱：《人类知识原理》，商务印书馆1958年版，第1、3页。

所特有的成分，保留他们所共有的成分，就得到抽象的人的观念，这一抽象观念乃由肤色、身高等等性质组合而成。不过，洛克又认为，通过抽象观念我们不能认识事物的"实在本质"，因为人"根本没有达到这种知识的官能"①；而只能达到事物的"名义本质"。名义本质"不属于事物的实在存在"，"只是理智所做的发明和产物"，是脱离个别的"人为的构造"；因为真实存在的只是个别。换言之，在洛克那里，真实存在的本质不能被认识，能认识的本质又不属真实存在。这样，谈论表达名义本质的抽象观念，用它们来组成知识，也就成为荒谬而无意义的了。贝克莱在研究中看到了洛克的这种矛盾。基于这点，他在继承洛克经验论时便要花力气从根本上来否定其关于抽象观念的观点。

贝克莱指出，"我们所存想为分离的各种事物只限于那些实际能分开存在的（或被知觉为分开存在的）各种对象"。如大脑和身躯虽联合在一个物体中，却可以各自独立存在，在这种情况下，我们可以脱离身躯来设想大脑。但"各种性质如果不能单独存在，则我便不能把它们分别开来加以存想"②。他尤其指出，我们不能离开特殊事物来构成一个抽象的概括观念。"不论我所想象的手或眼是什么样的，它一定不能没有一种特殊的形相或颜色。同样，我给自己所形成的人的观念，不是白的，就是黑的，要不就是黄褐色的；它不是屈的，就是直的，不是高的，就是矮的，或者就是中等身材。""离开运动着的物体，我也一样不能构成一个非快、非慢、非曲线、非直线的抽象运动观念。至于其他任何抽象的概括观念，也都可以如此说。"③ 贝克莱否定抽象观念存在的观点是很明确的。

当然，贝克莱并不否认词或普遍概念的存在。但是他所谓的词或普遍概念并非是作为抽象的概括概念的标记而存在，如洛克认为的那样；仅作为许多相似的同类的特殊观念的标记而存在。例如，他认为，"三角形三内角之和等于两直角"这个普遍命题所提示于

---

① 洛克：《人类理解论》，商务印书馆 1959 年版，第 286 页。
② 贝克莱：《人类知识原理》，商务印书馆 1958 年版，第 20、5 页。
③ 贝克莱：《人类知识原理》，商务印书馆 1958 年版，第 5 页。

我们心中的,并非是没有任何确定的边长和角度的抽象的三角形观念;它只是说,我思考的三角形不论是等边或不等边的,锐角或钝角的,上述命题都是真的。在这里,三角形这个名称本身是特殊的;作为标记,它可以标志一切其他同类的个别的三角形,就这个意义上说,它是普遍的。"我所考究的那个特殊三角形,不论种类如何,都一样可以代表一切直线三角形,而且在那种意义下,它才可以说是普遍的。"① 而它之所以能适用于同类的个别的三角形观念,只是因为在那个解证中,我们完全不涉及具体的边长或角度。因此,贝克莱认为,使用这样的普遍概念不等于就证明有抽象观念,如"非钝角,非直角,非等边,非等腰,非不等边,而同时是俱是而又俱非的"三角形观念。其实,贝克莱在承认普遍概念能作为相似的同类的特殊概念的标记而存在时,就已以承认一般的抽象观念的存在为前提了。因为所谓相似、类同其本身就是抽象观念。如说彼得和约翰等相似,就是说他们有等同之处,都是人;这"人"就是抽象观念。

贝克莱还否定抽象观念在认识中的作用。他认为,"事实上,抽象观念的学说,实在是有损于许多有用的知识的"②。例如,数学家所主张的抽象的、概括的观念学说由自明的公理出发经过演绎推理而建立的知识体系,并不能被假定"是完全无误的"。诚然,"很难想象,由真正原则所得的正当演绎会陷于自相矛盾的结论中";但是,"他们并不曾上升一步来考察那些能影响一切特殊科学的超越的公理,因此,那些公理如果一有错误,则各种科学便也跟着错误,数学也并不能除外"。他指出,抽象观念的构成既然是很难的,所以它不是"传达知识"所必需的,因为传达知识是人人所易于做到的一件事情;同时,"对于扩大知识,它们也是丝毫没有用处的"③。

此外,贝克莱还说过,抽象观念之所以变成一个通行概念的根

---

① 贝克莱:《人类知识原理》,商务印书馆1958年版,第10页。
② 贝克莱:《人类知识原理》,商务印书馆1958年版,第64页。
③ 贝克莱:《人类知识原理》,商务印书馆1958年版,第74、9～10页。

源就在于语言。"抽象观念之形成正是为命名的。"正是语言中有命名的需要，人们就根据名称设想一定有一些抽象观念的存在，以这些名称来表示抽象观念。其实，人们并不能根据语言中有些名称（如三角形）不表示特殊的观念（如并没有说那个平面是大是小，边是长是短，角夹成什么样子），就断言它表示的是抽象观念。

贝克莱否定抽象观念的存在及其在认识中的作用，应当说，其矛头主要是针对洛克哲学所肯定的物质概念的客观性原理的。按照这一原理，"一切可感的东西，都有一种自然的、实在的存在"。而他则认为，物质概念只是物体的类概念，是物体的标记。它"归根究底是依靠于抽象作用的学说的。因为要把可感物象的存在及其被知觉一事分离，以为它们可以不被知觉就能存在，那还能有比这更精细的一种抽象作用么？"①　在他看来，"所谓实在的东西，就是我的感官所见的、所触的、所知觉到的东西"。例如，一片可感的面包已经可以充饥，比起你所说的那种感觉不得、思想不到的真正面包，要强千万倍②。这就为他进而论证主观唯心主义提供了前提。

贝克莱否定抽象观念的存在及其在认识中的作用，其真实的思想根源乃在于：他只看到事物作为个别、特殊而存在，而看不到一般本身的客观存在。如他说过，"一个人只要知道他自己所有的观念是特殊的，则他便不会劳精疲神来找寻、来存想任何名称所附的抽象观念"③。在他那里，唯名论思想极端明显。一般既不存在于现实的事物中，也不存在于意识中；它仅仅是一个符号、标记而已。他不懂得一般虽不能脱离个别、特殊而独立地、现实地存在，但在个别、特殊之中它确实是存在的。这就使他完全否认了人们具有任何抽象概括思维的能力，从而从根本上取消了理性认识的必要性。正如恩格斯所指出的，经验论者希望"看到时间，嗅到空间"；他们"深深地陷入了体会经验的习惯之中，甚至在研究抽象

---

① 贝克莱：《人类知识原理》，商务印书馆1958年版，第19～20页。

② 贝克莱：《海拉和菲伦诺对话三篇》，商务印书馆1957年版，第72页。

③ 贝克莱：《人类知识原理》，商务印书馆1958年版，第16页。

的东西的时候，还以为自己是在感性认识的领域内"①。总之，否定抽象观念是贝克莱否定理性在认识中的作用的重要表现；它表明，贝克莱在知识起源问题上坚持的是比洛克更为狭隘、更为片面的经验论的观点。

第二节　在认识对象学说中利用洛克的局限，否定物质的客观性

在贝克莱那里，知识起源于经验，那么经验起源于什么呢？在这个问题上，他对洛克关于经验起源于外物的观点进行了改造，把认识对象观念化，公开否定物质的客观实在性，主张唯心主义的经验论。这也是贝克莱的经验论和洛克经验论的根本不同之点。

贝克莱的唯心主义经验论是以一系列的命题来加以表达的。这些命题主要有：

一、知识的对象是观念

知识的对象问题是贝克莱哲学中的一个关键问题，也是他在《人类知识原理》中用大量篇幅着重阐述的一个问题。贝克莱明确地说道，"人们只要稍一观察人类知识的对象，他们就会看到，这些对象就是观念"②。他把作为知识对象的观念又分为三种即：由感官实在印入的"感觉观念"；通过考察心灵的情感和作用而获得的"反省观念"；以及在记忆和想象帮助下形成的"想象观念"。他所着力论述的是其中的第一种知识对象。

在贝克莱看来，人类知识的这一种对象不是别的，"只是我们借感官所知觉的东西，而我们所知觉的又只有我们的观念或感觉"。"它们是可知觉的，则它们也是观念。"③ 例如，借着视觉，

---

① 《马克思恩格斯选集》第 3 卷，人民出版社 1972 年版，第 556 页。
② 贝克莱：《人类知识原理》，商务印书馆 1958 年版，第 18 页。
③ 贝克莱：《人类知识原理》，商务印书馆 1958 年版，第 19、21 页。

我知觉到各种"光和色"的观念；借着触觉，我知觉到"硬、软、热、冷、运动、反抗力"等观念。嗅觉使我闻到气味，味觉使我尝到滋味，听觉则把调子不同的各种声音传到我的心中。我们不能设想，任何可感的对象可以离开我们对它所产生的感觉和知觉，我们所知觉的不是观念。"光和色，热和冷，广袤和形相，简言之，我们所见和所触的一切东西，不都是一些感觉、意念、观念或感官所受的印象么？"因此，他作出结论说，"对象和感觉原是一种东西"①；它们是不能互相抽离的。

贝克莱在这里从论证的开始就把知识的对象、感知的对象和观念、感觉混同起来了；他并攻击唯物主义者把对象和感觉区分开来的观点是"假设感官对象有两层存在（一为可理解的，是在心中的，一为实在的，是在心外的）"②。这已表明，他以"硬、热、冷、颜色、滋味、气味"等感觉、观念作为他的哲学基础了。实际上，前者即对象是认识的源泉，后者即观念是认识的结果；两者在存在方式上有原则的不同。如列宁所说，对象、物、物体是在我们之外，不依赖于我们而存在着的，我们的感觉是外部世界的映象；不言而喻，没有被反映者，就不能有反映，被反映者是不依赖于反映者而存在的。"这个结论是由一切人在生动的人类实践中作出来的，唯物主义自觉地把这个结论作为自己认识论的基础。"③

二、事物本身是观念的集合

贝克莱在知识对象问题上强调对象即由感官真正印入的感觉观念，这为反驳唯物主义者视客观事物为认识对象的观点提供了理论前提。接着，他便直接地来说明事物本身，提出通常存在于我们周围能够被我们所感知的作为认识对象的事物实际上就是这些观念的集合、组合、复合。"物体一词只含着每一个普通人所指的意义，即以为它是直接所见所触的，以为它只是一些可感性质或观念的集

---

① 贝克莱：《人类知识原理》，商务印书馆 1958 年版，第 20 页。
② 贝克莱：《人类知识原理》，商务印书馆 1958 年版，第 57 页。
③ 列宁：《唯物主义和经验批判主义》，人民出版社 1950 年版，第 57、93 页。

合体。"① 他解释道，"人心有时看到这些观念有几个是互相联合着的，因此，它就以一个名称来标记它们，认它们为一个东西。例如，它如果看见某种颜色、滋味、香气、形相和密度常在一块，则它便会把这些性质当做一个独立的事物，而以苹果一名来表示它。别的一些观念的集体又可以构成一块石、一棵树、一本书和其他相似的可感的东西"②。

贝克莱在这里把事物归结为观念的集合，其原因就在于他混淆了观念和观念所反映的事物的性质这两个不同的东西。在他看来，事物本身总是有诸多性质的，没有这些性质，它就不成其为事物，例如一个苹果按常识的说法就有红黄色、甜味、香气、硬度、圆形等性质。这些性质是可感的即可为人们的各种感官所感知的，因而它们就是各种观念。所以苹果就由这些观念构成，是这些观念的集合。"一切可感的性质都是颜色、形相、运动、气味、滋味等等，那就是说，它们都只是感官所知觉的一些观念。"③ 其实，事物的性质可以被人心所感知，并不等于事物的性质本身就是表象这些事物性质的观念；事物的性质为事物本身所固有，并不等于这些"观念是属于事物所有的东西"。两者同样是有原则区别的。贝克莱对这两者的混淆，从逻辑上讲乃是上述他对认识对象和认识结果所作的混淆的具体化。这表明，他把本质上是不依赖于人的意识而独立存在的事物主观化了。实际上贝克莱提出事物本身是观念的集合的命题就是要否定事物的客观性这一点。否则，"事物一词如果和观念对立起来，则人们通常以为它是指心外存在的一种东西而言的"④。

三、事物的存在就是被感知

贝克莱在论证事物本身是观念的集合时，还提出了一切观念都

---

① 贝克莱：《人类知识原理》，商务印书馆 1958 年版，第 62 页。
② 贝克莱：《人类知识原理》，商务印书馆 1958 年版，第 18 页。
③ 贝克莱：《人类知识原理》，商务印书馆 1958 年版，第 21 页。
④ 贝克莱：《人类知识原理》，商务印书馆 1958 年版，第 35 页。

为人心所感知即在人心中存在的论点。他曾这样来解释反省观念和想象观念，说"我的思想、情感和由想像力构成的观念，都不能离开心灵而存在，这一点是每个人都会承认的"①。他尤其针对感觉观念说，"在我看来，感官所印入的各种感觉或观念，不论如何组合，如何混杂（就是说不论它们组成什么物象），除了在知觉它们的人心以内就不能存在"②。对他来说，"要有观念正无异于要来知觉"，"一个观念的存在，正在于其被知觉"；人们所以称软、硬、色、味、形等为观念，也就是这个道理。正是通过这一论点，他由事物本身是观念的集合的命题推演出了事物的存在就是被感知的命题。例如他说过，我写字用的这张桌子所以存在，只是因为我看见它、摸着它；"天上的星辰，地上的山川景物，宇宙中所含的一切物体，在人心以外都无独立的存在；它们的存在就在于其为人心所知觉，所认识"③。他甚至还就物体是否因其细微分子不能为感官所知觉到，就不存在的问题说道，特殊物体所以在感官面前只呈现出有限的部分来，并不是因为它再不含着较多的部分，乃是因为感官不足够敏锐，可以分辨它们。"我们的感官如果愈敏锐，它在物象中所见的部分也就愈多"，"感官的锐度如果变到无限大的地步，则物体也会显得是无限大的"。

贝克莱关于事物的存在就是被感知的命题，强调作为认识对象的可感事物离不开感知它们的人心而存在，这显然是与人类普通的常识和健全的理智相违背的。实际上，对作为知识对象的可感事物的感觉、认识离不开感知它们的人心，与可感事物本身的存在是否依赖于感知它们的人心，这是两个根本不同的问题。贝克莱在这里则把这两者完全混淆起来；并指责"把可感物象的存在及其被知觉一事分离"是依靠了一种精细的抽象作用。这也就是他之提出这样的命题的认识论上的原因。

从上所述，我们看到，贝克莱为从正面论证唯心主义经验论而

---

① 《十六——十八世纪西欧各国哲学》，商务印书馆 1975 年版，第 539 页。
② 贝克莱：《人类知识原理》，商务印书馆 1958 年版，第 19 页。
③ 贝克莱：《人类知识原理》，商务印书馆 1958 年版，第 20 页。

提出的上述诸命题，彼此之间乃有着内在的联系。在逻辑推论上，可以说这是从广泛的知识对象的概念进到具体的知识对象即可感事物的概念，从作为认识结果的观念的概念进到作为认识主体的人心的概念的深化过程。从这个过程来看，贝克莱关于事物的存在就是被感知的命题乃是上述前两个命题的必然引申，是他对唯心主义经验论论证中的主要命题；它直接地、集中地体现和表达了贝克莱在认识对象和认识主体相互关系问题上的观点。

贝克莱曾说，"我们如果要严格地来考究人类知识的第一原则，并且在各方面来研究、来考察它们，那是很值得我们费心的一种工作"①。而他通过上述诸命题所作出的费心的论证表达和确定的，正是他关于人类知识的第一原则。在他那里，这个原则就是"感觉和官能"。他也正是以感觉和官能为基础，颠倒了物质和意识的关系，即把物质描述为意识的产物，从根本上否定了作为认识对象的事物的客观实在性，使他的经验论哲学成为唯心主义的。

然而，贝克莱的唯心主义经验论是他通过利用洛克的局限，从反面驳斥唯物主义的物质概念的方式来加以完成的。这主要表现在：

（一）以否定事物性质的客观性来否定物质本身的客观性

在 17 世纪，许多科学家和哲学家都曾主张事物具有两种性质的观点，如伽利略、笛卡尔、霍布斯、牛顿和波义耳等。洛克继承了这种观点，并把它作了系统的论述，成为这一观点的主要代表。他认为，在心外存在的事物，其第一性的质即广延、形状、运动、数目等是事物固有的性质；人们关于它的观念是它的摹本、肖像，即与它有相似性。事物的第二性的质是事物之第一性的质作用于人的感官而使人产生颜色、声音、滋味和气味等感觉和观念的"能力"；这些观念与它相应、相契合而不相似。如前所述，洛克在这里强调了事物的第一性的质及其观念的客观性，并在一定程度上承认了第二性的质的观念的产生有其客观基础，从而表现了他的唯物主义观点。但同时，由于当时自然科学尚没有发现和认识引起事物

---

① 贝克莱：《人类知识原理》，商务印书馆 1958 年版，第 2 页。

第二性的质的观念的光、空气波、电磁波、气体分子等的本质，他无法科学地说明事物第二性的质的观念产生的客观基础和具体过程，这使他竟依从流行的说法，有时把第二性的质本身直接说成就是颜色、声音等，强调它们"实际上并不是什么在物体本身中的东西"。这是他的唯物主义具有不彻底性的表现。而洛克的这种不彻底性也就为贝克莱所利用，成为他否定事物性质的客观性的理论渊源。

我们看到，在《人类知识原理》中，贝克莱接受洛克"同时却也承认，颜色、声音、热、冷以及相似的次等性质，都不存在于心外"的观点，竭力宣扬事物的第二性的质是纯主观的；在此基础上又根据人所具有的知觉、观念是统一的观点，强调第一性的质同第二性的质"不可分离，紧连在一块，而且即在思想中也不能分离"，企图以此证明事物的第一性的质也是感觉、观念。他说，"我希望任何人都思考一下，试试自己是否可以借着思想的抽象作用，只来存想一个物体的广袤和运动，而不兼及其别的可感的性质？在我自己，我并没有能力来只构成一个有广袤、有运动的物体观念。我在构成那个观念时，同时一定要给它一种颜色和其他可感的性质，而这些性质又是被人承认为只在心中存在着的。一句话，所谓广袤、形相和运动，离开一切别的可感的性质，都是不可想象的。因此，这些别的性质是在什么地方存在的，则原始性质也一定是在什么地方存在的，就是说，它们只是在心中存在的，并不能在别的地方存在"①。他在这里，涉及到了事物诸性质的相互联系和统一性问题。但他不懂得事物诸性质的统一性的真实根源乃在于事物自身，而不在于知觉本身；因此他就不可避免地会引出否认事物性质客观性的结论。实际上，人们通过对事物的认识而在头脑中形成的知觉的统一性正是事物自身统一性的反映，而不是相反。

贝克莱还利用感觉的相对性来否定事物性质的客观性。他认为，事物所具有的各种性质是"跟着感觉器官的组织或位置变的"，它们"完全是相对的"，所以我们不承认它们是在人心以外

---

① 贝克莱：《人类知识原理》，商务印书馆1958年版，第22~23页。

存在的。如广袤，他说，"同一只眼在不同的几个位置，或组织不同的几只眼在同一个位置，所见的形相和广袤都是不一样的，因此，它们并非是心外存在的任何确定事物的影像"。如运动，他说，人们承认"心中各个观念的前后相承如果较为快些，则外物虽不变，运动亦会慢起来的"，因此"运动也不是在心外存在的"①。他又说过，数目也完全是人心的产物。因为，同一事物按照人心观察它的方面不同，可有几种数目的名称，如三尺、一米等；或不同的事物都可以用一样的单位，如一部书、一页、一行。他还根据关于温水等的著名议论即同一物体在一只手感觉为冷，在另一只手感觉为热，以及同一食物在健康的人尝起来是甜，在黄疸病人尝起来是苦的事实说明："热和冷都只是人心中的变状"；所谓甜和苦也并非真正是在食物中的。简言之，贝克莱强调，感觉是相对的，因此，"任何颜色、广袤或其他一切可感的性质，都不能在心外一个不思想的实体中存在"②。

贝克莱在这里无疑看到了人心在反映客观事物时受客观条件（如观察工具、与物体的空间距离等）和主观条件（如人的生理结构、状况和人的心理因素等）的制约和影响，所产生的感觉不能不是变化的、不定的事实。但他不懂得，这仅说明人心对客观事物反映的复杂性和近似性；并不说明，它所反映的事物性质无恒常性和绝对性，不是客观的。科学的事实表明，我们在不同波长的光和照明条件下来观察红苹果，由于从它反射出来的光谱组成成分是不同的，它的颜色必然会有变化；但不论怎么变，它总是红的。同样，在晚上观察黑炭，它往往是发亮的；但不论如何亮，它总是黑的。贝克莱把相对和绝对割裂开来，夸大了感觉的相对性，就必然会陷入相对主义和唯心主义。

贝克莱利用洛克两种性质学说的局限和感觉的相对性，否认事物性质的客观性，也就为他直接否定事物本身的客观性提供了论据。如他认为，既然"这些性质归根究底仍只是一些观念，因此，

---

① 贝克莱：《人类知识原理》，商务印书馆 1958 年版，第 24 页。
② 贝克莱：《人类知识原理》，商务印书馆 1958 年版，第 24 页。

它们便不能成为任何事物的原因", 即也就不会有物质事物本身。
这里, 他还涉及到实体和偶性的问题。在这个为 17 世纪唯物主义
者所注重的问题上, 洛克认为, 有形物体有实体和偶性两个方面,
广袤、运动、颜色等一切可感性质是物质实体的偶性, 物质实体则
是支撑一切可感性质的一种"基质"。例如, 一颗骰子是硬的、方
的, 其中骰即实体, 它支撑着硬度、方形等偶性。对于洛克的实体
和偶性的观点, 贝克莱表示"我是不能理解的"。他认为, 洛克之
假设有物质实体的存在乃在于他曾想"颜色、形相、运动和其他
可感的性质或附性, 都是真正在心外存在的"。又这样的性质是不
能独立存在的, 所以就必须要假设一种不能思想的基质, 以作为它
们的"存在之所"即支托。而现在, 我们已证明事物的一切可感
性质都不能外于人心而存在, 因此就无理由来假设作为支托的物质
实体的存在了。"我们能假设它在什么地方存在呢?"① 他责问洛
克: 如果物质"是一个实体, 您是否可以假定一个没有偶性的实
体。如果您假设: 这种实体有各种附性或性质, 我盼望您告诉我,
那些性质是什么东西, 至少也得告诉我, 所谓物质支撑附性, 究作
何解?"② 他还指出, 洛克所谓的作为支托的物质实体乃是指与性
质有别、脱离性质而存在的实体。而要假设有"无附性的实体",
正和要假设有"无实体的附性"一样荒谬。总之, 贝克莱在揭示
洛克分离实体和偶性的机械论观点时通过对事物性质客观性的否定
所作出的结论是: 如果物质一词是指"支撑各种附性的一种不能
思想的基质, 并且以为那些性质是在人心以外、物质之中存在, 则
所谓物质其物是根本不能存在的"③。

(二) 以否定物质是观念的原因来否定物质本身的客观性

17 世纪的唯物主义者坚持在心外的事物是无思想和不活动的
实体, 它们能在人心引起它们的观念; 其中有一类观念与事物及其

---

① 贝克莱:《人类知识原理》, 商务印书馆 1958 年版, 第 41、49 页。

② 贝克莱:《海拉和菲伦诺对话三篇》第三篇, 商务印书馆 1957 年版, 第 62 页。

③ 贝克莱:《人类知识原理》, 商务印书馆 1958 年版, 第 52 页。

性质相似，是事物的影像、模型。如洛克就认为，事物的可感性质，不论是第一性的质或第二性的质，其观念都是原型作用于人的感官的结果；其中，第一性的质的观念与其原型具有相似性。贝克莱则不同意这样的观点，认为："物质的存在是观念的生缘"，那是很荒谬的，"物质究竟如何能在精神上发生作用，并且能在其中产生出观念来，那是任何哲学家一向所不敢妄来解释的"。不动不变的物质怎能成为不断变化的观念的原因呢？在他看来，观念和外物之间没有任何必然的联系，"物质是被动的，无活力的，那么，它便不能成为主体或能生因"①；观念乃为观念所刺激而引起，其原因只能是能动的精神实体。而既然我们在一切观念、感觉和意念方面，都看不到有什么东西，能使我们断言，有一种无活力、无思想、不被知觉的生缘存在，那么在自然哲学中我们就"无需乎物质"。他甚至以挑战的口吻说道，"如果你能够证明，有任何一个哲学家曾经借助于物质说明过我们心中任何观念的产生，那么我就永远屈服于你，并且把我过去说过的一切反对物质的话都算做废话"②。贝克莱就是这样在揭示洛克否认物质能动性的机械论观点时，通过否定物质是观念的原因，进一步否定了物质本身的客观性。

我们看到，贝克莱还利用机械论者的唯名论观点来否定物质的客观性，认为：物质是一般，一般怎能被感知？不能被感知的不能存在；所以物质并不存在，它只是一个不表示任何实在的任意构造的"词"。贝克莱说，"一种东西如果不为感觉和思考所知觉，如果也不能在心中产生出任何观念来，如果也没有广袤，没有形相，并且不存在于任何地方，则它又如何能在我们面前出现呢？"正是在这些意义上，他作出了物质等于虚无的荒谬论断。"如果您觉得合适，您就可以照别人用虚无一词的意义来应用物质一词，并把物

---

① 贝克莱：《人类知识原理》，商务印书馆1958年版，第40、50页。
② 费雷塞编：《贝克莱全集》第1卷，1901年英文版，第461页。

质和虚无两个名词互相掉换。"① 应当说，这乃是他否定事物性质客观性、割断观念和事物联系的必然结果，也是他否定物质客观性的最露骨和最集中的表现。

以上即是贝克莱所论述的关于认识对象的观点。它明确地表明，贝克莱在认识论上坚持唯心主义的经验论；其矛头直接指向当时流行的唯物主义观点，即"家屋、山岳、河流，简言之，一切可感的东西，都有一种自然的、实在的存在，那种存在是异乎其被理解所知觉的"。诚然，他并未抛弃"事物"这个名称，但他却赋予其这样的涵义："如果您也承认我们所食、所欲、所衣的，都是感官的直接对象，而且它们不能在心外存在，不能不被知觉而存在，则我可以径直承认，要称它们为事物，而不称它们为观念。"② 贝克莱哲学的特征就在于从"感觉和官能"出发，否定作为认识对象的物质的客观实在性。贝克莱说，他"所不承认为存在的惟一东西，只是哲学家所说的物质或有形的实体"；这是他的经验论和洛克经验论的根本区别所在。

贝克莱提出和论述唯心主义的经验论乃与他利用 17 世纪唯物主义者尤其是洛克所固有的诸如割裂实体和偶性、忽视感觉的相对性、否认物质的能动性等机械论和形而上学的缺陷，以及在事物性质问题上的唯物主义不彻底性有关；同时也是他利用在他所生活的时代自然科学研究在"感觉是从那里产生出来的"问题上的空白的结果。如他曾说，"即使我们承认像唯物论者所说的外物，可是他们也自认他们并不能因此而更切近地知道我们的观念是如何产生的……所以，显然，我们不能因为我们心中有观念或感觉产生就以此作为理由来假设有所谓物质或有形的实体存在"③。他在这里不是把尚未解决的问题提出来，推动人们去作进一步的思考；而是在肯定知识起源于感觉，肯定感觉的存在离不开认识的主体的同时，

① 贝克莱：《人类知识原理》，商务印书馆 1958 年版，第 49～50、54～55 页。

② 贝克莱：《人类知识原理》，商务印书馆 1958 年版，第 35 页。

③ 《西方哲学原著选读》（上卷），商务印书馆 1981 年版，第 511 页。

夸大了人的认识过程中的感觉这个方面，否定感觉来源于外部的物质世界，否定物质的客观实在性。这显然是极其荒谬的。列宁曾说，"唯心主义哲学的诡辩就在于：它把感觉不是看作意识和外部世界的联系，而是看作隔离意识和外部世界的屏障、墙壁；不是看作同感觉相符合的外部现象的映象，而是看作'惟一的存在'"①。

贝克莱之不能正确看待认识对象和认识主体的关系，否定物质的客观实在性，还与他不懂得如何能证明事物的客观实在性有关。他认为，"有形的、被动的实体，纵然可以在心外存在，与我们所有的物体观念相契合，我们又如何能知道这一层呢？"只有凭借感官或理性。可是，他又指出，我们看不到感官的证据如何能够拿来证明任何不被感官所知觉的事物的存在；因为我们借感官只能知道和证明感觉、观念或直接为感官所知觉的东西。我们也不能借助于理性，由感官直接所知觉的东西"推知"外物的存在；因为我们不能"妄谓在外物和观念之间有任何必然的联系"。他根本不了解自然科学已经证明，在地球上没有也不可能有人类和任何生物的状况下，地球就已经存在了，有机物等的出现是后来的现象，是物质长期发展的结果；也不了解人类的实践能够把感觉和外部事物联系起来，能够证明事物客观实在性。这样，他从"感觉和官能"出发，也就必然会把事物的存在看作离不开感觉，作出否认事物的客观实在性的唯心主义结论来。

第三节 以调和科学和宗教为特征的知识分类学说

在贝克莱的著作中，曾有大量的篇幅论述关于知识分类的学说。贝克莱说，"人类的知识可以自然分为两类，一为观念方面的知识，一为精神方面的知识"②。他按照知识的对象来进行划分，并解释道：这里观念是指"不思想的事物"，它是自然科学的研究对象，关于这方面的知识又可称为关于结果的知识；精神是指

① 列宁：《唯物主义和经验批判主义》，人民出版社 1950 年版，第 38 页。
② 贝克莱：《人类知识原理》，商务印书馆 1958 年版，第 57 页。

"能思想、能意欲、能知觉的一种东西"，它是精神知识的研究对象，关于这方面的知识又可称为关于原因的知识。他认为，前一类知识如自然哲学、数学、力学、化学、植物学、医学等，它们是通过对结果或观念进行观察、实验，去探讨事物的机械结构和运动变化，发现里面的各种关系、规律等；后一类知识如形而上学（或称"第一哲学"），它探讨"真正的实在的原因"，追溯事物的真正动力，揭示"生命和存在的理智源泉"①。他强调，世界上真正的原因只能是精神或主体，因为事物是被动的、惰性的，不可能成为其他事物的原因；而归根结底只能是永恒的无限的精神即"大精神"，也就是上帝，惟有它才是绝对能动的，才能成为事物的最终动力和最高原因。鉴于这种看法，他在另一个地方又把一切知识分为"世俗的"和"神圣的"②，即把上述前一类知识看作世俗的知识，认为人们所得到的大部分知识属这类知识；把上述后一类知识则看作神圣的知识。贝克莱毫不怀疑人们能够获得知识："上帝待人子是较为仁慈的，他并不能只给人们以企图获得知识的强烈欲望，却使他们永远得不到那种知识。"

贝克莱说，"我们的学说，在宗教和科学方面，还有许多利益，任何人根据前边所说的，都可以推出这一层"③。他关于知识分类的学说，其特征和目的就在于调和科学和宗教。

我们看到，贝克莱在论述事物的存在就是被感知等基本命题时，力图以"素朴实在论"者自居，强调他所讲的观念即不思想的事物具有实在性。如他多次声称过："按照我所举出的原则讲，我们并不曾失掉自然中的任何事物。我们所见、所触、所得、所听、所想象、所理解的任何东西，都仍和先前一样安全，一样真实"；对于"自然的事物"来说，实在和虚幻的区别仍是完全有效的。不仅如此，他还用集体的知觉来证明事物的实在性，曾以圣餐会上的水变成酒的说法为例，称"在座的人如果都看到、嗅到、

---

① 贝克莱：《西利斯》，商务印书馆 2000 年版，第 172、178 页。
② 贝克莱：《人类知识原理》，商务印书馆 1958 年版，第 82 页。
③ 贝克莱：《人类知识原理》，商务印书馆 1958 年版，第 57 页。

尝到并且喝到所谓酒，感到酒的效力，则我并不怀疑酒的实在性"①。怪不得后来英国哲学家弗雷塞把贝克莱的学说叫做"自然实在论"。然而，对贝克莱来说，素朴实在论只是一种标榜。因为他是在事物作为感官对象而被感知，不能外于能感知它的心而存在，世界实乃"虚幻的观念系统"这个意义上来谈论事物的实在性的。又他之区分实在和虚幻、真和假的标准，也并没有超出主观的范围；而确认这样的标准，给客观性下这样的定义，就会使宗教教义也适合这个定义了，因为宗教教义无疑地也具有"普遍意义"等等。实际上，贝克莱对事物作这样的径直承认，正是为掩盖其哲学的唯心主义实质，避免与常识的矛盾，为他确立自然科学的对象，承认自然科学，并倡导对自然科学的研究寻找和提供理论依据。

自 17 世纪以来近代自然科学获得了蓬勃的发展。由牛顿的《自然哲学的数学原理》所表述的牛顿力学系统，以在当时看来是最普遍的适用于全宇宙的原理阐明了地球上物体和天体运动的规律，影响巨大。革命以后开始走上统治地位的英国资产阶级仍需要发展自然科学，以说明和利用自然事物，获得经济利益。生活在这样时代的英国资产阶级哲学家贝克莱不可能不意识到解释和利用自然事物的意义，不对自然科学的研究和发展感到兴趣和关注。我们看到，贝克莱在《人类知识原理》和《海拉和菲伦诺对话三篇》中有相当的篇幅阐述"自然哲学"，探索人类对于天上和地上诸自然现象所有的知识方面，强调"我们没有理由说自然史不是应该继续研究的，各种实验和观察不是应该继续做的"②。他曾对当时流行的牛顿力学原理所涉及的吸引作用如石之落地、海之向月起潮的原因作过解释；曾对牛顿的绝对时间和空间观点的本质作过评论；此外，也还探讨过事物的运动和静止、向心力和离心力以及动植物的起源等等问题。其实，贝克莱在其一生中有不少直接研究和倡导科学的活动。如早在 1708 年，他就有关于论数学的小册子和

---

① 贝克莱：《人类知识原理》，商务印书馆 1958 年版，第 33、57 页。

② 贝克莱：《人类知识原理》，商务印书馆 1958 年版，第 68 页。

关于研习近代哲学家的自然哲学的心得札记；1709 年，他的《视觉新论》涉及光和视觉的关系，包含着他对光学和生理学的研究。以后，1724 年，他在百慕大创办学院期间也曾着力宣传过科学知识；1734～1735 年，他在《分析学家》中围绕着牛顿力学理论的数学基础微积分学关于无穷小量的概念，又揭示了牛顿在数学推导上的逻辑矛盾。最后，1744 年他在《西利斯》中还利用过牛顿和波义耳关于以太的学说，阐述了事物间以"纯粹的以太"为媒介而具有的相互联系，说明了从植物里可以提炼出煤焦油，煤焦油和水的混合可以变成焦油水，焦油水可以治病等等。这一切表明，贝克莱虽不能说是一位自然科学家，却能称得上对力学和数学富有素养。

　　但是，贝克莱在这里乃有自己固有的立场；他之承认和研究自然科学，就是要从中引出和论证关于上帝的存在和万能的结论，把自然科学纳入宗教神学的范围。毕竟科学的发展在本质上是与宗教神学相抵触的，他作为英国资产阶级的哲学家，出于所代表的阶级的政治需要，不能不竭力地维护宗教。这样，他在探讨和论述了关于自然的世俗的知识之后，接着便来探讨和论证关于上帝的神圣的知识。

　　（一）关于上帝的存在的论证

　　贝克莱认为，"物质或有形对象的绝对存在，正是一切知识（不论是世俗的或神圣的）的公然而有害的大敌所盘踞的堡垒，所凭借的营寨"。在他看来，物质学说是无神论的支柱、基石，"无神论的反宗教的一切渎神的系统"就是建立在这个基础上的；因此，我们一旦把这块基石抽掉，全部建筑物就一定倒塌。他还说过，"物质一被放逐于自然界以外，它就把许多怀疑不敬的意念连带以去，它就把无数迷惑人的争论和问题消灭尽净"[1]。可见，贝克莱之提出事物的存在就是被感知等命题，否定物质的客观性，也就为他论证上帝的存在清扫了道路，是他通向神学的中介。

　　贝克莱在《人类知识原理》中是这样来论证上帝的存在的。

---

① 贝克莱：《人类知识原理》，商务印书馆 1958 年版，第 82、62～63 页。

首先，在贝克莱的事物的存在就是被感知的命题中，事物的存在乃以认识主体即心灵或精神的存在为提前。在这里，心灵或精神若是指自我，那根据这个命题就可作出否认事物存在的连续性的结论。例如，室中的器具，我一合眼，它就会消失；我一睁眼，它就会重新出现。物体是断断续续地在被消灭、被创造的。极而言之，则将必然陷入唯我论，认为只有一个高谈哲理的我才是存在的；我若不再存在，世界也将不复存在。这显然是与健全的理智和常识相矛盾的。贝克莱看到了这一点，而为避免这种荒谬性，他解释道，我们主张感官的对象只是离开知觉就不能存在的观念，但不能由此断言，只有在被我们知觉时它们才存在，因为我们不知觉它们，或许还有别的精神在知觉它们；并强调，这个"别的精神"并非指这个或那个"特殊的心"，而是指"任何所有的心"。按照他的看法，心灵、精神有两类：一是指有限的人的心灵或精神；一是指无限的心灵或精神，那就是上帝。关于这一点，他在另一些地方还说过：宇宙中所含的一切物体，"它们的存在就在于其为人心所知觉、所认识，因此它们如果不真为我所知觉，不真存在于我的心中或其他被造精神的心中，则它们便完全不能存在，否则就是存在于一种悠久神灵的心中"①。贝克莱就是这样，为避免荒谬的唯我论，说明事物的存在将不会由于自我知觉的间断而间断，整个世界将不会由于自我的灭亡而不存在，而假定了上帝的存在。不过，在这里，上帝是作为认识的主体而被假定其"一定"存在的。

其次，贝克莱曾说，"观念的存在只含着被动性和迟钝性"。在这里观念是指作为思想对象的事物而言。按照他的看法，一切观念都不能产生或变化别的观念，都不能作为任何事物的原因；它们都是被动的，并没有含着能力或主体等东西。但是，实际上观念本身又是变化的，"有的是新刺激起来的，有的变化了，或者完全消灭了"。因此，它们一定有个原因，为它们所依靠，产生它们、变化它们。而这个原因也不可能是有形的或物质的实体。物质实体乃抽象的存在，毫无意义；即使存在，也是惰性的，不足以说明观念

---

① 贝克莱：《人类知识原理》，商务印书馆 1958 年版，第 20 页。

的产生。这样，"观念的原因乃是一个无形的、自动的实体或精神"；"除了精神或能知觉的东西以外，再没有任何别的实体"①。贝克莱又解释道，诚然作为能动的精神实体——自我也可以产生观念，但它并不能决定观念的有秩序有规律；而"自然事物的恒常的秩序、规则和连锁"，"宇宙中较大物体的惊人的宏壮、美丽和完善"与"较小物体的精巧的构造"等等表明，一定有个惟一的、永恒的、全智的、全能的、全善的精神即上帝存在，一切事物都依靠于它而存在。"我们如果顺从理性的光明，我们就可以根据我们各种感觉的恒常而一律的程序推知，把各种感觉在我们心中刺激起来的那个大精神，实在是慈惠而有智慧的。"② 贝克莱就是这样，为说明观念、事物的真实原因再次假定了上帝的存在。不过，在这里，上帝是作为认识对象的原因而被假定其"一定"存在的。

上述贝克莱对上帝存在的论证，真正说来乃是一种假定，并未超越出赤裸裸的宗教形式。并且他最终也还是乞助于中世纪经院哲学提出的关于上帝存在的宇宙论证明等来证明上帝的存在；这明显地表现了贝克莱哲学的神秘主义。

（二）关于上帝的作用的论述

贝克莱还说，在无偏见的人看来，"一位全知的精神的切近存在，是不能再为明白易见的，而且他是形成万有、支配万有、摄持万有的"③。他在这里强调上帝是万物的创造者和万物的支配者。

首先，他通过阐述观念的类别表明了上帝是万物的创造者。他认为观念有三类，即感觉观念和反省观念、想象观念；它们之间有显著的区别。按照他的看法，感觉观念是人心凭借感官实际感到的感觉。它们比较强烈、活跃、稳定、清晰和有秩序；尤其是，它们较少依赖于能感知它们的那个特殊精神即人心，而为另一个较有力的精神即上帝所激起，不是人心自由意志的结果，如在白天，我一睁开眼就必定会看到眼前景物，而不能选择看或不看。因而，它们

---

① 贝克莱：《人类知识原理》，商务印书馆 1958 年版，第 29、20 页。
② 贝克莱：《人类知识原理》，商务印书馆 1958 年版，第 51 页。
③ 贝克莱：《人类知识原理》，商务印书馆 1958 年版，第 91 页。

具有较大的实在性。反省观念等则是人心凭借自己的意志所激起的观念。它们比较模糊、微弱、不活跃、不固定和不规则；尤其是，它们更多地依赖于一个比较软弱的特殊精神即人心，为它所任意激起或虚构，是摹拟事物、表象事物的，如在白天所见的太阳是实在的太阳，就不同于在晚上所想象的太阳。贝克莱在论述观念的这些区别时，虽然承认感觉观念比反省观念等具有较大的实在性，却强调"造物主在我们感官上所印的各种观念就叫做实在的事物"。这就表达了上帝创造万物的观点。在他那里，上帝不仅创造山川景物、日月星辰，还创造植物、动物和人等；我们所见、所闻、所触或以其他方式所知觉的东西都只是上帝力量的标记或结果。正是在这个意义上，贝克莱称："一个全知、全善、全能的精神的存在，就已经可以充分地解释自然中一切现象。"①

其次，贝克莱还通过阐述因果性原理来说明上帝支配万物。他认为，感觉观念（实在事物）与反省观念等的一个重要区别就在于，"它们有一种秩序和联系，正如原因之与结果有联系一样。它们是各种有规则的、精妙的集合体，而且那些集合体是在有规则而巧妙的方式下造成的，正和自然手里的一些工具一样，虽隐在布景的后面，却可以凭其秘密的作用，来产生出世界舞台上所见的那些现象"②。这就是说，按照他的看法，各种实在事物并非混乱地聚集在一起，而是服从自然法则，显示出宇宙的精巧奇妙而复杂的组织；即使是自然中的天灾、人祸和一切反常现象也都是按照规律所发生的必然现象，其存在正可以增添宇宙的美妙如图画上的阴影可以衬托出它的其他部位的光明一样。贝克莱在这里亦即提出了自然规律的问题。如他说，"我们所依靠的那个'大心'，在我们心中刺激起感觉观念来时，要依据一定的规则或确定的方法，那些规则就是所谓自然法则"③。他在另一个地方称它为"自然齐一性"，实即指事物之间不依人心的意志为转移的因果联系。他解释道，这

---

① 贝克莱：《人类知识原理》，商务印书馆 1958 年版，第 32、51 页。
② 贝克莱：《人类知识原理》，商务印书馆 1958 年版，第 47 页。
③ 贝克莱：《人类知识原理》，商务印书馆 1958 年版，第 31 页。

些法则是由经验得来的，经验告诉我们，一定的观念恒常地伴随着另外一定的观念而出现。例如，我们看到圆而发光的物体——太阳，同时感觉到热，我们便断定太阳是热的原因。他还指出，知晓自然法则我们就可借助于它来"规范自己的行为，以助进人生的利益"。例如，知晓食物可以养人，睡眠可以息身，火可以暖人，适时下种就能到时收获，我们就能在日常生活中立身行事，而不致陷于迷惑和痛苦之中。

但是，在贝克莱那里，事物之间的因果联系就是观念之间的联系；并且这种联系仅表示一个标记与其所表示的事物的关系。例如，火并不是我靠近它时感到疼的原因，它仅是以疼警告我的一种标记。尤其是，他强调，这种标记乃由上帝所创造，是上帝意志的表现。感觉观念"是在有规则的连串或系列中出现的，其互相衔接之神妙，足以证明造物者的智慧和仁慈"。他从根本上反对用自然本身的原因来说明石之落地、海之向月起潮等诸自然现象。在他看来，这些自然现象"是完全依靠于主宰万有的精神的意志的"；"上帝的意志就是自然法则"①。这就说明，在贝克莱那里上帝不仅创造万物，使万物具有实在性，而且支配万物，使万物服从自然齐一性；这再次明显地表现了贝克莱哲学的神秘主义。

以上所述即是贝克莱所谓"神圣的"知识的基本内容。贝克莱对神圣的知识的论述表明，他在承认科学的同时，又承认神学，并把神学也称作"知识"，这种知识在逻辑上不包含矛盾，有严密的"先验的证明"；此外，也表明了他是如何把科学纳入神学的范围的。我们看到，他关于上帝存在的论证，为他论证上帝创造万物、支配万物提供了前提（当然，他关于上帝存在的宇宙论证明在逻辑上明显地又是以预先设定上帝创造万物、支配万物为前提的）。而他论证了上帝创造万物，是自然万物的最终原因，就挖掉了自然科学的唯物主义基础，把自然科学的对象建立在神学的基础上了；他论证了上帝支配万物，上帝的意志就是自然规律，就改变了自然科学的唯物主义内容和任务，赋予自然科学以神学的内容和

----

① 贝克莱：《人类知识原理》，商务印书馆 1958 年版，第 31、32 页。

任务了。此外，他还强调过，对自然万物来说，"实在和虚幻的分别仍是完全有效的"①。这一分别就在于：由上帝在人心中所激起的知觉是实在事物；由人心的意志所任意激起的则是虚幻的观念。这就是说，他认为，上帝还创造了那些"把'比较实在的'观念和不大实在的观念区分开来的规律"，这就为自然科学的真理性和可靠性提供了神学的保证，等等。总之，贝克莱说，"在披阅这部自然的大作时，我们如果只是拘谨地把每一个特殊现象都还原于普遍的原则……那就失掉心的尊严了"；"全宇宙既是聪明良善的动原的作品，那么，哲学家似乎应当运用自己的思想，来研求事物的最后的原因"②。他还责问道，唯物主义者能以机械论解释任何动植物体的起源么？能用运动定律来解释声音、气味、滋味、颜色么？能用运动定律来说明各种事物的有规则的途径么？就是宇宙间顶不重要的部分所有的能力同巧构，他们能用物理法则来解释么？③ 在他看来，自然哲学者的"任务"当在于研究和了解上帝所造的那些标记而不在于以有形体的原因来解释各种事物。就这样，贝克莱把对上帝的信仰理论化为神学知识，又从诸方面把自然科学纳入了神学的范围，从而调和了科学和宗教。正如列宁所揭示的，对贝克莱来说，"我将在我的唯心主义认识论的范围内承认全部自然科学，承认它的结论的全部意义和可靠性。为了我的结论有利于'和平和宗教'，我需要的正是这个范围，而且只是这个范围"④。可以说，这是贝克莱关于知识分类学说的显著特征。

应当指出，贝克莱关于知识分类学说还具有调和经验论和唯理论的倾向。如所周知，洛克认为，一切知识都起源于感觉经验，以观念为材料铸成。但他又认为，我们有关于上帝的知识，而无关于上帝的观念，关于上帝的知识并不是起源于感觉经验的。贝克莱看到了洛克经验论在知识起源问题上所蕴涵的这个矛盾，并企图来解

① 贝克莱：《人类知识原理》，商务印书馆 1958 年版，第 33 页。
② 贝克莱：《人类知识原理》，商务印书馆 1958 年版，第 69、68 页。
③ 贝克莱：《海拉和菲伦诺对话三篇》，商务印书馆 1957 年版，第 106 页。
④ 列宁：《唯物主义和经验批判主义》，人民出版社 1950 年版，第 16 页。

决这个矛盾。他的关于"意念"的理论便是由此而提出来的。

贝克莱论述了"精神和观念是完全差异的两种东西",认为精神（上帝、灵魂等）"是一个单纯自动而不可分的东西",与完全被动的观念（指不思想的事物）不同,它能产生观念,是意志,但本身不能被观念所产生;它能感知观念,但本身不能被感知。简言之,"它的存在并不在于被知觉,乃在于能知觉观念,并且在于能思想"①。这也就是上帝（自动实体）等的本性。

贝克莱在此首先强调了:"精神不是观念的对象",即我们不能对精神或灵魂形成任何观念,因为一切观念既然都是被动的、无活力的,它们便不能借影像或肖影,把自动的东西给我们表象出来。用被动的观念如何能表象自动的精神呢?并认为唯物主义者就是用观念来表象灵魂,才对灵魂的本性发生许多异端邪说,以为离了自己的身体便无灵魂的。但同时他又指出,我们对精神不能有任何观念,这不等于说,我们不能知道精神的本性。我们不能通过观念来表象上帝,却可以通过"意念"来表象上帝。那么,什么是意念呢?我们看到,贝克莱吸取了当时哲学家们的看法,对意念这个概念曾有特殊的规定。如他说过,"我们所以能了解自己的存在,乃是凭借于内在的感觉或思考,我们所以能知道别的精神的存在,乃是凭借于理性"。我们"对自动的实体和动作,有一个'意念'",我们对那些事物间的关系也有一种"意念"②。概括地说,他认为,意念乃是纯粹理智对精神进行直觉或直观的结果。在这里,纯粹理智乃作为认识主体的人的比感性更为高级的认识能力,专司认识感官所无法认识的超经验对象的职能;精神是指上帝、灵魂、关系等,他在《西利斯》中还指原因、秩序、规律、统一性等,它们是超经验的对象,是我们通过感官凭借观念所不能认识的;直觉或直观则是纯粹理智固有的认识活动或方式,意念便是这种直觉活动的结果。换言之,在贝克莱那里,意念乃以超经验的东西为对象,其形成无需以感觉经验作媒介,并不依赖于感觉经验。

①　贝克莱:《人类知识原理》,商务印书馆 1958 年版,第 86、85 页。

②　贝克莱:《人类知识原理》,商务印书馆 1958 年版,第 59、86 页。

如人对自己的心灵所形成的意念便由直觉所得。"我知道'我'和'自我'这两个术语的意义，我是直接地或直观地得到这样的认识的。"① 同时，意念本身乃带有关于精神的知识的性质，是铸成这种知识的材料和基础。贝克莱常把意念和知识联系起来，如说我们"对心、对精神、对自动的东西有一些知识或意念"。正是基于对意念的这种规定，贝克莱说，"我们不应当把观念一词的含义增大，使它表示我们所认识或对之有意念的任何事物"；"在较广的意义下，我们也可以说对精神有一个观念或者不如说有一个意念"②。对他来说，关于精神的知识并非起源于观念，乃起源于意念；我们不能看到上帝，却可以意会到上帝的存在，通过这种意念，我们便能获得关于上帝的知识。

贝克莱关于意念的理论无疑具有极大的神秘主义性质；同时又表明，在他那里，两种不同的知识具有两种不同的起源，即他在承认关于自然的知识起源于感觉、观念时，又强调关于精神、上帝的知识起源于意念。应当说，这是贝克莱哲学具有唯理论倾向的明显表现。当然，这是从内容上来说，这种神圣的知识的起源与感觉经验无关；但就其产生的过程来说，贝克莱并未把它看作是完全脱离感觉经验的。如他说，"所谓人如果是指能生活、能运动、能知觉、能思想的一种东西而言，则我们是看不到人的。我们所见的只是那种观念的集合体，即可以使我们想到，有一个独立的思想和运动原则，是伴随那个集合体、而且为那个集合体所表示的。我们之看上帝也是一个方式"③。而既然我们所见、所闻、所触的东西，都只是上帝力量的标记，因此我们就能根据我们通过感官所把握到的这些标记来"推知、提示、证明一个不可见的上帝"④。尤其是，在他那里，关系意念的形成更是在感觉经验的提示下由直觉所发现

---

①　贝克莱：《海拉和菲伦诺对话三篇》，商务印书馆 1957 年版，第 74 页。

②　贝克莱：《人类知识原理》，商务印书馆 1958 年版，第 59、86、60、85 页。

③　贝克莱：《人类知识原理》，商务印书馆 1958 年版，第 89 页。

④　见《阿尔西弗朗》（费雷塞编：《贝克莱全集》第 2 卷，1901 年英文版，第 161 页）。

和领悟到的。如当看到彼事物总是在此事物之后出现，从中我们就直觉到了关于自然规律的意念。他认为，感觉经验对意念的产生起有信号、标记、提示的作用；从这个角度看，我们对于精神、上帝所具有的知识又不是完全直接的。"那种知识所以成立，只是因为有一些观念作媒介，因为我认为那些观念只是一些结果或共存的标记，而认它们为来自异乎我的动原或精神的。"①

有鉴于贝克莱在谈论关于精神的神圣的知识的起源，论述关于意念的理论，表现出唯理论的倾向时，并未排斥经验论；加之，在他看来，"自然的结果，比人类的结果多得无数倍，重要得无数倍"，人类大部分的知识即关于自然的知识，其起源又在于感觉经验。因此，在他的整个哲学中，经验论的倾向乃是主要的方面。但这毕竟说明了他的知识分类学说又具有调和经验论和唯理论的倾向。总之，贝克莱的知识分类学说是系统的、详尽的。其中，他关于人类通过意念能够获得关于上帝的知识又强化了他关于上帝的存在和作用的论证，为他把对上帝的假定提高为知识、调和科学和宗教提供了理论上的依据。其实，贝克莱在关于知识分类的学说中着力考察和论述关于上帝的神圣的知识，这正是他研究哲学的"首要"的职责和最后的归宿点，也是他显示唯心主义哲学的本质及其重要的社会意义所在。

第四节　贝克莱哲学的两重性和历史地位

综上所述，可见，贝克莱哲学的主要内容在于认识论方面。在这方面，他是从洛克关于自然知识起源于感觉经验的观点出发开始其论述的；他的《人类知识原理》的绪论表明了这一点。这说明，知识起源于感觉经验乃是他的哲学的逻辑起点。那么，感觉经验又起源于什么呢？在这个问题上，贝克莱针对洛克经验论的唯物主义，提出事物的存在即被感知等命题，否定物质的客观性，强调认识对象（事物）依赖于认识主体而存在。这是贝克莱认识论的基

---

①　贝克莱：《人类知识原理》，商务印书馆 1958 年版，第 87 页。

本观点。又贝克莱通过论述"神圣的"知识，最终毕竟论证了上帝的存在和作用，说明了认识上帝的途径，把对上帝的信仰提高为知识，调和了科学和宗教。这是贝克莱认识论的逻辑归宿和目的。贝克莱认识论思想的这一基本线索表达了他的诸认识论观点的内在联系，也显示了他的认识论思想的特有的两重性。

贝克莱在认识论上主张主观唯心主义的经验论。他通过事物的存在就是被感知等著名命题，把认识对象观念化，就是其集中的突出的表现。但是，从形式方面而论，贝克莱的认识论还具有客观唯心主义的性质。如前所述，贝克莱在其著作中谈论的是两类知识，两种知识的起源，两种认识对象，以至两种知识的检验准则；他的事物的存在就是被感知的命题同时包含有被有限的精神即人心所感知和被无限的精神即上帝所感知的两种涵义；此外，上帝在这里不仅作为认识主体，也还是事物的最高原因，作为认识对象而被提出来。正因为这样，所以列宁在《唯物主义和经验批判主义》中，从揭示马赫主义的理论渊源角度出发，批判了贝克莱的主观唯心主义，同时又指出，"贝克莱从神对人心的作用中引出'观念'，这样他就接近了客观唯心主义"[①]。这就是说，贝克莱的认识论在性质上乃具有两重性，可以说是主观唯心主义和客观唯心主义的某种结合。

细究起来，贝克莱哲学的主观唯心主义和客观唯心主义是相互矛盾的。如按照主观唯心主义，事物、观念的存在在于被人心所感知，它们不能离开人心而存在；而按照客观唯心主义，事物、观念的存在则在于被上帝所感知，它们不能离开上帝但可离开人心而存在。换言之，后者强调上帝的能动作用，则必定会否认或贬低人的精神的能动作用。但是，在贝克莱哲学中主观唯心主义和客观唯心主义还有互为前提的方面。如前所述，贝克莱关于事物的存在就是被人心所感知的思想表达了其主观唯心主义的观点。但他强调上帝是事物的最高本原。"世界不是我的表象，而是一个至高无上的精神原因的结果。"在这里，就本体论的意义上说，上帝是派生者；

---

① 列宁：《唯物主义和经验批判主义》，人民出版社 1950 年版，第 18 页。

因而贝克莱的主观唯心主义是以客观唯心主义为前提的。贝克莱又是在论证主观唯心主义的经验论之后为避免陷入荒谬的唯我论，缓和和常识的矛盾而引出关于上帝的存在和作用的论证的。事物"如果是实在存在的，则它们必然被一个无限的心所知觉，那么宇宙间一定有一个无限的心或上帝了"①。这个无限的心既作为认识主体又作为认识对象而存在。在这里，就认识论的意义上说，上帝是被派生者，因而贝克莱的客观唯心主义又是以主观唯心主义为前提的。而这两者在贝克莱哲学中之所以能够互为前提，即在于它们都建立在否定物质的客观实在性的基础上。否定物质的客观实在性乃是它们能够互相转化的中介。

还应指出，贝克莱哲学作为主观唯心主义和客观唯心主义的结合，其中的主观唯心主义占主导的方面。这是因为，在贝克莱看来，关于自然的知识占据着整个人类知识的大部分，因而，他的关于自然知识的起源、对象和检验准则的论述是他对整个人类知识的论述的核心内容；他也是以此与洛克经验论的唯物主义相对抗的。尤其是贝克莱说，事物、对象"在现实地被知觉到时，它们的存在便无疑义"②。这说明，他还是肯定了可感对象的现实存在依赖于人的精神。在他看来，事物在没有被人直接地感知到时，它的存在是有疑问的；只有在被人直接地感知到时，它才能被确认为真实存在。人的感知是世界万物真实存在的现实基础和根源。而他之引出上帝的存在，从实质上看是为了避免唯我论，不与常识相矛盾；是藉说明上帝是事物的最高原因，来弥补人的局限。而上帝又是在人心中显示其感知的作用和生起"观念"的。这就是说，在贝克莱哲学中，上帝是出发点，即他把它看作是事物、观念的最高原因；又是归宿点，即他从事哲学的目的乃在于论证关于上帝的"神圣的"知识，调和科学和宗教，提供所谓"防人为恶"的武器。但真正说来，论述关于自然的知识及这类知识的对象——事物、观念，和这类知识的主体——人的精神，才是其实在的内容。

---

① 贝克莱:《海拉和菲伦诺对话三篇》,商务印书馆1957年版,第50~51页。
② 贝克莱:《海拉和菲伦诺对话三篇》,商务印书馆1957年版,第73页。

这样，关于贝克莱哲学，与其说它是以唯灵论的形式表现出来的客观唯心主义，主观唯心主义只是为其提供的论据；不如说它是与客观唯心主义相结合的主观唯心主义的经验论哲学。马克思称贝克莱是"英国哲学中神秘唯心主义的代表"；事实是，后者以这样的哲学把哲学上的唯心主义路线"直率、清楚、明确地描绘出来了"。

具有这样的性质和特征的贝克莱哲学在理论上无疑是荒谬的、反科学的。因为它否定一种认识论，这种认识论坚持以承认外部世界及其在人们意识中的反映为一切论断的基础。而自然科学已经证明"自然界是不依赖任何哲学而存在的；它是我们人类即自然界的产物本身赖以生长的基础"①；在人类出现之前，甚至在地球上有生命的物质出现之前，地球、太阳系、银河系等就已经存在着。但是，从历史的眼光来考察，不能否认这种哲学乃有着值得重视的合理因素。

第一，具有反经院哲学的方面

贝克莱在《人类知识原理》中从一开始就系统地否定抽象观念。如前所述，其目的就在于强调不应当怀疑自己通过感官能知道事物的本性，反对唯理论，并否定唯物主义的物质概念。但同时，其矛头也是指向经院哲学的。因为经院哲学家们正是以各种抽象观念为基础，用隐秘的性质来解释各种事物和现象，并热衷于抽象的三段论推论和繁琐争论的。如他明确地说过，"抽象意念（和属性）的学说，似乎使善于抽象的大师们（经院学者们）陷于重复缭绕的错误和争论的迷洞中，因此，我们如果跟着他们经历这些迷途，那是没有完的，而且也是没有用的"②。尤其是，贝克莱在其著作中虽然有许多对渎神的无神论者、唯物主义者的批判和对神圣的上帝的"虔诚"的赞美词，如说"我们是绝对地、完全地依靠他的"，"我们是在他以内生活、运动和存在的"；但是，他所推崇的上帝与基督教、经院哲学所宣扬的上帝毕竟有不同。

这种不同主要表现在对物体存在的原因和方式的解释上。按照

---

① 《马克思恩格斯选集》第 4 卷，人民出版社 1972 年版，第 218 页。
② 贝克莱：《人类知识原理》，商务印书馆 1958 年版，第 11～12 页。

《圣经》的说法，在上帝创世的过程中人仅仅是在地球、太阳、星星、植物和动物之后才被创造出来；并且，经院学者虽然承认尘世的结构都由物质所造成，他们仍然相信，没有神圣的保持即"不断的创造"，物质就不能存在。但是，按照贝克莱事物的存在就是被感知的命题，所有这些东西的存在都是离不开人的感知的；并且"不能断言"各种事物是一时一时地被创造的，在我们知觉有间断时它们就不存在，因为我们不知觉它们，还有别的精神在知觉它们，它们就是上帝在有限的精神中引起的知觉本身。可以说，贝克莱对上帝创世的看法比前者更注重人的作用和与常识的相符。这种不同又表现在对奇迹的存在和作用的解释上。按照《圣经》的说法，唯有奇迹才能显示一个至高无上的主宰即上帝的存在。贝克莱则不同意这种对奇迹的过分宣扬和对自然规律的断然否定。他认为，事物、知觉都服从于一定的连续性、联系，这即上帝所确定的、人们不能破坏的自然规律。奇迹毫无疑义地存在着，它乃是上帝偶而发生的自身破坏自然规律的表现；上帝虽然以自然界在异常情况下发生的现象来显示其至高无上的力量，但上帝所创造的自然界之和谐完美将更显示其作为造物主的智慧和仁慈。贝克莱的看法为他在神学的范围内承认科学提供了前提。这种不同还表现在他是从认识论的角度来谈论上帝的。按照基督教，上帝是人们信仰和崇拜的对象，它至高无上，是不能作为人们的认识对象的。贝克莱则称，他的上帝与基督教的上帝"有一种区别"即它是认识的对象而不是信仰的对象；人们不能通过观念却可以通过意念获得关于上帝的知识。他还说过，"如果你对于一种事物既不知其为何，也不知其理由，可是偏无端地来信仰它，那么你还配得上做一个哲学家吗？"① 贝克莱把对上帝的信仰提升到对上帝的认识、知识，显然是他企图把宗教和科学调和起来的表现之一。

在上帝问题上，贝克莱之与基督教和经院哲学的这些不同表明，他比中世纪经院哲学家更重视人的作用和利益，重视科学和与常识的一致。贝克莱是在近代资本主义生产关系发展和自然科学复

---

① 贝克莱：《海拉和菲伦诺对话三篇》，商务印书馆1957年版，第58页。

兴的时代，作为英国资产阶级的哲学家走上哲学舞台的。他虽然在竭力维护宗教，但和英国资产阶级在革命时期对待宗教的态度不同，和原先封建阶级之维护宗教也有所不同。后者毕竟是以贬低人和否定科学为前提的。在西方哲学发展中，经验论和唯理论哲学是近代反对中世纪经院哲学传统的两大学派，都具有启蒙运动的性质。这中间也应当包括像贝克莱那样的与客观唯心主义相结合的主观唯心主义经验论哲学在内。

第二，在企图克服 17 世纪机械唯物主义固有的弱点方面

17 世纪唯物主义者在认识论上存在着明显的机械性和形而上学性。这既是西方哲学发展中的一种必然的进展，又不能不是这种唯物主义的固有弱点。而贝克莱在以神秘的唯心主义与洛克等的唯物主义相对抗时，则企图克服后者的弱点。首先是，他突出了主体在认识中的作用。

贝克莱是在认识论范围内谈论问题的。在认识论中，如前所述，他主张知识起源于经验，同时又提出事物的存在就在于被感知等命题，强调可感事物离开主体的感知作用就不能存在。这就是说，在认识主体和认识客体的关系问题上，他认为，没有前者就没有后者，后者是依赖于前者而存在的；不仅如此，全部真实的世界都是认识主体所创造的。在这里，贝克莱从根本上否定了可感事物和全部世界的客观性，无疑是颠倒了认识主体和认识客体的关系；但他在唯心主义的形式下却突出了主体在认识中的能动作用。

我们知道，在认识论范围内认识主体和认识客体是相互联系着的；离开认识主体来谈论认识客体就毫无意义，如同没有音乐感的耳朵，最美的音乐也毫无意义一样。因为认识客体只是相对于认识主体而言的，并且没有后者的能动性，也就难以有对前者的认识。马克思曾说，"任何一个对象对我的意义（它只是对那个与它相适应的感觉说来才有意义）都以我的感觉所及的程度为限"；"我的对象只能是我的一种本质力量的确证，也就是说，它只能像我的本质力量作为一种主体能力自为地存在着那样对我存在"①。但是，

---

① 《马克思恩格斯全集》第 42 卷，人民出版社 1979 年版，第 126 页。

17世纪的唯物主义者在这个问题上持机械论和形而上学的观点，只谈论认识来源于客观对象，而漠视主体的能动作用。如霍布斯认为，感觉是物质机械运动的结果，物体对感官产生一种"压力"，便出现感觉；记忆、联想等只是物质的这种机械运动的残余或惯性作用的表现。洛克则持心灵如白板的观点，认为外物刺激感官经神经运动，白板就被刻上印象，形成感觉。正是在这种理论背景下，贝克莱根据当时人们普遍承认的物质是有广延的、被动的观点提问道，被动的外物怎么能作为认识产生的原因？有形体的外物怎么能进入无形体的心灵而被认识，后者又怎么能判断心内的认识与心外的物体相契合？他把能动性归属到主体方面，说"这个能知觉的自动的主体，我们叫它作心，精神或灵魂，或自我"①，并提出事物的存在就在于其被知觉，强调认识的原因和动力不在于物体而在于主体自身，对象的根源和基础亦在于主体方面。贝克莱在这里确实抓住了17世纪唯物主义在这个问题上的矛盾和缺陷，企图去展开认识对象和认识主体关系中被人们所漠视的方面，具有合理的因素。当然，他只看到认识主体与认识对象相统一的方面，而否认其相对立的方面，乃片面地夸大了主体在认识中的能动作用；又这种能动的主体最终还被赋予神秘的形式，归结为万能的上帝。这就使他在实际上并没有能真正地跳出机械论的窠臼，克服17世纪唯物主义固有的局限。

其次是，他提出了感觉、观念具有相对性。如前所述，贝克莱曾利用感觉的相对性来否定物质的客观性，论证它们是"人心的产物"。但就在这种论证中他提出了感觉的相对性问题，这也是事实。如他说，"同一只眼在不同的几个位置或结构不同的几只眼在同一个位置，所见的形相和广袤都是不一样的"等等。此外，令人注目的是，他还有专门的篇幅批评了牛顿关于绝对的时间、空间和运动的观点。如牛顿主张有所谓绝对空间，其本身不为感官所知觉，永远是一律的、不动的；有所谓绝对运动，即一物体之由一绝对场所至另一绝对场所的运动等。贝克莱则认为，时间的成立乃由

---

① 贝克莱：《人类知识原理》，商务印书馆1958年版，第18页。

于在我心中有连续不断的观念以同一速度流逝下去，"离了心中观念的前后相承，时间是不能存在的"；没有离开感官知觉而和各种物体绝缘的所谓绝对空间，"任何纯粹空间的观念都是相对的"①。关于运动，也是这样，它不论是实在的或表观的，都是相对的；没有任何不是相对的运动。如人在行驶的船中，相对于船本身，可以说是静止的；相对于岸边，又可以说是运动的。当然，贝克莱在这里所主张的，因与否定感觉、观念的客观性，否定时间、空间和运动的客观性相联系，乃片面地夸大了感觉、观念的相对性方面。实际上如马克思所说，"人的感觉、感觉的人性，都只是由于它的对象的存在，由于人化的自然界，才产生出来的"②。但他终究提出了感觉、观念的相对性问题，尝试着展开认识的相对性和绝对性的关系中为 17 世纪唯物主义者所忽视的这个方面。这是贝克莱哲学中又一合理的因素；它推动了认识论的发展，对后来科学家的思想也有相当的影响。

再次是，他强调了我们能认识事物的本性。我们看到，17 世纪唯物主义的缺陷还在于它与不可知论的观点相联系着。例如，洛克在《人类理解论》中把实体看作事物诸属性的基础或支托，它不依赖于人的意识而存在；但又认为，这个实体由于"我们设想那些性质'离了支托'便不能存在"，因而只是"我们所假设而实不知其如何的一种支托"③。换言之，洛克具有物质实体是"我们不知道的某物"的观点。贝克莱在《人类知识原理》中则批判了这种观点。他指出，洛克先承认物质实体在心外存在，又说它是不可知的，这毋宁是"先扬起尘土来，才抱怨自己看不见"；而承认物质实体在心外存在，正是"怀疑主义的根源"。他说道，"您认为物质的实体有一种绝对的外界的存在，而为一切事物的实在所依托。但是您既然被迫地终于承认了这种存在，不是显然矛盾，便是空无所有；因此您又不得不把物质实体的假设取消了，断然否认宇

①　贝克莱：《人类知识原理》，商务印书馆 1958 年版，第 63～64、73 页。
②　《马克思恩格斯全集》第 42 卷，人民出版社 1979 年版，第 126 页。
③　洛克：《人类理解论》，商务印书馆 1959 年版，第 266 页。

宙任何部分的实在存在。因此您便陷入到最深而最可怕的怀疑主义里边"①。在他看来，洛克的物质概念本身就蕴含着矛盾，已被证明为可知觉的观念的事物的性质怎能存在于心外的实体中或为它所支撑呢？这个不可知的实体不在心中存在，我们能假设它在什么地方存在呢？又"人们如果相信有实在的事物存在于心外，并且以为自己的知识，只有在契合于实在的事物时，才是真实的，那他们当然不能确知自己有了任何实在的知识"。因为我们如何能知道我们所知觉的事物是和存在于心外的那些事物相契合呢？正是基于这些，贝克莱断言，洛克在实体问题上必然导致怀疑主义。"这种怀疑主义之兴起，只是由于我们假设……事物可以在心外不被知觉而存在。"②

贝克莱把洛克实体不可知的观点归咎于承认物质的客观性，这无疑是荒谬的。但他同时强调我们能够认识事物的外貌，也"能够知道事物的本性"，这则是可取的。他明确说过，"我不是要把事物转化成观念，乃是要把观念转化成事物。因为知觉的直接对象，在您看来只是事物的外貌，而我是把它们认作实在事物本身的"③。他论证道，"我如果没有实在感觉到一种事物，我就不能看见它或触着它，因此，我们即在思想中也不能存想：任何可感的事物可以离开我们对它所生的感觉或知觉。事实上，对象和感觉原是一种东西，因此是不能互相抽离的"④。他甚至还这样认为，上帝给了人获取知识的强烈愿望，也给了人认识事物的能力和方法，又保证了人的认识活动的实现。这表明："中世纪以后那个时期的高级精神生活的特征是，坚定地相信人类理性的能力，对自然事物有浓厚的兴趣，强烈地渴求文明和进步"⑤；生活在18世纪英国的哲学家贝克莱也没有例外。他按照英国资产阶级在当时仍要求发展科

---

① 贝克莱：《海拉和菲伦诺对话三篇》，商务印书馆1957年版，第62页。
② 贝克莱：《人类知识原理》，商务印书馆1958年版，第58页。
③ 贝克莱：《海拉和菲伦诺对话三篇》，商务印书馆1957年版，第90页。
④ 贝克莱：《人类知识原理》，商务印书馆1958年版，第20页。
⑤ 梯利：《西方哲学史》（下卷），商务印书馆1979年版，第12~13页。

学的进步意向，力图把洛克从不可知论的滑坡上拉回来，从又一角度表现了他企图克服 17 世纪唯物主义的固有弱点。

关于贝克莱哲学所具有的合理因素，除上述两大方面以外，我们还应指出，他在当时自然科学处在搜集材料的阶段，强调认识个别事物，强调观察、实验、归纳、类比的作用，乃具有一定的真理性；他在《视觉新论》中对如何以两维的视网膜感知距离、空间的第三维问题，给予了有价值的解答；他似意识到经验主义的片面性，多少有超越经验主义的意图，在一定程度上承认了直觉、意念在认识中的作用；他还重视知识的实际效用，强调"学者们所主要从事的那些空洞的思辨是虚妄无用的"，人们在观察自然、研究自然后应把知识"应用"到制造人为的事物上，以"适合人生的需要和目的"①；等等。总之，贝克莱的带有神秘主义的主观唯心主义经验论哲学从根本上说是荒谬的、反科学的，但也确实具有不可忽视的合理因素，并非全都是"胡说"。这些合理的因素对哲学和科学的进展起有一定的推动作用。

贝克莱哲学在近代哲学的发展中具有重要的历史地位。如前所述，贝克莱通过论述关于自然知识的起源、知识对象以及知识分类等学说，建立了一个所谓"坚实的、健全的、实在的知识系统"。他以这一系统批判了中世纪的经院哲学，更批判了"机械哲学"即 17 世纪的唯物主义、无神论和以牛顿为代表的自然科学理论和学说，论证了和客观唯心主义相结合的主观唯心主义经验论。贝克莱曾声称，哲学认识论的研究应有利于国家的政治、宗教以及行政管理，如果没有利就应受到批判和禁止。他的哲学就是 18 世纪英国资产阶级在分享政权后既要发展科学又要论证神学以维护和巩固自己的利益和统治的"最好武器"。而从理论上说，用历史的眼光来审视，它乃是人类认识史上英国经验论发展中不可缺少的重要环节。

我们知道，英国哲学的传统是经验主义。英国经验主义的产生和发展与实验科学的兴起密切相关；而自培根起始，经霍布斯到洛

---

① 贝克莱：《海拉和菲伦诺对话三篇》，商务印书馆 1957 年版，第 72 页。

克，从根本上说都是持唯物主义的经验主义观点。洛克哲学对知识起源于对外物的感觉的原则作了详尽的论证，是英国唯物主义经验论发展的高峰；但同时也明显地展露了 17 世纪唯物主义固有的矛盾和弱点。而贝克莱则在反对经院哲学和唯理论的斗争中，继承了洛克的知识起源于感觉经验的观点，利用了洛克哲学的诸种矛盾和弱点，从正面提出了事物的存在就是被感知、精神的存在就是感知等命题，又从反面驳斥了洛克哲学中关于物质的客观性原理，从而论证了认识的主观性、相对性原则，把英国经验论改造成为神秘唯心主义的体系。可以说，贝克莱哲学乃是英国经验论哲学由唯物主义向唯心主义转变的实现环节。这是英国经验论哲学发展中的重大转变。这一转变深刻地表明，狭隘的经验论是不能战胜唯心主义的，相反，它还会被利用。正如恩格斯所指出过的，单凭经验、非常蔑视思维的经验论与那种竭力把客观世界嵌入自己主观思维的框子里的自然科学派别有异曲同工之妙，因为这正合乎一个辩证法的古老命题：两极相通。

　　还有，我们看到，实现了英国经验论由唯物主义向唯心主义转变的贝克莱哲学，其本身仍有着内在的逻辑矛盾，难以自圆其说。如它一方面遵循经验主义原则，主张知识起源于感觉经验，强调"所谓实在的东西，就是我的感官所见的、所触的、所知觉到的东西"，这些东西的本性是我通过感官分明知道的；另一方面又确认上帝的存在和作用，并借助于上帝确认因果性原理，获得具有普遍性和必然性的知识。但是，按照经验主义原则，我们对上帝就不可能有观念，因为上帝的特征在于感知，而不在于被感知，它不能为人们通过感官所认识，相反倒是经验产生的原因。我们也是不可能认识事物之间的"关系"的，通过感官怎能达到对因果关系的认识，获得普遍性和必然性的知识呢？而贝克莱却确认这些，显然这是他的经验主义的内在逻辑矛盾和在理论上不一贯的表现。这就促使休谟在接受贝克莱的知识起源于感觉经验，我们所感知的只能是自己的感觉的原理时，要把经验主义贯彻到底，强调一切都不超出知觉，除了知觉我们就一无所知，既不知有没有物质实体，也不知有没有神秘的精神实体，既否认有因果性的客观存在，也否认能获得对事物的普遍性和必然性的知识。这即是休谟的不可知论。其实，贝克莱在批判洛克实体不可知的观点、谈论事物的可知性时，也并没有超越经验主义的界限。他强调我们不能怀疑自己的感官，怀疑自己凭感官所实在知觉的那些事物的存在，怀疑我们对于可感事物能得到任何自明的或解证出的知识；但他却轻视理性思维在认识中的作用，因而也就使我们难以真正认识到事物的本质、本性。加之，他把感觉不是看作意识和外部世界的联系，看作同感觉相符合的外部现象的映象，而是看作"惟一的存在"，则更是堵塞了我们认识客观世界的道路。关于这一点，休谟曾敏锐地指出过：贝克莱的一大部分著作"已经成了古今哲学家中怀疑主义的最好的课程"。他虽表明自己是反怀疑主义的，"不过他的全部论证……实际上只是怀疑主义的，因为那些论证都不容有任何答案，而且也不能产生任何确信"①。这说明，贝克莱哲学本身还为休谟主张不可知论提供了直接的理论前提。从这个角度看，可以说，贝克莱哲学又是英国经验论从可知论向不可知论演变的中介环节。

从整个西方哲学的发展来看，贝克莱哲学还具有重大的历史影响。贝克莱哲学对德国古典哲学的影响是通过康德、费希特主义表达出来的。康德对自我意识的能动作用作了深入的探讨；费希特则扩展了康德在这方面的观点，强调自我的绝对性，自我创造非我，创造知识。他们在德国的具体条件下以"抽象的自我意识"的形式重复了贝克莱的主观唯心主义。

贝克莱哲学对 19 世纪以来在西方流传很广的实证主义思潮影响也很直接。法国的孔德和英国的斯宾塞的实证主义反对"形而上学"，主张依据"确实"的事实即经验的事实。在他们看来，科学不在于探索事物的内在的本质，而只在于研究和发现事实间的恒常一致的关系，只是对于经验事实的描写和记录。实证主义的第二代变种马赫主义则公然提出"物是要素的复合"（马赫）、"只有感觉才能被设想为存在着的东西"（阿芬那留斯）、"物是感觉的恒久的可能性"（穆勒）、物是"感觉群"（彭加勒）等等命题，以

---

① 休谟：《人类理解研究》，商务印书馆 1981 年版，第 137 页。

"要素"、"经验"等中性字眼来宣传主观唯心主义。实证主义的第三代变种即逻辑实证主义或逻辑经验主义，也主张"取消形而上学"；他们从主体意识出发把哲学的任务归结为对事实有所断定或对语言进行逻辑分析。这一切表明，实证主义思潮与贝克莱主义乃有着直接的渊源关系，在一定意义下可以说是在现代条件下贝克莱主义的重复。此外，实用主义把"纯粹经验"视为惟一的实在和认识的源泉。它用貌似中立的"经验"来否定客观物质世界；认为真理只表明经验内部的关系，"有用的就是真理"。这种观点与贝克莱对感觉的强调和对自然知识的看法也是一脉相承的。

在西方，贝克莱哲学是近现代主观唯心主义的鼻祖，是近现代诸种主观唯心主义哲学流派的理论渊源。而它之成为近现代西方哲学产生和发展的重要理论渊源，尤其是在现代西方哲学中得到各种形式的重复，这与它"承认"和"尊重"科学，突出感觉经验有密切的关系。把贝克莱哲学放到整个西方哲学的发展中加以考察，不仅有利于我们用历史的眼光来理解现代西方哲学的渊源，也有利于我们从现代哲学的高度俯瞰贝克莱哲学的内容、实质和现实意义。

第十五章　英国经验论哲学发展的
必然归宿——休谟哲学

　　休谟是 18 世纪上半叶比贝克莱主教稍后的又一位英国著名哲学家。他在反对经院哲学和坚持英国经验主义传统的理论背景下，走着与贝克莱不相同的道路。他力图克服贝克莱哲学的矛盾，把经验论贯彻到底，提出了欧洲近代哲学中第一个典型的怀疑论哲学体系；这一体系的出现标志着英国经验论已片面地发展到极端，是这一历史阶段经验论哲学发展的终结。恩格斯曾把历史上的哲学体系基本上分为唯物主义和唯心主义，把近代哲学中的休谟路线看作是动摇于两者之间的中间派，称这条路线为"不可知论"；并指出，在近代哲学的发展上休谟是一位"起过很重要的作用"的哲学家①。

休 谟 小 传

　　大卫·休谟（1711～1776），出生于苏格兰爱丁堡郡的奈因微尔斯。父亲约瑟夫·霍姆系霍姆伯爵家族成员，当地一位有声望的律师；母亲凯瑟琳是原苏格兰最高民事法院院长的女儿，虔诚的加尔文教徒。他们在政治上拥护 1688 年革命，家境并不富裕；有子女三人，休谟排行最小。休谟自幼丧父，在母亲的抚育下长大；12 岁时入爱丁堡大学学习。他好学勤勉，在 3 年的时光里修研过希腊语、逻辑、形

---

　　① 《马克思恩格斯选集》第 4 卷，人民出版社 1972 年版，第 221 页。

而上学、自然哲学、伦理学和数学等课程；熟悉了牛顿和洛克等的著作；还写过题为《论骑士制和现代荣誉感》的历史学论文。因经济上的原因，他没有取得学位，就离开了学校。

休谟辍学在家，原打算继承父业，研习法律。但广博的阅读使他很快就把志趣转向了文学、历史和哲学，曾暗中贪读西塞罗和维吉尔的著作；并于 1729 年，"经过浩繁的研究和反省之后"，抛弃了其他的爱好和事务，全身心地从事哲学研究。休谟曾解释道，这将引导我去找出或许能确立真理的某种新方法；"一个新的思想天地展现在我的面前，它使我激动万分……我想除了当学者和哲学家之外没有别的途径能使我在这世界上开拓远大前程"[1]。但是，由于过分地勤勉，他精神有点失调，健康受损；经两年的休养，他虽变成一个面色红润的小伙子，仍时有心悸。为此，他决心走向"较活动的生涯"，遂于 1734 年 2 月到布里斯托尔的一家糖果商行里当职员。不过，他完全不适宜从事这项营生，不到 4 个月就被解雇。于是，他便离英赴法，再度致力于学问生涯。在布里斯托尔，他为与当地人语音一致，将自己的姓氏霍姆（Home）改为休谟（Hume）；这可说是他在那里的惟一收获。

自 1734 年起，休谟进入了《人性论》的著述时期。他在罗姆住了一年，即到安如郡的拉福来舍镇隐居。那里有一所笛卡尔曾就读过 8 年的耶稣会学院，其图书馆藏书丰富，休谟常去那里阅读、写作。1737 年秋，休谟完成了《人性论》的第一卷《论知性》和第二卷《论情感》；随即返回伦敦，联系出版事宜，并先后匿名出版。《人性论》是休谟的奠基性的哲学著作，共分三卷，另一卷为《道德学》；休谟的经验论和怀疑论哲学思想在此业已形成。出乎他的所料，该书于 1739 年问世后销路不佳，没有激起什么反响。他曾沮丧地说，"任何文学的企图都不及我的《人性论》那样不幸。它从机器中一生出来就死了"[2]。这说明，休谟的哲学思想在当时尚未为人所认识；此外，该书也比较繁琐、晦涩。不过，他天性乐观，很快于 1740 年又出版

---

[1]　雷克编：《大卫·休谟书信集》第 1 卷，1932 年英文版，第 13 页。
[2]　休谟：《人类理解研究》，商务印书馆 1957 年版，第 2 页。

了《〈人性论〉概要》，对该书的主要论点作了进一步的阐释。但情况依然如故，以致他不愿承认这是他的著作。1741～1742 年休谟又出版了《伦理和政治论文集》，该书由 27 篇论文构成，其中有《论怀疑派》、《论迷信和热情》、《论禁欲主义》等；它们阐发了《人性论》的基本观点，且文风生动，通俗易懂，因而受到人们的赞扬，以至孟德斯鸠在读后将自己的《论法的精神》赠给休谟留念。这本论文集使休谟获得了 200 英镑的稿酬，境况大为改善；在 1744 年还使他成为他所图谋的爱丁堡大学伦理学和精神哲学教席的候选人。不过，这一愿望因其怀疑论和非宗教思想遭人非议而未能实现。

1745 年，休谟应聘担任英格兰的韦尔德豪尔地方的安南戴尔侯爵的家庭教师，年薪 300 英镑。尽管这位青年侯爵患有精神病，休谟还是很满意；他能因此有较好的条件从事写作。就在这里，他以简洁锐利的文风改写了《人性论》的第一卷，后定名为《人类理解研究》于1748 年出版。该书把《人性论》中的因果性理论提到显著的地位，这一理论后来使《人性论》闻名于世；还删去了《人性论》中的时间和空间部分，增补了《人性论》中原有的后因顾虑其具有破坏偶像的意义会"得罪人"而忍痛割爱的"神迹"一章。正是这些思想使休谟受到教权派人士和神学家们的攻击，为他获得更高的学术声誉和地位奠定了基础；其著作的销路日益增加。该书出版后就无人再重视《人性论》了；后来把康德从"独断的睡梦"中唤醒过来的也就是这本书①。在这期间，他还发表了《伦理和政治论文三篇》，这是其第一次署真名的著作，自这之后，他就一直署真名发表著作了。休谟在1746 年接受远亲圣克莱尔将军的邀请，离开青年侯爵，参加与法国人作战的远征团，先后任秘书、军法官之职；次年，又随圣克莱尔将军出使维也纳和都灵。他身穿使馆副官制服，过着上等生活，全身臃肿，与其哲学家的内在气质很不协调。

1749 年，休谟回到家乡奈因微尔斯；继续埋头著述。倘若说，在这之前是他的经验论和怀疑论哲学的形成时期，那么在这之后便是他应用其哲学思想研究道德、政治、经济、宗教和历史的时期。在头两

---

① 罗素：《西方哲学史》（下卷），商务印书馆 1976 年版，第 196～197 页。

年里，他改写了《人性论》第三卷，以《道德原理研究》为名于1751年出版；按照他的说法，这部书在他的"著作中（不论历史的、哲学的、文学的）是无双的"①。1752年，他又有包括12篇有关政治和经济的论文的《政治论》问世。在这本书中，他拥护君主立宪制度，认为既要谨防君主专制，也要提防"民众政权"，既反对封建神学的政治理论，也不同意社会契约论；强调"在一切政治论争中保持中道适度"。他反对重商主义，提倡"货币数量论"，主张贸易自由；这一主张在亚当·斯密的《国富论》中受到进一步的发挥，使休谟成为英国古典政治经济学的先驱。这本书，由于它对当时繁荣起来的英国资本主义工商业和现行政治制度作了乐观的赞扬，博得了资本主义社会的赞许，自然极其畅销，可说是休谟著作中"第一版就获得成功的惟一著作"。1751年，休谟移居爱丁堡市，并当选为爱丁堡哲学会秘书。在这一年，他完成了《宗教的自然史》和《自然宗教对话录》。前者于1755年发表时引起了教权派人士少有的强烈反对，致使1761年罗马教会因此而把休谟的全部著作列为禁书；后者经多次修改，在休谟死后二年才得以发表，表现了休谟晚年成熟的哲学思想。真正说来，用怀疑论批判当时流行的宗教有神论和任何形式的宗教信仰，是休谟哲学的主要目的之一。还有，1752年，休谟被推选为爱丁堡苏格兰律师协会图书馆馆员，年薪仅40英镑；但此职务却使他能任意利用丰富的藏书来查阅史料，编写巨著《英国史》。这部著作与其说是休谟对历史关系的研究，毋宁说是他对历史的哲学考察。这部著作共四卷六册，记述了从公元前55年恺撒入侵大不列颠起，直到1688年"光荣革命"止的重大历史事件；是用启蒙观点来建立英国通史体系的尝试。这部著作在1761年前陆续出版后，因其企图调和国王和议会的矛盾，含有同情大革命时期被推上断头台的查理一世的篇幅，曾激怒了辉格党，也遭到托利党的"非难"而几乎无人问津，如其第三卷1年内只卖掉了45本；后终因其用理性来论证和巩固英国现存的社会秩序而获得人们的欢迎，伏尔泰曾称它"是用任何语言写成的史书中最好的一部"。此外，1757年，休谟又发表了《论情感》，这是

① 休谟：《人类理解研究》，商务印书馆1957年版，第4页。

对《人性论》第二卷的缩写和订正。这个时期的一系列著作，其版税大大超过英国的一般标准，使休谟变得富有起来了；同时表明，休谟不仅是著名的哲学家，而且是值得尊重的经济学家和历史学家。

1762 年，休谟在爱丁堡购置了房产，以备退休后安度晚年；比较之下他喜欢爱丁堡的气候。但他经不住英国驻法公使海尔浦伯爵的执意招请，第二年便到巴黎任使馆秘书去了。休谟的启蒙思想特别是《宗教的自然史》在法国广为流传，这使他在巴黎享有声誉。因此他到那里后就受到上层社会的欢迎，被称呼为"好大卫"，当作圣哲来看待。与法国百科全书派哲学家的密切交往是休谟晚年生活的重要内容。他在巴黎的两年多时间里经常出入于霍尔巴赫的"沙龙"，与狄德罗、达朗贝尔、爱尔维修等谈论哲学问题。他的怀疑论哲学与《自然的体系》、《论精神》中的观点不相协调，但在主张"人类理性法庭"、反对封建神学方面则与他们有一致的地方。据说有一次在霍尔巴赫家聚餐时休谟说，他还未碰上过一个无神论者；这时霍尔巴赫就对他说，在座的有 15 个都是无神论者。休谟与卢梭的关系也很著名。他在海尔浦公使调任爱尔兰总督时曾代理公使职务 4 个月，于 1766 年 1 月从巴黎返国；这时卢梭因其《爱弥儿》和《社会契约论》中的异教思想而四面树敌，经魏特林夫人介绍随同休谟去英避难。在休谟的推荐下，英王乔治三世还为卢梭提供了 200 英镑的年金。但不久，卢梭妄想狂症发作，在受到霍勃士·沃波尔的著文讽刺时，总认为是休谟在策划图谋反对他，于 1767 年春竟忿然返法，与之断绝来往。这一年，休谟接受海尔浦的兄弟康威将军的邀请，担任他的次官；11 个月后即 1769 年 8 月，他回到了爱丁堡。

休谟在爱丁堡时年收入已达 1 000 英镑，生活相当富裕。他在离圣·安德鲁广场不远的街上盖起了房子，"希望久享清福，并看着自己声名日起"；这条街后被誉为"圣·大卫街"。在那里，他忙于《自然宗教对话录》的修改。1775 年春，休谟得了肠胃病，遵医卧床静养；不料病情急剧恶化，医治无效，于 1776 年 8 月 25 日逝世，时年 65 岁。他在死前 4 个月，曾委托亚当·斯密处理他的手稿、信札；并写了一篇简短的自传《我的生平》，称他的性格"和平而能自制，坦白而又和蔼，愉快而善与人亲昵，最不易发生仇恨，而且一切感情都是十分中和的"。实际上这乃是他对自己的哲学生涯和世界观的一种写照。

第一节　在知识起源问题上把贝克莱的经验论贯彻到底

生活在 18 世纪的休谟面对哲学上唯理论和经验论之间长期的激烈论争，力图"提出一个建立在几乎是全新的基础上的完整的科学体系"——人性论。《人性论》是休谟哲学思想的发源地和全面的理论表达。他在此著作和《人类理解研究》中试图"说明人性的原理"，论证哲学是关于人性的科学。在休谟看来，一切科学都与"人性"有关，人性是科学的"首都或心脏"。他解释道，不用说逻辑、道德学、美学和政治学等同人性有密切的关系，就连数学以及由哥白尼、开普勒和伽利略开始、由波义耳和牛顿完成的近代自然科学在某种程度上也都是依赖于人的科学的；"因为这些科学是在人类的认识范围之内，并且是根据他的能力和官能而被判断的"①。但是，他又认为，各门具体科学只是研究"人性"的某一方面。如：逻辑研究人类推理能力的原理和作用，道德学、美学研究人类的鉴别力和情绪，政治学研究结合在社会里的人类的关系。而哲学则不同，它研究"人性本身"，以人性为研究对象即是关于人性的科学。"人类不仅是能够推理的存在者，而且也是被我们所推理研究的对象之一"。休谟强调，"关于人的科学是其他科学的惟一牢固的基础"②。任何重要问题的解决关键，无不包括在关于人性的原理中；我们把握了它就可以"征服"那些和人生有较密切关系的一切科学。

休谟所谈论的"人性"包括人的知性、情感和道德。与此相应，他的《人性论》也就包括《论知性》、《论情感》和《道德

---

① 休谟：《人性论》，商务印书馆 1980 年版，第 6～7 页。
② 休谟：《人性论》，商务印书馆 1980 年版，第 7、8 页。

学》三个组成部分。他指出，其中人的知性为最重要。我们只有彻底认识了人类知性的范围和能力，能够说明我们所运用的观念的性质，以及我们在作推理时的心理作用的性质，才能对哲学的其他部分作出真正的解释。而关于知性的理论又当建立在"经验和观察"之上。哲学必须用经验的方法对人类知性的性质、范围和能力加以研究，才能成为确实而有用的科学；否则就不可能形成关于它们的任何概念。休谟反对"超越"经验而诉诸各种思辨去探求如上帝、灵魂和世界的本质等"形而上学"问题。他说，"对于我们的最概括、最精微的原则，除了我们凭经验知其为实在以外，再也举不出其他的理由"①。他在这里力图遵循自培根到洛克的知识依赖于经验的观点来探讨认识论的基本问题，这是"很显然的"。

休谟是怎样论证经验论观点，并研究人的知性，考察其性质、限度和能力的呢？知觉是人性科学的出发点；休谟是从知觉着手来论证这个问题的。他认为，人类的全部知识内容或材料是"知觉"。如果说，在牛顿那里，自然万物是由物质原子所构成，那么在他那里，心灵的世界便是由知觉所组成。而人类心灵中的知觉可分为两类，即印象和观念。印象是指"初次出现于灵魂中的我们的一切感觉、情感和情绪"。它的特征在于"直接性"，即是直接凭感官所感觉到的，凭情感所感触到的，凭思想所体验到的；所以它是"我们心中最生动、最强烈的知觉"。我们的较活跃的一切知觉，"就是指我们有所听，有所见，有所触，有所爱，有所憎，有所欲，有所意时的知觉而言"②。观念是"指我们的感觉、情感和情绪在思维和推理中的微弱的意象"。它是印象在心中的"摹本"和再现，其特征在于间接性；所以它是不生动、不活跃、不强烈的知觉。"观念是'模糊的'和'微弱的'，其原因在于观念是我们反省一种情感或一个不在场的对象时产生的"。在休谟那里，印象和观念的关系问题乃是其知性理论的中心问题。

休谟在知性理论中明确地说"一切观念都起源于印象"，表达

---

① 休谟：《人性论》，商务印书馆 1980 年版，第 9 页。
② 休谟：《人类理解研究》，商务印书馆 1957 年版，第 20 页。

了他对印象和观念谁先或后、谁是因或果的问题的看法。休谟声称这是他"在人性科学中建立的第一条原则"①，一切问题的论证，均可从此出发；并对此作了全面的说明。首先，一切观念和印象都是"类似的"。休谟认为，印象和观念都有简单的和复合的之分。如苹果这个复合的印象或观念就包含了颜色、滋味、气味、硬度等简单的印象或观念。在这里，"每个简单观念都有和它类似的简单印象，每个简单印象都有一个和它相应的观念"②。当我沉思我的房间时，所形成的观念就是我曾感觉过的印象的精确的表象，观念中任何情节也无一不可在印象中找到。而复合观念和印象既然是由简单观念和印象所构成，我们就可以断言，这两类知觉也是精确地相应的。在休谟那里，类似的就是互相对应的意思，"观念与印象似乎永远是互相对应的"。

其次，全部简单观念在初出现时都是来自简单印象。休谟又进一步指出，我们的相应的印象和观念之间有一种"极大的联系"，这种联系在于"简单印象总是先于它的相应观念出现，而从来不曾以相反的次序出现"③。例如，我们不曾尝过菠萝，我们对菠萝的滋味就不会形成一个恰当的观念；反之，有了菠萝滋味的印象，就会有一个和它类似的观念伴随而来。印象的这种"优先性"④表明，"我们的印象是我们观念的原因，而我们的观念不是我们印象的原因"；在观念之前已先有了更为生动的知觉，它们是观念的"来源"并被观念所复现。即使是作为原始观念的意象的次生观念，情况也是如此。

再次，全部复合观念也都起源于印象。休谟认为，观念来源于印象的原则也适用于复合观念。一些复合观念"似乎和这个来源相去甚远，但是在仔细考察之后，我们仍会看到它们是由这个根源

① 休谟：《人性论》，商务印书馆1980年版，第18页。
② 休谟：《人性论》，商务印书馆1980年版，第15页。
③ 休谟：《人性论》，商务印书馆1980年版，第16页。
④ 休谟：《人性论》，商务印书馆1980年版，第17页。

来的"①。一种情形是,如同简单观念直接摹写简单印象,复合观念来自对复合印象的摹写;另一种情形是,复合观念来自对简单观念的排列和组合。而由于复合印象或简单观念都起源于简单印象,所以复合观念最终也是来源于印象的,是印象的摹本。就以想象观念这样的复合观念来说,我们所想象的一座"黄金山",一匹"有德性的马",不过是在心中把感官和经验所提供的感觉材料如黄金和山,德性和马加以联结、混合、增加或减少罢了。正是基于这点,休谟说,"我们的一切观念或较微弱的知觉都是印象或较活跃的知觉的摹本"②。

最后,一切观念归根结底都来源于感觉。休谟还认为,印象可以分为两种,一种是感觉印象,另一种是反省印象。前者"是由我们所不知的原因开始产生于心中",即是通常我们凭感官感触所得到的。后者则是那种与冷热、饥渴、苦乐等感觉相应的观念通过反省在我们心中产生的欲望和厌恶、希望和恐惧等,即是通常所说的"情感、欲望和情绪"等。他指出,由于反省印象"是出现在感觉印象之后,而且是由感觉印象得来的"③,所以一切观念归根结底都来源于感觉。

诚然,休谟在说明"一切观念都起源于印象"时,曾在逻辑上有相矛盾的地方。如他说过,简单观念并非总是与印象相类似,从相应的印象得来。我见过巴黎,我就能对它形成一个能完全复现其街道和房屋的观念吗?一个视觉正常的人,即使从未见过两种色调之间的颜色,也能凭想象产生这种颜色的观念。但他辩解道,这种相反的例证极为稀少,不足以"改变我们的概括准则"④。

休谟关于人性科学中"第一条原则"的上述规定,明显地表明了他的知性理论坚持只有感性认识才是知识的来源、基础的经验论的基本观点,具有与笛卡尔和莱布尼茨的天赋观念论相对抗的性

① 休谟:《人类理解研究》,商务印书馆 1957 年版,第 21 页。
② 休谟:《人类理解研究》,商务印书馆 1957 年版,第 21 页。
③ 休谟:《人性论》,商务印书馆 1980 年版,第 20 页。
④ 休谟:《人性论》,商务印书馆 1980 年版,第 18 页。

质。如他曾宣称，现在这个关于印象或观念的先后问题，正是和哲学家们争论"有无先天观念"的问题一样。为了证明广袤和颜色的观念不是天赋的，哲学家们仅仅指出这些观念都是由我们的感官传来的；为了证明情感和欲望的观念不是先天的，哲学家们只是说，我们自身先前就曾有过这种情绪的经验。"我希望这样清楚地陈述问题，将会消除有关这个问题的一切争论，并使这个原则在我们的推理中具有比向来较大的作用。"① 可见，在休谟那里，"一切观念都起源于印象"乃是他用来反对唯理论在知识起源问题上的观点的重要原则。需要说明，休谟在他的著作中确实也有"一切印象都是天赋的"等说法。但这只是就"天赋的"一词指"原始的、不由先前知觉摹拟来的"涵义而言，并无"与生俱有"的意思。"如果'天赋的'就是'自然的'而言，那么，人心中的一切知觉和观念都不能不说是天赋的或自然的。"而就天赋观念本身来说，休谟的否定态度是一贯的："如果所谓天赋的，是指与生俱来的，则那个争论仍似乎是轻浮的；而且我们也不必枉费心力来考究思想是在什么时候才开始的，是在生前，是在生时，是在生后。"②

休谟关于人性科学中"第一条原则"的规定又表明了他的知性理论具有一般经验论所固有的狭隘性或局限性。如休谟把印象和观念的区别看作就是"感觉与思维的差别"。他不像洛克那样用观念这词指谓"我们的一切知觉，我们的感觉和情感，以及我们的思想"；而把它就叫做思想。"较不强烈，较不活跃的知觉，普通叫做思想或观念。"③ 但是，在他那里，印象和观念即感觉和思想是借它们的"强力和活力"来分辨的；两者之间的差别仅在于"强烈程度和生动程度"各不相同，就如在暗中形成的"红"的观念和在日光照耀下形成的那个印象"只有程度上的差别，没有性质上的区别"④ 一样。这种见解乃与他的"摹本"说相联系即以

---

① 休谟：《人性论》，商务印书馆 1980 年版，第 18～19 页。
② 休谟：《人类理解研究》，商务印书馆 1957 年版，第 23 页。
③ 休谟：《人类理解研究》，商务印书馆 1957 年版，第 20 页。
④ 休谟：《人性论》，商务印书馆 1980 年版，第 15 页。

摹本说为基础，由摹本说所派生。本来他就认为观念是印象在心中的"摹本"。休谟在这里完全否认和抹煞了感性认识和理性认识之间质的差异，这是他的知性理论过分夸大感觉在认识中的作用的重要表现。

休谟曾作过"一切观念和印象都是类似的"概括判断，强调这两类知觉是精确地相应的。如他说过"每个简单印象都伴有一个相应的观念，每个简单观念都伴有一个相应的印象"。正是根据这个观点，他提出了判断观念真假的标准。他说，我们有什么发明可以洞察我们的思想和推理，使它们成为完全精确而确定的呢？我们只须考究"那个假设的观念是由什么印象来的"，即只要把推理归结为复杂观念，再归结为简单观念，然后再追溯到这些观念所摹拟的那些印象或原始感觉就行了。能够诉诸印象的观念和推理是真实的，否则它们便是虚假的。因为"这些印象都是强烈的、可感的。它们并没有歧义"①。"考察印象，可以使观念显得清楚；考察观念，同样也可以使我们的全部推理变得清楚。"② 这就是休谟所谓的"新显微镜"即以印象作为检验观念真假的标准的观点；他曾运用这个标准否定了"形而上学"理论。这是他过分地夸大感觉在认识中的作用的又一表现。

休谟夸大感觉在认识中的作用是与他否认抽象观念的存在联系在一起的。在这个问题上休谟赞同贝克莱对洛克抽象观念学说的批判，曾说"这一点是近年来学术界中最伟大、最有价值的发现之一"。他认为，人心中不可能有抽象观念，"一切一般观念都只是一些附在某一名词上的特殊观念"③；这个名词由于一种"习惯的联系"，在需要时唤起那些和其相似的其他各个观念来，这时这些特殊观念就成为一般的、抽象的了。这就是"我们抽象观念和一般名词的本性"。例如，"人"这个抽象观念实是代表着种种身材

---

① 休谟：《人类理解研究》，商务印书馆 1957 年版，第 23、58 页。
② 休谟：《人性论》，商务印书馆 1980 年版，第 91 页。
③ 休谟：《人性论》，商务印书馆 1980 年版，第 29 页。

不等、性质不同的人们；"形"这个一般名词也实是代表着不同的大小和比例的圆形、正方形、平行四边形和三角形等。不仅如此，休谟还为贝克莱的唯名论观点提供了一系列的论据。如他说，人们公认"自然界的一切事物都是特殊的；要假设一个没有确切比例的边和角的三角形真正存在，那是十分谬误的。因此，如果这种假设在事实上和实际上是谬误的，那么它在观念上也必然是谬误的"。他还运用其验证观念真假的标准，以找不出与抽象观念相应的印象为由，来否定抽象观念的存在。总之，在休谟看来，"抽象观念本身就是特殊的，不论它们在表象作用上变得如何的一般"①。休谟关于抽象观念之不可能性的观点是他蔑视理性作用的有力说明。这和他夸大感觉在认识中的作用乃是一个问题的两个方面。这两个方面也就是他的"一切观念都起源于印象"的原则具有一般经验论的狭隘性或局限性的明显表征。

休谟关于人性科学中"第一条原则"的规定尤其表明了他的经验论比之洛克和贝克莱的经验论具有更彻底的性质。我们看到，洛克和贝克莱都主张知识起源于感觉经验，强调"凡是存在于理智中的，无不先存在于感觉中"，"一切知识都是从感觉获得的"。但是，他们的这个原则并没有被贯彻到底。如洛克的白板说所涉及到的知识有两重起源，即感觉和反省。通过前者我们获得外部对象的观念，通过后者我们获得心灵自身内部活动的观念；两者是并列的。并且两者本身都是观念，即感觉观念和反省观念，全部经验由它们所组成。在贝克莱那里，感觉也是观念即特殊观念。休谟则不同，他在论述一切观念都起源于印象时，反对洛克对观念的涵义作过分广泛的理解即把经验也称作观念，而在观念之外提出了印象，认为更为基本的因素是印象；印象虽同样可分为感觉印象和反省印象，但两者不是并列的，反省印象最终源于感觉印象。在他那里，感觉印象乃是一切观念的最终原因和知识的惟一源泉；而观念是否真实也仅在于它在印象中是否有其原型。

---

① 休谟：《人性论》，商务印书馆 1980 年版，第 32 页。

又如，洛克在谈论知识所由以组成的复杂观念时承认有所谓实体观念，认为我们由于不能想象那些简单观念如何能够独立存在，便假定有一个基质作为它们的支托和产生的原因，这基质就叫做实体，如物质实体或精神实体。实体本身是不可知的，但确应存在；而关于实体的观念不能从感觉经验得来，它们只是我们所假设的。贝克莱为保证事物的存在就是被感知的原则的有效性，确认了作为最高精神实体的上帝的存在；而对于上帝，他认为我们也不能从感觉经验来获得观念，但有一种"意念"。简言之，洛克和贝克莱的经验论体系内都含有与之相矛盾的一定的唯理论因素。休谟则不同，他强调全部关于事实的知识都由观念所组成，最终都是建立在感觉印象的基础之上的；即使是上帝，如果对他有观念也只能来源于感觉印象。在他的经验论体系里，没有唯理论的因素。这一切都说明，休谟力图使经验论得到净化，得到彻底的贯彻，即他把经验论发展得更片面、更极端了。这是他的经验论异于以前的经验论的重要特征。

第二节　在感觉源泉问题上的温和的怀疑论思想

在休谟那里，一切观念都起源于印象，确切地说都起源于感觉印象，这是他对知识起源问题即观念和印象关系问题的回答。那么，感觉印象从何而来？他在感觉源泉问题上又是持怎样的观点呢？综观英国经验论的发展，我们看到，一切知识来自感觉经验，这是所有经验论者都承认的"认识论的第一个前提"。但在"认识论的第二个前提"即客观实在是否是人的感觉源泉问题上，他们却有不同的回答。洛克从感觉出发，遵循着客观主义的路线，认为感觉是物体、外部世界的映象，对此作了肯定的回答，走向了唯物主义；贝克莱从感觉出发，遵循着主观主义路线，认为物是感觉的复合或组合，对此作了否定的回答，走向了唯心主义。而休谟则与他们都不同；概括地说，他在论述感觉印象时，强调它们是"由我们所不知的原因开始产生于心中"①，在感觉源泉问题上持怀疑论即不可知论的观点。

休谟是根据其一切观念都起源于印象，是印象的摹本的原则，从考察实体观念从何印象得来着手，来论证和构建其怀疑论观点的。他提问道："实体观念是从感觉印象得来的呢，还是从反省印象得来的呢？"他认为，如果实体观念是从我们的感官传给我们的，那它或是从眼睛传来，或是从耳朵传来，或是被味觉所感知，就只是一种颜色，一种声音或一种滋味；如果实体观念是从反省印象得来，那它也就只是一种情感或一种情绪。但事实是人们都相信所述"两者之中没有一个能够表象实体"②。而既然我们找不到与实体观念相应的、作为实体观念起源的印象，所以实体观念就是虚假的，仅起源于人心的虚构。实际上，实体观念只是"一些简单观念的集合体"，并无其他的意义；这些简单观念通过想象被结合起来，我们赋予其一个名称藉以支撑它们，这就是实体。例如，"黄金"实体观念便是黄色、重量、可展性、可熔性等简单观念的集合体。既然如此，我们就不能证明实体是存在的，也不能证明实体是没有的；因而，感觉源泉问题是人类无法解决的。这是休谟关于在感觉源泉问题上的怀疑论观点的一般性说明。

休谟还对感觉源泉问题上的怀疑论观点作过具体的说明，这一说明是根据其人性科学的第一条原则通过对物质实体和精神实体一一加以考察来进行的。首先，他对物质实体、外部世界的存在表示怀疑。这里，所谓物质实体、外部世界乃指独立于我们的意识而存在的客观实在。休谟指出，人们按照"自然的本能"在自己的思想和行动中总喜欢肯定：由感官提供给我们的是一个"外在的宇宙"；它与我们的知觉有"种类差别"，是两个截然不同的东西；它不依靠于我们的知觉而存在，即使我们不在场或都消灭了，它仍然会存在。但是休谟反对这个唯物主义的观点。他和贝克莱一样强调能够呈现于心灵的，除了映象或知觉之外，没有别的东西。"我

①　休谟：《人性论》，商务印书馆 1980 年版，第 19 页。

②　休谟：《人性论》，商务印书馆 1980 年版，第 28 页。

们的感官显然不把它们的印象呈现为某一种各别的、独立的和外在的事物意象；因为它们只给我们传达来一个单纯的知觉，而毫不以任何外在事物提示我们。"① 在他看来，通过感官我们只能获得颜色、声音等感觉印象，而根本不可能获得与物质实体、外部世界的观念相应的感觉印象，因而也根本不可能形成有关它们存在的观念。我们怎能知道在这些感觉印象之外有物质实体的存在呢？例如，"当我们说'这个屋'和'那棵树'时，我们所考究的存在，不是别的，只是心中的一些知觉，只是别的独立而齐一的一些事物在心中所引起的迅速变化的一些摹本或表象"②。他甚至这样说过，"我们纵然尽可能把注意转移到我们的身外，把我们的想象推移到天际，或是一直到宇宙的尽处，我们实际上一步也超越不出自我之外，而且我们除了出现在那个狭窄范围以内的那些知觉以外，也不能想象任何一种的存在"③。正是基于这种看法，休谟作出结论说，用什么根据可以证明，心灵的各种知觉一定是由与它们不同的外物引起的，是外物的摹本？是凭借经验吗？但是"经验在这里，事实上，理论上，都是完全默不作声的"④。因为，"在心灵前面呈现的，除了知觉以外，是根本没有别的东西的，它决不能经验到知觉与对象的联系"；所以，"物体怎样会对心灵发生作用，将自身的映象带到心灵中，这个问题是最无法解释的"⑤。

休谟关于物质实体的考察无疑是继承着贝克莱否定物质客观实在性的观点的。但两者又有不同。贝克莱利用洛克两种性质学说的不彻底性，把外部世界归结为感觉，从根本上取消了感觉源泉的问题；休谟则提出了感觉的外部源泉的问题，并持怀疑论的立场，作出了关于物质实体不可知的结论。如他所说，"你如果把物质的一切可觉察的性质（不论原始的或次等的）都剥夺了，你差不多就

---

① 休谟：《人性论》，商务印书馆 1980 年版，第 215 页。
② 休谟：《人类理解研究》，商务印书馆 1957 年版，第 134 页。
③ 休谟：《人性论》，商务印书馆 1980 年版，第 84 页。
④ 休谟：《人类理解研究》，商务印书馆 1957 年版，第 135 页。
⑤ 《十六——十八世纪西欧各国哲学》，商务印书馆 1975 年版，第 665～666 页。

把它消灭了，只留下一种不可知，不可解的东西，作为我们的知觉的原因"①。

其次，他对精神实体的存在表示怀疑。这里所谓的精神实体是指上帝和自我：上帝是"客观实体"亦即离开自我而独立存在的客观精神；自我是"主观实体"亦即作为人的心灵、灵魂的主观精神。休谟指出，用上帝这个"最高实体"的真实无妄来说明我们感觉的源泉及其真实无妄，这是"很无来由的一个绕弯"。因为，作为全智全善的神明的上帝观念不过是"由于我们反省自己的心理作用，并且毫无止境地继续增加那些善意和智慧的性质"而生起的②，是反省印象的产物；既然如此，它怎能成为感觉印象的根源呢？又如果上帝是真实无妄的，是感觉的源泉，那我们的感觉应该是完全无误的，因为上帝是不会骗人的；但事实并非如此。这样，既然上帝是超越感觉经验的东西，它的存在与否也就是悬而未决的了。

休谟还指出，自我也是超越感觉经验的东西。按照他的论证，一切观念都来自感觉印象，若有自我的观念，那就必定要有与之相类似的印象。但是，这样的印象是"难以想象的"。因为，自我、心灵作为实体其特征就在于独立自存、恒定不变、连续存在即具有完全的同一性和单纯性；而实际上"并没有任何恒定不变的印象"。"当我亲切地体会我所谓我自己时，我总是碰到这个或那个特殊的知觉，如冷或热、明或暗、爱或恨、痛苦或快乐等等的知觉"；这些知觉"互相接续而来，从来不全部同时存在"。他认为，通常所谓自我、心灵就"只是那些以不能想象的速度互相接续着、并处于永远流动和运动之中的知觉的集合体，或一束知觉"③，就好比一个"舞台"，各种知觉在这个舞台上来回穿过，悠然逝去，混杂于无数种的状态和情况之中。他强调，"在同一时间内，心灵是没有单纯性的，而在不同时间内，它也没有同一性"。我们只是

---

① 休谟：《人类理解研究》，商务印书馆 1957 年版，第 137 页。
② 休谟：《人类理解研究》，商务印书馆 1957 年版，第 21、67 页。
③ 休谟：《人性论》，商务印书馆 1980 年版，第 282、283 页。

由于想象那些变化着的特殊印象是同一的，才取得了"灵魂、自我实体的概念"，如橡树由幼小的树苗长成高大的树林，仍然是橡树；古老的教堂几经修建、变化，人们还说它是同一座教堂一样。换句话说，我们所归之于心灵的这种"人格的同一性"，乃以记忆和想象为根源，"是一定发生于想象在相似对象上的相似作用"；它只是一种"虚构的同一性"。而没有恒定不变的印象，也就没有关于自我的印象，从而也就没有关于自我的观念。因此，"关于灵魂实体的问题是绝对不可理解的"①。

总之，休谟通过对物质实体和精神实体的详尽考察强调，由感官所发生的那些印象，"它们的最终原因是人类理性所完全不能解释的。我们永远不可能确实地断定，那些印象还是直接由对象发生的，还是被心灵的创造能力所产生，还是由我们的造物主那里得来的"②。这亦即是休谟的怀疑论。列宁曾说过，"休谟所谓的怀疑论，是指不用物、精神等等的作用来说明感觉，即一方面不用外部世界的作用来说明知觉，另一方面不用神或未知的精神的作用来说明知觉"③。此外，我们看到，休谟在谈论这一理论原则时还有过这样的心理描述："我在什么地方？我是什么样的人？我由什么原因获得我的存在，我将来会返回到什么状态？我应该追求谁的恩惠，惧怕谁的愤怒？四周有什么存在物环绕着我？我对谁有任何影响，或者说，谁对我有任何影响？我被所有这类问题迷惑了，开始想象自己处于最可怜的情况中，四周漆黑一团，我完全被剥夺了每一个肢体和每一种官能的运用能力。"④ 这一描述可说是淋漓尽致地表现了他的怀疑论思想。

休谟的怀疑论是理性的怀疑论。休谟说，"自然使我们与它所有的秘密保持一个很大的距离，它只让我们认识事物的少数表面性质，至于那些为事物的影响完全依靠的力量和原则，它是掩藏起来

---

① 休谟：《人性论》，商务印书馆1980年版，第289、280页。
② 休谟：《人性论》，商务印书馆1980年版，第101页。
③ 列宁：《唯物主义和经验批判主义》，人民出版社1950年版，第21页。
④ 休谟：《人性论》，商务印书馆1980年版，第300页。

不让我们看见的"①。在他那里，知觉不是联系主观和客观的桥梁，而是割裂两者的屏障；知性的活动，不论在哲学或日常生活的命题中都不留下任何最低的证信程度。所以他的怀疑论也就是不可知论。不可知论的实质就在于它不超出感觉，停留在现象的此岸，不承认感觉的界限之外有任何"确实可靠"的东西。这无疑是反科学的。如列宁所说，"不可知论者是纯粹的'实证论者'"②。不过，不可知论这个名称并非休谟所提，它乃是后来英国著名生物学家赫胥黎（1825～1895）把休谟的怀疑论确切地称作不可知论，才使这个名称通用起来的。赫胥黎本人也是一个不可知论者。

休谟的怀疑论的产生有其理论渊源。康浦·斯密曾称比埃尔·培尔1697年出版的怀疑主义著作《批判的历史辞典》一书是休谟怀疑论的最初来源。休谟还认为，贝克莱不会承认自己是怀疑论者。不过他的经验论的全部论证实际上是纯粹怀疑主义的，"已经成了古今哲学家中怀疑主义的最好的课程，甚至培尔也是不能超过他的"。因为"那些论证都不容有任何答案，而且也不能产生任何确信。它们的惟一作用只是引起那种暂时的惊异、犹疑和纷乱来，这正是怀疑主义的结果"③。但是，休谟尽管吸取了贝克莱的怀疑主义因素，毕竟与其有所不同。贝克莱坚持物是感觉的复合，但我们心中所以产生感觉乃由于造物主的特殊意志，那种意志跟着感官的一种运动才刺激起那种感觉来；各种观念也是万能的造物主把它呈现于我们心中的。而在休谟那里，一切都不超出知觉。只有知觉才是真实存在的，知觉是惟一的存在；在知觉以外的一切，无论是物质实体还是精神实体（包括上帝和自我），都是值得怀疑的、不可知的。这说明，休谟持怀疑论的观点乃是他企图克服贝克莱经验论的不彻底性，把他的经验论推向极端的一种表现。与怀疑论相联系，这也是休谟经验论的特点即彻底性所在。

休谟还声称，他的怀疑论反对"极端的怀疑论"或"最狂妄

---

① 《十六——十八世纪西欧各国哲学》，商务印书馆1975年版，第637页。
② 列宁：《唯物主义和经验批判主义》，人民出版社1950年版，第97页。
③ 休谟：《人类理解研究》，商务印书馆1957年版，第137页。

的怀疑论"即皮浪的怀疑主义。因为后者真正地"怀疑一切":不只教我们来怀疑我们先前的一切意见和原则,还要我们来怀疑自己的各种官能;不只否定人的全部知识(包括经验知识在内),还要把外界对象完全"消灭"掉。而承认这种怀疑主义,人类生活的结构就会遭到破坏。他主张把我们的研究"限于最适于人类理解这个狭窄官能的那些题目"①,强调我们即使没有关于真实的现实界的知识,也"绝对而必然地决心要生活、谈话、行动,正如日常生活中的其他人们一样";而不应当"完全断绝了一切科学和哲学"②。正是基于这种生活和科学的观点,休谟称自己的怀疑论是"温和的怀疑论"③。我们看到,这种怀疑论乃蕴含着不可忽视的唯物主义因素:

(一)休谟在实践中并不完全否认外界物体的存在。他曾说,"如果问,毕竟有无物体?那却是徒然的。那是我们在自己一切推理中所必须假设的一点"④。例如,拿我面前的桌子等来说,它们"确实是"分别地存在着;我正在写字,我看到纸存在于我的双手之外,桌子存在于纸之外,书房的四壁存在于桌子之外,我还看到田野在我的书房之外。他也不否认"心灵在发生知觉时,必须要由某处开始",因而承认感官印象"依靠于自然的和物理的原因",探讨这个原因就会"进入解剖学和自然哲学中";甚至就断言,物体的"运动可能是,而且确实是思想和知觉的原因","外界对象只是借着它们所引起的那些知觉才被我们认识"。确实,休谟在一定程度上承认了知觉的产生有其外部的物质根源。

(二)休谟在谈论知觉的产生时还提出过它与"身体的组织"有联系:"我们的全部知觉都依靠于我们的器官,依靠于我们的神经和元气的配置。"如他说道,一个物象虽然可以刺激起某种感觉来,但它若未曾同感官接触过,人也就不能得到那种感觉。一个声

---

① 休谟:《人类理解研究》,商务印书馆 1957 年版,第 143 页。
② 休谟:《人性论》,商务印书馆 1980 年版,300、299 页。
③ 休谟:《人类理解研究》,商务印书馆 1957 年版,第 142 页。
④ 休谟:《人性论》,商务印书馆 1980 年版,第 214 页。

哑人因其感官有了缺陷就不能形成颜色和声音的感觉；即使我们有正常的感官，若我们与对象的距离不同或正在患病，我们也会感到物体的形状或颜色有所变化。他还用元气的作用来作解释道，"每当心灵把元气送到观念所寓存的脑中那个区域，这些元气总是刺激起那个观念，如果元气恰好流入适当的大脑痕迹，并找出属于那个观念的那个细胞"①。确实，休谟在一定程度上承认了我们的知觉对身体的依赖性，它并不具有任何个别的或独立的存在。赫胥黎就说过休谟"把握到了一个基本的真理：理解心灵活动的关键在于研究这种活动借以发生的那些神经机构中的分子的变化"②。

总之，休谟在日常生活和经验科学的范围内认为，"所谓原始印象或感觉印象，就是不经任何先前的知觉，而由身体的组织、精力、或由对象接触外部感官而发生于灵魂中的那些印象"③。这是休谟藉以和极端怀疑论相区别的唯物主义观点的主要表现。毕竟他生活在自然科学日益获得发展、深入人心的时代。当然，这种观点与其怀疑论的本质是相矛盾的。休谟自己都意识到了这一点，曾说"我就餐，我玩双六，我谈话，并和我的朋友们谈笑；在经过三、四个钟头的娱乐以后，我再返回来看这一类思辨时，就觉得这些思辨那样冷酷、牵强、可笑，因而发现自己无心再继续进行这类思辨了"④。据此，恩格斯曾称休谟的怀疑论在实践上只是一种"暗中接受唯物主义而当众又加以拒绝的羞羞答答的做法"⑤。

第三节　主观主义的因果性理论

休谟的著作重视研究"观念"问题。他在论述复杂观念如关系观念、实体观念和样式观念、抽象观念和特殊观念等时，特别指

---

① 休谟：《人性论》，商务印书馆1980年版，第238、76页。
② 托·赫胥黎：《论休谟》，1902年英文版，第79页。
③ 休谟：《人性论》，商务印书馆1980年版，第309页。
④ 休谟：《人性论》，商务印书馆1980年版，第300页。
⑤ 《马克思恩格斯选集》第4卷，人民出版社1972年版，第222页。

出关系观念有诸种，除类似关系、数量关系、等级关系、相反关系外，还有同一关系、时空关系和因果关系；其中因果关系是最值得探究的一种观念。如前所述，休谟把人类全部知识的材料看作就是知觉，即印象和观念，提出了一切观念都起源于印象的经验论原则；这涉及到观念的来源即观念和印象的关系问题。他论证和作出了物质实体和精神实体不可知的怀疑论的结论；这涉及到感觉的来源即感觉和外物的关系问题。在这里，我们看到，他又着力探究了因果性问题；这则涉及到观念和观念的联系问题了，这种联系使我们"由于一个对象的存在或活动而相信，在这以后或以前有任何其他的存在或活动"①。

休谟是在陈述两类知识中提出因果性问题的。在休谟看来，"人类理性（或研究）的一切对象可以自然分为两种，就是观念的关系和实际的事情"②；相应地知识也就可分为两类。他认为，第一类知识以类似关系、数量关系、等级关系和相反关系为对象，这些关系"完全决定于我们所比较的各种观念"。如，一等腰三角形和另一等腰三角形有形状的类似关系，三角形的角和角之间有数量的比例关系，这些关系其原因都在于三角形本身，其存在和变化为三角形自身的性质所决定。对这些关系的认识就是所谓关于"观念的关系"的知识。他还解释道，这类知识或是通过直观的方式获得，或是通过理性的解证的方式获得；如包括几何、代数和算术在内的关于数量关系的知识就是这样的知识。这类知识由"抽象的推论"、"必然的推论"所构成，本质上是分析命题，即我们只需凭"思想作用"对三角形等观念进行分析便可获得"三角形之和等于两直角"等知识。它们不扩大内容，因其无需诉诸经验证据而具有"直觉的确定性"或"解证的确定性"即"绝对的或形而上学的必然性"。休谟在这里承认数学科学是惟一的理性知识，这是他不得不对唯理论所作的让步。但他谈论数学科学又只是为了通过对它的研究来发现和确定理性知识的界限，去否定以实体、

① 休谟：《人性论》，商务印书馆 1980 年版，第 89～90 页。
② 休谟：《人类理解研究》，商务印书馆 1957 年版，第 26 页。

神、单子、隐德莱希为对象的"形而上学"的研究。实际上，休谟真正重视的是另一类关于"实际的事情"的知识。

休谟认为，另一类知识乃以同一关系、时空关系和因果关系为对象，这些关系其原因不存在于被比较的观念本身，它们完全"决定于心灵所不能预见的千百种不同的偶然事件"①。如当我用一只台球去撞击另一只台球并且引起后者的运动时，我们才能确认两球的运动之间有因果的关系；单根据台球本身的性质是无法发现前者是后者的原因的。对这些对象之间的关系的认识就是所谓关于"实际的事情"的知识。他还解释道，这类知识无论多么复杂，都是通过观察和经验的方式得来；如历史学、年代学、地理学、天文学、政治学以及物理学、化学等就是这样的知识。这类知识由经验的推论所构成，本质上是综合命题，如"恺撒被刺"、"陨石下落"、"火能燃烧"等。它们能扩大内容，因其只是偶然地是真的，我们必须诉诸经验才能确定其真假，所以是或然的、概然的即不具有绝对的必然性、自明性。休谟在这里强调，这类知识藉以构成的关于人类社会和自然界的种种"实在事实和存在"的经验推论，乃是以因果关系为基础的。"关于实际事情的一切理论似乎都建立在因果关系上。只凭借这种关系，我们就可以超出我们记忆和感官的证据以外。"② 而在同一关系和时空关系中间，"心灵都不能超出了直接呈现于感官之前的对象，去发现对象的真实存在或关系"③。换句话说，我们从一个当下存在的事实推论出另一个不在当下存在的事实，从已知推到未知，从过去推到将来，甚至从单纯的观察陈述推到全称的科学定律，其"依据"就在于我们假设这些事实间有一种必然的因果关系；否则"那种推论会成了完全任意的"。例如，我们从荒岛上找到一个表，就会推断说从前该岛上一定有人来过；这个推论就是以存在着人和表的联系为前提的。而这种以因果关系为基础的推论乃"形成了大部分人类知识，并且是一切人类

---

① 休谟：《人性论》，商务印书馆1980年版，第85页。
② 休谟：《人类理解研究》，商务印书馆1957年版，第27页。
③ 休谟：《人性论》，商务印书馆1980年版，第89页。

行为的源泉"①。正是基于这种认识，休谟才提出了因果性问题，认为有必要对它作充分的探究和阐述。当然，对他来说，作这样的探究是为了"证明，对象中没有任何理由可供我们推出超越它本身的结论。即使在恒常重复后，也不可能从观察到的东西推出未被观察到的东西"②；从而否定唯物主义者对因果关系客观性的确认。而若没有这种探究，他就不可能严密地构建他的经验论和怀疑论，即"试探一种较充分、较满意的理论，以代替前人向大家所提出的理论"③。

休谟在其著作中是按照一切观念都起源于印象的原则来探究因果性问题的。通过探究，阐述"因果关系观念"的起源和根据，表明因果关系的本性，这即是其因果性理论的基本内容。概括地说来，休谟的因果性理论有如下的逻辑层次和基本论点：

第一，我们关于因果关系的观念开始于观察和经验。休谟指出，关于因果关系的知识"在任何例证下都不是由先验的推论得来的；这种知识所以生起，完全是因为我们根据经验"。这就是说，他认为，我们在遇到某些物象时，只有凭借观察和经验来考察它们，即"看到某些特殊的物象是恒常的互相连合在一块的"④，才能揭示出因果之间的联系来。例如，只有事先熟悉物象的热和冷的性质，并经常观察到热和结晶、冷和冰在一起出现，才能知道结晶是热的结果，冰是冷的结果。离开了观察和经验的帮助，不管我们的"理性官能"多么完全，我们都不能妄加推断任何原因或结果。因为"结果和原因是完全不一样的"，第一个弹子的运动丝毫没有涵摄着和提示出第二个弹子的运动来，所以我们就不能单凭理性从前者的运动"先验地推论"出后者的运动来。否则，其结论就不会有直观的或证明的确实性。休谟在这里强调，"因果之被人

① 休谟：《人类理解研究》，商务印书馆 1957 年版，第 145 页。
② Barry Stroud：《休谟》，1977 年英文版，第 68 页。
③ 休谟：《人类理解研究》，商务印书馆 1957 年版，第 27 页。
④ 休谟：《人类理解研究》，商务印书馆 1957 年版，第 28 页。

发现，不是凭借于理性，乃是凭借于经验"①。我们关于因果关系的观念归根结底是根据经验而生起，经验是我们关于因果关系知识的真正起源。应当说，这是他在因果性问题上贯彻经验论原则的表现和结果。

第二，单凭经验是不能获得普遍性和必然性的。休谟又说，"任何物象都不能借它所呈现于感官前的各种性质，把产生它的原因揭露出来，或把由它所生的结果揭露出来"②，认为，我们所考察的物象只能显示其各种可感的性质，而并不显示出物象之间的因果关系。在他看来，事物的可感性质和现象与事物间的因果关系是两回事。前者如形状、重量、硬度、颜色、气味等，具有个别性和偶然性；后者是事物间的一种关系，具有普遍性和必然性。两者之间没有可以发现的联系。因此，我们单凭观察和经验也只能感知这些具体的可感性质，或者感知一个现象继另一个现象，而不能发现出事物的前因后果，一个现象必然使另一个现象出现。例如，我们不能根据水的流动和透明，或热伴随火出现，就断言水会把人淹死，或火能产生热。换言之，我们单凭观察经验根本找不到与因果关系观念相应的感觉印象，所以也不可能有因果关系的观念。

那么，在另一种情况下即通过观察和经验的多次重复和积累，我们能否得到关于因果关系的观念呢？在这里，休谟对因果关系观念的要素作了分析。他认为，原因和结果之间应包含有：（一）在空间中的接近关系，凡被认为有因果关系的对象总是相互关联、相互接近的。（二）在时间中的接续关系，凡被认为有因果关系的对象总是前后相继、因在前果在后的。但是，这并不等于说，一个对象和另一个对象相接近，并且出现在另一个之后，它就是另一个的结果。在他看来，接近关系和接续关系只是因果关系的必要的因素，而非充足的因素，单凭它们不能形成完整的因果关系观念。因果关系的最重要的因素仍是（三）对象和对象之间的必然联系。"一个对象可以和另一个对象接近、并且是先在的，而仍不被认为

①　休谟:《人类理解研究》，商务印书馆 1957 年版，第 28 页。
②　休谟:《人类理解研究》，商务印书馆 1957 年版，第 28 页。

是另一个对象的原因。这里有一种必然的联系应当考虑。这种关系比上述两种关系的任何一种都重要得多。"① 正是基于上述要素分析，休谟指出，即使是观察和经验的多次重复和积累，我们也是不能获得关于因果关系的观念的。"我们只是凭经验得知各种物象的寻常会合，而却不能理会到所谓联系的那种东西。"② 他强调，因果关系是一种普遍的必然的联系，它应当适用于一切空间和时间，无论是过去、现在和将来。而经验只教导我们说，"那些特殊的物象，在那个特殊的时候，是曾赋有那些能力和力量的"，而不预示将来的物象，不提供普遍的必然的认识；即使是观察到恒常的会合，这种会合也是偶然的堆积。休谟说，"根据经验而来的一切推断，都假设将来和过去相似，而且相似的能力将来会伴有相似的可感的性质——这个假设正是那些推断的基础。如果我们猜想，自然的途径会发生变化，过去的不能为将来的规则，那一切经验都会成为无用的，再也生不起任何推断或结论。因此，我们就不能用由经验得来的论证来证明过去是和将来相似的。"③ 例如，我们一千次地看到太阳由东方升起、西边下落，我们还是不能断定第一千零一次太阳是否由东方升起、西边下落。

由此可见，不论上述哪种情况，休谟都认为，我们通过经验是不能获得因果关系的观念的。"我们只是假设，却永不能证明，我们所经验过的那些对象必然类似于我们所未曾发现的那些对象。"这是休谟提供的一个很有价值的观点。恩格斯曾说，"休谟的怀疑论说得很对：有规则地重复出现的 post hoc〔在这以后〕决不能确立 propter hoc〔由于这〕"④。

第三，因果关系观念的"真正的根据"在于习惯性的联想。在休谟那里，因果关系观念的产生必须从经验开始；而单凭经验是不能证明必然性，获得因果关系观念的；那么因果关系观念的真正

---

① 休谟：《人性论》，商务印书馆 1980 年版，第 93 页。

② 休谟：《人类理解研究》，商务印书馆 1957 年版，第 64 页。

③ 休谟：《人类理解研究》，商务印书馆 1957 年版，第 37 页。

④ 《马克思恩格斯选集》第 3 卷，人民出版社 1972 年版，第 550 页。

根据又是什么呢？对此，我们看到，休谟另辟蹊径，企图从心理学的角度来解决这个问题。在他看来，我们多次观察到相似的一些物象或事情"恒常地会合"在一起，这虽然并不提示出它们之间的必然联系的观念，却可以使我们在心中形成一种"习惯"。这里，所谓习惯，休谟是指"凡不经任何新的推理或结论而单是由过去的重复所产生的一切"①，即任何一种动作在屡次重复之后，如果产生了一种偏向，使我们不借理解的任何推论或过程，就容易来再度重复同样动作，那种偏向就是习惯。而休谟指出，这种习惯能使我们在看到一些事情出现以后，就来"期待"它的恒常的伴随，并且"相信"那种伴随将要存在。例如，在多次见到焰与热，雪与冷恒常地会合在一起后，我们在看到火和雪时，便会被习惯所推移来期待热和冷，并相信这两种性质是会出现的。而当我们感觉到我们的"想象"在一个物象和其恒常伴随间作这种"习惯性的推移"时，我们在心中就相应地得到一个印象，由这种印象我们才生起"必然联系"、"因果联系"的观念来；它们就是这种印象的摹本。这就是说，休谟提出"习惯性的联想"作为因果关系观念的"新基础"或"真正的根据"，认为因果关系观念是我们在经验的基础上通过"习惯性的联想"而产生的。"根据经验来的一切推论都是习惯的结果"②。在这里，他把"习惯性的联想"看作是他的人性科学的又一重要原则："我们的第二个原则也同样是很明显的，即想象可以自由地移置和改变它的观念。"③ 他强调，习惯性联想是一种大家普遍承认的人性原则，具有自明性，为人所熟知。他并说，"习惯就是人生的最大指导"④，认为只有这条原则可以使我们的经验有益于我们，并且使我们期待将来有类似过去的一串事情发生；若没有这条原则，那我们的一切行动都会立刻停止，大部分的思维也会停止。

---

① 休谟：《人性论》，商务印书馆 1980 年版，第 122 页。
② 休谟：《人类理解研究》，商务印书馆 1957 年版，第 41、42 页。
③ 休谟：《人性论》，商务印书馆 1980 年版，第 21 页。
④ 休谟：《人类理解研究》，商务印书馆 1957 年版，第 43 页。

休谟的因果性理论即以上所述关于因果关系观念的起源和根据的论述，是和他对当时流行的两种因果观的批判分不开的。我们知道，17 世纪经验论哲学家洛克等主张从感性的存在和个别的知觉出发推论出一般的普遍的概念来。例如，他们根据事物具有广延、重量、硬度等可感性质推论出了实体的存在，认为：这些可感性质背后一定有某种依托，否则它们的存在便不能设想；这种依托就是实体。他们也用这样的推论方法肯定了因果关系等规定的存在，认为：事情中包含有某种性质即"能力"，这种能力就是各种现象的原因，后者是其结果，如面包有营养的能力，它能使人健康，山扁豆有泻肚的能力，它能使人害病等；而整个自然界便是由一系列原因和结果机械地构成的一条锁链。休谟把这类观点称作存在于经验论中的形而上学；并在反对形而上学中着重批判了其中的机械论的因果观。他正确地指出，所谓"能力"，其本身如同"势用"、"力量"等，是"最含糊、最不定"的观念，我们完全不知道它是什么。"自然使我们远离开她的秘密，她只使我们知道物象的少数表面的性质；至于那些物象的作用所完全依据的那些能力和原则，自然都向我们掩藏起来。"① 而因果性是一种"关系"，因此，用事物中这样的能力是无法说明的。同时，根据观念必须由印象来解证的原则，我们永远不可能有关于事物的"能力或神秘的性质"的感觉印象，所以也就不可能有关于能力的观念。因此，与其说是在用能力观念来说明因果关系，不如说是在用这个名词来"遮掩"对因果关系的无知②。休谟对这种因果观的批判是他反对经验论的形而上学的组成部分。他揭示了 17 世纪经验论者的机械论观点的缺陷，促进了当时人们对因果范畴的研究；但他又由此推论说"我们如果在物质的一切已知性质中来寻找这种最终的能力，那是徒然的"③，从而同时否定了 17 世纪经验论者对因果关系客观性的确认。

---

① 休谟：《人类理解研究》，商务印书馆 1957 年版，第 32 页。
② 休谟：《自然宗教对话录》，商务印书馆 1962 年版，第 35 页。
③ 休谟：《人性论》，商务印书馆 1980 年版，第 182 页。

　　我们看到，17 世纪唯理论哲学家笛卡尔等则从定义出发，进行理性推论来引出因果关系观念，认为：物质的本质是广延；而使物质运动的力量和原因不可能包含在广延里，亦即不在于物质的方面；所以它们应当在于神的方面，即全智全能的上帝是物质运动的"第一因"。休谟也批判了这种神学唯心主义的因果观。他明确地指出，主张最高神明有普遍能力和作用的这种学说虽合逻辑，却是"远离日常生活和经验"、使我们进入"神仙之乡"的一种论调。"如果任何感觉印象或反省印象都不涵摄任何力量或效能，那么也就同样不可能发现或想象神具有任何那样主动的原则。"① 他还按照不可知论的观点，用相似的推论方法指出，"我们不能了解最粗重的物质的作用，我们也一样不能了解最高神明的作用。构想运动起于冲击，果然比构想运动起于意志较为困难么？我们所知道的，只是我们在两种情形下的完全无知"②。休谟对这种因果观的批判是他反对唯理论的形而上学的组成部分，也是对贝克莱神学唯心主义因果观的批判。它具有反经院哲学的性质，其合理的因素是显然的。而正是在对上述两种因果观的批判中，休谟找到了解决因果性问题的"新"方向，提出了上述自己对因果关系观念的起源和根据的看法。

　　休谟的因果性理论表达了他关于因果关系观念本性的一种特殊理解。如前所述，这一理论的主要之点即在于以人的习惯性的联想作为因果关系观念的真正根据。在他那里，因果关系观念完全是"借着充分的习惯确立起来的"；这种观点虽然不同于把神的意志和安排作为因果关系观念根据的观点，但也确实不同于把物质的作用作为因果关系观念根据的观点。休谟曾多次声称："对象之间并没有可以发现的联系；我们之所以能根据一个对象的出现推断另一个对象的存在，并不是凭着其他的原则，而只是凭着作用于想象上的习惯"——一种"心理的倾向"③；这是对因果关系观念的"惟

① 休谟:《人性论》，商务印书馆 1980 年版，第 183~184 页。
② 休谟:《人类理解研究》，商务印书馆 1957 年版，第 67 页。
③ 休谟:《人性论》，商务印书馆 1980 年版，第 123、297 页。

一合理的说明"。休谟的这个观点强调了"经验的多次重复",使得他的因果关系观念多少有一些客观的外在基础;但他终究把"独立于心灵以外"的东西说成是存在于心灵的倾向中,否定了因果关系的客观实在性,否定了因果关系观念是事物的因果关系的反映,在本性上是主观主义的。在这方面,他曾直截了当地说过,"当我们说一个物象和另一个物象相联系时,我们的意思只是说,它们在我们的思想中得到一种联系"①;这样,"或者我们根本没有必然性观念,或者必然性只是依照被经验过的结合而由因及果和由果及因进行推移的那种思想倾向",即是存在于心中,而不是存在于对象中的一种东西②。他将"自然的秩序"完全颠倒了。其实,休谟若彻底地坚持"一切观念都来源于印象"的原则,那是得不到关于因果关系的印象的,因而就不可能有因果关系的观念,即因果关系应是不可知的。但是,他从生活和科学的体验中又不能不承认因果关系观念本身。这样,为在因果性理论上自圆其说,他也就必须否定因果关系观念的客观性;并终于从怀疑论滚进了明确的主观唯心主义的泥潭。这与他在感觉的源泉即实体问题上的观点在形式上不尽相同。

休谟论述这样的因果性理论,其目的和后果不仅在于把外部世界看作一团仅由习惯性的联想加以整理的混乱的知觉印象——惟一可以确证的实在,以否定客观世界本身;而且在于从理论上为关于实际事情的知识即科学知识提供自己的解释。休谟认为,科学知识乃由一系列同事实和存在相关的经验推论所构成,这类推论都建立在因果关系上,由习惯性的联想引申出来;凭借它们,我们由已知到未知,由个别到一般,形成"规则"和"公设"。换句话说,所谓经验推论也就是对过去经验的习惯性的联想、推断。然而,在他看来,由于习惯永远不会使我们联想起从未见过的东西,它只能将我们引向见惯了的现象,使我们期待这些现象在未来的时间和不同

---

① 休谟:《人类理解研究》,商务印书馆 1957 年版,第 69~70 页。
② 休谟:《人性论》,商务印书馆 1980 年版,第 190~191 页。

的空间中再出现；因此，经验推论就"不过是一种感觉"①，一种对曾经感知过的现象的重新感觉。这样，在他那里，整个推论过程从藉以出发的事实到推出的事实就都没有超出可观察的现象的范围，现象便是全部经验认识的界限。如果说，数学知识不超出数和量，那么，关于实际事情的知识即科学知识则不超出现象。于是，所谓科学知识也就只是关于由感觉经验提供的现象的描述，而不是关于认识客观事物的本质、规律和必然性的学问了。休谟强调，这样的知识乃是一种基于习惯性联想基础上的或然性知识。"只有经验才能告诉我们什么是原因和结果的本质和界限，才能使我们从一个事物的存在推论出另一事物的存在。这就是或然性推论的基础"②；由这种推论所形成的科学知识不可能如数学那样有绝对的必然性。他还指出，这样的知识由于是或然的、概然的，所以也只有依靠事实来证实它。又一切经验知识的事实根据是印象，它是最鲜明、最活跃的知觉，最能代表实际发生的事实。因而，我们只需考究"那个假设的观念是由什么印象来的"，即依靠它就能证实经验知识的真假。简言之，休谟通过论述因果性理论使科学知识限制在经验的现象的界限之内，成为一种概然的、实证的知识；他甚至声称"我们如果把自己的思辨限制于对象在我们感官面前的现象，而不进一步探究对象的真正的本性和作用，那么我们便可以免除一切困难，也永不会被任何问题所困惑"③。他在这里公然否定知识的普遍性和必然性；这就严重地贬损了科学知识本身，而把这界限之外的广阔领域留给了神学，为宗教信仰留下了地盘。

此外，关于休谟的因果性理论，我们还应指出：

1. 它具有把人的知性和动物的意识混为一谈的错误。休谟根据因果关系是经验的习惯性联想的观点曾断言，动物的意识也是建立在观察和经验的基础上的，它们的"那种推理本身和人的推理

---

① 休谟：《人性论》，商务印书馆 1980 年版，第 123 页。

② 《十六——十八世纪西欧各国哲学》，商务印书馆 1975 年版，第 669 页。

③ 休谟：《人性论》，商务印书馆 1980 年版，第 79 页注。

并无差别，而其所依据的原则和人性中出现的原则并无差异"①。他并举例道，狗能从他主人的音调推断出他的发怒，并且预见到它要受到惩罚；它还能由刺激其嗅觉的某种感觉，判断出它所追捕的猎物已离它不远。这样，如果说，莱布尼茨曾批评经验论者跟动物一样单凭经验而不知必然的联系和变化的规律，说经验论者所以犯错误犹如禽兽容易被诱捕一样，其原因就在于此；那么，休谟则是以观点的形式在表达和证实莱布尼茨所说的话了。这表明，他比以前的经验论者更突出地表现了经验论所固有的局限。

2. 在对因果关系作要素分析的方面，休谟曾把时空中的接近关系和接续关系看作是因果关系由以构成的必要因素。但是，因果关系不仅于存在着时空关系的情况下起作用，而且于根本不存在任何空间关系的各种情况下也起作用。例如，我们的思想和感情就有其物质的原因和结果；即使把思想归结于脑的某个区域，以此把思想说成在原因上依赖于这个区域，也不能作出思想在空间上与其原因相接近的结论。

如上所述，休谟的因果性理论本质上是主观主义的，有着众多的局限。但是，也应当指出，它同时蕴含有不容忽视的积极因素。这主要表现在他提出的信念概念和归纳问题上。首先，我们看到，休谟曾有这样一段话："我们如果在许多例证下见某两种物象——如焰与热，雪与冷——恒常会合在一块；则在火焰或雪重新呈现于感官时，我们的心便被习惯所推移来期待热或冷，而且相信，那样一种性质确是存在的。"② 这就是说，他在论述因果性理论时，不仅认为因果关系观念的真正根据在于习惯性的联想，涉及到了人的从感性到理性的认识过程中一个必要的因素即心理因素；而且还提出了"信念"的概念。他的因果关系观念是与信念概念相联系的。

休谟定义说，"信念乃是我们因为一个观念与现前印象发生关系而对那个观念所作的一种较为活泼而强烈的想象"③。在他看来，

---

① 休谟：《人性论》，商务印书馆 1980 年版，第 203 页。
② 休谟：《人类理解研究》，商务印书馆 1957 年版，第 44 页。
③ 休谟：《人性论》，商务印书馆 1980 年版，第 123 页。

信念，如对焰之热或雪之冷的"信赖和把握"，是人们在日常生活里处于上述那种情景中后由现前的印象（如关于焰或雪的印象）所"必然"产生的。它本身由于有许多例证就和印象类似，比较强烈和活泼，有稳固性和明白性："信念不是别的，只是比想象的虚构较坚牢较强烈的一种物象的构想"①。它属于"我们天性中感性部分的活动"，是一种特殊的感觉："所谓信念就是感到感官的直接印象，或是感到那个印象在记忆中的复现。"② 它所具有的强烈和活泼的特性被灌注到人心中，就能牢牢地抓住人心，成为人们"全部行动的支配原则"。这些也就是休谟对"信念的本性"的解释。

休谟的解释表明，他所谓的信念不同于想象的虚构。他说，"虚构和信念的差异只在于一种感觉，那种感觉是附着于信念的，并非附着于虚构的，而且它是不依靠于意志的，也是不能任意唤来的。它一定是由自然所刺激的，正如别的一切感觉一样"③。例如，我们可以构想人头和马身是连合在一起的，却不能相信这一走兽是实在存在的。自然，它也不同于宗教信仰。休谟使用 faith 一词来指谓宗教信仰，使用 belief 一词来指谓信念，是深有用意的。这都说明，休谟作为一个有健全思想的哲学家在日常生活中不能不"相信"外部世界的存在，"相信"因果关系的存在。如他说过，"我们的必然观念和因果观念，完全是由自然界各种活动中可以观察到的齐一性中产生的"；"如果各种对象之间并无有规律的联系，我们就永远不能得到任何因果的概念"④。诚然，休谟并不是把因果关系观念的产生真正地"完全归结为来自自然"。他只是说，"在自然界各种活动中，相似的对象是经常集合在一起的，心灵是为习惯所决定，从一件事的出现推断另一件事的。这两种情况就是

---

① 休谟：《人类理解研究》，商务印书馆 1957 年版，第 54 页。
② 休谟：《人性论》，商务印书馆 1980 年版，第 104 页。
③ 休谟：《人类理解研究》，商务印书馆 1957 年版，第 45 页。
④ 《十六——十八世纪西欧各国哲学》，商务印书馆 1975 年版，第 657、663 页。

我们认为物质具有必然性的整个理由"①。但他确实认为，因果关系观念建立在对自然现象的"经常的集合"的观察、经验基础上，并相信因果关系的存在。如他相信"太阳明天将升起"，"凡人皆有死"，"羽毛升天是由于风力的原因"等；并认为这是我们实际生活中的原则，否则我们将要付出痛苦的代价。恩格斯说过，因果性的证明是在人类活动中，在实验中，在劳动中；"由于人的活动，就建立了因果观念的基础，这个观念是：一个运动是另一个运动的原因"②。可见，休谟所谓的"信念"虽不过是一种或然性，或然性越高，我们的信念越可靠，毕竟是某些不属于我们控制的原因所引起的，在一定程度上承认了因果关系观念的外在的客观基础，是对作为科学认识重要内容的客观的因果关系的一种承认。简言之，休谟的信念概念具有唯物主义因素和促进自然科学研究的方面。这是休谟没有把怀疑论应用到实践上而拒绝人们在生活中所遵循的观点的又一表现。

其次，休谟在论述两类知识时曾认为，人类大部分的知识是关于实际事情的知识，这类知识都是由以因果关系为基础的经验推论所构成。这就是说，他在这里不仅涉及到因果性问题，还涉及到了归纳推理问题。可以说，这是其知识论的两大问题，它们是相互联系而不可分割的。

我们看到，休谟在其著作中一方面把因果关系看作归纳推理的前提、基础，即是"我们从一个对象推到另一个对象的正确推断的基础"，认为惟有根据因果关系，我们才能从已知推到未知，从过去预见未来，从个别推到一般；另一方面又把因果关系的证明归结为归纳问题的解决。在他看来，原因和结果之间有一种"必然的联系"，这一定理不能为理性所决定或证明。"如果是理性决定我们，那么它该是依照下面这个原则进行的，即我们所没有经验过的例子必然类似于我们所经验过的例子，而自然的进程是永远一致

---

① 《十六——十八世纪西欧各国哲学》，商务印书馆1975年版，第657页。
② 《马克思恩格斯选集》第3卷，人民出版社1972年版，第550页。

地继续同一不变的"①；这当然是不当的。这样，这一定理就只能来自观察和经验。"我们离了观察和经验的帮助，那我们便不能妄来决定任何一件事情，妄来推论任何原因或结果。"② 这也是休谟的经验论所使然。但是，休谟同时又正确地看到了经验的局限性，认为经验实际上也不能从事物的可感性质中揭示出对象之间的必然联系；它只能从此出发，假定和"期望"它们会产生出与我们过去所经验过的结果相似的一些结果来。例如，从"我曾经看到，那样一个物象总有那样一个结果伴随着它"这命题出发，来推论出另一命题："我预见到，在貌相上相似的物象也会有相似的结果伴随着它。"换句话说，经验在这里不过是一个归纳推理。而归纳推理是如何从前提过渡到结论，从过去过渡到未来，从个别过渡到一般的呢？其间的"中间步骤"或"中介"是怎样的呢？这是尚需要回答的。这样，休谟也就把因果关系的证明归结成为归纳问题的解决。

但是，休谟认为，归纳问题在逻辑上是得不到证明的；亦不是他所能"了解"的。即其中前提和结论之间的联系既不能通过直观来证明，也不能通过"推理"来证明，不管是演绎的或归纳的。例如，"如果我们在各种条件下所观察到的 A 具有 B 性质，那么所有的 A 都具有 B 性质"，这是归纳推理。但是，这一推理本身依然是通过经验即归纳推理得来的。而"同一个原则不能既是另一个原则的原因，又是它的结果"③；否则，必将陷入循环论证。尤其是，归纳推理其结论并不逻辑地蕴含于其前提之中，因而并不具有必然性；它"一定只是或然的"④，即其结论的正确性是值得怀疑的。如他说过，"我们纵然承认，事物的途径最有规则不过，但是我们如果没有一种新的论证或推断，单单这种规则性自身并不能证明那种途径将来仍继续有规则"。因为物体的"可感的性质纵然没

---

① 休谟：《人性论》，商务印书馆 1980 年版，第 106 页。
② 休谟：《人类理解研究》，商务印书馆 1957 年版，第 30 页。
③ 休谟：《人性论》，商务印书馆 1980 年版，第 108 页。
④ 休谟：《人类理解研究》，商务印书馆 1957 年版，第 35 页。

有任何变化，它们的秘密本性仍会变化，因而它们的结果和作用也就会变化"。他还解释道："自然的途径是可以变的，而且一个物象纵然和我们所经验过的物象似乎一样，也可以生出相异的或相反的结果来。"① 因此，这一推理是不能作为证明的手段的。因此，在这里，归纳推理如何从前提过渡到结论，其"中间步骤"是怎样的，这是归纳推理的合理性问题；这个问题也就成了休谟百思不得其解而向公众提出来的著名的"归纳问题"。这样，在休谟那里，归纳问题不能获得解决，因果关系也就无法证明。"不但我们的理性不能帮助我们发现原因和结果的最终联系，而且即在经验给我们指出它们的恒常结合以后，我们也不能凭自己的理性使自己相信，我们为什么把那种经验扩大到我们所曾观察过的那些特殊事例之外。我们只是假设，却永不能证明，我们所经验过的那些对象必然类似于我们所未曾发现的那些对象"②。

应当指出，休谟之提出归纳"问题"，实质上为其从心理的角度用观念的习惯性联想去解释和证明因果性问题开辟了道路。而这正是休谟在因果性问题上否定作为归纳推理基础的因果关系的客观性的表现。但是，休谟毕竟认识到在经验中"那个必然的联系依靠于那种推断，而不是那种推断依靠于必然的联系"，通过经验不能真正获得普遍性和必然性，并提出了"归纳问题"。这是对传统的归纳法的挑战。众所周知，亚里士多德所开创的逻辑学强调，通过归纳推理所获得的公理具有普遍性和必然性，而由这种公理出发所演绎出来的关于事物的知识是绝对无误的。因此，科学知识被认为是由逻辑所支撑的。亚里士多德关于归纳推理的观点后来在培根那里得到了系统的发挥和论述；在自然科学研究中有重大的影响。现在，休谟在论述因果性理论时提出了"归纳问题"，显然，这动摇了传统的对归纳推理的看法。

在人们的认识过程中归纳推理无疑是必要的；我们在任何情况下都不能得出归纳是多余的结论。事实上，大量的归纳推理已被纳

---

① 休谟：《人类理解研究》，商务印书馆1957年版，第37、34页。
② 休谟：《人性论》，商务印书馆1980年版，第109页。

入人们的语言和科学研究中。例如，我们在解释物质对象时都是指迄今发现的，且在连续性中还将这样的属性；我们检验各种科学假设，也只是通过检验增加它们的可信性，这里将看不到终点。并且这类归纳推理，它们的"格"本来就是人们在长期的实践中经亿万次的重复而形成，并具有先人之见的巩固性和公理的性质的。休谟也并非否定归纳推理。如他曾说，"你或者会说我的实行驳倒我的怀疑。不过你这样说，就误解了我这个问题的意义了。如果作为行事人的身份我是很满足于这一点的"。但是，他又认为，"作为一个哲学家，我就不能没有几分好奇心（我且不说有怀疑主义），我在这里就不能不来追问这个推断的基础。在这样重要的事体方面，我的研读从不曾把我的困难免除了，从不曾给我以任何满意"①。休谟在这里把逻辑和实践割裂开来，单纯地从逻辑上去寻找归纳推理的根据，也就不能不陷入很大的片面性和困境。正是基于这点，他才提出所谓归纳问题。"那么我不是除了把这个难题向公众提出来而外，再无别的好方法么?"但是，不管怎么说，休谟之提出归纳问题在人类认识史上是一种进展：它揭示了许多哲学家所未能认识和解决的、被认为是归纳逻辑史上的"疑案"的归纳的合理性问题，推动了人们去对归纳法作进一步的探索和研究；它还从实质上提出了不同于机械论因果观的，并且后来得到现代自然科学验证的概率（统计）因果律这一有价值的理论。应当说，这是休谟因果性理论中又一引人瞩目的方面。

　　以上即是休谟因果性理论的提出、内容、根本性质和积极因素。概括地说，休谟的因果性理论是休谟哲学的重要组成部分。这一理论在本质上是主观主义的，是地地道道的实证论；并意味着从一个新的角度即人的心理的角度去研究因果性问题的开始。这一理论蕴含有一定的真实的内容和有价值的问题；并是近代哲学史上第一个关于因果性问题的较系统的论述。而主要是这一理论还使得休谟及其哲学具有重要的历史地位和影响。

---

　　①　休谟：《人类理解研究》，商务印书馆1957年版，第37页。

第四节　休谟哲学的两重性和历史地位

生活在 18 世纪上半叶的休谟，其哲学有着特殊形式的两重性。如上所述，休谟哲学其出发点是感觉经验，属经验论哲学。但它与贝克莱主义不同，把经验论贯彻到底，认为"一切都不超出知觉"；在其著作中，不论有多少首尾不一贯，但"一切都不超出知觉"这一点则是一贯的。正是这一点，使得休谟在回答感觉的源泉即感觉和外物的关系问题以及因果关系观念的源泉问题时，不承认在感觉的界限之外有任何"确实可靠"的东西，作出了怀疑论即不可知论的结论。休谟哲学是近代哲学史上第一个著名的不可知论的形态。

休谟曾以其不可知论哲学标榜自己所建立的是凌驾于唯物主义和唯心主义之上的"新体系"。这种哲学在谈论感觉经验时确实与洛克和贝克莱的哲学不同，回避对"划分哲学派别的真正重要的认识论问题"的明确回答，"既没有进一步唯物地承认外部世界的实在性，也没有进一步唯心地承认世界是我们的感觉"①。从这个意义上说，人们往往把这种近代的不可知论看作是"哲学上的中间派"。休谟哲学作为哲学上的中间派是既反对唯物主义又反对唯心主义的。他曾说，"我们虽然不能不摈弃那些把一切思想都结合于广袤中的唯物主义者，可是略加反省就将为我们指出有同样的理由可以斥责其敌方，他们把一切思想都结合于单纯而不可分的实体"②。如他一方面攻击肯定物质存在的唯物主义是"自然的本能或先见"，斥责斯宾诺莎的惟一实体是"可憎的假设"；另一方面又批判唯心主义关于神才是宇宙的原动力的说法是难以相信的怪论。但是这并不意味着他真正地凌驾于唯物主义和唯心主义之上；实际上他既容忍了唯物主义，又容忍了唯心主义，"注定要动摇于唯物主义和唯心主义之间"。

---

① 列宁：《唯物主义和经验批判主义》，人民出版社 1950 年版，第 102 页。
② 休谟：《人性论》，商务印书馆 1980 年版，第 268 页。

我们看到，在休谟哲学中有两个方面：一方面是作为"哲学家们的学说"①。在这个学说中，他坚持一切都不超出知觉，因而实是把知觉作为惟一的对象。他曾反复地说过，"我们所确实知道的惟一存在物就是知觉"；"要设想感官真是能够区别我们和外界对象，那是荒谬的"；一般人把知觉和对象混淆起来，而赋予他们所感觉和所看见的那些事物以一种独立继续的存在，这是"完全不合理的"。按照他的解释，我们的知觉虽然具有间断性，但我们可以凭借想象和习惯联结它们，赋予它们以一定的一贯性和恒定性，这种知觉的一贯性和恒定性就使我们相信物体的继续而独立的存在。因此，在他那里，所谓外界对象归根结底是心灵虚构的产物。这样，休谟的怀疑论尽管重视感觉经验，构成了通向唯物主义的阶梯，却始终是和视知觉为惟一的对象的唯心主义观点相联系着的。此外，他的学说还把事物的因果关系归结为习惯性的联想，这种观点的唯心主义性质也是众所周知的。

另一方面是"通俗的说法"，即休谟在日常生活和科学的范围内承认事物的客观实在性和知觉的产生有其外部的物质根源；承认知觉的产生与"身体的组织"相联系；还在一定程度上（如谈论宗教起源时）承认因果关系的客观性。他说过，确实，"几乎全体人类，甚至哲学家们自己在他们一生中大部分的时间内，都把他们的知觉当作是他们仅有的对象，并且假设，亲切地呈现于心灵的那种存在物就是实在的物体或物质的存在"②。换句话说，他在实践上则"假设"着和重复着唯物主义的观点。由此可见，休谟在理论和实践割裂的基础上一方面坚持唯心主义，另一方面又容忍了唯物主义。这种情况也就是休谟哲学特殊的两重性的表现。在这里，了解休谟对理论和实践的割裂，乃是把握其哲学的两重性的关键。

在哲学史上，中间派哲学本质上是一种对立因素的折中主义的混合物。但它会有各种不同的比例，有时会特别强调这种混合物的这一因素，有时会特别强调它的另一因素。如英国著名的不可知论

---

① 休谟：《人性论》，商务印书馆 1980 年版，第 671 页。
② 休谟：《人性论》，商务印书馆 1980 年版，第 234 页。

者赫胥黎曾被称为"羞羞答答的唯物主义者"。在他的哲学中，贝克莱主义是偶尔出现的，他的不可知论仅为名称，是他的唯物主义的遮羞布，唯物主义乃属主导的方面。而休谟哲学则不同。如果说，休谟也曾被称为奉行"暗中接受唯物主义而当众又加以拒绝的羞羞答答的做法"；那么，在他的哲学中更大量、更率直、更根本的方面乃是上述唯心主义的方面。这也是为什么休谟虽然走着与贝克莱不全相同的哲学道路，却仍然对这位主观唯心主义哲学家推崇备至，称赞他的哲学是"最深奥的哲学"的重要原因①。

休谟哲学的两重性在他的宗教学说中也有突出的表现。综观休谟的著作，可以说，休谟在宗教问题上乃持著名的宗教怀疑论观点。我们看到，休谟在《人类理解研究》中在阐述其怀疑论哲学的要义时，就已蕴含有对最高的精神实体即上帝的存在和作用的怀疑。"我们如果怀疑外在的世界，我们就更茫然地找不出证据来，以证明那个神明的存在或他的任何属性的存在。"② 并且，对他来说，对物质世界的存在表示怀疑，这只是就理论上而不是就生活实践上而言的；而对上帝的怀疑，则不仅在于理论上，还在于他对实际存在的一切宗教的怀疑上。例如，他在《自然宗教对话录》中就曾以怀疑论观点详尽地驳斥了天启宗教关于上帝是必然存在的先天论证和自然宗教关于上帝是必然存在的后天论证，以及两者从相反的角度所共同主张的关于上帝是必然存在的道德论证。正是基于这些，休谟说，"怀疑论者是宗教的另一个仇敌"。

我们还看到，休谟在阐述其重要的因果性理论时，有对自中世纪以来具有重大影响的神学因果观的挑战，更有对圣经中所宣扬的藉以显示救世主的圣灵和权威的"神迹"说的直接否定。如他指出，"所谓神迹乃是借神明的一种特殊意志，或借一种无形作用的干涉，对自然法则的破坏"。例如，人死后复活了，房屋或船只高举在空中等超自然的现象便是神迹。然而，"任何证据都不足以建立一个神迹"。因为，一切关于事实的推理的根据在于经验，使人

---

① 休谟：《人类理解研究》，商务印书馆 1957 年版，第 136 页。
② 休谟：《人类理解研究》，商务印书馆 1957 年版，第 136 页。

类证据得到权威的也只有经验；而"经验又使我们相信自然法则"①。事实上所谓神迹乃是"虚妄"的，从不曾出现过；它们"在历代都已经被相反的证据所揭破"。因此神迹说并不能成为任何宗教体系的基础。休谟的论神迹，无疑是对超自然的"神迹"说的有力声讨和打击。

此外，休谟在《宗教自然史》中还从心理学的角度考察了宗教在历史上的演变。他强调，我们"必须对于神作历史的说明，就像对于神作哲学的说明一样"；并通过这一考察说明了宗教的起源、本质和危害。休谟在这里不是从人的理性或天赋理性，而是从人的心理的自然感情出发来谈论宗教，认为宗教或是野蛮民族对自然的无知和恐惧的结果（多神教），或是人类谄媚心理的发展（一神教）；并揭示了宗教上的神乃是世俗的人把自己内心对人的想像力投向人身外的"幻影"，具有人的情感和欲望，具有人的躯体和形象；揭露了宗教尤其是基督教在政治、道德和理智上的巨大"祸害"作用；等等。

休谟曾呼吁说，"我们在巡行各个图书馆时……如果在手里拿起一本书来，例如神学书或经院哲学书，那我们就可以问，其中包含着数和量方面的任何抽象推论么？没有。其中包含着关于实在事实和存在的任何经验的推论么？没有。那么我们就可以把它投在烈火里，因为它所包含的没有别的，只有诡辩和幻想"②。这一切都表明，休谟怀疑论哲学中的"非宗教"的意向是强烈的、明显的。它使虚构的狂热的宗教信仰和宗教行为信誉扫地，是一种无神论的倾向，具有启蒙的意义。莫纳斯在《大卫·休谟的宗教》一文中甚至这样说过，"休谟对宗教中超自然的攻击，可以说比伏尔泰勇气十足的《打倒无耻》更加富于哲理性的光辉"③。休谟自己的临终忏悔说他十分"积极致力于使同胞们更聪明些，特别是致力于把他们从基督教的迷信中解放出来"，这也正好是不加渲染的事实

---

① 休谟：《人类理解研究》，商务印书馆 1957 年版，第 102、112 页。

② 休谟：《人类理解研究》，商务印书馆 1957 年版，第 145 页。

③ 《哲学译丛》，1981 年第 3 期，第 39 页。

真相。

但是，另一方面，休谟并没有彻底地废除宗教和否定宗教本身。他曾说，"不管我如何爱好奇怪的论证，其实没有人在他的心中比我有更深的宗教感，或者对于自然的不可解释的设计和计谋或对于显示于理性的神的存在，给予更深的赞仰"。他的毕生经历也表明，他甚或是一个虔诚的基督徒，曾被赞为"苏格兰的圣徒大卫"。而他之所以攻击宗教的理性基础，攻击迷信的和狂热的通俗形式的宗教，正是为了建立所谓"真正的宗教"①。

如所周知，休谟哲学是以"人的科学"为基础的一个完整的体系，包括着宗教学说在内。当休谟从反天启宗教到反自然宗教，在驳斥了人格化的上帝和放弃了仁慈的自然之后，其宗教学说自然就转向"独立的人"了。休谟是在"人类"的意义上言及人的；"人类的精华"则是"有知识的人"即博学聪明的科学家、哲学家等。在他的眼光中，"有知识的人"远远超出其他人之上。这说明他重视增进人性知识，重视对人类有益的服务，力图摆脱对超自然的崇拜和对仁慈的自然的依赖。但是休谟却把有知识的人视为事物的尺度，并认为他们所掌握的知识和发明证明了神的存在。如他说，"哥白尼系统的一个伟大的基础是这条公则，即是，自然用最简便的方法而活动，并选择最适当的手段来完成任何目的；天文学家常常不知不觉地为宗教和虔敬安设下这个有力的基础。在哲学其他部门中也可以看到这个同样的情形：这样，一切的科学就几乎都引导我们不知不觉地承认一个最初的理智的造物主。而因为科学并不直接地公然说出那个意向，它们的权威往往是更大得多"②。换句话说，在他那里，有知识的人被提高到了上帝的地位，神化了。这也就是他的"以人类理智为对象"的人的宗教即真正的宗教。他强调，对宗教只要作这样的理解，我们就应"予以明白的哲学的认可"③。实际上，休谟的这种宗教乃是企图与知识、科学相调

---

① 休谟：《自然宗教对话录》，商务印书馆 1962 年版，第 83、92 页。

② 休谟：《自然宗教对话录》，商务印书馆 1962 年版，第 84 页。

③ 休谟：《自然宗教对话录》，商务印书馆 1962 年版，第 96 页。

和的宗教；并且它也是与他的道德思想相合的。"宗教的正经职责是改造人的生活，纯净人的心灵，加强一切道义责任，并保证服从法律和国家的官吏。"① 当然，这种宗教又与怀疑论相联系，是一种怀疑论哲学的宗教。例如，他虽承认上帝的存在，却不知上帝的属性是什么。他虽谈论宗教，却认为这"是有些含糊的，或至少是界限不明确的"。在他那里，"宇宙中秩序的因或诸因与人类理智可能有些微的相似"的命题，除了予以哲学的认可和相信以外，是不能用理性来证明的。"我们的最神圣的宗教是在信条上建立着的，并非是在理性上建立着的。"② 整个说来，这是一个谜："怀疑、不可信，拒作任何判断——这看来是仔细研究这个问题后所得到的惟一结果。"

总之，休谟的宗教学说既用人性反对神人相似，反对神对世俗生活的干预和支配，不是传统意义上的有神论，又用人性提倡对真正的宗教的崇拜，不是通常意义下的无神论；而是一种宗教怀疑论，具有特殊的两重性。休谟的宗教怀疑论乃是其怀疑论哲学观点在宗教领域里的具体体现和必然引申。如他说，"在学术人士之中，做一个哲学上的怀疑主义者是做一个健全的、虔信的基督教徒的第一步和最重要的一步"③。在他那里，我们既然不能认识上帝，也就不必顾及上帝的要求而可以完全按自己的意志行事，享受其在世俗生活中应享受的一切；我们既然把科学限制在知觉的范围内，坚持非理性主义，否定物质及其因果性的可知性，也就自然会陷入最荒唐的迷信中去。休谟的宗教怀疑论力图把对天国的信仰与人们尘世的享乐变成并行不悖的信条；而这正是英国"光荣革命"后作为统治阶级"微末部分"的英国资产阶级，既要求"自由、科学、理性和实业的发展"，以科学来推进产业革命，实现自身的物质利益，又需要把宗教看作"道德最可靠的根基，社会最坚固的支柱"，以宗教意识来约束人的言行，巩固自己对天然下属的统治

---

① 《哲学译丛》，1981 年第 3 期，第 39 页。
② 休谟：《人类理解研究》，商务印书馆 1957 年版，第 115 页。
③ 休谟：《自然宗教对话录》，商务印书馆 1962 年版，第 97 页。

这一两重特性的理论表现。恩格斯在分析 18 世纪英国状况时说，"英国人是世界上最虔信宗教的民族，同时又是最不信宗教的民族"①，其真实涵义和根源即在于此。

在近代英国经验主义的发展中，休谟哲学占有重要的历史地位；可以说，是英国经验论哲学发展的必然归宿。我们知道，英国经验论自 16 世纪起由培根、霍布斯所创立，在反对经院哲学和唯理论的斗争中，经过了洛克唯物主义的详尽论证，和贝克莱利用洛克的弱点而使之由唯物主义向唯心主义的转化，到 18 世纪中才有了休谟哲学。休谟哲学的出现不是偶然的。它是惟一看到贝克莱经验论的不彻底性，把经验论贯彻到底的学说。而单从逻辑上说，经验论作为一种学说，也是要求贯彻到底的；它一旦获得彻底的贯彻，主张一切都不超出知觉，就必然会极端地轻视抽象思维，导致物质实体和精神实体不可知、事物之间的因果关系不可知的结论。通过感觉经验，怎能获得普遍性和必然性的知识呢？休谟说，"人们如果想来讨论人类才干所完全不能及的一些问题，如世界的起源、智慧体系（或精神领域）的组织等，那他们在那些无结果的争辩中诚然只有捕风捉影，永远达不到任何确定的结论"②。这就是休谟的怀疑论。可见，英国经验论哲学的历史发展是必然地要归到休谟的怀疑论那里去的。

休谟怀疑论的出现，对于莱布尼茨和整个唯理论哲学的思辨原则和体系无疑是一个致命的打击。但同时这也表明，英国经验论被推到极端，已变得十分片面了。它使我们对事物只能抱着或然性的态度而不能认识其本质和必然性。它在解决思维和存在关系问题上的恶果已充分暴露。如果说在这之前，英国经验论曾经为那个时期的自然科学提供了知识论和方法论，促进了自然科学的向前发展；那么，到了 18 世纪，休谟的怀疑论的结论就使得英国经验论变得日益严重地阻碍着科学的进步了。实际上，休谟依靠自己的原则已无法解释人类的全部知识领域了，如他在解释数学科学时就已抛弃

---

① 《马克思恩格斯全集》第 1 卷，人民出版社 1956 年版，第 659 页。
② 休谟：《人类理解研究》，商务印书馆 1957 年版，第 73 页。

了自己的经验论原则。换言之，休谟怀疑论的出现标志着近代英国经验论哲学发展的终结。

但是，另一方面，休谟的怀疑论本身又对近代哲学的发展有重要的推动和影响。休谟坚持认识必须开始于感觉经验；同时指出，通过感觉经验又怎能获得普遍性和必然性的知识，从而提出了如何从个别的感性材料进展到一般的理性认识，如何保证归纳的客观有效性等问题。休谟的错误在于，他以此作为论证的根据引出了怀疑论的结论，而并不在于他提出了这些问题。相反，这些问题乃是当时哲学认识论探讨和论争的关键问题之一，对后来的哲学提供了重要的启迪和推动。如康德的认识论在其形成中就受到了休谟的重大影响。据康德自述，"休谟的提示在多年以前首先打破了我教条主义的迷梦，并且在我对思辨哲学的研究上给我指出来一个完全不同的方向"①。又康德对认识起源于经验的确认，在先验逻辑中对因果性范畴的强调，以及对理性思维在认识普遍性和必然性中的能动作用的揭示等等，也无不是与吸取休谟的思想营养和经验教训有关。恩格斯还指出，康德不可知论是休谟不可知论的变种。从这些意义上说，休谟的怀疑论哲学乃是康德认识论的重要的理论渊源之一；没有休谟的怀疑论哲学，也就不会有作为德国古典哲学创始者的康德哲学的产生。

此外，休谟的宗教思想也有重要的历史影响。我们看到，17世纪可说是理性主义宗教学说的时代。无论是泛神论、自然神论还是无神论等都尊重人的理性或天赋理性：用理性或天赋理性来谈论宗教；把理性处于信仰之上，作为审判传统的宗教神学的法官，后者则被宣布为反理性的盲目迷信。但是，在18世纪中，却开始出现了不同于此的一种宗教学说，那就是休谟的具有非理性方面的宗教怀疑论。如前所述，其特征就在于以对神的存在的怀疑的形式从根本上否认宗教有任何理性的基础，既反对传统的宗教神学和自然神论，又提倡神圣的"真正的宗教"。这种宗教学说，在英国为休谟主义后继者所宣扬，他们声称我们无法知道神是否存在，在实践

---

① 康德：《未来形而上学导论》，商务印书馆1978年版，第9页。

上应假定什么神也没有；从而成为后来"英国一切非宗教的哲学思想的形式"①。在法国，18世纪"百科全书"派的哲学家们因此而与休谟有频繁的往来，把休谟看作反封建反神学斗争中的同盟军；他们关于宗教违反人的自然本性、败坏社会风气等思想也都可从休谟的宗教学说中找到根由。在德国，它也促使康德对传统的理性神学进行更深入的批判，把上帝从知识领域中清除出去，并在非理性的道德领域中去寻找宗教的信仰的基础，使不可知论和宗教的联系有了新形式。当然，随着历史条件的演变，如传统的宗教神学统治地位的逐渐崩溃，科学技术的迅猛发展等，休谟的宗教怀疑论思想的影响就越来越趋向于否定的、消极的方面了。

其实，休谟对现代西方哲学的影响也是巨大的。休谟的怀疑论蕴含着实证论的观点，如世界是一团混乱的印象——惟一可以确证的实在，它由人的联想、习惯和以习惯为基础的信仰来加以整理等等。而自19世纪下半叶起在西方流行的实证主义哲学，无论是孔德的实证主义，还是20世纪初的马赫主义以及后来的逻辑实证主义，它们确认经验事实和实证知识，一般否认规律的客观性和真理的客观性，最终都可以溯源于休谟的这种实证论观点。又卡尔纳普的归纳法，真正说来也就是休谟归纳问题的形式化。此外，休谟怀疑论所重视的对因果关系问题的心理分析，也还是现代西方非理性主义思潮的某种开端。

---

① 《马克思恩格斯全集》第1卷，人民出版社1956年版，第660页。

简短的结论:康德认识论与欧洲近代经验论和唯理论哲学的结束

一

如上所述,在近代,西欧大陆各国新兴资产阶级在反经院哲学的斗争中,依据自己经济、政治的需要和数学的成果,在哲学上形成了推崇人的理性的唯理论学派。唯理论自笛卡尔创立以来,经斯宾诺莎的完备和莱布尼茨的发展,到沃尔夫体系的出现,已变得十分刻板和片面了。它使"形而上学陷于黑暗、混乱及无效用"①,明显地暴露了其在解决思维和存在关系问题上的恶果。与此同时,英国新兴资产阶级在反经院哲学的斗争中,依据自己经济、政治的需要和实验自然科学的成果,在哲学上则形成了推崇人的经验的经验论学派。英国哲学的传统是经验主义。它自培根、霍布斯创立以来,经洛克的详尽论证,到贝克莱、休谟阶段,也已变得十分片面了。它终于否认我们能认识事物的本质和必然性,明显地暴露了其在解决思维和存在关系问题上的恶果。上述经验论和唯理论发展的极端片面和恶果,深刻地表明了那个时期哲学和科学的尖锐矛盾:科学在长足地进展中,哲学则停滞不前;曾经为自然科学向前发展而提供认识论和方法论的唯理论和经验论,到 18 世纪却走进了死胡同,阻碍着科学的进步。而这种矛盾就为康德哲学的产生提供了理论前提。它推动康德起来拯救和改革哲学,建立自己独特的认识

---

① 康德:《纯粹理性批判》,三联书店 1957 年版,第 2 页。

论体系——《纯粹理性批判》。康德认识论的产生乃与近代经验论和唯理论哲学的发展有着内在的联系。

二

伊曼努尔·康德（1724～1804），德国哲学家。其认识论体系以庞大、严密和独特而著称。它是18世纪末落后的德国市民幻想发展资本主义和对那时的现实力求妥协的两重性的表现；但从历史的联系看，可以说，它是欧洲近代经验论和唯理论哲学的"综合"，是哲学史上克服唯理论和经验论片面性的重大尝试。

首先，康德在批判莱布尼茨—沃尔夫"形而上学"体系时曾指出，它的基本错误在于"武断"，即它在没有事先考察人的认识能力究竟有多大限度之前就断定：理性本身具有的主观思维范畴、规律即是事物本身的规定、规律；理性单凭自身的力量，就可以最终无误地解决"形而上学"的根本问题，获得普遍性和必然性的知识。他借用"独断论"的概念来斥责西欧大陆唯理论的片面发展，说明其恶果之严重犹如不事先审查和筑好地基就贸然兴建大厦一样。康德尤其批判休谟哲学怀疑自在之物的存在，怀疑自然科学的普遍性和必然性，企图排除"形而上学"的结论，认为它的基本错误也在于没有事先考察人的认识能力，即对理性及其思维范畴的本性缺乏真正的理解，"漠视"了理性在认识中的作用。他借用"怀疑论"这个概念来斥责英国经验论的片面发展，说明其恶果之严重犹如游牧民族厌恶一切固定的房舍，不时地摧毁着城郭社会一样。而就在这两种批判的基础上，康德明确地主张，纯粹理性在开始实际的认识活动之前必须先对一般理性能力本身进行一番"批判"①，即判定纯粹理性有哪些认识形式；这些形式在何范围内运用能提供"客观知识"；纯粹理性能否认识自在之物等。他以此显示了其认识论与此前的唯理论和经验论具有"完全不同的方向"，并称之为"先验哲学"；其任务就在于"克服两种世界观，两种对

---

① 《西方哲学原著选读》（下卷），商务印书馆1982年版，第239页。

认识问题的片面的，因而是错误的观点——独断论和怀疑论"①。康德是近代第一个打出先验论旗号的哲学家。他不像法国唯物主义者那样把一切旧制度拿到人类理性面前来批判，而是强调"对理性本身进行批判"，认为这样才能为"科学的形而上学"提供稳固的理论基础，铲除有害的唯物主义和唯心主义。显然，这是受制于近代唯理论和经验论对立和发展的背景，在认识论出发点上表现了"综合"两者和克服两者片面性的企图。

其次，我们知道，近代经验论和唯理论哲学之间的论争主要集中于普遍性和必然性知识的起源和获得的途径问题上。这一论争的尖锐化促使康德把"科学的客观知识何以可能"的问题确定为他的认识论的中心问题；并涉及到对科学知识本身的理解。在他看来，经验论所谓的知识由"综合判断"构成；这种判断（如"天是热的"）起源于经验，属后天的判断，它能扩展我们知识的范围，增加新的知识内容，却不具有严格的普遍性和绝对的必然性。唯理论所谓的知识由"分析判断"构成；这种判断（如"一切物体都有广延性"）起源于理性，属先天的判断，它仅说明固有的知识，并不增加新的内容，但具有严格的普遍性和绝对的必然性。这两种判断"各执一端"，各有优劣；单个地说，都不能说是"客观知识"。那么，什么是科学的"客观知识"呢？康德在审察综合判断和分析判断的基础上，经多年的"沉思"，提出了"先天综合判断"。这种判断（如"热使物体膨胀"）既是综合的即起源于经验，经验为判断提供材料（如"物体"、"热"等），又是先天的即起源于理性，理性为判断提供形式（如"因果性"）；既能增加新的知识内容，又具有普遍性和必然性。换言之，康德所谓的"客观知识"乃由先天综合判断构成；它与唯理论和经验论所谓的知识都不同，是指具有普遍性和必然性的经验知识。这即是康德对科学知识本身的特殊理解。黑格尔曾说，康德的先天综合判断"形成了对立者的原始的联系"②，凝结了他把诸如先天和后天、分析和综

---

① 古留加：《康德传》，商务印书馆 1981 年版，第 100 页。
② 黑格尔：《小逻辑》，商务印书馆 1980 年版，第 117 页。

合、个别和普遍、偶然和必然等"联系"起来的企图。确实，康德对科学知识的这种理解，一方面与当时欧几里得几何学和牛顿力学的受推崇有关；另一方面则是他在什么是科学知识问题上因不能容忍经验论和唯理论的片面理解而"综合"两者的突出表现和结果。

再次，康德把认识论的中心问题"归摄于下一问题中：即先天的综合判断何以可能？"① 他声称，"形而上学站得住或站不住，从而它是否能够存在，就看这个问题怎么解决"②。这亦即是他关于认识过程的学说。康德根据人的认识能力将人的认识过程分为三阶段，即感性直观、悟性思维和理性综合。按照他的解释，感性直观是主体通过感性对对象进行直观，即运用先天形式"时间、空间"接受对象刺激，赋予表象以一定限量的活动，这是人的认识的第一阶段；通过这个阶段所获得的认识是关于个别现象的知觉或单个的观念。悟性思维是主体通过悟性运用先天形式"范畴"对知觉或单个的观念加以整理、统一的活动，这是认识的第二阶段；通过这个阶段我们才形成所谓先天综合判断，获得关于现象世界的"客观知识"。值得指出的是，康德在这里实是蕴含了感性和悟性相区别和联合的重要思想。

康德认为，感性和悟性这两种认识能力有显著的区别：前者"直接和对象发生关系"，在直观中对象直接地被给予我们，后者与对象的关系则是间接的；前者的职能在于为"客观知识"提供感性材料，后者的职能则在于思维和整理这些感性材料，以形成"客观知识"；前者是"通过我们被对象所刺激的方式来接受表象的能力"，是认识中的被动因素，后者则是运用范畴整理感性材料以产生知识的能力，是认识中的能动因素。因此，我们不能把两者"混淆"起来，而应"把它们仔细地分开"。有鉴于这种区别，康德就强调，要获得科学的"客观知识"，就必须把这两者"联合"起来。他有这样的名言："思维无内容是空的，直观无概念是盲的

———————————

① 康德：《纯粹理性批判》，三联书店 1957 年版，第 38 页。
② 康德：《未来形而上学导论》，商务印书馆 1978 年版，第 33 页。

……只有当它们联合起来时才能产生知识。"① 在他看来，既然在认识过程中感性和悟性"实无优劣"，各有其性质和功用，我们对于这两者中的任何一种就都不能"偏爱"而漠视另一种。单有感性不行，因感性不思维、不具有概念；单有悟性也不行，因悟性不直观、不具有对象。我们必须一方面"在直观中以对象加于概念"，用对象来充实概念；另一方面"以直观归摄于概念之下"，用概念来整理对象。只有这样，我们才能形成先天综合判断，获得科学的"客观知识"。

康德关于感性和悟性相区别和联合的思想无疑是针对 17 世纪以来经验论和唯理论在科学知识形成问题上的片面观点的。在此问题上，如洛克把"概念感性化"，即把理性认识生硬地归结为感性知觉；莱布尼茨把"直观智性化"，即把感性认识看作理性认识的低级或模糊的阶段。两者都不了解只有感性和悟性的联合才能产生关于事物的科学知识。诚然，康德仍未能正确地解决感性和理性的关系问题，但他终究在尝试着实现对经验论和唯理论的"综合"，克服它们在这个问题上"各执一端"的观点，使自己朝着解决科学知识何以可能的问题前进了一大步。

三

那么，应当怎样来看待上述康德认识论（出发点和中心内容）对以前的经验论和唯理论哲学的"综合"，和对两者片面性的"克服"呢？

我们看到，康德在谈论科学知识问题时曾把它分为"知识内容"和"知识形式"两个方面，并从根本上将它们隔开。如他认为"一切知识始于经验"。这实指知识内容起源于经验，是自在之物作用于人的感官的结果。他同时认为并非"一切知识皆自经验发生"。这实指知识形式为人类理性先天所有，是人类知识何以可

---

① 《十八世纪末——十九世纪初德国哲学》，商务印书馆 1960 年版，第 58 页。

能的根据。可见，康德所谓的科学知识乃具有两个各自独立、二元对峙的源泉：自在之物和理性。他之阐述感性和悟性的关系乃与思维和存在的二元论观点相联系。这就决定，康德对经验论和唯理论的"综合"，不过是两种来源各不相同而又互相割裂了的感性认识和悟性认识形而上学的外在结合。这样的"综合"其实质在于"调和"唯物主义和唯心主义。

康德还在谈论知识对象问题时，把对象分为"现象"和"自在之物"两个方面，并也从根本上将它们隔开。如他不同于休谟，确认自在之物的存在，并视之为感觉的来源。对他来说，若没有自在之物就不会有感觉、杂多，也就不会有对科学知识何以可能的解决。但他又断言，自在之物一旦作为认识对象呈现于人的面前，就已经过了先天形式的整理和改变，成为现象了；现象是在人的认识中构建的，离不开认识主体，与自在之物根本不同；我们通过悟性思维能达到的只是关于现象的知识。诚然，人的认识还可上升到理性综合阶段，但理性在按其本性企求超越现象范围，认识自在之物时必然会产生"二律背反"等幻相，这些幻相的出现直接表明自在之物是不可知的。这样，康德通过对经验论和唯理论的"综合"，一方面肯定了科学知识本身，另一方面又把科学限制于现象领域，贬损知识，为宗教信仰留下了地盘。这样的"综合"其实质又在于"调和"科学和宗教。而这种种"调和"无疑是他实现真正地克服经验论和唯理论片面性的根本障碍。

但是，康德对经验论和唯理论的"综合"又确实蕴含了值得重视的主体能动性思想。我们看到，康德曾谈论过在科学知识形成过程中的"三重综合"，即"直观中感知之综合"、"想象中复制之综合"，尤其是"概念中认识之综合"。他明确地说过，"所谓综合，在最一般意义下，我理解为把各种不同的表象放在一起，并把它们中的杂多在一种知识中加以把握的活动"①。这就是说，他的"综合"乃是主体运用悟性思维形式能动地整理、统一感性材料以形成科学知识的活动。康德十分强调认识主体的能动功能，曾把统

---

① 康德：《纯粹理性批判》，三联书店 1957 年版，第 85 页。

觉的原始综合统一视为"人类知识范围中最高的原理"①，认为统觉的这种能动功能乃是使统觉能成为人类诸种认识能力的基础的东西，甚至统觉这个概念本身就体现出了能动性的涵义，乃是科学知识得以形成的最后根据和科学知识具有普遍性和必然性的根本保证。康德对认识主体能动性的确认也富有特点和内涵。首先，这种确认与"范畴"的观点相联系，强调认识主体不仅有生理方面的先天机能，还有实际上是由已知的科学知识原理凝结成的范畴作为认识工具，它正是运用这种认识工具来整理和统一"一切散漫杂多的感官材料"，形成科学的"客观知识"的。这就使他的认识论具有和逻辑学相一致的成分。其次，这种确认与"矛盾"的观点相联系，强调认识主体在理性综合阶段对悟性所提供的"先天综合判断"作最高综合、企求认识作为整体的世界时，必然会出现"纯粹理性的二律背反"现象，这就在事实上承认了理性矛盾的必然性。这就使他的认识论具有和辩证法相一致的成分。再次，这种确认与"构造"的观点相联系，强调认识主体通过认识的能动活动不仅能形成科学的"客观知识"，而且能同时构造认识对象即现象界；这就是康德著名的"悟性向自然界颁布规律"的观点。这就使他的认识论具有和本体论相一致的成分。

总之，用历史的眼光来看，康德是近代哲学发展中第一个系统地阐述认识主体能动性思想的哲学家。这一认识主体能动性思想乃是他对当时整个西欧资产阶级革命时期的科学精神和人本主义精神的理论概括和表达。毫无疑问，在他那里，认识主体的能动性乃根源于所谓纯粹的先验的统觉，即他是离开实践和实际的认识过程来谈论人的认识的，从而是"抽象地"发展了人的能动性方面；他还主张唯心主义的先验逻辑，否认理性矛盾的客观性，对知识和对象的关系作了"颠倒"的解决，等等。但终究这一认识主体能动性思想是他得以"综合"经验论和唯理论，尝试克服两者片面性的关键性论据，是他的认识论中最主要的有价值的因素。

---

① 康德：《纯粹理性批判》，三联书店1957年版，第102页。

四

最后，我们还要进一步指出，在近代，形而上学思维方式曾长期占据统治地位。那时的哲学家正是在认识论上对科学知识何以可能的问题作了形而上学的片面的解决，才划分为唯理论和经验论两大学派的。就当时的唯心主义来说，它们都把人的认识看作是消极地联结观念；即使如莱布尼茨唯理论承认在天赋观念由潜在到现实的过程中感觉经验的机缘、诱发作用，似在把理性和感性结合起来，它也并无能动地将感性提高到理性的观点。自然，它们也无主体能动地作用于对象的观点，如贝克莱的人心的对象虽是感觉的复合，但感觉由上帝印在人心上，人心之于感觉完全是被动的接受。就当时的唯物主义来说，如洛克认为人心如"白板"，人的认识即如照镜子似的被动的反映；其局限主要亦在于缺乏认识主体的能动性思想，不能把辩证法"应用于认识的过程和发展"。

可见，否定认识主体的能动性乃是那个时代形而上学思维方式在认识论中的主要表现和理论根源。而康德就是针对这种理论背景，提出认识主体的能动性思想来"综合"唯理论和经验论，克服两者的片面性的。关于这一点，海涅曾说："康德断然坚持的新东西就是承认意识的能动作用。康德以前的全部哲学都把人的知性看作是观念的消极的容器。无论是唯心主义还是唯物主义都同样有这个缺陷"①。奥伊则尔曼也把康德对唯理论和经验论的"综合"的实质看作是认识主体的能动作用，说"综合法的思想是作为逻辑和认识论的辩证法的中心思想之一……康德在哲学史中第一次试图把这种思想运用到思维中去，并且是把思维看做能动性的惟一可能的方法"②。这就是说，康德重视认识主体能动性思想是他企图在思维方式上摆脱形而上学、开创辩证法的明显表征。

---

① 海涅：《论德国宗教和哲学的历史》，商务印书馆 1974 年版，第 112 页。
② 奥伊则尔曼主编：《辩证法史（德国古典哲学）》，1978 年俄文版，第 72 页。

人们曾说，康德认识论是西方认识论史中的"转折点"。确实，正是从康德起始，欧洲近代哲学斗争的中心问题从科学知识起源于经验还是理性的问题转向和深入到了思维和存在的同一性问题；围绕着这个问题，主体能动性思想以及认识论和逻辑学、辩证法、本体论的关系问题获得了全面的探讨和进展，成为富有内容的德国古典哲学的主线。而历史表明，康德是以提出认识主体能动性思想和"综合"经验论和唯理论哲学来实现这一重大转折的。康德对近代经验论和唯理论哲学的"综合"既是他按自己的方式对两者的总结，又是他按自己的方式对两者的超越；可以说，乃标志着整个近代经验论和唯理论哲学历史发展的真正的结束。而就其现实性而言，这一"综合"所表现出来的克服经验论和唯理论片面性的尝试和趋势，无论是其优点或弱点，都是我们今天在解放思想，克服教条主义和经验主义，建设有中国特色社会主义的进程中所值得思索和借鉴的。

后　记

　　这部书稿在 1990 年 8 月经两次修改后完稿。令我感动的是，陈修斋教授年近七旬，不顾那时武汉的盛夏气候，即为该书写了长长的"序言"，并提出了不少富有启迪性的宝贵建议和意见。据此，我又再度审视和修改了一次，这算是最后的定稿。

　　这部书稿是在我所在的武汉大学和哲学系的支持下才得以问世的。在这里，我特别要指出：武汉大学社会科学研究处，研究生院培教处、学科建设和学位工作处对本书的出版给予了大力的帮助；武汉大学出版社以及司马志纯、戴老红和王军风同志在对本书的郑重推荐、组织出版、严格审稿方面做了大量工作，责任编辑王军风同志还纠正了我许多不规范的字，在内容上也提出过中肯的意见。对于这些支持和帮助，我谨表示由衷的感谢。

　　在这部书稿的著述和出版的长长过程中，我曾遇到过种种困难。在这样的时候，复旦大学孙保太、徐瑞芬，武汉大学陶德麟、陈修斋以及谢平仄、杨祖陶、程振江、王玄武等领导和同志都曾热情地给过我许多鼓励和帮助；我从内心深处感激他们。我还要说明，张梅华、徐晓峰同志在为本书搜集和整理资料、抄写和校对文稿方面曾付出过很艰巨的劳动，他们在我为著述而数度病倒、长时间卧床不起时还给了我悉心的照料；没有这些令人难以忘怀的关切，这部书稿的完成也是不可能的。

　　最后，我还要再次恳请我的同行和读者们对这部书稿能给予批评和指正；并表明，我将深深地记得我们的国家和人民对社会科学研究和研究生教育的殷切期望，在我的工作岗位上，一如既往，努力奉献。

徐瑞康
1992 年 2 月

修 订 版 后 记

本书是运用整体哲学史观点于欧洲哲学断代研究的一部学术著作。

本书在再版时，为求对近代哲学诸家观点和哲学发展脉络的叙述更准确、更客观一些，我曾花了许多时间和精力，审慎地对全书作了文字上的修订，包括对某些段落的补充或精简或调整；此外，对书中引文出处的不规范之处亦作了改正；等等。在此意义上再版后的本书可认为是一种"修订本"，谨作此说明。

在本书再版之际，我要感谢武汉大学出版社的领导和有关同志，由于他们不计功利地支持学术事业和付出了许多辛劳，才使本书能得以修订问世。我尤要感谢责任编辑王军风先生，他的郑重推荐和在修订本书方面所给予的帮助，令我深受启迪和感动。

自本书于 1992 年出版后，我曾读到过多篇有关本书的书评以及学界师长和读者的来信。他们给予本书的肯定、指正和建议，推动我在着力开展欧洲近代哲学思想研究方面坚持下去；并使我越来越认识到：这段哲学作为欧洲开始迈向现代化进程的一种深层次的理性总结和表达，其蕴涵有深刻的思维经验教训，和令人瞩目的哲学文明成果，很值得我们去重视、了解、思索和借鉴。为此，我在这里要向他们由衷地表示谢意和敬意；同时，关于再版后的本书，亦恳望能继续得到学界和读者们的批评、教正。

徐瑞康

2006 年 8 月于武昌珞珈山